교육 · 심리 · 사회

연구방법론

이 종 승 지음

교육과학사

머리말

연구방법론에 관한 책은 근래에 많이 출간되어 우리 주변에서 쉽게 접해 볼 수 있는 부류의 하나가 되었다. 어떤 의미에서는 지나치게 너무 많은 것 같다. 이러한 상황에서 또 하나의 연구방법론 서적을 추가한다고 생각하니 마음이 무겁고 과연 그럴만한 이유가 있을까 하는 질문을 스스로에게 던져 본다. 본서가 다른 많은 책들과 차별화 되는 그 어떤 특징이나 장점이라도 있단 말인가? 이 물음에 대한 진솔한 대답은 저자가 아닌 독자들로부터 들어야 가장 정확하고 타당할 것으로 판단된다.

사회과학분야에서 사용되는 연구의 유형과 방법은 매우 다양하다. 이 책은 어떤 특정한 연구방법을 집중적으로 소개하거나 또는 다양한 연구방법들을 골고루 소개하기 위한 책이 아니다. 본서는 기본적으로 경험과학의 탐구관에 근거하여 수행되는 연구의 일반적 과정을 중심으로, 연구문제의 선정에서부터 보고서 작성에 이르는 연구의 각 단계별로 알아야 할 내용과 방법에 대하여 설명한 책이다. 이 책은 학부 및 대학원 과정에서 교육학, 심리학, 사회학을 전공하는 학생들과 현장교육연구에 관심 있는 일선교사들을 독자층으로 상정하고, 연구와 관련된 여러 가지 방법과 문제들을 가능한 한 이해하기 쉽도록 평이하게 설명함으로써 연구수행의 실제에 도움이 되도록 노력하였다. 이 책은 크게 1, 2, 3부로 구분하여 전체 14개 장으로 구성되어 있다.

제1부에서는 사회과학연구의 기본개념과 경험적 탐구활동의 기초에 대한 내용을 다루었다. 먼저 과학의 특징, 과학적 연구의 기본가정과 목적을 살펴보고, 연구의 유형, 연구의 일반적 수행과정, 연구자의 윤리문제 등 연구의 기초에 관한 내용을 설명하였다. 이어서 연구문제의 선정, 개념과 변인, 가설의 조건과 진술방법 등 연구의 출발점이 되는 연구문제와 가설에 관한 내용을 설명하였다. 문헌고찰의 목적, 문헌자료의 종류, 인쇄자료와 전자자료의 정보출처, 문헌정보의 검색

방법과 절차에 대하여 살펴보고, 연구계획의 필요성, 연구계획서의 양식 및 작성 방법, 연구계획서의 평가 등에 관한 내용을 기술하였다.

제2부에서는 표집방법과 측정도구에 관한 기본적 개념과 자료수집의 여러 가지 방법에 관한 내용을 취급하였다. 표본조사, 확률적 표집 및 비확률적 표집방법, 적정 표본크기의 결정 등 표집방법에 관한 내용을 먼저 기술하고, 이어서 측정의 개념, 측정의 유형과 측정오차, 척도의 종류, 측정도구의 신뢰도와 타당도 등 측정에 관한 기본 원리와 방법에 대하여 설명하였다. 그리고 2개 장으로 나누어 자료수집의 방법을 소개하였다. 사회과학연구에서 빈번하게 이용되는 관찰법, 면접법, 척도법, 질문지법, 표준화검사법, 의미변별 척도법, 사회성 측정법, 델파이방법 등 여러 가지 자료수집방법에 대하여 설명하였다.

제3부에서는 사회과학분야에서 이루어지는 여러 가지의 연구유형과 자료의 통계적 분석방법 및 연구보고서 작성에 관한 내용을 다루었다. 기술적 연구의 방법으로 조사연구, 발달연구, 상관연구, 인과비교연구, 사례연구, 내용분석, 메타분석 등의 내용과 방법에 대하여 설명하였다. 실험적 연구에 관해서는 실험연구의 특징, 실험연구의 타당성, 조건통제와 인과관계에 대해 살펴본 후, 이어서 준실험설계, 진실험설계, 단일피험자설계 등 각종 실험설계 방안 등에 관해 살펴보았다. 또한 근래 연구자들의 관심이 점차 높아지고 있는 질적연구에 대한 이해를 돕기 위하여 양적접근과 질적접근의 특징과 차이점, 질적연구의 유형, 질적연구의 절차 등에 대하여 설명하였다. 자료의 통계적 분석과 관련해서는 기술통계와 추리통계의 방법 및 가설검증의 방법에 대하여 설명하였으며, 마지막으로 연구보고서 작성과 논문의 표현양식에 대하여 기술하였다.

저자는 25년전 '교육연구법' 을 세상에 펴낸 후 많은 사람들로부터 과분한 칭찬과 격려에서 솔직한 비판에 이르기까지 여러 가지 피드백을 받았다. 진작 개

정판을 출간했어야 하는데 부지런하지 못한 탓에 세월만 흘려보내고 여기까지 오게 되었다. 그 동안에 사람도 변하고 사회도 변하고 학문세계도 많이 변하였다. 이처럼 크게 변화된 환경에서 낡은 책을 뒤적이며 다시 글을 쓰자니 온갖 상념이 밀려오면서 지나간 날들이 한없이 그립고 아쉽게 느껴진다. 무심히 흐르는 강물처럼 우리 인간도 세월의 돛단배에 실린 채 하염없이 흘러가는 인생에서 진정 변하지 않고 의미있는 것은 무엇인가?

좋은 책을 쓰고자 나름대로 노력하였으나 머리말을 쓰는 이 시점에서 뒤돌아보니 미흡한 점이 한 두 가지가 아니다. 이 책의 미비한 점이나 오류에 대해서는 독자 여러분의 준엄한 비평이 있기를 바라면서, 다음 기회에 좀 더 알찬 책으로 보완할 것을 약속한다.

본서를 집필하는 과정에서 도움을 주신 주위의 많은 분들에게 감사한다. 특히 초고를 읽고 교정하면서 유익한 비평을 해준 이순우 박사와 대학원 박사과정에 재학중인 서민화, 곽효경, 최윤희, 홍소영 선생에게 고마운 마음을 전한다. 또한 강의부담 없이 글쓰는 일에 전념할 수 있도록 저자에게 연구년을 허락한 충남대학교와 재정적 지원을 해준 교육당국에 감사한다.

끝으로 저자의 개인적 사정으로 오랫동안 저술 약속을 지키지 못하였음에도 인내심을 갖고 기다려 주신 교육과학사 김동규 사장님께 깊이 감사한다. 그리고 언제나 밝은 표정으로 연구실에 찾아와 무언의 압력을 가하며 본서의 출간을 도와준 정경식 부장께도 이 자리를 빌어 감사의 뜻을 전하고 싶다.

2009년 정초

이 종 승

요약 차례

제1부 과학과 연구

제2부 연구의 방법

제3부 연구의 실제

세부 차례

제1부
과학과 연구

제1장 과학적 연구의 기초

제2장 연구문제와 가설

제3장 문헌고찰

제4장 연구계획서

제 1 장

과학적 연구의 기초

제1절 과학적 연구의 특징

연구란 인간의 지식을 넓히기 위해서 아직 풀리지 않은 문제를 해결하는 과정이라고 말할 수 있다. 이미 축적되어 있는 자료나 새롭게 관찰한 사실들로부터 어떤 규칙성을 발견하거나, 의미 있는 관계를 찾으려는 노력을 하는 것이 곧 탐구활동인 것이다. 사람들은 오래 전부터 주변에서 일어나는 여러 가지 현상을 현명하게 파악하고 적절하게 대처할 수 있기를 원하였다. 그리하여 자연재해, 질병, 사고, 전쟁과 같은 갖가지 어려움과 고통을 인간의 힘으로 예방할 수 있기를 희구하여 왔던 것이다. 과학자들은 이러한 인간의 열망에 부응하면서 동시에 자신들의 지적 호기심을 충족시키기 위하여 부단히 탐구활동을 벌이고 있다.

1. 연구의 의미

위에서 연구란 인간의 지식을 넓히기 위해서 아직 풀리지 않은 문제를 해결하는 과정이라고 하였다. 다른 관점에서 다시 정의한다면, 연구란 어떤 현상에 관련되어 있는 사건이나 사상을 객관적으로 관찰해서 얻어진 내용을 정리하고 현상들 간의 관계를 분석하여 그 속에 내재해 있는 규칙성을 찾아냄으로써 체계적인 지식을 얻게 되는 과정이라고 말할 수 있다. 편의상 교육학을 중심으로 연구의 의미를 생각해 보자. 교육연구의 대상은 교육현상과 관련이 있는 제반 사상들이다. 대체로 교육연구의 핵심적인 대상은 인간의 성장과 발달에 관련된 사상들이라고 할 수 있지만, 이들 외에 교육현상과 여러 가지로 관련되어 있는 철학적 사조, 교육제도, 교육방법, 교육시설, 교육환경 등이 모두 교육연구의 대상이 될 수 있다. 무엇을 연구의 대상으로 삼을 것인가는 연구자의 관심에 따라 다를 수 있다. 연구자는 연구하고자 하는 대상에 대하여 체계적이고 객관적인 관찰을 하게 되며, 관찰의 결과 그것들이 어떠한 상태로 존재하고 있는지를 확인하여 정리하게 되며, 나아가서 이들이 서로 어떠한 관련성을 가지고 있는지를 분석함으로써 그것에 내재하는 원리나 일반화를 도출하게 된다.

그러면 연구는 왜 하는가? 연구를 왜 하느냐고 묻는다면, 여러 가지 대답이 가능할 것이다. 학위 취득을 위해서 혹은 승진을 위해서라든가 하는 가장 현실적인 이유를 들어 대답할 수도 있을 것이며, 교육현상에 대한 보다 정확한 지식을 얻기 위해서라는 학구적인 이유를 들어 대답할 수도 있을 것이다. 아래에서는 연구를 무엇 때문에 하는가에 대하여 연구의 본질적인 기능을 중심으로 세 가지 관점에서 생각해 보고자 한다.

첫째, 교육현상에 존재하고 있는 구체적인 사실들을 확인하거나 발견하기 위하여 연구를 수행한다. 여기서 구체적인 사실들이란 실제로 교육이 수행되고 있는 현장에 존재하고 있거나 관련이 있는 여러 가지 사실들을 말한다, 예를 들면, 학생들의 인지적 · 정의적 상태라든가, 교사들의 인성적 특징이나 교직생활에 관한 사실들, 교육프로그램의 개발과 운영, 학부모들의 교육적 관심, 교육 시설이나 설비 현황, 교사들의 업무 부담 정도 등과 같은 것을 말할 수 있다. 이러한 사실들은 직접적인 관찰이 가능한 상태로 존재하는 것도 있지만, 직접적 관찰이 불가능한 상태로 존재하는 것도 있게 마련이다. 특히 지능, 가치관, 태도 등 인간의 심리적인 속성에 관한 사실들은 직접적인 관찰이 불가능하여 간접적인 측정을 하는 경우가 대부분이다. 교육현상에 나타나는 구체적인 사실들을 발견하거나 확인하는 작업은 교육에서의 모든 과학적 연구나 실천 방안 수립의 기초가 된다는 점에서 이러한 연구의 필요성이 부각된다.

둘째, 사건이나 사상들 간에 존재하는 인과관계를 발견하기 위하여 연구를 수행한다. 즉, 교육현상내 변인들 간에 존재하는 인과적인 관련성을 발견하기 위하여 연구를 수행한다. 예컨대, 학생에 대한 교사의 칭찬과 인성발달은 어떠한 관계가 있는가 하는 문제를 규명하는 연구, 특정한 수업방법이 가져오는 교육적 효과는 무엇인가를 확인하는 연구, 교장의 장학 유형이 교사들의 교직 수행에 어떠한 영향을 미치는지를 확인하는 연구 등은 이 범주에 속한다고 볼 수 있다. 원인이 되는 독립변인과 결과에 해당하는 종속변인 사이의 관련성을 확인하는 연구라고 할 수 있다. 이와 같은 연구를 통하여 우리는 교육현상 속에 숨어 있는 인과적인 원리 가령, 칭찬을 사용하면 아동들의 자아개념이 긍정적으로 변하는 것과 같은 원리를 찾아내게 된다. 따라서 이러한 연구의 결과는 교육에 관한 이론의 정립에 기여할 수도 있고, 교육의 실천방안을 마련하는데 활용될 수도 있다.

셋째, 교육의 실천방안을 모색하기 위하여 연구를 수행한다. 학생들의 원만한 성장과 발달을 돕기 위하여 교사들은 여러 가지 일을 수행한다. 학생들에게 교과목을 가르치고, 생활지도를 하며, 교재연구를 하고, 학부모와 면담도 한다. 또한 이러한 일들을 능률적으로 하기 위해서 업무를 분담하거나 새로운 수업방법을 개발하고, 교육운영에 관한 제반 규정도 만들게 된다. 교육의 실천행동과 관련하여 어떤 새로운 방안을 모색하는 것을 우리는 기획연구라고 할 수 있다. 이러한 연구는 실천을 전제로 하여 이루어지게 된다. 따라서 이와 같은 연구는 이제까지 규명된 교육현상내 사실들에 대한 정보와 과학적 접근을 거쳐 밝혀진 원리나 이론을 근거로 하여 수행된다.

일반적으로 보통 사람들은 과학이나 연구라고 하는 것을 어렵고 생소한 것으로 생각하기 쉽다. 물론 과학자가 하는 일은 보통 사람들이 하는 일과 같지는 않지만, 그렇다고 해서 전혀 다른 것도 아니다. 사람들이 과학에 대해 조금만 관심을 갖는다면, 과학자가 하는 일이 어떤 일인가를 어느 정도 이해할 수 있을 것이다. 그리고 일상생활에서 당면하는 여러 가지 문제에도 과학자들이 사용하는 방식을 적용하면, 더 쉽고 효과적으로 해결할 수 있다는 것을 알게 될 것이다. 많은 사람들이 당연한 것으로 생각하던 것이 과학에 의해서 부정되는 경우가 수 없이 많다. 예를 들면, 과거 대부분의 부모들은 대체로 아동에게 벌을 주는 것이 교육적으로 효과가 있다고 생각했으며, 이에 대해서 거의 의심을 하지 않았다. 즉, 그들에게는 아동을 벌로 지도하는 것이 상식이었던 것이다. 그러나 현대 교육자들은 그렇게 생각하지 않는다. 어린이를 양육하고 지도하는데 있어서 칭찬이 벌보다 훨씬 더 효과적이라는 사실이 과학적 연구에 의해 밝혀졌기 때문이다.

2. 과학과 상식

상식도 일상생활의 문제를 해결해 주는 지혜라고 볼 때 과학과 크게 다를 바가 없다. 따라서 이런 입장에서 보면 과학은 상식을 체계적으로 조직하고 확장시킨 것에 불과하다. 그러나 과학과 상식 사이에 아무런 차이가 없다고 생각하면 큰 오산이다. 이들 간에는 확연한 차이점이 있기 때문이다. 아래에서는 몇 가지 측면에서 과학과 상식을 서로 비교해 보면서 그 차이점을 살펴보기로 한다.

1) 개념과 이론의 이용방식

과학과 상식에서 모두 어떤 개념이나 이론을 사용한다는 점에 있어서는 유사하지만, 그것을 사용하는 방식에서는 크게 차이가 난다. 우리는 일상생활에서 여러 가지 개념이나 이론을 사용하고 있다. 길을 걸어가거나 차를 타고 가면서도 그때그때 개념과 이론을 사용한다. 그러나 일반인들이 이것을 사용하는 방식은 과학자가 연구를 하면서 사용하는 방식과는 다르다. 일반인들은 과학자처럼 이론을 체계적이고 치밀하게 사용하는 것이 아니라 모호하게 사용하는 것이다. 그렇기 때문에 사람들은 종종 자연현상이나 사회현상을 환상적으로 설명하곤 한다. 예를 들어, 어떤 사람이 병에 걸리는 것은 죄를 지어서 벌을 받았기 때문이라고 생각한다든가, 이번에 사업에 실패한 것은 운이 나빴기 때문이라고 생각하는 것 등이 모두 그런 종류이다. 그러나 과학자들은 이와는 다른 방식으로 개념과 이론을 적용한다. 과학자들은 체계적으로 이론을 구성하고, 그 이론의 내적 일관성을 확인하며, 실험을 통해서 그것을 검증한다. 또한 과학자들은 사용하는 개념의 의미를 명확하게 규정하고, 경우에 따라서는 조작적으로 정의하여 그 의미가 누구에게나 동일한 뜻으로 의사소통되도록 노력한다. 이러한 점이 과학적 방법의 한 가지 특징이다.

2) 가설의 검증방식

과학이나 상식에서 모두 그들의 이론과 가설을 검증한다는 점에서는 별로 차이가 없지만, 그 검증방식에서는 큰 차이가 있다. 길거리를 걷고 있는 보통 사람도 가설검증을 하고 있을 수 있지만, 이런 때 그가 사용하는 방법은 체계적인 것이 아니라 '선택적' 일 경우가 많다. 여기서 선택적이란 자신의 가설과 일치하는 증거만을 받아들이는 것을 의미한다. 예컨대, 어떤 사람이 '흑인들은 운동을 잘한다.' 라는 가설을 세웠다고 하자. 이때 그는 유명한 흑인 운동선수들을 한 사람 한 사람씩 꼽으며, 그의 가설이 맞는다는 증거로 삼는다. 그러나 이 사람은 그의 가설에 맞지 않는 수많은 예는 무시하고 있다. 즉, 운동을 못하는 많은 흑인에 대해서는 생각도 하지 않고 있는 것이다. 과학자들은 이러한 '선택적 경향성' 이 매우 일반적인 심리현상임을 잘 알고 있다. 그래서 과학자들은 자신의 연구에 작용하고 있을지도 모르는 개인적 편견을 항상 조심하며, 자신의 연구에서는 증거를 선택적으로 수집하지 않으려고 노력한다. 따라서 과학자들은 책상에만 앉아서 하는 연구에는 만족하지 않는다. 그들은 계속 실험을 하고 직접 관찰을 하기도 한다. 과학자들은 어떤 사건과 사건, 또는 현상과 현상 간의 인과관계나 상관관계를 예상해 보는 것에 만족하지 않고, 그 예상의 진위를 검증해 보기 위하여 체계적이며 실증적인 연구를 계속하는 것이다.

3) 관찰현상의 설명방식

과학과 상식은 관찰된 현상을 설명하는 방식에 있어서 차이를 나타낸다. 과학자들은 어떤 현상을 설명할 때 '형이상학적'* 설명방식은 사용하지 않는다. 형이상학적 설명은, 설명이라기보다는 오히려 증명하기 어려운 주장이기 때문이다. 어떤 사람이 가난하게 살거나, 혹은 불의의 사고를 당하여 죽는 것은 본래 신의 뜻이 그렇기 때문이라는 것은 형이상학적으로 설명하는 방식이다. 그런데 이러한 설명은 경험적으로 증명할 수가 없다는 점이 특징이다. 그러므로 과학자들은 형이상학적 논의에는 관심이 없다. 그렇다고 해서 형이상학적 진술이 전혀 의미가 없다는 말은 아니다. 단지 과학적 연구를 할 때만은 형이상학적 방식을 배제한다는 것이다. 만약 어떤 문제나 가설이 있는데, 그것을 경험적으로 관찰하고 증명하는 것이 불가능하다면, 그것은 과학적 문제와 가설이 되지 못한다. 과학에서는 경험적으로 관찰할 수 있고, 검증할 수 있는 문제에만 관심을 가지며, 실증적으로 뒷받침할 수 없는 공허한 '주장' 은 하지 않는다.

4) 통제의 활용방식

과학에서는 통제를 매우 중요시하는 반면에 상식에서는 그렇지 않다는 점이 과학과 상식의 차이점이다. 여기서 '통제' 란 연구를 할 때 변인들 간의 관계를 명확히 규명하기 위하여 연구에서 알아보고자 하는 연구 대상 변인 이외의 다른 여러 가지 요인들의 영향을 제거시키는 것을 의미한다. 예를 들면, 어느 연구자가 'X는 Y의 원인이다.' 라는 가설을 세우고 이를 검증한다고 하자. 이때 연구자는 독립변인 X를 조작하고, 그에 따라 종속변인 Y가 어떻게 변화하는지를 관찰할 것이다. 그러나 Y는 비단 X 뿐만 아니라 기타 여러 가지 요인들의 영향을 받을 수

* 여기서 '형이상학적' 이란 용어는 철학적 의미를 떠나서 단순히 일반인들이 뜻하는 '비과학적' 이라는 말과 동의어로 사용함.

있기 때문에, 다른 사람들이 그 연구결과를 보고, Y의 변화는 사실은 X의 영향이 아니라 다른 요인의 영향을 받은 것이라고 반론을 제기할 수도 있다. 연구자는 이러한 비판을 막고 자기의 연구결과가 타당하다는 것을 입증할 수 있도록 연구를 계획해야 한다. 바로 이런 목적 때문에 과학적 연구에서는 통제를 중요시하는 것이다. 그러나 과학자가 아닌 보통 사람들은 자신이 관찰한 현상을 설명하고자 할 때, 그 현상에 영향을 줄 수 있는 여러 가지 요인들을 통제하지 않는다. 보통 사람들은 무의식 중에 단지 자신의 생각이나 믿음과 일치하는 사실만을 받아들이려는 경향이 있다. 이것이 상식의 취약점이며 과학과 다른 점이다.

3. 과학의 특징

이상에서 간단히 살펴본 바와 같이, 과학과 상식 사이에는 큰 차이가 있음을 알 수 있다. 과학은 자연과 인간의 여러 가지 현상을 합리적 · 객관적으로 탐구하는 학문 활동이다. 과학적 연구를 하려면 과학의 특성을 알아야 할 것이다. 우리는 과학적 방법 이외에 여러 경로를 통하여 지식을 습득하거나 문제를 해결하는 수가 있다. 예를 들면, 때로는 권위자나 초자연적인 힘에 의존하는가 하면, 또 어떤 때는 개인적 직관의 방법을 이용하는 수도 있다. 그러나 이런 방법들은 모두 과학적인 것이 되지 못한다. 과학적 연구에서는 문제해결이나 지식의 근거를 개인적인 신념 혹은 개인이 신봉하는 권위에 두는 것이 아니라 객관적 사실에 두는 것이다.

과학자는 사물의 현상을 정확하게 기술하고, 여러 가지 사상이나 현상 속에 내재하는 규칙성을 발견하여 이를 법칙과 이론으로 일반화시키려 한다. 그 과정에서 과학자는 될 수 있는 한 개인적인 신념이나 편견, 선입견을 배재하고 외부에 있는 객관적 실체에서 근거를 찾고자 노력한다. 간단히 말해서, 과학적 연구의 가장 큰 특징은 객관성(objectivity)을 추구하고, 경험적 검증가능성(empirical verifiability)을 무엇보다도 중요하게 생각한다는 점이다. 현실세계에 대한 체계적이고 객관적인 관찰이 과학의 출발점이며, 과학의 법칙이나 이론은 이와 같은 관찰에 의해서 정당화될 수 있다고 경험주의 과학자들은 믿는다.

과학적 연구는 누가 언제 어디서 수행하던지 연구의 조건과 과정이 같다면 동일한 결론을 얻어야 한다. 그러므로 경우에 따라서는 의도적으로 타인이 수행한 연구를 똑같이 반복하여 검증해 볼 수도 있다. 과학자는 기존의 이론이나 연구에 대하여 비판적이고 회의적인 태도를 취하면서 혹시 문제점은 없는지 면밀히 살펴보고 새로운 사실이 밝혀지면 이를 반영하여 수정한다. 따라서 과학적 연구의 또 다른 특징은 끊임없이 자체수정(self-correction)을 인정한다는 점이다. 과거의 수많은 과학적 발견이나 증명이 후속 연구에 의하여 반증되어 수정되거나 새로운 것으로 대체되는 경우가 흔히 있다.

제2절 과학적 연구의 기본 가정

과학적 연구는 자연세계와 인간의 심리적 과정에 대한 몇 가지 기본적인 가정을 바탕으로 하여 성립된다. 이러한 기본가정들은 모든 탐구활동에 직접적으로 영향을 미친다. 왜냐하면, 이와 같은 기본가정을 바탕으로 해서 연구절차의 기초가 마련되고, 연구방법론을 생각하게 되고, 연구결과에 대하여 다른 연구자들과 의사소통을 할 수 있기 때문이다.

과학적 방법의 기초가 되는 자연세계와 인간의 심리적 과정에 대한 기본가정의 타당성 여부를 검토하는 일은 일반 연구자의 임무가 아니라 과학철학자의 임무이다. 연구자들은 이 기본가정에 대해서 상식적인 수준으로 이해하면서 받아들이는 것이 보통이다. 만약 연구자가 이러한 기본가정을 받아들이지 못한다면 과학적 탐구는 이루어지기 어려울 것이다. 아래에서는 과학적 연구의 근저에 있는 기본가정에 대해서 살펴보기로 한다.

1. 객관적 현실의 존재

과학자들은 우리가 객관적으로 존재하는 현실세계에서 생활하고 있으며, 이와 같은 객관적 현실의 세계는 연구에 의해서 밝혀질 수 있다고 가정한다. 물론 이 현실세계가 구체적으로 어떤 세계인가 하는 점에 대해서 모든 과학자들의 의견이 일치하는 것은 아니지만, 적어도 우리가 살고 있는 이 세계가 각 개인의 환상 세계가 아니라 객관적으로 존재하는 실체라는 점에 대해서는 동의하고 있다. 만약 이 세계가 실제로 존재하는 것이 아니라 각 개인의 환상에 불과한 것이라면, 과학자들은 그들이 발견한 사실과 법칙을 입증할 만한 경험적 증거를 제시할 수 없을 것이다. 과학자들이 이 세계의 실체를 모든 사람이 만족할 수 있을 만큼 객관적으로 증명할 수는 없다. 단지 현실세계에 대한 다른 어떠한 설명보다도, 이렇게 객관적 현실의 존재를 가정하는 것이 과학적 탐구활동을 위하여 좀 더 유익하다는 실용적 입장에서 그와 같은 가정을 정당화하고 있을 뿐이다.

2. 자연현상의 규칙성

자연현상에 대한 규칙성의 가정은, "자연세계에는 유사한 현상이 자주 일어난다. 어떤 상황에서 한번 발생한 현상은 그와 유사한 상황에서 다시 발생할 것이다."라는 가정이다. 즉, 어떤 한 경우에 진(眞)으로 밝혀진 것은 그와 유사한 모든 경우에 대체로 진으로 판명될 것을 가정하는 것이다. 또한 과거의 많은 경우에 진으로 밝혀진 것은 미래에도 계속 진으로 남을 것이라고 가정하는 점이다. 이것을 다른 말로 표현하면 자연현상에 대한 규칙성을 가정하는 것이다. 자연이 규칙적이라고 하는 것은, 비록 겉보기에 아무렇게나 무질서한 것처럼 보이지만, 실은 자연현상이 무질서하게 혹은 우연히 일어나는 것이 아니라는 점을 가정하는 것이다. 하지만 이러한 가정은 우리가 아직 잘 모르는 우주 전체에 관한 자연현상을 대상으로 하는 것이 아니며, 또 한 번의 예외도 없이 언제나 모든 경우를 지배하는 절대적 규칙성을 가정하는 것도 아니다. 다만 우리 인간이 현재 일상적으로 경험하면서 살아가고 있는 생활권내의 시간과 공간에 관한 한 그렇다는 말이다. 인간은 오래 전부터 자연에 규칙성이 있다는 사실을 알고 있었다. 밤이 지나고 나면 항상 아침이 왔고, 계절은 그 순서를 어긴 적이 없으며, 아름답던 꽃들도 예외 없이 언젠가는 시들어 떨어졌다.

자연현상이 단순히 우연에 의해서 일어나는 것이 아니라, 상당한 정도의 규칙성이 있을 것이라는 가정을 바탕으로 과학은 존재할 수 있다. 그리고 규칙성이 있기 때문에 과학적 연구가 가치를 갖게 되는 것이다. 자연에 대한 규칙성의 가정은 자연현상의 분류가능성 · 항상성 · 결정론이라는 세 가지 하위가정을 내포하고 있다.

1) 분류 가능성

옛날부터 사람들은 주변에서 일어나는 여러 현상을 이해하고 문제를 해결하고자 할 때에 우선 비슷한 것끼리 같이 묶어서 분류하는 방법을 사용하여 왔다. 사람들은 생존의 필요에 의하여 먹을 수 있는 버섯과 먹어서는 안 되는 버섯을, 동물을 분류할 때는 위험한 동물과 그렇지 않은 동물로, 전쟁터에서는 아군과 적군으로 주위 사람들을 구별하였다.

자연계를 관찰하다 보면 많은 사물 간에, 또 여러 자연현상 간에 뚜렷한 유사성이 있다는 것을 발견하고 놀라게 된다. 사람들은 그 유사한 현상의 본질적 특징과 기능 및 구조를 밝히려고 노력한다. 즉, 동일한 특징을 가진 여러 사물이나 현상을 발견하게 되면, 그것들을 한 집단으로 묶어서 명칭을 부여한다. 그런 다음에 가능하다면 그 집단 내에서 다시 하위 특징에 따라 집단을 더욱 세분하여 분류하게 된다. 예를 들어, 우리는 자연의 만물을 크게 생물과 무생물로 구분하고, 생물은 다시 동물과 식물로 나누고, 동물은 또 그 특징에 따라 원생동물 · 연체동물 · 척추동물 등으로 분류한다. 척추동물을 더욱 세분하여 양서류 · 파충류 · 포유류 등으로 분류하는 것이다. 이때 분류의 기준으로 사용될 수 있는 것은 형태 · 기능 · 구조 · 크기 등 매우 다양하다.

어떤 분야의 학문이든 그 학문의 초기 단계에서는 연구하려는 대상을 분류하는 일에서부터 출발하였다. 연구자는 자기 분야의 분류체계에 대하여 잘 알고 있어야 한다. 과학자들은 여러 현상들을 그 유사성에 의하여 분류함으로써 많은 양의 지식을 체계적으로 정리할 수 있게 되었다. 또 같은 분야의 지식은 상호 일관성 있는 지식의 구조를 이루게 되었다. 예를 들어, 종 · 속 · 과 · 목 · 강 · 문 · 계의 단계에 따른 생물의 분류체계나, 화학원소의 주기표 같은 것은 해당 학문 분야의 연구자들에게는 매우 중요한 분류체계인 것이다.

분류체계는 다음 네 가지 점에서 그 의의가 있다. 첫째, 개별 현상을 전체적 맥락 속에서 보고 다룰 수 있다. 둘째, 같은 분야의 연구자끼리 좀 더 정확하고 효과적으로 의사소통을 할 수 있다. 셋째, 같은 범주의 현상들이 공통적으로 갖는 특징을 쉽게 찾아낼 수 있다. 넷째, 서로 다른 범주의 현상을 구별짓는 근본적인 차이점을 찾아볼 수 있다.

이렇게 여러 현상들의 유사점과 차이점을 찾아 분류하고 공통된 정보를 요약함으로써 과학자는 그 현상들을 보다 더 잘 이해할 수 있게 된다. 그러나 분류할 때에는 분류의 기준이 되는 어떤 한 두 가지 특징만을 강조하고 그밖에 다른 특징들은 그만큼 소홀히 하기 때문에 개별적인 현상이 갖는 다양성과 변화에서 비롯되는 정보가 상실되기 쉽다. 과학적 연구의 접근방법으로서 분류가 이러한 문제점을 가지고 있음은 사실이지만, 그렇다고 해서 분류체계를 이용하지 않으면 과학적 연구는 매우 어려워질 것이다. 비록 자연계에 완전히 서로 똑같은 것은 없다 하더라도 과학의 연구목적에 비추어 분류가 가능하고, 그 분류가 의미 있을 만큼은 충분히 비슷한 것들이 많다는 것을 전제로 하여, 과학자들은 자연현상을 분류하는 작업을 계속하고 있는 것이다.

분류할 경우에 어떤 속성을 기준으로 분류를 하느냐 하는 문제는 중요하다. 만약 특별한 의미가 없는 속성을 기준으로 분류한다면 그 분류방식은 별로 가치가 없을 것이다. 가장 유용한 분류방식은 여러 현상에 내재하고 있는 근본적인 특징을 찾아내어 그것을 분류기준으로 사용하는 것이다. 그런데 문제는 이러한 근본적 특징이 쉽게 발견되지 않는다는 점에 있다. 분류의 기준으로 사용할 수 있는 의미 있는 특징은, 피상적 관찰에 의하거나 우연히 발견되는 것이 아니라 체계적이고 세련된 관찰방법을 통해서만 발견되는 것이다.

2) 항상성

자연현상에 대한 항상성의 가정은, "자연현상은 비교적 오랜 시간 동안 변하지 않고 지속된다."는 것이다. 즉, 어느 정도의 시간이 흘러도 자연현상의 기본적인 특징에는 큰 변화가 없다는 가정이다. 그렇다고 해서 항상성의 원칙이 절대적으로 영구불변의 상태를 의미하거나, 각 현상의 변화속도가 모두 일정하다는 것을 뜻하는 것은 아니다. 어떤 현상은 그 변화속도가 매우 느리기 때문에 오랜 세월이 흘러도 큰 변화가 없는 반면에, 어떤 현상은 급속히 변화하는 것도 있다. 태양이나 지구 또는 다이아몬드의 특성은 그 변화속도가 느린 예로서, 몇 백 년의 세월이 흘러도 그 근본적인 성질에는 별로 큰 변화가 없다. 그러나 만발한 꽃이 쉽게 시들고, 변덕스런 날씨가 하루에도 몇 번씩 바뀌는 등의 예에서 알 수 있듯이, 어떤 현상은 그 변화가 매우 짧은 시간 내에서도 수시로 일어난다.

항상성에 대한 가정은 과학의 발전을 위해서 필수적인 조건이다. 절대 불변의 항상성이 요구되는 것은 아니지만, 어떤 현상을 토대로 하여 얻은 법칙이나 이론을 일반화시키고 그 후의 유사한 사태에 적용할 수 있을 만큼은 천천히 변화가 일어나야 한다. 변화가 천천히 일어나야 발견된 법칙이나 이론을 다시 검증해 볼 수 있으며, 나아가서는 이것들을 일상생활에 유용하게 적용할 수 있을 것이다. 변화가 너무 빨리 일어난다면 미처 검증을 하기도 전에 벌써 그 현상의 근본성격이 달라져서, 이미 발견한 법칙이나 이론은 쓸모없게 될 것이다. 만약 우리 주변의 모든 현상이 근본적으로 변화무쌍한 것이라면, 그러한 현상을 탐구하는 과학적 연구는 결국은 별로 쓸모없는 과거의 기록만을 위한 일에 불과하게 될 것이다.

자연이나 사회의 여러 현상에 항상성이 전혀 없다면, 과학적 탐구활동은 무의미하게 된다. 왜냐하면, 과학의 기본기능인 기술 · 설명 · 예언 · 통제를 가능케 하는 지식의 축적이 이루어지지 못하기 때문이다. 항상성을 가정할 수 없는 상황에서는 우리 주변에서 일어나는 자연현상을 믿을만하게 예측할 수 없다. 항상성을 가정할 수 없는 경우에 우리가 어떤 현상에 대하여 예언을 한다는 것은 단지 막연한 추측에 지나지 않으며, 그 예측의 맞고 틀림은 전적으로 우연 요인에 달려 있을 것이기 때문이다.

3) 결정론

과학에서는 우리 주변에서 일어나는 여러 가지 현상이 어떤 원인에 의해서 발생되며, 논리적으로 원인과 결과의 관계로 이해할 수 있다고 가정한다. 자연현상에 대한 결정론(決定論)의 가정은 어떤 현상도 우연히 일어난 것이 아니라 반드시 그것이 일어날만한 어떤 조건이나 원인이 있다고 가정하는 것이다. 즉, 모든 자연적 현상은 선행되는 조건에 의해 결정된다는 것을 가정하는 것이다. 결정론의 입장에서 보면, 물이 끓는 것은 그 전에 물이 끓을 수 있는 조건이 마련되었기 때문이며, 폭발이 일어났다면 그것은 이미 폭발이 일어나기에 필요하고 충분한 조건이 있었기 때문이라고 생각한다. 그러므로 동일한 조건이 마련된다면 언제든지 물은 다시 끓을 것이며, 폭발이 다시 일어날 것으로 가정한다.

오래 전부터 인간은 자연을 이해하기 위하여 어떤 현상이 일어나면 그 선행조건을 찾으려고 노력하였다. 그러나 이러한 과정에서 가끔 오류를 범한 것도 사실이다. 어떤 현상이 일어나면, 사람들은 대개의 경우 시간적으로 그 현상의 바로 직전에 일어난 일을 원인으로 간주하는 경향이 있다. '까마귀 날자 배 떨어진다.'는 우리의 속담이 단순히 시차적인 전후의 사건을 인과관계로 잘못 인식하는 오류를 잘 나타내고 있다. 그러나 현대의 과학자들은 체계적으로 깊이 있게 문제를 연구함으로써 이와 같은 오류를 범하지 않음은 물론, 그동안 우연한 관찰에 의해서는 볼 수 없었던 자연의 새로운 규칙성을 발견할 수 있게 되었다.

결정론은 모든 과학의 기초가 되는 기본가정이다. 그러나 현대 물리학의 새로운 발견에 의해서 차츰 절대적 결정론에 대한 회의를 갖게 되었다. 과학자들은 더 이상 하나의 법칙이 절대적이라거나, 또는 이러 이러한 조건하에서는 반드시 이러 이러한 현상이 일어날 것이라고 확신할 수 없게 되었다. 그리하여 절대적인 주장을 삼가고 그 대신 확률적으로 말한다. 그렇지만 결정론을 근본적으로 부정하는 것은 아니며, 오직 그 형태가 변화된 것뿐이다. 확률론적 결정론도 자연계의 법칙성과 규칙성을 가정할 때 가능한 것이다. 만약 자연현상에 대한 결정론의 가정을 전혀 할 수 없다면 자연현상은 과학적으로 연구될 수 없을 것이다.

자연현상이 인과법칙에 의해서 일어나는 것이 아니라면 우리는 자연현상을 의미 있게 설명할 수 없다. 또한 실험연구를 하는 것도 의미 없는 일이 될 것이며, 미래에 대한 예측이나 통제도 불가능하다. 이 경우 과학자가 할 수 있는 최상의 일이란 기껏해야 각각의 현상을 있는 그대로 기술하는 일 뿐일 것이다. 따라서 자연현상에 관한 결정론은 과학적 연구의 중요한 기본가정 중 하나이다.

3. 지적활동의 신뢰성

과학적 연구에서는 인간의 지각 · 기억 · 추리 등의 지적활동을 통해서 자연에 대한 지식을 얻을 수 있다고 가정한다. 만약 연구자들이 이러한 심리적 과정을 의심하고, 이를 이용하지 않는다면 과학적 연구는 이루어지기 어려울 것이다. 그러나 사실 우리의 지각이나 추리 과정에는 착오가 생기기 쉬우며, 그러한 착오는 곧 연구의 결과에 영향을 주게 된다. 그러므로 연구자는 인간의 지각 · 기억 · 추리의 기제에 관하여 어느 정도 알고 있어야 한다. 이러한 심리적 기제와 그에 영향을 미치는 요인들을 사전에 파악함으로써 연구에서 일어나는 착오를 최소한으로 줄일 수 있는 것이다.

1) 지각의 신뢰

일반인들과 마찬가지로 연구자도 그의 감각기관을 통해서 정보를 얻게 된다.

그러나 인간의 감각기관은 그 수용력과 변별력에 있어서 개인차가 크다. 다른 동물들이 들을 수 있는 미세한 소리를 인간은 들을 수 없다. 또 사람에 따라서 지각능력의 차이가 있으며, 심지어는 같은 사람에게서도 시간에 따라, 신체건강의 상태에 따라, 환경조건에 따라 지각능력에 변화가 생긴다.

이 책을 읽고 있는 독자 여러분은 이미 많은 경우에 시각적 착각을 경험하였을 것이다. 자기가 탄 기차는 가만히 있고, 옆의 기차가 천천히 움직이기 시작할 때 사람들은 대개 자기가 탄 기차가 움직이는 것으로 착각한다. 또한 똑같은 사람이라도 가로줄 무늬의 옷을 입었을 때보다는 세로줄 무늬의 옷을 입었을 때 더 크고 날씬해 보인다. 보통 사람들과 마찬가지로 과학자들도 관찰할 때에 이와 같은 착각을 할 수 있다. 연구 도중의 순간적인 주의산만, 연구자의 개인적 편견이나 부정확한 변별능력 등은 모두 잘못된 지각의 원인이 될 수 있다. 예컨대, 실험연구를 할 경우 어떤 연구자는 자기가 기대하는 현상이 일어나기를 너무나 열망한 나머지 실제로 일어나지도 않은 현상을 눈으로 보는 것처럼 느끼는 수도 있다.

사람들은 오관을 통해 시각, 청각, 후각, 미각, 촉각의 정보를 수집한다. 비록 이러한 감각기관의 기능이 완벽할 수는 없다고 하더라도 연구자들이 필요한 정보를 직접 수집하거나 확인해 보기 위해서는 자신의 감각기관을 이용할 수밖에 없다. 지각을 통하여 정보를 습득하되 다만 연구하는 사람은 관찰과정에서 일어날 수 있는 일반적인 오류에 유의함으로써 자신의 연구에서는 그러한 오류의 발생을 최소화 시키도록 노력해야 한다.

2) 기억의 신뢰

지각에서와 마찬가지로 인간의 기억에도 오류가 일어날 가능성은 높다. 기억을 잘못한 경험은 누구에게나 있을 것이다. 나이 많은 교사의 경우 오랜만에 만난 제자의 이름을 기억해 내지 못하여 당황한 적이 있을 것이며, 또 어린이들 중에는 장난감을 사 주겠다고 하신 엄마의 약속은 잘 기억하고 있으면서도 엄마가 시킨 심부름은 곧잘 잊곤 하는 수가 많다. 이와 마찬가지로 과학자들도 자신의 이론과 가설을 지지하는 증거는 잘 기억하지만 그렇지 않은 것은 종종 잊는 수가 있다.

인간의 기억에 이러한 문제점이 있지만, 연구자들은 인간의 기억을 통해서 신뢰할 만한 지식을 얻을 수 있다는 가정을 받아들인다. 만약 이러한 가정을 할 수 없다면 과학자들은 개별 정보의 정확성을 다시 확인하는데 대부분의 시간을 보내야 할 것이다. 인간이 정보를 잊거나 그릇되게 기억하는 경우가 많다는 것은 사실이기 때문에 과학자들은 기억의 보조 수단으로서 정보를 체계적으로 기록하는 여러 가지 기기나 방법을 사용한다. 문자로 기록해 두는가 하면, 또 어떤 정보는 녹음 또는 녹화해 놓고, 컴퓨터에 저장하는 등 과학기술의 발달로 다양한 기억보조 수단을 활용한다. 또한 정기적으로 이러한 기록을 다시 확인하고 검토하는 작업을 게을리 하지 않는다. 이렇게 함으로써 기억할 수 있는 내용을 넓히고 기억의 정확성과 완벽성을 유지하는 것이다.

3) 추리의 신뢰

사람들은 이미 알고 있는 것을 바탕으로 연역적 또는 귀납적인 방법을 통하여 알지 못하는 것을 추리하는 경우가 많다. 그런데 우리가 하는 추리에도 오류는 발생한다. 추리과정에서 발생하는 오류는 전제가 잘못된 경우, 논리의 규칙을 무시한 경우, 편견에 의한 착오, 또는 연구방법이나 통계적 분석방법을 잘못 적용함으로써 발생하는 오류 등이 있다. 이렇게 많은 경우에 오류가 발생할 수 있음에도 불구하고 추리과정은 연구의 필수적인 부분임을 부정할 수 없다.

연구를 시작할 때부터 끝마칠 때까지 연구의 전체 과정에서 추리를 하게 된다. 연구문제를 선정하고, 문제의 해결방안을 생각할 때, 관찰대상을 결정할 때, 그리고 연구의 가설을 채택해야 할지 기각해야 할지를 결정할 때 등 여러 경우에 추리과정이 이용되는 것이다. 연구자들은 자신의 추리에 오류가 없도록 주의를 기울여야 한다. 먼저 추리의 기초가 되는 전제가 옳은가 그른가를 검토하고, 논리의 규칙에 맞도록 추리하고 있는가를 따져 본다. 또한 연구자 자신의 편견이나 기대심리 때문에 생길 수 있는 왜곡과 비논리성을 피하기 위하여 객관적 자료와 증거를 중시한다. 이러한 노력과 주의를 통해서 추리과정에서 생길 수 있는 오류를 최소로 줄이게 되는 것이다.

제3절 과학적 탐구의 목적

과학자들은 왜 연구를 하는가? 학자들이 연구에서 추구하는 목표는 무엇인가? 과학적 탐구의 궁극적인 목적은 이론 구축에 있다고 말할 수 있다. 즉, 과학적 탐구를 하는 사람들은 그들이 관심을 갖고 있는 자연현상이나 사회현상을 잘 설명할 수 있는 이론(theory)을 정립하고자 한다. 흔히 과학은 사실에서 출발하여 사실로 되돌아간다고 한다. 과학자가 사실에서 출발하여 사실로 되돌아가는 순환과정에는 관찰 → 귀납 → 연역 → 검증의 단계를 거치게 된다. 과학자는 경험의 세계에 있는 개별적 사실의 관찰로부터 귀납적으로 이론을 도출해내고, 이것을 토대로 논리의 세계에서 연역적으로 예측을 하며, 그 예측된 내용은 다시 경험의 세계에서 구체적인 사실을 가지고 검증한다. 이러한 과학적 탐구활동의 순환과정을 다음 [그림 1-1]과 같이 나타낼 수 있다.

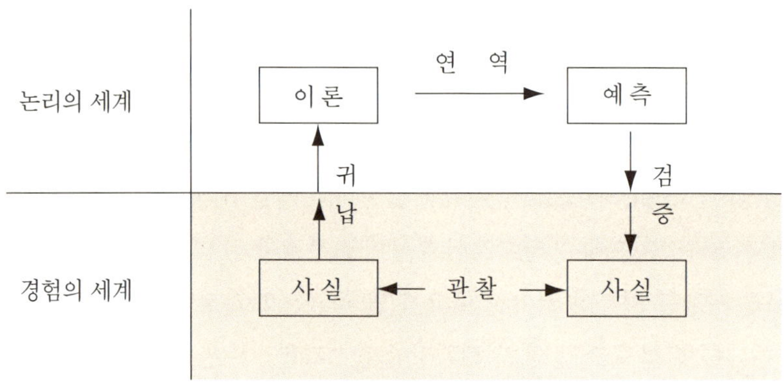

[그림 1-1] 과학탐구의 순환과정

과학적 탐구의 기본 목적 또는 기능은 우리 주위에서 일어나는 여러 가지 자연현상이나 사회현상을 기술하고, 설명하고, 예측하고, 통제하려는데 있다. 이와 같은 목적을 위하여 과학자들은 현실의 경험 세계에서 낱낱의 사실을 주의 깊게 관찰 · 분석하고, 그 배후에 숨어 있는 어떤 '규칙성'을 파악하여 일반적인 법칙을 찾아내고자 한다. 그리고 이러한 법칙들을 상호 관련시켜 하나의 이론을 정립하는 것이다. 초기에 세운 이론은 지속적인 자체수정의 과정을 거치면서 점차 부동의 완벽한 이론의 자리를 차지하거나 아니면 폐기 또는 수정되게 마련이다.

과학적 탐구활동은 자연과 사회현상 속에 존재하는 규칙성을 찾아내어 세상에 알리는데 그 목적이 있다. 과학의 탐구대상인 자연현상이나 사회현상은 겉보기에 무질서하고 혼란과 변덕의 연속처럼 보이지만, 그 배후에는 분명히 어떤 규칙성이 존재한다고 과학자들은 믿는다. 따라서 과학자들은 이러한 숨어있는 질서와 규칙성을 찾아내어 일반적인 법칙을 밝혀내고자 하는 것이다. 만약 어떤 사상에 대한 일반적 법칙과 이론이 있다면, 우리는 구체적 상황에서 그 사상에 관련된 여러 가지 현상을 좀 더 잘 이해하고, 설명하고, 예언할 수 있을 것이다. 그러므로 연구자들이 궁극적으로 추구하는 목표는 바로 이러한 일반적인 법칙의 발견 및 이론의 정립이다.

1. 기술

과학적 탐구의 일차적 목표는 연구대상이 되는 사물이나 현상을 정확히 기술(description)하는 일이다. 기술이란 어떤 사물이나 현상, 또는 사상들 간의 관계에 대하여 관찰한 사실들을 있는 그대로 기록하고, 분류하고, 목록을 만드는 것이다. 일기를 쓰듯이 하나하나의 사실들을 기록하는 수도 있으나, 대개는 어느 정도의 일반적 수준에서 관찰한 사상의 특징을 진술하는 것이 보통이다. 설명이 '왜'에 해당하는 이유와 원인을 강조하는 것이라면, 기술은 '무엇' 이라고 하는 내용과 사실에 초점을 둔다. 따라서 기술은 무슨 사건이 언제 어떻게 발생하였으며, 어떠한 결과를 초래하였는지 등 사실적 정보를 우리에게 제공한다.

기상관측에 관한 누가기록, 천체의 움직임에 대한 관찰기록, 역대 왕조의 실록, 유아의 성장발달에 관한 연대기적 기록 등은 모두가 귀중한 정보를 제공하는 기술 자료이다. 어떤 사물, 현상, 사상에 관하여 잘 정리된 기술은 해당 분야의 학문발전을 위한 초석이 된다. 그리하여 기술은 과학적 탐구활동의 기초이며, 일차적 목표라고 말할 수 있다.

일반적으로 관찰한 내용을 기술하는 방식은 처음 단순한 나열식 기록에서, 유목화하여 분류하고, 서열을 따져 배열하고, 더 나아가 상호관계를 파악하여 기술하는 방향으로 나간다. 분류식 기술 방식은 개개의 사실이나 현상 간에 존재하는 어떤 공통의 특성을 찾아내어, 이러한 특성에 따라 유목을 나누고 명명하는 것을 말한다. 분류의 방법이나 기준은 새로운 지식이 누적됨에 따라 달라진다. 순서배열식 기술 방식은 관찰한 사실들을 대소 · 장단 · 상하 등의 서열에 의하여 기록하고 목록을 작성하는 방식이다. 이렇게 기술하려면 개개 사실 간의 공통성뿐만 아니라 그 공통성의 정도나 크기를 알아야 한다. 한편, 상호관계를 나타내는 기술

방식은 관찰된 사실들 간에 존재하는 관계의 양상이 어떠하며, 그 관련성의 정도가 얼마나 밀접한가를 표현하는 것이다.

2. 이해와 설명

어떤 현상에 대한 기술은 그 자체로서 중요한 것임에 틀림없지만, 그러나 이것은 현상을 이해하고 설명하기 위한 일차 단계에 불과하다. 다시 말하여, 이해(understanding)와 설명(explanation)은 과학적 탐구활동에 있어서 기술보다 한 단계 높은 수준의 목표이다. 그런데 이해와 설명은 '왜' 라는 의문에 대답하는 것으로서, 어느 특정한 현상의 인과관계를 분석하거나 사실의 근거를 파악하였을 때 가능한 것이다.

과학자는 그가 관찰한 사물이나 현상에 이름을 붙이고, 분류하고, 목록을 만드는 기술의 수준에 만족하지 않는다. "사과는 익으면 떨어진다, 위암으로 사람이 죽었다, 이 학생의 학업성취도는 매우 낮다."는 식의 관찰결과를 단순히 기술하는 수준을 넘어서서, 왜 그렇게 되는지를 이해하고 설명하고자 한다. 또한 과학자들은 각각의 현상을 개별적으로 분리시켜 설명하는 일에 만족하지 않고, 더 많은 현상이나 사건을 한꺼번에 설명할 수 있는 일반적인 법칙과 이론을 추구한다.

예를 하나 들어보자. 우리는 더운 여름날에 전기 줄이 늘어나는 것을 볼 수 있다. 어떤 특정한 전기 줄만 늘어나는 것이 아니라 심지어 철도선로도 한 여름 아주 더운 날에는 늘어나는 것을 관찰하게 된다. 이러한 관찰결과를 바탕으로 하여 "열은 금속을 팽창시킨다."라는 일반적 법칙을 도출하여 설명을 시도해 볼 수 있다. 이 정도 수준의 설명도 꽤 유용한 것이다. 금속이 열을 받으면 어떻게 될 것인가를 알 수 있기 때문이다. 그러나 이 정도의 설명으로서는 "왜 금속은 열을 받으면 팽창하는가?" 에 대한 이유를 밝혀주지 못한다. 열을 받으면 금속은 팽창하는 것에 대해 과학자들은 다음과 같이 설명한다. "열은 물체를 구성하는 분자의 운동에 의해 발생한다. 분자운동이 활발해지면 더욱 높은 열이 발생한다. 그리고 분자들이 활발하게 움직이면, 각 분자들 간의 거리는 점점 더 벌어지게 된다. 그러므로 열이 오르면 그 물체는 팽창하게 되는 것이다." 이러한 설명에는 금속팽창의 이유가 밝혀져 있으므로 우리는 관찰된 현상을 좀 더 잘 이해할 수 있게 된다.

연구자가 위와 같은 원리를 발견하게 되면 이 원리를 다른 상황에도 적용해 본다. 팽창이 일어나는 현상이 있으면 그 현상의 원인으로서 열이 작용하고 있는지 아닌지 찾아보는 것이다. 열이 작용하고 있음이 확인되면 그 열이 팽창의 원인이라고 판단하게 된다. 그러므로 이 원리는 특별한 현상을 이해하는데 쓰일 뿐 아니라, 더 많은 자연현상을 일반적으로 설명해 주는 원리로 인정을 받게 된다.

과학적 탐구의 궁극적 목표는 아주 높은 수준에서 일반화된 법칙을 찾아내고 잘 짜인 이론을 구축하는 일이다. 과학자들은 보다 많은 현상을 설명할 수 있는 포괄적인 법칙을 발견하고자 노력한다. 과학적 탐구활동을 하는 연구자들이 희구하는 것은 자기들이 설정한 일련의 가설을 검증하여 일반적인 법칙을 찾아내고 이를 바탕으로 어떤 사상이나 현상을 멋지게 잘 설명할 수 있는 이론을 정립하는 것이라고 하겠다.

뉴턴의 만유인력 법칙은 포괄적인 법칙의 한 예이다. 뉴턴 이전에 갈릴레이는 지구 표면에서의 물체운동을 설명할 수 있는 낙하법칙을 발견하였다. 또한 갈릴레이와 비슷한 시기에 케플러는 천체의 운행법칙을 알아냈다. 갈릴레이의 법칙은 지상에서의 물체운동을, 케플러의 법칙은 천체에서의 위성운동을 각각 설명하는 것이었다. 이때 뉴턴이 나타나 이 둘을 하나로 묶어 버렸다. 즉, 이 두 가지 현상을 한꺼번에 설명할 수 있는 매우 포괄적이며 일반적인 법칙을 발견하였던 것이다. 이것이 바로 과학사에 있어서 뉴턴의 공로라고 할 것이다. 뉴턴 이후에 다시 아인슈타인과 같은 천재적인 과학자가 더욱 일반적인 법칙을 찾아냈으며 이러한 노력은 지금도 계속되고 있다. 폭넓은 법칙과 이론을 통하여 우리는 자연을 더 잘 이해하게 되고, 자연현상을 좀 더 잘 설명할 수 있게 되는 것이다.

3. 예측

예측(prediction)의 논리적 구조는 기본적으로 설명의 그것과 동일하고, 실용적인 측면에서만 차이가 있다. 즉, 설명의 경우에는 사건이 이미 일어났음을 알고 그것이 발생한 원인을 밝히기 위하여 적당한 일반적 법칙과 특정한 조건으로서의 사실을 찾아낸다. 반면에 예측의 경우는 일반적 법칙과 사실에 관한 진술이 먼저 있고, 이것들로부터 특정한 사건이 발생하기에 앞서서 그 사건을 이끌어내는 것이다.

과학자들은 발견된 법칙을 이용하여 미래의 사상을 예측할 수 있기를 원한다. 예측을 정확하게 할 수 있기 위해서는 경험적 자료에 의해 충분히 검증된 법칙과 더불어 필요한 많은 정보가 수집되어야 한다. 예측의 한 가지 예를 들어보자. 화학원소의 주기율을 발견하고 주기표를 만든 멘델레예프(Mendeleev)는 주기표에 빠진 부분이 있는데, 장차 새로운 원소가 발견되면 그 자리를 채우게 될 것이라고 말하고, 새로운 원소의 원자량 · 비중 · 색깔까지도 그것이 발견되기 약 15년 전에 예언하였다. 그 후 갈륨, 게르마늄 등의 새 원소가 실제로 발견되어 멘델레예프의 예측이 사실로 입증된 바 있다.

현대 과학자들은 수집된 자료와 법칙 및 이론을 이용하여 앞으로 나타날 사건이나 현상을 비교적 정확하게 예측할 수 있다. 그런데 예측의 정확도는 그러한 예측의 근거가 되는 법칙이 얼마나 타당하고 신뢰할 수 있느냐에 따라 좌우된다. 예컨대, "화학반응의 전후에 있어서, 반응물질의 전체 질량과 반응 생성물질의 전체 질량은 같다."는 질량보존의 법칙은 경험적으로 입증되어 화학에서 정량분석의 기본이 되고 있다. 이에 비하여 손다이크(Thorndike)가 주장한 학습에서의 연습법칙, 즉 "자극과 반응의 관계를 반복하면 결합이 견고해지고, 반복하지 않으면 결합은 약화되고 망각된다."는 것은 자연과학에서의 법칙들에 비하여 그 타당성이 별로 높지 못하기 때문에 예언력이 약하다.

일반적으로 자연과학 분야에서 발견한 법칙들은 사회과학 분야의 법칙들에 비하여 예언력이 높다. 따라서 자연과학자들은 상당히 많은 자연현상을 예측할 수 있게 되었고, 또 그 중에는 틀림없이 그렇게 되리라고 확신할 수 있는 것들도 많다. 그러나 대부분의 사회현상은 보다 복잡하고 여러 요인들이 복합적으로 작용하는 까닭에 예측하기가 매우 어렵다. 아예 예측을 할 수 없는 경우가 허다하고, 예측할 수 있다고 해도 비교적 단순한 현상에 국한된다. 그렇기 때문에 어떤 사회현상에 대한 예측을 정확히 할 수 있는 일반적 법칙을 발견한다는 것은 그만큼 더 놀랍고 대단한 일이며, 연구자에게 큰 기쁨을 주는 것이다.

4. 통제

과학자들은 그들의 연구 분야에서 특정한 어떤 사상의 원인이 되는 조건이나 인과관계를 규명하고 일반적인 법칙을 발견하기 위하여 부단히 노력한다. 그리하여 타당하게 설명할 수 있고, 앞으로 일어날 일을 예측할 수 있기를 원한다. 그러나 사람들은 여기에 만족하지 않고, 한 걸음 더 나아가 통제할 수 있기를 원한다. 통제(control)란 어떤 현상을 일으키는 원인 또는 필수적인 조건을 임의로 조작함으로써 인간의 힘으로 그 현상을 일어나게도 하고 혹은 일어나지 않게도 하는 것을 말한다.

예를 들어, 의사들은 인슐린의 작용에 대하여 연구한 결과, 인체 내에서 이것이 분비되지 않으면 탄수화물이 제대로 소화되지 못하여 당뇨병이 된다는 사실을 알게 되었다. 또한 당뇨병이 오래 지속되면 환자에게 어떤 위험한 일이 생길 것이라는 것도 예측할 수 있게 되었다. 따라서 의사들은 당뇨병 환자에게 인슐린을 주입함으로써 그 병의 발병을 통제한다. 그만큼 의사들은 당뇨병에 대하여 잘 알고 있는 것이다.

심리학자와 교육학자들은 오랫동안 직업적성에 대하여 연구하여 왔다. 각 직업에서 요구되는 적성을 파악하여 해당 직업에 종사하는 사람의 장래 성취도를 미리 예측할 수 있는 적성검사를 제작하려고 노력한다. 만약 이러한 노력이 성공한다면, 사람들이 직업을 선택하는데 큰 도움을 줄 수 있을 것이다. 그 분야에서 필요로 하는 적성이 없는 사람이 엉뚱한 직업을 택하여 후회하는 경우도 줄어들 것이다. 또 가급적 조기에 적성검사를 실시해서 각자의 적성에 맞는 분야의 교육과 훈련을 받게 하면, 인력을 효과적으로 양성하고 활용할 수 있어서 국가적으로도 이익이 될 것이다.

물론 필요한 경우에 자연현상을 통제하는 일은 사람들이 원하는 바이지만, 실제로 자연을 통제한다는 것은 매우 어려운 일이다. 예측까지는 할 수 있지만, 통제는 할 수 없는 경우가 허다하다. 가령, 내일의 날씨, 혜성의 출현, 암의 진행과정 등이 그렇다. 인간은 이러한 현상의 원인이 되는 조건을 아직은 통제할 수 있는 방법을 갖고 있지 못하다. 더구나 어떤 현상에 대해서는 통제는커녕 제대로 설명하거나 예측도 할 수 없다. 지진의 경우가 그 한 예이다. 통제는 고사하고 언제, 어디서 지진이 발생할는지 조차 정확하게 예측할 수 없는 것이다. 그러나 사회현상을 통제하는 일이 매우 어렵다는 것을 생각할 때, 그래도 자연과학자들은 자연현상을 통제하는 면에서 과거에 비하여 괄목할만한 성공을 거두고 있는 셈이다.

통제에는 필연적으로 가치판단의 문제가 수반된다. 우리가 설령 어떤 사물의 이치를 완전히 알고 있어서 그것을 임의로 통제할 수 있는 능력을 갖추고 있다 하더라도 인위적으로 통제하는 것이 과연 바람직한가에 대한 논란은 얼마든지 일어날 수 있는 것이다. 가령, 유전공학의 지식을 이용하여 새로운 생물체를 개발하는 문제라든지, 임신중절과 같은 문제는 과학의 영역을 벗어나 심각한 사회적 · 철학적 · 윤리적인 문제를 야기 시킨다. 흔히 과학은 가치중립적이어야 한다고 주장하지만, 응용과학 분야에서는 과학적 탐구와 가치문제를 완전히 분리시키기 어려운 경우가 많다.

제4절 연구의 유형

사회현상이나 인간행동을 연구하는 방법은 다양하다. 여기서는 연구의 성격을 이해하는데 도움이 되도록 연구의 유형을 몇 가지 범주로 묶어 개관해 보고자 한다. 그런데 연구의 유형을 구분함에 있어서는 분류자의 관점에 따라 서로 다를 수 있고, 적용하는 분류기준에 따라서도 서로 다를 수 있다. 실제로 연구방법이 다양한 만큼이나 다양한 분류기준이 적용되고 있어서, 각종 연구들을 모두 포괄하는 하나의 범주체제를 만드는 것은 매우 어렵다. 따라서 본서에서는 연구의 목적, 연구의 내용, 연구의 접근방법 등과 같은 몇 개의 차원에 따라 연구의 유형을 구분해 보고자 한다.

연구의 목적에 따라 기초연구와 응용연구로 나누고, 변인의 조작이나 조건의 통제 여부에 따라서 기술적 연구와 실험적 연구로 구분하며, 자료의 수집과 분석방법에 따라 양적 연구와 질적 연구로 구별한다. 그러나 연구의 유형을 이와 같은 기준에 의하여 분류할 때, 분류기준이 상호 배타적이지 못하여 중복될 수 있으며, 또한 모든 연구들이 각 차원의 양극단으로 나누어지는 것도 아니다. 즉, 어느 한 연구가 기초연구이면서 동시에 실험적 연구이거나, 양적인 방법과 질적인 방법을 혼용한 연구, 혹은 기초연구로 시작했지만 응용가능성이 있는 연구가 될 수도 있는 것이다.

1. 기초연구와 응용연구

연구를 기초연구(basic research)와 응용연구(applied research)로 나누는

것은 주로 연구의 목적을 분류기준으로 잡은 것이다. 일반적으로 응용연구의 목적은 어떤 당면한 실제적인 문제를 해결하려는데 있다. 따라서 이러한 연구는 대개 특정한 문제에 초점을 맞추어 수행되며, 즉시 필요한 정보를 얻기 위해서 계획된다. 예를 들어, 심리치료와 같은 임상적인 문제나 현장교육의 문제를 다루는 많은 연구들은 그 연구의 결과가 실제 상황에 직접 적용될 것을 목적으로 하고 있다. 이에 비하여 기초연구는 새로운 발견을 통하여 기존의 지식 체계를 확장시키는데 일차적 목적을 두는 것으로, 일단 응용의 성격을 띠지 않는 모든 연구가 이에 해당된다고 하겠다. 가령, 심리학자가 인간행동의 어느 한 측면을 설명하고자 할 때, 그 행동의 형성과정을 이해하고자 할 때, 혹은 어느 한 현상에 관한 지식을 얻고자 할 때, 그러한 연구의 결과가 즉시 어떤 구체적인 사용가치를 가지게 될 것인가 하는 문제에는 별로 관심을 두지 않는다.

기초연구와 응용연구의 차이를 구체적인 예를 들어 설명해 보자. 아동의 인지과정을 연구하는 어느 심리학자가 새로운 단어는 단독으로 제시하는 것보다 의미 있는 문장 속에서 함께 제시하는 것이 더욱 빨리 학습된다는 사실을 발견하였다고 하자. 이러한 연구의 결과는 아동의 정보처리과정에 새로운 지식을 추가시킬 수 있는 것으로 이를 기초연구라고 부를 수 있다. 한편, 교육학자가 그 연구결과를 토대로 하여 효과적인 어휘학습 프로그램의 개발에 활용하였다고 하면 동일한 정보가 응용적 가치를 가지게 되는 것이다. 이 경우 어휘학습 프로그램을 개발하여 그 효과를 분석해 보는 평가연구는 응용연구의 한 예이다.

그러나 어휘학습 프로그램을 개발하고 학습성과를 평가하는 과정에서 교육학자는 새로운 사실을 발견할 수 있다. 가령, 아동의 어휘학습에 있어서 특정 단어를 얼마나 용이하게 학습하느냐 하는 것은, 단어와 함께 제시되는 읽기 자료가 얼마나 쉬운 내용이냐에 따라 달라진다는 사실을 발견할 수도 있을 것이다. 단어학습과 읽기 자료 간의 관계에 대한 새로운 정보는 응용연구의 과정에서 밝혀진 사실이지만, 이것은 인지심리학자의 이론적 모형에 첨가할 중요한 정보를 제시하는 연구결과이기도 하다. 이와 같은 예에서 알 수 있듯이, 기초연구와 응용연구를 엄격히 구별하는 것은 쉽지 않다. 연구의 본래 목적에 비추어 기초연구 혹은 응용연구로 잠정적 명칭이 주어지지만, 연구의 결과가 처음의 목적과 반드시 일치하는 것은 아니기 때문이다.

2. 기술적 연구와 실험적 연구

기술적 연구(descriptive research)는 문자 뜻 그대로, 연구대상이 되는 어떤 현상의 특징이나 진행과정 또는 관계를 조사 · 분석하여 그 결과를 비교하고 해석하고 사실대로 기술하는 연구이다. 기술적 연구의 특징은 연구대상을 객관적으로 관찰하고 분석할 뿐, 연구자가 변인을 조작하거나 조건을 통제하지 않는다는 점이다. 반면에 실험적 연구(experimental research)는 연구자가 변인을 임의로 조작하거나 조건을 통제하는 실험과정을 통하여 변인들 간의 인과관계를 밝히고자 하는 연구이다. 즉, 연구자가 변인을 의도적으로 조작함으로써 뒤이어 나타나는 변화를 관찰하는 연구이다. 이때 연구자는 환경의 변화가 일어나기를 수동적으로 가만히 앉아서 기다리는 것이 아니라, 체계적이고 조직적인 방법으로 변화를 일으킨다. 실험적 연구는 주로 '왜', '무엇 때문에' 라는 질문에 해답을 얻기 위하여 이루어지고, 기술적 연구는 '무엇이', '어떻게' 라는 질문에 초점을 두고 연구를 수행한다.

기술적 방법과 실험적 방법을 구분하는 하나의 기준은 연구하고자 하는 여러 관련 변인들 사이의 기능적 관계에 있다. 기술적 연구방법은 관심대상이 되는 변인들 간에 현재 존재하고 있는 기능적 관계를 분석하는데 초점을 두고, 실험적 연구방법은 특정한 변인이 조작될 때 어떤 기능적 관계가 존재할 수 있는가에 초점을 맞추고 있다는 점에서 차이가 있는 것이다. 그러므로 연구를 실제로 수행함에 있어서 기술적 연구는 실험적 연구보다 앞서서 이루어지는 경우가 많다. 즉, 중요한 변인들 간의 관계가 자연적 상황에서 밝혀지고 난 후에 그것이 실험상황에서 조심스럽게 검증되는 것이다. 결국 이 두 방법은 어떤 현상의 결정요인을 밝히고자 한다는 점에서 그 목표하는 바는 서로 같다고 볼 수 있다.

기술적 연구방법은 실험연구에서도 기초적인 방법으로 사용될 수 있으나, 그 자체가 독자적인 연구방법으로 쓰일 경우에 실험적 연구와 뚜렷한 차이를 나타낸다. 실험연구에서는 독립변인을 여러 가지 방식으로 조작하고, 이러한 독립변인의 조작 여하에 따라서 종속변인이 어떻게 변화되는가를 관찰한다. 그리고 실험대상을 연구자가 각 실험조건에 임의로 배정할 수도 있다. 그러나 기술적 연구에서는 변인을 조작하거나 조건을 통제하지 않는다. 자연적인 상황에서 현상을 살펴보고, 그 현상에 관련된 여러 변인들을 추리하고 연구한다. 따라서 기술적 연구에서는 변인들 간의 관련성을 밝힐 뿐, 어떤 명확한 인과관계를 규명하지는 못한다.

이처럼 기술적 연구가 많은 약점을 지니고 있음에도 불구하고 사회과학 분야에서는 기술연구가 많이 이루어지고 있는데, 그 까닭은 이 분야의 문제들이 대부분 실험적인 상황을 만들어 놓고 연구하기가 어려운 것들이기 때문이다. 예컨대, 교육연구를 할 때 학생들의 지능수준이나 교사특성과 같은 변인을 연구자가 임의로 조작할 수 없는 것이다. 또 어떤 변인들은 설령 연구자가 조작할 수 있는 능력이 있다 하더라도 사회적으로 혹은 윤리적으로 허용되지 않는 것들이 있다. 유아의 가정환경과 심리적 발달 간의 관계를 연구할 경우, 연구자 마음대로 어떤 유아들에게는 좋은 환경조건을 부여하고 또 어떤 유아들에게는 좋지 않은 환경조건을 조성해서 연구한다면 이것은 비윤리적이고 부당한 처사이다. 따라서 이러한 종류의 문제를 연구할 때 대개는 실험적인 연구를 하는 대신에 자연적인 상황에서 적합한 연구대상을 선정하여 그들을 비교하는 기술적 연구의 방법을 쓸 수밖에 없는 것이다.

3. 양적 연구와 질적 연구

연구의 접근방법 및 주로 이용하는 자료의 성격과 특징에 따라 양적 연구(quantitative research)와 질적 연구(qualitative research)로 구분할 수 있다. 명칭에서 짐작할 수 있듯이, 양적연구는 주로 조사와 실험을 통해 얻은 양적자료를 가지고 통계적 분석을 하고, 질적연구는 주로 참여관찰과 심층면담을 통해 얻은 질적자료를 가지고 문화기술적 내용분석을 한다. 양적연구와 질적연구는 그 철학적 배경과 연구방법론에서 서로 큰 차이를 보인다.

양적접근의 배경에는 경험주의와 실증주의의 철학사상이 깔려 있다. 경험적 · 실증적 탐구관을 한마디로 표현하자면, 자연과학적 방법이 모든 진리탐구를 위한 최선의 방법이라는 것이다. 자연현상과 사회현상의 차이는 단지 정도의 차이일 뿐 본질적으로는 같은 것이라고 본다. 따라서 자연현상의 탐구에 적용되는 자연과학적 방법이 사회현상의 탐구에도 그대로 적용될 수 있다는 것이다. 우리 주변에서 일어나는 모든 현상은 내재된 법칙에 의해 지배되고 있는 바, 과학적 탐구의 목표는 그러한 내재된 법칙을 발견하는 일이며 단순히 현상을 기술해 주는 것만으로는 과학이 될 수 없다는 입장이다. 이 접근방법에서는 주로 양적자료를 수집하여 통계분석의 방법을 통해 주어진 사상을 설명하고 예측하고자 한다.

질적접근의 방법은 현상학적 · 해석학적 탐구의 전통을 따르고 있다. 이러한 탐구관을 가지고 있는 사람들의 기본입장은 사회현상은 자연현상처럼 단순히 인간의 의식 바깥에, 그것과 동떨어져, 그 나름의 독립된 실체로 존재하는 객관적 실재일 수만은 없다는 것이다. 인간이 비록 자연의 일부로 존재하기는 하지만 다른 동물에서는 찾아볼 수 없는 이른바 고등정신능력을 가지고 있다. 이러한 입장에서 볼 때, 인간에게 있어서 사회란 상호주관적으로 경험하는 의미의 세계이기 때문에 그 의미의 해석을 배제한 경험은 너무나 한정된 것일뿐더러, 때로는 잘못된 관찰의 소산일 수도 있다는 점을 지적한다. 이 탐구관의 특징은 사회현상을 관찰자가 아닌 행위자의 관점에서 파악하려고 한다는 점이다. 이 접근방법에서는 주로 질적인 자료를 수집하여 내용분석의 방법을 통해 주어진 현상을 이해하고 의미를 찾을 수 있는 정보를 제공하고자 한다.

이상에서 설명한 분류방식 이외에도 연구에서의 시간 차원에 따라서 횡단적 연구와 종단적 연구로 구별하거나, 문헌연구와 조사연구, 이론적 연구와 실천적 연구, 단일대상 연구와 집단대상 연구 등으로 나누는 방식도 있다. 그러나 이와 같은 연구를 분류하는 구분 자체가 명확하지 못할 뿐 아니라, 연구방법의 이해에 별로 큰 도움을 주지 못한다고 판단되어 여기서는 설명을 생략하기로 한다.

제5절 연구의 일반적 과정

연구의 과정은 연구문제의 성격이나 연구의 유형에 따라 제각기 다를 수 있다. 사실 모든 연구유형에 적용할 수 있는 단일한 연구모형이나 연구수행의 과정을 제시하는 일은 거의 불가능하다. 그러므로 여기서는 편의상 사회과학연구에서 비교적 광범위하게 채택될 수 있는 일반적 연구의 과정을 중심으로 설명하고자 한다.

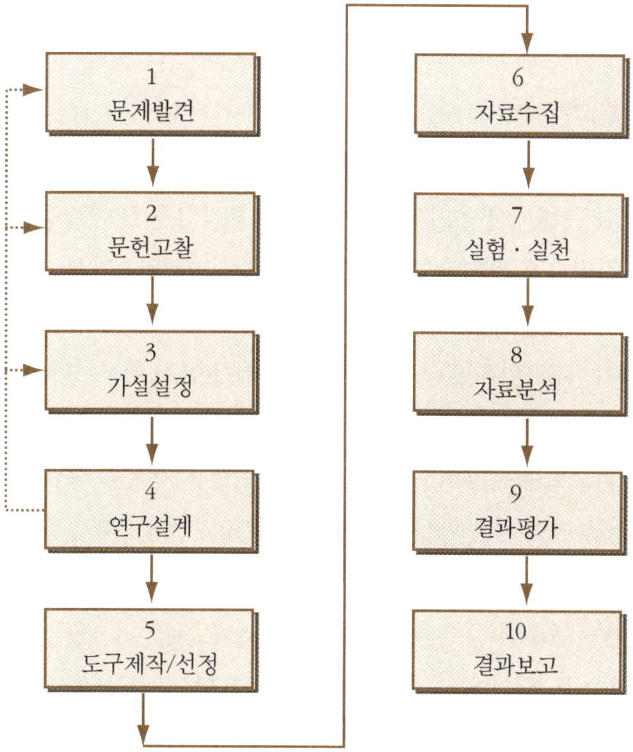

[그림 1-2] 연구의 일반적 과정

사회과학분야에서 흔히 보는 연구의 일반적 절차는, 연구주제의 선정, 관계문헌 고찰, 연구설계, 자료의 수집과 분석, 연구결과의 보고와 같이 여러 단계로 구분된다. 각 단계는 명확히 분리되는 것이 아니고, 어느 정도 서로 중복되면서 연결되는 일련의 연구과정이다. 특히 문제발견에서 연구설계에 이르는 과정에서는 경우에 따라 위로 거슬러 올라가 그 단계의 연구활동을 다시 검토해야 할 때도 있다. [그림 1-2]는 일반적인 연구과정의 각 단계와 그들 간의 관계를 그 진행과정의 흐름에 따라 화살표로 연결해 놓은 것이다.

이미 지적하였듯이, 모든 연구가 반드시 이와 같은 절차에 따라 수행되는 것은 아니다. 상황적 변수의 영향을 많이 받기 때문에 연구의 과정은 다양하다. [그림 1-2]에 제시한 것은 연구의 여러 요소와 단계를 체계적으로 간결하게 조직하여 연구활동을 전체적으로 알기 쉽게 하기 위한 하나의 흐름도이다. 앞으로 본서에서 이러한 연구의 각 요소와 절차에 대하여 개별적으로 자세한 설명을 할 것이므로, 여기서는 단지 연구과정의 대체적인 윤곽을 파악할 수 있도록 간략하게 살펴보기로 한다.

1) 문제발견

연구는 연구자의 머리 속에서 일어나는 의문과 지적 호기심으로부터 시작된다. 일상생활의 주변에서 우리를 놀라게 하고 호기심을 불러일으키는 수많은 사건과 현상에 직면하게 되는데, 이럴 때에 연구자는 지적 호기심과 의문을 가지고 그러한 사상을 주의깊게 관찰하여야 한다. 그 까닭은 연구를 하기 위해서 연구자가 가장 먼저 해야 할 일은 연구문제를 발견하는 일이기 때문이다. 연구문제를 발견하기란 생각처럼 그렇게 쉬운 일이 아니다. 참신하면서도 수행 가능한 연구문제로서, 이론적으로나 실제적으로 의의 있는 문제를 찾기 위해서는 예리한 통찰력과 해당 연구분야에 깊은 학문적 지식을 갖추고 있어야 한다.

2) 문헌고찰

연구하려는 문제가 어느 정도 구체화 되었으면, 그 문제와 관련된 이론이나 선행연구를 고찰한다. 물론 문헌고찰을 통하여 새로운 연구문제를 발견하는 수도 있고, 때로는 관계문헌을 고찰하는 과정에서 이미 연구하고자 선정해 놓은 문제를 변경해야 될 필요성을 깨닫는 수도 있다. 관계문헌을 고찰하는 주요 목적은 해당 분야에서 이제까지 이루어진 연구와 이론을 개관하면서 연구문제를 구체화시키고 가설을 설정하기 위한 근거를 찾으며, 연구방법이나 결과해석에 도움이 될 만한 내용과 자료를 얻기 위한 것이다. 따라서 문헌고찰을 할 때에는 해결하려는 연구문제와 직접적으로 관련된 문헌을 골라서 체계적이고 심도있게 분석할 필요가 있다.

3) 가설설정

연구에 따라서는 가설을 필요로 하지 않고, 명문화하지 않는 수도 있겠으나, 실험연구에서는 반드시 가설을 설정하게 된다. 가설은 연구문제에서 제기한 변인과 변인 간의 관계에 대하여 실증단계 이전에 연구자가 내린 잠정적 결론을 말한다. 가설을 세울 때 연구자는 아무렇게나 즉흥적으로 세우는 것이 아니다. 일반적으로 문헌고찰을 통하여 이미 밝혀진 사실이나 이론을 검토하고, 관련된 선행연구의 결과들을 자세히 분석한 다음에 이러한 과정에서 얻은 지식을 근거로 하여 가설을 형성한다. 가설은 변인 간의 관계로 진술하되, 경험적으로 검증할 수 있는 것이어야 한다.

4) 연구설계

연구문제의 해결방안과 가설을 검증할 수 있는 계획 및 절차를 짜놓은 것이 연구설계이다. 집을 지을 때 건축설계를 하듯이 연구를 할 때도 구체적인 연구설계를 작성해야 한다. 연구설계를 작성하는 과정에서 적당한 연구방법이 없거나 실행성이 희박하다고 판단될 경우에는, 부득이 이전 단계로 거슬러 올라가서 연구문제나 가설을 수정 또는 변경시킬 수밖에 없다. 이러한 경로를 앞에 제시한 연구과정의 모형에서는 점선으로 표시하였다. 이 단계에서 연구자가 충분히 고려해야 할 사항은 연구대상의 표집, 자료의 수집과 분석방법, 연구설계의 구체적 실행방안 등이다.

5) 도구의 제작 또는 선정

여기서 말하는 도구란 크게 두 가지를 의미한다. 하나는 어떤 현상이나 행동특성을 관찰하고 조사하는데 사용되는 측정도구를 말하고, 다른 하나는 연구의 조건이나 상황을 제시하고 규정하는 처치도구, 즉 실험처치의 방안을 일컫는다. 조사연구의 경우처럼 연구에 따라서는 측정도구만 필요할 수도 있다. 그러나 실험연구나 실천연구에서는 측정도구와 처치도구가 모두 필요하다.

연구자가 측정도구를 직접 제작하거나 기존의 이용 가능한 도구들 중에서 선택할 때는 그 도구의 타당도, 신뢰도, 객관도를 고려하여 최적의 도구를 제작 또는 선정해야 한다. 왜냐하면, 연구의 도구가 타당하지 못하거나 신뢰할 수 없다면 그 연구의 결과가 어떻게 될 것인가는 묻지 않아도 알 수 있기 때문이다. 실험 또는 실천을 위한 처치도구를 구안할 때도 처치의 상황이나 조건을 구체적으로 작성한다. 예컨대, 새로운 학습지도 방법이 실험처치라면 어떤 방법으로 어떻게 학습지도를 하는 것인지 제삼자가 쉽게 알아볼 수 있도록 구체적으로 제시해야 한다.

6) 자료수집

사전에 계획한 절차와 방법에 따라 필요한 자료를 수집한다. 자료의 수집은 여러 시점에서 할 수 있다. 가령, 실험처치의 효과를 알아보는 연구라고 하면, 사전-사후 두 차례 할 것이고, 시계열(time-series) 설계에 의한 연구를 한다면 좀 더 많은 시점에서 자료를 수집하게 될 것이다. 연구자는 타당하고 믿을만한 자료를 얻도록 노력해야 할 것이다. 관찰이나 면접을 통한 자료수집에서는 사전에 훈련을 받은 사람이 이를 담당해야 하며, 표준화검사를 사용할 경우에는 검사실시 요강에 충실히 따라야 한다.

7) 실험 또는 실천

이 단계에서는 연구유형에 따라 실험연구이면 실험을, 현장교육연구처럼 실천연구이면 실천을 수행한다. 이때 유의할 점은 조건통제를 잘하여 연구의 내적 타당성을 높이는 일이다. 즉, 연구에서 알아보고자 하는 독립변인 이외의 다른 변인들이 연구결과에 작용하지 않도록 최대한 노력해야 한다. 그런데 현장교육연구에서는 조건을 엄격히 통제하기가 현실적으로 어렵다. 왜냐하면, 많은 요인들이 끊임없이 상호작용하고 있는 실제 교육상황에서 연구가 진행되기 때문이다. 여하튼 조건통제의 정도와 실험결과의 타당성 간에는 직접적인 관련이 있고, 통제가 제대로 되지 않은 만큼 연구의 내적 타당성이 위협받게 된다는 점을 잊지 말아야 한다.

8) 자료분석

일반적으로 원자료는 갖가지 내용이 무질서하게 섞여 있어서, 원자료 그 자체에서 곧바로 연구문제에 대한 해답을 얻기는 어렵다. 따라서 연구자는 수집된 자료를 체계적으로 정리하고 의미 있게 재조직하고 분석하는 작업을 하게 된다. 자료분석이란 관찰이나 실험 또는 조사 등의 방법으로 수집한 정리되지 않은 상태의 원자료에 어떤 질서를 주는 일이라고 하겠다. 연구설계를 작성할 때 자료를 어떤 기준으로 분류 · 조직하고, 어떤 통계적 방법을 적용하여 가설을 검증할 것인가 등에 관해서 미리 구상하게 되므로, 이러한 사전계획에 따라서 체계적으로 자료를 분석하면 된다.

9) 결과평가

연구결과의 평가는 연구에서 발견한 사실을 바탕으로 가설의 채택 여부를 판단하고, 연구를 진행하는 과정에서 있었던 문제들을 전반적으로 검토 · 논의하고 연구의 결론을 도출하는 것이다. 연구의 결과가 애초 기대했던 방향으로 나왔든 그 반대로 나왔든 연구자는 얻은 결과를 있는 그대로 받아들이고 관련된 다른 선행연구나 이론과 관련시켜 평가해야 한다. 설령 연구자의 기대에 어긋나는 '부정적' 결과가 나왔어도 그것은 그 나름의 가치를 갖는 것이다. 연구자는 지적으로 정직해야 하며, 개방적인 자세로 연구에 임해야 한다. 그리고 연구의 결론을 내릴 때 오직 연구결과에 근거를 두고 해야 하며 지나친 일반화를 삼가는 것이 바람직하다.

10) 결과보고

다른 사람들에게 자기가 수행한 연구결과를 알려주기 위하여 연구자는 연구를 끝마친 다음에 연구보고서를 작성한다. 독자들에게 연구내용을 효과적으로 전달할 수 있도록 연구보고서를 잘 쓰는 일은 매우 중요하다. 아무리 훌륭한 연구를 했어도 연구보고서의 작성이 제대로 되지 못하면 연구 전체를 잘못 평가받기 쉬운 것이다. 연구보고서에는 연구의 목적과 문제, 방법과 절차, 결과 및 해석 등을 포함시킨다. 연구보고서는 문학적인 작품과는 달리 감정적이거나 과장된 수식어로 표현해서는 안 되며, 솔직하고 간결하게 오직 사실대로만 기술해야 한다.

제6절 연구의 윤리

연구문제를 해결하기 위하여 연구자는 가능한 모든 수단과 방법을 생각해 낸다. 그리고 연구의 타당성과 신뢰성만 보장된다면 어떤 방법이든지 적용하려는 경향이 있다. 그러나 여기서 주의할 것은 연구수행에 너무 집착한 나머지 연구에서의 윤리(ethics) 문제를 소홀히 해서는 안 된다는 점이다. 연구자는 언제나 다음과 같은 질문, 즉 이 연구가 연구대상자에게 심각한 부정적 영향을 미치지는 않을까, 피험자의 개인적인 권리나 사생활을 침해하는 것은 아닌가, 혹은 연구를 수행하는 중에 부정한 방법을 사용하지는 않았는가 하는 등의 문제를 충분히 고려해야 한다.

대다수 연구자들은 근래에 이르기까지 이러한 문제들을 심각하게 고려하지 않았던 것이 사실이다. 오래전 일이지만 미국의 경우 실제로 유명한 심리학 연구 가운데 매우 비윤리적인 방법을 사용한 예가 적지 않다. 예를 들어, 한 연구자는 사회적 자극이 아동발달에 어떠한 영향을 미치는가를 연구하기 위하여 일단의 쌍생아들을 1년간이나 인위적으로 정상적인 가정에서 격리시켜 극히 제한된 환경조건에서 양육하였다.* 물론 이 연구자가 악의적인 의도로 그렇게 한 것은 아닐 것이다. 당시에는 이러한 연구를 금지시킬 만한 윤리규정이 없었고, 또 그 시대의 과학정신이 개인의 권리보다는 지식의 축적에 더 많은 가치를 두었기 때문에 이와 같은 연구가 가능했을 것이다.

우리나라 연구자들은 근래에 와서야 연구의 윤리적인 문제에 관심을 기울이기 시작하였다고 해도 과언은 아니다. 미국심리학회에서 연구윤리강령을 만들어 권장하기 시작한 것도 그리 오래전의 일이 아니다. 아직도 상당수 연구자들이 연구윤리의 문제를 심각히 고려하지 않는 경향이 있는데 이는 잘못된 것임에 틀림없다. 특히 인간을 대상으로 하는 연구를 수행할 때 연구자가 지켜야 할 윤리적 · 도덕적인 규범이 있는 것이다. 아래에서는 이러한 윤리규범 중에서 연구자가 반드시 고려해야 할 사항에 대하여 알아보기로 한다.

1. 심신의 상해문제

연구자가 우선 고려해야 할 점은 연구에 참여하게 됨으로써 연구대상자가 신체적으로나 정신적으로 어떤 피해를 당하지는 않을까 하는 문제에 언제나 유의해야 한다는 것이다. 특히 실험연구를 할 경우 이러한 점에 각별히 조심해야 한다. 신체적인 상처나 고통은 분명하게 드러나는 문제이다. 예를 들어, 운동기능의 발달에 영향을 주는 원인을 밝히고자 하는 어느 연구자가 특정한 영양분의 결핍이나 장기간에 걸친 신체활동의 제한이 아동의 운동기능을 저해한다는 가설을 세워서 조사하려 한다고 하자. 그러나 이 연구를 위하여 아동들에게 영양공급을 중단시키거나 과도한 운동을 시키는 것과 같은 실험적인 조작은 아동건강에 직접적인 위협을 주므로 받아들여질 수 없다. 이러한 경우에 대개 인간이 아닌 다른 동물을 연

* Wayne Dennis, "Infant development under conditions of restricted practice and of minimum social stimulation," *Genetic Psychology Monographs 23,* (1941): 143-189.

구대상으로 삼아 실험하고 여기서 얻어진 결과를 인간에게도 적용할 수 있다고 가정하게 된다. 엄밀한 의미에서 볼 때, 그러한 연구는 간접적인 정보만을 제공하기 때문에 그리 좋은 방법이라고 할 수는 없지만 윤리적인 측면을 고려하면 불가피한 대안이다.

신체적 상해와는 달리 정신적인 피해의 문제는 그렇게 명확하게 나타나지 않을 때가 많다. 과연 어떤 연구방법이 아동에게 심리적으로 부정적인 영향을 미치는 것인가? 가령, 아동으로 하여금 속임수를 쓰는 성인 모델을 일정기간 관찰토록 하는 실험을 하였더니, 실험이 끝난 후에 이 연구에 참여했던 아동들이 다른 상황에서 속이거나 거짓말을 하는 아동들이 많아졌다면 누구나 문제의 심각성을 즉시 인정할 것이다. 그러나 아동에게 공포, 실패 등의 경험을 인위적으로 시키는 연구를 어떻게 평가해야 할 것인가?

예를 들어, 어떤 과제에 대한 성공과 실패 경험 여하에 따라서 아동들은 그 후에 이와 유사한 과제에 직면했을 때 그 문제를 해결하려는 자발성에 차이가 있을 것이라는 가설을 검증한다고 하자. 이 가설을 검증하는 가장 간단하고 직접적인 방법은 아동들을 두 집단으로 나누어, 주어진 과제를 여러 번 수행하는 동안 한 집단에게는 반복해서 성공경험을 맛보게 하고 다른 집단에게는 계속적으로 실패를 하도록 실험상황을 꾸며 놓고, 이 두 집단 간에 후속 과제의 수행태도에 어떠한 차이가 있는지 알아보는 방법이다. 이와 같은 연구에서 우리가 우려하는 것은 계속적으로 실패를 경험한 아동들은 좌절감이나 열등의식과 같은 부정적인 정서반응을 보일 가능성이 높다는 점이다. 이러한 문제점에 대하여 어떤 사람들은 실험에 참여함으로써 생긴 부정적 정서반응은 연구가 끝나면 대개 곧 사라져 버린다는 이유를 들어 대수롭지 않게 여길는지도 모른다. 즉, 장기적으로 볼 때 별로 해를 끼치지 않을 것이라고 생각할 것이다.

그러나 이처럼 부작용을 일으킬 가능성이 있는 실험절차는 바람직하지 않기 때문에 될 수 있는 한 부정적인 영향을 최소한으로 줄이기 위한 방법을 모색해야 한다. 실험의 마지막 부분에서 계속적으로 실패를 경험한 아동들에게 그들이 매우 잘했다는 점을 확인시켜 주는 절차를 포함하는 것이 그 한 가지 방법이다. 이 경우 쉬운 과제를 추가로 해 보도록 할 수도 있고, 단순히 말로써 잘 했다고 격려해 줄 수도 있다. 또 다른 대안은 연구설계를 바꾸는 것이다. 예컨대, 피험자간(被驗者間) 설계 대신에 실험에 참여하는 각각의 아동들로 하여금 하나의 과제에 대해서는 성공경험을 갖게 하고 다음 과제는 실패하는 경험을 갖게 연구를 설계한다. 물론 이러한 피험자내(被驗者內) 설계에서는 여러 개의 과제를 종속변인으로 사용할 수 있으며, 또한 동일한 피험자들을 대상으로 하여 두 가지 이상의 실험을 하는 연구에 특히 유용하다.

정신적 피해를 막는 또 다른 방법으로는 실험이 끝난 후에 피험자들에게 실험절차에 관하여 설명해 주는 것이다. 어른을 대상으로 하는 연구에서는 연구를 끝마친 후에 연구의 목적이나 결과 등을 알려주는 것이 연구자의 윤리이다. 이렇게 연구를 다 끝마치고 나서 그 연구의 내용에 관하여 피험자들에게 간단히 설명하여 주는 방법은 특히 연구를 수행하는 과정에서 어떤 측면을 숨겼거나 어떤 사실을 고의로 왜곡시키는 등 비윤리적 문제가 개재된 연구를 할 경우에 반드시 필요하다.

하지만 어린 아동들에게 연구를 설명하여 줄 때는 다소 문제가 있다. 비교적 나이가 든 아동들에게는 이런 방법이 합리적일 수 있으나, 어린 아동들에게는 오히려 설명해 주지 않는 편이 더 나을 수도 있다. 가령, 어린 아동들에게 연구를 다 끝내고 나서 그들을 속였다고 솔직히 이야기하는 것은 경우에 따라서는 순진한 그들에게 거짓말을 해도 괜찮다는 것을 가르치는 셈이 되는 것이다. 더욱이 이와 같은 경험을 한번 겪은 아동들은 다른 상황에서도 어른들을 의심하게 될는지 모른다. 이런 이유 때문에 연구자들 중에는 어린 아동을 대상으로 하는 연구에서는 고의로 속임수를 사용해서는 안 된다고 주장하는 사람들이 많다.

아무튼 인간을 대상으로 하는 연구를 할 때에 연구자가 유의해야 할 것은, 연구에 참여하는 사람들이 신체적 또는 정신적으로 어떤 피해를 입는 것은 아닌가 항상 조심하고 그들에게 피해를 주지 않도록 노력해야 된다는 점이다. 교육학이나 심리학의 연구에서 피험자들에게 신체적 상해를 입히는 일은 극히 드물지만, 불안 · 긴장 · 갈등 등을 유발하는 정신적 피해는 의외로 많이 발생할 수 있으므로 이러한 문제에 특히 유의해야 할 것이다.

2. 사생활 침해문제

연구자는 피험자 개인의 사생활이 침해받지 않도록 최대한 노력해야 한다. 일반사회에서와 마찬가지로 연구를 할 때도 개인의 사생활 즉, 프라이버시

(privacy)는 존중되어야 한다. 프라이버시란 사생활의 공개를 강요당하지 아니하며 사생활의 자유로운 전개를 방해당하지 아니하는 권리이다. 개인의 사적인 정보를 타인들과 교환함에 있어서 그 개인 스스로 결정할 수 있는 권리를 말한다.

사람을 대상으로 연구할 때 간혹 속임수를 사용하여 피험자에 관한 사적인 정보를 얻어야 하는 경우가 있다. 이러한 연구방법은 피험자의 개인적 권리와 사생활의 보호라는 측면에서 윤리적이고 법적인 문제를 야기시키게 된다. 이때 생각해 보아야 할 중요한 문제는 피험자들이 연구에 자발적으로 참여하느냐 하는 점이다. 연구자들은 흔히 어떤 특정한 상황을 조작하여 그에 대한 피험자의 반응을 관찰하고 기록함으로써 피험자가 의식하지 못하는 가운데 필요한 정보를 수집하는 경우가 있다. 아동문제를 연구하는 교육심리학자가 학교로 찾아가서 아동 자신이나 보호자 모르게 아동을 연구의 대상으로 삼을 수도 있을 것이다. 이런 경우에 아동들은 그 연구에 피험자로 참여하겠다고 동의하지 않았을 뿐 아니라, 연구의 대상이 된 사실도 모르고 있는 것이다.

이와 같은 상황에서 일어날 수 있는 사생활이나 인권 침해를 막기 위하여, 피험자들로부터 사전에 설명동의(informed consent)를 받아야 한다는 윤리규정을 학회 차원에서 정해 놓은 사례가 많다. 설명동의란 연구대상자로부터 연구참여에 대한 동의를 받는 것을 말하는데, 동의를 요청할 때에는 다음과 같은 사항을 알려주고 이에 대해 질의 응답할 수 있는 기회를 제공해야 한다. 즉, ① 연구의 목적, 예상되는 기간 및 절차, ② 연구에 참여하거나 중간에 그만둘 수 있는 권리, ③ 연구참여로 예상되는 잠재적 위험, 고통 또는 해로운 영향, ④ 연구참여로 예상되는 이득 또는 효과, ⑤ 비밀 보장의 한계 등을 연구대상자에게 알려주어야 한다. 이러한 사항에 대한 설명을 듣고 참여 여부를 피험자 자신이 직접 결정하게 하는 것이다. 이와 같은 절차를 통하여 피험자는 자신에 관한 정보가 수집되기 이전부터 참여를 거절할 기회를 갖게 된다.

어린 아동을 대상으로 하는 연구의 경우에는 보호자로부터 동의를 구해야 한다. 학생일 경우에는 학교당국자가 미리 부모의 동의를 얻어, 부모를 대신해서 각 연구에 대해 참여 여부를 결정하는 수도 있다. 피험자가 어린 아동일 때는 당사자로부터 명확한 동의를 얻기가 더 어렵다. 왜냐하면, 어떤 어린이가 실험에 자발적으로 참여하겠다고 해서 그가 곧 그러한 자신의 행동이 갖는 의미를 정확하게 알고 결정한 일이라고 확신할 수 없기 때문이다. 이러한 이유 때문에 어린 아동을 대상으로 하는 연구에서는 연구의 전과정에 걸쳐서 아동들이 갖는 거절의 권리를 존중해야 한다. 즉, 어느 아동이 미리 연구에 참여하는데 동의를 했다고 하더라도, 연구가 진행되는 도중에 더 이상 참여하지 않겠다고 할 때는 강요나 협박 없이 그가 원하는 대로 해주어야 하는 것이다.

개인정보의 비밀보장이라는 문제도 연구에서 무시할 수 없는 중요한 측면이다. 비밀보장(confidentiality)이란 연구를 위하여 기명으로 수집된 개인정보를 연구목적으로만 사용하고 연구자 이외는 아무에게도 그 정보를 누설시키지 않는 것이다. 피험자가 연구에 참여하기로 동의하였다고 하더라도, 연구를 통하여 얻어진 자료를 연구자가 활용할 수 있는 범위가 어디까지인가는 다시 고려해 보아야 할 문제이다. 예를 들어, 부모와 자녀 간의 상호작용을 조사하는 연구자는 부모의 자녀에 대한 태도, 양육방법, 부부관계 등에 관해 많은 정보를 수집한다. 이러한 정보는 연구문제를 해결하기 위하여 중요한 것이지만, 부모의 입장에서 보면 매우 개인적이며 공개하기 싫은 사생활에 관한 것일 수도 있다. 따라서 이와 같은 경우에 연구자가 그 연구결과를 발표할 때 개인정보의 비밀보장이라는 문제가 제기된다. 연구자들은 연구결과를 보고할 때 대개 피험자를 익명(匿名)으로 하는 것이 보통이다. 때로는 집단 전체의 점수 분포나 평균치와 같이 단순히 통계자료를 보고함으로써 개인적 정보의 익명성을 보장하기도 한다.

사례연구의 경우에는 연령이나 성별과 같은 기본적 사항만을 기술하고 피험자의 구체적인 인적사항은 기술하지 않는 것이 좋다. 이렇게 공식적으로 보고하는 것 외에, 연구자가 다른 동료나 학생들과 연구에 관하여 비공식적으로 토론할 때에도 피험자의 신원이 노출되지 않도록 조심해야 한다. 사적인 정보가 누설될 가능성이 있을 때는 처음부터 연구참여에 동의를 구하는 과정의 일환으로서, 비밀을 보장하기 위한 계획과 그 비밀의 일부가 타인들에게 알려질 가능성을 피험자에게 미리 설명하는 것이 바람직하다. 익명성이 보장되는 조건하에서는 보다 많은 사람들이 연구에 기꺼이 참여하려고 하기 때문에 이 방법은 피험자뿐만 아니라 연구자에게도 도움이 되는 것이다.

3. 사회적 책임문제

연구자가 유의해야 할 다른 또 하나의 윤리적 문제는 연구의 결과를 발표함에 있어서 그 연구결과가 사회에 어떠한 영향을 미칠 것인가를 고려할 필요가 있다는 점이다. 과학은 객관성을 추구하며 가치중립적이다. 과학의 궁극적인 목적은 우리 주변의 세계와 여러 가지 현상을 좀 더 잘 이해하고 설명하는데 있다. 그러나 과학적 탐구활동은 언제나 사회적 · 정치적 상황 속에서 이루어진다. 따라서 때로는 지식추구의 과정에서 과학자가 발견한 연구결과가 사회적으로나 정치적으로 민감한 문제에 대해 중요한 영향을 줄 경우가 있다.

예컨대, 지능발달에 관한 유전과 환경의 문제를 취급한 연구결과가 하나의 좋은 예가 될 것이다. 인간의 지능이 본래 선천적으로 타고난 능력이냐, 아니면 성장하는 과정에서 환경과 상호작용에 의한 경험의 결과이냐에 관한 논쟁은 아직도 계속되고 있다. 지능의 유전론을 주장하는 학자들이나 환경론을 주장하는 학자들이나 모두 순수한 과학적인 견지에서 이 논쟁에 대한 해답을 얻고자 노력한다. 그러나 자칫하면 이 분야의 연구결과는 사회적 · 정치적으로 큰 문제를 일으키는 불씨로 작용할 수 있다는 점에 연구자들은 유의해야 한다. 가령, 연구결과에서 시사하는 바가 본의 아니게 인종간의 우열문제 또는 성별간 불평등의 문제를 발생시킬 수 있는 것이다.

논란의 여지가 많이 있는 어떤 문제에 관하여 어느 한 입장을 취하고 있는 정책결정자가 자신의 견해와 일치하는 특정한 연구결과를 받아들여 즉시 정책에 반영할는지도 모른다. 이렇게 될 때 과학적으로 객관적인 입장을 취하는 연구자는 심각한 윤리적인 문제에 부딪치게 될 것이다. 연구자가 어느 한편의 입장을 지지하는 증거를 찾을 수는 있으나, 물론 이러한 증거는 불확실하기 때문에 오류를 범할 가능성도 있지만, 이러한 결과를 토대로 하여 정책결정자들이 어떠한 사회정책을 세울 것인가에 대해서는 생각하지 않는 것이 보통이다. 하지만 자칫 잘못하면 어떤 연구결과를 발표함으로써 마치 특정한 정책결정자의 입장을 옹호하고 있는 것으로 오해받을 수도 있다. 그렇다고 해서 애써 얻은 연구결과를 발표하지 않는 것은 다른 연구자들에게 매우 가치 있고 학문발전에 중요한 자료를 사장시켜 버리는 일이 된다.

과학자는 진리추구에만 전념할 뿐, 이를 추구하는 과정에서 어떠한 사회적, 정치적인 문제에도 관심을 갖지 말아야 한다는 입장을 취하기는 쉬울 것이다. 그러나 점차 과학자들 사이에서는 똑같은 연구결과라 할지라도 그것이 발표되는 특정한 사회여건과 풍토에 따라서 매우 다른 사회적인 영향을 미치게 된다는 사실을 인식하는 경향이 높아지고 있는 것 같다. 결국 이러한 자각은 연구의 사회적 윤리와 사회에 대한 과학자의 역할을 보다 중요하게 인식하는 것으로 볼 수 있다. 과학자는 자신이 관심을 가지고 있는 어떤 분야이건 자유롭게 연구하고 또한 그 결과를 자유롭게 발표할 수 있어야 하지만, 동시에 자신의 연구보고에 따른 사회적인 책임을 어느 정도 받아들여야 할 것이다.

4. 연구자 부정행위

연구를 하게 되는 동기는 연구자에 따라서 서로 다를 것이다. 순수하게 자신의 지적 호기심을 만족시키기 위하여 하는 연구도 없지 않아 있다. 그러나 이와 같은 순수한 동기보다는 어떤 다른 목적을 달성하기 위한 하나의 수단으로 이루어지는 연구가 더 많은 것이 현실이다. 가령, 박사학위를 받기 위하여, 취직이나 승진에 필요하기 때문에, 연구업적을 쌓고 명예를 얻기 위하여 등등 그 동기는 각양각색이고 이에 따라 연구자들은 좋은 연구물을 내야 된다는 무언의 압력과 유혹을 받는다. 그리하여 어떤 연구자는 이러한 압력과 유혹에 굴복하여 연구자로서 지켜야 할 윤리규범을 망각하고 부정행위를 저지르는 수도 있다. 연구자가 범하는 주요 부정행위의 유형에는 다음과 같은 것이 있다.

① 날조(fabrication) : 연구를 하지 않았으면서도 마치 한 것처럼 허위의 사실로 연구결과를 만드는 행위

② 위조(falsification) : 속일 목적으로 자료를 조작하거나 연구결과를 임의로 변경하여 진짜처럼 꾸미는 행위

③ 표절(plagiarism) : 다른 사람의 연구결과나 주장을 자신의 것처럼 발표하거나, 타인의 논문이나 이미 발표된 자신의 논문의 일부 또는 전부를 베끼거나 가공하여 새로운 내용인 것처럼 발표하는 행위

④ 중복출판(duplicate publication) : 연구업적을 부풀릴 목적으로 이미 출판되었던 자료를 새로운 자료인 것처럼 다시 출판하는 행위

학문사회에서 연구사기(research fraud)가 의외로 많이 일어난다. 연구사기란 위에서 열거한 부정행위를 의도적으로 저지르는 것을 말한다. 연구자가 날조

하거나 조작된 자료를 바탕으로 연구결과를 보고하거나, 또는 연구의 수행과정이나 연구결과를 사실과 다르게 거짓 보고하는 행위가 바로 연구사기이다. 연구결과가 본래 예상하거나 기대한 대로 나오지 않았을 경우 연구자가 임의로 자료를 넣고 빼고 하거나 혹은 조작하여 사실을 왜곡시키는 행위, 연구결과를 좀 더 신빙성 있고 그럴듯하게 보이기 위하여 실제로는 하지도 않은 실험처치나 조건통제 혹은 표집방법 등을 적용한 것처럼 허위 · 과장 · 날조하는 행위들이 모두 연구사기에 속한다.

우리는 이따금 주변에서 크고 작은 연구사기를 목도할 때가 있다. 몇 년 전 한국만이 아니라 전 세계를 한바탕 뒤흔들어 놓았던 '줄기세포' 사건이 연구사기의 대표적인 예이다. 심리학 분야에서 아마도 가장 유명한 연구사기의 사례 중 하나는 영국의 심리학자 버트(Burt)의 연구일 것이다. 버트가 수행한 쌍생아들의 지능발달에 관한 연구결과는 지능의 유전과 환경 논쟁에서 유전론을 지지하는 강력한 증거자료로 오랫동안 이 분야의 많은 연구자들이 빈번히 인용하는 고전적 연구의 위치를 차지하여 왔다. 영국왕실은 그가 심리학 발전에 이바지한 공로를 크게 인정하여 그에게 나이트 작위까지 수여하였다. 그러나 그의 연구에서 사용된 자료의 상당부분이 날조된 것이며 심지어 그와 공동으로 집필했다고 발표된 공동연구자 조차 가공의 인물이라는 것이 그의 사후에 들어났다고 한다.*

연구에서 표절이란 타인의 아이디어 또는 글을 자기 것인 양 도용하거나, 정확한 인용표시 없이 사용하는 행위이다. 다른 사람들의 연구를 훔치는 행위, 타인의 글이나 작품을 허락받지 않고 쓰거나 자기의 것으로 착각하도록 고의로 모호하게 나타내는 행위 등이 모두 표절에 속한다. 대학원에서 석사, 박사 학위논문을 쓰는 학생들 중에 상당수가 의식적 또는 무의식적으로 표절하는 것을 발견할 때가 많다. 심한 경우 다른 사람의 논문이나 책에서 몇 쪽 분량을 그대로 옮겨놓는 수도 있다. 이런 행위는 크게 잘못된 것이며 저작권을 침해하는 범법행위이다. 연구분야에서 표절은 사기, 절도와 같은 범죄에 해당하는 중대한 문제로서 절대로 묵인할 수 없는 일이다.

연구사기는 반복검증연구 등을 통하여 언젠가는 들통이 나게 마련이다. 연구

---

* Donald D. Dorfman, "The Cyril Burt question: New findings," *Science, 201* (September 29, 1978): 1177-1186.

의 부정행위가 결국은 발각되어 시정되겠지만, 그러나 단기적으로 볼 때 허위 정보를 제공하여 해당 분야의 학문발전을 왜곡시키고 대다수 연구자들의 명예를 실추시키는 등 그 피해가 매우 크다. 과학적 탐구 분야에서 수행되는 각종 연구들은 이른바 '명예제도'(honor system)라고 불리는 원칙을 밑에 깔고 있다. 명예제도는 연구자의 명예를 지키기 위하여 연구자 및 그가 소속한 기관이 연구수행의 전 과정에서 자율적으로 정직하게 윤리규범을 준수한다는 상호 신뢰의 정신이다. 마치 학교에서 시험을 실시할 때 정직과 상호신뢰에 근거해 감독관을 배치하지 않는 것과 유사하다. 사실 제삼자가 아무리 감독과 감시를 철저히 한다고 하더라도 연구자가 의도적으로 은밀하게 부정행위를 한다면 그것을 모두 찾아낼 방법은 없다. 그러므로 웬만한 문제들은 명예제도를 운영하면서 궁극적으로는 연구자의 양심과 명예에 의지하는 수밖에 없는 것이다. 따라서 연구자는 훌륭한 연구를 수행하고자 하는 연구의욕 못지않게 항상 지적으로 정직해야 하며, 부정행위에 대한 유혹에 넘어가지 않도록 스스로 조심해야 할 것이다.

연습문제

1. 과학과 상식이 어떻게 다른지 비교 · 설명하시오.

2. 자신이 습득한 지식의 예를 한 가지 들고, 그 지식의 습득과정이 얼마나 과학적인가를 평가하여 보시오.

3. 연구의 일반적 과정을 열거하고 각 단계별로 간단히 설명하시오.

4. 과학의 가치중립성과 사회적 책임문제에 관하여 논의하시오.

5. 과학적 방법의 기본가정을 예시하고, 과학에서 이러한 가정이 필요한 이유를 설명하시오.

6. 다음과 같은 과학적 탐구의 목적에 대하여 간략히 설명하시오.
   ① 기술
   ② 설명
   ③ 예측
   ④ 통제

7. 인간을 대상으로 하는 연구를 할 때, 연구자가 반드시 지켜야 할 중요한 윤리문제에 대하여 논의하시오.

제 2 장
연구문제와 가설

제1절 연구문제의 발견

연구는 연구하고자 하는 주제 또는 문제의 발견에서부터 출발한다. 홍미 있는 주제, 해결해야 할 과제, 알고 싶은 문제가 있을 때 연구를 수행하게 되기 때문이다. 따라서 연구활동의 첫 단계는 연구의 주제를 결정하는 일이다. 연구주제를 정하는데 어떤 일정한 방식이 있는 것은 아니다. 연구에 익숙한 사람이건 초보자이건 간에 연구하고자 하는 사람에게 연구주제를 정하는 한 가지 요령을 말한다면, 그것은 일단 자기 자신이 평소부터 관심을 가지고 있었거나 홍미를 느끼는 문제에서부터 출발하라는 것이다.

연구주제를 결정하거나 연구문제를 발견하는 것은 아주 쉬운 일 같지만, 실은 그렇게 쉽지 않다는 것을 연구문제를 찾기 위하여 실제로 애써본 사람들은 누구나 공감할 것이다. 박사학위 논문을 쓸 때에도 대부분의 사람들이 논문의 주제를 확정하기까지 여러 가지 문헌과 자료를 찾아보거나, 다른 사람들과 연구주제에 대해 의논하거나, 또는 홀로 깊이 사색하는 등 오랜 기간을 두고 상당히 고심한다는 사실로 미루어 보아 좋은 연구문제를 발견하는 일이 힘들다는 것을 충분히 짐작할 수 있다. 문제다운 문제를 발견하기까지 연구자의 많은 노력과 지혜를 필요로 한다. 어느 의미에서 보면, 문제해결의 과정보다도 문제발견의 과정이 더 어렵고, 중요하며, 보다 높은 창의력을 요구하는 작업이라고 말할 수 있을 것이다. 아래에서는 새로운 연구문제를 발견하는데 도움이 될 수 있는 일반적인 원칙을 세 가지로 나누어 제시하고자 한다.

1. 문제의식과 주의 깊은 관찰

무엇보다도 우선 연구하려는 사람이 날카로운 문제의식 또는 문제감각을 가지고, 주위에서 일어나는 여러 가지 사건과 현상에 대하여 주의 깊은 관찰을 할 때에 좋은 연구문제를 발견할 수 있는 가능성이 높아진다. 예를 들어, 만약 교사가 현장교육연구를 위한 문제를 찾고자 한다면, 가장 중요하고 또한 가장 가까운 문제의 원천은 그 교사가 현재 가르치고 있는 교실 내에서 벌어지고 있는 갖가지 일이며, 그가 소속한 학교와 지역사회일 것이다. 주위에서 발생하는 각종 문제들, 해결해야 할 과제들, 그리고 알아보고 싶은 일 등이 연구해 볼만한 훌륭한 소재가 된다.

그러나 같은 사건이나 현상을 보고, 같은 문제에 직면해 있더라도 이것을 보는 사람의 동기와 관찰력 여하에 따라서 연구문제를 찾아내는 능력에는 큰 차이가 있다고 할 것이다. 문제의식을 가지고 사물을 주의 깊게 관찰하는 사람들에게만 문제가 보이기 마련이다. 교사의 주변에는 연구를 기다리는 문제들이 얼마든지 있으며 또 계속적으로 나타난다. 다만 필요한 것은 문제에 대한 예민한 감수성이다. 많은 사람들이 문제의식의 부족으로 주변에 산재한 문제들을 발견하지 못하는 수가 허다하다. 그러나 사실 우리가 주위에서 일어나고 있는 일들을 조금만 유심히 관찰해 보면, 평소에 문제가 아니라고 생각하던 것도 문제로 떠오르게 되는 것을 알 수 있을 것이다.

연구문제는 흔히 먼 곳에 있는 것이 아니라 우리의 주변 가까이 있다. 연구문제는 연구자 주변 곳곳에 산재해 있는 것이다. 그러므로 일상적으로 반복되는 현상이라도 그것이 왜 일어나며, 어느 경우에 두드러지며, 그 결과는 어떻게 되는가를 주의 깊게 관찰할 필요가 있다. 우리들의 주변은 가정, 학교, 지역사회로 확대된다. 이 넓어지는 주변의 곳곳에 적절한 이론이나 연구의 뒷받침이 되어 있지 않는 문제들이 그야말로 수두룩한 것이다. 연구할만한 문제들은 많이 있는데 사람에 따라 잘 보이기도 하고 그렇지 못하기도 하다.

주의 깊은 관찰과 아울러 필요한 것은 회의(懷疑)해 보는 일이다. 학교에서 학생들의 수업참여도를 살펴보면, 적극적으로 수업에 참여하는 학생들이 있는 반면에 어떤 학생들은 소극적으로 혹은 그 시간의 수업과는 아무런 관계가 없는 엉뚱한 행동을 하는 것을 볼 수 있을 것이다. 왜 이렇게 학생들은 서로 다른 행동을 하는가, 수업참여도와 학업성적과는 어떤 관계를 맺고 있을까, 학생들의 수업참여도를 좀 더 높이기 위한 좋은 방안은 없을까? 등등 이런 종류의 의문은 수없이 제기될 수 있을 것이다. 간단히 말해서, '왜' 라는 의문을 가질 필요가 있다. 평범한 현상을 평범하게 그냥 흘려버리지 않고, 당연하다고 생각되는 일들을 당연치 않은 것으로 의심하고 회의를 품는 사람들에게 연구문제는 좀 더 잘 발견된다고 하겠다.

2. 최신 정보와 연구동향 파악

연구문제는 새로운 것이어야 가치가 있다. 따라서 연구자는 참신한 문제를 찾도록 노력해야 한다. 그런데 새로운 연구문제를 찾아내기 위해서는 무엇보다도 해당 분야의 학문발전이나 최신 연구동향에 관한 정보에 밝아야 되고, 또한 기술의 발달과 사회의 변화에 민감해야 한다. 끊임없이 쏟아져 나오는 수많은 연구물들을 모두 읽어볼 시간은 없다. 각종 연구결과들을 간추린 요약판을 읽거나 중요하다고 판단되는 것만을 골라서 읽는데도 많은 시간이 소요된다. 연구자 자신에게 관심 있는 분야의 정보를 빨리 수집해야 참신한 연구문제를 잡을 수 있을 것이다.

계속적으로 쏟아져 나오는 연구보고서나 전문 학술지들을 면밀히 검토함으로써 필요한 연구문제, 좋은 연구문제를 발견할 수 있게 된다. 그러므로 가능한 한 다양한 종류의 연구보고서를 접촉할 수 있도록 체계적인 조직망을 마련해 두어야 한다. 대학도서관에 비치되어 있는 관련 논문집, 학술잡지 등의 목록을 만들고, 각각의 특색을 잘 정리해 둘 필요가 있다. 동시에 관심분야의 석사나 박사학위 논문을 찾아서 읽어보는 것도 큰 도움이 된다. 요즘에는 정보통신망의 발달로 먼 곳에 직접 찾아가지 않고도 편안히 자기 책상에 앉아서 인터넷을 통하여 각종 정보와 자료를 쉽게 검색해 볼 수 있다.

예를 들어, 인터넷으로 한국교육학술정보원 학술연구정보서비스 사이트나 국회도서관 웹사이트를 방문하면, 국내 교육기관에서 수여한 박사학위 논문을 비롯하여 각종 문헌정보에 대한 목록정보를 볼 수 있고 저자명, 논문명, 주제어 등 주요 검색항목을 이용하여 검색할 수 있다. 인터넷을 이용하여 한국교육과정평가원, 한국교육개발원 등과 같은 연구기관이나, 한국사회학회, 한국심리학회 등과 같은 학술단체를 연결해도 각종 연구보고서, 학술논문에 관한 다양한 정보를 얻을 수 있다. 외국의 학술자료도 자신의 책상 앞에 앉아서 컴퓨터를 이용해 각 대학의 홈페이지를 방문하거나, ERIC 같은 웹사이트를 통하여 손쉽게 검색해 볼 수 있는 편리한 시대에 우리는 살고 있다.

학교현장에 있는 교사들은 전문 연구기관이나 각 시 · 도 교육연구원에서 발간하는 연구보고서 또는 한국교총에서 매년 개최하는 현장교육연구대회 입상논문집 등을 체계적으로 검토할 필요가 있다. 이러한 것들이 모두 연구의 좋은 문제

제공처가 될 수 있기 때문이다. 연구논문을 일단 접하게 되면, 그 논문에서 채택하고 있는 기본적 가정이나 가설이 타당한가를 잘 검토해야 하며, 사용된 연구방법이 연구문제에 맞는 것인가를 확인해야 할 것이다. 또한 연구에서 도출한 결론과 그 의의를 비판적으로 검토해 보아야 한다. 이러한 여러 측면의 검토에서 발견된 어떤 결함이나 의문사항은 새로운 연구문제가 되기에 충분하기 때문이다.

최신정보를 빨리 얻어내는 한 방법으로 연구보고서나 연구논문을 수시로 읽으면서 필요한 사항을 메모해 두는 것을 생각할 수 있다. 각 연구기관이나 학회에서 발간하는 연구보고서나 학회지, 각 대학에서 출판하는 논문집 등을 평소에 자주 살펴보고 자기가 관심 있는 분야의 논문이 실려 있으면 그때그때 그 내용을 메모해 두는 습관을 기르는 것이 바람직하다. 최신 연구보고서나 논문을 읽음으로써 해당 분야의 새로운 지식과 정보를 얻게 되는 것은 물론 일반적인 연구동향도 파악할 수 있다.

연구동향을 파악하고 최신 정보를 얻기 위해서 때로는 그 분야의 전문가들, 예컨대 대학교수나 전문연구기관의 연구원들과 상담하는 것도 좋을 것이다. 특히 처음으로 연구를 시작하는 사람들은 전문가의 조언을 듣는 것이 필요하다. 해당 분야의 전문가들은 대개 최신의 논문이나 자기 분야의 연구경향에 대해서 잘 파악하고 있다. 또 전문연구기관은 최신의 정보나 자료를 많이 수집해 두고 있다. 그러므로 전문연구기관에 가서 필요한 자료를 얻고, 이들 기관에 종사하는 전문가들에게 연구문제에 관한 여러 가지 문의를 하면 도움을 받을 수 있을 것이다.

3. 비판적 독서와 다양한 분석

연구하고자 하는 해당 분야의 관계문헌 및 선행연구를 다양하게 분석하고 고찰함으로써 연구의 경향을 파악하고, 장차 필요로 하는 새로운 연구문제를 찾아낼 수도 있다. 그런데 다양하고 예리한 분석을 하기 위해서는 비판적 독서가 요구된다. 비판적 독서의 요령을 간단히 기술하면 다음과 같다.

① 연구보고서나 학술서적을 읽을 때 단순히 지식을 흡수하는데 그치지 말고 그 지식의 타당성을 검토하면서 읽는다.

② 문제해결의 방법이나 실마리를 찾는 데만 그치지 말고 미해결의 문제가

무엇인가를 생각하면서 읽는다.

③ 필자가 주장하거나 강조하는 내용을 구체적인 상황, 예컨대 특정한 대상이나 특정한 시점에 적용해 본다.

④ 논쟁거리나 논의를 더 필요로 하는 문제에 민감하게 반응하고, 읽으면서 사고한다.

⑤ 필자의 논거, 논리, 입장, 또는 철학 등에 주의를 기울이면서 읽는다.

다른 사람이 쓴 연구논문을 읽을 때는 단순히 그 내용만을 파악하는데 그치지 말고 사용한 연구방법이나 결과의 해석은 타당한가, 그 논문에서 도출한 결론과 다른 연구의 결과나 또는 이론 사이에 어떤 불일치되는 점은 없는가 등을 분석해 볼 필요가 있다. 그리고 해당 연구의 제한점은 무엇이며, 미해결의 문제나 논의를 더 필요로 하는 문제들은 없는가를 주시하면서 읽어야 할 것이다. 이미 이루어진 연구의 결과들을 비판적으로 읽는 가운데 우리는 새로운 연구문제를 발견할 수도 있지만, 경우에 따라서는 그와 비슷한 문제를 가지고 다시 한번 연구하여 얻어진 결과를 재검증해 볼 수도 있는 것이다. 특히 현장교육연구의 경우에는 그 연구결과의 일반화가 제한되는 수가 많으므로 다른 연구자가 취급한 문제와 비슷한 문제를 선정하여 다시 연구해 볼 수도 있다. 그러나 이때 주의할 일은 선행연구를 단순히 반복해서 수행할 것이 아니라, 가능한 한 연구의 범위나 방법 혹은 대상을 달리하여 실시해 보는 연구가 더욱 바람직하다는 점이다.

독서와 탐구과정에서 특히 유의할 사항은 기존의 이론이나 주장에 맹종하는 태도를 버려야 한다는 것이다. 그러므로 연구자는 문헌고찰 과정에서 충분히 해명된 개념, 원리, 법칙은 무엇이며, 학자들에 따라 주장이 다를 뿐만 아니라 합의가 되지 않은 것은 무엇이며, 문제만 제기되고 해명이 없는 것은 무엇인가 등을 찾는데 관심을 쏟아야 한다. 한편, 어느 특정 학문영역의 지식을 체계적으로 분석하는 것도 연구문제를 발견하는데 도움이 된다. 연구할만한 문제는 이론 그 자체에 일관성이 없을 때, 여러 이론들 간에 일관성이 없을 때, 그리고 이론과 관찰 간에 일관성이 없을 때 생기는 것이다. 또한 현대 사회에서 필요로 하는 것이 무엇인가를 알아봄으로써 연구문제의 단서를 얻을 수도 있다. 이처럼 할 수 있기 위해서 연구자는 광범하게 독서해야 함은 물론 예리한 통찰력을 함께 갖추고 있어야 한다.

그러면 연구문제의 원천은 어디에 있으며, 어떻게 연구문제를 인식하게 되는가? 일찍이 듀이(Dewey)는 어떤 의도적인 행위가 방해를 받거나 장애에 직면하게 될 때 사람들이 느끼는 좌절감, 당황, 갈등 같은 것이 문제를 인식하게 되는 첫 단계라고 하였다. 연구를 기다리는 문제의 원천은 무수히 많고, 문제발견의 양식도 각 개인에 따라 다양할 것이다. 새로운 연구문제를 발견하거나 어떤 큰 주제에서 구체적인 연구문제로 좁혀나가는데 활용할 수 있는 몇 가지 요령을 아래에 소개한다. 이러한 요령은 연구문제를 발견하기 위한 아주 구체적인 방법의 몇 가지 예에 불과하다. 연구문제를 발견하는데 있어서 왕도란 없다. 다만 문제를 찾고자 부단히 노력하는 사람들에게는 잘 보일 것이고, 또한 많이 읽고, 생각하고, 관찰하고, 토론하는 사람들에게 새로운 문제나 참신한 아이디어가 떠오르게 마련이다.

연구문제 발견 요령

1. 최근의 연구논문들을 개관하면서 쟁점, 모순점, 시사점 등을 검토하라.
   ① 연구자가 논문 말미에 언급한 후속연구에 관한 아이디어나 제언, 시사점을 주의 깊게 읽어 보라.
   ② 연구의 기초를 이루는 가정에 도전해 보거나 반박해 보라.
   ③ 매개과정을 명세화 하고 그간의 관계를 고려해 보라.
   ④ 잘 인정된 이론이나 연구결과를 적용하는데 봉착할지도 모르는 예외적인 상황에 민감하라.
   ⑤ 기존의 설명과 이론을 새로운 주제나 상황에 확장해서 적용해 보라.
   ⑥ 새로운 연구방법, 연구대상, 조건 등에 적용하면 어떻게 될 것인지 생각해 보라.
   ⑦ 다른 문화, 다른 사회에서 이루어진 연구를 우리의 상황에 적용한다면 어떻게 될 것인지 생각해 보라.
   ⑧ 기존의 연구결과를 다른 관점에서 보려고 노력하라.

2. 주위의 사물을 주의 깊게 관찰하며 사고하라.
   ① 사물간의 관계를 유추해 보라.
   ② 우연하게 새로운 사실을 발견했으면 그것을 개념화하고 그 현상이 어느 정

도로 일반화될 수 있는가를 궁리하라.

③ 머릿속에 떠오르는 생각은 어떤 것이건 자유롭게 표현되도록 사고를 제한하지 말고, 어리석은 것 같은 의문이나 생각도 쉽게 포기하지 말고 곰곰이 정리해 보라.

④ 상호 불일치하는 이론이나 연구결과를 극대화하거나 반대로 극소화시켜 보라.

⑤ 이전의 연구에서 예상치 않게 밝혀진 내용을 탐색하라.

⑥ 해명되지 않은 문제를 노트에 적어두고 잠시 휴식을 취하라.

⑦ 고정관념에서 탈피하라.

3. 다른 사람들과 아이디어를 교환하며 토론해 보라.

① 해당 분야에 관하여 지식이 있는 사람들에게 그들이 생각하는 연구문제를 질문하라.

② 자신과 의견을 달리하는 사람들의 자문을 구하고 연구할만한 문제에 대하여 논의해 보라.

③ 논문발표회, 학술대회 등에 참석하여 그 곳에서 쟁점이 되는 사항, 활발히 논의되는 문제에 주의를 기울이라.

④ 의심나는 현상이 발견되면 그 방면의 전문가에게 그것에 대해서 질문하라.

⑤ 대중매체나 실생활을 통하여 사람들이 필요로 하는 사항에 민감하라.

⑥ 자신이 가지고 있는 문제나 아이디어를 머릿속으로만 생각하지 말고 다른 사람들에게 설명해 보라.

제2절 연구문제의 선정과 진술

1. 문제선정의 기준

연구해 볼만한 몇 가지 적절한 문제들을 발견한 후에는 그 중에서 구체적으로 어떤 문제를 연구할 것인가를 결정하는 일이 뒤따른다. 연구문제를 선정할 때 연구자가 고려해야 할 조건이 몇 가지 있다. 이러한 조건들을 크게 둘로 나눈다면, 하나는 문제 자체가 새롭고 중요한 것인가 그리고 연구할만한 여건이 갖추어져 있는가 하는 등의 외적 기준이고, 다른 하나는 연구하는 사람의 입장에서 볼 때 그 연구를 수행해 나갈 능력을 갖추고 있으며 관심과 흥미를 끄는 문제인가 하는 내적 기준이다. 아래에서는 이러한 문제선정의 기준에 의거하여 어떠한 연구문제를 선택하는 것이 바람직한가에 관하여 간단히 생각해 보기로 한다.

1) 새로운 문제

연구문제 선정의 기준으로서 첫 번째 고려해야 할 점은 참신성(novelty)이다. 아무리 좋은 연구문제를 발견하였다 하더라도 과거에 다른 사람들이 이미 연구하여 해답을 얻은 문제라면 다시 반복해서 연구할 필요가 없으며, 중복해서 하는 연구는 그만큼 가치가 떨어진다. 따라서 연구문제는 다른 사람들이 해보지 않은 새로운 것이라야 한다. 그러나 선행연구를 재검증하기 위하여 의도적으로 반복하는 연구는 있을 수 있다. 혹은 과거에 연구되었던 문제를 새로운 관점에서 다시 해 볼 수도 있다. 자기가 하고자 하는 연구문제가 새로운 것인지를 확인하기 위해서는 관련된 선행연구를 폭넓게 조사하고 검토해야 한다. 과거에 어떤 연구들이 이루어졌는지, 그리고 현재 자기가 연구하려는 문제와 관련된 참고문헌으로서 어떤 것들이 있는지 해당 분야의 문헌목록을 광범위하게 훑어보는 일이 필요하다.

연구문제가 참신해야 되고 연구가 새로워야 된다는 말은 단지 선행연구와 중복을 피하라는 것만을 뜻하는 것은 아니다. 연구의 방법 및 연구에서 사용되는 여러 가지 자료들이 낡은 것이 아닌 최신의 것이어야 한다는 것도 의미한다. 그러나 "해 아래는 새 것이 없나니 무엇을 가리켜 이르기를 보라 이것이 새 것이라 할 것이 있으랴, 우리 오래 전 세대에도 이미 있었느니라."라고 성경에 쓰여 있듯이, 어느 분야에서나 완전히 새로운 연구문제를 찾기란 매우 어렵다. 다만 선행 연구자들이 쌓기 시작한 학문이라는 거대한 건축현장에 조그만 벽돌이나마 하나 더 보탤 수 있는 그런 종류의 참신성과 독창성이 인정되는 연구라면 새롭다고 해야 할 것이다.

학문적 연구의 경우, 참신성은 연구문제를 선정하는 가장 중요한 기준이 된다. 그러나 현장교육연구의 경우는 학문적 연구에서처럼 참신성의 조건이 그렇게 절대적인 것은 아니고 오히려 실용성이 더 큰 비중을 차지한다. 현장교육연구에서는 특정한 교육상황에서 특정한 교육문제를 어떻게 해결하고 어떻게 개선하느냐에 일차적으로 관심을 두기 때문이다.

2) 중요한 문제

연구문제를 선정하는데 있어서 고려해야 할 두 번째 사항은 그 연구문제가 중요한 문제, 연구해 볼 가치가 있는 문제인가 하는 점이다. 일반적으로 연구의 중요성은 다음과 같은 세 가지 측면으로 나누어 생각할 수 있다.

첫째는 이론적 의의로서, 해당 연구를 통하여 밝혀지는 사실이나 연구결과가 그 분야의 학문발전에 얼마나 공헌할 것이냐 하는 점이다. 어떤 연구의 이론적 의의란 그 연구의 결과가 크게는 새로운 이론을 구축하거나 과거의 이론을 수정하고 보완하는데, 작게는 미소한 것이나마 증거를 하나 더 추가시킴으로써 학문의 발전에 이바지하는 것을 뜻한다.

둘째는 실용적 가치로서, 이 연구를 함으로써 현실적으로 당면한 문제를 해결하는데 얼마나 도움이 되느냐 하는 점이다. 예를 들어, 교육연구를 한다면 그 연구가 교육실제에서 당면하고 있는 문제들 중에 구체적으로 어떤 문제에 어떤 해결책을 제시할 수 있는지를 따져봄으로써 연구의 실용적 가치를 확인할 수 있다. 일반적으로 현장교육연구의 경우, 연구의 중요성은 실용적 가치의 정도로서 평가된다. 즉, 해당 연구의 결과가 교육현장의 문제를 해결하는데 얼마나 이바지할 수 있느냐, 또는 교육현장의 문제를 이해하는데 어느 정도 도움이 되느냐 하는 것이 현장연구의 문제선정에서 고려해야 할 일차적 사항이라고 하겠다.

셋째는 방법론적 의의를 찾을 수도 있다. 이제까지 사용하지 않던 새로운 연구방법을 처음으로 적용하여 그 방법의 독특성이나 효율성을 입증한다면, 그러한 연구의 의의는 연구방법론에 있는 것이다. 창의적인 연구방법은 문제해결의 새로운 돌파구를 마련해 주는 등 후속 연구자들에게 큰 도움을 제공하게 된다. 아무런 이론적 의의나 실용적 가치, 또는 방법론적 의의가 없는 연구는 불필요한 것이다.

3) 가능한 문제

연구문제를 선정함에 있어서 세 번째 고려할 사항은 그것이 가능한 문제인가 하는 점이다. 연구자는 과연 내가 이 연구를 수행할만한 능력을 갖추고 있는가, 주어진 여건 하에서 이 연구가 가능한가, 현존하는 과학적 방법과 절차에 의해서 객관적으로 규명할 수 있는 문제인가? 등의 질문을 던지고 숙고해 보는 일이다.

먼저 연구자 자신의 학문적 자질과 소양에 관하여 객관적 판단을 내려야 한다. 이 연구를 수행하는데 필요한 연구방법과 연구기술을 알고 있는가, 가설을 올바로 검증할 수 있는 통계적 방법을 알고 있는가, 연구의 결과를 타당하게 해석할 능력을 갖추고 있는가? 이와 같은 여러 종류의 사항에 관하여 자문자답해 보고, 어느 정도 자신이 있다고 판단되는 경우에 한하여 그 연구문제를 선택하는 것이 바람직하다. 필요하다면 그 방면의 전문가를 찾아가서 지도와 조언을 청하는 것도 좋다.

연구자료의 수집방법과 입수가능성에 관하여 미리 생각해 보아야 한다. 실험연구인 경우, 적절한 실험대상을 필요한 시기에 구할 수 있는지, 또한 어떤 기관이나 개인을 통하여 연구자료를 입수해야 될 때에 그 가능성은 어떤지 등을 미리 알아보는 것이 좋다. 아주 멋진 연구문제를 찾았다 하더라도 타당하고 믿을만한 자료수집 방법이 아직 개발되지 못하여 그 연구를 수행하지 못하는 경우도 흔히 있는 것이다.

한편, 연구를 수행하는데 필요한 행정적, 재정적 뒷받침을 받을 수 있는지 알아볼 필요가 있다. 연구에 따라서는 행정적 협조를 제대로 받지 못한다면 연구를 추진해 나가는데 많은 어려움을 겪는 수가 있기 때문이다. 그리고 연구에 소요될 경비를 미리 추정해 보고, 연구비를 어떻게 조달할 것이냐에 관하여도 깊이 생각해 보아야 한다. 좋은 연구문제인 줄은 알면서도 필요한 연구비를 감당할 수 없어서 연구를 하지 못하는 수가 우리 주위에는 얼마든지 있다.

이 밖에 주어진 기간 내에 해당 연구를 해낼 수 있을 것인가에 관한 고려도 빼놓을 수 없다. 연구에 따라서는 그것을 완수하는데 오랜 기간을 필요로 하는 것이 있다. 예컨대, 종단적 연구를 통해서만 해결해야 하는 문제는 오랜 시간이 걸린다. 따라서 연구문제를 선정할 때에 그 문제가 정해진 연구기간 안에 완수할 수 있는가를 고려해야 한다.

4) 흥미 있는 문제

마지막으로 한 가지 더 중요하게 고려해야 할 사항은 그 연구문제가 연구자의 관심과 흥미를 끄는, 그래서 정말로 연구해보고 싶은 문제인가 하는 점이다. 연구문제를 선정하는데 있어서 이것은 별로 중요하지 않은 아주 사소하고 개인적인 기준에 불과하다고 생각하는 사람들이 있을는지 모른다. 그러나 연구의 실제에 있어서는 그렇지 않다. 무엇을 하건, 그것이 놀이든지 일이든지 혹은 연구든지 간에, 일단은 재미있고 흥미가 있어야 사람들은 그것에 열정을 가지고 참여하게 되는 것이다.

연구의 수행과정이 언제나 순풍에 돛단 듯이 계획대로 순조롭게 진행되는 것만은 아니다. 대체로 연구자들은 그들의 연구를 끝내기까지 오랜 기간 동안 지루하고 힘든 과정을 거쳐야 한다. 경우에 따라서는 연구를 수행해 나가는 도중에 예상하지 못한 난관에 봉착하거나 감내하기 어려운 한계상황에 직면하여 연구고 뭐고 다 집어치우고 훌쩍 떠나버리고 싶은 충동을 느낄 때도 있다. 실제로 연구를 하다가 중도포기 하는 사람들이 적지 않다. 인간만사가 대개 다 그렇지만, 연구활동도 예외는 아니어서 뜻대로 되지 않을 때가 많은 것이다. 이럴 때에 그 연구가 마지못해 하는 흥미 없는 것이라면 중도에 그만 둘 가능성이 훨씬 높다.

물론 개인의 의사와는 관계없이 특정한 연구문제를 의무적으로 해야 되는 상황도 있을 것이다. 가령, 외부로부터 연구과제를 의뢰받아서 하게 되는 수탁연구나, 연구기관에 고용된 연구원이 기관에서 부과된 연구를 하는 경우에는 연구자의 개인적 흥미나 관심과는 별로 상관없이 주어진 문제를 연구해야 될 때가 있다. 그러나 이와 같은 특수한 경우를 제외하고는 대체로 연구자의 취향에 따라 얼마든지 임의로 선택할 수 있는 여지가 있는 것이다. 흥미도 관심도 없는 연구문제를 어쩔 수 없이 마지못해 택하게 되면 그만큼 연구를 추진하고자 하는 의욕과 동기유발이 약화된다. 연구자 자신이 해보고 싶고 호기심을 느끼는 문제라야 연구의 수행과정 중에 혹시 어떤 어려움에 부딪치더라도 이를 극복해나가면서 시간가는 줄 모르고 연구에 몰입할 수 있는 것이다. 따라서 다른 조건이 비슷하다면 연구자가 정말로 해보고 싶고 흥미를 느끼는 그런 문제를 선택해서 연구하는 것이 바람직하다.

2. 연구문제의 진술

연구문제의 선정이 곧 문제의 진술을 뜻하는 것은 아니다. 연구문제는 연구자 본인이나 다른 사람들이 잘 알아볼 수 있도록 구체적으로 진술되어야 한다. 따라서 연구주제를 결정한 다음에 연구자가 해야 할 일은, 선정한 문제를 연구할 수 있는 형태로 정교하게 다듬는 작업이다. 다시 말하면, 연구문제를 구체적으로 진술하는 일이다. 연구자가 일단 어떤 문제를 연구하겠다고 마음먹고 문제를 선정하였다 하더라도, 처음에는 그 문제에 대하여 매우 일반적이고 막연한 생각만을 가지고 있을 경우가 많다. 그러므로 연구하려는 문제를 분명히 파악하고, 간단명료하게 표현할 수 있기까지 때로는 많은 노력을 필요로 한다.

대개 연구의 초보자들은 자기 능력에 비하여 의욕과 용기가 대단하므로, 연구문제의 선정에 있어서도 거창한 문제에 매력을 느끼기 쉽다. 그러나 얼마 지나지 않아 자기 능력의 한계를 느끼고, 처음에 생각했던 거대한 연구문제를 실제 상황에 옮긴다는 것이 생각처럼 용이하지 않다는 사실을 깨닫게 된다. 그리하여 문제의 범위를 좁히고, 분산된 연구의 목표를 어느 일정한 초점에 맞게 조절하는 작업이 필요하게 되는 것이다. 이와 같은 작업은 흔히 연구문제의 진술과정에서 이루어진다. 머릿속으로 생각하던 연구문제를 막상 문장으로 명료하게 나타내려면 어려움을 느낄 때가 많다. 하지만 연구문제의 진술과정을 통하여, 막연하던 문제가 좀 더 명백하게 드러나고, 문제의 성격이나 한계가 확연하게 결정되기 마련이다.

연구문제는 변인들 간의 관계로 기술하되, 의문문 형식으로 분명하고 간결하게 진술한다. 문제가 클 경우에는 먼저 전체의 내용을 포괄하는 문제를 하나로 진술한 다음에 그것을 몇 개의 하위문제로 나누어서 기술하면 보다 분명해진다. 연구문제의 구체화가 갖는 가장 큰 장점은 연구의 방향과 초점을 선명하게 드러낸다는 점이다. 연구문제를 구체화시켜서 적절하게 진술해 놓으면 무엇을 연구하려는 것인지 명확해진다.

여기서 적절하게 진술된 문제와 그렇지 못한 문제를 비교하는 것이 도움이 될 것이다. 가령, '교수방법과 학업성취도' 라고 진술한 것은 너무나 광범하고 막연해서 연구문제로서의 기능을 제대로 하지 못한다. 사실 이것은 연구의 주제는 될지언정 구체적인 연구문제는 아니다. 이러한 주제로부터 연구할 수 있는 구체적인 문제를 도출한다면, "서로 다른 교수방법에 따라서 학생들의 학업성취도에 차이가 나타나는가?" 라고 진술할 수 있을 것이다. 잘 진술된 문제 속에는 연구의 방향이 시사되어 있다. 그리고 이처럼 진술된 문제 속에 포함된 용어 중에는 구체적인 정의를 필요로 하는 것들이 있다. 위의 예문에서 '서로 다른 교수방법' 이 구체적으로 무엇을 뜻하는지 정의를 해야 한다. 그러나 연구문제를 진술하는 하나의 문장에 용어의 정의까지 함께 포함시키면 너무 복잡해지기 때문에 용어의 정

일반적

↓

구체적

연구주제: 교수방법과 학업성취도

연구목적: 교수방법에 따라 학생들의 학업성취도에 차이가 있는지를 살펴보고자 한다.

연구문제: (1) 토론식 수업은 강의식 수업보다 학생들의 학업성취도 증진에 더 효과적인가?

(2) 학생들의 능력수준에 따라서 토론식 수업과 강의식 수업의 효과는 차이가 있는가?

[그림 2-1] 연구주제, 연구목적, 연구문제 진술의 예시

의는 별도로 제시한다. [그림 2-1]에 연구주제에서 연구문제를 구체화시키는 예를 제시하였다.

일반적으로 비교적 짤막한 문제의 진술이 끝나면, 그 다음에는 문제진술에 사용된 주요 용어에 대한 좀 더 상세하고 명확한 정의를 내리고, 문제의 성격과 배경 및 범위에 대하여 기술한다. 대체로 이와 같은 내용은 연구논문의 '서론' 부분이나 '문제의 제기' 부분에서 기술하게 되는데, 구체적으로 포함시켜야 할 내용을 열거하면 다음과 같다.

- 연구주제에 대한 일반적 소개
- 연구문제의 구체적인 진술
- 연구의 중요성, 가치, 의의
- 연구의 범위와 한계의 명시
- 연구에서 사용된 주요 용어의 정의

연구의 초기단계에서는 문제를 어느 정도 넓게 진술하고, 관계문헌을 고찰하며 연구설계를 짜는 과정에서 점차 그 범위를 좁혀 나가게 된다. 이와 같이 하는 것이 그 반대로 하는 방식 즉, 처음부터 문제를 아주 좁게 잡았다가 범위를 넓히기 위해서 차츰 이것저것 조각들을 붙이는 방식보다 낫다. 연구문제를 분명하게 진술해 놓으면 연구의 반 정도는 이미 성공한 것이나 다름없다고 말해도 될 만큼 이것은 매우 중요한 연구의 첫 단계이다.

제3절 개념, 변인, 가설

1. 개념

개념(concept)은 어떤 현상이나 사상에 대응하는 사람들의 생각이고 이것을 언어로 표현한 것이 용어(term)이다. 일반 사회에서 사람들 간의 의사소통이 잘 되려면 그들이 사용하는 용어의 의미가 분명해야 하는 것처럼, 과학계에서 의사소통이 정확하고 원활하게 이루어지려면 사용하는 개념과 용어의 의미가 명확해야 한다.

1) 개념의 형성

(1) 개념의 의미

우리는 주위의 온갖 사물이나 현상을 가리키고 상호 의사소통하기 위하여 개념을 사용한다. 개념이란 "어떤 특정한 대상이나 현상 또는 공통적인 속성을 가리키는 의미체(意味體)"이다. 자연과 사회 속에는 여러 가지 사물 · 사건 · 현상이 있으며 우리는 이러한 것들을 지칭하는 갖가지 개념을 가지고 있다. 그 중에서 어떤 것들은 자연히 겉으로 '드러나는' 특성을 일컫는 개념이 있는가 하면, 또 어떤 것들은 깊숙이 '숨어 있는' 특성을 나타내는 개념들도 있다. 예를 들어, 소나무 · 강아지 · 책상 · 자동차 등은 모두 그 특성이 겉으로 잘 드러난 구체적 개념이고, 성격 · 적성 · 질량 · 정보화 등은 자연적으로 드러나는 것이 아니라 인위적으로 들추어내야만 그 특성이 나타나는 추상적인 개념이다. 그런데 연구에서 많이 사용하는 개념들 중에는 쉽게 그 모습을 드러내지 않고 깊숙이 숨어 있는 추상적 개념들이 대부분이다.

옛날 과학적 연구가 보잘 것 없던 시절에는 일상적인 언어와 구체적 개념으로 충분히 어떤 현상을 기술하거나 일반적 진술을 할 수 있었다. 예컨대, '장미꽃은 빨갛다', '나무는 물에 뜨지만 쇠는 물에 가라앉는다', '개는 돼지보다 영리하다' 등의 진술은 모두 일상적 언어로 나타낸 것이다. 그러나 과학의 발달과 더불어 과학자들은 그들이 밝혀낸 사실과 현상을 기술하고 설명하는데 일상적 어휘와 구체적 개념만으로는 부족하고 또 적절히 표현할 수 없음을 깨닫고 점차 새로운 개념형성의 필요성을 절실히 느끼게 되었다. 그리하여 과학자들은 경험적으로 입증된 사실을 정확하게 기술하고 일반화하는데 적합한 표현으로서 좀 더 전문화되고 추상적인 개념을 새로이 상정하고, 이러한 개념에 상응하는 전문적 용어를 계속 만들어 사용하게 되었다.

대개 특정 직업이나 집단의 사람들마다 그들 간의 의사소통을 간편하게 하기 위해서 전문적 용어(technical terms)를 만들어 사용한다. 각 학문분야에서 제각기 특수하게 쓰이는 용어가 있는가 하면, 직업의 세계에서도 그 직업에 종사하는 사람들만이 독특하게 사용하는 특수용어(jargon)가 있게 마련이다. 가령, 토목건축 분야에서 사용하는 독특한 말과 인쇄업자들이 사용하는 특수용어, 천문학자들이 쓰는 전문용어 등 이러한 것들이 모두 그 분야 특유의 용어이다. 그런데 이러한 전문용어를 많이 사용하면 사용할수록 해당 분야 이외의 사람들은 이해하기 어렵게 된다.

(2) 개념의 형성

개념과 용어는 엄밀한 의미에서 반드시 같은 뜻의 말은 아니지만, 본서에서는 대체로 개념을 언어적으로 표현한 것을 용어라고 보기로 한다. 겉으로 드러난 사물들에 관한 개념을 설정하기는 비교적 쉽지만, 깊이 감추어져 있는 어떤 속성에 관한 개념을 설정하는 일은 그렇게 쉽지 않다. 그러면 과학자들은 어떤 방식으로 새롭고 고차적인 개념을 만드는가? 대체로 다음과 같은 세 가지 경우를 들 수 있다.

첫째, 어떤 사상들 간의 공통된 특징을 지각함으로써 새로운 개념을 설정하게 된다. 즉, 새로운 개념은 과학자가 표면적으로는 상이한 어떤 현상이나 사물에서 하나의 공통점을 발견하였을 때, 그 공통점을 근거로 하여 만드는 것이다. 예를 들어, 사회학자들은 기업체 · 노동조합 · 정부기관 등 겉으로 보기에는 서로 다른 사회집단들에서 각 집단의 구조, 집단 구성원들 간의 대인관계, 조직의 기능 등이 어떤 면에서 서로 유사하다는 점을 발견하고 이 공통점에 '관료주의' 라는 개념을 붙인다. 이와 같은 방식으로 새롭게 만들어진 개념은 그 전단계의 개념들에 비해서 좀 더 추상적인 것이 된다. '관료주의' 라는 개념은 '기업체' 나 '정부기관' 이라는 개념보다 더 추상적이며, 관찰 가능한 특징을 제시하는데도 좀 더

긴 과정을 거치게 된다. 대체로 경험적 근거가 분명하면서 추상적으로 설정된 개념은 그만큼 과학에서 유용하게 쓰인다.

둘째, 기존의 개념들을 의미 있게 상호 결합시킴으로써 새로운 개념을 만들 수 있다. 즉, 두개 이상의 기존 개념들을 어떤 형식으로 종합하거나 결합시켜서 새 개념을 형성하기도 한다. 과학자들은 아무 때나 새 개념을 설정하는 것이 아니라, 어떤 현상을 좀 더 간결하고 의미 있게 기술하거나 설명할 수 있다고 판단될 때에 한해서 이와 같은 방식을 취하게 되는 것이다. 가령, 시간과 속도의 개념을 결합시켜, '가속도' 라는 새 개념을 얻는다. 가속도의 개념은 단위시간에 있어서 속도 변화의 비율을 나타내는 것으로 물리학에서 널리 쓰이고 있다. 심리학이나 교육학에서 뿐만 아니라 일상생활에서 널리 사용되고 있는 '지능지수' 의 개념도 그것이 처음 도입될 때에는 생활연령과 정신연령의 개념을 일정한 방식으로 결합시켜 만든 것이다. 두개 이상의 개념들을 결합시킬 때는 대개 곱하고 나누고 합하는 등 수리적 방식을 많이 이용한다.

셋째, 여러 현상의 근저에 있는 어떤 형태나 구인(construct)을 추리해 냄으로써 새로운 개념을 만들기도 한다. 우리는 일상생활에서 추리하거나 추측을 많이 한다. 어떤 사람이 남을 때리는 것을 보면 우리는 그 사람이 화가 났다고 추측한다. 로빈슨 크루소는 바다 모래펄에 새겨진 발자국을 발견하고 자기가 그 섬에 혼자 있지 않다고 추측하였던 것이다. 정신분석학을 전공하는 심리학자는 며느리가 뜨거운 차를 따르다가 실수로 시어머니의 무릎에 물을 쏟으면 무의식적인 적개심의 표현이라고 추정하기도 한다. 이렇게 추측해서 존재한다고 가정하는 개념을 가설적 개념 또는 구인이라고 부른다.

(3) 구인

위에서 구인(構因)은 추측해서 존재할 것이라고 믿는 어떤 특성을 가리키는 가설적 개념이라고 하였다. 즉, 구인이란 추상적이고 가설적인 어떤 특성이나 속성의 존재를 가정하고 그것을 지칭하기 위하여 만들어 놓은 개념을 말한다. 따라서 구인은 그것이 나타내는 구체적 실물이 없고, 우리가 직접 관찰하거나 측정할 수 없다. 하지만 구인은 과학에서 매우 유용하게 쓰인다. 교육학이나 심리학에서 많이 쓰이는 지능 · 적성 · 태도 · 인지양식 등은 모두 구인의 일종이다. 추정해서 만든 가설적 개념들은 우리의 감각기관을 통해서 직접 관찰해 볼 수 없는 것이 특징이다. 그러나 우리가 직접 관찰할 수 없다고 해서 가설적 개념이 애매모호한 것만은 아니다. 예컨대, '전기'는 가설적인 개념으로서 우리가 눈으로 직접 볼 수 없다. 다만 우리가 볼 수 있는 것은 전기가 나타나는 상태 혹은 현상일 뿐이다. 즉, 전류가 흐르고 있는 선에 전기난로를 연결시키면 빨갛게 달아오른다든지 형광등이 밝게 빛나는 현상 등이다. '지능'의 개념도 이와 마찬가지로 지능 그 자체는 직접 눈으로 볼 수 없으되, 지능이 나타내는 상태나 특징은 우리가 관찰할 수 있다. 지능이 높거나 낮은 사람들의 행동을 우리는 분별할 수 있는 것이다.

(4) 개념의 분류

개념은 여러 가지 방법으로 분류할 수 있다. 예컨대, 그것이 지칭하는 대상의 특성에 따라 구체적 개념과 추상적 개념으로 나누거나, 그 개념의 실체를 우리가 경험적으로 감지할 수 있는 것이냐 아니면 논리적으로 도출해 낸 것이냐에 따라 경험적 개념과 이론적 개념으로 구분한다. 또한 내포(內包)와 외연(外延)의 다소에 따라 단순개념과 복합개념으로 분류하기도 한다. 개념은 과학적 대상을 분류하고 분석할 수 있도록 하며 현상의 이해를 도와주는 기능을 가지고 있다. 또한 개념은 논리의 세계에서 우리의 사고활동을 촉진시켜 주고 사고의 범위를 확장시키는 구실을 한다.

(5) 개념의 평가기준

그런데 개념들 중에도 좀 더 유용하고 효율적인 것과 그렇지 못한 것이 있다. 일반적으로 개념의 평가기준으로서 경험적 정밀성과 이론적 중요성을 들 수 있다. 경험적 정밀성이란 그 개념이 지칭하는 대상이 직접 관찰이나 조작으로 얼마나 분명한 구체적 근거(referent)를 갖고 있느냐의 정도를 말한다. 구체적 개념은 경험적 정밀성이 높은 반면에, 점차 추상적인 개념으로 올라갈수록 경험적 정밀성은 떨어진다. 이론적 중요성이란 그 개념이 관여된 법칙과 이론에서 어떤 현상을 이해하고 설명하는데 얼마나 도움을 주느냐의 정도를 뜻한다. 어느 한 개념의 의의 즉, 이론적 중요성은 그 개념이 다른 개념들과 어떤 규칙적인 관계를 맺고 있을 때 생기는 것이다. 어느 한 개념의 경험적 정밀성과 이론적 중요성이 높으면 높을수록 그 개념은 과학에서 중요하고 유용하다고 말할 수 있다.

그러나 경험적 정밀성이 높다고 해서 반드시 이론적 중요성이 높은 것은 아니다. 아무리 분명한 근거를 가지고 있다 하더라도 의의가 없는 개념이라면 별로 쓸모없는 개념이 된다. 한편 경험적인 근거점이 없는 개념은 공허하다. 그런데 어느 한 개념의 경험적 정밀성과 이론적 중요성 간에는 대체로 상반되는 관계가 있다. 즉, 어느 한 쪽을 더 달성하려면 다른 편을 그만큼 희생시켜야 되는 관계가 있어서, 경험적 정밀성을 높이면 이론적 중요성은 상대적으로 낮아지는 경향이 있다.

2) 개념의 정의

개념을 언어적으로 표현한 것이 용어라고 하였는데 용어는 우리가 일상생활에서 사용하는 언어의 기본단위이다. 의사소통의 주요 수단이 언어인 만큼, 그 언어의 기본단위가 되는 개념의 의미가 분명해야만 의사소통이 정확하고 원활하게 이루어질 수 있다. 개념의 의미가 모호하면 많은 혼란과 오해를 불러일으키게 될 것이다.

그런데 개념은 정의에 의해서 그 의미가 분명해진다. 즉, 개념의 의미를 구체적으로 밝히는 것이 정의이다. 정의는 단순한 약속이기 때문에 정의의 사실적 진위 다시 말하여, 옳고 그름을 따질 수는 없는 문제이다. 정의는 언제나 '정의에 의해서 진' (true by definition)이다. 따라서 정의 그 자체는 진위가 없기 때문에 개념을 정의할 때 정의하는 사람이 임의로 정해도 괜찮다. 그러나 우리가 갓 난 아기에게 이름을 지어줄 때 이왕이면 부르기 좋고 듣기 좋고, 또 뜻도 좋게 지으려고 노력하는 것처럼, 과학에서도 새로운 개념을 정의할 때 아무렇게나 하는 것이 아니라 가능하면 그 의미가 분명히 드러나고 이해하기 쉽도록 한다.

개념정의의 종류는 그 분류하는 방식에 따라 여러 가지로 구분된다. 예컨대, 명명적 정의 · 기술적 정의 · 조작적 정의가 그 한 예이다. 이러한 정의들은 어느 정도 상호 중첩되는 면이 있다. 아래에서는 정의하는 방식을 크게 명명적 정의와 조작적 정의로 구분하고 이들에 관하여 간단히 설명하기로 한다.

(1) 명명적 정의

명명적 정의(nominal definition)는 어느 한 개념에 일정한 의미를 부여하기로 약속하는 것이다. '명명하다' 는 말은 어떤 대상에 이름을 지어 붙이는 것을 뜻한다. 새로운 개념을 도입할 때 이 개념은 이러이러한 의미로 사용한다고 약정하는 것이 명명적 정의이다. 이러한 정의방식은 대개 어느 대상이 가지고 있는 특성이나 기능을 죽 열거하거나, 잘 알려진 기존의 다른 개념으로 대치하는 것이다.

그런데 이런 방식으로 정의하는 데에는 한계가 있어서 관련된 속성을 모두 열거하지 못하고 미진한 상태에서 끝나거나, 다른 개념으로 끝없이 대치하게 되어 결국 동의어 반복이나 순환적 언어유희를 하는 셈이 될 때가 많다.

경험적으로 관찰 가능한 사물은 명명적으로 정의하여도 그 의미를 파악하는 데 있어서 별 문제가 없다. 예를 들어, '늑대' 의 개념을 정의하는데 "모양이 개와 비슷한 야생동물로서 귀는 항상 빳빳이 일어서 있으며, 꼬리는 밑으로 늘어뜨리고 …" 식으로 늑대의 여러 가지 특성을 나열해 놓는다. 그러면 늑대를 한 번도 보지 못한 사람이라도 대충 늑대의 개념이 떠오를 것이다. 그리고 이와 같은 설명을 통해서 잘 알 수 없는 사람은 동물원에 가서 그 대상을 직접 눈으로 보고 머릿속에 늑대의 개념을 새겨 놓을 것이다.

이와 같이 관찰 가능한 대상을 지칭하는 개념은 명명적 정의를 하여도 별 문제가 없지만, 직접 관찰할 수 없는 추상적 개념을 명명적으로 정의해 놓으면 이해하기 매우 어렵거나 혼란을 불러일으키는 수가 많다. 예컨대, 우리가 흔히 쓰는 '성격' 이란 말은 눈에 보이지도 않고 손에 잡히지도 않는 추상적 개념이다. 국어사전에서 그 뜻을 찾아보면 "각 사람이 가지고 있는 고유한 성질" 이라고 정의해 놓고 있다. 여기서 다시 '성질' 이란 용어가 무슨 뜻인지 궁금하여 찾아보면 "본디부터 타고난 기질 또는 품성", 그리고 또다시 '품성' 의 뜻은 "사람의 타고난 바탕과 성격" 이라고 쓰여 있어 궁금증을 풀지 못한 채 제자리로 되돌아온 느낌을 갖게 된다. 그래도 성격이란 용어는 우리가 일상생활에서 널리 사용하는 보편적인 말이 되었기 때문에 그런대로 그 의미를 파악할 수 있지만, 만약 어떤 생소한 추상적 개념을 이처럼 명명적으로 정의한다면 그 의미가 불분명하여 의사소통을 하는데 있어서 큰 혼란을 일으킬 것이다. 따라서 이와 같은 모순과 모호함을 줄이기 위해 제안된 것이 조작적 정의라고 하겠다.

(2) 조작적 정의

과학에서 쓰이는 개념들 중 대부분이 우리가 직접 관찰할 수 있는 특성들을 단순히 열거하여 놓는 방식으로는 정의할 수 없는 것들이다. '질량' 이나 '지능' 이라는 개념을 예로 들어보자. 우리는 물체에 질량이라는 속성이 있고, 인간에게 지능이라는 속성이 있다는 것을 생각할 수는 있으나, 안타깝게도 그러한 속성들을 직접 관찰할 수는 없다. 다만 우리가 눈으로 볼 수 있는 것은 어떤 물체의 크기 · 모양 · 색깔 등이거나, 어느 사람의 겉으로 들어난 신체적 특징과 외모일 뿐이다. 그러나 분명히 물체는 질량을 가지고 있고, 사람들은 지능이라는 속성을 지니고 있다. 질량이나 지능과 같은 개념들의 의미는 보통 방법으로는 드러나지 않고, 그것이 나타날 수 있는 어떤 특정한 조건을 조성하거나 조작을 가해야만 된다.

이와 같이 개념의 속성이 분명히 드러날 수 있는 어떤 조건이나 조작을 정의 속에 함께 진술하는 것이 조작적인 정의 방식이다. 즉, 조작적 정의(operational definition)란 개념의 의미를 정의할 때, 그 개념을 나타내는 진술문이 진실이 되기 위한 조건을 정의 속에 포함시켜 기술하는 방식을 말한다. 이러한 정의를 조작적 정의라고 말하는 이유는 관찰이나 측정을 하기 위하여 "무엇을 어떻게 해야 된다"는 내용, 즉 조작(操作)의 행위를 개념정의 속에 기술하기 때문이다. 개념을 조작적으로 정의함으로써 추상적이고 가설적인 개념의 의미가 명확해지고, 그 개념이 지니고 있는 속성의 관찰과 측정이 가능하게 된다.

조작적으로 개념을 정의하는 방법은 미국의 물리학자 브리지만(Bridgman)이 주창한 조작주의(operationalism)에서 비롯되었다. 과학적 지식은 공적으로 관찰할 수 있는 반복 가능한 조작에 의해서 객관화되고, 개념이나 용어는 그것이 표현하는 구체적 사태의 조작에 의하여 의미를 밝힐 수 있어야 한다는 것이 조작주의에서 강조하는 내용이다. 브리즈만은 다음과 같이 언급한 바 있다. "일반적으로 개념이라는 것은 일단의 조작을 의미하는 것에 불과하다. 즉, 개념이란 그에 상응하는 일단의 조작과 같은 것이다."* 조작주의가 대두되면서 그때까지 주로 내성법에 의존하던 철학적이고 사변적인 심리학으로부터 행동주의 심리학이 발달하게 되었던 것이다.

지능의 개념에 대하여 조작적으로 정의하는 방식을 예로 들어 보자. 이 개념을 조작적으로 정의하려면, 우선 '지능'이라는 속성이 나타나는 개인의 반응 즉, 행동특성 뿐만 아니라 그 행동특성을 관찰할 수 있는 어떤 특정한 조건이나 조작까지도 정의의 일부로 포함시켜야 한다. 즉, "지능이란 A 지능검사를, B 조건에서 실시하여, C 반응을 관찰해 가지고, 그것을 D 방식으로 수량화한 것"이라고 정의하는 방식이 지능에 관한 조작적 정의의 한 예이다.

* Percy W. Bridgman, *The Logic of Modern Physics* (New York: Macmillan, 1927), 5.

조작적 정의는 어떤 성향을 나타내는 개념이나 용어의 의미를 정의할 경우에 적용한다. 여기서 성향(性向)이란 어떤 사물이 특정한 조건에서 특정한 방식으로 반응을 나타내는 경향을 말한다. 성향 그 자체는 직접적으로 관찰되는 속성이 아니다. 다만 어떤 사물이 특정한 사태에 놓이거나 조작을 받을 때 나타나는 관찰 가능한 반응을 근거로 하여 우리는 그 사물에 잠재적으로 존재하고 있던 성향을 파악할 수 있는 것이다. 어떤 잠재적 성향을 나타내는 개념을 성향개념(dispositional concept)이라고 하는데, 이것은 모두 추상적인 개념이다. '성격', '태도', '지능', '가치관', '창의력' 등은 성향개념이다.

예를 들어, 물은 기화성이라는 성향을 가지고 있으나 어떤 특정한 조작 즉, 100° C가 되도록 끓이지 않으면 우리는 물의 기화현상을 관찰할 수 없다. 물을 끓이면 기체로 변하여 날아가는 것은, 본래 물은 기화성이라는 성향을 잠재적으로 가지고 있기 때문이다.

일반적으로 어느 개념에 대한 조작적 정의의 진술문은 조건절과 종속절로 구성되는 문장형태를 취하는 것이 특징이다. 즉, 조작적 정의는 다음과 같은 문장형식으로 표현한다.

"만약 ~하면, ~이다" (if ~ then).

위와 같은 형식의 문장에서 조건절은 관찰을 하기 위해서 해야 할 조작이나 자극조건을 진술하고, 종속절은 그러한 조작이나 자극조건이 부과된 후에 관찰할 수 있는 반응상태를 진술한다. 예컨대, "X가 S조건에 처하면(S_x), X는 R반응을 한다(R_x)"는 관찰결과를 근거로 우리는 "X는 D성향을 가지고 있다(D_x)"고 정의한다. 이때 X가 지니고 있는 D성향개념의 의미는 경험적 근거를 가지고 있다고 생각할 수 있는 것이다. 이러한 내용을 아래와 같이 기호로 간단히 표시할 수 있다.

$$D_x \equiv (S_x \rightarrow R_x)$$

위에서 D_x는 어떤 대상 X가 가지고 있는 D라는 성향을 나타낸다. 그리고 S_x는 X에게 S라는 자극이나 조작을 가한 것을 뜻하며, R_x는 X가 S_x 상태에서 나타내는 반응을 의미한다. 앞에서 이미 지적한 바와 같이, 우리는 D_x 그 자체를 직접 관찰할 수는 없다. 그 대신 S_x와 같이 조작하여, X 속에 잠복해 있던 D성향이 R_x를 통하여 발현(發顯)하도록 하고 그것을 관찰하는 것이다. 그런데 여기서 우리가 생각해야 할 것은 구체적인 S와 R은 특정한 어느 하나만이 존재하는 것이 아니라 무수하게 많이 있을 수 있다는 점이다. 따라서 아래와 같은 상황을 가상할 수 있게 된다.

$$
\begin{aligned}
D_x &\equiv (S_{1x} \rightarrow R_{1x}) \\
D_x &\equiv (S_{2x} \rightarrow R_{2x}) \\
&\vdots \qquad \vdots \\
D_x &\equiv (S_{nx} \rightarrow R_{nx})
\end{aligned}
$$

그러므로 어느 한 개념에 대한 조작적 정의는 S와 R의 종류가 많은 만큼이나 그 수가 많을 가능성이 있고, S와 R의 양상이 다양한 만큼이나 그 의미가 다양할 가능성이 있다. 여기에서 의미의 개방성에 관한 문제가 대두된다. 현실적으로 우리는 우리가 사용하는 주요 개념들을 일일이 조작적으로 정의하기가 어렵고, 또 반드시 그렇게 할 필요도 없는 경우가 많다. 그리고 언어란 본디 어느 정도 모호성을 띠고 있어서, 모호성을 제거하기 위하여 인위적으로 한계를 정해 놓는다 해도 그 한계선 자체가 시간의 흐름에 따라 변화될 수도 있는 것이다.

의미의 정확성을 위하여 과학자는 그가 사용하는 개념을 조작적으로 명확히 정의해 놓아야 한다는 주장은 누구에게나 타당한 것으로 받아들여질 것이다. 그러나 앞에서 살펴본 것처럼, 하나의 개념에 하나의 조작적 정의만이 존재하는 것이 아니라 수없이 많은 조작적 정의가 가능하다. 그러므로 경우에 따라서는 과학자들 간에 어떤 개념에 관한 조작적 정의가 서로 일치되지 않을 가능성이 얼마든지 있다. 이럴 경우 개념 정의의 내용을 확인하지 않고서는 같은 과학이론이라도 두 사람의 과학자가 서로 다르게 해석할 수 있게 된다. 이러한 상황은 자연과학에서보다는 사회과학 분야에서 더 빈번하게 일어날 수 있다.

위에서 우리는 의미의 개방성과 의미의 정확성을 살펴보았는데, 이와 더불어 의미의 타당성을 따져볼 필요가 있다. 즉, 어느 개념에 대한 조작적 정의가 얼마나 합리적으로 그럴듯하게 잘 정의한 것인가 하는 조작적 정의의 타당성을 검토해 볼 필요가 있는 것이다. 가령, "지능이란 이러이러한 지능검사를 이러이러한 조건에서 실시하여, 그 결과를 이러이러하게 수량화한 것"이라고 지능의 개념을 조작적으로 정의할 때, 이 정의가 타당한 것으로 인정되려면 우선 여기서 말하는 지능검사가 지능의 속성을 타당하고 신뢰롭게 측정하는 것이라야 한다. 만약 그렇지 못할 경우 지능의 의미는 엉뚱하게 다른 것을 뜻하거나, 아무 쓸모없는 공허한 개념을 지칭하는 것에 불과할 것이다.

과학에서 정확한 의사소통을 위하여 상호 이해가 되는 기본용어나 경험적으로 관찰 가능한 근거에 의해서 추상적 개념의 의미를 분명히 규정하자는 것이 조작적 정의의 근본 취지이다. 그러나 맹목적으로 조작적 정의를 남용할 경우 본래의 취지를 벗어나 단지 정의를 위한 정의를 하게 될 우려가 있는 것이다. 아들러(Adler)는 조작적 정의를 지나치게 강조하는 입장을 다음과 같은 예를 들면서 신랄하게 비판한 바 있다.*

예를 들어, X라는 가상적 개념을 만들어 놓고 이 새로운 개념의 정의를 다음과 같이 한다고 하자. 즉, X의 개념이 의미하는 바는 "① 지난밤에 당신은 몇 시간 잠을 잤는가? ② 당신의 코 길이가 몇 cm 되는지 어림값을 내고 그 값에 2를 곱하라. ③ 이 문항을 만드는 동안 당신은 몇 잔의 커피를 마셨는가?"와 같은 세 가지 문항에 대한 합계 점수라고 조작적으로 정의하였다고 하자. 이러한 조작적 정의를 통하여 X의 개념이 무엇을 뜻하는지는 의심의 여지없이 아주 명백하며, 또한 관찰가능하고 측정가능하다. 그러나 문제로 남는 것은 "도대체 이 X개념은 무슨 쓸모가 있는가?" 하는 것이다.

이와 같은 예에서 짐작할 수 있듯이, 조작적으로 정의를 하는 것이 능사는 아니다. 어떤 개념에 관한 조작적 정의를 잘못하게 되면 뜻은 분명하게 될지 모르나 본래 그 개념에서 포괄해야 할 내용을 제대로 포괄하지 못하고 엉뚱한 개념으로 변질되거나 지엽적인 것이 되기 쉽다. 따라서 우리가 유념해야 할 점은 개념의 의미를 정확하게 하는 문제와 개념의 정의를 타당하게 하는 문제는 같은 것이 아니라는 사실이다. 즉, 의미의 정확성과 의미의 타당성은 서로 다른 성격의 문제이다. 그런데 우리는 이 중에서 어느 하나를 일방적으로 희생시킬 수도 없는 것이다.

* Franz Adler, "Operational definitions in sociology," *American Journal of Sociology, 52* (1947): 438-444.

2. 변인

1) 변인의 의미

사물이나 사건 또는 현상의 공통적인 특성에 따라서 분류하고 범주화하여 개념을 형성한다고 앞에서 설명하였다. 그런데 개념들 중에는 그것의 속성에 따라 다시 여러 수준으로 분류하거나 서로 다른 값으로 측정할 수 있는 것과, 단순히 어떤 사물이나 대상을 일정하게 지칭할 뿐 더 이상 세분할 수 없는 것으로 구분된다. 전자에 속하는 개념들이 연구에서 변인으로 이용된다. 즉, 변인(variable)이란 그 속성에 따라 여러 수준으로 분류할 수 있거나 다양한 값으로 측정할 수 있는 어떤 사건·사물·현상을 나타내는 개념을 말한다. 예컨대, 지능, 학업성적, 성별, 육아방식 등의 개념은 모두 연구에서 변인이 될 수 있다. 변인을 변수라고도 부른다.

변인
- 측정 : 측정도구에 의해 다양한 값으로 측정할 수 있다.
- 분류 : 어떤 기준에 의해 여러 범주로 분류할 수 있다.

[그림 2-2] 변인의 의미

연구를 할 때 연구자는 각 변인을 그 속성이나 특징에 따라서 다양한 값을 부여하거나 여러 개의 하위수준으로 나누는 것이 보통이다. 어느 한 변인을 범주화하여 하위수준으로 세분할 때, 연구자는 동질성·상호배타성·포괄성의 원칙을 따라야 한다.

동질성이란 하위수준으로 나누어 놓은 각 범주들 간에 상호 논리적인 일관성이 있는 것을 말한다. 한 번에 하나의 변인에 대해서만 범주화해야지, 동시에 두 개 이상의 변인을 뒤섞어서 여러 범주로 나누어 놓으면 동질성이 없어진다. 예를 들어, 거주 지역을 ① 대도시, ② 소도시, ③ 농어촌으로 구분하고, 가정의 경제력을 ① 상, ② 중, ③ 하로 구분하는 것은 각각 동질성이 있다. 그러나 만약 이 두 변인의 범주들을 합하여 나열해 놓으면 동질성이 사라지게 된다.

상호배타성이란 어느 한 변인을 나누어 놓은 범주들끼리 서로 중복되지 않는 것을 말한다. 예컨대, 어떤 물건의 값을 ① 30만원 이하, ② 30~40만원, ③ 40~50만원, ④ 50만원 이상으로 구분해 놓으면, 범주들 간에 중복되는 부분이 있으므로 두 범주에 모두 해당되는 사례가 있게 된다. 따라서 변인을 범주화할 때는 서로 중첩되는 부분이 없도록 주의해야 한다.

포괄성이란 어느 한 변인의 하위수준으로 구분하여 놓은 범주들 속에 모든 사례가 다 포함됨을 뜻한다. 예를 들어, 응답자의 종교를 묻는데 ① 기독교, ② 불교, ③ 유교와 같이 세 가지 범주만으로 구분하게 되면, 여기에 제시한 이외의 종교를 믿거나 종교가 없는 사람들은 제외되므로 포괄성을 잃게 된다. 이럴 경우에는 다른 종교나 기타 범주를 추가시켜서 모든 사례를 포괄하도록 해야 한다.

2) 변인의 종류

변인의 분류는 여러 가지로 다양하게 할 수 있다. 예를 들어, 연구자가 어떤 변인을 임의로 조작할 수 있느냐 아니면 변인이 가지고 있는 속성을 단지 일정한 규칙에 따라 측정하는 것이냐에 따라 실험변인과 측정변인으로 구분한다. 또한 변인이 어떻게 작용하느냐에 따라 체계적 변인과 비체계적 변인으로 나누기도 한다. 그리고 변인들 중에서 표집에 따라 값이 그때그때 변화하는 것을 무선변인 또는 확률변인이라고 부른다.

한편 유기체를 대상으로 하는 연구에서는 유기체가 지니고 있는 생리적 · 신체적 · 심리적 특성을 유기체 변인이라 하고, 유기체를 둘러싼 외부의 모든 조건과 자극을 환경변인으로 구별하여 부르기도 한다. 이와 같이 변인은 여러 가지 형태로 분류할 수 있는 바, 아래에서는 이 중에서도 가장 흔히 분류하고 있는 질적변인 대 양적변인, 연속적 변인 대 비연속적 변인, 독립변인 대 종속변인에 관하여 간단히 설명하고자 한다.

(1) 질적변인과 양적변인

변인이 지니고 있는 속성을 수량화할 수 있느냐의 여부에 따라 질적변인과 양적변인으로 구분한다. 어떤 변인들은 그 속성에 따라 단지 몇 개의 범주로 분류할 수 있을 뿐, 서열화하거나 양적으로 값을 매길 수 없는 것들이 있다. 예컨대, 성별 · 종교 · 직업 등의 변인은 이것을 다시 몇 개의 하위범주로 의미 있게 구분할 수는 있으나, 각 범주를 서열화하거나 얼마만큼의 값으로 환산할 수는 없다.

이처럼 의미 있게 수량화할 수 없는 변인을 질적변인이라고 부른다.

질적변인에 있어서 각 범주 간의 차이는 '정도' 의 차이가 아니라 질적으로 서로 다른 '종류' 의 차이를 나타내는 것이다. 성별이라는 변인에서 '남자 · 여자' 의 범주나, 종교라는 변인에서 '기독교 · 불교 · 유교' 등의 범주는 수량적으로 표현할 수 없는 서로 다른 종류를 범주화한 것이다. 한편, 양적변인이란 그 속성을 수량화할 수 있는 것을 뜻한다. 연령 · 월수입 · 지능 · 학업성적 등은 양적 변인에 속한다. 이와 같은 변인의 속성은 모두 그 수준이나 정도의 차이에 따라 여러 범주로 나눌 수 있으며, 이를 수량적으로 표현할 수도 있는 점이 특징이다.

(2) 연속적 변인과 비연속적 변인

변인이 몇 개의 범주만으로 구분되거나 어떤 특정한 값만 갖게 되느냐, 아니면 주어진 범위 내에서는 어떠한 값이라도 취할 수 있느냐에 따라서 연속적 변인과 비연속적 변인으로 구분할 수 있다. 연속성 여부에 따라 구별된다.

연속적 변인이란 어느 한 주어진 범위 내에서는 이론적으로 무한히 세분된 값을 가질 수 있는 것을 말한다. 예를 들어, 길이 · 무게 · 시간 등을 측정할 때 이러한 변인들은 기본적으로 연속적이기 때문에 측정의 정확한계를 소수점 이하로 얼마든지 내려갈 수 있으나, 다만 편의상 어느 일정 수준에서 멈추는 것이다. 학업성적이나 지능 등도 연속적인 변인으로 간주한다. 측정도구의 정밀성 여하에 따라 얼마나 미세한 정도까지 측정하느냐 하는 문제가 달려 있으나, 이론적으로는 무한대로 세분될 수 있는 성질을 갖는 것이 연속적 변인의 특징이다.

비연속적 변인은 어떤 특정한 값 이외에 다른 값을 취하지 못하거나 더 이상 세분할 수 없는 변인을 말한다. 즉, 비연속적 변인은 단순히 빈도를 헤아리거나 가지고 있는 속성에 따라 몇 개의 하위 범주로 분류되는 변인이다. 비연속적 변인은 측정도구를 가지고 측정하는 것은 아니다. 가족의 수, 학생의 수, 물건의 수 등은 모두 빈도를 헤아려서 얻어지는 것이다. 우리가 주사위를 던져서 얻을 수 있는 수치는 1, 2, 3, 4, 5, 6의 여섯 가지 일정한 값 이외에 다른 어떠한 값도 가질 수 없다. 앞에서 예시한 성별 · 종교 · 직업 등 질적변인은 비연속적 변인에 속한다. 학업성취도나 지능지수와 같은 변인에서 우리가 실제로 얻는 수치는 비연속적이지만 이러한 변인의 기본적 속성은 연속적이므로 연속적 변인으로 취급한다.

(3) 독립변인과 종속변인

실험연구에서 변인 상호간의 관계양상에 따라 독립변인과 종속변인으로 구분한다. 변인들 간의 관계에 있어서 영향을 미치거나 예언해 주는 변인을 독립변인이라고 부르고, 영향을 받거나 예언되는 변인을 종속변인이라고 부른다.

실험적 연구를 할 경우에 실험자는 독립변인을 임의로 조작하거나 통제할 수 있으며, 종속변인은 독립변인의 조작 또는 통제 여하에 따라 영향을 받게 된다. 따라서 독립변인을 실험변인 또는 처치변인이라고도 한다. 예컨대, 교수방법의 여하에 따라서 학생들의 학업성적이 어떻게 변화되는가를 알아보는 연구를 한다면, 교수방법은 독립변인이 되고 이것은 연구자에 의하여 임의로 조작되거나 통제를 받는다.

일반적으로 X와 Y라고 하는 변인이 $Y = f(X)$와 같은 함수관계를 맺고 있을 때 X를 독립변인, Y를 종속변인이라고 일컫는다. 그런데 사회과학의 연구분야에서는 변인들의 관계가 수학에서처럼 정확한 함수관계를 이루지 못하고 대개 확률적인 관계를 맺고 있다. 그리하여 특정한 X에 대하여 가장 확률이 높은 Y의 값을 예언하는 것이 보통이다.

실험적 연구가 아닌 기술적 연구에서는 연구자가 변인들을 임의로 조작하거나 통제하지 못하는 상황이므로 흔히 독립변인이라는 말 대신에 예언변인(predictor vaiable), 종속변인 대신에 기준변인(criterion variable)이라는 용어를 사용한다. 그리고 독립변인과 종속변인의 사이에 위치하여 독립변인의 작용을 종속변인에 전달하는 역할을 담당하는 변인을 중개변인 또는 매개변인이라고 한다.

3. 가설

1) 가설의 의미

가설(hypothesis)이란 변인들 간의 관계에 대해서 연구자가 잠정적으로 내린 결론 또는 추측이라고 정의할 수 있다. Kerlinger도 "가설이란 두 개 이상 변인들 사이의 관계에 대하여 추측한 진술문"이라고 정의하고 있다.* 가설은 연구문

* Fred N. Kerlinger, *Foundations of Behavioral Research,* 3rd ed. (New York: Holt, Rinehart and Winston, 1986), 18.

제로부터 도출되고, 연구문제에 대한 잠정적 해답이 곧 가설인 것이다.

과학자는 진리를 탐구하는 과정에서 귀납이나 연역의 방법으로 가설을 검증하면서 단계적으로 지식을 축적해 나간다. 흔히 귀납적 방법과 연역적 방법을 구분하고 있으나, 과학적 추리의 실제에 있어서는 이 두 가지 방법이 혼용되고 있다. 귀납적-연역적 방법이 일종의 나선형으로 연결된 것처럼 과학적 탐구의 과정에서는 대개 순환적으로 활용된다. 제1장에서 설명한 바와 같이, 우리 주변 세계의 여러 가지 개별 현상에 대한 관찰로부터 과학적 탐구가 시작되고, 관찰결과의 귀납은 일반적인 이론정립의 기초가 된다. 귀납적 추리에 의해 가설이 도출되고, 이 가설의 경험적 결과가 연역되고 검증된다. 그리고 가설검증의 결과는 또 다른 경험적 관찰의 필요성을 낳고, 이러한 관찰 → 귀납 → 가설 → 연역 → 검증이라는 탐구과정의 순환을 통하여 끊임없이 대안적 가설이 설정되고 검증되는 것이다.

2) 가설의 종류

가설은 크게 연구가설과 통계적 가설로 구분된다. 연구가설(research hypothesis)은 연구문제에 대한 잠정적인 해답으로서 해당 분야의 이론이나 선행연구의 결과에 기초하여 변인들 간의 관계를 일반적인 용어로 진술한 것으로, 이를 과학적 가설이라고도 한다. 연구가설은 대개 폭넓게 진술하기 때문에 통계적 방법과 기술로 검증하기 어렵다. 예컨대, 가정환경과 사회적응에 관한 이론을 토대로 하여 "유아시절 가정환경과 성장 후 사회적응 사이에는 관련이 있을 것이다."라고 연구가설을 세울 수 있다. 그런데 연구가설은 대체로 폭넓은 내용을 일반적인 용어로 진술하기 때문에 직접 검증하기 어려운 것이 많다. 따라서 일반적으로 진술된 연구가설을 검증하려면 그 속에 포함된 주요 변인들을 관찰과 측정이 가능하도록 다시 명확히 규정해야 하고, 또한 경험적으로 검증가능 하도록 통계적 가설로 번안해서 구체적으로 진술해야 한다.

통계적 가설(statistical hypothesis)은 하나 또는 그 이상의 모수치에 관한 진술문이다. 여기서 모수치란 모집단의 어떤 특성을 나타내는 수치를 말한다. 예를 들어, 어느 한 대학의 신입생 집단을 모집단으로 할 때 그 대학 전체 신입생의 평균 체중이나 입학시험성적 평균치 등이 모수치가 된다. 따라서 가령, "초등학교 1학년 아동들의 평균 체중은 40kg일 것이다."라고 진술한다면, 이것이 하나의 통계적 가설이 된다. 일반적으로 통계적 가설의 진술은 그 가설의 모체가 되는 연구가설을 토대로 설정한다. 그리고 통계적 가설은 표본에서 얻는 정보를 토대로 그 것의 사실여부를 검증할 수 있다.

3) 영가설과 대립가설

통계적 가설은 다시 영가설(null hypothesis)과 대립가설(alternative hypothesis)로 구분된다. 영가설은 직접적으로 검증을 받는 가설, 다시 말하여, 검증할 수 있는 형태로 진술된 가설이다. 영가설은 둘 또는 그 이상의 모수치 간에 '차이가 없다', '관계가 없다', 또는 어떤 특정한 값과 같다고 진술하는 등의 가설형태를 말한다. 일부 사람들은 영가설을 귀무가설이라고도 부른다. 대립가설은 영가설에 상대적으로 대립시켜 설정한 가설로서, 일반적으로 연구자가 연구를 통하여 긍정되기를 기대하는 예상이나 주장하려는 내용을 대립가설로 세운다. 따라서 연구자는 대개 연구가설을 대립가설로 설정한다.

요컨대, 영가설은 직접 검증의 대상이 되는 가설이고, 대립가설은 영가설의 검증 여하에 따라 채택되거나 기각되는 가설이다. 영가설은 표집분포의 위치를 결정하는데 필요한 구체적인 기준점을 제공하기 때문에 직접 검증할 수 있으나 대립가설은 그렇지 못하다. 예를 들어, '차이가 없다' 즉, 같다는 것은 단 하나의 기준점을 제시하지만, '차이가 있다' 즉, 같지 않다고 하는 것은 특정한 기준점이 없이 무수히 많은 경우가 있을 수 있는 것이다. 따라서 영가설은 검증이 가능하지만, 대립가설은 그 자체를 직접 검증할 수 없는 것이다.

위에서 기술한 각 가설의 개념을 알기 쉽도록 예를 들어 보자. 어느 연구자가 자신의 경험을 근거로 "남녀 간의 언어능력에 차이가 있을 것이다."라는 연구가설을 세웠다고 하자. 이 연구자가 알아보고자 하는 것은 남자와 여자 간의 언어능력에 유의한 차이가 있을 것이라는 예상이므로, 이것으로부터 "남녀 간의 언어능력에 차이가 있다."라고 통계적 가설의 대립가설(H_a)을 설정한다. 그러면 영가설(H_0)은 자연히 이것과 대립되는 주장, 즉 "남녀 간의 언어능력에 차이가 없다."는 것이 된다. 남자 모집단과 여자 모집단의 언어능력 평균치를 각각 μ_1, μ_2 라고 표시하면, 다음 [그림 2-3]에 제시한 것처럼 통계적 가설을 나타낼 수 있다.

통계적 가설을 설정할 때 '차이'의 유무뿐만 아니라, 차이가 있다면 그 '방향'까지도 예측하여 진술할 수 있다. 즉, 차이가 있는지 없는지 단지 차이의 여부에 관해서만 진술하는 비방향적 가설과, 차이가 있다면 어떤 방향으로 차이가 있

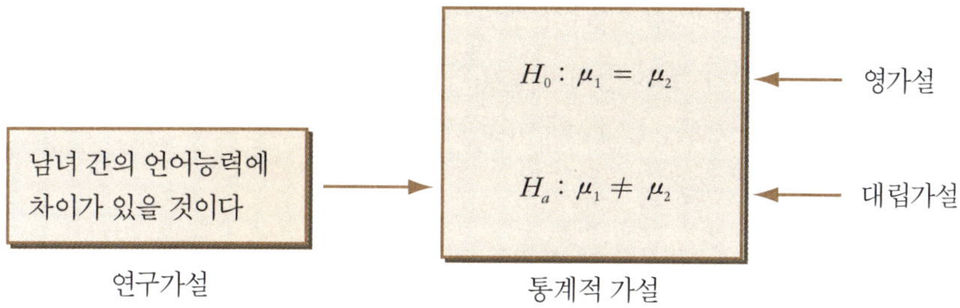

[그림 2-3] 가설의 유형

을 것인지 그 차이의 방향까지 함께 제시하는 방향적 가설로 구분할 수 있다. 〈표 2-1〉에 두 개의 모수치 μ_1과 μ_2 간의 관계를 중심으로 방향적 가설과 비방향적 가설을 설정할 경우, 영가설과 대립가설이 각각 어떻게 달리 표현되는지를 제시하였다.

〈표 2-1〉 영가설과 대립가설의 비교

	영가설	대립가설
가설 내용	모집단에서 차이 · 관계 · 변화가 없다.	영가설과 대립하여 차이 · 관계 · 변화가 있다.
방향적 가설	$\mu_1 \leq \mu_2$	$\mu_1 > \mu_2$
비방향적 가설	$\mu_1 = \mu_2$	$\mu_1 \neq \mu_2$

제4절 가설의 설정

1. 가설의 기능

연구하고자 하는 문제를 확실히 결정하고 관계문헌을 고찰한 다음에 연구자는 연구문제와 관련지어 가설을 설정한다. 대략적으로 광범하게 잡아 놓은 연구의 주제로부터 가설을 도출해 내는 것은 어려운 일이지만, 구체적인 연구문제로부터 가설을 설정하는 일은 비교적 쉽다. 잘 진술된 연구문제는 이미 그 내용 속에 가설에 관한 암시가 들어 있기 때문이다. 그리고 가설은 연구문제에 대한 잠정적인 해답인 까닭에, 문제가 분명해지면 자연히 그 대답도 어떤 것이 되어야 할지 쉽게 추측할 수 있는 것이다.

모든 연구에 가설이 반드시 필요한 것은 아니다. 연구의 목적과 성격 그리고 접근방법에 따라 가설을 명백히 진술해야만 되는 경우가 있고 그렇지 않은 경우도 있는 것이다. 연구가 단순히 어떤 현상을 기술하거나 사실적 내용을 요약하는 데 주목적이 있는 경우, 또는 어떤 특정 분야에서 과거에 어떤 사건이 있었는가를 고찰하는 역사적 연구라면 가설을 설정하지 않을 수도 있는 것이다. 그리고 탐색적(exploratory) 연구를 할 경우에도 연구자는 아직 변인들 간의 관계를 유추할 만한 충분한 정보가 없기 때문에 가설을 설정하지 못하고 그 대신 연구의 문제나 목표를 진술하게 된다. 그러나 설명적(explanatory) 연구 또는 인과관계의 해석을 주목적으로 하는 실험연구에서는 반드시 가설을 필요로 한다. 설명적 연구나 인과관계를 밝히고자 실험연구를 하는 연구자들은 이미 관련되는 이론이나 선행연구의 결과에 기초하여 변인들 간의 관계를 짐작할 수 있으므로 가설설정이 가능할 뿐만 아니라 가설을 세워서 검증하는 것이 필수적인 것이다.

앞에서 밝혔듯이, 가설이란 변인들 간의 관계에 대해서 연구자가 잠정적으로 내린 결론 또는 추측이다. 두 개 이상 변인들 사이의 관계를 추측한 진술이 곧 가설이라고 정의하였다. 이러한 정의에 따르면, 가설은 변인간의 일반적 또는 특수한 관계에 대한 진술문이라는 점과, 이렇게 진술된 변인간의 관계가 경험적으로 검증 가능해야 된다는 점이 시사되어 있다. 가설은 연구문제로부터 도출되고, 연구문제에 대한 잠정적 해답이 곧 가설인 것이다. 가설이 지니고 있는 주요기능을 기술하면 다음과 같다.

첫째, 가설은 연구의 방향을 제시하고 수집된 자료를 의미 있게 해석할 수 있는 이론적 틀을 제공한다. 가설은 연구의 핵심 요소로서 연구자에게 뚜렷한 방향감을 주고, 어떤 자료를 언제 수집해서 어떻게 분석해야 되는지 연구의 처음부터 끝까지 전반적인 연구활동을 이끌어 나가는 기능을 갖는다.

둘째, 가설은 연구문제를 명세화 함으로써 문제의 해결에 요구되는 절차와 방법을 시사해 주는 기능을 갖는다. 좋은 가설은 연구의 설계나 접근방식을 어떻게 해야 할 것인가에 대한 지침을 제공한다. 그리고 때로는 연구대상, 측정도구,

통계적 방법에 대한 유용한 시사를 줄 수 있다.

셋째, 가설은 지식의 발전을 위한 도구기능을 한다. 과학자들은 가설의 진위를 경험적으로 가려내면서 진리추구를 위한 전진을 계속할 수 있기 때문이다. 가설은 연구를 자극하는 기능도 가지고 있다. 잘 짜인 가설은 후속연구에서 새로운 연구문제와 가설설정을 도출하는 디딤돌 역할을 할 때가 많다.

연구자들 중에는 자기가 설정한 가설이 기각되면 실망한 나머지 보고서에서 그것을 슬그머니 빼버리고자 하는 사람들이 간혹 있다. 그러나 기각된 가설도 그 나름으로 유용성을 지니고 있다는 점을 잊지 말아야 할 것이다. 과학의 발전에는 채택된 가설만이 공헌하는 것이 아니라 기각된 가설도 유용한 것이다. 연구자들은 잘못된 가설을 하나씩 하나씩 제거하여 나감으로써 진리가 숨어있을 범위를 점차 좁혀 나간다. 진리는 결코 그 모습을 우리에게 쉽게 드러내지 않는다. 과학에서 희귀한 진실을 발견하는 길은 흔한 거짓을 하나하나 제거시켜 나가는 것과 서로 통하는 길이라고 볼 수 있다. 그러므로 어느 한 연구에서 세운 가설들이 모두 기각되었다 하더라도 그 연구의 결과는 과학의 발전에 기여한 셈이 된다. 왜냐하면, 그 뒤의 연구자들은 그러한 소득 없는 가설에 더 이상 시간과 노력을 낭비하지 않고 새로운 가설을 세워 검증하게 될 것이기 때문이다. 과학의 발달사를 더듬어 보면 잘못된 가설로 인하여 전혀 예기치 못했던 사실을 발견한 예가 적지 않다. 좋은 가설이라고 하는 것과 가설이 검증되었다고 하는 것은 별개의 문제이므로 이 점을 혼동해서는 안 된다.

2. 가설의 조건

연구자는 가설형성의 과정을 통해서 연구문제를 다각도로 분석해 보고 탐구활동을 조직적으로 펼쳐 나가게 된다. 가설은 연구의 안내자 역할을 한다고 볼 수 있다. 그런데 가설 중에는 좀 더 중요하고 좋은 가설이 있는가 하면 그렇지 못한 가설도 있다. 중요하고 좋은 가설이란 어떤 것을 말하는가? 다음에 가설이 갖추어야 할 몇 가지 조건에 관하여 알아보기로 한다.

1) 검증 가능성

만약 어떤 가설이 비록 논리적으로는 아주 그럴듯하게 구성되어 있다고 하더라도 그 가설에서 사용되는 변인들의 의미가 모호하고 변인들 간의 관계를 경험적으로 검증해 볼 수 없다면, 그것은 과학적 가설이 될 수 없다. 예를 들어, 프로이드의 정신분석학적 성격이론은 그 나름의 내적 일관성이 있고 논리적이다. 하지만 그 이론의 바탕이 되고 있는 여러 가지 명제들은 과학적으로 검증하기 곤란하다. 프로이드의 이론에서 중요한 역할을 하는 '리비도', '무의식', '초자아' 등의 이론적 개념들은 그것들 나름대로 중요하다고 할 것이다. 그러나 가설 속에 이러한 개념이 포함될 때 그 개념을 객관적으로 관찰하고 측정할 수 있는 타당한 방법이 없으므로 가설의 검증이 불가능하게 되는 것이다.

우리 주위에는 매우 중요하고 흥미 있는 연구문제들이 많이 있으나, 그것들을 경험적으로 검증해 볼 수 없다는 이유 하나만으로 과학적인 연구문제가 되지 못하는 수가 얼마든지 있다. 이를테면, '신은 존재하는가?' '죽음 이후의 세계가 있는가?' 등 철학적 또는 종교적인 문제들 가운데 그것들의 중요성은 충분히 인식하면서도 과학자들이 연구의 대상으로 삼지 못하는 이유는 그런 문제들의 대부분이 경험적으로 검증이 불가능하기 때문이다.

2) 개념적 명확성

가설의 진술은 연구자들 간에 의사소통이 원만히 될 수 있는 보편적인 용어로 표현되어야 하고, 그 속에 포함된 주요 성향개념은 조작적으로 명확하게 정의되어야 한다. 가설의 진술이 막연하고 추상적이어서는 안 된다. 변인들 간의 관계를 명시해야 하고, 가설에 담긴 개념들은 경험적으로 관찰할 수 있고 측정할 수 있도록 명확히 정의해야 한다. 그리하여 필요하다면 타인에 의해서도 반복적으로 검증해 볼 수 있어야 된다. 가치판단이나 윤리적, 도덕적인 개념은 가설에 포함될 수 없다. 예컨대, '~해야 한다', '좋다', '아름답다' 등으로 진술된 가설은 개인의 어떤 감정이나 의지를 나타내는 것으로서 이와 같은 표현은 가설의 진술에 포함시키지 말아야 한다. 초자연적 현상이나 종교적 신념에 관한 진술도 가설과는 거리가 멀다.

3) 합리적 근거

과학적 가설은 이론을 떠나서 존재할 수 없을 정도로 이론과는 불가분의 관계에 있다. 좋은 가설이란 해당 분야의 이론체계를 구성하고 있는 법칙들로부터 논리적 연역을 통하여 도출된 가설을 의미한다. 즉, 이론적 근거에 입각하여 설정된 가설이 좋은 가설이다. 그러므로 연구자는 충분히 연구문제와 관련된 기존의 이론을 알아야 한다. 그리고 이론적으로 가설을 연역하고 가설에 의하여 확인된 경험적 근거를 중심으로 다시 이론으로 복귀시키는 노력이 필요하다. 공인된 이론으로부터 도출된 가설이 아니라 연구자 나름의 논리적 사고과정을 통하여 설정한 가설일 경우에도 그 가설을 설정하게 된 합리적 근거는 가능한 한 명백히 진술하는 것이 좋다. 만약 가설설정의 타당한 근거를 제시할 수 없다면 그 가설은 엄밀한 의미에서 과학적 가설로서는 별로 가치가 없는 것이다.

4) 기존 지식체계와 일관성

과학은 검증된 지식과 이론이 누적됨으로써 발전하는 것이다. 그러므로 유용한 가설이 되려면 기존 지식체계에 무엇인가를 새로이 첨가시킬 수 있어야 하며, 해당 분야의 주류가 되는 지식체계와 조화를 이루어야 한다. 일반적으로 우리는 기존의 지식과 일관성이 없는 가설들을 의심하고 도외시하려는 경향이 농후하다. 왜냐하면, 그런 가설들은 진으로 판명될 확률이 낮기 때문이다. 물론 일관성이 부족한 가설 중에도 과학의 발전에 지대한 공헌을 한 경우가 있는 것이 사실이다. 다윈이나 아인슈타인의 가설이 그 한 예이다. 그러나 이것은 극히 예외에 속하는 것이며, 대개는 기존의 이론에 근거하여 가설을 세우게 된다. 어느 한 연구에서 새로운 사실을 발견했다고 해서 그것이 이미 검증된 이론이나 법칙을 송두리째 부정하게 되는 경우는 그렇게 흔하지 않다.

5) 일반화 정도

가설도 설명하고 예언하는 역할에 있어서 법칙과 동일하다. 단지 법칙은 검증과정을 거친 것이며, 가설은 아직 검증 이전 단계에 있는 잠정적인 것이라는 점에서 다를 뿐이다. 경험과학의 법칙은 잠정적으로 진일 뿐 부정될 가능성은 언제나 있으므로, 엄격히 말해서 법칙도 확인된 가설에 지나지 않는다. 하나의 가설이 더 많은 현상을 설명할 수 있고 일반화할 수 있다면 그러한 가설은 중요한 것으로 간주된다. 예를 들어, 가설1은 A를 설명할 수 있고, 가설2는 A · B를, 그리고 가설3은 A · B · C를 모두 설명할 수 있다면 당연히 가설3이 더 나은 가설이다.

그리고 만약 두 개의 가설이 어느 한 현상에 대하여 비슷한 정도의 설명력을 지니고 있다면, 이 두 가설 중에서 상대적으로 단순한 가설이 좀 더 좋은 가설이다. 여기서 단순하다는 것이 쉽다거나 덜 중요하다는 뜻은 아니다. 단순하다는 것은 같은 내용을 설명하더라도 덜 복잡한 이론체계와 비교적 적은 수의 가정으로 설명할 수 있음을 뜻한다. 그러나 지나치게 단순화된 가설은 다양한 현상을 설명하는데 부적절할 때가 있다.

3. 가설의 진술

가설을 경험적으로 검증할 수 있는 형태로 만들어 진술할 때 다음과 같은 두 가지 방식 중 하나를 택하게 된다. 즉, 차이의 유무 또는 관계의 유무에만 초점을 맞추어 진술하는 비방향적 가설과, 차이나 관계의 유무뿐만 아니라 만약 그러한 차이나 관계가 있다면 어느 쪽으로 있는지 그 방향까지도 예측하여 진술하는 방향적 가설의 두 종류 중에서 어느 한 가지 방식을 선택하여 진술한다. 비방향적 가설은 '~은 차이가 없다' 또는 '~은 관계가 없다' 라고 진술하고, 방향적 가설은 특정한 방향을 명시하여 '~이 ~보다 더 크다, 더 작다, 더 많다' 등으로 진술한다.

그런데 여기서 연구자가 유의할 것은 방향적 가설은 그 반대의 방향으로 차이나 관계가 나타날 가능성이 거의 없다고 확신할 경우에 한하여 설정하는 것이 바람직하다는 점이다. 왜냐하면, 비방향적 가설은 양방검증(two-tailed test)을, 방향적 가설은 일방검증(one-tailed test)이라고 하는 서로 다른 통계적 추리방식을 적용하게 되기 때문이다. 양방검증에 비하여 일방검증에서는 만약 모집단의 모수치가 그 가설에서 설정한 반대 방향에 있을 경우 잘못된 가설을 채택함으로써 범하게 되는 오류의 확률이 매우 높아진다. 가설은 그 진위의 가능성을 확률적으로 따져볼 수 있는 진술문이 되어야 한다. 아래에 과학적 가설의 진술방식에 대하여 간단히 기술한다.

1) 변인들 간의 관계로 진술한다

가설은 두 개 혹은 그 이상의 변인들 사이의 관계로 진술해야 한다. 앞에서 이미 설명한 것처럼, 변인이란 서로 구별되는 수준이나 값을 갖고 있는 어떤 속성 또는 개념을 나타내는 말이다. 예컨대, 연령, 성별, 지능 등의 개념이 어떤 연구에서 쓰일 때 각각의 개념은 그 연구의 변인이 된다. "지능이 높으면 학업성적도 높을 것이다"라는 진술은 '지능'과 '학업성적'이라는 두 변인 간의 관계를 나타낸 것이다.

2) 검증이 가능하도록 진술한다

가설은 경험적으로 검증이 가능하도록 진술해야 한다. 만약 어느 가설이 검증할 수 없는 형태로 진술되었다면 그것은 과학적 가설의 자격을 상실한 셈이다. 어느 연구자가 "중학생들에게 위인전을 읽도록 지도하면 충효사상이 고취될 것이다"라는 가설을 세웠다고 하자. 여기에서 주의할 것은 어떤 종류의 위인전을 어떻게 얼마만큼 읽히느냐 하는 점과, 충효사상을 어떤 방식으로 측정 또는 관찰할 것이냐 하는 점이다. 이와 같은 실험처치 또는 변인의 측정문제에 관하여 구체적인 방안을 제시하지 못한다면, 이 가설은 타당하게 검증할 수 없으며, 따라서 과학적 연구의 가설이 될 수 없는 것이다.

3) 선언적 · 가정적 형식을 취한다

가설은 선언적 또는 가정적 문장형식으로 진술한다. 즉, '~은(는) ~이다(한다)'와 같이 선언적 형식으로 기술하거나, 또는 '만약 ~이면(하면) ~일 것이다'처럼 가정적 형태로 서술한다. 가설을 진술하는 문장의 시제를 미래형으로 할 것이냐, 아니면 현재형으로 할 것이냐 하는 문제가 있는데, 이것은 어느 편으로 해도 상관없다. 가설이 결과의 예견이므로 미래형의 문장으로 꼭 써야 된다고 주장하는 사람도 있으나 반드시 그래야만 할 이유는 없다. 잠정적이긴 하지만 가설이 연구자 나름의 결론이라고 한다면 현재형으로 표현한다고 해서 틀렸다고 할 수는 없는 것이다. 일반적으로 선언적 형식의 진술은 현재형을 취하고, 가정적 형식의 진술은 미래형을 취하게 된다.

4) 간단명료하게 진술한다

가설은 한정적으로 명백하게 진술해야 한다. 하나의 가설은 하나의 관계만을 검증하도록 진술하는 것이 좋다. 이 말은 복합적인 가설의 설정을 가급적 피하라는 뜻이다. 하나의 가설에 변인들 간의 여러 가지 관계를 복합적으로 제시하면, 그 가설을 검증하기가 쉽지 않다. 예를 들어, "집단지도 방법으로 가르치면 학생들의 사회성이 발달되고 학업성적도 향상될 것이다."라는 가설이 있다고 하자. 이 가설은 두 가지 관계, 즉 집단지도 방법과 사회성의 관계, 그리고 집단지도 방법과 학업성적과의 관계를 동시에 고려하여 검증해야 한다. 이런 경우에는 복합적으로 가설을 세울 것이 아니라, "집단지도 방법으로 가르치면 학생들의 사회성이 발달될 것이다", "집단지도 방법으로 가르치면 학생들의 학업성적이 향상될 것이다"와 같이 두 개의 독립된 가설을 설정하는 것이 검증하기도 쉽고 분명한 결과를 얻을 수 있다.

5) 연구의 계획단계에서 설정하여 놓는다

가설은 연구자료를 수집하여 분석하기 이전에 설정해야 한다. 가설의 설정은 게임에서 '내기를 거는 것'에 비유할 수 있다. 우리가 어떤 게임에서 무슨 내기를 할 때, 결과를 알지 못한 상태에서 승부를 걸어야 되지 결과를 모두 알고 난 다음에 건다면 규칙에 어긋날 뿐만 아니라, 내기의 묘미도 없을 것이다. 마찬가지로 연구에 있어서도 자료를 모두 수집 · 분석하여 결과를 파악한 후에 가설을 세운다면, 그것은 과학이라는 게임의 규칙을 위배하는 행위이다. 그 뿐만 아니라 더욱 심각한 문제는 원래 양방검증을 하도록 가설을 설정했다가 검증통계치를 계산해 본 후 일방검증의 형식으로 바꾼다든지, 또는 본래 의의도 수준을 1%로 하였다가 그에 미달된다는 사실을 알고 5% 수준으로 변경시키는 등 사후의 결과에 맞추어 가설을 변경시키는 행위는, 가설검증에 적용되는 추리통계의 기본가정을 위배한다는 점이다. 즉, '독립적 무선표집'이라는 가정을 만족시키지 못하고, '우연성'에 기초한 확률의 법칙을 위배하게 된다. 따라서 연구를 수행하기에 앞서 가설을 세우고 그것을 검증토록 해야 한다.

연구자는 자기 나름으로 미리 잠정적 결론을 내린 가설이, 실제 연구결과와 어떻게 들어맞는가 하는 것에 관심과 흥분을 느낄 수 있어야 한다. 연구자 본인이 설정해 놓은 가설이 과연 어떻게 될런지 기대감에 설레는 마음으로 가설검증의 결과를 지켜볼 수 있으려면 연구의 수행과정이 모두 정당해야 한다. 연구자는 연구라고 불리는 게임에 남들이 지켜보건 말건 상관하지 말고, 스스로 규칙을 잘 지키는 공정하고 정직한 참여자가 되어야 할 것이다.

제5절 가설의 검증

1. 가설검증의 논리

연구가설은 통계적 가설에 의해 검증된다. 통계적 가설은 영가설과 대립가설로 구분되는 바, 표본에서 얻은 통계치를 근거로 하여 영가설과 대립가설 중에서 어느 것을 채택하고 어느 것을 기각할 것인가를 확률적으로 결정하는 과정이 가설검증이다. 가설검증의 방법에는 사전에 의의수준(level of significance)을 정해 놓고 영가설을 기각하거나 채택하는 방법과, 의의수준을 미리 정해 놓지 않고 영가설이 진이라는 가정하에 단지 표본 통계치의 표집분포에서 검증통계치의 기각영역 쪽 누적확률(p)을 표시하는 방법이 있다.

영가설이란 차이 또는 관계가 없으며, 만약 차이 또는 관계가 있다면 그것은 순전히 우연에 의한 것임을 가정하는 가설이다. 영가설은 확률적으로 기각되거나 채택된다. 실험결과 또는 관찰결과 산출된 통계치가 우연적 확률수준의 범위를 능가하게 되면 영가설은 기각되고, 이는 곧 대립가설에서 가정하고 있는 변인들 간의 관계가 있음을 나타내는 것으로 간주한다.

연구자는 가설을 검증할 때 표본에서 얻은 결과를 토대로 확률론에 입각하여 그 가설을 확인(confirmation)하는 것이지 증명(proof)하는 것은 아니다. 여기서 '확인' 이란 용어는 타당성의 정도를 강화시켜 준다는 뜻으로 쓰이고, '증명' 이란 용어는 최종적이며 절대적으로 확실하다는 의미로 쓰인 말이다. 그런데 우리가 어떤 가설을 채택한다고 해도 그 가설이 절대적 진리를 뜻하는 것은 아니다. 따라서 가설은 결코 증명되는 것이 아니라 다만 확인될 따름이다. 경험적인 관찰사실과 증거로 긍정되었던 가설은 다시 새로운 증거가 나타나면 언제라도 부정될 가능성을 항상 잠재적으로 지니고 있는 것이다.

아무리 많은 연구에서 동일한 결과를 얻었다 할지라도 과학자들은 결코 그 가설을 증명하였다고 말하지는 않는다. 왜냐하면, 증명이란 최종적이며, 절대적 확신, 또는 더 이상의 연구를 필요로 하지 않는다는 것을 의미하기 때문이다. 이런 경우 과학자들이 할 수 있는 최선의 말은 "현재까지의 모든 연구결과들은 그

가설을 지지하고 있는 것으로 나타났다."고 말하는 것이다. 그들은 과거의 연구결과와 상치되는 새로운 증거를 발견할 가능성을 막아버리는 조치를 하고 싶어하지 않는다.

귀납적 추리의 방법에는 한계가 있다. 단 한 개의 부정적 사례에 의해서도 절대적 진이 반증될 수 있는 것이다. 반면에 아무리 많은 긍정적 사례들이 있어도 귀납적으로 어떤 것이 절대적 진이라는 것을 증명할 수는 없다. 왜냐하면, 단지 숫자가 많을 뿐 가능한 모든 사례를 하나도 빠짐없이 다 망라하지는 못하였기 때문이다. 예를 들어, '까마귀는 검다'는 진술문은 현재까지의 모든 관찰결과가 이를 지지하고 있는 것으로 나타나기 때문에 참으로 받아들여진다. 하지만 그것이 절대적 진은 아니다. 이 세상의 모든 까마귀를 하나도 빠뜨리지 않고 모조리 조사한 것도 아니고, 더구나 앞으로 태어날 까마귀는 아직 보지도 못한 상태이기 때문에 까마귀는 검다고 단정적, 절대적으로 말할 수 없는 것이다.

영가설의 내용은 사실이거나 사실이 아니거나 둘 중의 어느 하나이다. 다시 말하여, 영가설은 진(眞)이 아니면 위(僞)이다. 그런데 연구자가 가설검증에서 영가설이 참일 경우 이것을 긍정하는 판단을 내린다면 오류가 없겠으나, 만약 영가설이 거짓인데도 이것을 받아들이는 결정을 내린다면 판단의 오류를 범하게 되는 것이다. 가설검증은 확률적으로 판단하는 과정이라고 하였는바, 확률적 판단에는 언제나 오류가 따르게 마련이다. 따라서 가설검증에는 두 종류의 오류를 내포하고 있다. 가설검증의 의미와 구체적인 통계적 방법에 관하여는 제12장에서 다시 자세하게 설명할 것이다.

2. 가설의 정교화

과학의 역사를 보면, 과거에 증명된 것으로 생각되었던 어떤 변인들 간의 관계가 그 후의 연구를 통하여 오류로 판명된 사례가 적지 않다. 경험적인 사실과 증거로 채택되었던 가설이라도 다시 새로운 증거가 나타나면 언제라도 기각될 가능성이 있는 것이다. 증명이란 용어는 논리학이나 수학에서 수학적 관계를 입증할 때에 사용되는 것이지, 경험과학의 연구결과를 논할 때는 거의 쓰이지 않는다.

어느 한 연구를 통하여 특정한 가설을 검증할 수는 있지만, 지식이라는 것이 어느 하나의 가설을 검증하였다고 해서 곧바로 크게 발달되는 것은 아니다. 오히려 특정의 어느 한 가설검증 여하에 너무 큰 비중을 두다가는 오류를 범할 가능성이 높다. 지식의 발달은 여러 연구자들에 의하여 특정 가설이 반복 검증되고 또 많은 가설의 검증이 누적될 때에 일어나는 것이다. 만약 어떤 가설이 지지되지 않았다면, 그 가설은 점차 고려의 대상에서 제외된다. 그리고 지지된 가설들은 계속 관심의 대상으로 남는 것이다. 연구자들은 끊임없이 이렇게 지지받는 가설과 그에 도전하는 새로운 가설을 설정하고 그것들을 검증해 보는 것이다. 다음 〈표 2-2〉에 시간의 경과에 따라 어떻게 서로 경쟁하는 가설들이 기각되거나 계속 고려의 대상이 되는지 그 변화의 과정을 예시하였다. 이 표에 예시한 것은 (시점1)에서 일차적으로 5개의 서로 경쟁적인 가설을 설정하여, (시점3)에 이를 때까지 서로 다른 연구자들이 이 가설들을 검증하여 2개의 가설이 아직 부정되지 않고 가능성으로 남는 과정을 요약한 것이다. 이와 같이 계속적인 가설의 정교화 과정과 검증과정을 통하여 살아남는 가설, 예컨대 가설 H5와 같은 것은 해당 분야에서 좀 더 확고한 위치를 차지하게 된다.

〈표 2-2〉 검증과정을 통한 가설의 정교화

연구 과정	검증대상 가설	기각	채택
(시점1) 5개 가설 중 2개 기각되고, 3개 채택되다	H1 H2 H3 H4 H5	H1 H2	H3 H4 H5
(시점2) 가설 H6을 추가시켜 2개는 기각되고 2개는 채택되다	H3 H4 H5 H6	H3 H4	H5 H6
(시점3) 가설 H7을 다시 추가시켜 1개 기각되고 2개 채택되다	H5 H6 H7	H6	H5 H7

연습문제

1. 다음의 개념들을 조작적으로 정의하여 보시오.

① 홍미 ② 불안
③ 내향성 ④ 창의력
⑤ 학교풍토 ⑥ 성취동기

2. 다음에 열거한 여러 개념들 중에서 변인으로 될 수 있는 것을 고르고, 그러한 개념들이 어떻게 변인으로 취급될 수 있는가를 설명하시오.

① 국가 ② 사람
③ 적성 ④ 권력
⑤ 태도 ⑥ 사랑
⑦ 월수입 ⑧ 청소년

3. 개념의 의미(意味) 및 의의(意義)는 서로 어떻게 다르며, 어떤 경로를 통하여 개념이 의미와 의의를 갖게 되는지 설명하시오.

4. 경험적 법칙은 시간과 공간을 초월하여 절대적 진(眞)으로 받아들여지지 못하고 언제나 잠정적 진으로 성립될 뿐이다. 왜 그런지 그 이유를 설명하시오.

5. 아래의 여러 진술문들을 과학적 연구의 가설로서 성립할 수 있는 것과 없는 것으로 구분하고, 그 이유를 설명하시오.

① 인종간에 지능의 차이가 있다.
② 삼각형의 내각의 합은 180° 이다.
③ 문제아동에 문제부모가 있다.
④ 고등학생들에게 성교육을 실시해야 한다.
⑤ 편식하는 사람은 성격이 원만하지 못하다.
⑥ 영어를 잘하는 학생은 수학도 잘한다.
⑦ 목련꽃은 아름답다.

제 3 장

문헌고찰

제1절 문헌고찰의 목적

연구를 처음 시작할 때 우선적으로 하는 일 중의 하나는 문헌을 고찰하여 연구주제와 관련된 정보를 검색하고 필요한 자료를 수집하는 일이다. 연구자들은 적당한 연구주제를 찾기 위하여 참고문헌을 검토하지만, 일단 선정해 놓은 연구주제를 구체화시키고 연구를 효율적으로 수행하기 위해서도 관련문헌을 고찰하게 된다.

1. 문헌고찰의 의미

문헌고찰(literature review)이란 연구자가 본격적으로 연구수행을 위한 활동에 들어가기 전에 연구주제와 관련있는 이론을 개관(槪觀)하며 해당 연구 분야에서 이제까지 어떤 연구들이 어떻게 이루어졌는지 파악하기 위하여 기존의 이론 및 선행연구물을 찾아서 읽고 검토하는 활동을 말한다. 어떤 연구주제이건 간에 그 주제의 배후에 정도의 차이는 있지만 대개 누적된 지식과 정보가 있기 마련이다. 그러므로 연구자는 자기가 선정한 연구주제의 해결을 위해서 관련된 이론이나 선행연구의 결과들을 전반적으로 검토해 보아야 한다. 그런데 이러한 관계문헌의 고찰은 연구를 본격적으로 시작하기 전에 이루어져야 마땅하다. 해당 연구 분야에서 현재까지 어떤 연구들이 수행되어 왔으며, 적용하고 있는 연구방법에는 어떤 것들이 있는가, 아직 해결하지 못한 과제는 무엇인가 등을 개관하면서 연구하려는 주제의 범위와 방향을 사전에 모색해 두어야 한다.

문헌고찰을 통하여 유용한 정보와 자료를 수집하려면, 정보의 출처와 검색방법을 잘 파악해서 체계적으로 접근해야 한다. 필요한 정보는 다양한 출처에서 얻을 수 있기 때문에 당연히 여러 종류의 문헌정보를 폭넓게 고찰하는 것이 바람직하다. 연구자는 자신이 연구하고자 하는 문제와 관련된 문헌정보에는 어떤 것들이 있으며, 그것은 어디에 있는가, 필요한 정보를 어떻게 찾아볼 수 있는가, 정보를 찾아낸 후에 그것을 어떻게 정리하고 활용할 것인가? 등의 질문을 스스로에게 해보는 것이 좋다.

무슨 일이나 마찬가지이지만, 문헌을 고찰하는 방법에 있어서도 효율적인 것과 비효율적인 것이 있다. 의외로 문헌고찰에 많은 시간과 노력, 경비가 소요될 수 있다. 사전에 치밀한 계획을 세워서 효율적인 방법을 사용하여 체계적으로 문헌정보를 검색하고 수집을 해야 좋은 성과를 기대할 수 있을 뿐만 아니라 시간과 노력도 절약하게 되는 것이다.

2. 문헌고찰의 목적

문헌고찰의 목적과 의의는 여러 가지 측면에서 찾을 수 있다. 연구문제를 찾아내고 그것을 연구할 수 있는 형태로 다듬기 위하여, 어떤 현상과 관련된 주요 변인들을 확인하고 그들 간의 관계를 파악하기 위하여, 최근의 연구동향과 과거 연구자들이 어디까지 도달했는가를 알기 위하여, 효과적인 연구의 방법을 모색하기 위하여, 과거의 연구에서 오류를 범하였거나 잘못한 점이 있었다면 그러한 전철을 밟지 않기 위하여, 연구의 중복을 피하고 이미 밝혀진 사실이 무엇인가 확인하기 위하여 등등 여러 가지이다.

1) 해당 연구 분야의 현황 파악

주어진 어떤 연구주제와 관련된 분야의 연구현황을 파악하기 위하여 문헌고찰을 한다. 어떤 연구이건 전인미답(前人未踏)의 세계에서 연구가 수행되는 것이 아닌 만큼 연구자는 우선 '연구 분야'라고 불리는 영역에 누가, 어떤 길로, 언제, 어떻게, 어디까지 갔는지를 새가 높은 하늘에서 아래를 내려다보는 것처럼 전반적으로 조감해 볼 필요가 있다. 연구의 조감도를 그리는 과정에서 자연히 연구자는 도로망의 연결 상황과 산야의 위치를 파악하고, 강물의 본류와 지류를 구별할 수 있게 될 것이다. 이와 같이 해당 연구 분야에 대하여 전반적인 현황과 추이를 파악하게 되면 큰 안목을 가지고 조망할 수 있기 때문에 연구를 수행해나가는 도중에 갈피를 못 잡고 헤매는 사태는 벌어지지 않을 것이다.

연구주제에 따라 선행연구가 많을 수도 있고 적을 수도 있다. 또한 같은 문제 영역에서 일관성 있게 나타나는 연구결과가 있는가 하면, 이론과 연구결과가 일치하지 않거나 또는 연구결과 사이에 상충되는 것들도 적지 않다. 따라서 연구자는 될 수 있는 한 중요한 관계 연구물들을 빠짐없이 추적하여 면밀히 고찰해 봄으로써 자기의 연구가 어떤 위치에 있으며, 어떤 방향으로 나가야 될는지를 정확히 판단해야 한다. 어느 한 분야의 연구현황을 잘 파악하게 되면 연구자는 불필요한 반복연구를 피할 수 있고, 또한 연구를 마친 다음에 자기의 연구결과를 선행연구와 관련지어 비교하거나 해석하는 데도 도움이 된다. 문헌고찰을 통하여 자신의 연구가 해당 분야의 학문발전에 어떤 역할을 할 수 있는지 미리 생각해 볼 수 있다.

2) 연구문제의 발견 및 정교화

적절한 연구문제를 발견하고 이를 정교화 하는데 문헌고찰의 목적이 있다. 이제까지 무엇이 이루어졌으며 앞으로 해야 할 일은 무엇인가를 검토하는 과정에서 연구문제를 찾아내게 된다. 그리고 이런 과정을 통하여 발견한 연구문제와 관련된 주요 변인들을 확인하고 그들 간의 관계를 추리하면서 연구할 수 있는 형태로 다듬기 위하여 문헌고찰이 필요하다. 또한 문헌고찰을 통하여 불필요한 반복연구를 피할 수 있다. 연구문제를 발견하기 위하여 관계문헌을 대강 훑어보고, 이 과정에서 연구해 보고 싶은 어떤 문제가 떠오르면 그 문제와 관련된 내용을 좀 더 구체적으로 알아보기 위하여 다시 관계문헌을 면밀히 고찰하며, 그리고 심층적인 문헌고찰을 통하여 새로운 사실이 발견되면 다시 연구문제를 수정하거나 보완하게 된다. 이와 같이 "관계문헌 개관 → 연구문제 발견 → 재차 폭넓은 관계문헌 고찰 → 연구문제 수정 · 보완 → … " 식의 순환과정은 시간이 허락되는 범위 내에서 연구자가 만족할만한 상태에 이를 때까지 계속한다.

3) 연구문제의 해결방안 탐색

문헌고찰을 통하여 연구문제의 해결방안을 찾을 수 있다. 선행 연구에서 적용했던 연구방법을 분석해보면 좀 더 정교한 연구설계를 짜는데 도움이 되고 적절한 측정도구를 발견하거나 자료분석 방법을 선택할 수 있다. 선행 연구자의 독특한 경험은 다른 연구자들이 보지 못하는 것을 볼 수 있게 하며, 성공적으로 수행된 선행 연구로부터 독특하고 창의적인 연구방법에 관한 시사점을 얻을 수 있는 것이다.

연구자는 자기가 연구하려는 문제에 지금까지 어떤 방법들이 사용되었으며, 그러한 방법을 선택한 이유는 어디에 있는가, 각 방법의 장점과 단점은 무엇이며, 혹시 개선의 여지는 없는가 등을 자세히 검토해 보아야 한다. 연구의 설계에서부터 자료의 수집 및 분석방법에 이르기까지 사용된 여러 방법들을 서로 비교해 보고, 왜 다른 방법은 적용되지 않았는지를 따져보면서, 앞으로 연구자 자신이 사용할 타당한 방법을 모색하는 것이 이 단계에서 해야 할 중요한 과제이다.

일반적으로 연구방법 중에서도 가장 중요하게 고려할 문제가 측정도구에 관한 것이다. 연구자가 자기 연구에서 이용할 도구를 직접 제작하는 것은 결코 쉬운 일이 아니다. 왜냐하면, 새로이 측정도구를 만들려면 많은 노력과 시간이 걸릴 뿐만 아니라, 타당성과 신뢰성을 보장받기도 어렵기 때문이다. 따라서 가능하면 기존의 알맞은 도구를 선정해서 쓰는 것이 오히려 안전하고 편리할 경우가 많다. 선행연구에서 사용한 측정도구에 관한 자료와 정보는 대개 학위논문이나 단행본으로 나온 연구보고서 부록에 제시하고 있으므로 이를 참고하면 되고, 그 밖의 경우는 해당 연구자에게 직접 연락하여 구할 수도 있다.

4) 연구의 이론적 기초 수립

문헌고찰의 또 다른 목적은 연구의 이론적 기초와 가설설정의 근거를 찾는 데 있다. 연구문제의 근원이 어디에 있으며, 그 문제와 관련하여 어떤 이론들이 있고, 어떤 선행연구가 이루어졌으며, 어떤 사실이 밝혀졌는지를 분석 · 종합하여 연구의 이론적 기초를 다져야 한다. 문제를 보는 관점과 접근방법에는 다양한 견해와 이론이 있을 수 있다. 그 중에는 연구자의 관점과 일치하는 것이 있는가 하면, 어떤 것은 불일치하는 것들도 있기 마련이다. 이와 같은 상황에서 연구자는 여러 견해를 편견 없이 검토하고, 그 가운데 어느 한 입장을 취하게 될 경우 그럴 만한 이유와 정당화할 수 있는 논리를 갖추고 있어야 한다.

한편, 연구의 가설은 경우에 따라서는 직관적 사고에 의해서 세울 수도 있다. 그러나 대개는 문헌고찰을 통하여 이미 밝혀진 사실이나 이론을 정리하고, 관련된 기존의 연구결과들을 면밀히 분석한 다음에 여기에서 얻은 지식을 바탕으로 하여 가설을 설정하는 것이 통례이다. 너무 직관에만 의존하여 세운 가설은 그만큼 취약성을 갖게 된다. 그러므로 연구자는 문헌고찰을 통하여 가설이 성립되는 조건과 이론적 근거를 찾도록 노력해야 할 것이다.

5) 연구의 한계와 결함 파악

대개 처음 연구주제를 잡을 때는 매우 포괄적이고 광범위하기가 쉽다. 그러다가 문헌고찰의 과정에서 연구의 내용과 범위가 너무 거창하다는 사실을 깨닫고 실천 가능한 수준으로 축소시키고 한계를 정하게 되는 것이 보통이다. 적지 않은 수의 연구자들이 연구의 범위를 제한하지 못하고 너무 크게 잡아서 실패하는 경우가 있는데 문헌고찰을 하는 과정에서 이러한 문제점을 발견하고 미리 예방할 수가 있다. 또한 예상하지 못한 연구의 결함이나 어려움에 관한 사항도 사전에 파악할 수 있는 기회를 얻게 된다. 이 외에 문헌고찰을 통하여 자신의 연구결과를 선행연구와 관련지으며 심도있는 논의를 할 수 있는 정보를 얻거나, 해당 분야에서 앞으로 필요한 후속연구를 위한 아이디어를 얻을 수도 있다.

제2절 문헌정보의 종류

여기서 문헌정보란 어떤 사상이나 사물에 관한 내용을 설명하고 전달하고 기록하기 위하여 인쇄매체, 영상매체, 전자매체 등으로 보존된 각종 정보를 통칭하는 말이다. 정보란 우리가 어떤 일에 대한 판단이나 의사결정을 할 때 참고할 수 있는 모든 사항을 말한다. 고급 정보가 많은 사람이 더 정확한 판단과 결정을 내릴 수 있음은 물론이다. 연구를 수행하는데 있어서도 해당 연구에 핵심적이고 중요한 정보를 많이 확보한 연구자는 타당하고 정확한 의사결정을 할 수 있고, 성공적으로 연구를 수행할 가능성이 높다.

문서나 기록, 녹음 · 녹화, 전자파일 등으로 된 정보자료의 종류는 그것을 모두 나열하기 어려울 만큼 매우 다양하다. 그러나 체계적 검토의 편의를 위하여 문헌정보는 가공정도에 따라 몇 가지 범주로 나누어 볼 수 있다.

1. 예비 자료

예비 자료(preliminary source)라고 하는 것은 문헌정보 그 자체의 자료가 아니라 문헌정보의 출처를 알려주는 자료를 말한다. 대표적인 예비 자료로서는 색인집, 서지 데이터베이스, 연구초록집 등이 있다.

색인집은 1차 자료를 쉽게 찾을 수 있도록 저자, 제목, 소재정보(학술지명,

권 · 호수, 쪽수, 출판사 등) 같은 서지(書誌) 사항을 정리한 목록집이다. 원저작물의 원문은 포함되어 있지 않지만 1차 자료를 검색할 수 있는 기본정보를 제공하기 때문에 문헌고찰을 할 때에 매우 유용하다. 미국에서 교육분야 연구에 가장 널리 활용되는 색인집으로 *Educational Index*가 있는데, 우리나라 교육연구자들도 이것을 많이 이용하고 있다. 여기에는 정기간행물에 수록된 문헌정보는 물론 아직 출간되지 않은 학회 발표논문, 회보 등도 포함되어 있다. 심리학 분야의 색인집으로는 *Psychological Abstracts*, 사회학 분야의 색인집으로는 *Sociological Abstracts*가 널리 활용되고 있다. 서지 데이터베이스는 도서형태의 색인집을 컴퓨터로 이용할 수 있도록 다양한 전자매체로 만든 것이다.

한국교육개발원에서 격월로 발간하여 전국 각 대학도서관에 배부하고 있는 '학술지 목차속보' 도 문헌검색을 위한 중요한 예비 자료이다. 이것은 한국교육개발원 도서실에서 구독하고 있는 인쇄형태의 학술지에 대해 입수되는 순서에 따라 목차서비스를 제공하는 자료집이다. 이 목차속보집을 잘 이용하면 연구자들은 최신 연구정보를 신속히 입수할 수 있고, 그 분야의 대략적인 연구동향도 짐작할 수 있을 것이다. 연구의 핵심적 내용을 간단히 요약한 연구초록집도 비교적 적은 노력을 들이고 단시간에 여러 연구물을 검토하는 데는 매우 효과적인 문헌정보원이다.

2. 1차 자료

1차 자료(primary sources) 즉, 원자료는 원저자의 직접적인 지각에 의하여 경험하고 목격한 바를 기록으로 남긴 자료 또는 검증에 사용된 실제 대상물을 말한다. 원저자의 직접적인 지각에 의하여 경험한 사건, 현상, 행동에 관한 원자료를 이용하면 다른 사람을 통하여 간접적으로 듣는 것보다 더 확실하고 실감을 느낄 수 있다는 장점이 있다. 그러나 극적이고 중요한 체험을 한 당사자는 그것을 문장으로 잘 표현하지 못하는 수가 많고 또한 객관성이 결여될 가능성도 있으므로 자서전이나 일기와 같은 원자료를 이용하는 연구자들은 이러한 점에 유의해야 할 것이다.

1차 자료에는 자서전, 체험담, 수기 등을 비롯하여 원저자의 단행본 저서, 학위논문, 연구보고서, 작품 등이 있다. 연구분야에서 가장 많이 찾아볼 수 있는 1

차 자료는 연구자들이 직접 연구를 수행해서 작성한 학술지 게재 논문이나 학술회의 발표논문이다.

3. 2차 자료

2차 자료(secondary sources)는 어떤 사건이나 대상 또는 조건을 직접 경험하거나 목격하지 않은 사람에 의하여 만들어진 정보를 뜻한다. 예컨대, 제삼자가 원자료를 재조직하였거나 비평한 자료, 혹은 원저를 번역하였거나 내용의 일부를 발췌한 자료 등이 모두 2차 자료에 속한다. 원자료를 종합하여 이해하기 쉽도록 내용을 요약하거나 재편성하여 제공하는 연구개관서(review of research), 편람, 백과사전 등도 2차 자료이다. 이러한 자료를 참고하면 해당 분야에서 선행연구가 어느 정도 이루어졌는지를 대략 파악할 수 있고, 1차 자료를 검색할 수 있는 단서를 찾을 수 있기 때문에 유용하다. 2차 자료의 대표적인 예로 단행본 도서를 들 수 있다. 가령, '심리학개론', '자아개념', '사고양식' 등의 서적은 2차 자료에 속한다. 이러한 책에서는 다양한 이론과 연구결과를 잘 정리하여 소개하고 있기 때문에 연구자가 관심을 가지고 있는 주제에 대한 기본지식을 쉽게 습득하고 그 분야의 연구를 전반적으로 개관해 볼 수 있는 장점이 있다.

그러나 연구에서는 될 수 있는 한 1차 자료, 즉 원자료를 이용하는 것이 좋다. 왜냐하면, 2차 자료는 1차 자료를 옮기는 과정에서 그 내용의 일부가 누락되거나 경우에 따라서는 왜곡되는 수가 있기 때문이다. 특히 문헌연구의 주류를 이루는 역사적 연구에서는 문헌정보가 1차 자료인가 2차 자료인가를 면밀히 검토하여 분석대상이 되는 자료의 신빙성을 확인하는 일이 중요하다. 일반적으로 1차 자료가 여러 사람의 손을 거치며 전달되는 과정에서 본래의 내용이 크게 변질되고 왜곡되는 수가 많다. 따라서 2차 자료에만 의존하게 되면 그만큼 그 연구의 가치는 떨어질 수밖에 없다. 그런데 1차 자료와 2차 자료를 명확히 구분하기 어려운 때가 있다. 동일한 저서나 연구보고서에서도 이 두 종류의 자료가 혼용되어 있는 경우가 많기 때문이다.

제3절 문헌정보의 출처

연구에 필요한 정보를 알아보기 위해서는 관련 분야의 인쇄자료와 전자자료를 이용해야 한다. 문헌정보의 주요 출처에는 다음과 같은 것이 있다.

1. 인쇄 자료의 출처

1) 전문학술지와 연구논문집

전문가들의 단체에서 발간하는 학회지나 학술연구기관에서 발행하는 연구논문집은 연구동향을 파악하고 연구에 필요한 아이디어, 자료, 지식을 얻을 수 있는 매우 중요한 정보원(情報源)이다. 가령, 한국교육학회에서 발행하는 '교육학연구' 나 한국심리학회에서 발간하는 '심리학연구', 한국사회학회에서 발간하는 '한국사회학' 등이 전문적 학술지의 대표적 예이다. 각 대학이나 전문연구기관에서 발행하는 연구논문집도 여러 종류가 있다. 대개 단행본으로 발간되는 저서는 그것을 준비하고 출판하는데 비교적 오랜 기간이 소요되어 최신의 정보를 전달하기 어려운 반면에, 매월 또는 적어도 계간으로 발행되는 학술지나 논문집은 그만큼 빠른 기간 내에 출판되기 때문에 해당 학문 분야의 연구동향을 파악하고 최신 정보를 얻을 수 있는 이점이 있다.

2) 학위논문

석사 또는 박사학위 취득을 위하여 수행한 연구결과를 보고한 학위논문은 연구에 필요한 최신 정보를 얻을 수 있는 좋은 문헌자료이다. 요즘 국내 학위논문은 모두 데이터베이스(DB)로 구축되어 있어서 한국교육학술정보원이나 국회도서관을 통하여 손쉽게 찾아볼 수 있다. 그리고 북미와 영국의 대학에서 나온 학위논문 자료는 University Microfilm International(UMI)을 통하여 얻을 수 있다.

3) 연구보고서

개인이나 단체가 정부기관 또는 각종 학술재단으로부터 자금 지원을 받아 이루어진 연구의 결과를 연구비 후원자에게 보고하는 형식으로 작성된 것이 연구보고서이다. 이러한 연구보고서를 통하여 특정 연구주제에 관한 유익한 정보를 얻을 수 있다.

4) 단행본 저서

저서는 단일저자 또는 공동저자에 의해 간행된 저작물로 흔히 도서를 일컫는다. 단행본 저서에서 다루는 내용은 연구보고서나 논문에 비하여 상대적으로 포괄적이고 개론적인 성격의 이론, 방법, 설명, 역사 등에 초점을 두는 경우가 많다.

5) 학술대회 발표논문

이것은 학술정보의 신속한 전파와 교환을 목적으로 학회, 연구단체, 연구기관 등이 주최하는 학술회의장에서 발표한 논문이나 배부된 자료를 말한다. 학술대회 발표논문은 아직 정식으로 출판되기 이전의 학술논문으로서 차후 수정·보완의 여지는 있지만, 일반적으로 다른 어떤 것보다 가장 최신의 정보를 취급하고 있다는 점에서 연구자들에게 귀중한 문헌정보원이 될 수 있다.

6) 연구개관 정기간행물

이것은 광범위한 참고문헌과 함께 특정 주제에 대해 수행된 연구결과를 종합하여 계간 또는 연간으로 발간하는 정기간행물이다. 예를 들어, 미국교육학회에서 계간으로 발간하는 교육연구개관(*Review of Educational Research*)이나 미국심리학회에서 1년에 한 번씩 발간하는 연간심리학연구개관(*Annual Review of Psychology*)이 여기에 속한다.

7) 편람과 사전류

편람(handbook)이란 어느 한 분야에 관하여 이론적 해설과 실제적 자료를 제공하기 위해서 적용 실례, 도표, 그림, 통계 등을 사용하여 실무에 적용하는데 편리하도록 각종 용어나 전문적인 내용을 간결하게 설명한 도서이다. 편람은 일종의 전문해설서로서 해당 분야 전문가에 의해서 작성된다. 연구편람을 읽어보면 특정 연구주제에 대한 그동안의 연구 흐름이나 연구결과, 연구의 정도를 파악할 수 있다.

사전은 내용별로 일반사전, 외국어사전, 용어사전, 주제사전 등으로 나누어 볼 수 있다. 교육학 분야의 사전으로는 국내에서 발간된 '교육학사전', '교육심리학 용어사전', 미국에서 발간된 교육연구사전(Encyclopedia of Educational Research) 등이 있다. 이러한 사전에는 다양한 교육연구 분야를 광범위하게 분석해 놓아서 연구자에게 매우 유용한 정보를 제공한다. 교육연구사전은 수행된 연구의 단순목록집이 아니라 전문학자들이 정기간행물의 글이나 논문을 비평 · 종합하고, 많은 연구문헌에 대하여 해석을 해 놓은 책이다.

8) 연구초록집

이것은 연구문제, 연구방법, 연구결과 등 연구의 내용을 간단히 요약한 문헌이다. 이러한 초록을 통하여 각 연구의 내용을 상세히 파악하기는 어렵지만, 연구초록집은 비교적 적은 노력을 들이고 단시간에 여러 연구물을 검토하면서 각각의 연구물이 연구자가 계획하고 있는 연구에 필요한 것인가를 판별하는데 매우 효과적인 문헌정보원이다.

9) 색인집

1차 자료를 쉽게 찾을 수 있도록 저자, 제목, 학술지명, 권 · 호수, 쪽수, 출판사 같은 서지 사항을 정리한 목록집이다. 원문은 포함되어 있지 않지만 1차 자료를 검색할 수 있는 기본정보를 제공하기 때문에 문헌고찰을 할 때 색인집을 이용하면 매우 편리하다.

10) 미국 교육자료정보센터

교육자료정보센터(Education Resources Information Center: ERIC)는 미국 교육부에서 관리하고 있는 세계 최대의 교육관련 문헌정보센터로서, 여기서는 미국 전역에 걸친 정보망을 통하여 1966년 이후부터 발간되는 각종 연구보고서, 프로젝트 및 기술보고서, 단행본, 학술지 게재논문 및 미간행 학술대회 발표자료, 연설 자료 등 거의 모든 교육관련 문헌정보를 수집 · 색인 · 저장 · 보급의 기능을 수행한다. 이 기관에서 출판하는 자료에는 교육학술지의 최근 색인(Current Index to Journals in Education)과 교육자료(Resources in Education) 등이 있다. 이 같은 자료들은 인쇄물, 콤팩트디스크, 마이크로필름, 데이터베이스 등 다양한 형태의 자료로 제공되며, 인터넷을 이용한 온라인으로도 접근이 가능하다. 교육연구자들에게 있어서 ERIC을 이용한 문헌정보의 검색은 필수적이라고 말해도 과언이 아닐 정도로 미국내는 물론 전 세계적으로 매우 광범위하게 이용되고 있는 문헌정보원이다.

2. 전자 자료의 출처

요즘은 인터넷을 통한 문헌정보의 검색이 보편화되었다. 연구자들은 인터넷을 통하여 빠르고 편리하게 자료의 검색 및 수집이 가능하게 되었다. 아래와 같은 웹사이트를 이용하여 다양한 전자자료를 온라인상에서 검색할 수 있다.

1) 한국교육학술정보원 학술연구정보서비스(http://www.riss4u.net)

한국교육학술정보원(KERIS)은 교육 및 학술연구의 질적 수준을 높이고 국가 교육 발전에 이바지하는 업무를 목적으로 설립된 기관이다. 주로 교육과 학술연구에 필요한 정보를 조사 · 수집 · 제작하고, 이를 효과적으로 유통하기 위한 학술정보 데이터베이스를 구축 · 운영하고 있다. KERIS 학술연구정보서비스에서는 국내 대학도서관 목록을 통합하여 검색할 수 있도록 지원할 뿐만 아니라 학술논문 자료와 함께 해외 학술 데이터베이스도 제공하고 있어 연구자에게 매우 유용한 정보 출처이다.

2) 국립중앙도서관(http://www.nl.go.kr)

국립중앙도서관에서는 국내외 자료의 수집 · 정리 · 보존과 각종 서지의 작성 및 표준화, 국내외 도서관과의 협력 및 자료 교환 등의 업무를 하고 있다. 여기서는 국립중앙도서관이 소장하고 있는 각종 단행본들 중에서 학술적 · 정보적 가치가 있는 자료를 선별적으로 구축해 놓은 원문데이터베이스와 인문사회분야 박사학위 논문의 원문자료를 온라인상에서 검색할 수 있다.

3) 국회도서관(http://www.nanet.go.kr)

국회도서관에서는 국회 입법 활동과 관련된 자료 외에도 인문사회과학과 관련된 데이터베이스를 구축하여 운영하기 때문에 매우 유용한 자료를 찾아볼 수 있다. 국내 석박사학위 논문, 국내외 학술잡지 및 신문 목록, 정부간행물자료, 정부제출 자료목록, 입법부 발간자료, 각종 법령집 등을 검색해 볼 수 있고, 경우에 따라서는 원문을 다운받을 수도 있다.

4) 국가전자도서관(http://www.dlibrary.go.kr)

국립중앙도서관, 국회도서관, 한국과학기술원 과학도서관, 한국과학기술정보연구원, 한국교육학술정보원 등 여러 기관에서 제공하는 단행본, 정기 간행본, 학위논문, 국내외 학술지목록 등을 통합적으로 검색할 수 있다. 저자, 주제어 등으로 검색 가능하고, 검색 결과 자료를 클릭하면 제공기관 웹사이트로 이동하여 1차 자료를 볼 수도 있다.

5) 미국 교육자료정보센터(http://www.eric.ed.gov)

앞에서 이미 설명한 것처럼, 미국 교육자료정보센터(ERIC)에서는 인쇄물 자료를 콤팩트디스크, 마이크로필름, 데이터베이스 등 다양한 형태의 전자자료로 만들어 제공하며, 인터넷을 이용한 온라인으로도 접근이 가능하다. 우리나라 많은 대학 도서관들이 이러한 자료의 CD-ROM 버전을 갖추고 있다.

6) 미국 심리학회 데이터베이스(http://www.apa.org/psycinfo)

미국 심리학회 데이터베이스(PsycINFO)는 심리학 및 관련 분야의 방대한 문헌정보목록을 구축해 놓은 웹사이트이다. *Psychological Abstracts*의 인쇄자료를 비롯하여 심리학 관련 각종 문헌정보를 데이터베이스화 하여 온라인상으로 검색할 수 있다.

7) 기타 각종 웹사이트

위에 소개한 학술정보제공 웹사이트 이외에 국내 각 대학의 도서관 홈페이지와 각 학회의 홈페이지를 비롯하여 Naver, Daum, Google, Yahoo 등과 같은 상업용 포털 사이트(portal site)를 이용하여 필요한 정보와 자료를 얻을 수도 있다. 그런데 웹사이트에서 정보를 수집할 때는 반드시 그 정보의 정확성과 객관성을 따져보아야 한다. 사실 거의 누구나 웹사이트를 개설 · 운영할 수 있기 때문에 웹사이트는 무수하게 많이 있다. 상업목적으로 운영되는 웹사이트나 운영주체가 불분명한 웹사이트에서 제공하는 자료 중에는 정확성과 객관성이 의심스러운 것들이 많이 있으므로 주의해야 한다.

제4절 문헌정보의 검색

문헌정보의 검색방법은 크게 인쇄물을 통한 문헌정보의 검색과 데이터베이스를 통한 검색으로 구분할 수 있다. 아래에서는 이 두 가지 방법을 혼용하여 자료를 검색하는 절차와 방법에 대하여 간략히 기술한다.

1. 연구주제와 검색목적의 명료화

우선 자료 검색의 목적과 연구주제에 대한 인식을 분명히 해야 한다. 연구주제와 자료 검색의 목적이 분명하지 못하면 무엇을 찾아야 할지, 어디서부터 시작해야 할지 막연하기 때문에 시간을 낭비하면서 헤매기 쉽다. 그러므로 자료 검색 과정에서 가장 먼저 해야 할 일은 관심 가지고 있는 연구주제와 자료검색의 목적을 명확하게 정하는 것이다. 가령, 자료검색의 목적이 연구하려는 주제를 탐색하기 위한 것인지, 검사개발의 방법에 도움을 받기 위한 것인지 등 목적이 무엇이냐에 따라 초점이 달라질 수 있는 것이다.

2. 주제어 또는 검색 목록 작성

자료검색의 목적과 연구주제가 확인된 다음에는 연구주제와 관련된 주제어(keywords) 목록을 만드는 것이다. 예를 들어, 연구주제가 '자아개념과 학업성취도의 관계' 라면 일단 자아개념, 자존감, 자아의식, 학업성취도, 학업성적 등이 주제어가 될 수 있다. 그런데 필요한 문헌을 체계적으로 조사하고, 보고서를 쓸 때나 참고문헌의 정리를 할 때 효율적으로 이용하려면 처음부터 서지목록 카드를 만들어 사용하는 것이 편리하다.

서지목록(bibliography) 카드란 문헌 그 자체의 정보를 기록한 카드를 말한다. 관계문헌을 검색하여 그 출처를 확인할 때마다 서지목록 카드를 만들어 잘 정리하고 분류하여 놓으면 문헌고찰을 하는데 효과적으로 활용할 수 있으며, 연구를 끝마친 다음 연구보고서를 작성할 때에도 매우 유용하게 쓸 수 있다. 서지목록용 카드로는 7.5×12.5cm(3×5인치)의 국제규격 카드를 사용하면 편리하다.

흔히 쓰이는 서지기록 양식은 다음과 같다. 단행본인 경우에는 ① 저자명, ② 출판년도, ③ 책명, ④ 판수(초판이 아닌 경우), ⑤ 출판지명, ⑥ 출판사명 순으로 기록한다. 그리고 연구논문집이나 정기간행 학술지에 발표된 논문인 경우에는 ① 저자명, ② 출판년도, ③ 논문제목, ④ 학술지 또는 논문집명, ⑤ 권·호수, ⑥ 해당 쪽수의 순으로 그 내용을 카드에 기록한다. 다음 [그림 3-1]은 서지목록 카드를 예시한 것이다.

> Creswell, J. W. (2008). *Educational Research : Planning, Conducting, and Evaluating Quantitative and Qualitative Research* (3rd ed.). Upper Saddle River, New Jersey : Pearson Education, Inc.

(단행본)

> Mages, W. K. (2008). Does creative drama promote language development in early childhood? A review of the methods and measures employed in the empirical literature. *Review of Educational Research,* Vol. 78, No. 1, pp. 124-152.

(정기간행물 속의 논문)

[그림 3-1] 서지목록 카드의 예

관계문헌의 출처와 소재를 검색할 때 문헌목록집을 이용하면 연구자의 시간과 노력을 크게 줄일 수 있어서 편리하다. 문헌목록집에서 관계문헌의 출처를 알아보는 방법은 해당 연구문제의 중요개념이 들어 있는 주제 항목란을 훑어보거나, 저자 색인란을 참고하면 된다. 미국의 경우 교육학이나 심리학 분야에 관한 단행본·정기간행물·연구보고서 등의 저자색인(author index) 및 주제색인(subject index) 목록집으로 앞에서 소개한 *Educational Index*와 *Psychological Abstracts*가 있다. 이 밖에도 각종 목록집, 색인집, 속보집이 발간되어 산더미 같이 많은 자료 중에서 자기가 필요로 하는 것을 신속히 파악하고 입수하려는 연구자들에게 큰 편의를 제공하고 있다. 이에 비하면 우리나라의 경우는 아직 미흡한 형편이다. 물론 문헌목록집이나 논문색인집이 전혀 없는 것은 아니지만, 적절한 시기에 최신의 정보를 전달하지 못하기 때문에 효용가치가 그만큼 줄어든다고 하겠다.

3. 자료 검색

연구주제가 어느 정도 구체화되고 검색 목록이 작성되었으면 이제 자료를 검색할 준비가 된 셈이다. 연구자는 서지목록을 작성하면서 해당 자료가 얼마나 가치있는 것인지, 일정기간 내에 수집가능성이 있는지를 검토하고 우선순위를 정하여 체계적으로 자료를 검색·수집하는 것이 바람직하다. 자료검색을 할 때 최근 10년 이내에 이루어진 연구에 대해서는 철저히 검토해 보는 것이 좋다. 인터넷 검색 엔진으로 키워드 검색도 하고 문헌색인집, 초록집, 데이터베이스를 꼼꼼히 살펴보아야 한다.

요즘 대부분의 도서관은 소장 자료의 목록을 전산화하여 웹사이트에 공개하고 있다. 도서관 온라인 목록은 서지사항만 볼 수 있는 서지 데이터베이스와 원문을 직접 볼 수 있는 원문제공 데이터베이스가 혼합되어 있다. 원문이 인쇄 자료이기 때문에 서지사항만 검색되는 경우는 도서관 온라인 목록에서 검색된 서지사항을 가지고 직접 도서관에 가서 인쇄형태로 되어 있는 원문을 찾아봐야 한다.

도서관이나 인터넷을 통해 관계문헌이 있을 만한 곳을 찾아가서 학술지, 논문집, 단행본 등을 뒤져보고 필요한 부분을 베끼거나 복사하는 등 자료를 수집한다. 자료검색을 할 때 가능하면 최근의 논문이나 학술지를 먼저 찾아보는 것이 좋다. 왜냐하면, 최신의 정보를 습득할 수 있을 뿐만 아니라, 그러한 논문의 참고문헌목록을 보고 이전의 다른 관계문헌에 관한 정보도 쉽게 추적할 수 있기 때문이다.

흔히 이용되는 자료검색의 방법으로는 브라우징(browsing)과 키워드 검색이 있다. 브라우징이란 인터넷에서 정보를 검색하기 위하여 이 사이트 저 사이트를 하나씩 훑어보는 것을 일컫는 말로, 검색대상을 대강 훑어보면서 필요한 자료를 골라내는 방식이다. 예를 들어, 검색 초보자이거나 찾고자 하는 정보 주제를 확실히 결정하지 못한 사람이 도서관의 여기 저기를 배회하면서 서가에 진열되어 있는 책들의 제목을 죽 살펴보는 것이 브라우징의 일종이다. 인터넷을 통해 웹사이트에서 자료공간을 항해하면서 자료를 찾아볼 수도 있다. 브라우징 방식은 찾고자 하는 자료가 명확하지 않을 때 자료를 찾는 출발점을 제공한다.

키워드 검색은 특정한 주제어를 검색시스템에 입력하여 그에 해당하는 자료를 찾아내는 것이다. 원하는 자료를 찾기에 가장 적당한 용어를 직접 입력하여 검색하면 된다. 키워드 검색은 브라우징 방식에 비해 자료를 찾는 시간이 빠르며, 이용자의 필요에 따라 주제어를 마음대로 조합할 수 있다는 장점이 있다. 그러나 키워드가 들어있는 자료만 검색되기 때문에 브라우징처럼 검색된 자료 외에 관련된 주제나 상하위 주제개념에 대한 부가적인 자료를 얻기는 어렵다. 키워드 검색에서 키워드를 여러 개 입력하여 검색자료를 제한 또는 확장하고자 할 경우 검색연산자를 이용하면 편리하다. 흔히 쓰이는 검색연산자로는 and, or, not이 있다.

1) 한글자료 검색

가령, 한국교육학술정보원 웹사이트에서 학습기술에 관한 자료를 찾는다고 가정해보자. 통합검색란에 '학습기술' 이라는 주제어를 입력한 후 검색을 클릭하면 다음 [그림 3-2]와 같은 화면이 뜬다.

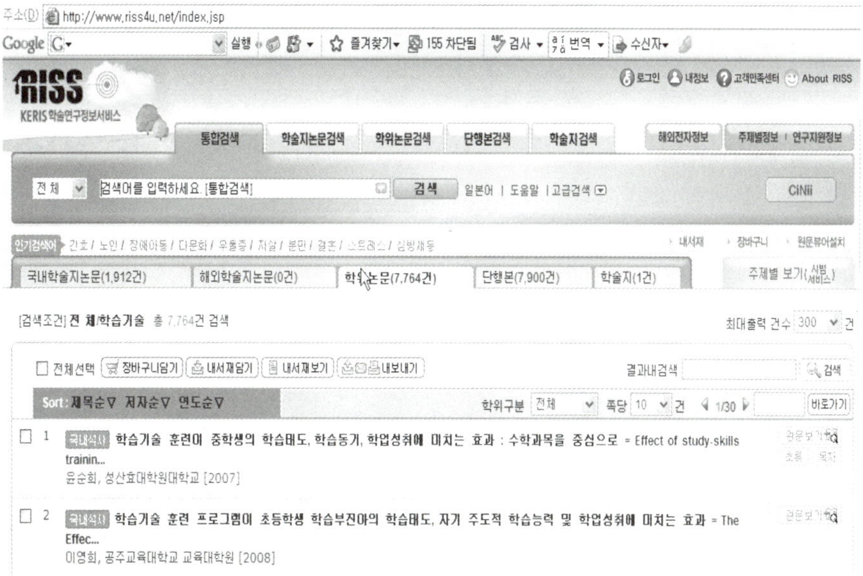

[그림 3-2] 한국교육학술정보원의 주제어 검색 결과 화면 예시

검색 결과 '학습기술' 과 관련있는 자료로 국내 학술지논문 1,912건, 학위논문 7,764건, 단행본 7,900건, 학술지 1건이 있는 것으로 나타났다. 만약 학위논문만을 검색하고 싶다면 학위논문을 클릭하면 된다. 그리고 이들 학위논문을 최근 자료부터 보고 싶다면 연도순을 클릭하여 연도순으로 정렬시키면 된다. 학위논문의 자료가 너무 방대하기 때문에 2001년도 이후 자료만을 검색하려면, 홈페이지 상단의 학위논문검색을 클릭하고 고급검색을 클릭한 후 제목을 '학습기술' 로, 발행연도를 '2001-2008' 로 하면 검색자료가 제한된다. 고급검색은 저자, 출판연도, 발행기관, 제목 등을 다양하게 제한해서 검색할 수 있기 때문에 자신이 원하는 자료를 좀 더 쉽게 검색할 수 있다.

2) 영문자료 검색

ERIC 홈페이지에 접속하여 원하는 자료를 찾는다고 생각해 보자. 고급검색에서는 검색어, 발행일, 발행형태 등을 제한시킨 후 검색할 수 있다. 이처럼 자료를 제한시키면 기본검색보다 자료의 양이 상당히 줄게 된다. 검색결과는 제목과 함께 ERIC 번호, 발행일, 저자, 발행형태, 초록 등이 제시된다. 찾아보고자 하는 자료의 서지 정보를 약간만 알고 있는 경우에도 고급검색을 이용하여 자료를 검색하는 것이 편리하다.

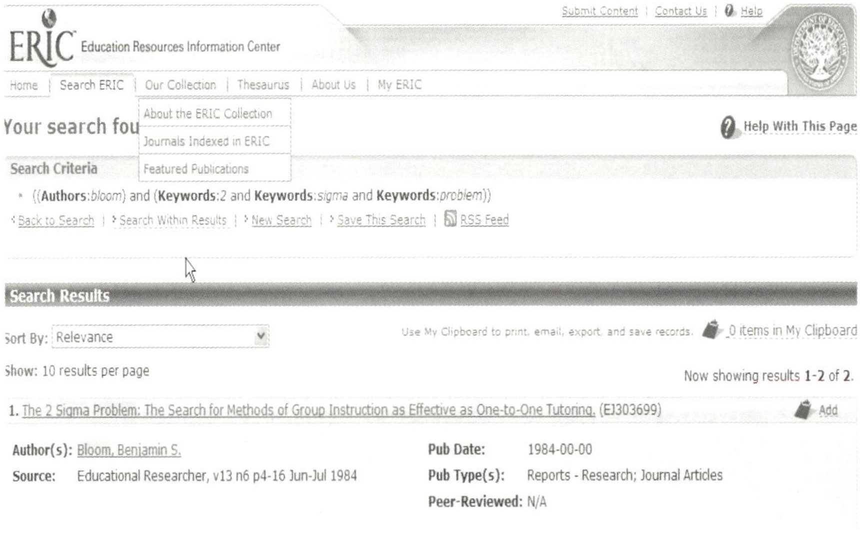

[그림 3-3] ERIC의 고급검색 결과 화면 예시

예를 들어, Bloom의 논문 중에 다른 서지 사항은 알지 못하고 논문제목에 '2 sigma problem' 이라는 단어가 들어 있다는 것만 알고 자료를 찾는다고 가정해 보자. 고급검색에서 제목란에 '2 sigma problem' 을 쓰고, 저자란에 'Bloom' 를 입력한 다음 검색하면 [그림 3-3]과 같은 화면이 나타난다.

화면에서 보는 바와 같이, 찾고자 하는 논문자료는 1984년에 발행된 Educational Researcher 13권 6호의 4~16 쪽에 게재된 'The 2 Sigma Problem: The Search for Methods of Group Instruction as Effective as One-to-One Tutoring' 이라는 것을 알 수 있다. 그리고 이 자료의 ERIC번호가 EJ303699라는 것도 화면에 나타나 있다.

4. 자료의 핵심내용 읽기와 적합성 평가

자료검색을 통해 필요한 자료를 구한 다음 연구자가 할 일은 핵심내용을 읽는 것이다. 연구를 위한 독서는 단순히 내용 파악만을 위한 것이 아니기 때문에 비판적 사고를 하면서 독서해야 한다. 즉, 다음과 같은 질문을 마음 속으로 하면서 읽는 것이 좋다. 연구문제와 가설은 명확히 설정되었는가, 연구의 방법은 문제해결에 적절한가, 측정도구 및 수집한 자료는 타당하고 신뢰로운가, 가설검증에 알맞은 통계적 방법을 적용하였는가, 연구결과가 시사하는 바는 무엇이며, 이 연구의 결과와 다른 연구에서 얻은 결과나 기존의 이론과 불일치되는 점은 없는가, 연구의 결론은 연구결과에서 타당하게 도출할 수 있는 것인가 등 여러 문제들을 신중히 고려하면서 관계문헌을 읽는다. 그러나 모든 문헌을 처음부터 끝까지 정독할 필요는 없다. 어떤 연구보고서는 이론적 배경 부분을, 어떤 것은 연구방법 부분을, 또 어떤 연구는 결과 부분에 중점을 두고 읽을 수도 있는 것이다.

한편, 자료의 적합성 평가란 검색된 자료가 원래 찾고자 하는 자료인지 확인하고 그것의 효용가치를 판단하는 것이다. 자료의 적합성을 평가하는 주요 기준으로 다음과 같은 세 가지를 들 수 있다.

첫째, 자료의 신뢰성이다. 신뢰성은 저자의 학문적 인지도, 연구물의 타당성, 다른 참고문헌에 저자가 인용된 정도 등으로 판단할 수 있다.

둘째, 자료의 관련성이다. 관련성은 자료가 현재 계획하고 있는 연구에 얼마나 도움이 되는가를 살펴봄으로써 판단할 수 있다.

셋째, 자료의 최신성이다. 최신성은 자료의 발행일자를 보면 알 수 있다. 특별한 이유가 없는 한 자료는 가급적 최근의 것을 이용하는 것이 좋다.

위와 같은 기준에 의해 검색자료를 평가해서 적합성과 중요성 정도에 따라 자료를 구분해 놓고, 효용가치가 높은 자료는 정독하고 그렇지 않은 것들은 대충 읽어보거나 제외시킨다.

5. 자료 요약 및 기록

검색한 자료는 그때그때 즉시 요약해서 기록해 두는 것이 바람직하다. 연구자는 연구에 도움이 될 만한 중요한 정보를 입수하거나 새로운 아이디어가 떠오를 때는 잊기 전에 그것을 주제 카드에 메모해 두는 습관을 들이는 것이 좋다. 메모할 때는 한 권으로 묶여진 노트보다는 낱장으로 되어 있는 카드를 이용하는 것이 편리하다. 낱장 카드를 사용하면 새로운 자료를 다시 첨가하기 쉽고, 어떤 기준에 따라 분류하거나 재조직할 경우에 간편하다. 카드의 크기는 연구자가 필요에 알맞은 것으로 택하면 되지만, 어떤 크기로 하든지 모두 같은 규격의 카드를 사용하는 것이 취급하기에 좋다.

Operational Definition

The meanings of terms are not defined by listing the observable attributes of objects, but by reference to more abstract properties. "… it is defined by giving the conditions for the truth of a sentence in which the term occurs. Such definitions are called 'operational.' for they frequently state what must be done in order to make certain observations." (p. 49)

Brodbeck, M. (1963). Logic and scientific method in research. In N. Gage (ed.), *Handbook of Research on Teaching*. Chicago: Rand McNally, pp. 44-93.

[그림 3-4] 주제 카드의 예시

주제 카드는 한쪽 면을 이용하여 한 가지 내용만을 기록해 두는 것이 나중에 취급하기 편하다. 카드의 위에 주제를 적고 그 밑에 주제에 관한 구체적인 내용을 요약하여 적어둔다. 어떤 내용을 인용하는 경우에는 앞뒤에 정확히 인용부호를 붙이고 해당 페이지를 기입한다. 카드에 연구자 자신의 의견이나 비평을 첨부할 수도 있다. 그리고 카드의 밑이나 뒷면에 자료의 출처를 밝혀 두고, 그 문헌을 어디에서 보았는지 출처를 정확히 적어 놓으면 이후에 다시 그 자료를 직접 찾아볼 필요가 있을 때 큰 도움이 된다.

근래 컴퓨터 사용이 보편화되면서 문헌고찰의 결과를 기록하고 보관하는데 과거처럼 독서카드에만 의존하지 않고, 전자파일 형태로 작성하여 USB 메모리에 저장하여 간편하게 휴대하고 다닐 수 있다. 독서카드를 이용하건 컴퓨터를 활용하건 간에 문헌정보를 검색한 후에 중요한 내용을 요약 · 정리하여 연구자가 사용하기 편리한 방식으로 기록하고 잘 보관해 놓는 일이 필요하다.

6. 자료 종합 및 정리

'구슬이 서말이어도 꿰어야 보배' 란 말이 있듯이, 아무리 중요한 문헌정보를 검색하였다 하더라도 어디에 무슨 내용이 있는지 필요할 때 찾아낼 수 없다면 무용지물에 불과하게 된다. 따라서 문헌고찰의 결과를 필요할 때 곧 찾아서 이용할 수 있도록 잘 종합 · 정리해 놓아야 할 것이다.

연구자는 문헌고찰을 통하여 무엇을 이미 알고 있는지, 아직 알지 못하는 것은 무엇인지, 연구계획에 대한 문제점은 없는지 등을 파악하게 된다. 따라서 검색한 자료들을 종합하여 여기서 얻은 지식을 기반으로 어떻게 연구를 설계해야 할 것인지에 대하여 명확히 할 필요가 있다. 문헌고찰을 할 때 초보연구자가 범하는 일반적인 오류는 자신의 연구와 문헌고찰을 통해 얻은 것들을 잘 연결시키지 못하거나 연구방법에 대한 고려 없이 연구결과에만 초점을 두는 경향이 다분히 있다는 점이다. 애써서 습득한 문헌정보를 자신의 연구와 관련시키지 못한다면 쓸모가 없게 되는 것이다. 수집한 각종 자료와 정보를 효율적으로 사용하기 위해서는 이들을 체계적으로 정리해 놓아야 한다.

연습문제

1. 연구를 할 때 관계문헌의 고찰은 반드시 필요한 것인가? 만약 어느 연구자가 관계문헌의 고찰을 전혀 하지 않고 연구를 한다고 가정할 때 일어날 수 있는 문제들을 말해 보시오.

2. 1차 자료와 2차 자료는 어떤 차이가 있는가?

3. 문헌고찰의 주요 목적을 기술하시오.

4. 한국교육학술정보원 학술연구정보서비스(http://www.riss4u.net) 웹사이트에 접속하여 다음 방식으로 관심있는 연구분야의 자료검색을 하여 보시오.
   ① 저자명
   ② 논문제목
   ③ 주제어

5. 미국 교육자료정보센터(http://www.eric.ed.gov) 웹사이트에 접속하여 다음 방식으로 관심있는 연구분야의 자료검색을 하여 보시오.
   ① 주제어
   ② 저자명
   ③ 논문제목

제 4 장

연구계획서

제1절 연구계획의 필요성

사전에 철저한 계획을 세워서 하는 일과, 아무런 계획도 없이 하는 일 중에서 어느 편이 효율적으로 진행되고 어느 편이 시행착오식으로 진행될 것인가에 관해서는 누구나 쉽게 짐작할 수 있을 것이다. 집을 짓는다고 할 때, 만약 설계도 없이 주먹구구식으로 짓는다면 집의 구조가 어떻게 될는지 알기 힘들며, 또한 무슨 재료가 언제 얼마나 필요할는지 가늠하기가 어렵다. 집을 효율적으로 짓기 위해서는 건축설계도가 필요하다.

1. 연구계획서의 필요성

연구계획서는 건축에 있어서 건축설계도와 같다고 말할 수 있다. 건물을 신축하려면 건축설계도가 필요한 것처럼, 연구에 있어서도 연구계획서가 필요하다. 연구계획을 구체적으로 수립하는 일은 해당 연구과제를 효율적으로 실행하기 위하여 필수적으로 요구되는 일이다.

학위논문을 쓰기 위해서나, 학술재단에 연구비 지원을 신청하기 위해서 우선적으로 해야 할 일이 연구계획서를 작성하는 일이다. 특히 대학원 학위과정에서는 연구계획서의 작성을 매우 중요하게 생각한다. 석사 또는 박사 학위논문의 경우, 연구에 착수하기 전에 반드시 연구계획서를 제출하여 지도교수의 승인을 받아야 한다. 그런데 이것이 그리 쉬운 일이 아니라는 것은 경험해 본 사람들은 잘 기억하고 있을 것이다. 연구계획서를 살펴보고 연구의 필요성, 중요성, 창의성 등을 파악할 수 있을 뿐만 아니라, 연구계획서는 연구의 타당성과 진정성을 지도·감독할 수 있는 수단이 되기도 한다. 연구계획서가 통과되지 않으면 연구를 진행할 수 없고, 설령 학생이 독자적으로 연구를 해서 논문을 작성한다 해도 지도교수로부터 인정받지 못한다. 따라서 학위과정의 학생들에게 있어서 연구계획서의 작성 및 통과는 매우 중요한 과제의 하나이다.

여러 사람이 공동으로 참여하는 연구과제의 경우에는 특히 연구계획의 치밀성, 종합성, 체계성이 요구된다. 연구책임자를 포함한 공동연구원 모두가 연구의 계획단계에서 집중적인 논의를 하여 구체적인 연구계획을 수립할 필요가 있다. 그리고 연구책임자는 연구 전체의 흐름에 대한 분명한 이해와 전망을 할 수 있어야 한다.

2. 연구계획서의 기능

연구계획서를 작성함으로써 얻게 되는 이점은 무엇인가? 다음에 연구계획서를 작성함으로써 얻는 장점을 몇 가지 열거한다.

첫째, 연구계획서를 쓰는 작업은 연구자의 생각을 정리하고 연구문제를 분명히 하는데 도움을 준다. 머릿속으로 생각할 때는 그럴 듯하고 분명한 것 같은데도 막상 그러한 생각들을 문장으로 기술하여 정리하려면 아리송한 경우가 많다. 따라서 연구계획서를 쓰는 과정에서 이와 같은 문제를 해결하게 되고, 또 연구에 도움이 되는 새로운 아이디어도 얻을 수 있다.

둘째, 연구계획서는 연구를 수행하는데 길잡이 역할을 한다. 언제 무엇이 필요하고, 어떤 일을 해야 할는지 연구진행에 앞서서 필요한 자료의 수집과 진행절차를 명료하게 해준다. 사전에 작성한 계획대로 연구를 진행하게 됨으로써 시행착오를 범하지 않고 각 단계별로 시간적 여유를 가지며 효율적으로 연구를 수행할 수 있는 것이다.

셋째, 연구자는 연구계획서를 작성하는 동안 연구문제와 연구진행과정에 관하여 좀 더 조직적으로 심도 있게 사고할 수 있는 시간을 갖게 된다. 연구수행과 관련하여 예상하지 못한 어떤 결함이나 불합리한 점을 미리 찾아내어 적절한 조치를 취할 수 있는 기회를 제공한다. 연구계획서는 연구자 자신에게 연구의 중요한 측면과 구성요소를 확인하고 점검할 수 있는 역할을 한다.

넷째, 연구계획서는 해당 연구과제에 대한 연구자의 생각과 의도를 다른 사람들에게 분명히 전달하는 도구로 사용될 수 있다. 다른 사람들과 연구에 관하여 의논하고, 비판과 조언을 받고자 할 경우에 연구계획서는 정확한 의사소통의 매개체로서 유용하게 쓰일 수 있는 것이다. 또한 연구에 필요한 재정적 지원을 요청할 경우 연구계획서의 작성은 필수적이다.

제2절 연구계획서 양식

연구계획서를 작성하는데 어떤 특정한 양식이 있는 것은 아니다. 연구계획서를 작성하는 목적이나 기관에 따라, 그리고 연구의 유형에 따라서 연구계획서의 양식과 강조점은 어느 정도 각기 다를 수 있다. 학위논문의 경우에는 가설이나 연구방법의 부분이 구체적으로 서술되어야 하며, 현장교육연구와 같이 이론의 정립보다 실천적인 면이 강조되는 연구에서는 연구의 실행목표와 연구결과의 활용방안이 좀 더 중시될 것이므로 각 경우에 맞게 연구계획서를 작성하면 된다.

1. 연구계획서의 구성 요소

연구라고 하는 것이 본래 과학적 사고과정을 바탕으로 하여 진행되는 작업이므로 어떤 경우이건 일반적으로 연구계획서에 포함시켜야 할 몇 가지 주요 항목이 있다. 그것은 ① 연구의 목적과 필요성, ② 연구문제와 가설, ③ 이론적 고찰, ④ 연구의 방법 및 절차, ⑤ 기대되는 효과, ⑥ 참고 문헌 등이다. 아래에서는 연구계획서 양식의 한 예로서 석사 · 박사 학위논문 연구계획서와 한국학술진흥재단의 연구비 지원신청을 위한 연구계획서의 기술 항목을 각각 소개한다.

1) 학위논문 연구계획서

학위논문은 대학원 학위과정에서 소정의 학점을 이수하고 종합시험을 통과한 후, 석사 또는 박사학위 취득을 위해 작성하는 논문으로서, 연구계획서는 각 대학에서 요구하는 양식에 맞추어 작성하면 된다.

I. 서론
  1. 연구의 목적과 필요성
  2. 연구문제와 가설
  3. 용어의 정의
  4. 연구의 범위와 한계

II. 이론적 고찰 (혹은 관계 문헌 고찰)
  1. 관련 이론 고찰
  2. 선행 연구 분석
III. 연구의 방법 및 절차
  1. 연구대상
  2. 측정도구
  3. 연구설계
  4. 자료의 수집과 분석
참고문헌
부록

2) 연구비 지원신청을 위한 연구계획서

한국학술진흥재단과 같이 연구비를 지원해 주는 재단이나 기관에 연구수행에 필요한 재정적 지원을 요청하기 위해 제출하는 연구계획서이다. 해당 재단이나 기관에서 요구하는 연구계획서 작성지침에 따라 연구의 목적, 연구내용 및 방법, 연구결과 활용방안, 소요 예산 등을 명료하게 제시하여야 한다.

일반적으로 연구비 지원 신청 연구계획서는 심사의 공정을 기하기 위하여 연구계획서에 신청자 또는 연구참여자를 알아볼 수 있는 어떠한 표시도 기재하지 못하도록 금지하고 있다. 만약 이를 이행하지 않을 경우에는 심사에 불이익을 받게 되므로 각별히 유의해야 한다.

1. 연구 제목 (국문 및 영문)
2. 연구의 목적과 필요성
3. 연구내용 및 방법
  (1) 연구내용
  (2) 연구방법
4. 해당 분야의 국내외 연구동향
5. 연구결과 활용방안
  연구결과의 학문적 · 사회적 기여도, 인력양성 방안, 결과 활용방안
6. 참고문헌

7. 연구추진일정

8. 소요 예산

2. 연구계획서와 연구보고서

〈표 4-1〉 연구계획서와 연구보고서에 포함되어야 할 내용 비교

<table>
<tr><td></td><td>연구제목
내용목차, 표목차, 그림목차
국문초록</td></tr>
<tr><td>연구계획서
내용</td><td>서론
• 연구의 필요성과 목적(혹은 문제 제기)에 관한 진술
• 연구문제와 가설(혹은 연구내용)의 진술
• 용어의 정의
• 연구의 범위(혹은 제한점)에 관한 진술

이론적 배경(혹은 관계문헌의 고찰)
• 연구의 기초가 되는 관계 이론 고찰
• 선행연구 분석

연구방법
• 연구의 설계(혹은 실험설계)에 관한 진술
• 연구대상과 표집방법에 관한 진술
• 측정도구에 관한 진술
• 자료수집의 절차 혹은 실험절차에 관한 진술
• 자료의 분석방법에 관한 진술</td></tr>
<tr><td>(연구계획서)
+
연구보고서
내용</td><td>연구결과
• 연구문제별 얻어진 연구결과 제시
• 연구결과에 대한 분석과 해석

논의, 결론, 제언
• 연구결과와 연구수행과정에 대한 연구자의 논의
• 연구결과에 기초한 연구의 결론 제시
• 연구의 시사점 및 후속 연구를 위한 제언</td></tr>
<tr><td></td><td>참고문헌
영문초록
부록(측정도구, 통계분석 자료 등)</td></tr>
</table>

연구계획서에서 기술한 대부분의 내용이 연구를 모두 끝내고 작성하는 최종 연구보고서에 거의 그대로 포함된다. 즉, 서론 부분에 기술한 연구의 필요성과 목적, 연구문제 등을 비롯하여 이론적 배경, 연구방법 부분은 최종 연구보고서를 작성할 때 옮겨 놓으면 된다. 물론 약간의 수정 · 보완이 필요할 수도 있다. 앞에 제시한 〈표 4-1〉에 참고로 연구계획서와 연구보고서에 포함되어야 할 내용을 요약하여 놓았다.

제3절 연구계획서 작성

아래에서는 일반적으로 연구계획서에 포함시켜야 할 몇 가지 주요 항목을 중심으로 작성요령을 기술한다. 이 중의 상당 부분은 최종 연구보고서를 작성할 때와 중복되는 면이 있다. 따라서 제13장 연구보고서 작성 부분을 함께 참고하기 바란다.

1) 연구의 제목

연구제목은 해당 연구의 내용과 방향을 짐작할 수 있도록 표시하되, 가능한 한 간결하고 명확하게 설정하는 것이 바람직하다. 연구제목은 연구의 내용을 분명하게 표현해야 하는 것으로 사람의 얼굴이나 간판에 해당된다. 흔히 외모를 보고 그 사람의 특성을 파악하려고 하는 것처럼, 연구보고서를 읽는 독자들은 일단 연구제목을 보고 그 연구의 특성과 내용을 짐작하고자 한다. 연구의 목적과 유형, 내용이 연구제목에 반영될 수 있도록 하는 것이 좋다. 연구의 내용을 압축하여 반영하는 것이 연구목적이고, 연구목적을 압축한 것이 연구의 제목이라고 볼 수도 있는 것이다. 연구제목을 결정할 때 다음과 같은 사항을 고려하는 것이 좋다.

우선 연구제목은 간단명료해야 한다. 연구제목은 간결하고 명료할수록 좋다. 부득이 연구제목이 길어져야 할 경우에는 부제를 이용하는 것이 간결성과 명료성을 높이는 방법이다. 너무 거창한 제목이나 또는 반대로 지나치게 지엽적인 제목은 피하도록 한다. 연구제목을 너무 광범위하게 잡으면 막연한 것이 되기 쉬워 구체적으로 그 연구에서 다루는 내용이 무엇인지 짐작하기 어렵다. 반면에 너무 지엽적이거나 특수한 제목을 붙이면 연구결과의 일반화가 극히 제한되는 것으로 간주되어서 연구의 의의와 가치를 감소시키는 결과를 초래하기 쉽다.

연구내용을 짐작할 수 있도록 제목은 연구내용과 연계성이 있어야 한다. 연구제목은 연구하고자 하는 내용과 밀접한 관련성을 가지고 있어야 하며, 단순히 돋보이게 하기 위해 언뜻 보아 이해하기도 어렵고 또 논리적 연계성이 결여되는 느낌의 신조어라든가 유행어를 사용하는 따위는 피해야 할 것이다. 또한 지나치게 수식하거나 특수한 용어 또는 감정적 색조를 띤 연구제목은 바람직하지 못하다.

연구에 사용된 주요 독립변인과 종속변인이 연구제목에 포함되도록 진술하되, 먼저 독립변인을 나타내고 뒤에 종속변인을 표시한다. 가령, "창의력 신장을 위한 자기 주도적 학습법 훈련에 관한 연구"라고 하는 것이 아니라, "자기 주도적 학습법 훈련이 창의력에 미치는 영향"으로 연구제목을 정하는 것이 바람직하다. 그리고 '~에 관한 연구', '~에 관한 일 고찰' 등의 불필요한 표현은 될 수 있으면 피하는 것이 좋다. 또한 가급적 연구의 모집단이 반영되도록 진술한다. 예컨대, 연구의 모집단에 대한 아무런 언급이 없이 단순히 "정적강화가 학습동기에 미치는 영향"이라고 하기보다는, "초등학교 수업에서 정적강화가 학습동기에 미치는 영향"으로 진술하는 것이 좋다.

2) 연구의 목적과 필요성

연구하려는 문제를 선정하게 된 이유 또는 동기를 밝히고 왜 이러한 문제를 연구해야 할 필요가 있는가에 관해서 기술한다. 만약 연구의 필요성이 분명치 않다면 그 연구는 무엇인가 잘못된 것임에 틀림없다. 연구의 필요성을 설득력 있게 펼치고 연구목적을 명확히 기술해야 한다. 연구하고자 하는 문제를 논리적으로 분석하여 연구에서 구체적으로 달성하려는 목적을 설명한다. 이 때 다음과 같은 점이 고려되면 좋을 것이다. 우선 연구의 참신성을 강조해야 한다. 어떠한 연구든 참신하고 독창적일수록 연구의 가치는 높이 평가되기 마련이다. 특히 전문적인 연구일수록 미지의 분야에 대한 독창적인 탐색노력이 필요하다. 연구의 독창성과 참신성은 다음과 같은 세 가지 측면에서 볼 수 있다.

첫째, 지금까지 연구가 전혀 이루어지지 않은 미지의 분야를 새로이 찾아서 연구하는 측면이다. 이런 면은 주로 자연과학 분야에서 시도될 수 있을 것이다. 물론 사회과학 분야에서도 미지의 새로운 연구지대가 전혀 없는 것은 아니겠지만, 그것을 찾는다는 것은 매우 어려운 일 중의 하나임에 틀림없다.

둘째, 이미 연구의 필요성은 제기되었으나 기술이나 방법, 또는 전문인력의 부재로 아직까지 착수하지 못한 분야에 관한 연구를 시도할 때 참신성이 발견될 수 있다. 관심과 필요성이 제기된 연구문제는 시간이 지나면서 새로운 기술과 전문가가 배출되기 마련이기 때문에 연구자는 그러한 기술적, 인적 자원을 찾아봄으로써 새로운 분야의 독창적인 연구가 가능하리라 본다.

셋째, 기존의 연구들 중에서도 독창성을 찾을 수 있다. 어느 학문분야이건 연구주제는 많다. 연구주제와 연구대상 및 연구방법은 반드시 일치하는 것은 아니다. 비록 진부한 주제라고 하더라도 그에 대해 새로운 각도에서 연구를 하거나 특성이 다른 연구대상을 찾을 때 그것은 참신하고 독창적인 연구가 될 수 있다. 주제, 대상, 방법의 참신성과 독창성이야말로 연구에 생명력을 불어넣고 연구의 가치를 높이는 요소가 된다.

참신하고 독창적인 연구주제나 대상이 찾아지면 보다 구체적인 연구의 목적과 방향설정이 요구된다. 즉, 시도하고자 하는 연구가 이론 구축을 목적으로 하는 지적 호기심에서 출발하는지, 아니면 특정의 문제해결을 위한 정책대안의 탐색을 목적으로 하는지를 구분해야 한다. 이 구분은 자료의 수집뿐 아니라 연구의 절차를 결정하는 기준이 될 것이다. 물론 이 두 가지의 목적을 동시에 고려할 수도 있겠지만 수년간 진행되는 대규모 연구과제가 아니라면 양자 중의 하나를 택하는 것이 연구의 특수성을 위해서 바람직할 것이다.

3) 연구의 내용과 범위

연구하고자 하는 내용과 범위를 기술하거나, 핵심적인 내용을 요약하여 기술한다. 경우에 따라서는 연구의 목차를 나열해 주어도 될 것이다. 연구목적에 따라 구체적으로 수행하게 될 연구내용, 그리고 그 연구내용에서 중점적으로 살펴볼 사항을 일대일로 대응되게 기술한다. 공동연구에서는 연구에 참여하는 연구진의 편성과 그에 따른 연구분담 내용을 엮어서 기술하는 것이 바람직하다. 이 때 연구참여자 모두가 동일한 전공자로 구성되었다면 업무분담의 중복가능성에 유의해야 할 것이다. 상이한 전공자들로 공동연구를 계획한다면, 무엇보다 분담영역 간의 이론적 연계성에 대한 근거를 명확히 제시하면서 새로운 사실의 발견 가능성 같은 것을 소개하도록 노력해야 할 것이다.

한편, 연구의 범위와 한계를 분명히 밝혀 두는 것이 좋다. 이렇게 함으로써 연구하는 사람은 문제 영역을 명확히 인식하게 되고 자신의 주의와 사고를 이 문제 영역으로 집중시킬 수 있게 된다. 또한 다른 사람들도 연구의 범위와 한계를 파악함으로써 해당 연구의 내용을 잘 이해할 수 있고 연구결과의 일반화 범위를 알게 된다. 연구의 한계에 대하여 진술할 때 전체 연구수행 과정상의 한계를 위주로 진술하고, 구체적인 연구방법상의 제한점은 연구의 방법 부분에서 기술한다.

4) 이론적 고찰

이론적 고찰을 하는 주요 목적은 해당 연구문제의 이론적 맥락 파악, 적절한 연구방법과 측정도구의 발견, 불필요한 연구의 반복 회피, 연구결과의 효과적 해석 등이다. 따라서 이와 같은 목적에 적합하도록 이론적 배경을 개관할 때는 그 연구와 관련된 이론이나 선행 연구를 체계적으로 정확하게 제시한다. 연구자가 해결하려는 연구문제나 사용하려는 연구방법 등에 관련된 문헌의 내용만을 조사하고 분석해서 체계적으로 기술하도록 한다.

관련 이론고찰 부분에서는 연구문제와 관련된 주요 개념 및 이론에 대한 다양한 견해를 기술하고, 연구방법이나 측정도구에 대한 관련 이론이나 자료가 있으면 함께 종합하여 제시한다. 선행연구의 분석 부분에서는 중요한 선행연구물을 전반적으로 개관하고 각 연구에서 밝혀진 사실을 몇 개의 항목으로 묶어서 유사한 결과를 얻은 연구들을 소개하여 독자가 선행연구의 흐름을 알 수 있게 하는 것이 좋다. 이론적 고찰의 마지막 부분에서는 이론적 고찰을 통해 얻어진 결과를 간략히 요약하고, 현재 계획하고 있는 연구와 관련하여 연구자의 견해를 첨가한다. 그리고 이론적 고찰 결과를 바탕으로 해당 연구에 적용할 수 있는 이론적 또는 개념적 틀(conceptual framework)을 도표로 만들어 제시할 수도 있다.

연구비 지원신청을 위한 연구계획서에는 해당 연구 분야의 '국내외 연구동향'을 기술하는 항목이 있다. 이때는 연구주제와 관련된 연구활동이 국내 학계나 외국에서 어떻게 이루어지고 있는가를 밝히면 된다. 국내외 연구동향을 설명할 때 제시할 사항은 다음과 같다.

첫째, 해당 연구주제가 시대적 환경, 사회적 요구, 학문적 중요성 등에서 필요함에도 불구하고 그 주제에 대한 연구가 부진하다면 그 내용을 밝힌다.

둘째, 외국에서는 연구활동이 활발하게 전개되고 있으나, 국내에서는 별로 연구가 이루어지고 있지 않을 경우 그 원인과 이유에 관하여 기술한다.

셋째, 선행연구의 결과들이 상호 불일치 상태가 크거나, 기존 이론이 체계화되지 못하고 모순되어 있을 때 그 내용을 밝힌다.

5) 연구문제와 가설의 진술

연구의 목적을 기술하는 서론 부분에서 연구문제도 함께 진술할 수 있다. 그러나 연구의 목적과 연구문제는 다른 것이므로 이를 혼동해서는 안 된다. 연구의 목적이 반드시 연구의 문제가 되는 것은 아니다. 대개 연구문제는 의문문으로 간단하게 진술한다. 문제가 클 때에는 몇 개의 하위 문제로 나누어서 기술하면 보다 분명하게 나타낼 수 있다.

계획하고 있는 연구가 가설을 검증하는 연구라면 이 부분에서 가설을 진술한다. 연구에 따라서는 가설을 명문화하지 않는 수도 있다. 가설이란 제기된 연구문제에 대한 연구자 자신의 잠정적인 결론 또는 해답이라고 말할 수 있다. 가설을 세울 때 연구자는 아무렇게나 임의로 설정하는 것이 아니다. 직관적인 사고를 통해서 가설을 세울 수도 있으나, 대개는 이론적 고찰을 통하여 기존의 이론 또는 이미 밝혀진 사실이나 결론을 논리적으로 분석 · 종합하고, 또한 관련된 선행연구의 결과들을 면밀히 분석한 다음에 여기에서 얻은 지식을 바탕으로 하여 가설을 설정하게 된다. 직관에만 의존해서 세운 가설은 근거가 미흡하고 피상적인 것이 되기 쉽다.

가설은 아직 경험적으로 검증되지 않은 진술문으로서, 변인과 변인간의 관계로 기술한다. 가설은 간단명료해야 하며, 경험적으로 검증 가능해야 한다. 연구하려는 문제가 단순히 현상의 이해 또는 실태조사에 그칠 경우 가설은 세울 필요가 없다.

6) 용어의 정의

연구문제나 가설에 포함된 주요 용어 중에서 논란의 여지가 있거나 혹은 해당 연구에서 독특한 의미로 사용되는 용어가 있다면 그것에 대한 정의(定義)를 명료하게 진술해야 한다. 즉, 특정 용어가 자신의 연구에서 어떤 의미로 사용되고 있으며, 어떻게 관찰하고 측정할 수 있는지를 구체적으로 밝혀야 한다. 연구자는 자신의 연구에서 다루고 있는 용어의 개념정의를 분명하게 밝힘으로써 독자들에게 그 연구에서 얻은 연구결과의 의미를 명료하게 전달할 수 있을 뿐만 아니라, 다른 뜻으로 오해되거나 또는 확대 해석되는 것을 막을 수 있게 된다. 이미 잘 알려져 있는 개념이나 구인에 대해서는 새삼스럽게 다시 정의할 필요가 없다.

어떤 용어 또는 변인에 대하여 정의를 하는 방식은 개념적 정의(conceptual definition)와 조작적 정의(operational definition)로 구분된다. 개념적 정의는 어떤 용어에 의미를 부여하는 것으로서, 이를 명명적 정의라고도 한다. 연구자가 어떤 용어 또는 변인을 자신의 연구에서는 이러이러한 뜻으로 사용하겠다고 일방적으로 자신의 입장을 선언하는 방식이 개념적 정의이다. 용어의 개념적 정의를 어떻게 내리느냐 하는 문제는 전적으로 연구자 자신에게 달려 있지만, 그래도 많은 사람들이 인정할 수 있는 범위 내에서 하는 것이 바람직하다. 예를 들어, 어떤 연구자가 "본 연구에서 유아란 12세 이하의 어린이를 의미한다."라고 정의를 하였다고 하자. 연구자가 임의로 그렇게 정의를 내릴 수는 있으나, 유아교육 분야에 종사하는 다른 사람들이 그와 같은 유아의 개념정의를 얼마나 인정하고 공감하는가 하는 것은 별개의 문제가 될 수 있다.

특히 연구에서 취급하는 주요 용어나 변인이 새로운 구인(construct)일 경우 그것에 대한 개념적 정의와 조작적 정의를 모두 내려야 한다. 구인이란 추상적이고 가설적인 어떤 특성이나 속성의 존재를 가정하고 그것을 지칭하기 위하여 만들어 놓은 개념을 말한다. 현실세계에 실물이 없는 추상적 개념은 직접적으로 관찰할 수도 만져볼 수도 없기 때문에, 동일한 이름의 구인이라도 그것을 사용하는 사람의 관점에 따라 그 개념의 의미가 다를 수 있고 또한 그것을 측정하는 방법도 다를 수 있다. 그러므로 연구에서 사용하는 주요 구인에 대해서는 개념적 정의와 조작적 정의가 모두 필요한 것이다. 조작적 정의는 변인을 어떻게 관찰하고 측정할 수 있는가를 밝히는 것이다. 연구자가 어떤 특정 구인에 대하여 개념적 정의와 조작적 정의를 내릴 때 중요한 것은 반드시 이 둘이 서로 일치되도록 해야 한다는 점이다. 왜냐하면, 연구자는 해당 구인과 관련된 연구결과를 해석할 때 자신이 개념적 정의를 통해 규정한 의미로 그 구인의 의미를 해석하고, 다른 변인들과의 관계를 해석할 때도 이러한 의미로 사용하게 된다. 그런데 이와 같은 해석이 타당하기 위해서는 반드시 개념적으로 정의한 구인의 의미와 내용 바로 그것을 제대로 측정할 수 있는 도구를 사용하여 측정해야 한다. 개념적 정의와 조작적 정의에 관한 자세한 내용은 제2장에서 기술한 '개념의 정의' 부분을 참고하기 바란다.

7) 연구의 방법

일반적으로 연구의 문제와 유형에 따라서 연구방법은 다르게 마련이다. 가령, 실험연구를 한다고 가정하면 아래 제시한 내용 이외에 실험설계와 실험절차에 관한 내용이 추가되어야 할 것이다.

(1) 연구대상

연구대상에 대한 명칭은 연구의 성격에 따라 달리 부른다. 조사연구에서는 조사대상이라 하고 실험연구에서는 피험자라고 부르기도 한다. 대부분의 연구에서는 비용이나 시간상의 문제로 인하여 표본을 뽑아서 연구대상으로 삼는다. 표본을 연구대상으로 할 경우 먼저 모집단에 대한 설명을 간략히 한 다음에 연구대상의 표집방법에 관하여 기술한다. 표집단위, 표집방법, 표본의 크기 등에 관하여 구체적으로 기술해야 한다. 표집방법에는 무선표집, 유층표집 등 여러 가지 방법이 있는 바, 어떤 방식으로 연구대상을 표집할 것인가를 연구계획서에 명시한다.

(2) 측정도구

연구에서 필요한 자료를 수집하고 변인을 측정하기 위하여 연구자는 적절한 측정도구를 사용한다. 연구자는 기존의 측정도구들 중에서 알맞은 것을 골라 쓰거나 자신의 연구목적에 맞도록 수정 · 보완하여 사용하거나, 혹은 새로운 도구를 개발하여 사용하게 된다. 측정도구는 연구에서 측정하려고 하는 변인을 타당하고 신뢰롭게 측정할 수 있는 것이어야 한다. 따라서 연구계획서에 사용할 측정도구의 내용과 특성을 기술하고, 기존의 도구를 사용할 경우에는 그 출처를 밝힌다. 연구자가 측정도구를 직접 만들어서 사용하게 될 때에는 그 내용 및 제작 과정 등을 구체적으로 제시한다.

(3) 연구절차

여기에서 자세히 기술해야 할 사항은 연구에 필요한 자료들을 어떤 절차와 방법으로 수집할 것인가에 관한 것이다. 즉, 연구대상들에게 어떤 측정도구를 사용하여 누가 어떻게 어떤 순서로 자료를 수집할 것인가를 구체적으로 밝힌다. 실험연구일 경우에는 이 부분을 '실험설계' 라는 명칭하에 피험자들로부터 자료를 수집하기 위하여 누가, 언제, 어떻게 할 것이며, 실험 처치를 어떻게 하고, 실험외적 변인을 통제하기 위하여 어떻게 하겠다는 등의 연구 방안을 구체적으로 제시해야 한다.

(4) 자료 분석

수집한 연구의 자료를 어떻게 분석, 처리할 것인가에 관하여 기술한다. 연구문제에 대한 답을 얻기 위해 또는 연구가설을 검증하기 위해 가설별로 어떠한 통계적 분석방법을 사용할 것인가를 명시한다.

8) 연구추진 일정

연구의 수행과정을 몇 부분으로 나누고 연구일정과 진행 목표를 명시함으로써 연구자의 시간과 노력을 적절히 안배할 수 있다. 연구일정을 짜놓으면 언제, 어떤 종류의 작업이 필요한지도 쉽게 알 수 있게 된다. 연구추진일정을 작성할 때는 준비 단계부터 종료 단계까지 주요 내용과 활동을 업무순서 일람표(flow chart) 형식에 의하여 월별, 주별, 또는 일별로 구분하여 만드는 것이 좋다. 어떤 일이든지 반드시 계획한 대로 실천할 수 있는 것은 아니다. 따라서 일정계획을 수립할 때 유의할 것은 너무 무리하게 일정을 잡지 말라는 것이다. 연구일정은 구체적으로 작성하되 무리 없이 짜야 하며, 공동연구일 경우 참여자들이 함께 의논하여 작성하는 것이 좋다. 연구추진일정은 연구의 성격이나 주어진 여건 여하에 따라 달라지겠으나 실험연구를 한다면 〈표 4-2〉에 예시한 바와 같이 구분하여 제시할 수 있을 것이다.

〈표 4-2〉 연구추진 일정표의 예시

항목 \ 월	1	2	3	4	5	6	7	8	9	10	11	12
연구의 설계	■											
관계문헌 고찰		■	■									
측정도구 제작			■	■								
실험처치 구안					■							
실험처치 투입						■	■	■				
검사실시 · 자료수집					■				■			
자료분석										■		
결과평가										■		
보고서 작성 및 보완										■	■	
연구보고서 인쇄 · 제출												■

9) 기대되는 효과

기대되는 효과란 연구를 성공적으로 수행했을 때 얻게 될 연구결과를 예측하는 것이다. 연구가설이 긍정 또는 부정되는 장면을 예상할 수도 있겠으나 이것만을 기술하는 것은 아니다. 해당 연구를 계획대로 실행하여 완료하였을 때 그 결과로 초래되는 이론적, 실제적, 방법론적 측면에서 예상되는 연구의 의의와 효과에 대하여 기술한다.

10) 참고문헌

연구자가 해당 연구를 하는데 참고한 또는 참고할 문헌들을 가나다 혹은 알파벳순으로 정리하여 제시한다. 참고문헌 목록을 통하여 연구자가 어떠한 문헌을 참고하였는지, 어느 정도 이론적 고찰을 하였는지 등에 관하여 짐작할 수 있는 것이다. 다시 말하여, 참고문헌 목록은 연구문제에 대하여 연구자가 어떤 식으로 접근하고 얼마나 탐색하였는가를 간접적으로 알려주는 자료가 되는 셈이다. 따라서 참고문헌은 최신의 자료들을 가급적 많이 수집하여 참고하는 것이 바람직하다.

11) 부록

연구에서 사용할 질문지나 척도 등 측정도구가 있다면 부록에 제시한다. 이밖에 실험처치의 구체적인 내용을 소개한 프로그램이나 기타 연구에 중요한 참고자료가 있다면 부록에 제시한다.

위에 기술한 항목 이외에도 연구비의 지급을 신청하는 연구계획서라면 연구에 소요되는 예산을 계획서에 추가하게 된다.

12) 소요 예산

연구의 소요예산은 인건비(연구보조원 수당 포함), 연구활동경비(회의비, 여비, 인쇄비, 수용비, 논문게재료, 공공요금 등), 직접성 경비(재료구입비 및 참고문헌구입비, 장비 사용료, 연구기기비 등)로 구분하여 구체적으로 기술한다. 예산을 책정할 때 실제 소요경비를 가능한 한 정확히 추정하여 작성해야지, 만약 연구비를 많이 타내기 위하여 소요예산을 부풀려 세우면 심사과정에서 삭감하는 것은 물론 연구자의 정직성을 의심받게 되므로 각별히 조심해야 한다.

제4절 연구계획서 평가

훌륭한 연구의 요건은 창의성, 정확성, 객관성이라고 하겠다. 연구자가 연구계획을 세울 때 이러한 요건들을 고려하면서 작성한다면 효과적이고 훌륭한 작품을 만들어 낼 수 있을 것이다. 연구계획서를 평가하는데 특별한 원칙이 있는 것은 아니다. 아래에 제시한 내용은 앞부분에서 이미 지적했던 사항이 연구계획서의 각 항목에서 제대로 지켜지고 있는가를 확인하는 일종의 체크리스트이다.

이와 같은 체크리스트는 연구계획서가 잘 작성되었는지를 알아볼 경우에 평가항목으로 활용될 수 있으며, 또한 이러한 질문 항목들은 연구보고서를 평가하고자 할 때도 적용될 수 있는 것들이다. 물론 연구보고서를 평가할 때는 이보다 더 직접적이고 종합적인 형식이 될 것이다. 실제로 연구계획서를 평가하는 과정에서는 세부적인 것에 대한 평가를 생략한 채 연구문제와 가설, 그리고 연구방법 등 중요한 영역만을 간단히 평가할 수도 있다. 그러나 여기서 이와 같이 상세한 항목을 나열한 이유는 연구자가 작성한 계획서에 대해 스스로 검토하고 문제점을 보완해서 연구의 출발이 완벽하게 되도록 하자는 뜻에서 그런 것이다. 연구를 끝마치고 얻게 될 결론까지 어느 정도 짐작할 수 있도록 연구계획서를 잘 만들어 놓으면 그것은 어떤 의미에서 연구의 반 이상을 거의 완성한 것이라 말해도 과언이 아니다.

연구계획서 체크리스트

1. 연구 제목
   ① 연구제목은 간결하면서도 연구의 내용을 파악할 수 있을 만큼 적절한가?
   ② 연구제목은 연구의 성격을 분명하게 해 줄 정도로 명료한가?
2. 문제의 진술
   ① 연구문제를 간결하고 분명하게 진술하였는가?

② 문제와 관련된 여러 사실과 설명에 대해 철저한 분석이 이루어져 있는가? 또한 이들 사실이나 요인들 간의 상호관계가 체계적으로 잘 진술되어 있는가?

3. 관계문헌의 고찰
① 관계문헌의 고찰은 포괄적이면서도 심층적으로 이루어졌는가?
② 해당 분야의 현재 연구동향을 충분히 참고하고 있는가?

4. 가정의 진술
① 연구의 기본가정과 한계를 분명히 밝히고 있는가?
② 가정 또는 이론적 설명의 체계는 논리적인 추론이 가능하도록 제시되어 있는가?

5. 가설의 설정
① 가설을 명확하게 진술하였는가?
② 가설은 다른 어떤 경쟁 가설보다도 연구문제와 관련하여 많은 사실을 설명할 수 있는가?
③ 가설은 검증이 가능하도록 진술하였는가?
④ 가설은 이전에 알려져 있지 않은 사실과 관계를 예언하는데 도움을 주는 것인가?

6. 용어의 정의
① 중요한 변인이나 용어가 분명하게 정의되어 있는가?
② 용어나 개념은 연구계획서 내에서 일관되게 사용되고 있는가?
③ 조작적 정의가 필요한 개념이나 변인을 제대로 정의하였는가?

7. 연구의 방법
(1) 일반적 사항
① 연구자는 선정된 문제를 연구하기에 필요한 도구, 기술, 대상을 확보할 수 있는가?
② 연구의 설계는 이 연구에서 제기한 연구문제에 대하여 명확하고 타당한 해답을 얻을 수 있도록 되어 있는가?
③ 계획서에 제시된 절차와 방법에 따라 다른 사람도 그 연구를 반복할 수 있는가?
④ 사전 예비조사나 예비검사가 필요한 경우 그 절차에 대해서도 정확하고 간결한 기술이 있는가?
⑤ 역사적 연구일 경우, 1차 자료와 2차 자료 중에서 어느 것을 더 많이 참고하려고 계획하고 있는가?

(2) 연구대상

① 연구대상 집단을 분명하게 규정하고 있는가?

② 표집을 추출하는 과정이 분명하게 제시되어 있는가?

③ 표본의 크기는 적절하며 전집의 특성을 대표할 수 있는가?

④ 피험자, 관찰자 등을 실험 및 통제집단에 무선적으로 배정하는 계획을 세우고 있는가?

(3) 도구

① 연구자가 직접 제작한 도구를 사용할 것인가? 아니면 기존의 도구를 이용할 것인가?

② 측정도구는 적절한 신뢰도와 타당도가 있는 것인가?

(4) 자료의 수집 및 분석

① 자료수집의 방법과 절차를 명확히 제시하고 있는가?

② 자료수집은 타당하고 신뢰롭게 이루어질 수 있는가?

③ 자료분석을 위한 구체적 방법과 절차를 제시하고 있는가?

④ 가설검증에 적합한 통계적 분석방법을 적용하고 있는가?

8. 연구추진일정

① 연구의 추진일정은 무리 없이 짜여져 있는가?

② 연구추진일정은 효율적인가?

9. 연구의 기대효과와 활용방안

① 예상되는 결과를 제시하고 있는가?

② 예상되는 결과는 학문적 발전 또는 실천적 문제를 해결하는데 도움을 줄 수 있는 것인가?

③ 예상되는 연구결과가 연구문제, 가설들과 관련지어 볼 때 타당성이 있는 것인가?

④ 연구결과의 활용방안은 현실성이 있는 것인가?

10. 참고문헌

① 참고문헌이나 자료는 충분히 포괄적이고 관련있는 것인가?

② 관련 참고자료는 신빙성이 있고, 최근의 자료인가?

③ 본문에서 언급된 문헌이나 자료 중 참고문헌목록에 빠진 것은 없는가?

11. 소요 예산

① 소요예산의 편성이 구체적으로 제시되어 있는가?

② 소요예산의 편성이 합리적인가?

한국학술진흥재단의 연구계획서 심사 항목

A. 연구주제

1. 독창성

(1) 연구주제의 독창성

① 지금까지 연구되지 않았던 주제인가?

② 새로운 지식 또는 이해를 창출하는가?

③ 새로운 해석이나 적용을 가능하게 하는가?

(2) 연구방법의 독창성

① 독창적인 연구 방법을 모색하는가?

② 새로운 자료수집 방법(도구)을 시도하는가?

③ 새로운 분석 기법을 활용하는가?

2. 학문발전공헌도

(1) 학문적 가치

① 기존의 이론을 발전시키는가?

② 기존의 연구 방법론을 발전시키는가?

(2) 학문의 균형발전

① 희귀한 학문분야의 연구활성화에 기여하는가?

② 소외된 학문분야의 연구활성화에 기여하는가?

(3) 학문의 파급효과

① 많은 후속 연구를 파생할 수 있는가?

② 학문적 담론을 활성화 하는가?

③ 연구결과가 교육에 환류될 가능성이 높은가?

B. 실현가능성

1. 연구내용 및 방법

(1) 연구내용의 적절성

① 공동연구주제로서 적절한가?

② 연구내용 및 범위가 적절한가?

③ 연구되어야 할 핵심적인 내용들을 포괄하는가?

④ 포함된 내용들은 연구목적 달성에 필수적인 것들인가?

(2) 연구방법의 타당성

① 공동연구에 타당한 연구방법인가?

② 연구문제 해결에 적합한 접근방법인가?

③ 자료수집 방법은 적절한가?

④ 자료분석 및 결과해석 방법은 적절한가?

(3) 실행계획의 구체성

① 연구 추진과정이 체계적으로 계획되어 있는가?

② 자료수집, 분석, 해석 방법과 도구가 구체적으로 기술되어 있는가?

2. 선행연구

(1) 선행연구의 검토

① 중요한 선행연구들이 정확하고 치밀하게 분석 되었는가

(2) 참고문헌

① 참고문헌이 정확하게 제시되어 있는가

3. 연구역량

(1) 연구진 구성

① 연구진이 적절하게 구성되어 있는가?

② 연구 보조원이 적절하게 구성되어 있는가?

③ 연구여건(시설, 기자재 등)이 충분한가?

(2) 연구실적

①연구과제를 수행할 수 있는 연구업적이 축적되어 있는가?

(3) 연구능력

① 연구과제를 수행할 수 있는 학문적 전문성이 있는가?

② 대표논문이 연구과제를 수행할 수 있는 질적 수준에 도달하는가?

4. 연구비 적정성

연구목표 대비 연구비 규모 : 각 항목별로 조정 액수를 쓰고, 그 일치 정도를 비율로 환산한다.

연습문제

1. 연구계획서의 필요성에 대하여 기술하시오.

2. 연구계획서와 연구보고서에 포함되어야 할 내용의 공통점과 차이점에 대하여 기술하시오.

3. 연구계획을 세우지 않고 연구를 수행할 경우에 일어날 수 있는 문제점에 대하여 논하시오.

4. 관심있는 연구주제를 선정하여 연구문제와 연구방법을 중심으로 간단한 연구계획서를 작성하여 보시오.

5. 관심있는 분야의 어떤 연구를 수행한다고 가정하고, 연구업무 흐름도에 따라 연구추진 일정표를 작성하여 보시오.

6. 석사나 박사 학위논문 연구계획서를 1편 골라서 본서에 제시한 '연구계획서 체크리스트' 항목에 따라 평가하여 보시오.

제2부
연구의 방법

제 5 장
표집방법

제1절 표본조사

연구에는 대상이 있다. 연구의 성격에 따라 그 대상은 사람, 사물, 사건 등 어느 것이나 될 수 있는 것이다. 연구의 대상 전체를 모두 연구에 포함시킨다면 표집의 문제는 대두되지 않는다. 그러나 특수한 경우를 제외하고 우리는 대개 전체 중에서 일부만 뽑아서 연구하고, 그 결과를 기초로 전체의 특성을 추정한다. 이처럼 전체의 일부를 대상으로 연구할 때에 표집의 문제가 대두된다. 표본을 통한 연구에서는 표본을 어떻게 얼마나 뽑느냐 하는 문제가 매우 중요하다. 만약 표집이 잘못되었다면, 그러한 표본에서 얻은 자료를 가지고 일반화시키는 것은 무모한 짓이며 큰 오류를 범할 우려가 있기 때문이다. 그러므로 연구자는 표집의 방법과 절차에 익숙할 필요가 있다. 될 수 있는 한 전체를 잘 대표하는 표본을 뽑아서 연구해야 타당한 결과를 얻을 수 있는 것이다.

1. 표본조사의 기본용어

표본조사를 할 경우 자연히 모집단, 표본, 표집방법, 표집오차 등의 여러 가지 용어가 대두된다. 따라서 아래에서는 우선 표본조사와 관련된 기본용어의 의미를 살펴보고자 한다.

1) 모집단

모집단이란 연구자가 관심을 갖고 있는 대상 전체를 뜻한다. 즉, 연구자가 그의 연구결과를 일반화시키려고 규정한 사건이나 사물 혹은 대상의 전체를 모집단이라고 하며, 이것을 전집(全集)이라고도 부른다. 예를 들어, 우리나라 초등학교 1학년 학생들의 평균 신장이 얼마나 되는지 알아보는 조사를 할 때 그 조사의 모집단은 우리나라 전체 초등학교 1학년 학생이 된다. 그리고 어느 한 학교에서 그 학교 학생들만의 특성을 파악하는데 목적을 둔 연구에서는 해당 학교의 전체 학생들이 모집단이 되는 것이다. 그런데 모집단을 규정할 때는 우선 모집단을 구성하는 요소의 개념정의를 명확하게 내려야 한다. 가령 '서울시내의 모든 상점'

을 모집단으로 하는 경우를 생각해 보자. 이때 '상점'의 개념을 분명히 정의하지 않으면, 길거리의 노점이나 물건을 리어카에 싣고 다니며 파는 행상을 상점으로 간주하느냐 않느냐의 문제가 야기되며, 그 해석 여하에 따라 모집단의 구성이 크게 달라진다. 따라서 이런 경우에는 먼저 상점의 개념을 명확히 정의해야 모집단의 의미와 범위도 분명하게 드러나는 것이다.

모집단을 정의할 때 또 한 가지 고려해야 할 사항은 표적 모집단(target population)과 접근 가능한 모집단(accessible population)을 구별하는 것이다. 표적 모집단은 연구결과를 일반화 하고자 하는 '문자 그대로' 모든 대상으로 구성된 이상적인 집단을 말하며, 접근 가능한 모집단은 연구자가 실제적으로 파악하고 접근해서 표본을 추출해낼 수 있는 그러한 모집단을 일컫는다. 현실적으로 대부분의 연구에서 표본은 접근가능한 모집단으로부터 추출할 수 밖에 없다.

2) 표본

표본(sample)이란 모집단의 일부를 뜻한다. 표본과 표집의 용어를 혼용하는 수도 있으나, 여기서는 표본을 추출하는 행위를 표집(sampling)이라고 구분하여 사용한다. 모집단에 대한 특성을 알고 싶을 때 모집단 전체에 대한 전수조사를 할 수 있지만 시간, 노력, 비용 등이 많이 들기 때문에 현실적으로 모집단을 모두 조사하기에는 어려움이 따른다. 그러므로 모집단으로부터 일정한 크기의 표본을 뽑아서 이들을 통하여 모집단의 특성을 추정하게 된다. 모집단의 특성을 잘 추정하려면 표본이 모집단을 대표할 수 있도록 뽑아야 한다.

3) 표본추출

모집단을 대표하는 표본을 뽑는 과정을 표본추출이라고 한다. 표본을 추출하는 방법에는 확률적 방법과 비확률적 방법이 있다. 표본을 추출할 때 표집단위(sampling unit)를 명확하게 규정해야 한다. 표집단위는 조사대상 집단을 구성하는 기본단위이다. 예를 들어, 서울시의 유권자를 모집단으로 하는 어떤 무작위 표본조사를 할 경우 표집단위는 서울시에 거주하는 개별 유권자가 될 것이다. 그런데 표집의 단위는 표집방법과 조사목적에 따라 모집단을 구성하는 최하위 수준의 개별 요소뿐만 아니라 이러한 개별 요소가 모여서 집단을 이루고 있는 학급, 학교, 지역, 도시 등도 될 수 있다.

4) 모수치와 통계치

모집단이 가지고 있는 어떤 특성을 하나의 수치로 요약 · 기술해 주는 수치를 모수치(parameter) 또는 전집치라고 하고, 표본의 특성을 요약 · 기술해 주는 여러 가지 수치를 통계치(statistic)라고 부른다. 통계적 추리를 한다는 것은 표본에서 얻은 통계치를 바탕으로 그에 상응하는 모집단의 모수치를 추정하는 것을 말한다. 모수치는 상수와 같아서 특정한 모집단에는 모수치로서 오직 하나의 평균치, 표준편차, 상관계수 등이 있다. 이와는 대조적으로 표본에서 얻는 통계치는 표본오차로 인하여 표본에 따라서 그때그때 서로 다르게 나타날 수 있는 무선변수가 된다.

5) 표본오차

표본오차는 추출된 특정의 표본으로부터 얻은 통계치를 기초로 모집단의 모수치를 추정할 때 발생하는 오차이다. 즉, 모수치와 통계치 간의 차이가 표본오차이다. 일반적으로 표본오차는 표본의 크기가 증가함에 따라 감소한다.

2. 표본조사의 사례

연구를 할 때에 특정한 어느 한 집단에 국한하여 그 집단 전체를 조사대상으로 선정하여 연구하는 경우와, 전체를 모두 조사하지 않고 그 중의 일부만을 뽑아서 연구하는 경우가 있다. 전자를 전수조사라고 하며, 후자를 표본조사라고 부른다. 전국적으로 실시하는 센서스(census), 즉 인구조사나 국세조사 같은 것이 전수조사의 대표적 예라고 하겠다. 전수조사의 주목적은 조사대상이 되는 전체 집단 그 자체의 특성을 밝히는데 있으므로 기술통계의 방법을 이용하여 관찰된 개별적 사실을 전체적으로 파악할 수 있도록 간략하게 요약 · 기술한다.

이에 비하여 표본조사에서는 조사대상이 된 일부 사례의 특성 파악에 관심이 있는 것이 아니라, 그 표본이 속한 모집단의 특성에 관심이 있으므로 기술통계의 방법과 아울러 추리통계의 방법을 이용하여 표본에서 얻은 결과를 토대로 모집단의 특성을 추정한다. 사회과학에서의 연구는 그 주제를 어떻게 잡느냐에 따라서 다소 다르겠지만, 대개는 전체를 모두 조사하지 못하고 그 중의 일부만을 연구대상으로 선정하여 표본조사 하는 것이 보통이다. 대부분의 연구에서는 표본에서 얻은 자료를 토대로 전집의 특징을 추리하게 되는데, 이러한 추리의 신뢰성은 표본을 어떻게 뽑느냐에 달려 있다. 표본이 모집단을 잘 대표한다면 신뢰로운 추리를 할 수 있을 것이고, 반면에 편파적인 표본이라면 추리의 적중률은 당연히 낮아질 수밖에 없다.

표본을 통한 추리가 크게 빗나간 사례와 적중한 사례를 각각 하나씩 들어보자. 먼저 표집을 잘못한 탓에 실제 결과가 예측한 것과 반대로 나타난 사례를 들어보기로 한다. 오래전의 일이지만 1936년에 있었던 미국 대통령 선거에서 한 여론조사 기관은 어느 후보가 당선될 것인가에 대하여 여론조사를 실시하였다. 이 조사기관에서는 전화번호부와 자동차 소유자 명부에서 무선적으로 유권자들을 뽑아 그들에게 질문지를 우송하여 각자 자기가 지지하는 후보를 표시해서 반송하도록 하였다. 약 2백만 명의 유권자들이 질문지에 응답한 결과를 토대로 이 조사기관은 당시 공화당의 랜든(Landon) 후보가 민주당의 루즈벨트(Roosevelt) 후보를 물리치고 대통령에 당선될 것으로 예측하였다. 그러나 실제 선거결과는 이러한 예측을 완전히 뒤엎고 루즈벨트가 압승하였다. 2백만 명이라고 하는 엄청난 수의 표본조사를 하였음에도 불구하고 왜 이처럼 빗나간 예측을 하게 되었을까? 한마디로 말하여, 이 여론조사의 예측이 실패로 돌아간 주요 원인은 편파적인 표본을 사용하였기 때문이다. 그 당시 미국은 아직도 대공황의 어려움에 처해 있을 때였으므로 전화나 자동차를 소유한 사람들은 대개 부유층에 속한 사람들이었다. 따라서 가난한 대다수 사람들이 제외된 전화번호부와 자동차 소유자 명부에서 아무리 많은 수를 무선적으로 잘 표집하였다고 하더라도, 그것은 애초부터 전체 유권자라고 하는 모집단을 잘 대표할 수 있는 표본이 되지 못하였던 것이다.

한편, 표집을 잘하여 정확한 예측을 할 수 있었던 예를 보자. 1968년의 미국 대통령 선거 때 여론조사기관으로 유명한 갤럽회사에서 닉슨(Nixon) 후보의 당선과 득표율을 예측한 바 있다. 즉, 갤럽 여론조사에서는 닉슨 후보가 총투표자의 43%를 받고 당선될 것을 예측하였는데, 실제로 그는 42.9%의 득표로 대통령에 당선되었다. 갤럽 회사의 예측은 놀라울 정도로 적중하였던 것이다. 더욱이 약 7천만 명의 유권자들 중에서 단지 2천 명을 표본조사한 자료를 토대로 그처럼 정확하게 예측하였다는 사실은 놀라운 일이다.

이와 같은 예에서 우리가 알 수 있는 사실은, 모집단의 특성을 잘 나타내는 대표적 표집을 하면 소규모의 표본결과를 가지고도 정확하게 모수치를 추리할 수 있다는 것이다. 그러나 표본이 편파적으로 이루어진 경우에는 대단히 큰 표본에서 얻은 자료를 기초로 추리하더라도 그 추리는 엉뚱하게 빗나가는 것이 되고 만다는 사실이다.

표본의 자료를 통하여 추리를 하는 경우에 우리는 카플란(Kaplan)이 표집의 역설(paradox of sampling)이라고 지적한 바와 같이,* 일종의 딜레마에 직면하게 된다. 표본의 결과에 기초하여 모집단의 특성을 추리할 때, 정말로 대표적인 표본이 못된다면 그러한 표본에서 얻은 자료를 근거로 추리하는 것은 사실과 거리가 먼 것이 되고 만다. 그리고 어떤 표본이 대표적인 것인지 아닌지를 판단할 수 있으려면 우리는 모집단의 특성을 분명히 알고 있어야만 한다. 그러나 다른 한편으로 생각해 보면, 모집단의 특성을 분명히 파악하고 있다면 구태여 표본을 통해서 추리할 필요가 없게 되는 것이다.

이처럼 모집단의 특성을 잘 추리하려면 대표적 표집을 해야 되고, 대표적 표집을 하려면 모집단의 특성을 알고 있어야만 되는 이율배반적인 문제 상황에 처하게 된다. 이와 같은 딜레마의 완전한 해결책을 찾기란 불가능하다. 따라서 우리는 표본의 특성을 가지고 대표성을 확인하는 대신에, 미흡하지만 표집의 절차를 통하여 대표성을 찾는 우회적인 방법을 택할 수밖에 없는 것이다. 다시 말하여, 표집의 방법과 절차를 잘 짜놓고 그러한 절차와 방법을 통하여 얻은 표본은 결과적으로 모집단의 특성을 잘 대표할 수 있는 것이 되도록 노력하는 것이다. 우리가 표본을 통한 연구를 할 때 표집의 방법과 절차에 관하여 세심한 주의를 기울이는 것도 이러한 이유 때문이다. 표본의 대표성은 부분적으로 표본오차의 크기에 근거하여 판단하게 되는데, 표본오차는 표본을 어떤 방법에 의하여 얼마나 뽑느냐에 따라서 영향을 받게 된다.

3. 표본조사의 필요성

사회과학분야의 연구에서는 표본조사 방법이 널리 쓰이고 있다. 전수조사보

* Abraham Kaplan, *The Conduct of Inquiry* (San Francisco: Chandler, 1964), 239.

다 표본조사를 더욱 많이 하게 되는 이유를 몇 가지로 요약하면 다음과 같다.

첫째, 표본조사를 하게 되면 전수조사를 할 때에 비하여 연구에 필요한 노력과 경비를 많이 절약할 수 있다. 즉, 경제적으로 연구를 수행할 수 있는 것이다. 모집단이 매우 큰 경우에 이를 모두 조사하려면, 조사하는 그 자체에 막대한 노력과 비용이 필요할 뿐만 아니라, 수집한 자료를 분석하고 정리하는 데도 많은 노력과 비용이 들게 된다. 그러나 표본조사는 전수조사에 비하여 조사대상이 많지 않기 때문에 자료의 수집과 분석에 드는 노력이나 경비가 그만큼 줄어든다.

둘째, 표본조사를 하게 되면 연구를 좀 더 신속하게 수행할 수 있다. 전체를 대상으로 하는 것보다 전체의 일부만을 대상으로 연구하게 되면 그만큼 필요한 자료를 신속하게 수집하고 분석 · 정리할 수 있는 것은 말할 나위도 없다. 특히 필요한 정보를 빠른 기간 내에 수집해야 될 경우 이러한 표본조사의 이점을 이용하게 된다. 이 밖에도 연구의 성격에 따라서는 자료수집의 시기가 서로 다르거나 오랜 시간이 경과되면 타당한 연구자료로서의 가치를 상실하게 되는 경우에는, 짧은 기간내에 필요한 자료를 한꺼번에 수집할 수 있도록 적은 수의 표본조사를 실시하게 된다.

셋째, 표본조사를 하게 되면 조사의 정밀도를 좀 더 높일 수 있다. 표본조사에서는 전수조사 보다 비교적 그 대상이 적으므로 잘 훈련된 조사원을 통하여 정확하고 심층적인 정보를 수집할 수 있다. 일반적으로 조사대상이 너무 많게 되면 자연히 조사를 소홀히 하게 되어 정밀도를 낮출 가능성이 있는 것이다. 그리고 한 사람의 조사원이 많은 대상을 맡아서 조사하게 되거나, 잘 훈련받지 못한 여러 명의 조사원을 쓰게 되면 대체로 정확하고 깊이 있는 내용을 조사하지 못하게 된다.

넷째, 경우에 따라서는 모집단을 모두 조사하는 것이 불가능하여 어쩔 수 없이 표본조사를 하는 수가 있다. 가령, 어느 회사에서 생산하는 핸드폰이 충격에 얼마나 안전한가를 알아보기 위하여 파괴검사를 할 경우에 현실적으로 전수조사를 할 수 없기 때문에 표본조사가 불가피하다. 또한 전국의 초등학생들을 대상으로 어떤 조사를 한다고 할 때, 조사 당시 몸이 아픈 아동들은 제외되거나 도서 벽지에 거주하는 아동들을 일일이 찾아가서 조사할 수도 없기 때문에 표본조사를 하는 경우도 있다. 모집단의 크기가 비교적 작거나 극히 제한된 경우에는 전수조사가 가능하지만, 그렇지 않은 상황에서는 전수조사가 거의 불가능하다. 앞에서 한 국가의 총인구조사와 같은 센서스를 전수조사라고 하였지만, 사실 엄밀한 의미에서 볼 때 이것도 전수조사라고 하기에 어려울 때가 있다. 왜냐하면, 사람들은 수시로 출생하고 사망하므로 중국과 같이 거대한 국가에서 국민 전체를 한 사람도 빠뜨리지 않고 조사한다는 것은 현실적으로 불가능하기 때문이다.

4. 표집의 방법

표본에서 얻은 결과를 가지고 모집단에 일반화 시키려면, 표본은 모집단을 잘 대표할 수 있어야 한다. 표집의 방법에는 여러 가지가 있지만 모집단의 특성과 표집할 당시의 주어진 여건을 고려하여 해당 연구의 목적에 가장 알맞은 방법을 적용하는 것이 바람직하다. 표집방법은 크게 확률적 표집과 비확률적 표집의 두 가지로 구분된다.

확률적 표집(probability sampling)은 모집단을 구성하고 있는 각 요소가 표본으로 추출되는데 영(零)이 아닌 어떤 확률을 갖고 있다는 것을 전제로, 특정한 표본을 얻을 확률을 객관적으로 알 수 있도록 설계하여 추출하는 방법을 말한다. 대체로 확률적 표본추출법은 비확률적 표본추출법에 비하여 모집단에 대한 대표성이 높으며, 확률표본을 통하여 얻어진 모수 추정치의 추정오차를 계산할 수 있다. 일반적인 통계적 추리는 확률적 표집을 전제로 하고 있다.

비확률적 표집(nonprobability sampling)은 모집단의 요소들이 뽑힐 확률을 고려하지 않고 연구자의 주관적 판단에 의해서 임의적으로 표집하는 방법을 말한다. 그런데 이 방법은 표집에 따른 오차가 어느 정도 되는지를 계산할 수 없기 때문에 표본에서 얻은 통계치로 모수치를 추정하는데 확률적인 추리를 할 수 없다.

확률적 표집법과 비확률적 표집법의 기본 차이는 무선화(無選化) 과정이 사용되느냐의 여부에 있다. 비확률적 표집방법에서는 무선화 과정을 사용하지 않는데, 그렇다고 해서 이 방법에 의한 표본이 모집단에 대한 대표성을 전혀 가지고 있지 못하다는 의미는 아니다. 확률적 표본추출법을 사용하는 경우에는 표본이 모집단을 대표하고 있는 정도를 알 수 있으나, 비확률적 표본추출법을 사용하는 경우에는 표본이 모집단을 잘 대표할 수도 있고 그렇지 못할 수도 있지만 얼마나 잘 대표하고 있는지는 알 수가 없다. 일반적으로 연구자들은 확률적 표집방법을 비확률적 표집방법보다 선호하는 경향이 있다. 그러나 사회과학에서는 무선화 과정을 통한 표본추출법을 사용하는 것이 현실적으로 불가능한 경우가 많기 때문에, 비확률적 표집방법의 약점에도 불구하고 실제 연구상황에서 이 방법을 사용하는 수가 종종 있다.

제2절 확률적 표집방법

확률적 표본추출법은 모집단을 구성하고 있는 각 요소가 표본으로 추출될 확률이 알려져 있는 표집방법이다. 이러한 표집방법에는 무선표집, 체계적 표집, 유층표집, 군집표집 등이 있다.

1. 단순 무선 표집

단순무선표집(simple random sampling)의 방법은 제비를 뽑을 때처럼 특별한 선정의 기준을 마련해 놓지 않고 아무렇게나 무작위로 추출하는 방법이다. 이 방법은 확률적 표집방법 중에서 가장 널리 쓰이고 있으며, 또한 다른 확률적 표집방법의 기초가 되기도 한다. 특정한 기준이 없이 아무렇게나 표집하는 방법이라고 기술하였으나, 사실은 무선표집을 할 수 있기 위해서는 다음과 같은 두 가지 조건이 충족되어야만 한다.

첫째, 모집단에 포함된 모든 요소가 똑같이 표집될 수 있는 기회를 가져야 한다. 즉, 모집단을 구성하고 있는 각 요소의 선택될 확률이 동등해야 한다.

둘째, 모집단에 포함된 어느 특정한 요소의 선택이 다른 요소가 표집될 기회에 아무런 영향을 주지 않아야 한다. 즉, 모집단을 구성하고 있는 각 요소의 선택될 확률이 상호 독립적이어야 한다.

위와 같이 어느 한 모집단에서 모든 요소가 뽑힐 확률이 동등하고 상호 독립적이어야 한다는 조건을 만족시키면서 표집을 하여야 그 타당성을 인정받게 되므로, 무선표집은 실제로 '아무렇게나' 하는 것이 아니라 엄격한 조건과 절차를 따르게 되는 셈이다. 단순무선표집 방법을 이용하여 크기가 N인 모집단으로부터 n개로 구성된 표본을 추출할 경우에 얻을 수 있는 표본의 가지 수는 다음과 같다.

$${}_{N}C_{n} = \frac{N!}{(N-n)!\,n!}$$

단순무선표집에서 '단순' 이라는 말의 의미는 어떤 다른 표집방법을 함께 사용하지 않고 여기서 정의하고 있는 이 방법에 의하여 표본의 추출이 완성되는 방법을 뜻한다. 뒤에서 소개하게 될 단계적 표집방법이나 그 밖에 다른 표집방법에서는 1차나 2차 단계에서 유층을 사용하거나 군집을 사용하여 표본을 추출하고, 마지막 단계에서 무선표집방법을 사용하는 경우가 많다. 이에 비하여 단순무선표집은 이러한 표집방법들과는 달리 전체 모집단에 대하여 일차적인 표본의 추출이 무선추출법에 의하여 이루어지는 표집방법이다.

단순무선표집을 하는 구체적인 방법에는 여러 가지가 있을 수 있겠으나, 그 중에서 가장 흔히 쓰이는 것이 난수표를 이용한 방법이므로 아래에서는 이에 관하여 설명하기로 한다. 난수표는 0~9까지의 모든 숫자가 동등하게 나타날 확률을 갖는 조건하에서 기계적인 절차에 따라 만든 것으로서, 숫자들 간에 별다른 규칙성이나 체계성이 없는 수표이다.

예를 들어, 5,000명의 대학생 집단으로부터 100명을 무선적으로 표집하는데 난수표를 이용한다고 하자. 이 경우 각자가 뽑힐 확률은 1/50이 된다. 난수표를 이용하여 표집하려면 우선 모집단의 모든 대상자들에게 고유 번호를 주어야 한다. 위의 예에서 각 학생들에게 고유번호를 매기면 1부터 5,000까지의 숫자가 나오게 되며, 최대수는 네 자리수가 된다. 각 사람에게 고유 번호를 부여한 후에 〈표 5-1〉과 같은 난수표에서 연속적으로 있는 어느 열(列)의 네 자리를 임의로 선정한다. 이때 가령 4, 5, 6, 7 열의 네 자리가 선택되었다면, 그들 열에 적힌 숫자가 지시하는 대로 모집단에서 100명이 될 때까지 뽑으면 이렇게 선정된 집단이 무선표본이 된다.

숫자 읽기의 처음 시작은 어느 행(行)에서부터 해도 상관이 없다. 첫째 행부터 시작한다고 가정하면 0238, 8319, 7002, 4531, 1489 … 등의 숫자가 나온다. 여기서 8319나 7002와 같은 번호는 위의 가상적인 5,000명 대학생 모집단에는 없는 것이므로 무시하고, 또한 같은 숫자가 여러 번 나올 경우에는 제일 먼저 나온 것만 한번 이용하면 된다. 이와 같은 방식으로 순서에 따라서 100명이 될 때까지 계속하여 골라내면 이것이 바로 무선표본이 되는 것이다. 요즘에는 SPSS와 같은 통계프로그램에 내장되어 있는 무작위 수 생성(random number generation) 기능을 이용하여 난수표를 산출한 후에 이와 일치하는 번호를 가진 대상을 표본으로 선정하는 방법이 많이 쓰이고 있다.

〈표 5-1〉 난수표의 예

행 \ 열	1	2	3	4	5	6	7	8	9	10
1	8	2	7	0	2	3	8	4	8	0
2	3	5	9	8	3	1	9	6	8	7
3	4	5	9	7	0	0	2	1	2	4
4	7	6	5	4	5	3	1	6	0	1
5	9	5	2	1	4	8	9	3	3	9
6	0	5	6	0	0	9	1	2	8	4
7	7	3	1	4	4	8	8	6	6	2
8	0	0	0	3	3	6	7	1	0	7
9	2	0	9	7	9	0	4	5	0	8
10	8	1	9	5	9	6	5	6	4	2

모집단에서 표본을 추출할 때 원래의 상태를 그대로 유지하느냐의 여부에 따라 복원표집(sampling with replacement)과 비복원표집(sampling without replacement)으로 구분된다. 복원추출은 표본으로 선택된 요소가 다음 표본이 선택되기 전에 모집단에 원래대로 복귀되어서 다시 선택될 자격을 갖게 되는 표집방법을 말한다. 이에 비하여 비복원추출은 일단 표본으로 선택된 요소는 제외시켜 그것이 다시 선택될 기회를 박탈하는 표집방법이다.

모집단의 크기가 작을 경우에는 복원표집과 비복원표집의 방법에 따라 그 결과가 큰 영향을 받는다. 원칙적으로 유한한 모집단에서 표본을 뽑을 경우에는 매회의 추출에서 모든 구성요소가 동일한 추출확률을 가지고, 상호 독립적이기 위해서는 복원추출방법을 적용해야 한다. 그러나 무한 모집단의 경우에는 복원추출과 비복원추출의 방법에 따른 차이가 없으며, 유한 모집단이라도 그 크기가 매우 클 경우에는 복원추출과 비복원추출은 거의 차이가 없기 때문에, 편의상 한번 추출된 요소를 복원시키지 않고 표본추출을 실시하여 이를 복원추출로 간주한다.

단순무선표집 방법의 장점은 첫째, 모집단을 구성하고 있는 요소들이 모두 독립적으로 동등하게 뽑힐 확률을 갖고 있는 상태에서 표집하므로 대표적인 표본이 될 가능성이 높다는 것이다. 둘째, 모집단의 특성에 대하여 특별한 사전지식을 갖고 있지 않아도 되고, 다른 확률적 표집방법과 연계되어 사용할 수 있기 때문에 모든 확률표본추출의 토대 역할을 한다. 셋째, 다른 확률적 표집방법에 비하여 적용하기가 용이하며, 표집오차의 계산도 용이하게 할 수 있다는 점이다. 반면에 이 방법의 단점으로서는 첫째, 모집단의 특성에 대하여 연구자가 가지고 있는 사전지식이 있을 경우 그러한 지식을 충분히 활용하지 못한다는 점이다. 둘째, 모집단에서 소수의 사례만이 가지고 있는 어떤 특성이 있을 경우 그러한 사례가 반드시 표집된다는 보장을 할 수 없다는 점이다. 예컨대, 500명으로 구성된 모집단에서 10명만이 어떤 특성을 가지고 있고, 연구자는 이와 같은 특수 사례가 표집되기를 원한다고 할 때, 실제로 그러한 특성을 가진 사람이 표본에 포함될 확률은 매우 낮은 것이다. 표본의 크기가 작을수록 이런 문제는 더욱 심각하게 나타날 수 있으므로 적절한 대책을 세워야 한다. 셋째, 동일한 크기의 표본일 경우 유층표집에서보다 단순무선표집에서 표집오차가 더 크게 나타난다는 점이다.

2. 유층 표집

유층표집의 방법은 모집단이 가지고 있는 어떤 중요한 특성을 기준으로 소집단 즉 유층(strata)을 만들어 모집단을 분류해 놓고, 이렇게 분류된 각 집단 내에서 무선적 또는 체계적으로 표본을 추출하는 방법이다. 다시 말하여, 모집단이 가지고 있는 특성을 유층화의 기준으로 사용함으로써 모집단을 동질적인 몇 개의 하위집단으로 구분되도록 해놓고 표집하는 방법이 유층추출법이다. 유층화의 기준은 연구의 성격에 따라 성별, 거주지역, 교육수준, 종교 등 다양하다. 유층화는 하나의 기준만을 사용하거나, 여러 개의 기준을 동시에 사용하여 이들의 결합에 의한 층을 구분할 수도 있다. 예컨대, 조사대상의 고등학생 모집단을 성별에 의하여 남자와 여자의 2개 집단으로 나누거나, 성별과 학년 기준을 동시에 사용하여 성별(남자, 여자)과 학년(1, 2, 3학년) 두 속성의 결합에 의하여 형성되는 6개의 집단을 분류할 수도 있다.

유층표집을 하는 주요 이유는 모집단이 어떤 특성에 의하여 확연히 구별될 때, 그러한 특성을 애초부터 고려하여 골고루 표집함으로써 좀 더 대표적인 표본이 되도록 하는데 있다. 이러한 표집방법은 모집단 전체의 조사결과 뿐만 아니라 유층별 결과도 필요로 하는 경우, 각 유층마다 뚜렷한 차이가 있어 서로 비교할 필요가 있는 경우, 조사의 정밀도를 높이기 위한 경우 등에 유용하게 사용되는 방법이다.

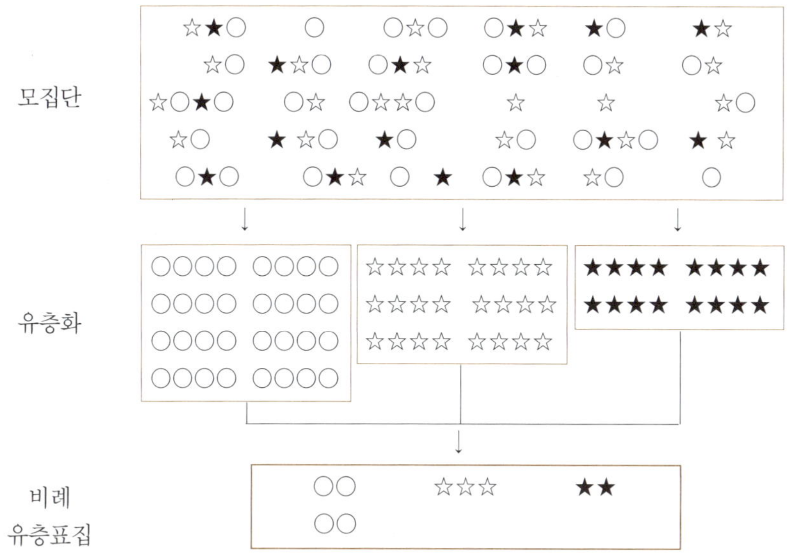

[그림 5-1] 유층표집의 방법

유층표집의 방법은 다시 비례 유층표집과 비비례 유층표집으로 구별된다. 비례유층표집은 유층으로 나뉜 각 집단 내에서의 표본의 크기를 모집단의 구성비율과 동일하도록 표집하는 방법이다. 이 방법으로 표집을 하려면 먼저 모집단을 중요하다고 판단되는 어떤 특성에 따라 분류를 한 다음에 각 하위집단의 구성비율을 파악한다. 가령, 남녀의 비율이 2 : 1이라든가, 거주지역의 경우라면 도시 60%, 농촌 40% 등으로 구성비를 조사한다. 그런 후에 필요한 표본의 수만큼 각 집단에서 그 구성비율에 따라 무선적으로 뽑으면 되는 것이다.

예를 들어, 어느 대학교 학생들 10,000명의 모집단으로부터 100명을 비례 유층표집하는 경우를 생각해 보자. 학생들의 성별과 전공영역으로 유층을 나눈다고 가정하고, 남녀의 구성비율은 3 : 2, 인문 · 사회 · 자연의 구성비율은 3 : 3 : 4라고 하자. 그러면 이렇게 구성된 모집단으로부터 비례 유층표집한 결과는 〈표 5-2〉와 같아질 것이다.

〈표 5-2〉 비례 유층표집의 예

모집단

	남	여	계
인문	1,000	2,000	3,000
사회	1,500	1,500	3,000
자연	3,500	500	4,000
계	6,000	4,000	10,000

→

표본

	남	여	계
인문	10	20	30
사회	15	15	30
자연	35	5	40
계	60	40	100

비비례 유층표집은 하위집단의 크기에 비례하여 표집을 하는 것이 아니라 필요한 수만큼 각 집단에서 뽑는 방법이다. 따라서 모집단에서의 구성비율이 그대로 표본에 반영되지는 않는다. 이러한 표집방법은 흔히 어떤 특정한 하위집단의 구성비율이 너무 작아서 크기에 비례해서 뽑게 되면 한쪽은 아주 작은 표본이 되고 다른 한쪽은 반대로 너무 큰 표본이 되어 의미있게 서로 비교하기가 어려울 경우에 적용한다. 또한 조사의 정밀도를 높이기 위하여 의도적으로 모집단과 비례하지 않는 비율의 표본을 추출할 경우에 사용한다. 예를 들어, 대학교수 집단에서 남녀를 비교할 경우 원래 모집단에서의 구성비율이 20 : 1이라고 할 때, 이러한 비율에 맞추어 표집한다면 남자교수 200명을 뽑을 때 여자교수의 수는 고작 10명이 될 것이다. 남녀 두 집단의 특성을 비교하는데 여자교수의 수가 너무 적어서 의미있게 서로 비교할 수 없으므로, 이럴 때는 원래의 구성비율 대로 할 것이 아니라 두 집단에서 필요한 수만큼 적당히 표집하는 것이 좋다.

유층표집 방법의 장점으로서는 첫째, 모집단의 중요 특성을 사전에 고려하여 표집하게 되므로 대표적인 표본이 될 가능성이 높다는 점이다. 유층을 설정하고 이로부터 표본을 추출하면 모집단을 잘 대표하는 표본이 추출되어 조사결과의 정밀도가 높아질 수 있다. 둘째, 같은 크기의 표본을 뽑을 때 단순무선표집의 경우보다 표집오차가 작다는 점이다. 이런 의미에서 표본크기가 작을 경우 유층표집 방법이 단순무선표집의 방법보다 더 효율적이라고 말할 수 있다. 셋째, 하위집단들의 특성을 파악하고 또 이것을 상호 비교할 수 있다는 장점이 있다.

그러나 이 표집 방법의 단점 또는 문제점으로서는 첫째, 연구자가 유층표집을 이용하려면 모집단의 중요 특성과 하위집단의 구성비율에 관한 지식을 미리 갖추고 있어야 한다는 점이다. 만약 이러한 사전지식이 없으면 타당하게 유층을 구분하여 표집할 수 없기 때문이다. 둘째, 여러 가지 특성에 따라 모집단을 하위 집단으로 분류할 때에 자칫하면 분류상의 오류를 범할 가능성이 있다는 점이다. 만약 분류상 오류를 범하게 되면 그만큼 표집의 오차가 커지게 된다. 셋째, 비비례 유층표집을 할 경우에는 본래의 구성비율을 무시하고 표집함으로써 편파적 표본이 될 우려가 있다는 점이다.

3. 군집 표집

군집표집(cluster sampling)은 표본을 추출할 때에 모집단을 구성하고 있는 개별적 요소를 단위로 하여 뽑는 것이 아니라, 개별 요소가 한데 묶인 집단을 단위로 하여 표집하는 방법이다. 모집단이 대단히 클 경우 그 속에 널리 흩어져 있는 개별적인 사례들을 표집단위로 해서 뽑는 것보다 이미 형성된 집단 즉, 군집을 단위로 해서 표집하는 것이 훨씬 간편하고 효율적이다. 여기서 군집은 학교, 학급, 학과 등의 집단이 되거나 혹은 구(區)나 동(同) 등의 지역이 될 수도 있다. 군집표집 방법을 이용하여 조사연구를 할 때는 몇 개의 군집을 표집해서 군집내의 모든 사례들을 조사대상으로 삼는 것이다.

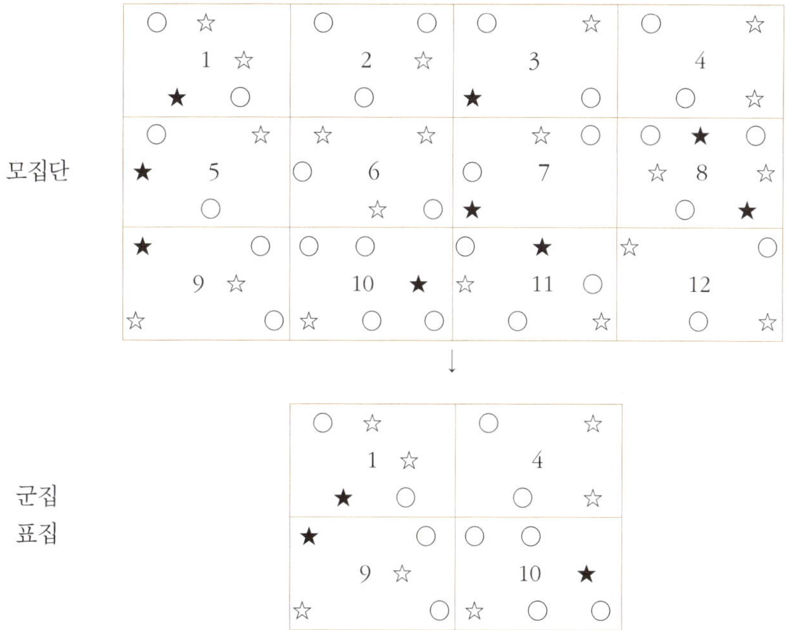

[그림 5-2] 군집표집의 방법

군집표집 방법을 이용하면 시간과 경비를 절약할 수 있다는 이점이 있다. 자료를 수집할 때도 선정된 몇몇 군집만을 대상으로 하기 때문에 비교적 간단하게 작업을 진행할 수 있다. 그러나 표집단위의 수 즉, 군집의 수가 적을수록 표집오차가 커져서 모집단을 잘 대표하는 표본이 되기 어렵다는 약점을 지니고 있다. 또한 군집표집은 '군집' 수준에서는 무선표집의 기본 조건인 동등성과 독립성을 충족시킬 수 있지만 모집단을 구성하고 있는 최하 단위인 '개별 요소'의 수준에서는 그렇지 못하다. 따라서 무선표집을 기본 전제로 삼고 있는 보통의 통계적 추리 방법을 적용하기 어렵다는 문제점이 있다.

4. 체계적 표집

체계적 표집(systematic sampling)은 모집단의 구성이 특별한 순서 없이 배열되어 있다는 것을 전제로 해서 일정한 간격을 두고 구성단위를 표집하는 방법이다. 출석부에 기재된 학생들 중에서 매 10번째 학생을 뽑거나, 전화번호부에 등재된 이름들 중에서 매 100번째 이름을 표집하는 방식이 여기에 속한다. 체계적 표집방법은 모집단의 전체 사례에 번호를 매기는 것과 같이 어떤 형태로든 구성요소를 일렬로 나열시킬 수 있다면 단순무선표집 방법보다 더 간편하게 표본을 뽑을 수 있다. 그런데 이 방법은 모든 표집단위를 무작위로 추출하는 단순무선표집과는 달리, 최초의 표집단위만 무작위로 추출하고 나머지는 첫 번째 추출된 것으로부터 일정한 간격을 두고 자동으로 선택되는 표본추출 방법이다. 그러므로 이 방법은 무선화의 특성을 가지면서 동시에 비확률적 특징을 갖는 방법이다. 체계적 표집에서 표본이 추출되는 단위요소 간의 거리를 표집간격(sampling interval)이라고 부른다.

체계적 표집방법은 다음과 같은 절차를 밟는다. 먼저 표본의 크기를 결정하여 그 수를 n이라고 하고, 모집단의 크기를 N이라 하면, N을 n으로 나누어 표집간격을 산출한다. 이때 표집간격을 i라고 하면, 모집단의 사례들을 번호순으로 열거하고 첫 번째 사례를 무선적으로 뽑은 다음에 매 i번째에 해당하는 사례마다 하나씩 뽑으면 된다. 첫 번째 사례가 결정되면 그 다음에 표집될 사례들은 일정간격에 따라 자동적으로 결정된다. 전체 모집단의 크기를 정확히 알 수 없는 경우에는 임의로 표집간격을 결정해서 위와 같은 방식으로 표집하면 된다.

체계적 표집방법은 적용하기가 쉽다는 장점을 가지고 있다. 무선표집방법에서는 각 표집단위를 선택할 때 일일이 무작위로 해야 하지만, 체계적 표집방법은 단 한 번의 무작위만을 사용하기 때문에 적용이 간편하며 경제적이다. 그러나 체계적 표집은 모집단의 구성요소들에 일일이 번호가 부여되어 있거나 어떤 체계적 양식으로 구성되어 있을 때만 사용이 가능하다는 단점이 있다. 그리고 이 방법은 매 i번째 표집단위 사이에 있는 모든 사례를 무시하기 때문에 확률적 표본추출의 기본 정신에 위배된다는 문제점을 지니고 있다. 이러한 이유로 체계적 표집은 확률적 및 비확률적 표집방법의 특성을 모두 가지고 있다고 하겠다. 특히 모집단을 구성하는 개별 요소의 배열에 어떤 식으로든 일정한 주기가 있는 경우 체계적 표집방법에 의하여 선정된 표본은 편파적일 가능성이 높다.

예를 들어, 경기도 성남 모란시장에 소재한 어느 상점의 매상을 표본조사한다고 가정하자. 모란시장은 5일장이 서는 곳으로 매월 4와 9가 들어 있는 날에 아주 큰 규모의 장이 열린다고 한다. 그런데 상점의 매상고를 알아보기 위하여 한 달 기간 중에서 6일간을 조사하는데 처음 조사날짜를 4일로 잡고 5일 간격으로 체계적 표집을 하였다면 결과가 어떻게 될 것인가? 모두 장날만의 매상을 조사하는 셈이기 때문에 해당 상점의 매상고를 편파적으로 추정하게 될 것이다. 이와 같이 모집단의 요소배열에 어떤 종류의 주기가 있고, 표집간격이 이 주기와 일치하게 되면 추출된 표본에는 편파현상이 일어나서 표본의 대표성에 심각한 문제가 발생하게 된다. 따라서 이런 경우에는 체계적 표집방법의 사용을 삼가야 한다.

5. 단계적 표집

단계적 표집(stage sampling)은 군집표집 방법의 한 변형으로서, 모집단에서 1차 표집단위를 뽑은 다음, 그 중에서 다시 2차 표집단위를 뽑고, 여기서 다시 3차 표집단위를 뽑고 하는 식으로 최종 단위의 표집을 할 때까지 다단계(multi-stage)를 거쳐서 표본을 추출하는 방법을 말한다. 일반적으로 최종단위 이하의 단계에서는 개별 사례가 아니라 '군집'을 이용하여 표집하기 때문에 단계적 표집방법은 군집표집과 밀접한 관련을 맺고 있다. 단계적 표집방법은 전국의 모든 초등학생을 대상으로 표본조사할 때와 같이 대개 모집단의 크기가 매우 큰 경우에 이용하는 방법이다. 단계적 표집에서 각 단계마다 무선적으로 표집하면 결국 무선적 확률표집이 되는 것이다.

예컨대, 전국에서 초등학교 6학년생 500명을 뽑는다고 가정하자. 모집단에서 직접 최종 표집단위인 개별 학생을 단순무선표집 방법으로 뽑는다면 모집단이 워낙 크기 때문에 매우 번거롭고 복잡할 것이다. 이럴 경우에는 다음과 같이 단계적 표집방법을 이용하는 것이 효율적이다. 즉, 1차로 학교를 표집단위로 하여 전국에서 100개 학교를 무선적으로 뽑는다. 이어서 2차로 학급을 표집단위로 하여 이미 선택된 각 학교에서 무선적으로 1개 학급씩 뽑는다. 그리고 3차로 개별 학생을 표집단위로 하여 각 학급에서 5명씩 무선적으로 표집하면 결국 500명의 학생들을 표집하게 되는 것이다.

단계적 표집방법은 대규모 모집단에서 표집할 경우에 사용하기 적절한 표집방법으로서, 단순무선 표집방법에 비하여 표본조사에 소요되는 비용과 노력을 절감할 수 있는 장점이 있다. 그러나 이 방법의 단점으로서는 동일한 크기의 표본이라면 무선표집이나 체계적 표집방법에 의한 표본보다 표본오차가 더 커질 가능성이 있다는 점이다.

제3절 비확률적 표집방법

비확률적 표집방법은 확률의 법칙을 적용할 수 없는 상황이거나, 조사대상에 대한 대략적인 정보를 얻기 위해 일정수 이상의 표본을 얻기만 하면 되는 경우, 또는 확률적 표집을 하기 위한 예비단계로서 조사하는 경우 등에 사용된다. 비확률적 표집방법은 사용하기 간편하다는 장점이 있지만 표본의 대표성을 확보하기 어렵고 표본오차를 추정할 수 없기 때문에 표본에서 얻은 통계치를 바탕으로 모수치를 추정하는데 그만큼 한계가 있다.

비확률적 표집방법은 크게 연구자가 의도를 가지고 하는 목적표집(purposive sampling)과 편의성에 기초한 임의표집(convenience sampling)의 두 유형으로 구분할 수 있다. 사실 대부분의 비확률적 표집방법은 목적표집의 일종이라고 볼 수 있는데 그 까닭은 연구자들이 표집할 때 대체로 연구자 나름의 의도와 계획을 가지고 하기 때문이다.

1. 목적 표집

목적 표집은 연구자의 주관적 판단에 의해서 모집단을 잘 대표하리라고 믿는 사례들을 의도적으로 표집하는 방법이다. 그래서 이 방법을 일명 주관적 판단 표집(judgement sampling)이라고도 부른다. 이 방법의 기본 가정은 건전한 판단과 적절한 전략에 따라 대표적인 사례만을 의도적으로 표집함으로써 단순히 무선적으로 뽑는 방법보다 오히려 전체를 대표하는 표집을 할 수 있다고 믿는 것이다. 목적 표집에서는 대개 연구자가 가지고 있는 과거 경험이나 전문적 식견에 바탕을 두고 표집한다. 여론분석가, 정치학자, 경제학자들이 사회적 이슈가 되는 어떤 쟁점에 대한 여론조사, 선거에서 각 후보자에 대한 지지도나 투표 행태, 정치 문제에 대한 의견조사, 사회경제적 여건에 대한 조사 등을 하고자 할 때 이러한 방법을 흔히 이용한다.

여론을 조사하는데 이제까지 어느 특정지역의 조사결과가 전체의 여론을 잘 반영하는 것으로 계속 나타났다면, 그 후의 조사에서는 의도적으로 해당 특정지역의 사람들만을 대상으로 조사하는 것이 목적 표집의 한 예가 된다. 그런데 이때에 표본의 특성에 변화가 없이 종전과 같다면 큰 문제가 없겠으나, 만약 해당지역의 상황이 크게 바뀌었다면 본래 기대했던 것과는 전혀 다른 결과를 초래할 위험이 있다.

의도적으로 하는 목적 표집은 간편하게 표집을 할 수 있고 비용을 절약할 수 있다는 장점이 있다. 그러나 이 방법은 연구자의 주관적 판단이 잘못되었을 경우에 발생하는 오류를 막을 길이 없다는 단점을 지니고 있다. 확률적 의미에서 표본이 모집단에 대하여 어느 정도 대표성을 가지고 있는지 확인할 방법이 없다. 그러므로 목적 표집방법은 연구자가 모집단에 대한 사전지식을 충분히 갖추고 있어서 신뢰할 만한 주관적 판단을 할 수 있다거나, 확률적 표집이 불가능한 경우에 한하여 적용하는 것이 바람직하다.

2. 할당 표집

할당표집(quota sampling)은 모집단의 여러 특성을 대표할 수 있도록 몇 개의 하위집단을 구성하여 각 집단에 알맞은 표본의 수를 할당하여 그 범위 내에서 임의로 표집하는 방법이다. 할당표집은 일견 유층표집의 방법과 유사하지만, 비확률적 표집이라는 점에서 차이가 있다. 할당을 정하는 기준으로는 대개 연령, 성별, 교육수준, 직업, 지역분포 등을 쓴다. 표집해야 할 전체의 숫자를 각 층에 할당할 때 모집단의 크기에 비례하게 할당하는 방법과, 비례와는 무관하게 할당하는 방법이 있다.

할당표집은 조사연구를 할 경우 각 조사자에게 어떤 지역에서 어떤 직업을 가진 어느 연령층의 사람을 몇 명 표집하라고 할당을 하면, 각 조사자는 이러한 범위 내에서 조건에 맞는 대상을 적당히 선정하여 조사하는 방법이다. 초 · 중 · 고 학생들을 대상으로 과외실태를 조사할 경우, 초등학생 40%, 중학생 30%, 고등학생 30%가 되도록 인원수를 배정하는 방식이 할당표집의 한 예이다.

할당표집의 방법은 대개 정보수집의 간편성 때문에 이용된다. 즉, 정교하지 못한 방법이기는 하지만 탐색적 목적으로 어떤 조사연구가 수행된다면 할당표집의 방법은 조사대상에 대한 대략의 정보를 신속하게 얻는 능률적 수단이 될 수가 있는 것이다.

할당표집의 장점은 최종적으로 뽑는 표집의 단위를 각 조사자들에게 지리적으로 가깝게 할 수 있기 때문에 비용을 줄일 수 있고, 어느 정도 유층화의 효과를 기대할 수 있다는 점이다. 그러나 할당을 하는데 연구자의 편견이 작용할 가능성이 많다는 문제가 있다. 또한 할당표집이 비확률적 표집방법이므로, 비확률적 표집의 문제점은 그대로 가지고 있다.

3. 눈덩이 표집

눈덩이 표집(snowball sampling) 방법은 연구자가 일차적으로 자신의 연구대상으로 적합하다고 판단되는 소수의 사람들을 뽑아서 정보를 수집하고, 이차적으로 이들 응답자로 하여금 동일한 조건과 특성을 지닌 사람들을 추천받아 조사하고, 또 다시 이들 응답자로부터 적합하다고 판단되는 사람들을 소개받아 조사하고 … 하는 방식으로 필요한 인원수 만큼 표본을 확보하는 방법이다. 다시 말하여, 이 방법은 그 명칭에서 짐작할 수 있듯이, 눈 내리는 겨울날 마치 우리가 눈사람을 만들기 위하여 한줌의 눈덩이를 굴리고 굴려서 커다란 눈덩이를 만드는 것과 같은 방식으로 표집하는 방법이다.

눈덩이 표집방법에 의하여 추출한 표본은 모집단에 대한 대표성을 확보할 수 없다는 단점이 있다. 그리고 응답자들의 추천에 의해서 표본이 누증(累增)되기 때문에 연구자가 사전에 표본추출에 대한 통제나 관리를 하기가 어렵다. 하지만 어떤 특수한 상황 예컨대, 연구에서 필요로 하는 적합한 연구대상을 찾기가 매우 어려운 상황에서는 이러한 표집방법이 가장 적절하거나 또는 다른 대안이 없는 유일한 수단일 경우가 있다. 즉, 표집대상에 대한 사전정보가 거의 없거나 잘 모르는 경우, 공개하기 곤란하거나 비윤리적 특성을 조사하는 경우, 표집대상이 노출되지 않아서 알음알음으로 찾아가야 하는 특수한 경우 등이다. 대체로 이러한 경우에는 사전에 표집 대상의 목록을 확보할 수 없기 때문에 연구자가 일단 연구의 목적에 알맞다고 생각되는 소수의 대상을 먼저 골라서 조사하고, 선정된 대상이 다른 대상을 추천하고, 그 대상은 또 다른 대상을 소개하는 식으로 표본을 추출하게 된다.

4. 임의 표집

임의표집 또는 우연적 표집(accidental sampling)은 특별한 표집계획도 없이 조사자가 임의로 가장 손쉽게 구할 수 있는 대상들 중에서 표집하는 방법이다. 임의표집 방법은 표본을 추출할 때 연구자의 편의를 가장 우선적으로 고려하는 방법이다. 많은 사람들이 오고가는 길거리나 대중이 모인 장소에서 아무나 선정하여 인터뷰를 하거나 조사하는 방식이 임의표집의 대표적인 예라고 하겠다. 일선교사가 자기가 가르치는 학급의 학생들을 연구대상으로 삼는 것, 대학교수가 자신의 강의를 수강하고 있는 대학생들을 대상으로 조사연구를 하는 것 등이 모두 임의표집의 좋은 예가 된다.

임의표집의 장점은 편의성과 경제성이다. 신문이나 방송과 같이 시간적 여유가 없는 상황에서 급히 여러 사람들의 의견을 조사할 필요가 있는 경우에 임시변통으로 이러한 표집방법을 유용하게 사용할 수 있다. 그러나 임의표집방법에 의한 표본은 그 대표성이 없기 때문에 여러 가지 표본추출 방법들 중에서 일반화 가능성이 가장 심각하게 제한된다는 단점을 지니고 있다.

제4절 표본크기의 결정

1. 일반적 고려사항

표본을 대상으로 조사연구하는 경우에 연구자는 표본의 크기를 결정해야 한다. 흔히 표본은 클수록 좋다고 생각하는 경향이 있다. 물론 다른 조건이 모두 같다면, 표본의 크기가 클수록 표본에서 얻은 통계치들은 모집단의 모수치를 대표할 가능성이 높아지기 때문에 좋다고 말할 수 있다. 왜냐 하면, 표본의 크기가 증가함에 따라 표집오차는 점차 감소되기 때문이다. 그러나 무턱대고 표본을 크게 할 수는 없는 일이다. 표본이 크면 클수록 자연히 연구에 소요되는 경비와 노력이 그만큼 많이 들게 마련이다.

그러면 어느 정도의 크기로 표본을 하면 좋을까? 한 연구에서 알맞은 표본의 크기가 얼마인가를 결정하는데 적용할 만한 어떤 확고한 기준은 없다. 아주 대략적인 기준을 설정해 본다면, 실험연구의 경우 실험집단과 통제집단에 각각 사례수가 최소한 20 이상이 되도록 하는 것이 바람직하며, 상관연구일 경우에는 적어도 30 이상의 사례수를 확보하는 것이 필요하다. 그리고 백분율을 산출하는 조사연구에서는 분석하고자 하는 집단을 크게 묶을 경우 각 집단의 사례수가 최소한 100 이상이 되도록 하고, 분석단위를 좀 더 작게 여럿으로 나눌 경우에는 각 하위집단별로 사례수가 최소한 50 정도는 되도록 표집하는 것이 좋다. 그러나 이러한 수치는 어디까지나 대략적인 기준에 불과하며, 연구에서 실제로 표본의 크기를 결정할 때는 연구문제의 성격, 모집단의 크기, 표집 당시의 여건 등에 알맞도록 해야 할 것이다.

일반적으로 연구에 소요되는 경비 · 시간 · 노력 등 현실적 요인과 연구변인의 신뢰도, 자료분석 방안, 모집단의 변산 정도, 수용오차의 범위 등 통계적 요인을 종합적으로 고려하여 필요한 표본의 크기를 결정하게 된다. 최소의 표본으로 최대의 연구효과를 얻도록 하는 것이 경제적이며 효율적이다. 통계적으로 최소한의 필요한 표본 크기를 구하는 방법에 관해서는 뒤에서 설명하고자 한다. 대체로 다음과 같은 몇 가지 경우에는 대표집(大標集)이 필요하다는 사실을 먼저 지적하고자 한다.

1) 변인통제가 어려운 경우

연구결과에 영향을 미칠 수 있는 중요한 변인들의 영향을 제대로 통제하지 못할 경우에는 좀 더 큰 표본이 요구된다. 왜냐하면, 이와 같은 상황에서 대표집을 이용하면 통제하지 못한 변인들이 연구결과에 체계적으로 영향을 미치지 못하고 무선적으로 작용하기 때문에 그 영향을 상쇄시킬 수 있기 때문이다. 예컨대, 교사의 능력변인은 통제하기 어려운 변인 중의 하나이다. 두 가지 교수방법의 효과를 비교하는 연구에서 만약 이 두 교수방법을 각각 1명의 교사만이 가르치도록 연구설계를 한다면 교수방법의 효과 차이를 제대로 밝혀내지 못할 수도 있다. 어쩌면 교수방법의 차이보다는 오히려 교사의 능력 차이가 학습자의 학업성취에 더 많은 영향을 끼칠는지도 모른다. 이러한 경우에 많은 수의 교사들을 각 교수방법에 무선적으로 배치시키면, 교사들의 능력변인은 무선적으로 작용할 것이며 따라서 연구결과는 두 교수방법의 차이에 기인한다고 좀 더 자신 있게 말할 수 있다.

2) 실험의 민감도를 높이고자 할 경우

실험의 민감도(sensitivity)란 실험연구에서 실험처치의 효과를 예민하게 찾아낼 수 있는 정도를 말한다. 효과크기(effect size)가 작을 것으로 예상되지만 가급적 그 효과를 예민하게 찾아내고자 할 경우에는 대표집을 가지고 연구하는 것이 좋다. 실험연구에서 실험의 효과가 미세하게 나타날 것으로 판단되거나, 상관연구에서 상관의 정도가 미약할 것으로 기대되면 대표집을 이용해야 그와 같은 미세한 차이를 밝혀낼 수 있는 것이다. 예를 들어, 노트 작성방법이 학업성취에 미치는 효과를 연구한다고 하자. 노트 작성방법 여하가 학업성적과 관련이 있긴 하겠지만 그렇게 큰 영향을 끼칠 것으로 기대되지는 않는다. 이럴 경우에는 많은 사례를 대상으로 조사해야 표집오차가 작아지고, 그래서 미세한 효과라도 찾아낼 가능성이 있지, 사례수가 적으면 표집오차가 커지기 때문에 작은 크기의 효과는 탐지하지 못하고 그냥 지나치게 된다.

3) 여러 개의 하위집단으로 분류할 경우

연구대상을 여러 개의 하위집단으로 분류하여 소집단들 간을 서로 비교하고자 할 경우에 대표집이 필요하다. 가령, 어떤 사회문제에 대한 대학생들의 의견을 조사할 때, 학생들의 성별 · 학년별에 따라 각각 그들의 의견이 어떻게 다른가를 비교하고 싶다면, 이런 요인에 따라서 분류된 마지막 소집단의 사례수가 상호 비교할 수 있을 만큼 어느 정도는 되어야 한다. 전체 사례수는 많을지라도 세분된 하위집단의 사례수가 너무 적으면 의미 있게 서로 비교할 수 없는 것이다. 예를 들어, 전체 200명의 대학생을 대상으로 조사연구를 하였다고 가정하자. 200명은 결코 적은 숫자가 아니다. 그러나 연구대상을 성별(2개 집단)과 학년별(4개 집단) 조합으로 구성되는 2×4=8개 집단으로 나누어서 비교하려고 하면 각 하위집단별로 겨우 25명 정도가 되어 표본크기가 작다고 볼 수 있다.

4) 중도탈락율이 높을 경우

중도탈락률이 높을 것으로 예상될 때는 처음부터 필요한 표본의 크기를 여유있게 잡는 것이 좋다. 대개 연구기간이 길어지거나 연구참여자에게 요구하는 사항이 많을수록 연구대상이 중간에 탈락할 가능성은 높다. 이런 경우에는 미리 예상되는 중도탈락률을 감안하여 그만큼 여유있게 표집함으로써 최종적으로 연구에서 필요로 하는 사례수를 확보할 수 있도록 하는 것이 좋다.

5) 높은 수준의 유의도와 통계적 검증력을 요구하는 경우

높은 수준의 통계적 유의도와 통계적 검증력을 요구하는 연구를 할 경우에 대표집이 필요하다. 통계적 유의수준과 표본의 크기와는 밀접한 관련이 있다. 즉, 동일한 영가설이라도 유의수준 5%에서보다는 1% 수준에서 기각하려면 좀 더 많은 사례수를 필요로 한다.

통계적 검증력(power of the statistical test)이란 영가설이 위(僞)일 때 영가설을 기각하고 대립가설을 받아들임으로써 올바른 결정을 내릴 수 있는 가능성의 정도를 말한다. 표본 평균치의 표준오차를 계산하는 공식 $\sigma_{\bar{X}} = \frac{\sigma}{\sqrt{n}}$를 살펴보면, 동일한 조건일 경우 표본의 크기 n이 커질수록 표준오차는 작아지게 됨을 알 수 있다. 가령, 이 공식에서 $n=25$일 경우 표준오차는 $\frac{\sigma}{\sqrt{25}} = \frac{1}{5}\sigma$가 되는데, 만약 같은 조건에서 $n=100$으로 하면 표준오차는 $\frac{\sigma}{\sqrt{100}} = \frac{1}{10}\sigma$가 된다. 즉, 표본의 크기가 증가함에 따라 표본 평균치의 표준오차는 점점 작아진다. 표준오차가 작아지면 그만큼 영가설을 기각하고 대립가설을 받아들일 확률이 높아지게 되는 것이다. 따라서 동일한 조건하에서는 표본이 크면 클수록 통계적 검증력은 증가된다.

6) 모집단이 이질적일 경우

모집단이 연구하려는 변인과 관련하여 매우 이질적 사례들로 구성되어 있을 경우에는 좀 더 많은 사례수를 표집해야 한다. 만약 모집단을 이루고 있는 각 사례들이 모두가 똑같다고 하면, 단 하나의 사례만 뽑아서 그 특성을 알아보아도 충분할 것이다. 그러나 각 사례의 특성이 제각기 다를 때에는 많은 수의 사례를 뽑아야만 다양한 특성의 소유자들을 골고루 포함시킬 수 있게 된다. 따라서 모집단이 이질적 집단이라고 판단되면, 그러한 이질적 사례를 충분히 대표할 수 있도록 표본의 크기를 크게 하는 것이 바람직하다.

7) 측정의 신뢰도가 낮을 경우

연구변인의 측정에 있어서 신뢰도가 낮을 경우에는 큰 표본을 대상으로 연구하는 것이 좋다. 신뢰도란 한 검사가 측정하고자 하는 속성을 얼마나 정확하게, 그리고 일관성 있게 측정하고 있느냐 하는 정도를 뜻한다. 측정의 신뢰도가 낮다는 것은 다른 말로 표현하면 측정의 오차가 크다는 것을 의미한다. 측정의 오차가 커지면 자연히 앞에서 설명한 표준오차가 커지게 되며, 이것은 결과적으로 작은 효과 또는 작은 차이가 있을 경우에 이것을 예민하게 찾아내지 못하는 한 요인이 되는 것이다. 그러므로 측정의 오차가 크기 때문에 의의 있는 차이를 발견하지 못하고 간과하게 되는 연구상의 손실을 줄이기 위해서는 대표집을 사용할 필요가 있다.

지금까지 연구를 할 때 큰 표본을 필요로 하는 몇 가지 경우를 살펴보았다. 위와 같은 여러 상황에서는 다른 경우에 비하여 상대적으로 표본의 규모를 더 크게 잡는 것이 필요하다는 사실을 지적하였다. 그런데 여기서 연구자들이 유의할 점은, 표본의 크기도 중요하지만 이보다 더욱 중요한 것은 표본의 대표성(代表性)이라는 점이다. 앞에서 표본은 클수록 좋다고 말한 바 있다. 그러나 이 말은 '모든 조건이 같다면' 이라는 단서를 붙였을 때 성립될 수 있는 이야기이다. 표본의 크기와 대표성 간에 반드시 정비례 관계가 있는 것은 아니다. 표집방법 여하에 따라서는 소규모의 표본이 오히려 대규모의 표본보다 모집단을 더 잘 대표할 때도 있다. 그러므로 연구자는 표집할 때 크기에만 신경을 쓸 것이 아니라 대표성에 보다 많은 주의를 기울여야 할 것이다. 표집의 방법과 절차가 중요한 까닭이 바로 여기에 있다. 이러한 문제에 관한 논의는 여기서 끝내고 다음에는 통계적인 방법으로 알맞은 표본의 크기를 계산하는 문제에 대하여 검토하기로 한다.

2. 표본 크기의 계산

앞에서 표본의 크기를 결정할 때는 연구에 소요되는 경비 · 시간 · 노력 등 현실적 요인과 측정변인의 신뢰도, 모집단의 변산 정도, 수용오차의 범위 등 통계적 요인을 종합적으로 고려해야 한다고 기술하였다. 아래에서는 통계적으로 적당한 표본 크기를 계산하는 방법에 대하여 설명하고자 한다. 그런데 통계적 요인을 고려하여 적절한 표본의 크기를 계산하려면 표집분포의 개념을 활용해야 하는데 이에 관해서는 제12장 '자료의 통계적 분석' 을 참고하기 바란다.

평균치의 표집분포에서 궁극적으로 기대되는 평균치들의 평균치 $\mu_{\bar{X}}$는 모집단의 평균치 μ와 같다. 그리고 이러한 표집분포에서 계산한 표준편차를 평균치의 표준오차라고 부르며 $\sigma_{\bar{X}}$로 표시한다. 표준오차는 다른 보통의 표준편차와 마찬가지로 해석되며 정상분포곡선에서 일정한 관계를 맺고 있다. 즉, $\mu_{\bar{X}} \pm 1\sigma_{\bar{X}}$ 사이에 전체 사례수의 약 68%가 놓이고, $\mu_{\bar{X}} \pm 2\sigma_{\bar{X}}$ 사이에는 약 95%가 놓이게 된다. 그런데 $\mu_{\bar{X}} = \mu$이므로 $\mu_{\bar{X}}$를 중심으로 일정한 범위 내에 어느 한 표본의 평균치 $\bar{X}$가 떨어질 확률을 따져보는 것은, 결국 모수치 μ를 중심으로 그만한 범위의 오차를 갖는 $\bar{X}$가 나타날 확률을 따져보는 것과 같은 문제가 되는 셈이다. 따라서 $\pm 1\sigma_{\bar{X}}$, $\pm 2\sigma_{\bar{X}}$ 등은 μ를 기준으로 할 때 오차의 범위를 나타내는 것이라고 생각할 수 있다. 표준점수 z를 이용하여 이와 같은 오차의 범위를 일반적으로 표현하면 $\pm z\sigma_{\bar{X}}$가 된다. 표집크기를 통계적으로 계산하는 방법은 바로 이러한 논리에 기초를 둔 것이다.

표본의 크기, 신뢰한계(또는 신뢰수준), 수용오차 사이에는 일정한 함수관계가 있으므로, 이 중에서 어느 두 가지 값이 정해지면 나머지 하나의 값은 자연히 결정된다. 수용오차의 범위를 d, 신뢰한계를 z(표준점수)로 놓으면, 평균치의 표집분포에서 $d = z\sigma_{\bar{X}}$와 같은 관계가 성립된다. 그런데 여기서 $\sigma_{\bar{X}} = \frac{\sigma}{\sqrt{n}} \times \sqrt{\frac{N-n}{N-1}}$이므로 이것을 식에 대입시키면 아래와 같이 된다.

$$d = z \times \frac{\sigma}{\sqrt{n}} \times \sqrt{\frac{N-n}{N-1}} \qquad (5.1)$$

위의 공식을 변형시켜 n에 관하여 정리하면 다음과 같이 된다.

$$n = \frac{N}{\left(\frac{d}{z}\right)^2 \times \frac{N-1}{\sigma^2} + 1} \qquad (5.2)$$

위의 공식 (5.2)가 표본의 크기를 계산하는 한 가지 공식이다. 이 공식을 이용하여 표본 크기를 계산하는 구체적 예를 아래에서 보기로 한다.

[표본크기 계산문제]

어느 중학교 전체 1,200명 학생들의 영어실력을 알아보기 위하여 표본조사를 한다고 가정하자. 표준화 영어학력검사를 이용하려고 하는데, 이 표준화 영어검사의 표준편차는 12라고 검사실시요강에 제시되어 있다. 신뢰수준을 95%, 수용오차를 ±3으로 잡는다면, 표본의 크기는 얼마로 하는 것이 적당한가?

이 문제에서 신뢰수준 95%에 해당하는 z점수는 2(정확한 값은 1.96), 수용오차 d는 3, 모집단의 표준편차 σ는 12, 그리고 모집단의 총 사례수 N은 1,200이므로 이러한 수치들을 공식 (5.2)에 대입시켜 풀면 아래와 같다.

$$n = \frac{1200}{\left(\frac{3}{2}\right)^2 \times \frac{1200-1}{12^2} + 1} \fallingdotseq 60.81$$

즉, 위와 같은 조건을 만족시키는 최소한의 표본크기는 약 61명이다. 이 정도 크기의 표본을 대상으로 표본조사하게 되면, 3점 이내의 오차 범위 안에서 95%의 확신을 가지고 모집단의 평균치를 추정할 수 있다고 본다. 그런데 이렇게 계산된 표본크기는 미리 설정한 조건을 만족시키는 최소한의 사례수로서 표본이 모집단을 잘 대표할 수 있다는 점을 전제로 하는 것이다. 따라서 실제 조사연구에서는 이보다 사례수를 약간 늘려서 표집하는 것이 좋다.

공식 (5.2)는 모집단의 크기가 제한되어 있거나 비복원 표집을 하는 경우에 이용할 수 있는 표본 크기의 계산공식이다. 만약 모집단이 엄청나게 크거나 무한정일 경우에는 평균치의 표준오차는 단순히 $\frac{\sigma}{\sqrt{n}}$이 된다. 따라서 $d = z\sigma_{\bar{X}}$에서 $\sigma_{\bar{X}}$ 대신에 $\frac{\sigma}{\sqrt{n}}$를 대입하고, n을 중심으로 식을 정리하면 다음과 같이 된다.

$$n = \left(\frac{z\sigma}{d}\right)^2 \tag{5.3}$$

위의 공식 (5.3)은 대단히 큰 모집단으로부터 연구대상을 뽑는 경우에 표본의 크기를 계산하는 공식이다. 이 공식에서 각 기호가 의미하는 바는 앞에서와 마찬가지이다. 즉, d는 수용오차의 범위를 뜻하고, z는 신뢰수준을 나타내는 단위 표준점수이며, σ는 해당 측정변인에 대한 모집단에서의 표준편차를 의미한다.

표본크기를 결정할 때 d와 z는 연구자가 연구문제의 성격을 고려하여 임의로 결정하면 된다. 일반적으로 연구에서 신뢰수준은 95% 혹은 99%를 택하는데, 이러한 신뢰수준에 해당하는 대략적인 z점수는 각각 2(정확한 값은 1.96)와 3(정확한 값은 2.58)이 된다. 수용오차의 범위를 일률적으로 정해 놓을 수는 없다. 추정할 모수치가 클 경우에는 수용오차가 어느 정도 클 수 있지만, 모수치의 추정값이 작을 경우에는 수용오차도 작아야 한다. 예를 들어, 성인들의 평균 체중을 조사할 때는 수용오차를 3kg으로 정해도 타당하겠지만, 한 살짜리 아기들의 체중을 알아보는 경우에는 수용오차를 1kg으로 잡아도 크게 느껴질 수 있는 것이다.

한편, 모집단에서의 표준편차 σ는 해당 분야의 유사한 선행연구의 결과나, 사례수 30 이상을 대상으로 실시한 예비조사에서 얻은 표준편차를 기초로 추정한다. 그러나 이러한 기초자료가 전혀 없어서 추정할 수 없을 때에는 수용오차 d를 표준편차 σ의 1/3, 1/5, 1/10 등과 같이 되도록 설정하면 이 공식을 이용하여 표본크기를 계산할 수 있다. 예컨대, 수용오차 d를 $\frac{1}{5}\sigma$로 정한다면 공식 (5.3)에서 $n = \left\{\frac{z\sigma}{\frac{\sigma}{5}}\right\}^2 = (5 \times z)^2$이 되므로 표본크기의 계산이 가능하다. 이런 경우에 수용오차는 모집단의 표준편차와 관련지어 해석해야 할 것이다.

본서에서는 모집단의 평균치를 알아보는 경우에 한하여 표본크기의 계산방법을 간단히 설명하였다. 모집단의 비율을 알아보거나, 두 평균치의 차를 추정하는 경우 등 여러 가지 통계적 검증에 따라 표본크기를 계산하는 방법은 각각 표준오차의 계산이 다른 만큼 차이가 있다. 그러므로 표본크기의 산출방법에 관하여 자세한 내용을 알고자 하는 독자는 다른 전문서적을 참고하기 바란다.

3. 적정 표본 크기 참조표

대학교에서 학위논문을 쓰는 학생들이나 일반 연구자들로부터 표본의 크기를 어느 정도로 하면 적당할 것인지에 관한 질문을 받을 때가 많다. 위에서 몇 가지 통계적 요인을 고려하여 표본 크기를 계산하는 방법을 소개하였지만 이러한 방법을 적용하기 어렵거나 부적절한 경우도 있다. 따라서 아래에 표본 크기를 결정할 때 대략적으로 참고할 수 있는 간편 참조표를 소개한다.

아주 거대한 모집단으로부터 무선표집을 할 수 있는 경우에는 다음 〈표 5-3〉을 참고하여 적당한 표본크기를 간편하게 결정할 수 있다. 이 표는 모집단이 대단히 큰 것을 전제로 하여, 수용오차와 신뢰한계를 여러 수준으로 분류하고 각각의 조건에 알맞은 표본의 크기를 계산해 놓은 것이다. 이 표를 읽고 해석하는 방법을 예시하면 다음과 같다.

〈표 5-3〉 수용오차와 신뢰수준에 따른 표본 크기

수용오차	신뢰수준			
	90%	95%	98%	99%
± 1%	6,765	9,604	13,533	16,587
± 2%	1,691	2,401	3,384	4,147
± 3%	752	1,067	1,504	1,843
± 4%	423	600	846	1,037
± 5%	271	384	541	663
± 6%	188	267	376	461
± 7%	138	196	276	339
± 8%	106	150	212	259
± 9%	84	119	167	205
± 10%	68	96	135	166

(예시1) 신뢰수준 99%, 수용오차 ±1%

"만약 모집단에서 무선표집방법에 의하여 $n = 16{,}587$의 표본을 뽑아 조사한다면, 100개의 표본 중 99개의 표본결과가 모수치로부터 ±1% 이내에 떨어지게 될 것이다."

(예시2) 신뢰수준 95%, 수용오차 ±3%

"만약 무선표집방법으로 사례수가 1,067로 구성된 표본 100개를 뽑아 조사한다면, 그 중에서 95개는 모수치로부터 ±3% 이내에 해당하는 통계치를 얻을 것이다."

한편, 〈표 5-4〉는 미국 교육통계국에서 개발한 공식에 의하여 다양한 규모의 모집단(*N*)으로부터 대표적인 표본을 만들기 위하여 요구되는 적정한 표본 크기(*S*)를 계산해 놓은 간편 참조표이다. 물론 여기서도 무선표집방법에 의하여 표본을 추출한다는 점을 전제로 한 것이다. 이 표를 보면 짐작할 수 있듯이, 모집단

〈표 5-4〉 특정 모집단 규모(*N*)에서 요구되는 표본 크기(*S*)

N	*S*	*N*	*S*	*N*	*S*	*N*	*S*	*N*	*S*
10	10	100	80	280	162	800	260	2800	338
15	14	110	86	290	165	850	265	3000	341
20	19	120	92	300	169	900	269	3500	346
25	24	130	97	320	175	950	274	4000	351
30	28	140	103	340	181	1000	278	4500	354
35	32	150	108	360	186	1100	285	5000	357
40	36	160	113	380	191	1200	291	6000	361
45	40	170	118	400	196	1300	297	7000	364
50	44	180	123	420	201	1400	302	8000	367
55	48	190	127	440	205	1500	306	9000	368
60	52	200	132	460	210	1600	310	10000	370
65	56	210	136	480	214	1700	313	15000	375
70	59	220	140	500	217	1800	317	20000	377
75	63	230	144	550	226	1900	320	30000	379
80	66	240	148	600	234	2000	322	40000	380
85	70	250	152	650	242	2200	327	50000	381
90	73	260	155	700	248	2400	331	75000	382
95	76	270	159	750	254	2600	335	100000	384

출처 : Gay, L.R., Mills, G.E., & Airasian, P. (2006), p.111.

의 규모가 클수록 전체에서 차지하는 표본크기의 비율은 작아지고, 반대로 모집단의 규모가 작으면 표본크기의 비율은 커진다. 예를 들어, $N=100$ 이하의 모집단에서는 거의 전체를 조사하는 것이 바람직하지만, 대체로 $N=5000$ 이상 규모의 모집단에서는 표본크기 350~400이면 적당하다는 것을 알 수 있다.

연습문제

1. 어느 한 고등학교의 전체 학생들 중에서 100명을 단순무선표집한다고 하자. 이때 필요한 표집의 절차를 자세히 기술하시오.

2. (1, 3, 5, 7)의 전집에서 n=2씩 복원표집방법으로 무선표집할 때 가능한 모든 표본과 각 표본의 평균치를 구하시오. 그리고 각 평균치의 상대적 빈도를 막대그림표로 그려보시오.

3. 어느 한 표본의 결과를 토대로 모집단의 평균치 μ로부터 3점 이상 차이가 나지 않을 것을 95% 확신을 갖고 추정하려고 한다. 모집단의 표준편차를 20으로 가정하고 알맞은 표본의 크기를 계산하시오.

4. 다음 각 경우에 표본을 통한 연구를 한다고 하자. 모집단과 표집단위를 정의하고, 적절한 표집의 방법과 절차를 설명하시오.
   ① 대학입시 자율화에 대한 학생, 학부모, 교사들의 의견조사
   ② 전국 초등학교 6학년생들의 학업성취도 평가연구
   ③ 부모와 자녀의 지능에 관한 상관연구
   ④ 어느 한 회사에서 만든 학용품의 품질조사
   ⑤ 어느 방송국에서 제작한 특집 프로그램에 대한 시청률 조사
   ⑥ 새로 개발한 교수방법의 효과에 관한 실험연구
   ⑦ 우리나라 역대 대통령의 지지율에 대한 여론조사

5. $n=25$씩 계속 표집하여 얻은 평균치들의 표집분포에서 표준오차가 4라고 하자. 표본의 크기를 얼마로 하면 이 표준오차를 1/2로 줄일 수 있겠는가?

제 6 장 측 정

제1절 측정의 기초
제2절 척도의 종류
제3절 측정도구의 신뢰도
제4절 측정도구의 타당도

제1절 측정의 기초

경험과학의 탐구과정에서 측정은 빼놓을 수 없는 필수 요소라고 볼 수 있다. 왜냐하면, 실증적 자료를 가지고 연구문제에 대한 해답을 찾고 가설을 검증하려면 변인의 측정이 불가피하기 때문이다. 사실 측정은 우리가 일상생활에서 자연스럽게 하고 있는 일 중의 하나이다. 목적지까지 거리가 얼마나 되는지, 시간이 얼마나 걸리는지 등의 물음에서부터 우리 아이 지능지수는 얼마인지, 영어실력은 어느 정도인지, 어느 분야에 적성이 있는지 등의 질문이 모두 측정과 관련된 것이다.

실증적 연구를 위해서는 현상에 대한 정확한 측정이 요구된다. 변인의 정확한 측정을 통하여 현상 속에 내재되어 있는 특정한 변인의 상태와 각 변인들 간의 관계를 파악할 수 있기 때문이다. 사회과학과 자연과학에 있어서 측정의 공통점과 차이점을 이해하고, 특히 인간의 행동특성을 측정하는 심리측정이 가지고 있는 특성과 문제점을 정확히 파악할 필요가 있다.

1. 측정의 의미

측정(measurement)은 경험의 세계와 논리의 세계를 연결시켜주는 한 수단이라고 할 수 있다. 여기서 경험의 세계는 우리가 오관을 통하여 직접 관찰하고 체험할 수 있는 객관적으로 존재하는 현실을 말하며, 논리의 세계는 사물 속에 있는 이치나 사물끼리의 규칙적인 상호관련성에 관한 이론을 의미한다. 그러므로 측정은 아래 [그림 6-1]에서 보여주듯이 논리를 구성하고 있는 구체적 또는 추상적인 개념들을 현실세계에서 관찰이 가능한 현상이나 실증자료와 연결시켜주는 수단이라고 볼 수 있는 것이다.

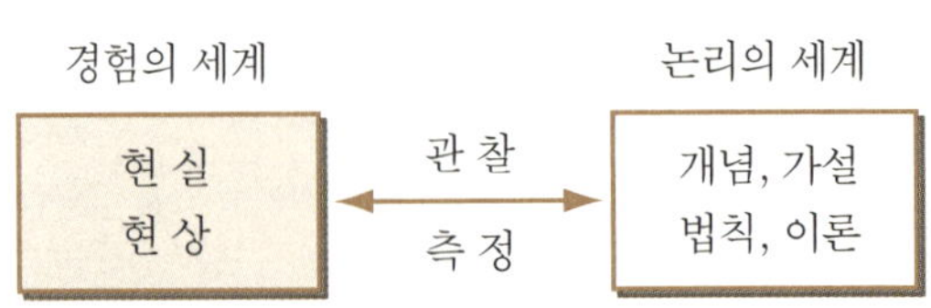

[그림 6-1] 측정의 역할

여러 학자들이 측정의 개념에 대한 정의를 하였으며, 학자에 따라서 그 내용도 약간 차이가 있는데 여기서는 두 사람의 정의를 소개하고자 한다. Stevens는 측정을 "어떤 법칙에 따라서 사물이나 사건에 숫자를 배정하는 것" 이라고 하였다. Campbell은 측정이란 "사물의 어떤 속성을 표시하기 위하여 사물의 속성을 지배하는 어떤 규칙에 따라서 숫자를 배정하는 과정" 이라고 정의하였다. 이러한 정의에서 보면, 결국 측정이란 일정한 규칙에 따라 어떤 사물이나 사건의 특성에 숫자를 부여하는 과정이라고 정의할 수 있다. 여기서 규칙이라고 하는 것은 어떤 특성에 숫자를 배정하는 수량화 과정이 명료하게 객관적으로 규정되어야 한다는 점을 강조하는 것이다. 저울을 가지고 물건의 무게를 재는 것과 같은 경우는 그 수량화 과정이 분명하지만, 인간의 심리특성을 수량화 하는 과정은 그렇게 분명하지 못하다. 예를 들어, 학생들의 대학수학능력을 측정할 경우 이를 어떻게 수량화할 것인가에 관한 규칙이 길이나 무게의 측정 규칙에 비하여 훨씬 분명하지 못하기 때문에 동일한 학생들의 대학수학능력을 측정하더라도 측정하는 사람이나 측정시기에 따라 큰 차이가 나타날 수 있다. 따라서 수량화의 과정을 명백하게 함으로써 누가 언제 어디서 측정하든지 간에 동일한 규정을 따르도록 하는 것이 필요하다. 어떤 특성을 일정한 규칙에 따라서 숫자를 배정하는 수량화의 과정은 다시 말하면, 표준화의 과정을 의미하는 것이다.

사물과 특성(property) 또는 속성(attribute)은 서로 밀접한 관련이 있으나 그 의미는 다르다. 여기서 특성과 속성은 기본적으로 같은 의미를 나타내는 용어라고 보고 '특성' 으로 통일해서 사용하기로 한다. 사물이란 어떤 대상물이나 물건을 의미하는 것이고, 특성은 그 사물이 가지고 있는 어떤 성질을 뜻한다. 일반적으로 하나의 사물은 여러 가지 특성을 지니고 있다. 예컨대, 컴퓨터는 무게, 크기, 부피, 용량 등 여러 특성을 가지고 있으며, 사람도 신장, 체중, 연령, 지능, 성격 등 여러 가지 특성으로 구분하여 볼 수 있다. 우리가 측정을 한다고 할 때 사물 자체를 측정하는 것이 아니라 그 사물이 지닌 여러 가지 특성 중에서 어떤 것을 측정하는 것이다.

앞에서 어떤 학문분야가 어느 정도 과학적이고 얼마나 발달하였는가를 가늠할 수 있는 하나의 지표가 측정이고, 각 학문의 발달정도는 해당 분야에서 중요한 변인들을 얼마나 잘 측정하고 있느냐에 달려있다고 해도 과언이 아니라고 하였다. 일반적으로 사회과학은 자연과학에 비하여 과학적이지 못하고 덜 발달되었다는 비판을 받고 있다. 그 까닭은 사회과학에서는 이론의 주요 구성개념들을 직접 측정하지 못하고 임의로 규정한 개념정의에 의하여 간접적으로 측정할 수 밖에 없기 때문일 것이다. 가령, 교육학이나 심리학에서 중요하게 사용하는 개념 중 하나가 '지능' 인데, 지능의 개념정의가 학자들마다 조금씩 다르다. 그래서 동일한 명칭의 지능검사라고 하더라도 지능의 측정은 검사가 어떻게 구성되었느냐에 따라서 서로 다르게 나타나고 있다. 길이를 측정할 때 어떤 회사에서 제작한 자를 사용하든 측정결과는 거의 같으나, 지능을 측정할 경우 누가 언제 만든 검사를 사용하느냐에 따라서 측정결과가 상당히 다를 수 있고 그만큼 과학적이지 못하다는 비판을 감수할 수밖에 없는 것이다.

2. 측정의 유형

측정의 결과가 어떤 의미를 가지고 있는가에 따라 측정의 유형을 구별할 수 있다. 즉, 어느 한 특성을 측정할 때 어떤 과정에 의해서 측정하느냐에 따라 다음과 같이 세 가지로 나누어진다.

1) 본질측정

본질측정(fundamental measurement)은 측정할 때 어떤 사물의 특성을 표현하는 본질적인 법칙에 따라서 수치를 부여하는 것을 말한다. 즉, 사물의 어떤 특성을 측정할 때 다른 사물이나 특성을 개입시키지 않고 바로 그 특성만을 측정하는 것이다. 예를 들어, 물체의 길이, 무게, 부피 등의 특성을 측정하는 것이 본질측정에 속한다. 물론 이러한 측정 결과를 후에 다른 변인들과 관련지어 분석할 수도 있으나, 측정 당시에는 해당 특성만을 측정하고 그밖에 다른 어떤 특성도 측정하지 않는다고 가정하는 것이다. 본질측정은 가장 이상적이고 충실한 측정으로서 확고한 이론적 배경도 가지고 있다.

2) 유도측정

유도측정(derived measurement)이란 어떤 사물의 특성을 다른 특성과 관련시키는 규정이나 법칙에 의해 측정의 의미가 나타나도록 하는 것이다. 유도측정의 대표적인 예로 밀도를 들 수 있다. 밀도란 어떤 물질의 부피와 질량의 비율로 정의되는데, 이와 같이 하나의 특성을 다른 특성과의 관계로 나타내는 것을 유도에 의한 측정이라고 한다. 유도측정은 기본적으로 확고한 이론적 배경이 있어야 한다. 자연과학에서는 특성들 간의 관계가 법칙의 수준으로 확고히 정립된 것들이 많이 있으므로 유도측정이 흔히 이루어질 수 있다. 그러나 사회과학에서는 잡다한 변인들의 작용으로 특성들 간의 관계가 일정하지 않고 따라서 확고하게 정립된 법칙도 찾아보기 어려우므로 유도측정이 거의 없는 실정이다.

3) 임의측정

임의측정(measurement by fiat)은 임의적 정의에 의한 방법으로서, 어떤 사물의 특성과 그 측정값 간에 관계가 있다고 가정하고 측정하는 것을 말한다. 즉, 어떤 개념이나 특성이 조작적 정의에 의한 척도로 측정될 수 있다고 가정하고 측정하는 것이다. 사회과학에서 하고 있는 대부분의 측정이 임의측정에 속한다고 보아야 할 것이다. 예를 들어, 어느 심리학자가 제작한 지능검사로 지능을 측정하는 것이나, 교사가 만든 학력검사에 의해서 학생들의 학력을 측정하는 방식이 모두 임의측정에 해당한다. 왜냐하면, 이러한 검사로 측정한 값과 실제의 지능이나 학력 사이에는 확고한 법칙 관계가 성립되지 않기 때문이다. 이들은 조작적인 정의에 입각하여 만든 척도로 해당 특성을 측정하고 있는데, 조작적 정의는 객관적 사실에 근거하기보다는 이론적이고 논리적인 근거나 가정에 의존하고 있을 뿐이다. 어떤 구성개념이나 특성에 대한 조작적 정의는 오직 하나만 있는 것이 아니라 여러 가지로 할 수 있다. 그러므로 동일한 특성이라도 조작적 정의를 어떻게 내리는가에 따라서 다양한 측정값이 나올 수 있다. 특정 시기에 한 개인의 신장을 여러번 측정하더라도 하나의 값이 나오지만(물론 이때 측정의 오차로 인하여 약간 다를 수 있다), 그 사람의 지능을 측정하면 임의측정인 관계로 측정오차의 범위를 넘어서 검사에 따라 서로 다른 측정값이 나올 수 있는 것이다.

3. 측정의 오차

어떠한 측정이건 측정에는 어느 정도의 오차(誤差)가 있게 마련이다. 다만 측정하는 대상의 속성과 측정도구의 성격에 따라 그 정도의 차이가 있을 뿐이다. 그런데 우리가 직접 관찰할 수 없는 인간의 여러 가지 심리특성의 측정은 대개 간접적으로 이루어지기 때문에 더욱 큰 오차가 나타날 수 있다. 아래에서는 측정에서 발생하는 오차의 근원에 대하여 살펴보기로 한다. 오차의 발생원인이 어디에 있는가를 올바로 파악하는 것은 오차의 범위를 줄이는데 도움이 될 수 있을 것이다. 측정의 오차는 검사도구에 기인하는 것에서부터 측정과정에서 채점자나 관찰자에 의한 오차, 피검자에 기인하는 오차 등 여러 가지가 있을 수 있는 바, 대체로 다음과 같은 세 가지로 요약할 수 있다.

1) 측정도구에 따른 오차

측정도구 자체의 결함이나 부정확성 때문에 오차가 일어나는 경우이다. 예를 들어, 용수철 저울로 무게를 잴 때 용수철에 고장이 나거나 또는 무게에 대한 용수철의 민감도에 이상이 생긴 것을 모르고 무게를 잰다면, 우리가 얻은 무게의 값에는 분명히 오차가 포함되어 있을 것이다. 교육학이나 심리학에서 사용되는 여러 가지 측정도구는 길이나 무게를 재는 도구에 비하여 훨씬 부정확하기 때문에 그만큼 오차도 크게 발생한다. 길이나 무게를 측정할 때는 그것을 직접 측정하지만, 심리적 특성은 모두 간접 측정으로 이루어진다. 직접 측정과 간접 측정 중에서 어느 쪽에 더 많은 오차가 일어날 것인지는 불문가지이다. 따라서 심리검사나 학력검사에서 얻은 개인의 점수에는 당연히 측정도구의 결함 때문에 발생한 오차가 들어 있다. 즉, 검사 속의 개별적인 문항을 분석해 보면, 이른바 변별력이 불량한 문항들을 흔히 발견할 수 있다. 변별력이 불량한 문항이란 실력이 높을수록 잘 틀리게 되어 있는 문항, 또는 실력이 낮을수록 정답을 맞힐 가능성이 높은 문항, 그리고 실력이 높은 학생과 낮은 학생을 전혀 또는 거의 변별해 내지 못하는 문항을 말한다. 그뿐만 아니라, 문항에서 묻고자 하는 의미가 분명하지 못하게 서술되어 있어 정답의 선택을 헷갈리게 하는 문항, 학생들의 허를 찌르는 출제로 맹목적인 추측 응답을 부추기는 문항들이 측정의 오차를 불러일으키는 일차적인 원인이라 할 수 있다.

검사문항에서 요구하는 반응의 조건이 명료하게 제시되지 않을 때 오차가 발생할 가능성이 높다. 왜냐하면, 검사문항에서 요구되는 반응이 무엇인지를 피검자에게 분명히 제시하지 않으면 피검자는 본래 문항에서 요구하는 바와 다른 방식으로 대답할 가능성이 높아지기 때문이다. 이외에 검사의 문항형식이 선택형일 경우, 문항내용이 피검자의 능력수준에 비하여 너무 어려울 경우에는 추측하여 반응하는 수가 많으므로 오차가 개입될 가능성이 높아진다.

2) 측정과정에 따른 오차

측정도구에는 별 문제가 없으나 측정하는 사람의 미숙한 측정기술 · 부주의 · 착오, 검사시간을 더 주거나 혹은 덜 줌으로 인한 오차 등 측정과정상에서 일어나는 오차를 생각해 볼 수 있다. 심리검사나 학력검사의 경우에는, 경험이 부족하거나 미숙한 채점자가 저지르는 채점의 실수, 채점기준이 분명치 않거나 자꾸 흔들림으로써 일어나는 채점 착오 등이 이에 해당한다. 이런 종류의 측정 오차는 모두가 검사자, 채점자, 관찰 기록자에게 귀속되는 오차라는 점에서 측정도구의 결함이나 부정확성 때문에 생기는 오차와 구별된다.

검사실시과정에서 일어나는 오차는 특히 검사의 실시방법이 복잡하고 어려울 경우, 많은 사람들을 대상으로 동시에 검사해야 할 경우, 검사에 익숙하지 못한 어린이나 노인들에게 실시할 경우에 발생할 가능성이 많다. 이처럼 검사실시과정에서 발생하는 오차는 검사의 실시과정을 표준화시키면 상당부분 감소시킬 수 있다. 검사실시요강(test manual)을 만들어 지시 및 준비사항, 검사시간, 채점방법 등을 명확하게 기술해 놓고, 검사자는 반드시 사전에 검사실시요강을 숙독하여 검사실시 요령을 습득하도록 하면 검사실시 과정에서 발생하는 오차를 많이 줄일 수 있다.

3) 피검사자에 따른 오차

피검사자의 측정 받는 심리적 속성 자체의 일시적인 변동이나, 측정이 이루어지는 환경적 조건의 특이성 등으로 인한 측정의 오차가 있다. 이와 같은 측정 오차의 현상은 인간의 생리적 현상을 측정하는 경우에도 흔히 일어난다. 예컨대, 사람의 혈압은 늘 조금씩 변하기 때문에 아무리 정확하고 정교한 혈압계로 잰다 하더라도 잴 때마다 조금씩 다른 혈압치가 나올 수 있다. 지능, 학력, 흥미, 태도 등의 심리적 특성을 측정할 경우 측정하는 속성 그 자체의 변화 뿐만 아니라, 검사받을 당시 개인의 신체적 조건이나 심리적 상태의 여하에 따라서도 크게 영향을 받는다. 동일한 사람이라도 신체적 컨디션이 좋고 동기가 유발되었을 때와 그렇지 못할 경우에 검사결과는 크게 다를 수 있다.

검사점수에 영향을 미치는 피검사자의 요인으로는 동기 · 흥미 · 불안 등 심리적 상태, 피로 · 질병 · 장애 등 신체적 조건, 검사에 대한 경험, 검사에 대한 특별지도 등 매우 다양하다. 가령, 개인이 가지고 있는 능력의 최대 한계를 알아보기 위한 목적으로 만든 최대수행검사에서 피검자가 검사받을 마음의 준비가 되어 있지 않아 최선을 다하지 않거나 성의없이 반응할 경우 검사결과는 실제와 크게 다를 수 있다. 또한 검사를 받을 때 피검자가 지나치게 불안하거나 긴장을 하면 사고활동이 평소와 다르게 되어 검사결과에 영향을 미친다.

검사에 대해서 사전 경험이 있거나 특별지도를 받은 사람과 그렇지 않은 사람 간에 검사점수에 어느 정도 차이가 날 수 있는데 이것도 측정의 오차를 일으키는 한 요인이 될 수 있다. 심리검사의 사용에 있어서 기본 가정 중 하나는 검사의 내용이나 형식이 특정 개인에게 유리하거나 불리하지 않고 모든 사람들에게 동일하게 작용할 것이라는 점이다. 그런데 만약 이러한 가정을 할 수 없는 상황이라면, 검사와 직접적으로 관련이 없는 외부요인의 작용으로 검사결과에 영향을 주는 변산적 오차가 발생할 수 있다는 것이다. 검사문항의 내용이나 응답방식에 대하여 익숙한 사람과 그렇지 않은 사람간에는 당연히 검사점수에 있어서 어느 정도 차이가 날 수 있다.

제2절 척도의 종류

척도(尺度)는 측정하고자 하는 사물의 특성을 숫자로 표시하기 위하여 사용되는 점수체제를 말한다. 측정의 결과로 얻어지는 숫자는 변수의 값이 된다. 즉, 측정점수는 측정대상의 상태 또는 특성을 어떤 척도로 잰 결과를 수량화한 값이다. 그런데 측정의 수준은 척도의 종류에 따라 다르며, 또한 측정의 수준이 어떠하냐에 따라서 그들에게 허용되는 수리적 조작이 다르게 된다. 그러므로 자료의 통계적 분석에 들어가기 전에 측정에 사용된 척도의 성질을 파악할 필요가 있다. 모든 측정결과는 숫자로 표시되지만, 비록 같은 숫자라고 하더라도 어떤 척도에 의하여 표현된 숫자이냐에 따라서 각각의 측정치에 적용할 수 있는 통계적 방법이 제한받고 해석도 다를 수 있는 것이다.

척도에서 사용되는 점수체계의 유형은 숫자가 갖고 있는 특성을 얼마만큼 가지고 있느냐에 의해서 구분된다. 숫자가 지니고 있는 기본특성은 다음과 같이 세 가지이다.

① 숫자에는 서열성이 있다. 1은 2보다 크고, 2는 3에 우선한다.

② 숫자에는 동간성이 있다. 어떤 두 숫자의 차이는 다른 두 숫자의 차이보다 크거나 작거나 또는 같다. 예를 들어, 5와 2의 차이는 4와 3의 차이보다 크다.

③ 숫자에는 비율성이 있다. 수는 0으로 표시되는 고유한 영점이 있다.

위와 같이 숫자는 순서, 거리, 절대영점의 특성을 가지고 있다. 측정에 사용된 척도의 숫자가 위의 세 가지 특성을 얼마나 지니고 있는가에 따라 척도의 유형이 분류된다. Stevens는 척도의 종류를 다음과 같이 네 가지로 구분하고 있다.* 즉, 명명척도, 서열척도, 동간척도, 비율척도의 네 종류로 나누고 있는 바, 아래에서는 이들 각 척도의 특징에 관하여 간략히 검토하고자 한다.

1. 명명척도

이것은 측정의 척도라고 하기보다는 단지 개별 단위를 구분하는 역할만 하는 분류체제에 불과하다. 즉, 명명척도(nominal scale)는 분류를 목적으로 어떤 대상에 숫자를 부여하는 것이다. 예컨대, 한 팀의 운동선수들을 식별하기 위하여 각 선수에게 1, 2, 3 … 식으로 번호를 붙이는 것이나, 통계분석을 위하여 남자=1 여자=2와 같이 부호화하거나, 학교에서 사용하는 학생번호, 또는 각 개인에게 배정된 주민등록번호 등이 모두 명명척도에 해당한다.

이와 같이 매겨진 숫자들은 양적 의미가 아니라 단지 범주의 표식이거나 명명으로만 사용되는 것이기 때문에 가감승제 등 수리적 계산이 의미가 없다. 그러나 명명척도로 나타낸 숫자라 하더라도 각 유목에 해당하는 사례수나 백분율 혹은 최빈치는 알아볼 수 있으며, SPSS 프로그램을 이용한 교차분석은 가능하다. 사실 명명척도로 표시된 숫자는 서열성, 동간성, 비율성의 숫자가 지니는 특성 중 아무것도 갖고 있지 못하다. 그러나 사회과학 분야의 조사연구에는 명명척도로 구성된 사건들의 속성이 많아서 흔히 사용되고 있다.

* Stanley S. Stevens, "Mathematics, measurement and psychophysics," In S. S. Stevens (Ed.), *Handbook of Experimental Psychology* (New York: Wiley, 1951), 1–49.

2. 서열척도

서열척도(ordinal scale)는 측정 대상을 상호 비교하기 위하여 그 사물이 가지는 특성의 대소(大小), 장단(長短), 또는 다과(多寡) 등의 기준에 의해서 순위나 서열을 부여하는 척도를 말한다. 예를 들어, 한 학급의 학생들을 키 순서대로 세워 놓고 키가 큰 학생부터 일련번호를 붙이는 것이나, 학업성적에 따라 1, 2, 3 … 등의 석차를 매기는 것이 이에 해당한다. 서열척도는 어떤 특성의 정도에 따라 숫자를 서열로 배정한 것이므로 이러한 서열을 유지하는 범위 내에서 배정한 숫자의 어떠한 변형도 가능하다. 서열척도에서는 각 숫자 사이에 양의 많고 적음, 크고 작음 등의 서열은 성립되지만, 계속되는 두 개의 숫자 사이의 간격이 일정하지 않다. 이 척도는 주로 정밀하게 수량화하기 어려운 사람들의 태도, 흥미, 선호도 등을 조사할 경우에 이용된다.

서열척도에 의한 숫자는 분류를 하거나 순위로는 쓸 수 있지만, 이를 가지고 가감승제의 계산을 하는 것은 의미가 없다. 간혹 서열척도로 표시된 어떤 심리검사의 결과를 가지고 가감승제를 할 때가 있는데, 이 경우에는 특정한 기준점을 중심으로 자료의 동간성이 있다고 가정하는 것이지만 원론적으로 말하면 이 척도의 한계를 벗어난 것이다. 서열척도의 측정치로서는 명명척도에서 가능한 것 이외에 중앙치, 백분위점수, 등위상관계수 등의 통계적 처리를 의미 있게 할 수 있다. 그러나 서열척도로 얻어진 자료를 가지고 평균이나 표준편차를 계산하는 것은 의미가 없다.

3. 동간척도

동간척도(interval scale)는 일정한 측정의 단위를 가지고 있고, 각 측정단위 사이의 간격이 동일한 척도이다. 그러나 척도상에 절대영점이 없기 때문에 측정치들 사이에 비율은 일정하지 않다. 동간척도의 대표적인 예로는 온도를 나타내는 섭씨나 화씨, 달력의 날짜를 들 수 있다. 동간척도는 서열척도가 가지고 있는 숫자의 서열성 이외에 동간성을 지니고 있어서 가감의 계산은 의미가 있지만, 숫자 간에 비율성이 없으므로 원칙적으로 승제의 수리적 조작은 제한을 받는다. 예를 들어, 섭씨 20° 와 10° 의 차이는 30° 와 20° 의 차이와 동일하지만, 섭씨 20° 가

10° 보다 2배 만큼 더 뜨겁다고 말할 수는 없다. 왜냐하면, 섭씨 0° 는 측정하고자 하는 특성인 온도가 존재하지 않는 상태가 아니라, 어느 정도의 온도 상태를 그렇게 표시하기로 약속한 기준점에 불과하고 절대영점이 아니기 때문이다.

그러나 척도의 영점기준을 일정하게 정의해 놓고 곱하거나 나누는 수리적 조작을 하는 것은 가능하다. 교육이나 심리학 분야에서 많이 쓰이는 각종 심리검사의 점수는 대개 서열척도와 동간척도의 중간에 걸쳐 있다고 볼 수 있는데, 측정 단위의 동간성과 영점기준을 약속에 의해서 정하고 평균, 표준편차, 상관계수 등 통계적 분석을 하고 있다. 대부분의 심리검사에서 사용하고 있는 표준점수 규준이 동간척도 수준인데, 이 경우에도 척도의 절대영점은 없으나 임의로 영점기준을 일정하게 정의해 놓고 비율적인 수리계산을 하고 있는 것이다.

4. 비율척도

비율척도(ratio scale)는 명명, 서열, 동간척도의 조건을 모두 만족시키면서 절대영점 즉, 진정한 의미의 영점을 가지고 있어서 숫자 사이에 비율성이 있는 척도를 말한다. 그러므로 비율척도에서 어떤 속성이 영(零)이라고 하는 것은 그 속성이 전혀 없다는 것을 의미한다. 길이, 무게, 시간 등의 값이 비율적 측정의 예라고 하겠는데, 비율척도에 의한 측정치는 가감승제의 어떠한 수리적 계산도 의미 있게 할 수 있다. 따라서 이 척도로 측정한 자료는 통계적 분석에 아무런 제한을 받지 않는다. 자연과학 분야에서는 비율척도가 많이 사용되고 있지만 사회과학 분야에서는 아직 이러한 수준의 척도 사용이 매우 드물다.

이상에서 살펴본 네 가지 척도들의 특성을 간단히 요약하면, 각 척도는 수리적 조작을 얼마나 자연스럽게 할 수 있느냐 하는 점에 있어서 서로 큰 차이를 보인다. 비율척도는 어떠한 수리적 조작이라도 모두 가능하지만 나머지 다른 척도들은 제한을 받는다. 즉, 동간척도는 특정한 조건을 설정하지 않는 상황에서는 가감의 계산만이 의미를 띠고, 서열척도는 순서배열의 조작만이 가능하다. 그리고 명명척도는 숫자가 지니는 서열성, 동간성, 비율성의 특성이 아무것도 없기 때문에 수리적 조작이 전혀 의미를 갖지 못한다. 서열척도, 동간척도, 비율척도는 각각 본래 측정치들 간의 관계를 유지시키면서 새로운 다른 측정단위로 변환

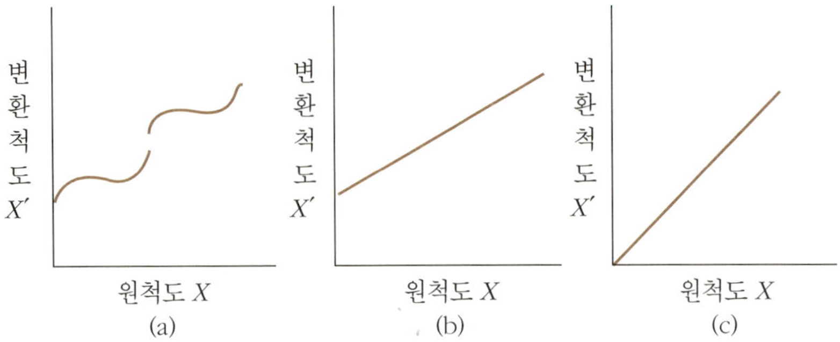

(a) 서열척도 : 단순증감적 변환
(b) 동간척도 : 직선적 변환 ($X' = aX + b$)
(c) 비율척도 : 직선적 변환 ($X' = aX$)

[그림 6-2] 서열, 동간, 비율척도의 변환을 나타내는 예

(transformation)시키는데 서로 차이를 보인다.

[그림 6-2]는 각 척도의 변환을 나타내는 예이다. 서열척도는 어떤 특성의 정도에 따라서 서열을 배정한 것이므로, 이러한 서열성을 유지할 수 있는 범위 내에서는 기존의 측정치들을 자유스럽게 증감(增減)하면서 새로운 단위로 변환시킬 수 있다. 그리고 동간척도는 직선적 전환이 가능하다. 만약 동간척도에 의한 어떤 측정치를 X라고 하고 새로운 측정단위로 변환시킨 것을 X' 라고 하면, $X' = aX + b$의 직선적 변환에서도 본래 측정치들 간의 관계는 유지된다. 즉, 특정한 동간척도치에 어떠한 정수 a를 곱하고 어떠한 상수 b를 더해서 변환시킨 새로운 점수들도 본래 수치들 간에 있었던 동간성을 유지시킬 수 있는 것이다.

한편, 비율척도는 $X' = aX$와 같은 직선적 변환이 가능하다. 비율척도에 의한 어떤 측정치를 X라고 할 때, 여기에 정수 a를 곱해서 새로 얻은 X' 는 원래 X가 가지고 있던 비율성을 그대로 유지한다.

제3절 측정도구의 신뢰도

좋은 측정도구가 갖추어야 할 조건으로 신뢰도, 타당도, 객관도, 실용도를 들 수 있다. 여기서는 이 중에서 신뢰도와 타당도에 국한하여 기술한다. 비록 여기서는 취급하지 않지만 객관도와 실용도 개념도 중요하다는 점을 지적하고 싶다. 객관도는 주로 채점에서의 객관성을 말한다. 따라서 객관도란 검사의 결과를 여러 사람들이 채점할 경우 채점자들 사이에, 혹은 동일 채점자가 시기를 달리 하여 2회 채점하였을 경우 그 사이에 어느 정도 일치된 판단을 하느냐의 정도라고 정의할 수 있다. 그리고 실용도란 측정도구를 사용하는데 있어서 얼마나 시간 · 노력 · 경비 등을 적게 들이고 쓸 수 있느냐를 말한다. 아무리 좋은 측정도구라 하더라도 사용하기에 불편하거나 비용이 너무 많이 소요된다면 실용적 가치가 줄어들게 마련이다.

1. 신뢰도의 개념

신뢰도(reliability)란 한 검사가 측정하고자 하는 특성을 얼마나 정확하게 측정하느냐 하는 정도를 말한다. 측정의 오차가 적으면 적을수록 그만큼 해당 검사의 신뢰도는 높다고 본다. 측정에서 일관성은 중요하다. 길이 · 무게 · 속도와 같은 대부분의 물리적 특성들은 동일 대상을 반복해서 여러 번 재더라도 측정값의 변산이 별로 없이 일관성을 유지하며 매우 정밀하게 측정할 수 있다. 그러나 이러한 정밀도는 심리적 특성의 측정에서는 기대하기 어려운데, 그 까닭은 심리측정의 경우 여러 가지 요인들이 오차를 유발하기 때문이다.

신뢰도에 대하여 살펴볼 때 기본적으로 다음과 같은 두 가지 종류의 질문에 관심을 가진다. 첫째는 검사점수 간의 일치도에 관한 것이다. 서로 다른 검사조건에서 얻어지는 점수들 간에 어떤 관계가 있는가? 한 개인의 점수는 재검사에서 얼마나 많이 변할 것인가? 개인이 얻은 점수는 그의 '진짜' 점수에 얼마나 근접한가? 검사가 실제 상황에 응용될 수 있을 정도로 충분히 일관성 있게 측정하고 있는가? 둘째는 검사점수들 간 차이의 원인에 관한 것이다. 어떤 요인들이 일관성 없는 점수를 발생시키는가? 각 요인들이 미치는 영향의 상대적 크기는 어떠한가? 각각의 요인들은 어떻게 작용하는가? 등이 그것이다. 전통적으로 신뢰도에 관한 연구는 첫 번째 종류의 질문에 초점을 두어 왔으며, 측정의 일치도에 대한 보다 정밀한 추정 방법의 개발을 강조해 왔다.

신뢰도 추정의 기본이론을 살펴보는 것이 신뢰도의 개념을 파악하는데 도움이 될 것이다. 어떤 측정이던지 측정에는 오차가 수반되므로, 한 개인의 특성에 대하여 얻은 관찰점수에도 분명히 오차가 개재되어 있을 것이다. 고전검사이론에서는 어느 검사에서 한 개인이 실제로 얻은 관찰점수(X)에는 그가 정말로 받아야 하는 진짜점수(T)와 측정의 과정에서 착오로 인하여 얻은 오차점수(E)가 함께 섞여 있다고 본다. 이것을 식으로 표현하면 아래와 같다.

$$X = T + E$$

검사에서 개인이 우연히 얻게 되는 오차점수는 정적(+) 방향으로 영향을 받을 수도 있고, 부적(-) 방향으로 영향을 받을 수도 있다. 따라서 우연요인에 의해서만 오차가 발생된다고 가정할 경우, 동일 대상에 대한 검사를 무수히 많이 실시하여 얻은 오차점수들의 평균을 내거나, 대규모 집단에서 얻어진 오차점수들을 평균하면 그 값은 영이 될 것이다. 그리고 이러한 오차점수는 우연히 발생하는 것이므로 진점수와 오차점수 사이에는 아무런 상관이 없을 것이다. 따라서 만약 검사를 집단적으로 실시하여 그 집단에서 얻은 관찰점수의 변량을 S_X^2 진점수의 변량을 S_T^2, 그리고 오차점수의 변량을 S_E^2이라고 하면 이들 간에는 다음과 같은 관계가 성립할 것이다.

$$S_X^2 = S_T^2 + S_E^2$$

위의 식에서 알 수 있는 바와 같이, 어느 한 검사를 집단에 실시해서 얻은 관찰점수의 전체 변량은 진변량(true variance)과 오차변량(error variance)의 합으로 표시된다. 신뢰도의 추정은 이와 같은 점수변량들 간의 관계에서 유도할 수 있다. 즉, 신뢰도를 $r_{xx'}$라고 하면, 신뢰도는 아래 공식에서와 같이 관찰변량(S_X^2)에 대한 진변량(S_T^2)의 비율로 나타낼 수 있다.

$$r_{xx'} = \frac{S_T^2}{S_X^2} = \frac{S_X^2 - S_E^2}{S_X^2} = 1 - \frac{S_E^2}{S_X^2}$$

위의 식을 정리하면 신뢰도는 결국 관찰변량과 오차변량에 의해서 정의될 수 있다. 이 공식에서 우리가 짐작할 수 있는 사실은, 오차변량(S_E^2)이 적으면 적을수록 신뢰도는 1에 가까워지고, 반대로 오차변량이 커질수록 신뢰도는 점차 작아지면서 0에 접근한다는 점이다.

2. 재검사신뢰도

재검사신뢰도(test-retest reliability)는 동일한 검사를 동일한 집단에 일정한 시간적 간격을 두고 2회 실시하여, 첫 번째 얻은 점수와 두 번째 얻은 점수 간의 상관계수로 나타난다. 이것은 일정 기간을 사이에 두고 같은 검사에서 얻은 두 점수가 얼마나 변동 없이 안정성을 유지하느냐를 나타내는 것이므로 재검사신뢰도를 안정성계수라고도 부른다.

재검사신뢰도의 크기는 전후(前後) 검사의 실시 간격을 어떻게 잡느냐에 따라서 달라질 수 있다. 일반적으로 검사 실시 간격을 짧게 잡으면 길게 잡을 때에 비하여 재검사신뢰도는 높아진다. 그러나 첫 번째 검사와 두 번째 검사의 간격이 너무 짧으면 기억이나 연습 등의 요인에 의한 영향을 많이 받을 우려가 있다. 반면에 시간간격이 너무 떨어지면 측정하려는 특성 자체가 그 사이에 변화될 가능성이 있다. 그동안 피검사자의 신체적 · 심리적 상태가 크게 변화될 수 있는 것이다. 따라서 재검사신뢰도를 알아볼 경우에는 전후검사의 실시간격을 알맞게 유지해야 한다. 알맞은 실시간격은 검사의 특성에 따라 차이가 있겠지만, 일반적으로 능력검사인 경우 약 4주 내외, 그 밖의 검사는 대략 1~2주의 간격을 두고 실시하는 것이 적당하다.

3. 동형검사신뢰도

이것은 두 개의 동형검사를 동일한 집단에 실시하여 얻은 점수들 사이의 상관계수를 말한다. 재검사신뢰도가 동일한 집단에 동일한 검사를 두 번 실시하여 얻는 것인데 비하여, 동형검사신뢰도(equivalent forms reliability)는 동일한 집단에 두 개의 서로 비슷한 검사를 실시하여 상관계수를 산출하는 것이 특징이다. 동형검사신뢰도를 흔히 동형성계수라고도 한다.

동형검사를 만들 때는 두 검사의 내용과 체제가 과연 동형인가를 유의하면서 제작해야 한다. 동형검사 간에는 서로 문항수가 같아야 하며, 문항의 내용 및 곤란도 수준도 서로 유사해야 한다. 그러나 두 검사의 문항이 너무 비슷하면 결과적으로 같은 검사가 되기 쉽고, 반대로 두 검사의 내용이 너무 다르게 되면 별개의 검사가 되어 버리기 때문에 동형검사를 만들 때는 이러한 점을 충분히 고려하여야 한다. 동형검사신뢰도는 재검사신뢰도보다 적용가능 범위가 넓지만, 동일한 특성을 측정하는 검사를 두 개의 동형검사로 만드는 일이 실제로 어렵다는 문제를 지니고 있다.

4. 반분신뢰도

반분신뢰도(split-half reliability)는 검사를 어느 한 집단에 실시한 다음, 그 검사를 기우(奇偶) 또는 전후(前後)로 반분하여, 두 부분을 독립된 검사로 간주하고 여기서 얻은 점수들 간의 상관계수를 계산한 값이다. 반분신뢰도는 검사내용의 동질성 정도를 나타낸다. 반분신뢰도를 계산할 때 유의할 사항은 어떤 방법으로 검사를 반분하느냐 하는 점이다. 어떤 검사는 전반부와 후반부의 둘로 나눌 경우에 서로 비교가 곤란한 것이 있다. 왜냐하면, 검사에서 측정하려는 내용의 특성과 곤란도 수준의 차이, 그리고 피검자의 피로 등 여러 가지 요인으로 인하여 검사의 전후 두 부분의 점수가 큰 차이를 나타낼 수 있기 때문이다. 예를 들어, 전반부는 언어문제, 후반부는 수리문제로 구성된 검사를 전후로 반분하면 이 둘은 전혀 다른 내용으로 구성되어 서로 비교할 수 없다. 이런 문제를 피하기 위하여 검사를 반분할 때 일반적으로 홀수문항과 짝수문항으로 나눈다.

반분신뢰도는 원래 하나의 검사를 둘로 나누어 마치 두 개의 검사를 독립적으로 실시한 것처럼 가정하고, 이들 점수 간에 상관을 내는 것이기 때문에 본래의 검사가 지니고 있는 신뢰도가 과소평가되는 경향이 있다. 따라서 반분신뢰도는 다음과 같은 스피어맨-브라운 공식(Spearman-Brown formula)에 의하여 교정하는 것이 보통이다.

$$r_{xx'} = \frac{2r_{bb'}}{1 + r_{bb'}}$$

여기서 $r_{xx'}$: 교정 후 반분신뢰도계수

$r_{bb'}$: 교정 전 반분신뢰도계수

5. 문항내적합치도

반분신뢰도는 검사를 둘로 나누어서 두 부분을 서로 독립된 검사로 간주하고 상관계수를 산출하는 것이다. 그런데 문항내적합치도는 검사 속의 한 문항 한 문항을 마치 독립된 한 개의 검사단위라고 생각하고, 문항간 동질성 · 합치성을 상관계수로 표시한 것이다. 한 검사의 각 문항에 대하여 피검자가 얼마나 일관성 있게 반응하느냐 하는 것은 검사의 문항이 어느 정도 동질적이냐에 의해서 결정된다. 그러므로 문항내적합치도를 검사의 동질성계수라고도 부른다.

1) KR-20, KR-21

반분신뢰도는 검사를 양분하는 방법에 따라 신뢰도 계수가 달리 추정되는 단점이 있다. 이처럼 검사의 반분방법에 따라 신뢰도 계수가 변화하는 문제를 해결하기 위하여 각 검사문항들의 분산과 공분산을 이용하여 문항내적합치도를 추정하는 방법을 Kuder와 Richardson이 제안하였다. 쿠더와 리차드슨이 제안한 공식 (KR-20)과 (KR-21)은 다음과 같다.

$$KR_{20} : r_{xx'} = \frac{n}{n-1}\left(1 - \frac{\Sigma pq}{S_x^2}\right)$$

$$KR_{21} : r_{xx'} = \frac{n}{n-1}\left(1 - \frac{\overline{X}(n-\overline{X})}{nS_x^2}\right)$$

여기서 $r_{xx'}$: 문항내적합치도
n : 검사의 문항수
p : 각 문항의 정답률
q : 각 문항의 오답률$(1-p)$
$\overline{X}$: 검사점수의 평균
S_x^2 : 검사점수의 변량

피검사자가 모든 문항에 빠짐없이 반응한 경우에만 공식(KR-20)을 이용하여 문항내적합치도를 계산할 수 있다. 그러나 각 문항에 대한 정답률과 오답률을 일일이 계산하는 것은 매우 번거로운 일이다. 따라서 전체 검사점수의 평균과 표준편차만 알고서 문항내적합치도를 추정할 수 있는 공식(KR-21)이 보다 많이 이용된다. 각 문항의 난이도가 서로 비슷하지 않은 검사에서 쿠더-리차드슨 신뢰도를 추정하게 되면 그 검사의 신뢰도를 과소 추정할 위험이 있다. 그리고 속도요인이 크게 작용하는 검사, 즉 시간이 부족해서 풀지 못한 문항들이 많은 검사에서는 반분신뢰도의 경우와 마찬가지로 문항내적합치도를 과대 추정하게 된다는 점에 유의해야 한다.

2) Cronbach α계수

공식 (KR-20)은 문항에 대한 응답이 예와 아니오, 또는 1과 0으로 양분되는 경우에 적용할 수 있는 것이다. 그런데 문항의 점수가 1과 0처럼 양분되는 것은 물론이고 1, 2, 3 …과 같이 다양한 점수로 채점되는 문항들로 구성된 검사의 경우에도 문항내적합치도를 구할 수 있는 방법이 Cronbach 등이 제안한 α계수이다. 다시 말하여, KR-20이나 KR-21은 α계수의 특수한 경우라고 보면 된다. α계수는 다음과 같은 공식에 의하여 산출한다. 여기서 S_i^2는 개별 문항의 변량이고, S_x^2는 검사총점의 변량을 가리킨다.

$$\alpha = \frac{n}{n-1}\left(1 - \frac{\sum S_i^2}{S_x^2}\right)$$

〈표 6-1〉 5단계 척도의 반응결과에 대한 α계수의 계산 예시

문항 / 응답자	1	2	3	4	5	총점(X)
A	3	5	3	4	2	17
B	4	4	3	2	1	14
C	2	3	1	3	2	11
D	5	5	4	5	2	21
E	4	2	3	3	3	15
평균 $\overline{Y}$	3.6	3.8	2.8	3.4	2.0	15.6

〈표 6-1〉의 자료는 5단계 척도로 구성된 다섯 개 문항에 대하여 5명의 응답자가 반응한 결과라고 하자. 이러한 자료를 가지고 α계수를 산출하는 과정을 예

$$S_1^2 = \frac{(3-3.6)^2+(4-3.6)^2+(2-3.6)^2+(5-3.6)^2+(4-3.6)^2}{5} = 1.04$$

$$S_2^2 = \frac{(5-3.8)^2+(4-3.8)^2 + (3-3.8)^2 + (5-3.8)^2 + (2-3.8)^2}{5} = 1.36$$

$$S_3^2 = \frac{(3-2.8)^2+(3-2.8)^2 + (1-2.8)^2 + (4-2.8)^2 + (3-2.8)^2}{5} = 0.96$$

$$S_4^2 = \frac{(4-3.4)^2+(2-3.4)^2 + (3-3.4)^2 + (5-3.4)^2 + (3-3.4)^2}{5} = 1.04$$

$$S_5^2 = \frac{(2-2.0)^2+(1-2.0)^2 + (2-2.0)^2 + (2-2.0)^2 + (3-2.0)^2}{5} = 0.40$$

$$\Sigma S_i^2 = 1.04+1.36+0.96+1.04+0.40 = 4.80$$

$$S_X^2 = \frac{(17-15.6)^2+(14-15.6)^2 + (11-15.6)^2 + (21-15.6)^2 + (15-15.6)^2}{5} = 11.04$$

$$\alpha = \frac{n}{n-1}\left(1-\frac{\Sigma S_i^2}{S_x^2}\right) = \frac{5}{5-1}\left(1-\frac{4.80}{11.04}\right) = 0.707$$

시하면, 우선 개별문항의 변량과 검사총점의 변량을 각각 구한다. 그런 다음에 문항수 $n=5$, 개별 문항의 변량 합계 $\sum S_i^2=4.80$, 검사총점의 변량 $S_x^2 = 11.04$를 공식에 각각 대입하여 풀면 $\alpha = .707$을 얻게 된다.

알파계수와 같은 내적일관성 신뢰도 추정방법은 검사를 한 번만 실시하여 신뢰도를 산출하는 방법이므로, 재검사신뢰도의 경우처럼 검사를 두 번 실시함으로써 발생하는 기억과 연습의 영향을 제거할 수 있는 장점이 있다. 그러나 이 방법은 기본적으로 검사문항의 동질성을 알아보는 것이기 때문에 검사의 구성이 단일요인이 아니라 여러 가지 요인으로 이루어진 경우에 적용하는 것은 적절하지 못하다. 속도를 중시하는 검사에도 적합하지 않다.

6. 측정의 표준오차

앞에서 기술한 것처럼, 고전적인 검사이론에 의하면 어느 검사에서 한 개인이 실제로 얻은 관찰점수(X)는 진짜점수(T)와 오차점수(E)의 합으로 본다. 우리가 알고자 하는 것은 진짜점수인데 검사를 통하여 측정한 관찰점수에는 진짜점수와 오차점수가 함께 섞여 있다는 것이다. 오차점수는 +일 때도 있고, −일 때도 있으며, 0일 경우도 있다. 다시 말하면, 오차점수가 0이 아닐 경우 관찰점수는 진짜점수를 과대 혹은 과소 평가하게 된다는 점이다.

측정의 표준오차(standard error of measurement)는 관찰점수를 가지고 진점수를 추정하는데 있어서 발생하는 오차의 정도를 따지는 문제와 관련이 있다. 가령, 책상 위에 놓인 어느 연필의 길이를 측정한다고 하자. 이 연필 길이를 수없이 여러 번 측정하여 얻어진 관찰점수들은 어떤 분포를 이룰 것이고, 이 점수분포에서 평균과 표준편차를 구할 수 있을 것이다. 그러면 이 때 얻어진 평균치는 그 연필 길이의 진짜길이 즉, 진점수(true score)가 되고, 표준편차는 측정의 표준오차가 된다. 그리고 측정의 표준오차는 진점수를 중심으로 관찰된 점수분포의 변산 정도를 나타내는 하나의 지수가 된다.

측정의 표준오차에 대해서 다른 각도로 생각해 보자. 오차점수는 관찰점수에서 진점수를 뺀 값을 말한다. 그런데 동일한 대상을 아주 여러 번 측정해서 오차점수들을 계산해보면 이들이 어떤 분포를 이룰 것이다. 이것을 오차점수의 표집분포라고 하는데, 이 표집분포의 표준편차가 바로 측정의 표준오차이다. 즉, 동일한 대상을 수없이 많이 반복 측정해서 얻어진 오차점수 분포의 표준편차를 구하면 이것이 곧 측정의 표준오차가 되는 것이다.

이론적으로는 위에서 언급한 오차점수의 표집분포에서 표준편차를 계산하여 측정의 표준오차를 구하지만, 실제에 있어서는 한 집단에서 얻어진 점수분포의 표준편차와 검사의 신뢰도를 근거로 하여 측정의 표준오차를 추정한다. 즉, 측정의 표준오차를 S_{em}이라고 하면, 이것은 다음의 공식에 의해서 추정한다.

$$S_{em} = S_x\sqrt{1 - r_{xx'}}$$

여기서 S_x : 관찰된 점수분포의 표준편차

$r_{xx'}$: 검사의 신뢰도

측정의 표준오차는 결국 표준편차이므로 여느 다른 표준편차와 마찬가지 방식으로 해석할 수 있다. 오차점수의 분포가 정상분포를 이루고 있다는 가정하에서 측정의 표준오차는 진점수를 중심으로 관찰점수의 분포를 알려주는 유용한 지수 역할을 한다. 그러나 실제에 있어서는 진점수는 모르고 관찰점수만 알 수 있을 뿐이므로, 관찰점수를 가지고 진점수를 추정하는 문제로 돌아가게 된다. 흔히 95% 또는 99% 신뢰수준을 가지고 진점수를 포함할 점수의 범위를 추정한다. 즉, 관찰점수가 X일 때 $X \pm 1.96S_{em}$의 범위에 진점수가 들어 있을 확률이 95%이고, $X \pm 2.58S_{em}$의 범위에는 99%가 된다.

가령, 측정의 표준오차가 5인 지능검사로 측정된 어느 사람의 지능지수가 120이라고 할 때, 이 사람의 진짜 지능지수는 $120 \pm 1.96 \times 5$, 대략 110~130 사이에 들어있을 확률이 95%라고 말할 수 있다($1.96S_{em} = 1.96 \times 5 = 9.80 \fallingdotseq 10$). 이러한 정보는 또 다른 방식으로 이용할 수 있다. 즉, 다음 번 재검사를 할 경우 이 사람의 지능지수는 첫 번 검사에서 받은 120을 기준으로 약 10점의 범위 내에서 변화할 것이라고 95%의 신뢰수준에서 말할 수 있다. 또한 측정의 표준오차는 우리에게 관찰점수에 어느 정도의 오차가 있을 수 있는가를 알려준다. 따라서 검사를 통하여 얻어진 단일 값으로서의 관찰점수를 그대로 받아들일 것이 아니라, 측정의 표준오차를 고려하여 점수 구간(score band)으로 바꾸어 읽고 해석하는 것이 좀 더 바람직하다는 점을 우리에게 일깨워준다.

제4절 측정도구의 타당도

1. 타당도의 개념

타당도(validity)란 측정하고자 하는 어떤 특성 또는 현상을 얼마나 충실하게 측정하고 있느냐 하는 정도를 나타내는 말이다. 측정도구가 본래 측정하려고 의도한 것을 충실히 측정할수록 그 도구는 타당성이 높다고 판단한다. 또한 검사에서 측정한 결과를 의미 있게 해석할 수 있고, 의사결정을 하는 사람에게 필요한 정보를 제공하면 그 검사의 타당도는 높다고 본다. 다시 말하여, 검사의 타당도는 검사점수로부터 과학적으로나 실제적으로 유의한 추론을 도출해낼 수 있는 정도라고 말할 수 있다. 타당도는 정도의 문제이며 상대적인 것이기 때문에, 어떤 한 검사가 타당성이 있다 또는 없다고 한마디로 단정하기는 어렵다. 타당도는 좋은 측정도구가 갖추어야 할 가장 중요한 조건이라고 말할 수 있다. 가령, 아동의 사회성을 측정하기 위하여 만든 사회성검사는 사회성을 측정하기에 알맞도록 만들어야지 만약에 사회성이 아닌 다른 특성을 재는 결과가 된다면 그 검사는 타당성이 결여되어 있다고 할 것이다.

측정도구의 타당도는 타당성을 판단하는 방법이나 준거에 따라서 몇 가지로 구분된다. 일반적으로 타당도를 크게 내용타당도(content validity), 준거관련타당도(criterion-related validity), 구인타당도(construct validity)의 세 가지로 분류하고 있다. 이것과는 다르게 타당도를 분류하는 사람들도 있으나, 어떤 식으로 타당도의 명칭을 붙여서 분류하건 간에 결국 이 세 가지 영역 중 어느 하나에 포함된다고 볼 수 있다. 즉, 내용에 관한 타당성, 준거에 의한 타당성, 개념에 대한 타당성이 그것이다.

2. 내용타당도

내용타당도는 측정도구가 측정하고자 하는 내용을 얼마나 충실히 측정하고 있는지 논리적으로 분석하여 평가하는 것이다. 특히 학력검사를 제작할 때 많이 알아보는 것이 내용타당도이다. 학력검사의 목적은 학생들이 학교에서 배운 교육내용을 얼마나 잘 학습했는지를 평가하는데 있다. 따라서 학력검사의 각 문항들이 교육목표와 교과내용을 잘 대표하고 있는지 내용분석을 통하여 검토하게 되는데 이런 방법이 내용타당도를 알아보는 것이다. 그런데 어느 한 검사의 내용타당도를 알아보는 과정은 그렇게 간단하지는 않다. 검사의 내용타당도를 평가하기 위해서는 그 검사를 구성하고 있는 각 문항이 검사에서 측정하고자 하는 내용을 골고루 적절하게 표집한 것인지, 측정하려는 내용과 거리가 먼 문항은 없는지 등을 따져보아야 한다.

예컨대, 어느 교사가 만든 학력검사의 내용타당도를 알아보기 위해서는 해당 분야의 동료교사 또는 전문가에게 미리 정해 놓은 교육목표나 교육내용에 비추어 검사문항의 적합성을 검토하도록 의뢰한다. 그러면 내용타당도를 평가하는 교사나 전문가는 각 문항의 내용을 하나하나 분석하여 그 타당성 여부를 판정하게 된다. 즉, 내용타당도의 준거는 교육목표가 되므로 우선 해당 학력검사가 본래 의도한 교육목표에 비추어 보아 적절하게 만들어진 것인가를 따져보고, 다음에 검사문항의 내용은 교과에서 취급한 중요 내용을 포괄하고 있으며 대표적 표집이라 할 수 있는가를 따져서 내용타당성을 판단하는 것이다.

내용타당도는 단순히 내용분석을 통하거나 논리적 사고에 의하여 판단하는 것이기 때문에 수량적으로 표시되지 않는 것이 보통이다. 그러나 간혹 평정자 간의 일치도를 내용타당도 지수로 사용하는 수도 있다. 예를 들어, 학력검사의 경우 두 명의 교과내용 전문가에게 교육목표와 검사문항을 제시하고 독립적으로 각 문항의 목표에 비추어 본 내용적합성을 평정하도록 하고, 그 결과를 다음 〈표 6-2〉와 같이 정리한다. 그러면 검사문항의 내용타당도에 관한 전문가들의 내용적합성 평정의 일치도(P)는 아래와 같이 구할 수 있다.

〈표 6-2〉 두 전문가의 내용타당도 적합성 평정 결과표

		평정자 B		
		1 또는 2	3 또는 4	합계
평정자 A	1 또는 2	a	b	
	3 또는 4	c	d	
	합계			

평정척도 : 1＝완전 적합, 2＝약간 적합, 3＝약간 부적합, 4＝완전 부적합

$$P = \frac{a+d}{a+b+c+d}$$

3. 준거관련타당도

이것은 어떤 준거(criterion)와 관련지어서 측정도구의 타당성을 평가하는 방법이다. 이러한 타당도를 알아보려면 반드시 어떤 준거가 있어야 한다. 왜냐하면, 준거가 있어야 그 준거에 비추어 보아 타당하다, 또는 타당하지 못하다고 하는 판단을 내릴 수 있기 때문이다. 측정도구의 타당도를 어떤 준거에 비추어 보아 결정하는 방법은 그 준거의 특성에 따라 두 가지로 분류된다. 첫째, 해당 검사에서 얻은 점수를 가지고 미래의 준거가 될 만한 행동특성을 어느 정도로 정확하게 예언할 수 있느냐에 의해서 결정하는 방법이다. 둘째, 해당 검사의 점수를 타당성이 이미 인정된 기존의 다른 검사에서 얻은 점수나 또는 현재의 어떤 준거변인의

점수와 관련시켜서 둘 사이에 어느 정도 공통성이 있는가를 검토하여 타당도를 결정하는 방법이다. 전자의 경우를 예언타당도(predictive validity)라고 하고, 후자의 경우를 공인타당도(concurrent validity)라고 부른다. 그러므로 준거관련타당도란 이 두 가지 형태의 타당도를 함께 묶었을 때 일컫는 말이다.

1) 예언타당도

예언타당도와 공인타당도의 차이는 시간차원과 준거의 특성에 있다. 예언타당도에서는 타당성의 준거를 미래에서 찾는다. 피검사자가 미래에 표출하게 될 행동특성을 준거로 삼아서 예언타당도를 결정하는 것이다. 여기서 말하는 미래의 행동특성이라는 개념 속에는 학업성취, 직장에서의 근무실적, 사회적 적응 등 다양한 속성을 포함한다. 가령, 대학수학능력시험 성적이 대학입학 후의 학업성적을 얼마나 예언할 수 있느냐를 따지는 것은 예언타당도와 관련된 문제이다.

2) 공인타당도

이에 비하여 공인타당도에서는 타당성의 준거를 현재에서 찾는다. 즉, 공인타당도는 해당 검사점수와 그 검사 이외에 현재의 다른 어떤 준거점수 간의 상관관계로 판단한다. 예를 들어, 새로 만든 학력검사의 공인타당도를 알아보는 한 가지 방법은 그 학력검사에서 얻은 점수와 검사 실시 당시의 학교성적 간에 상관을 내어 보는 것이다. 공인타당도에서는 준거의 성질이 예언에 있는 것이 아니라 공통된 요인에 있는 점이 특징이다.

예언타당도와 공인타당도는 모두 검사 *X*와 준거 *Y* 간의 상관관계로 판단한다. 따라서 이 경우에 타당성의 정도는 상관계수로 표현된다. 일반적으로 예언타당도 보다는 공인타당도가 더 많이 쓰이고 있다. 그 까닭은 예언타당도를 산출하려면 상대적으로 오랜 시간이 요구되는데, 이렇게 먼 후일까지 타당화 하는 절차를 연장하거나 연구의 목적에 알맞은 표집을 미리 선정하는 일이 쉽지 않기 때문이다. 그러므로 대안으로서 준거가 이미 있는 집단에게 검사를 실시하여 타당도를 평가한다. 예컨대, 지능검사를 새로 만들 경우에 그 검사의 공인타당도를 알아보기 위해서는 기존의 다른 지능검사 점수나 학교성적과 같은 준거를 잡아 타당성을 평가한다. 그러나 미래 행동의 정확한 예측이 무엇보다 중요한 검사에서는 예언타당도 정보가 필수적이다. 가령, 중 · 고등학생들이 장차 어느 분야로 진로를 선택하는 것이 좋을지를 알아보고자 할 때 이용하는 진로적성검사는 예언타당도에 관한 정보가 매우 중요하다.

외부의 어떤 준거와 관련지어서 측정도구의 타당성을 평가하는 준거관련타당도에서 일차적으로 유념해야 할 것은 준거변인의 신뢰성과 타당성을 확보해야 한다는 점이다. 준거로 잡은 변인 그 자체가 믿을 수 없고 타당하지 못하다면, 이러한 준거에 비추어 타당성을 검토하는 것은 애초부터 부질없는 일이다. 그러므로 준거관련타당도를 알아보고자 할 때는 무엇보다도 먼저 적합한 준거변인을 선택하는 것이 중요하다.

4. 구인타당도

우선 구인(構因)의 의미를 생각해 보자. 구성개념 또는 구인(construct)이란 추상적이고 가설적인 어떤 특성이나 속성의 존재를 가정하고 그것을 지칭하기 위하여 만들어 놓은 개념을 말한다. 흔히 우리는 개념을 구체적 개념과 추상적 개념으로 나누는데, 그 구별 기준은 우리가 직접 관찰할 수 있는 현실세계에 개념이 가리키는 실체적 대상물(real referent) 즉, 실물이 있느냐의 여부이다. 간단히 말하여, 어떤 개념에 대응하는 관찰 가능한 실물이 있으면 구체적 개념이고, 없으면 추상적 개념이 되는 것이다. 그런데 실물로 존재하는 어떤 대상을 지칭하기 위하여 구태여 구인을 만들 필요는 없다. 왜냐하면, 이미 실체적 대상이 현실세계에 존재하므로 새삼스럽게 그것의 존재를 가정할 필요는 없기 때문이다.

관찰 가능한 실물이 없는 추상적 개념은 그 개념의 의미가 명료하지 못할 때가 많다. 예를 들어, 추상적 개념인 '사랑' 과 구체적 개념인 '오랑우탄' 을 비교해 보자. 우리는 일상생활에서 사랑이라는 용어를 너무나 빈번히 사용하고 있고 또 그 의미를 잘 알고 있다고 생각하지만, 막상 개념정의를 해보라고 하면 어떤 단일한 합의점을 찾지 못하고 사람들마다 제각기 달리 정의하는 것을 발견하게 된다. 이에 비하여 오랑우탄은 비록 생소한 말이고 평소에 별로 쓰지도 않는 말이지만, 그 의미에 있어서 사람들 간에 의견이 분분할 경우 동물원에 가서 실물을 보여주면 그것으로 결말이 난다.

구인은 구체적 개념이 아니라 추상적 개념이며 가설적인 개념이다. 여기서

'가설적' 이라는 말의 뜻은 아직 존재를 확인하지는 못했으나 분명히 존재할 것이라고 믿는다는 의미이다. 따라서 어떤 '구인' 의 타당성이 있느냐 없느냐를 따지는 것은 결국 그 구인이 실제로 존재하느냐 또는 존재하지 않느냐 하는 것을 가리는 문제인 셈이다. 그리고 어떤 '검사' 의 구인타당도를 알아보는 것은 그 검사가 측정하고자 하는 구인이 정말로 존재하며, 그것을 제대로 측정하고 있는지를 확인하는 문제인 것이다. 그러므로 어떤 검사의 구인타당도를 주장하려면, 먼저 해당 구인의 존재를 객관적으로 입증할 수 있어야 하고, 그 다음에 해당 검사를 통해 그 구인의 측정이 가능하다는 사실을 실증적 자료에 근거하여 확인할 수 있어야 한다.

구인타당도를 따지는 것은 심리적 개념의 타당성을 검증하는 것과 같다고 할 것이다. 예를 들어, 성취동기를 측정하는 어느 검사의 구인타당화 과정을 생각해 보자. 이 경우 여러 가지 방법을 모색할 수 있겠지만 그 중 하나는 다음과 같은 과정을 밟는 것이다. 첫째, 성취동기라고 하는 구인이 구체적으로 무엇을 뜻하는지 그 개념의 의미를 조작적으로 명확히 정의한다. 둘째, 성취동기가 높은 사람과 낮은 사람이 각각 어떠한 행동특성을 보일 것이라는 가설을 세운다. 셋째, 성취동기를 측정하기 위하여 만든 검사를 실시하여 사람들의 성취동기를 측정한다. 넷째, 성취동기검사에서 높은 점수와 낮은 점수를 받은 사람들이 가설에서 예측한 것과 같은 행동특성을 나타내고 있는지 검증한다. 이와 같은 과정을 거쳐 가설이 사실로 입증되면 구인타당성의 증거를 하나 얻게 되는 것이다.

구인타당도를 알아보는 또 다른 방법으로는 Campbell과 Fiske가 제안한 중다특성-중다방법(multitrait-multimethod)이 있다.* 이들은 중다특성-중다방법에 의한 상관계수 행렬표를 이용하여 수렴적 타당도(convergent validity)와 변별적 타당도(discriminant validity)를 분석하고, 그 결과를 기초로 구인타당도를 알아보는 방법을 제시하였다. 수렴적 타당도는 동일한 구인(특성)은 여러 가지 서로 다른 방법에 의해서 측정된다 하더라도 그 측정치들 간의 상관관계가 높다는 것을 나타내는 타당도이다. 변별적 타당도는 여러 가지 서로 다른 구인(특성)이 동일한 방법에 의해서 측정된다 하더라도 그 측정치들 간의 상호 상관은 높지 않다는 것을 나타내는 타당도이다. 다음 〈표 6-3〉은 중다특성-중다방법 행렬표의

* Donald T. Campbell & Donald W. Fiske, "Convergent and discriminant validation by the multitrait-multimethod matrix," *Psychological Bulletin, 56,* (1959): 81-105.

〈표 6-3〉 중다특성-중다방법 상관행렬표 예시

		방법1			방법2			방법3		
		특성1	특성2	특성3	특성1	특성2	특성3	특성1	특성2	특성3
방법1	특성1	△								
	특성2	☆	△							
	특성3	☆	☆	△						
방법2	특성1	★	○	○	△					
	특성2	○	★	○	☆	△				
	특성3	○	○	★	☆	☆	△			
방법3	특성1	★	○	○	★	○	○	△		
	특성2	○	★	○	○	★	○	☆	△	
	특성3	○	○	★	○	○	★	☆	☆	△

△ = 동일특성-동일방법　　★ = 동일특성-이질방법
☆ = 이질특성-동일방법　　○ = 이질특성-이질방법

한 예이다.

이 표는 세 개의 다른 특성을 세 개의 다른 방법으로 측정하여 얻을 수 있는 상호 상관계수 행렬표를 나타낸 것이다. 여기서 세 가지 특성을 사회성, 창의성, 자존감이라고 하고, 세 가지 측정방법을 관찰법, 평정법, 표준화검사라고 가정해도 좋다. 그러면 〈표 6-3〉의 상관계수들은 다음과 같이 4개의 집단으로 구분될 수 있다. 첫째, 대각선상에 △표시한 상관계수들은 동일특성-동일방법에 의한 것으로서, 각 측정방법의 신뢰도를 나타낸다. 둘째, ★표시한 상관계수들은 동일특성-이질방법에 의한 것으로서, 이를 통해 수렴적 타당도를 알아볼 수 있다. 셋째, ☆표시한 상관계수들은 이질특성-동일방법에 의한 것으로서, 이를 통해 변별적 타당도를 알아볼 수 있다. 넷째, ○표시한 상관계수들은 이질특성-이질방법에 의한 것으로서, 이들 4개 상관계수 집단 중에서 가장 낮게 나타날 것으로 기대된다. 여기서 동일특성-이질방법의 상관계수가 이질특성-동일방법의 상관계수보다 더 크게 나오는 현상은 구인(특성)간의 상관관계가 단순히 방법적인 차이에 의해서 나타나는 것이 아니라는 것을 뜻하며, 이것은 구인타당도의 증거가 된다. 결론적으로 수렴적 타당도와 변별적 타당도가 높아야 구인타당도가 있다고 볼 수 있다.

요컨대, 검사가 측정하고자 하는 어떤 특성 즉, 구인에 대한 이론적 가설을 검증하거나, 중다특성-중다방법에 의한 상관행렬분석, 요인분석 등 여러 가지 방법을 통하여 검사의 구인타당성을 확인할 수 있다. 구인타당도를 알아보는 과정은 연구의 일반적 과정과 크게 다를 바가 없는데, 다양한 경험적 연구를 통해 많은 증거가 누적될 경우에 비로소 해당 검사의 구인타당도는 확고하게 인정되는 것이다.

5. 타당도와 신뢰도의 관계

이제까지 신뢰도와 타당도에 대하여 기술하였는데, 여기서 신뢰도와 타당도의 관계를 간단히 살펴보기로 하자. 신뢰도를 설명할 때 관찰점수의 변량은 진점수 변량과 오차점수 변량의 두 부분으로 구성되어 있다고 기술하였다. 그런데 진점수 변량은 다시 검사의 본래 목적에 적합하고 타당한 변량과, 신뢰롭기는 하지만 검사목적에 적합하지 않은 변량의 두 부분으로 나누어볼 수 있다. 따라서 어느 한 검사에서 관찰된 점수의 전체 변량은 결국 신뢰로우면서 동시에 타당한 변량, 신뢰롭기는 하지만 타당하지 않은 변량, 그리고 오차변량의 세 부분으로 각각 나누어진다. 다음 [그림 6-3]은 이와 같은 각 관찰변량 간의 관계를 나타낸 것이다.

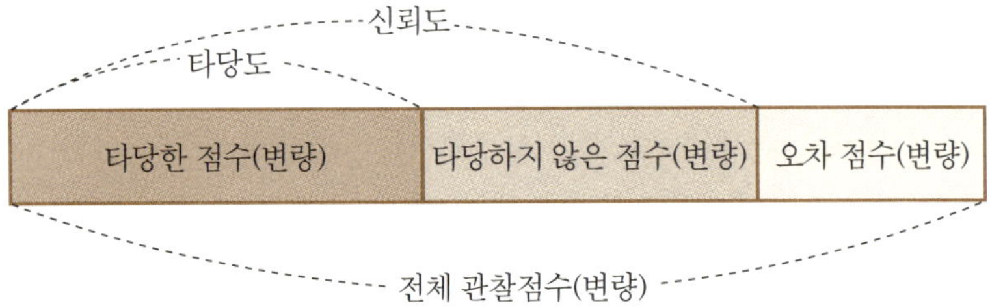

[그림 6-3] 타당도와 신뢰도의 관계

신뢰도를 관찰점수의 전체변량에 대한 진변량의 비율이라고 한다면, 타당도는 전체변량에 대한 타당한 변량의 비율이다. 오차변량이 적어지면 그만큼 진변량이 증가되어 신뢰도가 높아진다. 이론적으로 진변량이 커짐에 따라서 타당한 변량의 크기도 증대될 가능성이 높게 되지만 반드시 그렇게 되는 것만은 아니다. 진변량 내의 타당한 변량과 타당치 않은 변량의 상대적 크기는 고정된 것이 아니라 상황에 따라 달라질 수 있기 때문이다. 그러므로 오차변량이 적다고 해서 반드시 타당도가 높다고 말할 수는 없는 것이다. 요약하면, 신뢰도는 매우 높지만 타당도는 없는 측정도구가 있을 수 있다. 따라서 신뢰도를 높이는 것은 타당도를 높이기 위한 필요조건은 되지만 충분조건은 되지 못한다. 즉, 어떤 측정도구가 신뢰롭다는 것만으로 그 도구가 타당하다는 것을 의미하지는 않는다.

연구자는 신뢰도와 타당도의 관계에 관한 위와 같은 사실에 주목해야 한다. 상당수의 연구보고서에서 신뢰도에 관한 정보는 대체로 제시하고 있으나 타당도에 관한 정보는 매우 미흡한 점을 발견할 때가 많다. 사실 그동안 많은 연구자들이 측정도구의 신뢰도에 대해서는 주의를 기울여왔으나 타당도에 대해서는 상대적으로 소홀하게 취급하였다고 볼 수 있다. 정확하게 측정하고 제대로 측정해야 되기 때문에, 측정에 있어서 신뢰도와 타당도는 모두 중요하다. 그러나 이 둘 간에 우선순위를 정한다면 타당도를 먼저 생각해야 할 것이다. 왜냐하면, 오차 없이 신뢰롭게 측정하는 것도 중요하지만, 측정하고자 하는 바로 그 속성을 정확하게 측정해야지 타당성 없는 엉뚱한 것을 아무리 정밀하게 측정한다 해도 결국은 쓸모가 없기 때문이다. 따라서 연구자는 일차적으로 측정의 타당도에 좀 더 많은 관심을 기울일 필요가 있다.

연습문제

1. 측정의 개념을 기술하고, 측정의 유형에 대하여 설명하시오.

2. 다음 4가지 척도의 특징을 비교하시오.
① 명명척도
② 서열척도
③ 동간척도
④ 비율척도

3. 측정오차의 근원을 열거하고, 측정오차를 최소화할 수 있는 방안에 대하여 토론하시오.

4. 신뢰도의 개념을 기술하고, 다음과 같은 신뢰도에 대하여 설명하시오.
① 재검사신뢰도
② 반분신뢰도
③ Cronbach α계수

5. 다음의 타당도에 대하여 설명하시오.
① 내용타당도
② 공인타당도
③ 구인타당도

6. 일반적으로 어느 한 측정도구의 타당도를 확인하는 일보다는 신뢰도를 확인하는 작업이 용이하다고 한다. 그 이유는 무엇이라고 생각하는가?

제 7 장

자료수집의 방법(1)

제1절 관찰법

연구에 필요한 자료를 수집하기 위하여 어떤 방법이나 도구를 사용할 것인가를 결정하는 문제는 중요하다. 연구에서 사용한 방법이나 도구가 적절하지 않았다면 그 연구의 결과는 믿을 만한 것이 못되기 때문이다. 자료수집의 방법에는 여러 가지가 있다. 양적 접근과 질적 접근에 따라서도 자료수집의 방법은 큰 차이가 있다. 본서에서는 표준과학관의 입장에서 수량적 자료를 수집하는 방법에 좀 더 많은 지면을 할애하고자 한다.

1. 관찰법의 특징

관찰은 과학적 연구에서 가장 오랜 역사를 가진 자료수집의 방법인 동시에 연구의 기본수단이라고 말할 수 있다. 특히 경험과학으로서의 사회과학에서는 그것이 핵심방법으로 사용되건 보조수단으로 사용되건 관찰은 연구수행의 과정에서 빼놓을 수 없을 만큼 여러 가지 형태로 활용되고 있다. 마치 의학에서 아무리 최첨단 의료장비와 진료기구를 갖추었다 하더라도 최종적으로 의사가 어떤 결정을 내릴 때에 환자를 직접 살펴보는 일을 빼놓을 수 없는 것과 유사하다. 자료수집의 방법에서 관찰법은 도구를 사용하지 않는 측정이라고 정의할 수 있다. 설령 관찰과정에서 도구를 사용한다 해도 그것은 측정대상자에게 직접적으로 영향을 미치지 않는 측정이다.

모든 관찰이 연구의 방법으로 사용될 수 있는 것은 아니다. 관찰이 자료수집의 수단으로 쓰이기 위해서는 타당하고, 신뢰롭고, 객관적인 관찰이 이루어져야 한다. 관찰결과의 신뢰성과 객관성은 관찰자의 훈련과 기술 여하에 따라 크게 영향을 받는다. 그러므로 관찰이 연구의 방법으로 유용하게 쓰이기 위해서는 관찰자는 사전에 필요한 훈련을 받아야 하며, 우발적인 관찰이 아니라 면밀히 계획된 체계적 관찰이어야 한다.

관찰법이 자료수집의 방법으로 특히 요긴하게 쓰이는 경우는 다음과 같은 경우이다. 첫째, 반응자 자신이 자료수집을 위한 활동을 하거나 보고할 능력이 부족한 경우이다. 예를 들어, 유아를 대상으로 하는 연구는 관찰법에 많이 의존하게 되는데, 그 까닭은 유아들은 아직 자기의 생각이나 느낌을 제대로 표현할 수 없어서 자기보고식 질문지나 검사 등 다른 방법으로는 필요한 정보를 얻어내기가 어렵기 때문이다. 둘째, 다른 측정방법을 사용하면 연구대상의 사회적 상호작용 과정을 방해할 염려가 있는 경우이다. 가령, 근래 우리 사회에서 학교붕괴니 교실붕괴니 하는 공교육의 문제가 크게 대두되고 있는데, 이 문제를 연구하기 위하여 교사나 학생들에게 질문지를 실시하여 자료를 수집한다면 교실현장의 실상을 올바로 파악할 수 있는 정보를 얻기는 어려울 것이다. 이런 경우에는 교실내에서 실제 벌어지고 있는 상황을 생생하게 관찰할 수 있도록 폐쇄회로 카메라를 이용하여 상당기간 동안 녹화한 자료를 분석하는 것이 훨씬 낫다.

관찰법의 장점으로는 반응자의 심리상태에 의해 조사결과가 좌우되지 않는다는 것이다. 면접이나 질문지를 통하여 자료를 수집할 경우에는 응답자의 심리상태가 중요하게 작용할 수 있지만, 관찰방법에서는 관찰대상자가 행동으로 보이는 것을 관찰하므로 조사과정에서 야기될 수 있는 오류가 많이 줄어들게 된다. 또 다른 장점은 연구대상자가 자신의 생각이나 느낌을 정확히 표현할 수 없어도 자료수집이 가능하다는 점이다. 관찰대상자가 말이나 글로 표현할 능력이 부족하거나 또는 관찰대상자가 정확히 인식하고 있지 못한 문제도 관찰을 통해서 자료를 수집할 수 있다.

그러나 관찰법은 다음과 같은 단점을 가지고 있다. 겉으로 드러나지 않는 특성은 관찰이 불가능하다는 점이다. 인간의 내면에서 일어나는 여러 가지 심리적 특성은 관찰이 불가능하다. 반응자의 지극히 사적인 행동이나 타인으로부터 관찰되기를 원치 않는 행동은 관찰하기가 어렵다. 또한 반응자가 관찰을 당하고 있다는 사실을 인식하고 있을 경우에는 평소에 하던 자연스러운 행동이 아닌 다른 행동을 보일 수가 있다. 따라서 이와 같은 한계와 단점이 있기 때문에 관찰법은 다른 자료수집방법의 보조수단으로 사용될 때가 많다.

2. 관찰의 유형

관찰의 방법은 분류하는 기준에 따라 여러 가지로 구분할 수 있다. 관찰상황의 통제 여하에 따라서 자연적 관찰과 통제적 관찰로 나눈다. 그리고 관찰자의 참여 여하에 따라 참여관찰과 비참여관찰로 구분하기도 한다.

1) 자연적 관찰

자연적 관찰은 관찰의 상황을 조작(操作)하거나 인위적으로 어떤 특별한 자극을 주는 일 없이, 자연적인 상태에서 일어나는 현상이나 사건을 있는 그대로 관찰하는 방법이다. 즉, 연구자의 통제, 개입, 방해 없이 있는 그대로의 자연 상황에서 관찰하는 것이다. 그런데 이 방법은 자칫 잘못하면 관찰의 신뢰도가 떨어질 염려가 있으므로 충분한 사전준비와 관찰자의 훈련이 필요하다. 특히 이 방법은 피관찰자에게 접근하기가 어려운 문제점이 있다. 자연적 관찰법을 사용함에 있어서는 다음과 같은 점을 유의해야 한다.

첫째, 관찰의 목적과 문제를 분명히 설정해야 한다. 관찰하는 장면이 관찰자의 통제하에 있지 않기 때문에 장차 일어날 사건을 예상할 수 없고, 그것에 대해서 준비를 미리 할 수도 없다. 따라서 불필요한 자료도 수집하게 되므로 미리 관찰의 목적과 관찰대상의 문제를 명확히 정하고 관찰에 임해야 한다.

둘째, 관찰장면을 선택해야 한다. 모든 사건을 빠짐없이 관찰할 수는 없으므로, 관찰의 목적에 비추어 가장 두드러지게 관찰하고자 하는 특징이 잘 나타날 장소와 장면을 선택해야 한다. 예를 들어, 아동의 사회적 행동을 관찰할 경우에는 협동작업이나 집단놀이 장면을 선택하면 좋다.

셋째, 개개의 행동을 전체 장면에 관련해서 관찰해야 한다. 행동의 의미를 객관적으로 이해하는 것은 극히 어렵지만, 반드시 불가능한 것은 아니다. 개별적 행동도 전체적인 맥락 속에서 관찰하게 되면 충분히 객관적으로 파악할 수 있다.

넷째, 관찰할 때에 외형적인 행동에만 사로잡히지 말고, 그 행동을 발생시킨 상황이나 조건과 관련지어서 관찰하는 일이 중요하다. 대부분의 행동은 원인이 있어야 일어나는 것이므로, 그 행동의 맥락을 더듬어 그것을 일으킨 상황이나 조건을 탐색하는 일이 매우 중요하다. 단 1회의 관찰에 의해서 그 행동의 발생조건을 완전히 판별하기는 쉽지 않다. 그러나 관찰의 경험과 기술을 쌓고 관찰의 안목을 넓힌다면 점차 이러한 판별능력을 높일 수 있을 것이다.

2) 통제적 관찰

자연적 관찰에서는 관찰대상이나 관찰상황에 대해서 의도적이고 조직적인 조작을 가하지 않으므로, 한 번 일어난 사건을 다시 관찰하기 위해서는 오랜 시간을 기다려야 한다. 그리고 같은 행동이 발생했다고 하더라도 이전에 일어난 것과 동일한 조건하에서 발생했다고 기대할 수 없다. 또한 자연적인 상황하에서는 관찰자가 통제할 수 없는 원인에 의해서 행동이 좌우되므로, 어떤 조건이 행동을 유발시켰는지를 알기 어렵다. 이와 같은 결점을 보완하기 위해서 통제적 관찰을 하게 된다.

통제적 관찰이란 관찰의 시간 · 장면 · 행동 등을 의도적으로 설정해 놓고 이러한 조건하에서 나타나는 행동을 관찰하는 방법이다. 예컨대, 관찰자가 밖에서 들여다 볼 수 있도록 장치된 놀이방 안에서 유아를 놀도록 하고 유아의 놀이 행동을 관찰하는 것은 통제적 관찰에 속한다. 통제적 관찰은 보통 실험적 관찰법이라고도 하는데, 어떤 행동을 발생시킬 특정한 환경적 조건을 설정한 후, 관찰하고자 하는 특정 행동을 반복시켜 정확한 관찰을 되풀이 할 수 있게 하는 것이다. 이 방법은 독립변인을 통제할 수 있다는 인위적 조건 때문에, 종속변인으로서의 피관찰자의 행동을 분석하기 쉽고, 실험 전후의 결과를 비교할 수 있다는 장점이 있다. 그러나 관찰조건을 통제한다는 것이 그렇게 쉬운 일이 아니라는 점과, 아무리 독립변인을 통제하더라도 거기에 개입될 가외변인들 때문에 판단 및 해석에 오류를 범할 수 있다는 단점이 있다. 또한 관찰조건의 인위성 때문에 그것이 실제 생활장면에 그대로 적용될 수 있을 것인가 하는 의문 즉, 일반화의 범위가 제한된다는 단점이 있다.

3) 참여관찰

관찰자가 관찰하고자 하는 상황 속에 직접 들어가 피관찰자와 같이 생활하면서 관찰하는 것을 참여관찰(partcipant observation)이라고 한다. 참여의 정도는 관찰상황에 완전히 합류하여 그 집단 구성원의 일원으로 행동하면서 관찰하는 방법부터, 집단에 들어가기는 하지만 구성원으로서의 역할은 최소로 하면서 관찰하는 경우까지 그 정도는 다양하다. 참여관찰은 문화인류학, 문화기술지 등에서 주로 사용되어 왔으며, 근래 교육학과 심리학의 질적연구에서 핵심적인 자료수집 방법으로 활용되고 있다.

참여관찰을 할 경우에는 피관찰자가 의식하지 못한 상태에서 관찰하는 것이 최상의 방법이지만, 이것이 불가능한 경우에는 아예 관찰자임을 알리고 피관찰자와 같이 생활하면서 그들의 행동을 관찰하는 방법도 있다. 관찰자가 노출되지 않고 은밀하게 관찰하는 방법은 혹시 관찰기간 중 관찰자의 신원이 드러날 경우에 생길지도 모르는 문제가 있다. 반면에 관찰자의 신분을 알리고 관찰하는 경우에는 피관찰자가 관찰자를 얼마나 받아들이느냐가 문제된다. 왜냐하면, 피관찰자가 관찰자를 받아들이는 정도에 따라 관찰자의 존재가 피관찰자의 행동에 영향을 주는 정도가 달라지기 때문이다. 참여관찰법에서 관찰자의 참여정도와 공개정도는 하나의 연속선상에서 〈표 7-1〉과 같이 구분될 수 있다.

〈표 7-1〉 관찰자의 참여정도와 공개정도에 따른 참여관찰 구분

참여정도	완전 참여	부분 참여	참여 없음
공개정도	완전 공개	부분 공개	완전 비공개
	현장 모든 구성원들이 관찰이 되고 있는 것과 관찰자가 누구인지 다 안다.	집단 구성원들 중 몇몇 사람들만 관찰이 진행되고 있는 것과 관찰자가 누구인지 안다.	구성원들 중 아무도 관찰이 진행되고 있는 것과 관찰자가 누구인지 알지 못한다.

참여관찰의 예를 들어 보면, 노숙인들과 함께 생활하며 그들의 행동양식을 관찰한 것, 죄수들의 생활을 연구하기 위하여 교도소에 들어가 죄수들과 같이 지내면서 관찰한 것 등 여러 종류가 있다. 또한 문화인류학자가 어느 한 문화권의 집단 속에 직접 들어가 그 사회구성원들과 함께 생활하면서 그들의 사회규범과 행동양식을 관찰한 것도 참여관찰의 좋은 예이다.

참여관찰법은 문서분석, 참여자와 정보제공자들에 대한 면담, 관찰자 자신의 직접적인 참여와 관찰 등이 혼합되는 현장기법이다. 관찰자의 현장경험을 토대로 외부인들을 위한 보고를 하되 내부인의 입장과 견해를 반영해서 기술한다는 것이 특징이다. 참여관찰에서는 현장관찰의 내용을 기록하는 현장노트나 현장일기를 작성할 때 있는 그대로를 기술해야 된다. 그리고 교차타당화를 위하여 관찰, 면접, 녹음, 사진, 문서 등 다양한 종류의 자료와 정보를 수집하고, 자료에 대한 해석과 판단은 분명하게 구별해야 한다는 점을 강조하고 있다.

참여관찰법의 장점으로는 심층적이고 포괄적인 연구를 할 수 있다는 점과, 평소에는 관찰할 수 없는 특수한 행동에 관한 자료를 수집할 수 있다는 점을 들 수 있다. 반면에 관찰자에게 많은 인내와 용기를 필요로 하며, 감정적 요인의 영

향을 받기 쉽고, 경우에 따라서는 피관찰자가 관찰자를 의식한 나머지 일상행동과는 다른 독특한 행동을 할 우려가 있다는 단점이 있다.

4) 비참여관찰

비참여관찰이란 관찰자가 피관찰자의 생활에 참여함이 없이 관찰하는 것을 뜻한다. 대부분의 관찰은 비참여관찰로 이루어진다고 볼 수 있다. 비참여관찰은 통제적 관찰일 수도 있고 자연적 관찰일 수도 있다. 비참여관찰에서는 관찰자가 노출되지 않고 은밀하게 관찰할 수 있으나, 공개적인 관찰일 경우 피관찰자들이 관찰자를 의식하고 있어도 하는 수 없다. 이와 같은 관찰법의 장점은 관찰을 조직적이고 계획적으로 할 수 있다는 점이다. 그러나 관찰이 피상적으로 되기 쉬워 심층적인 자료를 얻기 어렵다는 단점이 있다.

3. 관찰의 방법과 기록

관찰결과를 어떻게 기록하고 요약하느냐에 따라서 관찰한 자료가 연구에서 중요하게 쓰일 수도 있고 쓸모없는 것으로 될 수도 있다. 관찰의 방법과 관찰결과를 기록하는 방법에는 여러 가지가 있다. 이 중 비교적 자주 쓰이는 일화기록(anecdotal record), 표본기록(specimen description), 시간표집(time sampling), 사건표집(event sampling) 등의 방법에 관하여 살펴보고자 한다.

1) 일화기록

일화기록은 개인의 특성을 이해하기 위하여 개인이 나타낸 구체적인 행동사례나 어떤 사건에 관련된 관찰결과를 상세히 기록하는 방법이다. 일화기록은 학생들의 사회 · 정서적 특성이나 한 집단 내에서의 인간관계를 연구할 때 유용하게 사용할 수 있는 방법이다. 특히 학생들의 문제행동을 파악하는데 일화기록의 결과는 좋은 참고자료가 된다. 일반적으로 사례연구를 할 경우에 이 방법이 많이 쓰인다. 일기와 마찬가지로 일화기록은 서술적이지만, 동일대상에 초점을 맞출 필요가 없고 새로운 특성이나 사건을 강조해야만 하는 것도 아니라는 점에서 일기와 다르다고 하겠다. 관찰자에게 의미있다고 생각되는 것은 무엇이든지, 그리고 그것이 언제 발생하든지 간에 체계적으로 기록하면 된다.

어떤 일화기록에는 주제가 있을 수 있다. 즉, 연구자가 어느 특정한 영역을 연구하는데 관심이 있어서 그 영역에 관련된 내용만을 관찰하여 기록하는 경우가 있다. 예를 들어, 아동의 모방행동을 연구하려는 사람은 아동이 어른의 어떠한 행동을 모방하며 또한 어떻게 그러한 행동을 모방하는가를 관찰하는데 주의를 집중할 것이다. 그러나 일화기록에 반드시 주제가 있는 것은 아니다. 어떤 일화기록은 아무런 주제 없이 다만 시간의 경과에 따라 발생한 행동이나 사건의 관찰기록일 수도 있다.

〈표 7-2〉 일화기록표의 예

관찰대상 :	관 찰 자 :
관찰장면 :	관찰일시 :
사건	
의견	

일화기록은 직접관찰 방법 가운데서 아마도 가장 실시하기 쉬운 방법일 것이다. 그 이유는 관찰과 기록이 특정한 시간의 틀에 얽매어 있지 않으며, 기록할 만한 가치와 흥미가 있으면 언제든지 기록할 수 있기 때문이다. 그리고 환경이나 상황을 특별히 설정할 필요 없이 어느 곳에서나 일화(逸話)를 관찰하여 기록하면 된다. 또한 특별한 부호나 범주에 의존하지 않고 노트에 간단히 기록할 수 있는 장점도 있다. 그러나 관찰자의 흥미와 관심이 일어날 경우에만 관찰하고 기록한다면, 그러한 자료는 피관찰자의 성장과 발달을 연구하는데 체계적이지 못하고 만족스런 정보도 제공하지 못하게 될 것이다. 일화를 기록하는데 특별한 양식이 있는 것은 아니지만, 대체로 다음과 같은 점에 유의해야 한다.

첫째, 어떤 행동 또는 사건이 언제, 어떤 상황에서 발생되었는지를 사실적으로 기술한다. 따라서 일화가 발생한 후 될 수 있는 한 곧바로 기록해 두는 것이 좋다. 중심인물의 특징적인 언행을 기록하고, 그 상황에서 있었던 다른 사람들의 반용도 아울러 기록한다. 대화의 명확한 의미를 보존하기 위하여 피관찰자가 사용한 용어를 그대로 기록해 둔다.

둘째, 객관적 사실과 이에 관한 관찰자의 해석이나 의견을 명확히 구분하여 기록한다. 구체적이고 특수한 사건을 기록하고, 일반적이거나 평가적인 서술은 피하는 것이 좋다. 일화기록의 가치는 사건을 사실적으로 기록해 두는데 있다고 할 것이다. 실제로 발생한 사실의 기록과 관찰자의 해석에 관한 내용을 명확히 구별되게 기록하여 이후에 혼동되지 않도록 해야 한다.

셋째, 여러 시기에 일어난 서로 다른 일화들을 총괄적으로 기록하지 말고 각각의 일화를 독립적으로 기록하도록 한다. 그리고 일화는 그것이 일어난 순서대로 기록하는 것이 바람직하다. 일화기록은 계속적인 기록이 보존될 때에만 진단적 가치를 띠게 되므로, 동일한 피관찰자에 대한 장기간의 누가기록이 보존되도록 힘써야 한다.

2) 표본기록

표본기록도 일화기록처럼 발생한 어떤 사건이나 행동특성을 서술적으로 기록하는 것이지만, 표본기록은 미리 정해 놓은 준거에 따라서 보다 자세하게 기술하는 점이 일화기록과 다른 점이라고 하겠다. 즉, 표본기록은 미리 정한 어떤 기준(시간, 인물, 상황 등)에 따라 관찰된 행동이나 사건내용을 기록하고, 그것이 일어나게 된 환경적 배경을 자세히 이야기체로 서술하는 것이다.

표본기록의 용도는 다양하다. 대개 표본기록은 상황이나 행동을 자세히 묘사하기 때문에 아동들을 직접 다루는 교사들에게 유용한 자료를 제공해 준다. 표본기록은 어떤 계획을 수립하고 문제를 해결하기 위한 정보를 수집하는 방법으로 특히 가치가 있다. 또한 표본기록은 집단이 돌아가는 상황을 파악하는 데도 도움을 준다. 경우에 따라서는 교과과정이나 학습자료를 평가하기 위한 연구도구로서 표본기록의 방법을 사용할 수도 있다.

표본기록의 가치는 시간이 흐르면서 수집되는 정보의 양이 많아질수록 증가된다. 수집된 정보들을 서로 비교할 수 있고, 진행상황을 도표화하거나 변화양상을 검토하고 평가할 수 있는 것이다. 최소한의 준비만으로도 표본기록이 가능하다는 점과 관찰방법의 단순성이라는 장점 때문에 표본기록은 일화기록과 함께 학생들을 가르치는 교사들이 많이 사용하는 관찰기법이 되고 있다. 그러나 표본기록 방법을 이용하려면 수집한 자료를 어떻게 분석할 것인가에 관하여 사전에 충분히 생각해 두어야 한다. 일화기록을 할 때에 유의해야 할 사항들이 표본기록시에도 그대로 적용된다. 이 밖에 유의할 사항을 더 첨가하면 다음과 같다.

표본기록을 시작할 당시의 상황을 자세히 묘사해 둔다. 피관찰자의 행동과 그러한 행동에 영향을 미치는 상황적 요인이 있으면 무엇이든지 자세히 기록한다. 그리고 피관찰자의 말과 행동을 가능한 한 정확하고 완전하게 기록한다.

표본기록을 할 때 관찰자의 의견이나 해석은 모두 괄호에 넣어서 직접 관찰한 내용과 구별짓도록 한다. 그리고 피관찰자가 한 일은 모두 '어떻게 했다' 는 식으로 기술한다. 각각의 관찰된 행동을 적당한 순서에 따라 연극의 대본과 같이 단계별로 기록한다. '무엇이 일어나지 않았다' 라고 부정적인 내용을 기술하는 것보다는 '어떤 일이 일어났다' 고 긍정적인 내용을 기록하도록 한다. 단일 문장 속에 피관찰자가 아닌 다른 참여자가 한 일을 한 가지 이상 기록하지 않도록 한다. 그리고 사건이 일어난 시간에 의거해서 관찰한 내용을 기록할 것이 아니라 미리 정해 놓은 시간간격 예컨대, 1분 또는 5분 간격으로 기록한다. 관찰한 내용은 일상적 용어를 사용하여 기술하는 것이 좋다.

3) 시간표집

위에서 살펴본 일화기록과 표본기록은 관찰결과를 서술적으로 기록하는 것이었다. 이와 같은 서술적 관찰방법의 큰 장점은 관찰된 행동이나 사건이 어떠한 맥락에서 일어났는지 전후관계를 파악할 수 있도록 자세한 기록이 가능하다는 점이다. 그리고 이러한 관찰기록은 사건이 지니고 있는 본래적인 순서성을 유지한다는 장점이 있다. 그러나 이러한 관찰방법의 결정적 단점은 관찰결과의 기록에 소요되는 시간이 너무 길고, 수집된 자료를 분류하고 분석하는 일이 용이하지 않다는 점이다.

자료수집에 필요한 시간을 단축시키고, 분석을 용이하게 할 수 있는 관찰전략으로 개발된 한 가지 기법이 시간표집(time sampling) 방법이다. 이 관찰방법은 행동을 자세하게 기술하기보다는 오히려 행동을 '표집' 하여 관찰하는 방법이다. 이렇게 행동을 표집하여 관찰하는 것은 서술적인 관찰기록처럼 풍부한 정보를 제공하지 못하고, 행동이나 사건에 대한 연속적인 기록도 되지 못한다. 그러나 시간표집 방법을 이용하면 아주 다양한 상황 속에서 비교적 짧은 시간내에 많은 대상자들을 관찰할 수 있다.

시간표집은 정해진 관찰기간 동안 계속 관찰하는 것이 아니라 일정한 시점이나 시간간격으로 잠깐 동안 행동을 관찰하여 그 결과를 기록하는 방법이다. 시간표집에서 관찰하는 시간간격, 회수 등은 연구의 목적과 관찰하는 행동특성에 따라 적절히 변화시킬 수 있다. 어느 특정한 행동특성이 일정기간 동안에 얼마나 발생하는가를 양적으로 알아보고자 할 때 사용하기 적당한 방법으로 시간표집은 특히 행동수정 연구에서 널리 활용되고 있다. 시간표집의 방법으로는 다음의 두 가지가 가장 많이 쓰인다.

첫째, 시점(time-point) 표집방법이다. 이것은 관찰의 단위시간(가령 1분, 3분, 5분 등)이 끝나는 순간에 관찰하고자 하는 내용의 행동이나 현상이 나타나는가를 보고 그 결과를 기록하는 방식이다. 예를 들어, 3분 단위로 시점표집방법을 적용한다면, 3분이 경과하는 동안에 일어나는 행동은 전혀 관찰의 대상으로 삼지 않다가 매 3분이 경과될 때마다 바로 그 순간에 일어나는 행동을 관찰해서 기록하는 것이 시점표집방법이다.

둘째, 시간격(time-interval) 표집방법이다. 이것은 일정한 시간적 간격(가령 30초, 1분, 10분 등)에 걸쳐 계속 관찰은 하되, 그 시간 간격 동안에 관찰하고자 하는 행동이나 현상이 여러 번 나타나도 정해진 단위간격에 대해서 한번만 기록하는 방식이다.

교사가 수업을 진행시켜 가면서 아동의 행동을 관찰해야 할 경우에는 정해진 시간 동안 계속 관찰하지 않고 몇 번의 순간만을 선택해서 관찰하는 시점표집방법을 이용하는 것이 매우 효과적일 것이다. 가령, 관찰 시간을 매일 오전 9시부터 9시 20분까지로 정했다면, 교사는 아동을 20분 동안 계속 주시할 필요없이 연구목적에 따라 매 2분마다 한번씩 10회, 또는 4분마다 한번씩 5회만 관찰하면 된다. 물론 이때 1회 관찰의 단위시간은 3초 또는 5초 등 매우 짧은 순간이 될 것이다. 이렇게 함으로써 관찰에 소요되는 시간과 관찰의 번거로움을 크게 감소시킬 수 있다.

시간표집에 의한 행동관찰은 일정한 기간 동안에 관찰대상이 된 표적행동의 빈도만을 알기 때문에 대개 관찰된 행동의 측정치는 백분율(%)로 나타낸다. 표적행동의 발생비율은 다음과 같은 공식으로 계산한다.

$$\text{표적행동 발생비율} = \frac{\text{표적행동 관찰수}}{\text{전체 관찰회수}} \times 100$$

시간표집을 이용하려는 연구자는 관찰에 들어가기 전에 치밀한 계획을 세워야 한다. 관찰하고자 하는 행동특성을 명확히 규정하고, 관찰의 시간간격과 회수를 정하고, 관찰결과의 기록양식을 만들어 놓는다. 관찰계획을 짜는데 많은 노력을 투입하는 것은 그것대로 가치 있는 일이다. 계획을 잘 세워 놓으면 그만큼 관찰작업과 자료분석을 용이하게 할 수 있다.

시간표집의 방법으로 관찰하려면 빈번하게 일어나는 행동, 적어도 15분에 한 번 정도 나타나는 행동에 사용하는 것이 적당하다. 그리고 시간표집은 겉으로 쉽게 관찰될 수 있는 행동에만 적용하는 것이 좋고, 관찰하기 어렵거나 내재적인 행동특성의 관찰에 이러한 방법을 적용하는 것은 부적절하다. 관찰기간 및 관찰회수를 어느 정도로 할 것인지는 연구자의 필요와 관찰목적에 따라 정할 일이다. 대개 시간간격은 5분 이하로 하는 것이 보통이지만, 관찰하려는 행동의 빈도와 유형에 따라 달라질 수 있다. 시간표집 방법의 주요 장단점을 열거하면 다음과 같다.

먼저 장점으로는 관찰하려는 행동이나 사건에 초점을 맞춤으로써 관찰상황을 통제하기 쉽다는 점과, 행동이나 사건의 발생빈도를 파악함으로써 행동치료 프로그램을 작성하거나 평정척도 같은 측정도구를 만드는데 기초자료를 제공한다는 점이다. 그리고 서술적인 관찰방법에 비하여 시간과 노력을 덜 들이고 효율적으로 관찰할 수 있는 점도 장점이다.

그러나 단점으로는 만일 관찰된 내용이 적당한 시간표집에 맞추어 부호화되어 있지 않으면 시간표집으로 얻은 자료는 질적인 분석을 할 수 없다는 점이다. 또한 관찰이 특정한 행동에만 맞추어 이루어지기 때문에 행동과 행동 사이의 상호관계를 파악하기 어려운 점이 있다. 특히 시간간격과 행동단위가 작은 경우에 시간표집 방법으로 수집한 자료는 연속성의 결여, 자연성의 결여, 충분한 상황적 설명의 결여로 인하여 그 가치가 제한을 받게 된다.

4) 사건표집

사건표집은 시간표집과는 달리 관찰의 단위가 시간간격이 아니라 어떤 행동이나 사건 그 자체에 있다. 따라서 사건표집에서는 관찰하고자 하는 어떤 행동이나 사건이 발생하기를 기다렸다가 관찰하게 된다. 시간표집에서는 필요한 자료를 수집하는데 소요되는 시간을 사전에 정할 수 있지만, 사건표집에서는 얼마나 시간이 걸릴 것인지 미리 알기 어렵다. 사건표집에서는 사건이 일어나기를 기다려서 관찰하는 것이므로 언제 그러한 사건이 발생할 것인지 예측하기 어렵기 때문이다.

사건표집 방법을 이용하여 관찰할 수 있는 예를 하나 들어보자. 가령, 교실 내에서 아동들이 싸움하는 것을 관찰한다고 하자. 관찰자는 단순히 싸움이 일어나기를 기다렸다가 싸움을 시작하면 시간을 확인하고, 싸우는 행동을 계속 관찰하고 있다가 싸움이 끝나면 다시 시간을 확인하고, 기록용지에 싸움한 학생의 이름, 성별, 문제발생의 상황, 싸움의 양상 등을 기록한다. 그리고 싸우는 동안에 서로 주고받은 대화를 기록해 둔다. 이와 같은 관찰기록을 통하여 연구자는 싸움의 지속시간, 횟수, 원인, 대상자의 특성 등에 관한 사항을 파악할 수 있다.

사건표집 방법으로 관찰하면 자연적 상황에서 행동을 관찰할 수 있다는 장점이 있다. 시간표집에서처럼 관찰되는 행동이 따로 떨어지거나 중단되지도 않는다. 즉, 사건표집에서는 사건이 일어난 전후맥락을 알 수 있는 것이다. 또한 시간표집으로는 관찰하기 어려운 행동, 예컨대 빈번하게 발생하지 않는 공격적 행동이나 비도덕적 행동 특성도 사건표집 방법을 이용하여 관찰할 수 있다. 그러나 이 방법은 시간을 예측하기 어렵고, 관찰된 자료를 곧바로 수량화시키기 어려운 문제점을 지니고 있다.

사건표집 방법을 적용할 때 유의할 사항은 다음과 같다. 우선 관찰하고자 하는 행동이나 사건을 명확히 정하고, 이것을 조작적으로 정의해 둔다. 그런 다음에는 언제, 어디서 그러한 행동을 관찰할 것인지를 결정한다. 그리고 어떤 종류의 정보를 기록할 것인지 미리 결정해 둔다.

사건표집에서는 사전에 부호화된 행동범주와 서술적 묘사를 모두 사용할 수 있기 때문에 시간표집보다 융통성이 많다. 관찰한 결과를 기록할 양식은 될 수 있는 한 사용하기 간편하게 만드는 것이 좋다. 부호화된 행동범주는 간단히 훑어보기 쉽도록 분류해 놓고, 서술적인 기록을 할 수 있는 여백을 남겨 두도록 한다. 사건표집은 관찰하고자 하는 행동이 일어나기를 기다리며 특정한 행동에 초점을 맞추어 관찰하지만, 계속 기록하지 않는 점에서는 일화기록과 비슷하다.

5) 기타 방법

관찰의 방법을 다음과 같이 구분할 수도 있다. 즉, 분류적 방법, 기술적 방법, 서술적 방법 등으로 관찰의 방법을 나누기도 한다.

분류적 방법은 관찰하기 전에 미리 일정한 수의 관찰하려는 행동의 종류를 선정해 놓고 오직 이렇게 미리 선정한 행동유목에 대해서만 관찰하는 방법이다. 관찰하는 동안에 새로운 관찰 항목을 첨가할 수는 없다. 이때 관찰될 행동들은 서로 완전히 다른 행동유목이어서 상호 중복되지 않아야 한다. 분류적 기록 방법은 다시 분류체계법, 체크리스트 방법, 평정척도 방법 등으로 구분된다. 분류체계법은 사전에 일정한 수의 행동범주를 정해 놓고 관찰하는 동안에 나타나는 모든 행동들을 미리 설정한 행동범주 중의 어느 한 범주로 분류하는 방법이다. 체크리스트 방법은 관찰하려는 행동특성을 미리 자세히 분류하고, 이것을 기초로 그러한 행동이 나타났을 때 체크하거나 빈도로 표시하는 방법이다. 그리고 평정척도 방법은 관찰대상의 행동특성을 일정한 기준에 따라 몇 개의 단계로 나누고, 이 단계에 맞추어 각각의 행동을 평정하는 방법이다.

기술적 방법에서도 분류적 방법에서처럼 사전에 미리 관찰하려는 행동 유목들을 정해놓고 해당되는 항목의 행동 빈도를 조사할 수 있다. 그러나 이 방법은 분류적 기록 방법과는 달리 관찰을 시작한 후에도 필요하다면 의미있는 행동유목을 새롭게 첨가시켜 그러한 행동특성의 발생 빈도나 유형 등을 관찰할 수 있다. 이는 물론 관찰의 내용이 녹음기나 비디오에 녹음 또는 녹화되어 있을 경우에만 가능하다. 일반적으로 기술적 관찰방법에서는 관찰의 원자료 혹은 관찰 내용을 녹음하거나 녹화시켜 사후에 그 결과를 체계적으로 분석하는 수가 많다.

서술적 방법은 관찰 이전에 미리 설정한 관찰 항목이 없다는 점에서 위의 두 관찰방법과 다르다. 그리고 서술적 방법은 관찰결과를 이야기체로 서술한다는 점에서 기술적 방법과 구별된다. 이 방법을 사용하는 관찰자는 관찰의 대상이 되는 현상 또는 사건의 전개 과정에 대하여 자기가 보고 들은 바를 구술 형식으로 기록하거나 녹음된 내용을 그대로 옮겨 적는다. 이 방법은 관찰하고자 하는 현상에 대하여 폭넓은 기술을 하고자 할 때 주로 사용되는 방법으로 일기나 현장 관찰 기록 등이 여기에 포함된다.

4. 관찰시 고려 사항

일상생활에서 우리는 특별한 의식이나 목적 없이 주변의 사물을 관찰할 때가 많다. 이러한 수준의 관찰에서는 특별한 절차나 도구 등이 요구되지 않는다. 그러나 어떤 문제에 대하여 관심을 갖고 사물을 보게 될 경우에는 우리의 의식 수준은 높아지게 되고 상황을 면밀히 관찰하게 된다. 다음에 체계적인 관찰을 위하여 고려해야 할 사항을 간단히 기술한다.

1) 관찰자

연구에서 관찰법을 사용할 때 관찰자의 역할은 매우 중요하다. 관찰자의 주관이 개입되기 쉬우므로 항상 관찰에서 얻은 자료의 신뢰성을 따져보아야 한다. 관찰법에서는 관찰자의 특성 여하에 따라서 수집된 자료의 신뢰도와 타당도가 큰 영향을 받는다. 그러므로 관찰방법을 이용하는 연구자들은 관찰자를 잘 선정하고 실제로 관찰행위를 하기 전에 관찰상황과 내용 및 방법에 완전히 익숙하도록 훈련을 철저히 시켜야 한다. 사전훈련을 통하여 관찰기술을 충분히 습득하여야 객관적이고 타당한 관찰을 할 수 있는 것이다. 자칫 잘못하다가는 관찰자의 오만한 행동이 관찰상황을 그릇되게 할 수도 있다. 그런가 하면 관찰자가 현재 자기가 관찰하고 있다는 사실을 망각하고 자신도 모르게 집단에 동화될 수도 있다는 점을 주의할 필요가 있다. 그래서 관찰자는 늘 조심성 있게 행동하며 세밀히 관찰하고 가능한 한 객관적인 입장을 취하도록 노력해야 한다.

2) 관찰내용

관찰의 내용이 분명해야 한다. 예컨대, 운동장이나 교실 같은 장면에서 학생들의 행동을 관찰하게 될 경우 이 상황에서 일어나는 다양한 사건들 중에서 무엇을 관찰할 것인가에 대하여 명확히 결정해야 한다. 관찰하고자 하는 내용을 분명히 하기 위해 그 내용을 세분해서 범주를 정하게 되고, 그러한 범주가 배타적이며 망라적이 되도록 하는 것이다.

관찰내용을 분명히 하고 그것을 몇 개의 범주로 나누어 본다는 것은 정확한 자료를 얻어 신뢰도를 높이겠다는 의도이다. 하지만 관찰의 내용이 항상 경직되어 있다고 생각할 필요는 없으며, 실제 상황에 임해서 신축성 있게 진행해 나가고 후에 관찰결과를 정리할 수도 있다.

3) 관찰의 기본단위

관찰의 내용과 유목이 정해지면 어느 수준에서 볼 것인가를 정해야 하며, 그 다음에는 이에 맞게 표본을 구해야 한다. 관찰의 기본단위를 어떻게 결정하느냐에 따라 관찰내용의 신뢰도와 타당도의 수준이 적지 않게 영향을 받는다. 즉, 지나치게 세밀한 단위를 관찰하게 되면 내용의 신뢰성은 확보될지 모르지만 타당성은 의심스럽다. 반면에 구체화되지 않고 전반적인 것을 관찰하는 경우엔 그 반대가 될 수 있다. 행동의 전체를 단위로 삼을 수도 있고, 행동 하나하나를 단위로 삼을 수도 있다. 그러므로 어떤 입장에 서서 관찰하든 알고자 하는 목적에 따라 단위를 정할 수밖에 없다. 초보 연구자들이 관찰방법으로 많은 양의 자료를 수집해 놓고도 의미있게 분석하지 못하는 가장 중요한 이유는 관찰할 때 관찰 및 분석의 기본 단위에 대한 충분한 고려없이 무턱대고 자료만 수집하기 때문이다. 따라서 관찰계획을 세울 때는 관찰단위를 무엇으로 할 것인지, 그 단위를 어떻게 구성할 것인지 등에 대해 세심한 주의를 기울여야 한다.

4) 관찰 시간과 장면의 표집

관찰자는 관찰해야 할 시기 및 관찰 기간을 결정해야 하며, 또한 관찰의 횟수 및 그 간격을 결정해야 한다. 예를 들어, 초등학교에서 새 학기가 어떻게 시작되는지를 알아보는 것이 조사목적이라면 개학날 학교의 모습을 관찰하는 것이 좋을 것이며, 만약 효율적인 읽기 지도에 관한 것이 연구문제라면 연구자는 읽기 지도와 관련되는 여러 수업시간을 표집해서 관찰해야 할 것이다.

관찰에서 장면의 표집 문제는 관찰의 길이 문제가 아니라 관찰이 이루어져야 할 장소의 선정 문제이다. 즉, 연구자의 관심이 저학년 아동들의 읽기 활동에 관한 이해라면 관찰 장면으로서 선정되어야 할 곳은 저학년에서 읽기 활동이 일어나는 모든 곳이다. 따라서 이러한 활동, 사건이 일어나는 모든 경우가 표집대상으로서 고려되어야 한다. 주어진 관찰 연구 상황에서 어떻게 표집해야 하느냐의 문제는 제기된 문제의 성격과 연구자가 관찰에 임하는 기본 준거에 따라 달라질 수 있다.

5) 관찰의 신뢰도와 타당도

관찰법이 현실 상황을 직접 눈으로 확인하고 기록하는 접근방법이기 때문에, 여타의 자료수집방법에 비하여 신뢰로운 방법이며 실제에 가까운 자료를 얻을 수 있는 타당한 방법이라고 볼 수 있다. 그러나 관찰방법에 의해 얻어진 자료의 신뢰성과 타당성을 높이려면 다음과 같은 점에 유의해야 한다.

관찰의 신뢰도를 높이기 위해서는 사전 훈련을 통한 관찰기술의 습득, 녹음기나 비디오 같은 도구의 사용, 2인 이상의 관찰자에 의한 독립적 관찰 등의 방법을 생각할 수 있다. 이 밖에 관찰기록과 부호화가 간결하고 그 규정이 명확할수록, 관찰하고자 하는 행동특성을 분명하게 정의해 놓을수록 신뢰도를 높일 수 있다. 또한 관찰하고자 하는 행동이나 현상에 직접 접근하여 관찰할 수 있는 상황이면 그만큼 관찰자들 간의 상호 주관적 검증이 용이하여 신뢰도를 높이는데 유리하다.

관찰의 신뢰도는 주로 관찰기록의 안정성이나 일관성을 의미하는데, 이러한 관점의 신뢰도에 관해서는 앞장에서 설명한 '신뢰도' 항목을 참고하기 바란다. 특별히 관찰법에서 신뢰도의 하나로 많이 사용하는 것은 관찰자간 일치도이다. 이것은 동일한 관찰장면을 두 사람 이상의 관찰자가 독립적으로 관찰한 자료간에 어느 정도 일치하는 가를 알아보는 방법이다. 본 관찰에 들어가기 전에 미리 일치도를 확인해보고, 만약 일치도가 낮게 나오면 만족할만한 수준에 이르기까지 관찰자들이 함께 토론하여 합의를 도출해야 한다. 관찰자간 일치도는 다음과 같은 방법으로 계산한다.

$$\text{관찰 일치도} = \frac{\text{두 관찰자간 일치한 빈도수}}{\text{전체 빈도수}} \times 100$$

한편, 관찰의 타당도를 높이기 위해서는 가급적 관찰자의 주관적인 추리가 적게 작용하도록 한다. 따라서 관찰의 내용, 기록, 부호화의 체계를 명확히 규정하여 될 수 있는 한 관찰자의 편견이나 오류가 개입하지 않도록 노력해야 한다. 동시에 관찰 아닌 다른 방법에 의해 자료를 구해보는 방법을 병행해 볼 필요가 있다. 대체로 경험이 적은 연구자들은 특정한 어느 한 방법에만 의존하여 연구를 하는 경향이 있다. 따라서 한쪽으로 치우치고 전체가 아닌 부분밖에 보지 못하는 결과를 초래할 가능성이 많다. 그러나 여러 가지 방법을 이용하여 정보를 수집하게 되면 좀더 충실한 연구결과를 얻을 수 있고 또한 이것은 연구의 타당성을 높일 수 있는 길이기도 하다.

제2절 면접법

1. 면접의 의미

면접(interview)은 주로 의사가 환자 진단의 수단으로 많이 사용하는 방법인데 근래에는 사회조사연구에서 자료수집의 방법으로도 널리 쓰이고 있다. 연구방법으로서 면접이란 필요한 자료를 수집하기 위하여 언어를 매개로 면접자와 피면접자 간에 이루어지는 상호작용을 말한다. 우리는 일상생활에서 사람들과 대면하면서 대화를 나누지만, 이러한 대면대화가 모두 여기서 뜻하는 면접의 범주에 속하는 것은 아니고 연구를 위해 자료를 수집하는 방법으로 이용될 때 그것을 면접이라고 한다.

면접을 통하여 얻을 수 있는 자료는 피면접자의 경험담이나 생활사, 조사항목에 대한 응답 등 언어적 진술내용 뿐만 아니라 감정, 태도, 표정, 어투 등 비언어적 특성도 포함된다. 면접법은 관찰법이나 질문지법과는 다르게 연구대상으로부터 직접 개인적이고 심층적인 자료를 얻는데 그 목적이 있다. 일반적으로 면접법은 관찰법과 병행하여 사용하게 된다. 왜냐하면, 면접을 할 때 조사내용만 알아보는 것이 아니라 피면접자의 표정, 자세, 태도 등도 자연스럽게 관찰하면서 면접결과에 반영시키기 때문이다.

면접에서 면접자의 역할은 매우 중요하다. 면접자는 객관적인 입장에서 공평해야 하며 우호적인 태도를 취해야 한다. 그런데 성공적인 면접을 위해서는 면접자의 자질이 중요할 뿐만 아니라 피면접자의 협조가 필수적이다. 피면접자가 면접에 응할 태세를 갖추고 있어야 면접이 순조롭게 진행될 수 있기 때문이다. 따라서 면접자는 피면접자가 면접에 협조적 수용태도를 갖도록 친밀한 관계(rapport)를 형성하기 위해 노력해야 한다.

대학이나 기업체에서 선발전형의 일환으로 면접법을 사용하는 경우가 많다. 이때 면접의 기본 목적은 서류나 필기시험으로 평가하기 어려운 전인적 인격과 개인의 잠재능력을 파악하는데 있다. 따라서 면접고사에서는 면접에 의해서만 파악할 수 있는 특성들에 중점을 두고 평가하는 것이 바람직하다. 선발전형에서 면접고사는 응시자들 중에서 최종적인 선발 결정을 하는데 사용되거나, 최소의 자격 요건을 갖추고 있는지를 평가하는데 사용된다. 응시자의 언어적 · 비언어적 표현, 용모, 성품 등 종합적인 인물 평가는 응시자와 직접 대면하여 관찰하고 질의응답할 수 있는 심층면접에 의해서만 평가될 수 있다. 선발면접에서 특히 다음과 같은 특성들은 면접을 통하여 평가하기에 적당하다. 즉, 용모, 태도, 정서적 안정성, 언어표현력, 의사소통능력, 전반적인 교양과 지식 정도 등은 면접고사를 통하여 알아볼 수 있는 특성이다.

2. 면접의 유형

면접은 다양한 상황에서 여러 가지 목적으로 사용된다. 따라서 면접의 유형도 다양하게 분류할 수 있다. 예를 들어, 면접의 목적에 따라 다음과 같이 구분할 수 있다. 대학 및 회사에서 신입생이나 신규사원을 선발하고 채용하기 위한 인사면접, 상담소나 사회복지기관에서 내담자를 상대로 하는 임상면접, 필요한 자료수집을 목적으로 연구대상자를 면담하면서 여러 가지 질문하는 연구면접, 의사가 환자를 대상으로 건강상태와 병력에 관한 정보를 수집하기 위한 의료면접 등 면접의 목적에 따라 여러 유형으로 구분된다. 또한 면접자와 피면접자가 직접 만나서 얼굴을 마주보느냐 그렇지 않느냐에 따라 대면면접과 전화면접으로 구분되기도 한다. 최근에는 조사연구에서 전화면접이 널리 사용되고 있다. 대면면접에 비하여 자료수집의 비용이나 노력이 적게 들고 신속하게 이루어질 수 있기 때문이다.

1) 구조화 정도에 따른 구분

면접의 과정이 표준화되고 사전 계획이 짜인 정도에 따라 구조화 면접, 비구조화 면접, 반구조화 면접 등으로 구분할 수 있다.

(1) 구조화 면접

구조화된 면접은 질문의 내용, 방식, 순서 등을 미리 정해 놓고 모든 대상에게 사전에 준비한 질문을 중심으로 면접하는 방식이다. 이러한 면접은 비구조화 면접에 비해 다음과 같은 장점을 갖는다. 면접자의 행동에 일관성이 유지되고, 편견이나 선입견 등으로 인한 편파를 감소시킬 수 있고, 면접결과의 비교가능성이 크고 결과분석에 공통성이 유지된다는 점이다. 사전에 준비한 평정척도 등을 사용함으로써 면접자의 부담을 줄임과 동시에 정확성과 신뢰도를 높일 수 있다. 이러한 이유로 많은 연구에서 구조화된 면접 방식을 선호한다. 그러나 비구조화 면접에 비해 면접상황에 대한 적응도와 융통성이 떨어지고, 새로운 사실의 발견가능성이 낮고, 면접에 필요한 도구의 개발과 사전 준비에 시간과 비용이 많이 든다는 것이 단점이다.

(2) 비구조화 면접

질문 방식이나 내용에 있어서 제약이 없이 면접자의 상황판단에 따라 유연하게 진행하는 면접방식을 비구조화 면접이라고 한다. 미리 준비한 질문지나 순서 없이 진행하는 면접이지만 그렇다고 원칙이나 줄거리가 없는 면접은 아니다. 다만 면접자에게 자유재량이 크게 부여되는 방식이다. 융통성이 많아 면접상황에 대한 적응도가 높고, 새로운 사실의 발견이 가능하고, 면접자에게 부여된 자유재량을 신축성 있게 활용할 수 있다는 장점이 있다. 그러나 왜곡과 편파에 취약하고, 구조화된 면접에 비해 신뢰도가 낮으며, 면접결과의 비교가능성이 떨어지고, 면접자의 개인적 선호에 크게 영향을 받게 되는 단점이 있다. 또한 사생활을 침해하는 개인적인 내용을 질문항목에 포함시키거나, 면접자가 피면접자보다 말을 더 많이 할 가능성이 있다. 비구조화 면접을 효과적으로 실시하기 위해서는 면접자에게 고도로 숙련된 면접기술이 필요하다.

(3) 반구조화 면접

구조화 면접과 비구조화 면접의 장점을 살리기 위한 절충식 면접법으로서, 사전에 면접에 관한 치밀한 계획을 세우되 실제 면접 상황에서는 융통성 있게 진행시키는 방법이다. 일반적으로 면접에서 중요한 질문은 사전에 구조화시키고 그 밖의 질문은 비구조화 되는 것이 보통이다. 그러나 면접이 대체로 사전 계획에 따라 진행되기 때문에 비구조화 면접보다는 융통성이 떨어진다. 또한 구조화 면접에 비해 고도로 훈련받은 면접자를 필요로 한다.

2) 개별면접과 집단면접

면접에 참여하는 면접자와 피면접자의 수에 따라서 면접자와 피면접자가 1 : 1로 하는 개별면접과 여러 명의 면접자가 1명 이상의 피면접자를 대상으로 면접하는 집단면접으로 나눌 수 있다.

(1) 개별 면접

피면접자 한 사람을 대상으로 면접자가 개별적으로 질의 응답하는 방법이다. 시간이 많이 걸리고 면접자의 주관이 크게 작용할 수 있다는 단점이 있으나, 피면접자의 신상과 자질에 대해서 자세히 알아내는 데는 좋은 방법이 될 수가 있다.

(2) 집단 면접

면접자 여러 명이 2명 이상의 피면접자를 한꺼번에 면접하는 방법이다. 이 방식의 장점은 면접시간을 줄일 수 있고, 피면접자 여러 명을 동시에 비교해서 판정할 수 있으므로 결과적으로 평가의 객관성이나 신뢰성을 높일 수 있다는 점이다. 그러나 피면접자 개개인에 관한 상세한 질문을 하기 힘들다는 단점이 있다. 집단 면접에서는 평소 다른 사람 앞에서 자신의 의견을 조리 있게 발표할 수 있는 능력을 갖춘 사람이 유리하다.

(3) 집단 토론식 면접

어떤 주제를 제시하고 이 문제를 중심으로 피면접자들 간에 토론하도록 하고 평가하는 방식이다. 피면접자 여러 명에게 공통의 과제를 주고 그들끼리 서로 토론을 시킴으로써 전체 속에서 개인의 리더십, 판단력, 설득력, 협동성 등을 평가할 수 있다.

3. 면접의 절차

1) 면접자의 선정

면접은 궁극적으로 면접자의 주관적 판단에 의해 결정되므로, 타당성과 신뢰성이 높은 면접을 위해서는 면접자의 자질이 매우 중요하다. 면접자가 갖추어야 할 중요한 자질은 청취기술과 피면접자의 언어적 및 비언어적 표현을 재빨리 파악할 수 있는 능력이다. 면접자는 다른 사람들과 편안하게 대화를 나눌 수 있어야 하며, 예리한 관찰력과 판단력을 갖춘 사람이 적합하다. 그리고 무엇보다도 정확하고 객관적으로 평가하려는 면접자의 자세가 중요하다. 선발면접을 할 때 유능한 면접관은 응시자의 유창한 언변 속에 감추어진 진실을 정확히 꿰뚫어 볼 수 있는 능력이 있어야 한다.

2) 면접자의 훈련

면접자가 선정되면 면접이 실시되기 전에 면접에 대한 훈련을 실시할 필요가 있다. 면접자 훈련에서 주로 다루는 내용은 면접에 대한 기초 지식과 면접을 통하여 알아내고자 하는 사항 등이다. 면접자 훈련은 면접의 중요성, 면접자가 범하기 쉬운 잘못, 면접시 피해야 할 질문, 정확한 면접이 되기 위한 선행 조건 등과 같이 면접자로서 갖추어야 할 기본적인 지식과, 연구의 목적, 면접할 때 질문할 내용, 면접 실습 등으로 구성된다.

3) 면접의 장소

면접을 구성하는 요소는 크게 면접자, 피면접자, 그리고 면접 상황으로 구분되는데 이들은 각기 면접의 결과에 독특한 영향을 미치게 된다. 그러므로 정확한 면접을 위해서는 이들 요소에 개입할 수 있는 오염 변인을 가능한 한 통제해야 한다. 면접자와 피면접자 뿐만 아니라 면접 상황을 구성하고 있는 면접 장소, 자리 배치, 면접 절차 등을 구조화하는 것도 신뢰롭고 타당한 면접 결과를 얻는데 중요하다.

4) 면접의 실시

면접자가 피면접자를 찾아갈 경우에는 사전에 시간약속을 해두는 것이 좋다. 면접을 실행하는 단계에서는 피면접자의 협조를 구하는 기술이 필요하다. 먼저 면접자 자신을 피면접자에게 소개하고, 면접의 목적 및 내용을 간단히 설명한다. 피면접자가 응답한 내용이 연구목적 이외에 사용되지 않을 것임을 인식시키고 또한 개인의 신상에 관한 사항이 공개되지 않는다는 것도 알려야 한다. 그리고 피면접자에게 어떻게 응답자로 선정되었는가를 알려주고, 관련되는 서류를 보여

줌으로써 면접에 대한 신뢰를 갖도록 한다. 가령, 피면접자에게 사전에 보낸 편지가 있으면 그 사본을 보여주거나, 공문의 형식으로 발송한 관계기관의 협조의뢰서가 있다면 그 사본을 제시하는 것도 좋다.

면접의 진행 여건이 조성되었으면 조사표대로 질문을 한다. 만약 피면접자의 대답이 불충분하거나 분명하지 않을 경우에는 추가 질문을 하여 정확한 응답을 이끌어내도록 한다. 면접단계별 질문내용의 구성은 시작 단계에서는 면접의 분위기 조성을 위한 질문을, 본 단계에서는 면접에서 알아보고자 하는 조사항목에 대한 질문을, 종결 단계에서는 면접상황을 마무리하는 언급을 하는 것이 좋다. 면접을 실시할 때 면접자가 유의해야 할 사항은 다음과 같다.

① 면접을 실시하기 전에 반드시 면접지침서를 숙독하고, 면접의 각 단계별로 알아두어야 할 사항, 유의사항 등을 숙지할 것.
② 면접에서 조사해야 할 내용과 그렇지 않은 것을 분명히 구별함으로써 부적절한 요인에 의해 면접결과에 영향을 받지 않도록 할 것.
③ 초기의 질문에 대한 답변이나 인상을 통해 피면접자에 대한 전반적 평가를 하지 말고 마지막 단계까지 잘 관찰한 후 신중하게 판단하여 평정할 것.
④ 시험성적이나 기타 배경 관련 자료와 정보를 통해서 면접 전에 미리 피면접자에 대한 편견을 가지고 면접에 임하지 말 것.
⑤ 면접 도중에 피면접자가 틀린 대답을 하더라도 외면하거나 인상을 찡그리는 등의 부정적인 태도를 보이거나 모욕적인 언급을 하지 말 것.
⑥ 성별, 외모, 종교, 출신지역, 가정환경 등 사생활이나 공정성에 관한 문제를 야기할 수 있는 부적절한 질문은 피할 것.
⑦ 면접자는 자신의 편견이나 선입견을 최대한 배제하고 가능한 한 객관적인 입장에서 판단하도록 노력할 것.
⑧ 피면접자가 정서적으로 안정된 상태에서 면접에 임하도록 자유스러운 행동을 유도하며 충분한 의사표시가 되도록 면접분위기를 조성할 것.
⑨ 알아듣기 쉬운 용어를 사용하되, '예', '아니오'로 답변되는 질문은 피하고, 될 수 있는 한 피면접자가 이야기를 많이 하도록 유도할 것.

한편, 선발면접을 할 경우 면접자가 면접표에 평정을 할 때 다음과 같은 오류를 범하기 쉬우니 주의해야 한다.

① 집중경향의 오류 : 평정결과가 중간 부분에 지나치게 집중하는 경향을 말하는데, 훈련이 부족한 면접자가 범하기 쉬운 착오이다. 극단적인 판단을 꺼리는 인간심리 때문에 이러한 경향을 보이므로, 집중경향의 오류를 줄이려면 의식적으로 개인차 범위를 넓히려고 노력해야 한다.
② 인상의 오류 : 성적 좋은 학생, 잘 아는 학생 등 현재 평정하고자 하는 특성 이외에 다른 특성이 평가를 더 좋게 또는 더 나쁘게 하는 경향이다. 이러한 착오를 줄이기 위해서는 현재 평정하고자 하는 특성 그 자체에만 주의를 기울여야 한다.
③ 표준의 오류 : 면접자가 평정의 표준을 어디에 두느냐에 따라서 면접자간 일관된 차이가 발생하는 착오이다. 가령, 7단계 평정에서 어떤 면접자는 3을 표준으로 삼는 반면에 다른 면접자는 5를 표준으로 삼을 수도 있다.
④ 대비의 오류 : 면접자 자신이 가지고 있는 특성이 평가받는 지원자에게 있으면 나쁘게 평정하고, 자신에게 없는 특성이 평가받는 사람에게 있으면 좋게 보려는 경향이다. 경우에 따라서는 이와 반대로 평정하는 수도 있다.
⑤ 이 밖에 면접자의 독특한 평정 경향성이 면접결과에 큰 영향을 미칠 수 있다. 지원자들을 제각기 다른 면접자들이 면접할 경우에 이러한 문제는 심각한 결과를 초래할 수 있다. 문제가 될 수 있는 평정 경향성에는 지나치게 후하게 평정하는 관대의 경향성과, 지나치게 박하게 평정하는 엄격의 경향성이 있다.

5) 면접의 기록

면접법을 사용하여 자료를 수집할 때 면접 내용을 정확하게 기록하는 것은 아주 중요한 일이다. 아무리 면접이 잘 이루어졌다 하더라도 면담한 내용을 정확하게 기록하지 못하면 연구 자료로서의 가치가 반감되고 쓸모없는 것이 될 수 있기 때문이다. 면접의 내용을 기록할 때 피면접자의 응답 중에서 모호하거나 잘못된 것이라고 생각되는 것은 별도로 표시해 두는 것도 정확한 기록을 위한 한 방법이다. 면접 내용을 세세하게 기록하기 어려울 경우에는 약어나 특수기호를 이용해서 기록하는 수가 있다. 근래에는 정확한 기록을 위하여 녹음기를 이용해서 면접시 질의응답한 내용을 녹취해 두었다가 나중에 문서화된 기록으로 전환하는 방법을 많이 쓴다. 면접내용을 녹취할 때는 반드시 사전에 피면접자의 양해를 구해야 한다.

4. 면접법의 장단점

자료수집의 방법으로서 면접법은 다른 어떤 방법에서도 수집할 수 없는 직접적이고 생생한 자료를 얻을 수 있다. 그러나 면접법도 그 나름의 장점과 단점을 가지고 있다. 먼저 면접법의 주요 장점은 다음과 같다.

① 자료수집에 있어서 융통성이 많다는 점이다. 피면접자가 질문의 내용을 잘 이해하지 못할 경우 반복해서 질문하거나 말을 바꾸어서 물어볼 수도 있다. 즉, 응답자의 수준에 맞게 질문을 적절히 변화시킬 수 있는 융통성이 있다.

② 응답자가 누구인지 알 수 있다. 면접은 피면접자를 직접 만나서 질문하는 것이기 때문에 응답자 본인이 직접 응답하게 된다. 질문지의 경우 제3자가 응답할 가능성도 있으나 면접법에서는 연구대상 본인으로부터 직접 정보를 얻는다.

③ 면접자는 면접하는 과정에서 응답자의 비언어적 행동을 관찰하면서 응답에 대한 타당성을 평가할 수 있다.

④ 면접자가 면접상황을 조정할 수 있으므로 피면접자의 미흡한 응답에 대해서는 보충질문을 하거나 캐묻기(probing) 함으로써 자료의 완성도를 높일 수 있다.

⑤ 면접법에서는 질문지법보다 한층 복잡한 질문도 가능하다. 면접자가 면접상황에서 피면접자에게 설명해 줄 수 있기 때문에 복잡하거나 어려운 질문도 할 수 있다.

반면에 면접법이 지니고 있는 주요 단점은 아래와 같다.

① 면접을 위한 비용과 시간이 너무 많이 든다는 점이다. 피면접자가 지리적으로 넓게 분포해 있거나 표본의 크기가 큰 경우 면접수행을 위한 비용과 시간이 많이 소요된다.

② 피면접자의 익명성을 보장할 수 없다. 면접법에서는 면접자가 피면접자의 성명, 주소, 전화번호 등 개인정보를 알게 된다. 따라서 응답자는 개인적인 질문이나 감정적으로 민감한 사안에 대해서는 정직하게 응답하지 않고 응답을 회피하거나 거부할 수도 있다.

③ 피면접자가 질문에 응답해야 된다는 압력을 느낄 수 있다. 질문지법에 비하여 면접법은 응답자에게 질문내용에 대하여 충분히 생각할 시간적 여유를 많이 주지 않음으로써 피면접자는 즉각적으로 응답을 해야 하는 압력을 받게 된다.

④ 표준화가 덜 된 질문을 구사할 가능성이 높다는 점이다. 면접법에서는 응답자에 따라 융통성 있게 질문을 변화시킬 수 있다는 점이 장점이지만, 응답자들 간에 응답의 결과를 비교하고자 할 때 이것은 표준화되지 않아 단점으로 작용할 수 있다.

⑤ 면접자를 감독하고 통제하는 일이 매우 어렵고, 면접자의 편견이 개입되기 쉽다.

제3절 질문지법

1. 질문지법의 성격

조사연구에서 자료수집의 한 방법으로 가장 빈번하게 사용되는 도구가 질문지이다. 질문지(questionnaire)란 어떤 문제나 사물에 관한 필요한 사항을 알아보기 위하여 만든 일련의 문항들을 체계적으로 조직하여 작성한 조사도구를 말한다. 일반적으로 어떤 문제나 사건에 대하여 개인들이 가지고 있는 의견 또는 태도를 알아보고자 할 때 대개 질문지를 사용한다. 질문지는 주로 사회학 분야의 조사연구에서 많이 쓰이지만, 교육 및 심리학 분야의 연구에서도 실험적 방법으로는 해결하기 어려운 문제들을 연구할 경우에 질문지법을 이용하는 수가 많다.

질문지는 묻는 내용에 따라 크게 두 가지로 구분할 수 있다. 첫째는, 객관적인 사실을 알아보기 위한 질문이다. 예컨대, 응답자의 연령, 직업, 가족사항 등 사실적인 내용을 묻는 것이다. 둘째는, 어떤 문제나 대상에 대하여 응답자가 가지고 있는 의견이나 태도 등을 조사하기 위한 질문이다. 가령, 중 · 고등학교에서의 성교육에 대한 의견, 교직에 대한 태도, 아동관이나 종교관 등을 묻는 것이 여기에 속한다.

초보연구자들이 연구문제를 심사숙고하지 않고 질문지를 남용하는 경향이 있는데, 질문지법을 이용하려면 그에 앞서 몇 가지 문제를 검토할 필요가 있다. 즉, 질문지를 통하여 과연 필요한 정보를 얻을 수 있는가, 응답자가 성실하게 반응할 수 있는 내용인가, 질문지 이외에 좀 더 신뢰롭고 타당한 자료수집 방법은 없는가? 등의 문제를 사전에 충분히 검토한 후에 질문지법의 채택여부를 결정하는 것이 좋다.

질문지를 이용하여 자료를 수집할 경우에는 그 질문지에 응답할 사람들의 입장을 충분히 고려하여, 응답자들로 하여금 마음 놓고 솔직한 반응을 할 수 있도록 만들어야 한다. 응답자들로부터 성실한 반응을 얻어 내려면, 그들에게 심리적으로나 신체적으로 너무 큰 부담을 주지 않도록 해야 할 것이다. 따라서 질문지를 만들 때는 가급적 문항수를 적게 하여 필요한 사항만 묻도록 할 것이며, 반응결과가 응답자에게 불리하게 작용하지 않을 것이라는 사실을 인식시켜야 한다. 질문지의 결과를 어떻게 정리하고 분석할 것인가에 관해서도 미리 자세한 계획을 세워 놓는 것이 좋다. 만약 응답자들로부터 믿을만한 반응을 얻기 어렵다고 판단될 경우에는 질문지의 사용을 피하는 것이 바람직하다.

2. 질문지의 형식

질문지는 응답형식에 따라 폐쇄형의 구조적 질문지와, 개방형의 비구조적 질문지로 분류한다. 전자는 미리 반응이 나올 만한 여러 개의 선택지를 제시하고 그 중에서 선택을 하게 하거나 서열을 매기도록 하는 방법이며, 후자는 응답자가 주어진 질문에 대하여 비교적 자유롭게 반응할 수 있도록 만든 문항형식을 말한다.

구조적 질문지는 결과의 분석이 용이하고 응답자의 반응을 상호 비교해 볼 수 있어서 많이 사용되고 있다. 그러나 이러한 형식의 질문지에서는 선택지를 작성할 때 포괄적이고 상호 배타적인 목록이 되도록 만들어야 한다는 어려움이 있다. 또한 응답자는 그가 선택하는 이유를 제시하지 못하고 다만 제한된 답지 중에서 선택해야만 한다는 문제도 있다. 다시 말해서, 이 방법은 선택지의 완전한 목록을 작성하기 어렵고, 응답자의 창의적 반응을 얻을 수 없다는 단점을 지니고 있다.

비구조적 질문지는 응답자가 자유스럽게 창의적으로 반응할 수 있는 것이 장점이다. 흥미, 태도, 가치관 등 심리적인 특성을 조사하거나, 구조적 질문지를 작성하기 위한 사전조사를 할 경우에 많이 쓰인다. 그러나 이 방법은 반응결과를 요약 · 정리하기가 쉽지 않고, 응답자들에게 많은 시간과 노력을 요구하는 것이기 때문에 자칫 잘못하면 성의 없는 반응이나 무응답이 나올 가능성이 많다는 단점이 있다.

어떤 형식의 질문지를 사용할 것인가는 질문내용의 성격, 응답자들의 수준, 반응에 대한 구조화의 정도 등을 고려하여 결정해야 할 것이다. 개방형과 폐쇄형의 질문지는 상호 보완적이므로 조사의 목적 · 내용 · 상황에 따라 알맞게 혼용하는 것이 좋다. 다음에 질문지의 몇 가지 구체적인 형식에 대하여 기술한다.

1) 자유반응형

주어진 질문에 자유스럽게 반응할 수 있도록 되어 있는 문항형식을 자유반응형이라고 한다. 응답자가 아무런 제한을 받지 않고 자유롭게 반응할 수 있다는 것이 장점이 되는 동시에 단점이 될 수도 있다. 즉, 응답자의 다양한 반응을 통하여 조사하려는 문제에 대한 폭넓은 의견이나 태도를 알아볼 수 있는 장점이 있지만, 이와 같이 다양한 반응을 정리하고 요약하는데 많은 시간과 노력이 들고 주관적 판단이 개입되기 쉬운 단점이 있는 것이다.

질문내용이 모호하게 되면 연구자가 원하는 정보를 얻지 못할 수가 있으므로 질문을 구조화시켜 명료하게 제시할 필요가 있다. 자유반응형의 질문지는 경우에 따라서는 응답자에게 너무 큰 부담을 주기 때문에 불성실한 반응이나 무응답이 나올 염려가 있다. 따라서 이러한 형식의 질문은 응답자의 표현능력이 높고 성실하게 반응하리라는 점을 확신할 수 있을 때에 한해서 사용하는 것이 바람직하다.

〈문항 예〉

1. 현재 우리나라 대학교육이 당면하고 있는 가장 큰 문제는 무엇이라고 생각하십니까?
2. 교권확립을 위한 방안에 대하여 선생님의 의견을 아래에 자유스럽게 기술하여 주십시오.

2) 선택형

이것은 한 문항에 두 개 이상의 답지를 주고 그 가운데서 응답자로 하여금 적당한 답지를 선택하도록 하는 방법이다. 선택형은 자유반응형에 비하여 결과처리가 용이하고, 응답자들에게도 별로 부담을 주지 않기 때문에 협조를 얻기가 쉽다. 그러나 응답자의 반응이 주어진 답지에만 국한된다는 문제점이 있다.

이러한 형식의 질문지를 만들 때 유의할 사항은, 주어진 질문에 어떤 반응이 나올 수 있는지 사전에 충분히 조사하여 될 수 있는 한 여러 가지 가능성 있는 반응의 내용을 답지에 모두 포함시켜야 한다는 점이다. 적당한 답지가 없는데도 억지로 어느 하나를 선택하도록 하면 실제와 다른 정보를 얻을 위험이 있다. 이럴 경우에는 답지 중에 '기타' 란을 추가시켜 응답자가 주어진 답지들 이외에 자유롭게 반응할 수 있도록 하는 것도 한 방법이다.

〈문항 예〉

1. 교직에 대해서 어떻게 생각하십니까?

   __① 적어도 나에게는 성직이며 천직이다.
   __② 다른 어떤 직업보다 보람 있는 직업이다.
   __③ 다른 직업과 마찬가지로 평범한 직업이다.
   __④ 상대적으로 격이 떨어지는 직업이다.
   __⑤ 할 만한 직업이 못된다.

2. 당신의 종교는?

   __① 불교
   __② 기독교
   __③ 천주교
   __④ 기타(　　)

3) 체크리스트형

체크리스트(check list)란 어떤 행동이나 특성을 목록화한 것이다. 예를 들어, 관찰하려는 행동특성이 나타났을 때 관찰자가 이를 표시할 수 있도록 행동단위를 자세히 분류하여 열거해 놓은 것이 체크리스트의 하나이다. 대개는 시간표집이나 사건표집 방법에서 특정 행동을 관찰하기 위하여 체크리스트를 사용한다. 이 방법은 어떤 행동특성이나 사건의 발생 여부에만 관심이 있을 때에 한하여 사용하는 것이 바람직하다. 왜냐하면, 체크리스트로는 행동의 질, 지속기간, 강도 등에 관한 정보를 얻기가 어렵고, 다만 사건이나 행동의 발생 여부에 관한 사실만이 표시되기 때문이다.

체크리스트형의 질문지는 어떤 한 문제에 다수의 선택항목을 제시하고, 응답자에게 해당하는 항목은 모두 표시하도록 하는 방법이다. 이러한 형식의 결과 처리는 대개 표시된 항목의 빈도를 구하거나 합계를 수량화시켜 비교한다.

〈문항 예〉

1. 현재 당신의 대학생활에서 당면한 가장 중요한 문제는 무엇입니까?

__① 학업문제 __② 건강문제 __③ 경제문제
__④ 종교문제 __⑤ 성격문제 __⑥ 가정문제
__⑦ 군대문제 __⑧ 취직문제 __⑨ 이성교제

2. 다음에 열거한 각 항목을 보고 관찰대상 유아가 그러한 행동이나 기능을 할 수 있는지를 관찰한 다음 할 수 있는 것에는 모두 ∨표를 하시오.

__① 눈동자를 움직인다.
__② 얼러주면 웃는다.
__③ 물건 같은 것을 응시한다.
__④ 엄마를 알아본다.
__⑤ 부축해서 앉혀 주면 고개를 가눈다.
__⑥ 엎드린 채 고개를 쳐든다.
__⑦ 소리 들리는 쪽으로 고개를 돌린다.
__⑧ 물건을 따라가며 시선과 머리를 돌린다.
__⑨ 자유롭게 머리를 끄덕인다.

4) 평정척도형

응답자에게 미리 정해 놓은 척도에 반응하도록 만든 질문지 형식을 평정척도형이라고 한다. 평정척도(rating scale)는 체크리스트와는 달리 어떤 특성의 존재 유무에 관한 평가를 넘어서, 그러한 특성의 정도나 질적 수준을 평가하고자 할 때 사용할 수 있는 방법이다. 평정척도는 관찰결과를 척도상의 유목이나 숫자 등으로 간편하게 기록할 수 있도록 만들어 놓은 것이다. 아동의 사회 · 정서적 발달 특성이나 정의적 학습결과를 평가할 경우에 평정척도가 많이 쓰인다.

평정척도는 문항의 성격에 따라 찬성 정도 또는 만족 정도 등을 나타낼 수 있도록 만든다. 예컨대, 어떤 문제에 대한 찬성 정도를 알아보기 위하여 5단계 척도를 만든다면, "대단히 찬성한다, 찬성한다, 그저 그렇다, 반대한다, 대단히 반대한다" 식으로 선택지를 구성한다. 평정의 단계는 대개 홀수로 나누는데, 일반적으로 3 · 5 · 7단계의 척도가 많이 쓰인다. 그리고 척도의 표시도 언어, 숫자, 그림 등 여러 형태로 나타내는 방식이 있다.

① 기술평정척도 : 이것은 평정의 단계를 간단한 어구나 문장으로 나타내는 방법이다. 기술평정척도의 예를 들면 다음과 같다.

〈문항 예〉

선생님께서는 교직에 대해서 어느 정도 만족하십니까?

__① 매우 만족스럽다.

__② 대체로 만족스럽다.

__③ 그저 그렇다.

__④ 대체로 불만스럽다.

__⑤ 매우 불만스럽다.

② 도식평정척도 : 평정의 단계를 그림으로 나타낸 것을 도식평정척도라고 부른다. 이 방법은 대개 기술척도나 점수척도를 결합해서 평정의 단계를 연속선상에 나타내는 것이 보통이다. 척도의 단계를 시각적으로 나타내었기 때문에 그만큼 응답자가 평정하는데 도움을 준다.

〈문항 예〉

다음 각 항목을 하나하나 읽고, 그 글의 내용에 비추어 여러분 자녀의 행동이 어디에 속하는지 가장 적절하다고 판단되는 숫자에 ○표를 하시오.

	전혀 그렇지 않다	그렇지 않다	보통 정도	그렇다	매우 그렇다
1. 하던 일은 끝까지 하는 편이다.	1	2	3	4	5
2. 무슨 일에나 자신 있는 것 같다.	1	2	3	4	5

③ 등위평정척도 : 이 방법은 어느 한 집단을 기준으로 했을 때, 그 집단에 속한 개인의 능력이나 행동특성을 평정하여 순위를 결정하거나 상대적 위치를 표시하는 것이다. 대상자가 적을 경우에는 1, 2, 3 … 으로 순위를 결정하기가 쉽지만, 대상자가 많으면 많을수록 순위를 결정하기가 어려워진다. 따라서 평정해야 할 집단이 클 경우에는 대개 척도의 단계를 상 · 중 · 하 또는 수 · 우 · 미 · 양 · 가 등으로 평정할 수 있도록 만든다.

〈문항 예〉

지시 : 선생님께서 이제까지 지도하신 경험을 토대로 다음 학생의 자질을 평정하시되, 학급 전체를 기준으로 하여 아래 각 항목별로 그 수준을 표시하여 주십시오.

평가자 성명		학생 성명		평가 일자	
평정 항목	수	우	미	양	가
1. 학업성적					
2. 지적능력					
3. 창의력					
4. 지도력					
5. 책임감					
6. 대인관계					
7. 정서적 안정성					

평정법은 다른 방법으로는 평가하기 어려운 행동특성을 비교적 용이하게 평

가할 수 있다는 장점과 함께, 평정척도를 제작하고 사용하는 것이 간편하다는 장점을 지니고 있다. 따라서 교육평가 분야에서 이 방법이 널리 활용되고 있다. 그러나 평정법은 평정하는 사람의 주관적 판단을 요구하기 때문에 평정의 객관성이나 공정성 등 몇 가지 문제가 야기될 수 있다. 즉, 평정자의 주관이나 편견 등으로 인하여 평정의 오류가 발생할 가능성이 있다. 앞에서 면접자가 면접표에 평정할 때에 범하기 쉬운 오류를 소개한 바 있다. 이러한 착오의 연장선에서 평정자가 범하기 쉬운 몇 가지 오류를 지적하면 다음과 같다.

첫째, 집중경향의 오류이다. 상당수의 평정자들이 척도상의 단계에서 극단적으로 높거나 낮게 평가하는 것을 피하고 중간 쪽으로 평정하려는 경향이 있다. 이렇게 평정하게 될 경우 5단계 척도라 할지라도 실제로는 3단계 척도의 구실밖에 하지 못하는 셈이 된다.

둘째, 선입견이나 편견에 의한 오류이다. 이것은 평정하려는 특성 이외의 다른 요인이 평정에 영향을 주는 것을 말한다. 예를 들어, 교사가 학생들을 평가할 경우 공부 잘하는 아동은 성적과 별로 관련 없는 다른 특성도 긍정적으로 평가하고, 반면에 부적응 아동은 모든 영역에서 부정적으로 평정하려는 경향이 있다. 이러한 오류를 방지하려면 평정자는 오직 평가하려는 특성을 중심으로 객관적 태도를 가지고 평정을 하도록 노력해야 한다.

셋째, 판단기준의 차이에 의한 오류이다. 똑같은 행동특성을 평가하는 데도 각 평정자가 제각기 다른 준거의 틀을 가지고 있기 때문에 서로 다르게 평정하는 수가 있다. 또한 어떤 평정자는 일반적으로 관대하게 평정하는데 비하여, 어떤 평정자는 좀 더 엄격하게 평가하는 경향도 있다. 따라서 평정척도를 이용할 경우에 이러한 평정의 오류를 줄이기 위해서는 평정에 필요한 판단기준을 분명하게 제시하여야 한다.

5) 순위형

이것은 제시된 항목들을 일정한 기준, 예를 들어 '좋고 나쁨', '찬성 반대' 등에 따라서 최상위에서 최하위까지 순위를 매기도록 하는 방법이다. 이러한 방법에서 유의할 점은 순위를 매겨야 할 항목이 너무 많으면 반응의 신뢰성이 낮아진다는 점이다. 따라서 10개 이내의 항목이 적당하다.

〈문항 예〉

1. 다음은 아동과 관련된 항목입니다. 귀하께서 생각하시기에 아동에게 가장 중요하다고 판단되는 것부터 1, 2, 3의 순서를 매겨 주십시오.

__성격 __공부 __건강

2. 아래에 열거한 인생의 가치항목들 중에서 당신이 생각하기에 첫째로 값지다고 생각하는 것, 둘째로 값지다고 생각하는 것, 셋째로 값지다고 생각하는 것을 각각 골라 1, 2, 3의 번호를 쓰시오.

__건강 __사랑
__학식 __권력
__인격 __봉사
__우정 __물질생활
__명예 __신앙생활

3. 질문지의 작성요령

1) 일반사항

질문지를 제작하기 전에 우선 결정할 사항은 질문지를 작성하려는 목적이 무엇이며, 어떠한 조사의 내용과 범위를 가지고, 어떤 대상에게 실시할 것인가를 분명히 하는 일이다. 이것은 아주 기본적인 상식에 속하는 사항이지만, 질문지를 작성하는 사람들 중에 간혹 이와 같은 상식을 상기하지 못하는 예를 발견하게 된다. 질문지를 통하여 '무엇' 을 조사하고, 그러한 내용을 '누구' 로부터 얻어내려는지 분명히 정해 놓지 않으면 문항작성에서 방향감을 잃게 되고 또한 문항의 내용이 적절하지 못할 가능성이 크다.

다음에는 어떤 형식의 질문지를 사용할 것인가를 사전에 결정하는 것이 좋다. 앞에서 기술한 것처럼 질문지의 형식에는 여러 종류가 있는 바, 연구의 목적과 응답자의 특성을 고려하여 그에 알맞는 형식을 선택해야 할 것이다. 어느 한 가지 형식만을 고수할 것이 아니라 경우에 따라서는 여러 형식을 혼용하거나 적절한 방법으로 변형시켜 사용할 수도 있을 것이다. 여하튼 반응의 신뢰도와 타당도를 높이고, 결과분석을 객관적으로 용이하게 할 수 있는 방법을 사용하는 것이 좋다.

또한 질문지를 작성하기 전에 질문지의 실시방법 및 응답자의 익명여부를 미리 정하는 것이 바람직하다. 질문지의 실시방법은 크게 나누어 연구자가 직접 실시하는 방법, 우편을 이용한 방법, 전화를 이용한 방법, 그리고 제삼자에게 의뢰하는 방법 등이 있다. 각 방법에 따라 질문지의 지시문, 회수율, 응답의 신뢰성 등이 달라진다. 그리고 응답을 기명으로 하느냐 무기명으로 하느냐에 따라서도 반응의 신뢰성이 다를 수 있으므로 조사내용의 성격과 응답자의 수준을 고려하여 이 문제를 신중히 결정할 일이다.

2) 문항작성

첫째, 질문은 간단 명료하게 한다. 질문에 사용하는 용어는 명확해야 하며, 부정확한 낱말이나 모호한 표현은 피하여 응답자가 정확하게 질문 내용을 파악할 수 있도록 해야 한다. 여러 가지 의미를 내포하고 있는 용어나 너무 전문적인 술어를 사용하는 것은 좋지 않다. 그리고 하나의 문항에는 하나의 질문만을 하도록 한다.

둘째, 문항의 수는 필요한 범위 내에서 최소로 한다. 너무 많은 내용을 장황하게 묻게 되면 응답자들이 부담을 느껴서 처음부터 응답하는 것을 기피하거나 무성의하게 반응할 염려가 있다. 질문의 수가 많게 되면 성실한 응답을 얻기 힘들 뿐만 아니라 결과를 처리하는 데도 많은 시간과 노력이 들게 마련이다. 따라서 별로 중요하지 않거나 조사내용과 직접적으로 관련이 없는 질문은 제외시키고 꼭 필요한 내용만 묻도록 한다.

셋째, 응답자를 난처하게 만들거나 감정을 상하게 하는 질문은 피하도록 한다. 예컨대, 응답자에게 수치심을 주거나 감정을 상하게 하는 질문 또는 책임을 추궁하는 식의 질문에 대해 성의있는 응답을 기대하는 것은 어리석은 일이다. 질문은 될 수 있는 한 응답자들이 편한 마음으로 흥미를 느끼고 응답할 수 있도록 만들어야 그들의 협조를 받고 솔직한 반응을 얻을 수 있다.

넷째, 좋은 질문지를 만들기 위해서는 일차로 작성한 질문지를 가지고 예비실시의 과정을 거치는 일이 필요하다. 예비실시를 하는 목적은 질문지 가운데 응답자가 이해하지 못하는 용어나 적절하지 못한 표현은 없는지, 반응하기 곤란한 문항은 없는지, 실시절차상의 문제는 무엇인지 등을 사전에 탐지해 내는데 있다. 이러한 예비실시의 결과에 의하여 문항의 삭제·첨가 및 질문지 전체에 대한 수정·보완 작업을 하여 좀더 나은 최종형태의 질문지를 만들게 된다.

3) 체제 구성

질문지는 응답자의 첫눈에 들 수 있도록 디자인이 아름답고 인쇄가 선명해야 협조를 받기가 쉽다. 용지도 깨끗한 것을 사용하여 가능한 한 응답자들로 하여금 흥미와 매력을 끌 수 있도록 질문지의 체제를 구성하는 것이 좋다. 일반적으로 질문지에 응답하는 일 자체가 원래 귀찮은 일인데, 표면적인 매력조차 없다면 응답하는 사람은 흥미를 잃고 부실하게 반응할 염려가 있는 것이다.

한편 문항을 배열하는데 있어서 간단하고 흥미있는 문항을 앞부분에 놓고, 어렵거나 반응하기 곤란한 문항은 뒷부분에 배열시키는 것이 좋다. 처음부터 응답하기 난처하거나 너무 어려워서 무슨 뜻인지 잘 모를 질문을 받게 되면 응답자의 반응의욕은 감소하게 된다.

질문지의 앞부분에 해당 질문지를 실시하는 목적은 무엇이며, 그 결과를 어떻게 사용할 것인지를 밝힌다. 그리고 사적 비밀(privacy)을 보장한다는 점과 연구 이외의 어떤 목적으로도 사용되지 않을 것임을 확신시킨다. 질문지 말미에 "협조하여 주셔서 감사합니다."와 같이 고맙다는 뜻을 간단하게 표시하는 것도 잊지 말아야 할 것이다.

4. 질문지법의 장단점

먼저 질문지법이 가지고 있는 주요 장점을 열거하면 다음과 같다.

첫째, 질문지법의 가장 큰 장점으로는 비용이 적게 들고 간편하다는 점을 들 수 있다. 다른 방법에 비하여 일시에 많은 대상으로부터 필요한 정보를 얻을 수 있으며, 비용이 적게 들고 제작이 간편하다. 그리하여 대규모 조사연구에서 질문지를 많이 사용하게 되고, 전문적 지식이나 훈련을 받지 않은 사람들도 이 방법을 쉽게 이용할 수 있다.

둘째, 연구자가 응답자에게 미치는 영향을 줄일 수 있다는 장점이 있다. 관찰이나 면접법에서는 관찰자 또는 면접자의 존재가 피조사자에게 직접 또는 간접으로 영향을 미치기 때문에 조사결과가 왜곡될 우려가 있는 것이다. 그러나 질문지를 통한 조사에서는 질문자의 존재가 응답자에게 별로 영향을 미치지 않으므로 좀더 사실에 가까운 정보를 얻을 수가 있는 것이다.

셋째, 다른 방법으로는 조사하기 어려운 개인적 생활경험이나 심리적 특성을 이 방법을 통하여 알아볼 수 있다. 예를 들어, 어떤 사회문제나 사건에 대하여 개인이 가지고 있는 의견이나 태도, 또는 주관적으로 지각하는 환경특성의 조사에 있어서는 다른 방법보다는 질문지를 이용하는 것이 효과적이다. 특히 개인의 성장사(成長史)나 생활체험을 조사할 경우에는 대개 질문지를 이용하여 필요한 자료를 수집한다.

그러나 질문지법에는 여러 가지 단점이 있다. 질문지법이 지니고 있는 주요 단점을 지적하면 아래와 같다.

첫째, 질문지는 응답자의 문장이해력과 표현능력에 크게 의존하기 때문에 이러한 능력이 부족한 대상에게는 적용하기 어렵다는 점이다. 그러므로 질문지법에서는 유아나 문맹자들을 조사대상으로 삼을 수 없다. 일반적으로 초등학교 고학년 이상의 대상자들에 한하여 질문지를 실시하는 것이 바람직하다. 물론 조사내용이나 조사방법에 따라서는 이보다 어린 아동에게도 질문지를 실시할 수 있겠으나 반응의 신뢰성이 대체로 낮아지게 된다. 어린 아동들은 아직 판단력이 덜 발달되고 자기 의견이나 태도를 분명하게 주장하지 못하기 때문이다.

둘째, 질문지에 응답한 내용의 진위를 확인하기 어렵다는 점이다. 관찰법이나 면접법을 통한 조사에서는 연구자가 직접 피조사자의 행동이나 표정을 보고 반응의 진위를 어느 정도 변별할 수 있으나 질문지는 이것이 불가능하다. 또한 질문지를 연구자가 직접 실시하지 못하고 우편을 이용하거나 제삼자를 통하여 의뢰했을 경우, 본래 응답해야 할 사람이 직접 반응하였는지 혹은 다른 사람이 대리로 응답하였는지 확인할 수 없다.

셋째, 질문지의 회수율이 낮다는 문제가 있다. 연구자가 직접 응답자들에게 질문지를 실시하는 경우에는 별로 문제가 없지만, 질문지를 우송하는 경우에는 일반적으로 회수율이 낮아진다. 이럴 때에 조사결과가 어느 한편에 치우칠 위험이 있는 것이다. 즉, 처음 계획한 표집대로 질문지가 회수되지 않고 성의있는 일부 응답자들만 반응하여 돌려보냈을 경우 편파적인 표집의 문제가 대두된다.

제4절 표준화검사

1. 표준화검사의 의미

개인이 지니고 있는 신체적 및 심리적 특성의 양과 질을 측정할 목적으로 일정한 조건하에 특정한 문제나 작업을 부과하여 피검사자가 나타내는 반응을 체계적으로 관찰하는 절차를 검사라고 정의할 수 있다. 넓은 의미에서 볼 때, 검사 속에는 질문지, 평정척도, 교사 제작 학력고사 등도 포함될 것이다. 그러나 좁은 의미로 생각할 때는 표준화된 측정절차만을 검사라고 한다.

표준화검사(standardized test)는 언제 누가 사용하더라도 검사의 실시와 채점, 규준적용 등이 동일하도록 모든 절차와 방법을 일정하게 만들어 놓고, 이를 통하여 어떤 특성을 수량화하기 위한 측정도구라고 정의할 수 있다. 다시 말하여, 표준화검사는 검사의 목적에 가장 적합한 검사를 제작하기 위하여 검사문항의 표집과 구성을 엄격히 하며, 검사실시 조건과 채점과정을 일정하게 규정해 놓고, 검사결과의 해석을 표준화시키고, 규준에 비추어 의미있게 비교할 수 있도록 규준점수를 제시한 것이 특징이다. 따라서 표준화검사는 상당한 수준의 신뢰도와 타당도를 갖춘 검사로 인정받기 때문에 연구를 할 때 측정도구로 많이 이용된다.

2. 표준화검사의 종류

표준화검사는 검사내용, 검사실시 방법, 수행양식 등에 따라 여러 가지로 구분된다. 예컨대, 개인의 검사수행양식에 따라 최대수행검사와 전형적 수행검사로 나누어 볼 수 있다.

1) 최대수행검사

최대수행검사(maximum performance test)란 개인이 가지고 있는 능력의 최대 한계를 알아보기 위한 목적으로 제작된 검사를 일컫는다. 지능검사, 적성검사, 학력검사, 기타 일정한 시간 내에 자신의 능력을 최대한 발휘해서 응답해야 하는 검사들이 모두 이 범주에 속한다.

(1) 지능검사

지능검사는 개인이 가지고 있는 일반적인 지적 능력을 측정하기 위한 검사이다. 지능에 관한 개념 정의는 학자마다 다양하게 규정하고 있는데, 이를 종합하면 대체로 '학습능력'으로 보거나 '추상적 사고능력' 또는 '환경에 적응하는 능력' 등으로 요약할 수 있다. 지능검사는 한 번에 한 사람만을 대상으로 실시하는 개인용 검사와 한 번에 여러 사람들에게 실시하는 집단용 검사로 구분된다.

(2) 적성검사

적성(適性)은 일반적인 지능과는 구별되는 어떤 특수 분야에서 요구되는 능력을 말하는 것으로, 적성검사는 이러한 특수기능을 측정하는 검사이다. 대체로 적성검사는 장차 얼마나 성공 가능성이 있고, 어느 정도 성취할 수 있는가 등 미래의 예측에 좀더 관심을 갖고 있을 때 많이 사용된다. 적성검사는 다시 일반적성검사와 특수적성검사로 나눌 수 있다. 일반적성검사는 다양한 종류의 직무를 수행하는데 요구되는 좀더 포괄적인 능력을 측정하며, 특수적성검사는 음악, 미술, 체육, 사무 등 특정 직종이나 분야의 업무수행에 필요한 능력을 측정한다.

(3) 학력검사

학교에서 학습한 내용을 학생들이 얼마나 알고 있는지 알아보기 위해서 만든 검사가 학력검사이다. 검사의 구성 · 실시 · 채점 등에 있어서 모든 형식과 절차를 엄격하게 통제하고, 상대적 비교가 가능하도록 규준을 만들어 놓은 표준화 학력검사는 일반 교사가 만든 보통의 시험과는 구별된다. 검사문항의 내용은 교사제작 시험문제와 비슷할 수 있지만, 교육목표를 잘 반영할 수 있도록 문항표집을 엄격히 하고 검사실시나 채점방법 등을 표준화한 점이 다르다. 각종 학업성취도검사와 대학수학능력시험 등이 모두 학력검사에 속한다.

2) 전형적 수행검사

전형적 수행검사(typical performance test)는 개인이 평소에 보이는 일상적이고 대표적인 행동특성이나 성향을 알아보기 위한 검사로서 대부분의 정의적 특성을 측정하는 검사들이 여기에 속한다. 전형적 수행검사에서는 개인의 습관적인 반응과 성향을 측정한다. 따라서 이런 유형의 검사문항에는 정답이 따로 없고 또한 검사를 끝마치는데 시간제한이 없다.

(1) 성격검사

성격검사는 개인이 지속적으로 가지고 있는 성향이나 기질을 측정하는 검사이다. 그런데 성격 또는 인성이라고 하는 개념은 매우 복잡하고 포괄적이기 때문에 다양한 의미를 내포하고 있다. 따라서 성격검사의 종류도 매우 다양하고, 비록 '성격검사' 라고 하는 명칭은 동일하더라도 각 검사에서 측정하는 내용은 서로 많은 차이를 보일 수 있다.

(2) 흥미검사

흥미란 사람들이 어떤 대상에 특별한 관심이나 주의를 나타내도록 하는 감정으로서 그 대상에 대하여 좋거나 싫거나, 유쾌하거나 불쾌하거나, 혹은 수용하거나 배척하거나 등의 정서적 반응을 일으키는 심리적 경향성을 말한다. 검사에서 측정하고자 하는 흥미의 대상이 무엇이냐에 따라서 흥미검사는 학습흥미검사, 직업흥미검사 등으로 구분된다.

(3) 태도검사

태도검사는 사람들이 주위의 사물이나 현상에 대하여 어떤 느낌을 가지고 있는지 혹은 전형적으로 나타내는 반응경향이 어떠한가를 알아보는 검사이다. 심리적 특성이 모두 그렇듯이 태도는 직접 관찰하거나 측정할 수 없고, 간접적으로 측정하는 수밖에 없다. 태도측정을 위한 척도 기법으로는 리커트 척도(Likert scale), 서스톤 척도(Thurstone scale) 등 여러 방식이 있다.

3) 검사매체에 의한 분류

(1) 언어검사

언어검사는 검사문항의 전달매체로 언어를 사용하는 검사이다. 이런 유형의 검사는 검사문항이나 응답방식이 언어로 되어 있기 때문에 대개 지필검사 형식을 많이 취한다. 현재 널리 사용되고 있는 지능검사, 인성검사, 적성검사 등과 같은 대부분의 집단용 심리검사는 언어검사로 되어 있다. 검사를 실시하기에 편리하다는 장점을 가지고 있지만 글을 모르는 어린이나 문맹자들에게 검사를 실시할 수 없다는 단점이 있다.

(2) 비언어검사

여기서 말하는 비언어검사는 검사문항과 응답방식이 문자언어가 아닌 상징적 기호, 기하도형, 그림 등으로 구성된 검사를 말한다. 비언어검사는 특히 유아나 문맹자를 대상으로 할 때 유용하다. 집단검사보다는 개인검사 중에 비언어검사가 많이 있다. 대표적인 비언어검사의 예로 세계1차대전 중에 미국 군대 내에서 문맹자와 외국이민자들의 일반적인 지적능력을 측정하기 위하여 만든 army beta 검사를 들 수 있다.

(3) 동작검사

동작검사는 종이와 연필이 아닌 일련의 도구와 장비를 이용해서 피검사자에게 어떤 동작이나 작업을 실제로 수행해보도록 요구하고 그 과정을 관찰하거나 수행결과를 보고 행동 특성을 측정하는 검사이다. 웩슬러 지능검사 중에서 동작성 검사, 크로포드 손동작 검사(Crawford small parts dexterity test)가 여기에 속한다. 가령, 크로포드 손동작 검사는 눈과 손의 협응성, 손의 민첩성 등을 측정하기 위한 검사인데, 핀셋을 사용해서 핀을 구멍 속에 넣거나 작은 나사를 구멍에 넣고 드라이버로 돌려 박는 작업을 수행하도록 되어 있고, 구멍 속에 넣은 핀의 수와 작업을 완성하는데 소요된 시간이 검사점수가 된다. 동작검사는 피검사자가 주어진 과제를 직접 수행해 보도록 만든 검사이기 때문에 검사의 타당성이 높고 문맹자에게도 실시할 수 있다는 장점이 있지만, 검사시간이 길고 한 번에 많은 사람을 대상으로 검사를 실시하기 어렵다는 단점이 있다.

4) 검사인원수에 의한 분류

검사를 실시할 때 검사를 받는 인원수에 따라서 집단검사와 개인검사로 분류할 수 있다.

(1) 개인검사

한 사람을 대상으로 실시하는 검사가 개인검사이다. 유아용 검사들 중에서 개인검사가 많은데, 그 까닭은 유아는 다루기 어려울 뿐만 아니라 검사자의 지시를 잘 이해하지 못하기 때문에 검사를 실시할 때 개별적인 주의와 관심을 기울이기 위함이다. 개인검사는 검사를 실시하는 동안에 피검사자의 반응을 자세히 관찰할 수 있으므로 검사결과 이외에 다른 유용한 정보를 얻을 수 있다. 그러나 검사실시에 많은 시간과 노력이 든다는 단점이 있다.

(2) 집단검사

집단검사는 한꺼번에 여러 명을 대상으로 실시할 수 있는 검사를 말한다. 대부분의 표준화 심리검사는 집단검사에 속한다. 집단검사는 개인검사에 비하여 검사실시가 간편하고 시간과 노력이 적게 든다는 장점이 있지만, 검사를 실시하는 동안 피검사자들을 면밀히 관찰하거나 그들의 개별적인 요구에 응하기 어렵다는 단점을 지니고 있다.

3. 표준화검사의 활용

지능검사, 인성검사, 학력검사 등 각종 표준화검사는 교육학 및 심리학 분야의 연구를 수행할 때 중요한 연구도구로 활용할 수 있다. 예를 들어, 어떤 연구자가 성격특성을 연구의 한 변인으로 선정하였을 경우, 표준화 인성검사는 그러한 변인을 신뢰롭고 타당하게 측정하는 도구로 활용될 수 있다. 표준화된 검사를 사용하는 것이 시간과 노력을 절약할 뿐만 아니라 더욱 신뢰성 있고 타당한 결과를 얻을 수 있으며, 규준에 의거하여 검사결과를 상대적으로 비교해 볼 수 있는 장점을 가지고 있다. 그러나 표준화검사는 동일한 이름을 가진 것이라도 여러 가지 종류가 있으므로 연구목적에 알맞은 검사를 선택하는 것이 중요하다. 검사를 선택할 때 특히 고려할 사항은 다음과 같다.

첫째, 검사 대상자의 연령이나 학력 수준에 알맞은가? 둘째, 검사 내용이 본래 검사를 실시하는 목적과 의도에 적합한 것인가? 셋째, 검사의 실시 · 채점 · 해석에 있어서 특별한 전문적 지식이나 훈련을 필요로 하는 것은 없는가? 넷째, 검사의 타당도 · 신뢰도는 어느 정도인가? 다섯째, 검사의 규준은 적합하며 근래에 작성되었는가? 등을 충분히 검토하여 가장 적합한 검사를 선택해야 한다. 표준화검사마다 그 검사의 성격과 검사내용의 구성에 관한 설명을 비롯해서 검사의 실시방법, 채점방법, 해석방법, 검사의 규준과 기술적 특징에 관해 자세히 설명한 검사요강이 있으므로 검사를 선택할 때 이를 참고하면 좋다.

검사자는 미리 검사요강을 숙독하여 검사실시에 필요한 방법과 요령을 충분히 익힌 다음, 지시에 따라 검사를 실시해야 한다. 검사 장소는 조용하고 안정된 곳이 좋으며, 검사를 시작하기 전에 피검사자들에게 응답요령을 정확하게 이해시켜야 한다. 그리고 최대수행검사의 경우 검사시간을 엄수하는 등 표준화된 조건에서 검사가 실시되어야 한다.

표준화검사의 활용범위는 매우 넓다. 그러나 어떤 목적을 위해서 사용하든지, 표준화검사는 해당 검사의 기본목적과 각 검사 척도가 지시하는 의미의 한계 내에서 사용되어야 할 것이다. 검사결과를 올바로 읽고 해석하며 유용하게 활용하기 위해서는 기본적인 측정이론과 심리학적 소양을 갖추어야 한다. 표준화검사에서 흔히 사용되는 용어로서 기본적으로 알아두어야 할 내용은 다음과 같다.

(1) 규준집단

표준화검사를 제작할 때 그 검사의 규준을 설정하기 위하여 사용되는 집단을 말한다. 검사의 규준을 만들기 위해서는 그 검사의 적용대상이 되는 모집단을 잘 대표할 수 있도록 규준집단의 표본을 뽑아야 된다.

(2) 규준

검사에서 얻은 원점수는 그 자체로 의미있게 해석하기 어렵기 때문에 규준이 필요하다. 규준(norm)이란 어느 한 검사의 원점수를 의미있게 비교하고 해석할 수 있도록 만든 일종의 자(尺)와 같은 점수척도로서 일반적으로 백분위와 표준점수에 의한 규준이 많이 사용된다.

(3) 표준점수

이것은 원점수를 해당 점수분포의 평균을 중심으로 하여 표준편차 단위로 전환시킨 점수이다. 원점수를 표준점수로 환산한다는 것은 원점수의 분포를 그 분포의 표준편차를 단위로 하는 척도로 전환시킨다는 것을 의미한다. 표준점수는 최소한 동간척도에 해당되는 점수체계로서, 여러 가지 검사나 측정에서 얻은 결과를 상호 의미 있게 비교하거나 합리적인 수리적 조작을 가능토록 하는 유용한 점수이다. 표준점수(standard score)의 가장 대표적인 것으로는 z점수와 T점수가 있다.

연습문제

1. 초등학생의 교실내 '주의산만 행동'을 시간표집 방법으로 관찰한다고 가정하고 관찰의 절차와 방법을 기술하시오.

2. 참여관찰의 방법 및 장단점에 대하여 설명하시오.

3. 질문지법을 이용하여 고등학생들의 검사불안(test anxiety)을 측정할 수 있는 방안을 제시하시오.

4. 구조화 면접, 비구조화 면접, 반구조화 면접의 특징과 차이점에 대하여 설명하시오.

5. 표준화 학력검사의 제작과정을 자세히 기술하시오. 표준화검사의 제작과정은 일선교사가 만드는 학력고사의 제작과정과 어떤 점에서 유사하고 또 어떤 점에서 차이가 나는지 비교하시오.

6. 면접자나 평정자가 범하기 쉬운 다음의 오류에 대하여 간단히 설명하시오.
   ① 집중경향의 오류
   ② 표준의 오류
   ③ 인상과 편견의 오류

7. 최대 수행검사와 전형적 수행검사의 차이점에 대하여 설명하시오.

제 8 장
자료수집의 방법(2)

제1절 척도법

여기서 '척도'라는 말은 "사물의 어떤 특성을 측정하기 위하여 작성한 진술문이나 검사문항의 집합체"를 뜻하며 측정도구라는 의미가 강하다. 경험적인 자료를 통하여 연구문제에 대한 해답을 구하고 가설을 검증하기 위해서는 변인의 측정이 필수적이다. 흥미, 태도, 인성, 가치관, 자아개념 등과 같은 특성은 인간의 내면적인 속성으로서 우리가 직접 눈으로 관찰할 수 없는 심리적인 성향이다. 따라서 이러한 특성들은 직접 측정은 불가능하고, 다만 간접적인 방법을 이용하게 된다. 즉, 해당 특성이 드러나는 또는 그러한 특성에 의해서 나타날 것이라고 판단되는 관찰가능한 행동 증거를 수집하고, 그 행동적 증거의 정도에 따라서 그러한 특성의 정도를 추론하는 방법을 취하게 된다. 심리척도는 특정한 어떤 심리적 특성을 측정하기 위하여 서로 관련된 진술문들로 구성되어 있다는 점에서 상관없는 여러 개의 진술문들을 단순히 한데 모아 놓은 것과는 구별된다. 진술문들 간의 상호 관련성은 논리적으로 혹은 경험적으로 따져볼 수 있다.

1. 척도의 유형

척도의 유형은 그 분류 기준을 어떻게 잡느냐에 따라서 여러 가지로 구분할 수 있다. 예를 들어, 제6장에서 소개한 명명척도, 서열척도, 동간척도, 비율척도는 숫자(數字)가 가질 수 있는 서열성 · 동간성 · 비율성의 특성을 얼마나 가지고 있는가에 따라서 분류한 것이다. 한편, 척도를 자료수집의 방법으로 분류하면 차이발생법, 등급법, 양적판단법으로 구분할 수 있다. 그런가 하면 응답자의 반응이 다양하게 되는 원인을 기준으로 척도를 분류할 수도 있다. 즉, 자극에 대한 응답자 반응의 변산 원인을 어디에서 찾는가에 따라 피험자중심방법, 자극중심방법, 반응중심방법으로 척도의 유형을 구분할 수 있다.

일반적으로 사회과학 분야에서의 측정은 대부분 여러 자극 조건에 대한 다수의 반응으로 구성되어 있다. 여러 피험자가 개별 자극에 대하여 한 번씩 반응을 하는 경우, 한 피험자가 개별 자극에 대하여 여러 번 반응을 하는 경우, 여러 피험자가 개별 자극에 대하여 여러 번 반응하는 경우 등이 있다. 자극에 대한 응답자의 반응에 변산을 일으키는 원인이 개인차(個人差)에 있다고 보는 입장이 피험자 중심방법, 자극차(刺戟差)에 있다고 보는 입장이 자극중심방법, 개인차와 자극차 모두에 있다고 보는 입장이 반응중심방법이다.

2. Thurstone 척도

1) Thurstone 척도의 특징

심리척도의 제작에 있어서 자극중심방법은 피험자의 자극에 대한 반응에 변산이 일어나는 원인이 어떤 특성을 측정하기 위하여 제시된 자극간 차이에 기인한다고 보는 관점이다. 자극중심방법에서는 자극을 척도화하는 것이 목적이므로 척도를 제작할 때 자극(진술문)을 판단하는 판단자에게 자신의 입장을 개입시키지 않도록 함으로써 판단자에 의한 변산을 최소로 줄이고자 노력한다. 자극중심방법의 대표적인 예로는 Thurstone 척도가 있는데, 이를 유사동간법이라고도 한다. 유사동간법에서는 주어진 진술문이나 자극을 평정하는 판단자가 자극들 간의 동간성을 판단할 수 있다는 것을 가정한다. 뒤에서 설명하게 될 Likert 척도는 서열척도 수준이고 척도제작의 기본원리가 명확하지 못하다는 단점이 있는 반면에, 서스톤 척도는 서열척도 수준을 넘어 동간척도와 유사한 수준을 이루고 있다고 가정할 수 있으며 척도제작의 논리가 명료하다.

2) Thurstone 척도의 제작 절차

(1) 단계1

측정하려는 특성의 개념에 대하여 명료하게 정의를 내린다. 그런 다음 해당 특성을 잘 표현하는 진술문(문항)을 작성하거나 수집한다. 이때 진술문은 양적 정도에 따라 하나의 연속선을 가정하고 최소에서 최대까지, 또는 가장 부정적인 것에서부터 가장 긍정적인 것에 이르기까지 전 범위에 걸쳐 골고루 모두 포함되도록 한다. 진술문을 작성하거나 수집할 때 주의할 점은 다음과 같다. ① 극히 긍정적(적극적)인 의견, 극히 부정적(소극적)인 의견, 중립적인 의견을 모두 포함할 것, ② 진술문은 간단명료하게 현재형으로 기술할 것, ③ 다의적으로 해석되지 않고 오직 한 가지 해석만 되는 문장일 것, ④ 하나의 완전한 생각을 나타낼 것, ⑤ 객관적 사실이나 실태를 묻는 것이 아니라 의견을 묻는 진술문일 것 등이다. 이와 같은 점에 유의하면서 약 100개 정도의 예비 진술문을 확보한다. 판단자가 분류작업하기에 편리하도록 각각의 진술문을 개별 카드에 하나씩 적어 넣는다.

(2) 단계2

진술문의 척도치를 결정하기 위하여 실제로 해당 척도를 실시하게 될 검사대상이 속한 모집단으로부터 약 50~100명 정도의 사람들을 표집하여 판단자 집단을 구성한다. 판단자를 몇 명으로 할 것인가에 대해 일정한 기준이 있는 것은 아니다. 서스톤 자신은 300명의 판단자를 이용하였으나 그후 다른 연구자들은 판단자의 숫자가 그렇게 많지 않아도 신뢰할만한 척도치를 얻을 수 있음을 보여주었다. 판단자 집단의 구성은 모집단을 잘 대표할 수 있고, 가급적 평정에 대한 경험이나 훈련을 받은 사람들로 하는 것이 바람직하다.

여기서 주의할 점은 진술문을 검토할 판단자를 선정하는데 있어서 전문가가 아니라 해당 척도를 실시할 대상과 동일한 집단의 구성원들로부터 뽑아야 한다는 것이다. 가령, 여자 대학생들을 대상으로 혼전순결에 대한 태도를 측정하기 위한 척도를 개발한다면, 진술문을 검토하는 판단자 집단의 표집은 반드시 여자 대학생 집단에서 해야 한다는 것이다. 각각의 진술문이 어떤 척도치를 갖느냐 하는 것은 판단자들이 그 진술문의 내용을 어떻게 지각하느냐에 따라 결정되게 마련인데, 동일한 내용의 진술문이라도 판단자의 연령, 성별, 직업 등 배경변인의 차이에 따라 그 진술문이 주는 의미가 크게 다를 수 있기 때문이다. 그러므로 개발된 척도를 실제로 사용하게 될 모집단에서 표집한 판단자들에 의하여 척도치가 결정되어야, 각 진술문은 해당 척도가 실시될 집단의 사람들이 어느 정도의 긍정적 또는 부정적 의미를 갖느냐에 따라 연속선상에 배치될 수 있다. 그리고 이렇게 만든 척도를 가지고 측정해야 조사대상의 정의적 특성을 타당하게 측정할 수 있다는 것이다.

(3) 단계3

판단자들에게 진술문 카드를 주고 하나씩 가장 부정적인 것에서부터 가장 긍정적인 것까지 정도에 따라 11개의 범주로 분류하도록 한다. 이때 판단자에게 '자신의 개인적 의견' 에 따라 하는 것이 아니라, '객관적인 입장' 에서 각 진술문의 내용이 11단계 중 어느 단계에 해당하는지를 판단하여 분류해야 된다는 점을 확실히 인식시켜야 한다. 어린 아동이나 지적능력이 떨어지는 집단에서는 이 점을 정확히 인식하고 진술문을 분류하리라고 기대하기 어렵기 때문에 서스톤 척도의 사용이 적절하지 못하다. 진술문을 분류할 때 [그림 8-1]과 같이 1부터 11까지 번호를 붙인 분류범주카드를 사용하면 편리하다.

1	2	3	4	5	6	7	8	9	10	11
극히 부정적					중립적					극히 긍정적

[그림 8-1] Thurstone 척도 분류범주카드

(4) 단계4

판단자들로부터 얻어진 자료를 분석하여 진술문의 척도치를 결정하는 과정이다. 즉, 각 진술문에 대하여 분류된 범주(11단계)별로 빈도분포를 구하고, 이를 기초로 중앙치와 사분편차(Q)를 계산한다. 그러면 중앙치는 해당 진술문의 척도치가 되고, Q는 그 진술문의 변산 정도를 나타내는 지수가 되는 것이다. 중앙치와 사분편차 대신에 평균치와 표준편차를 산출하여 사용해도 큰 차이는 없다.

(5) 단계5

진술문들을 척도치가 높은 것부터 낮은 순서로 배열한 다음, 척도치 간의 차이가 비슷하여 가급적 등간격이 유지될 수 있는 진술문들을 1에서부터 11에 이르기까지 골고루 선택한다. 이 때 거의 동일한 척도값을 갖는 진술문이 여러 개 있을 경우에는 Q값이 가장 작은 것을 하나만 고른다. 사분편차는 어느 점수분포의 중앙 50%에 해당하는 점수범위의 반($\frac{1}{2}$)을 나타내는 것으로서, Q값이 클수록 그만큼 진술문이 애매모호하여 판단자들간 의견의 불일치가 있음을 의미하는 것으로 이러한 진술문은 최종 선택에서 제외시켜야 한다. 모호성(ambiguity)을 지닌 진술문들을 제외시킨 다음, 나머지 진술문들을 다시 부적합성(irrelevance)의 관점에서 검토할 필요가 있다.

(6) 단계6

5단계에서 선택된 예비 진술문들을 가지고 지시문 등을 추가하여 실험적 척도를 만들고 적절한 표본집단을 선정하여 실시한다. 여기서 얻은 자료를 분석하여 각 진술문의 부적합성 여부를 검토한다. 부적합성은 진술문의 논리적 관련성과 경험적 관련성 간의 관계를 검토해 보는 것이다. 이론적 가정은 만약 진술문 A와 B가 동일한 척도치를 가지고 있다면 거의 같은 비율의 피험자들이 이 두 진술문을 선택할 것이라는 점이다. 또한 진술문 C와 D의 척도치 차이가 크다면 C를 선택한 사람은 D를 선택하지 않아야 논리적으로 모순이 없게 된다.

따라서 만약 표본집단의 검사결과를 분석해보고 진술문의 논리적 관련성과 경험적 관련성이 일치되지 않는 것으로 밝혀지면 그러한 진술문은 부적합한 것으로 판단하여 최종척도에서 제외시켜야 한다. 이상과 같이 표본의 반응결과에 대한 분석자료를 근거로 부적절한 진술문은 골라낸다. 그런데 이처럼 부적합한 진술문을 가려내는 작업은 많은 시간과 노력을 요구하고 복잡하기 때문에 경우에 따라서는 척도제작 과정에서 이 단계를 생략할 수도 있다.

〈표 8-1〉 Thurstone 척도의 예시

척도치	Q	진 술 문
1.4	.6	1. 체벌은 절대로 허용될 수 없다.
3.7	.8	2. 올바른 교육을 하려면 체벌을 금지시켜야 한다.
5.0	1.1	3. 체벌을 하든지 안하든지 큰 문제가 없다.
6.5	.9	4. 체벌을 하려면 학부모의 동의를 받고 해야 한다.
9.9	.7	5. 체벌은 정당하고 필요하다.

(7) 단계7

이상과 같은 단계를 거쳐서 적절하다고 판명된 진술문들 중 최종척도에 사용할 약 20개 정도의 진술문을 확정한다. 최종적으로 선택된 진술문의 척도치는 1부터 11 사이에 골고루 분포되어 있고 그 간격이 서로 비슷하게(예컨대, 척도치 0.5 정도) 떨어져 있으며, Q값은 될 수 있는 한 작은 것이 바람직하다. 이렇게 최종척도에 포함시킬 진술문들이 확정되면, 무선적으로 진술문을 배열해서 척도를 완성한다.

이상과 같은 단계를 거쳐서 완성본 검사를 사람들에게 실시할 때는 각 진술문의 척도치와 Q값을 제시하지 않는다. 검사를 실시하는 방법은 다음과 같다. 즉, 피검사자에게 진술문을 하나하나 잘 읽고 자기의 생각이나 의견과 같은 것에 모두 표시하도록 한다. 때로는 피검사자에게 자기가 동의하는 진술문을 2~3개 표시하라고 진술문의 숫자를 지정해 줄 수도 있다. 그런 후에 피검사자가 동의한다고 표시한 진술문들의 척도치를 토대로 평균치나 중앙치를 구하면 그것이 해당 피검사자의 척도점수가 되는 것이다.

3. Likert 척도

1) Likert 척도의 특징

피험자의 반응결과에 의해 척도치를 결정하는 리커트 척도는 피험자중심방법에 속한다. 피험자중심방법은 자극에 대한 피험자의 반응에 변산이 일어나는 원인이 피험자들 간의 개인차에 기인한다고 보는 견해이다. 그러므로 이러한 관점에서 척도제작은 피험자의 반응차이를 조사하여 개인적인 차이를 알아보는데 관심이 집중된다. 리커트 척도에서 척도점수는 모든 진술문에 반응한 총합으로 결정된다고 가정한다. 따라서 이를 총합평정법이라고도 한다. 리커트 척도는 서스톤 척도에 비하여 그 제작 과정이 상대적으로 간편하다는 장점이 있지만, 척도의 동간성은 보장할 수 없다는 단점이 있다. 기본적으로 척도제작의 절차는 서스톤 척도의 그것과 유사한 점이 많다.

2) Likert 척도의 제작 절차

(1) 단계 1

가장 먼저 해야 할 일은 측정하고자 하는 특성을 구체적으로 정의하는 일이다. 사전적 개념정의의 틀을 넘어서 관찰 가능한 행동적인 특성으로 정의해야 도움이 된다. 그런 다음 해당 특성을 잘 나타낼 수 있는 진술문(문항)을 작성하거나 수집한다. 여기서 진술문이란 해당 특성이 드러나는 생각이나 행동을 진술한 간단한 문장을 말한다. 진술문의 내용은 긍정적 또는 부정적인 것으로 기술되어야 하며, 중립적인 진술문은 포함시키지 말아야 한다. 자기보고 형식으로 응답하게 되므로, 문장의 주어는 피검사자가 되고, 한 진술문에는 하나의 사상만 포함되도록 한다. 진술문은 연구자가 직접 만들 수도 있고, 혹은 기존의 다른 검사에서 알맞은 진술문을 수집할 수도 있다. 진술문의 수는 최종적으로 사용할 것보다 대략 2~3배수 정도 여유있게 만든다. 진술문 작성시 유의할 사항은 아래와 같다.

① 문장은 간단명료하게 할 것.

② 한 진술문에는 한 가지 사상만을 포함시킬 것.

③ 긍정적 진술문과 부정적인 진술문을 고르게 포함시킬 것.

④ 사실에 관한 질문이 아니라 의견이나 행동 경향을 묻는 것일 것.

⑤ 피검사자의 언어수준에 알맞은 어휘와 문장으로 표현할 것.

(2) 단계 2

일단의 판단자들로부터 각 진술문 내용의 타당성과 표현의 적절성 등을 검토받는다. 판단자들은 실제 검사대상과 비슷한 몇 명의 사람들과 소수의 전문가들로 구성한다. 판단자들의 검토결과 부적합한 진술문은 수정·보완하거나 제외시키고 나머지 진술문들을 적절히 편집하여 예비검사를 만든다. 이때 각 진술문에 대한 응답의 유목수를 몇 개로 할 것인가를 결정해야 한다. 유목수는 진술문의 성격과 검사대상의 수준을 고려하여 결정한다. 일반적으로 5단계 척도를 많이 이용한다. 즉, 각 진술문에 대하여 "아주 그렇다, 그렇다, 모르겠다, 그렇지 않다, 전혀 그렇지 않다" 중의 하나에 표시하도록 한다. 그러나 이 밖에 2, 3, 4, 7단계 척도를 사용할 수도 있다. 비록 예비검사이지만 알맞은 지시문도 포함시키는 등 될 수 있는 한 완전한 형태의 검사가 되도록 편집한다.

(3) 단계 3

실제로 검사를 실시할 집단과 유사한 대상을 표집하여 예비검사를 실시한다. 피검사자의 숫자는 많을수록 좋으며, 최소 100명 이상이 되어야 의미있는 통계분석을 할 수 있다. 검사를 실시하면서 피검사자들이 지시한 대로 응답하는지 확인하고, 특이한 질문이나 반응이 있으면 기록해 두었다가 최종형 검사를 만들 때 참고한다.

(4) 단계 4

예비검사에서 수집한 자료를 가지고 문항분석과 요인분석을 하고, 검사 전체의 신뢰도와 타당도를 검토한다.

(5) 단계 5

위의 4단계에서 분석한 결과를 토대로 필요한 경우 문항을 수정 · 보완하거나 제외시키고, 실제로 사용할 최종검사를 작성한다. 일반적으로 어떤 한 심리적 특성을 측정하는데 적정한 문항의 수는 15～25개 정도인데, 검사의 하위요인이 어떻게 구성되었느냐에 따라서 문항 숫자는 증가하게 된다. 만약 4단계의 분석 결과 좋은 문항이 부족하면 위의 과정을 반복하면서 문항을 수정 · 보완하여야 한다.

〈표 8-2〉 Likert 척도의 예시

자아존중감 척도					
아래 각 진술문을 읽고 그것이 당신을 얼마나 잘 나타내고 있는지를 판단하여 1~5의 숫자 중 해당되는 것에 ○표를 하시오. 1＝전혀 그렇지 않다 2＝그렇지 않다 3＝모르겠다 4＝그렇다 5＝매우 그렇다					
1. 현재의 나 자신에 대하여 만족한다.	1	2	3	4	5
2. 나는 다른 사람들보다 유능하다고 생각한다.	1	2	3	4	5
3. 내가 다른 사람이었으면 좋겠다는 생각이 들 때가 있다.	1	2	3	4	5
4. 나는 무슨 일이든지 잘 해낼 자신감이 있다.	1	2	3	4	5
5. 때때로 내가 불행하다는 생각이 든다.	1	2	3	4	5
6. 나는 쓸모없는 인간이다.	1	2	3	4	5
7. 나 자신에 대하여 좀 더 긍정적으로 생각하고 싶다.	1	2	3	4	5
8. 가끔 내가 불행하다는 생각이 들 때가 있다.	1	2	3	4	5
9. 나에게는 장점이나 자랑할만한 점이 별로 없는 것 같다.	1	2	3	4	5
10. 나의 미래는 매우 밝다.	1	2	3	4	5

(6) 단계 6

최종형 검사를 만들어 시험적으로 시행해보고 검사사용설명서를 작성한다. 검사의 용도가 연구용이라면 최종검사는 바로 자료수집의 도구로 활용할 수 있다. 그러나 다른 사람들도 사용할 수 있도록 하려면 제작자가 일단 적절한 표본을 선정하여 시험적으로 시행해 보고, 수집한 자료를 가지고 다른 사용자를 위하여 검사사용설명서를 마련하는 것이 좋다. 사용설명서에는 다음의 내용이 포함되어야 한다. 즉, 검사의 목적과 용도, 검사 내용, 검사실시 방법, 채점방법, 해석방법,

기타 검사의 제작 과정, 검사의 신뢰도와 타당도, 규준 등이다.

제2절 의미변별 척도

의미변별척도(semantic differential scale)는 오스굳(Osgood)과 그의 동료들이 개발한 방법으로서, 어떤 사상에 관한 개념의 심리적 의미를 분석하여 의미공간상의 위치로 표현하는 태도측정 방법이다.* 이 척도의 일반적 형태는 척도의 양극점에 서로 상반되는 형용사나 표현을 붙인 7점 척도이다.

1. 의미 공간

사람들이 사용하고 있는 어떤 개념은 비록 같은 용어로 표현하지만 그것이 의미하는 바는 제각기 다를 수 있다. 이처럼 사람에 따라 서로 다른 의미로 쓰이는 개념의 의미를 양극적으로 대비되는 일단의 형용사를 이용하여 측정하고, 그 결과를 3차원의 의미공간에 표시해 보려는 것이 의미변별 척도법의 기본취지이다.

오수굳 등은 다음과 같은 3개 요인으로 구성되는 개념의 의미공간을 가정하고 있다. 즉, 평가요인(evaluative factor), 능력요인(potency factor), 활동요인(activity factor)이 각각 독립된 $X \cdot Y \cdot Z$ 축을 이루는 3차원의 의미공간을 구성한다. 의미변별 척도법은 이와 같이 만들어진 의미공간에서 각 개념의 위치를 상대적으로 비교하고 분석하는 방법이다. 개념의 의미분석은 반드시 3차원의 의미공간에서만 가능한 것이 아니라, 경우에 따라서는 위에서 말한 세 개의 요인들을 알맞게 조합한 2차원의 평면에서도 분석할 수 있다.

2. 의미변별 척도의 제작

의미변별 척도는 서로 대립되는 형용사로 양극(兩極)을 이루고 있는 평정척

* Charles E. Osgood et al., *The Measurement of Meaning* (Urbana, Ill.: University of Illinois Press, 1957).

도이다. 의미변별 척도는 대개 다음과 같은 절차를 밟아 제작한다. 먼저 측정하고자 하는 개념을 선택한다. 다음에 의미공간의 축을 구성하는 요인을 선정한다. 즉, 평가요인 · 능력요인 · 활동요인 가운데 이 세 가지 요인을 모두 사용할 것인가 아니면 그 중 어느 하나 또는 둘만을 골라서 이용할 것인가를 결정해야 한다. 그런 후에 척도의 단계를 어떻게 나눌 것인가를 결정한다. 대개 5단계 또는 7단계를 많이 이용한다. 이와 같이 측정하려는 개념과 의미공간의 축 그리고 척도의 단계를 결정했으면, 그 다음에는 이러한 결정에 따라서 상반(相反)되는 형용사들을 짝지어 척도를 구성하면 된다.

다음에 하나의 보기로 '교사' 라는 개념에 관한 의미변별 척도를 제시하였다. 이와 같은 의미변별 척도를 실시하는 방법은 간단하다. 즉, 피검사자에게 척도를 제시하고, 해당 개념이 척도상의 상반되는 형용사로 짝지어진 양극적 단계에서 어디에 위치하는지를 표시하게 하면 되는 것이다.

〈교 사〉

깨끗한								더러운
귀한								천한
좋은								나쁜
유능한								무능한
강인한								허약한
큰								작은
적극적								소극적
빠른								느린
진취적								보수적

[그림 8-2] 의미변별 척도의 예

참고로 평가요인 · 능력요인 · 활동요인에 해당하는 몇 가지 상반되는 형용사군을 아래에 열거하였다.

• 평가요인

좋은-나쁜, 깨끗한-더러운, 밝은-어두운, 귀한-천한, 중요한-하찮은, 진실된-거짓된, 친절한-불친절한, 새로운-낡은

• 능력요인

큰-작은, 강인한-허약한, 높은-낮은, 유능한-무능한, 무거운-가벼운, 깊은-얇은, 굵은-가는, 똑똑한-어리석은

• 활동요인
빠른-느린, 능동적-수동적, 적극적-소극적, 예민한-둔감한, 뜨거운-차거운, 복잡한-단순한, 남성적-여성적, 진취적-보수적

3. 의미변별 분석방법

의미변별 척도에서 변산을 초래하는 주요 원천은 개념 · 척도 · 피검자의 세 종류이다. 따라서 의미변별 척도에서 얻은 점수를 분석하는데 있어서도 이러한 변산의 원천을 중심으로 개념간 · 척도간 · 피검자간 상호 비교할 수 있다. 그리고 의미변별 척도의 자료는 집단적으로 묶어서 분석할 수도 있고 개인별로도 할 수 있다. 일반적으로 의미변별 척도의 결과를 분석하는 방법에는 평균치를 비교하는 방법과 거리군집(distance-cluster) 분석의 방법이 있다. 여기서는 〈표 8-3〉과 같은 가상적 자료를 가지고 분석방법에 대하여 간단히 소개한다.

〈표 8-3〉 피검자 1명의 가상적 의미변별 자료

개념 척도	A	B	C	D	E
1	6	2	6	5	3
2	5	2	5	5	2
3	6	1	4	6	2
4	7	1	5	6	3
5	5	3	5	7	1
6	6	2	7	7	2
평균	5.83	1.83	5.33	6.00	2.17

1) 평균치의 비교

위의 표에 나타난 바와 같이, 어느 한 피검자가 A(교수), B(훈육), C(학습), D(연구), E(통제)라는 다섯 가지 개념에 대하여 7단계로 되어 있는 여섯 개의 평가요인 척도에 반응하였다고 가정하자. 먼저 평균치를 구하여 비교하는 방법을 알아본다. 이 사람이 각 개념에 대하여 여섯 개 평가척도에 반응한 결과의 평균치가 〈표 8-3〉의 하단에 있다. 이 평균치들은 크게 두 개의 집단으로 구분된다. 즉,

평균점수가 높은 A · C · D집단과, 이보다 점수가 낮은 B · E집단으로 구별된다. 이러한 결과로 보아 이 사람은 교수 · 학습 · 연구를 매우 가치 있는 것으로 여기는 반면에 훈육과 통제는 별로 가치 없는 것으로 생각하고 있다는 사실을 알 수 있다.

의미변별 척도의 평균치를 토대로 프로파일을 그려서 집단간의 반응결과를 시각적으로 비교할 수도 있다. 가령, 남녀 교사들이 지각하는 '교사'의 개념을 의미변별 척도를 이용하여 조사한 자료를 토대로 각 척도의 평균치를 내어 다음의 [그림 8-3]과 같은 프로파일을 그렸다고 하자. 그러면 이러한 프로파일을 보고 우리는 쉽게 교사들이 가지고 있는 교사관을 짐작할 수 있게 된다. 즉, 전반적으로 볼 때, 여자 교사들이 남자 교사들보다 교사의 개념을 긍정적으로 지각하고 있다. 각 차원별로 살펴보면, '깨끗한' '귀한'과 같은 평가차원에서는 남녀교사 모두 매우 긍정적으로 생각하고 있으나, 능력차원에서는 보통으로, 그리고 활동차원에서는 약간 부정적으로 지각하고 있다는 사실을 이 그림은 잘 나타내고 있다.

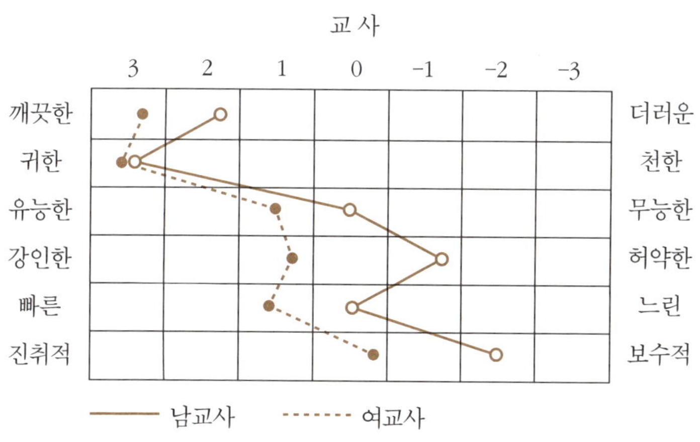

[그림 8-3] 의미변별 분석결과의 프로파일

2) 거리군집분석

거리군집분석은 의미공간에서 개념들이 서로 얼마나 가까이 또는 멀리 떨어져 있는가를 알아보기 위하여 개념 간의 거리를 측정 · 분석하는 방법이다. 거리군집분석을 위하여 D통계치라고 불리는 간단한 수치를 사용하는데, 이 통계치는 아래와 같은 공식으로 계산한다.

$$D_{ij} = \sqrt{\Sigma d_{ij}} = \sqrt{\Sigma (X_i - X_j)^2}$$

이 공식에서 D_{ij}는 두 개념 i와 j 사이의 직선거리를 뜻하며, d_{ij}는 같은 요인을 측정하는 어느 한 척도상에서 두 개념 i와 j 사이의 거리를 의미한다. 예를 들어, 〈표 8-3〉에서 A와 B 개념간의 D통계치를 계산한다면 아래와 같이 된다.

$$\begin{aligned} D_{AB} &= \sqrt{(6-2)^2 + (5-2)^2 + (6-1)^2 + (7-1)^2 + (5-3)^2 + (6-2)^2} \\ &= \sqrt{106} \\ &= 10.30 \end{aligned}$$

이와 같은 방식으로 A와 C, A와 D, A와 E 등 모든 개념을 둘씩 짝지어서 D통계치를 계산하면 D행렬표를 얻게 될 것이다. 그러면 이러한 통계치를 보고 개념들이 어떻게 군집을 이루고 있는지를 파악할 수 있게 된다. 거리군집 분석의 결과는 개인내(個人內) 비교뿐만 아니라 개인간(個人間) 비교도 가능하다. 가령, 두 사람의 자료에서 얻은 D행렬표가 다음 〈표 8-4〉와 같다고 하자.

〈표 8-4〉 피검자 2명의 거리군집분석 D행렬표

피검자	개 념	A	B	C	D	E
첫째 사람	A		10.30	3.00	2.65	9.06
	B	10.30		8.89	10.44	3.16
	C	3.00	8.89		3.16	8.19
	D	2.65	10.44	3.16		9.90
	E	9.06	3.16	8.19	9.50	
둘째 사람	A		2.06	8.06	9.17	3.46
	B	2.06		7.94	9.17	2.83
	C	8.06	7.94		2.65	6.86
	D	9.17	9.17	2.65		7.75
	E	3.46	2.83	6.86	7.75	

〈표 8-4〉에 나타난 결과를 보면, 첫째 사람과 둘째 사람이 지각하는 각 개념의 의미가 서로 크게 다르다는 사실을 알 수 있다. 먼저 첫째 사람의 결과를 살펴

보자. AC＝3.00, AD＝2.65, CD＝3.16으로서 *D*통계치가 작은 것으로 나타났다. 한편, BE＝3.16으로서 이들끼리도 거리가 가깝다. 그러나 나머지 *D*통계치는 모두 큰 값을 보이고 있다. 따라서 이 경우에 A · C · D가 하나의 군집을 이루고 B · E는 또 다른 군집을 이루고 있다. 다시 말하여, 이 사람은 교수 · 학습 · 연구의 세 개념은 비슷하게 지각하고, 훈육 · 통제의 두 개념은 이것들대로 그 의미를 서로 유사하게 지각하고 있다고 해석할 수 있는 것이다.

이번에는 둘째 사람의 결과를 검토하여 보자. *D*통계치를 살펴보면, A · B · E의 군집과 C · D의 군집으로 구분되고 있음을 볼 수 있다. 즉, 이 사람은 교수 · 훈육 · 통제의 세 개념을 비슷하게, 그리고 학습 · 연구의 두 개념을 비슷하게 지각한다. 따라서 첫째 사람과 둘째 사람의 *D*행렬표를 비교하여 볼 때, 이 두 사람이 지각하고 있는 각 개념의 의미는 서로 크게 다르다는 사실을 알 수 있다.

의미변별 척도법은 어떤 특정의 개념이나 대상에 대하여 서로 다른 집단 구성원들이 어떻게 지각하고 있는가를 비교하거나, 두 가지 상표에 대한 이미지 차이를 비교하는 등 여러 상황에서 사용할 수 있다. 이 척도를 사용할 때 유의할 점은 연구문제에 적합한 개념을 선정하는 일과 알맞은 분석방안을 모색하는 일이다. 이 방법이 얼마나 신뢰롭고 타당하냐 하는 문제에 관하여는 아직도 논란의 여지가 많이 있으나, 검사의 제작과 실시 및 결과분석이 비교적 용이하고 융통성이 많기 때문에 다양한 연구문제에 적용할 수 있는 편리한 방법이다. 특히 태도나 가치관과 같은 정의적 특성을 측정하는데 의미변별 척도법이 유용하게 쓰일 수 있다.

제3절 사회성 측정법

1. 사회성 측정의 의미

사회성 측정이란 어떤 한 집단 내에서 구성원들 간의 상호관계, 역동성, 집단 응집력 등을 알아보는 것을 말한다. 사회성 측정법(sociometry)은 특정한 어느 한 집단 내에서 개인의 사회적 위치 또는 비형식적인 집단의 구조를 파악할 경우에 적용할 수 있는 방법으로, 한 개인이 그의 동료들에 의해서 어떻게 지각되고 받아들여지고 있는가를 평가하는데 이용한다. 사회성 측정법은 특히 다음과 같은 경우에 유용하게 쓸 수 있는 방법이다.

첫째, 새로운 집단을 조직하거나, 기존의 집단구조를 재구성하고자 할 때 필요한 정보를 얻을 수 있다.

둘째, 사회적 적응을 위하여 도움을 필요로 하는 아동을 찾아내고 그 원인을 진단하는데 이용할 수 있다.

셋째, 한 집단의 응집력과 집단 내 개인들 간의 수평적 및 수직적 인간관계를 분석하고자 할 때 이용할 수 있다.

사회성 측정을 위해 주로 사용되는 방법으로 동료지명법과 동료평정법이 있다. 사회성 측정에서 가장 많이 사용되는 동료지명법은 주어진 어떤 기준에 따라 친구를 선택하게 하는 방법이다. 예를 들어, 좌석을 재배치하려고 하는데 옆자리에 누구를 앉히고 싶은가 또는 생일파티에 누구를 초대하고 싶은가 등으로 친구를 선택하게 한다. 이때 다른 사람으로부터 받은 선택수가 그 사람의 사회적 수용도가 된다. 동료평정법은 한 집단내 구성원들에 대하여 좋아하는 정도에 따라 평정하게 하는 방법으로서, 대개 3단계 혹은 5단계 척도 중 어느 한 곳에 표시하도록 한다. 가령, 학급의 각 아동에게 학급 전체 명단을 주고 한 사람도 빠뜨리지 말고 각 사람을 모두 평정하게 하면 각 아동이 학급친구에 의해 수용되고 있는 정도를 파악할 수 있다.

2. 사회성 측정검사

사회성 측정검사는 주로 간단한 질문지 형태를 취한다. 질문은 "가장 좋아하는 사람은 누구입니까?" 라고 직설적으로 물어볼 수도 있겠으나, 잘못하면 솔직한 대답을 얻기가 어려우므로 대개는 어떤 역할과 지위에 관련된 질문방식을 따르는 것이 보통이다. 사회성 측정을 위한 질문지는 연구의 목적과 집단의 현실적 상황에 알맞게 만들어야 한다. 다음은 초등학교 아동들에 사용할 사회성 측정검사를 만들 경우에 일반적으로 유의할 사항이다.

① 아동이 선택하는 목적과 이유를 분명히 이해할 수 있도록 문항의 내용을 쉽게 작성한다. 질문을 흥미 있게 만드는 것도 중요하다.

② 집단의 활동에 제한적 관계가 있는 현실적이고 의미 있는 상황을 만들어

선택하도록 한다. 이와 함께 어떤 기준에 따라 선택 또는 배척할 것인지를 분명히 제시해야 한다.

③ 각 아동이 선택할 수 있는 숫자를 정확하게 명시한다. 선택할 수 있는 사람이 2명 이상인 경우에는 순서를 표시하게 할 것인가 아니면 특별한 순서 없이 나열해도 되는지를 명시해야 한다.

④ '싫어하는 사람', '나쁜 사람' 등 부정적인 기준의 사용은 가급적 삼가하는 것이 바람직하다. 교육적인 면에서 바람직하지 못하기 때문이다.

〈표 8-5〉 사회성 측정 질문지의 예

응답자 성명		검사일자	

지시 : 이 조사는 선생님이 우리 학급을 지도하는데 참고 자료를 얻기 위해서 하는 것입니다. 아래의 각 질문을 읽고 여러분이 평소에 생각하고 있던 그대로 솔직하게 응답하기 바랍니다. 여러분이 응답한 내용은 아무에게도 알리지 않을 것입니다. 우리 학급 내에서만 고르되, 오늘 결석한 학생들도 모두 포함해서 생각하기 바랍니다. 아래 각 질문에 순서대로 3명의 이름을 써 넣으시오.

① 학생의 옆자리에 앉히고 싶은 사람은 누구입니까?

1. ________ 2. ________ 3. ________

② 누구를 우리 학급의 반장으로 선출하면 좋겠습니까?

1. ________ 2. ________ 3. ________

사회성 측정검사를 실시할 때는 아래와 같은 점에 유의해야 한다.

첫째, 집단 전체를 조사대상으로 하여 모든 구성원에게 실시하는 것이 좋다. 그리고 집단의 한계를 분명히 규정하여, 어떤 범위 내에서 선택할 것인지를 명시한다.

둘째, 피검사자들이 검사에 응답할 때 다른 사람들의 간섭 없이 독자적으로 반응할 수 있도록 검사환경을 마련해 준다. 검사결과는 다른 사람들에게 알려지지 않도록 조심해야 한다. 결과가 공개되면 피검사자들의 대인관계나 집단의 사회조직에 부정적 영향을 미칠 우려가 있기 때문이다.

셋째, 유치원생이나 초등학교 저학년 아동들은 질문지를 제대로 읽고 판단할 능력이 부족하므로 개별 면접을 통해 응답을 얻는 것이 좋다.

3. 사회성 측정의 결과분석

사회성 측정법에 의하여 자료를 수집한 다음에는 이것을 의미 있는 형태로 요약하여 분석하는 일이다. 사회성 측정검사에서 얻은 자료를 분석하는 방법은 세 가지로 나누어 볼 수 있다. 즉, 각 개인의 선택과 배척관계를 중심으로 사회도(sociogram)를 그려보는 방법, 사회성 측정지수에 의한 분석, 그리고 사회성 측정 행렬표를 작성하여 몇 가지 특성을 계산하는 방법이다. 이 가운데 행렬표를 만들어서 분석하는 방법이 보편적으로 많이 사용된다.

다음 〈표 8-6〉의 사회성 측정 행렬표는 20명의 학생이 각자 자기가 좋아하는 사람을 5명씩 선택하도록 된 질문지를 통하여 얻은 자료를 가지고 작성한 것이다. 이 표에서 1번부터 10번까지는 남학생들이고, 11번부터 20번까지는 여학생들이다. 행렬표 속에 나타난 1, 2, 3 등의 숫자는 해당 학생이 각각 첫 번째, 두 번째, 세 번째 등으로 선택되었음을 뜻하는 것이고, ×표는 배척받은 것을 ○표는 상호선택한 것을 의미한다. 가령, 1번 학생 A가 누구누구를 선택하였는가 알려면 첫째 행(行)을 읽어보면 된다. 첫째 행을 보면 2번 칸에 3이 표시되고 4번과 5번 칸에는 ×표, 6번 칸에 1, 7번 칸에 2, 10번 칸에 5, 12번 칸에 4로 표시되어 있다. 따라서 A학생은 6번 · 7번 · 2번 · 12번 · 10번의 순서대로 자기가 좋아하는 것을 알 수 있다. 상호선택한 예로는 두 번째 행(行)과 세 번째 열(列)이 교차되는 칸에 ○으로 표시된 것을 들 수 있다. 이것은 2번 학생과 3번 학생이 서로 선택하였음을 나타내는 것이다. 이와 같은 행렬표를 요약하면 다음과 같은 몇 가지 사실을 파악할 수 있다.

첫째, 피선택수의 합계를 보면 그 집단 구성원들이 각각 다른 사람들로부터 어느 정도 선택을 받고 있는지 알 수 있다. 이 표의 자료에 의하면, 6번 학생과 12번 학생이 각각 12명으로부터 선택을 받아 이 두 학생이 이 집단 내에서 가장 인기가 높다는 사실을 알게 된다. 그런데 피배척수까지 고려한다면 6번은 배척당함이 전혀 없는데 비하여 12번은 1명으로부터 배척을 받고 있으므로 6번의 사회적 수용도가 더 높다고 하겠다.

둘째, 피선택과 피배척의 상황을 종합해보면 집단 내에서 사회적으로 부적응의 문제를 가지고 있는 학생을 발견할 수 있게 된다. 5번과 19번 학생이 각각 4명으로부터 배척을 받고 있다. 그리고 15번 학생은 다른 사람들로부터 선택을 받지도 배척을 당하지도 않는 상태 즉, 이 집단에서 완전히 고립되어 있다. 따라서 이러한 학생들은 사회적으로 부적응 문제를 갖고 있을 가능성이 있으므로 담당교사는 이들에게 주의를 기울일 필요가 있다.

〈표 8-6〉 사회성 측정 행렬표

선택자		피선택자 1	2	3	4	5	6	7	8	9	10	11	12	13	14	15	16	17	18	19	20
A	1		3		×	×	1	2			5		4								
B	2			②	×	×		①	4	③	5										
C	3		③				1	②		④	5										
D	4					①	2		3		4		5								
E	5				①		2	3	4				5	ⓧ							
F	6							②	①			③	×		4				⑤		
G	7		②	④	5	×	①		×	③											
H	8	4					①	3			②		5								
I	9		②	③		5	4	①	×												
J	10					5	2		①	3					4						
K	11						⑤		4				①		③				②		
L	12											①		⑤	②				③		④
M	13					ⓧ					5		②		×		①	③	4		
N	14								5			②	①						④	×	③
O	15											1	2	4	3					×	5
P	16					5	3					4		②				①			
Q	17										2	4	5	①			③				
R	18						④					②	①		③					×	⑤
S	19											2	1	3				4	5		
T	20						5						①	4	②				③	×	
피선택수	SS	1	4	3	2	3	8	7	5	4	5	7	8	6	5	0	2	3	6	0	4
	OS	0	0	0	0	1	4	0	2	0	2	1	4	0	2	0	0	0	1	0	0
피배척수	SS	0	0	0	2	3	0	0	2	0	0	0	0	0	1	0	0	0	0	4	0
	OS	0	0	0	0	1	0	0	0	0	0	0	1	1	0	0	0	0	0	0	0
상호선택수	SS	0	3	3	1	1	2	4	2	3	1	3	5	3	4	0	2	2	4	0	3
	OS	0	0	0	0	0	2	0	0	0	0	1	0	0	0	0	0	0	1	0	0

SS : 동성　OS : 이성　O : 상호 선택　× : 배척

출처: Linn, R. L. & Gronlund, N. E. (1995). p.280.

셋째, 상호선택의 수가 얼마나 되느냐에 따라서 그 집단의 응집성을 짐작할 수 있다. 상호선택의 수가 많을수록 그 집단의 응집력은 상대적으로 높다고 본다. 대개 집단의 응집력은 한 집단의 상호선택 수의 합계를 다른 집단의 그것과 비교하여 상대적으로 평가한다.

한편, 사회성 측정검사의 결과를 토대로 사회도를 그려봄으로써 집단 구성원들의 상호관계를 시각적으로 파악할 수 있다. 사회도(sociogram)는 한 집단내 구성원들 간의 선택과 배척을 포괄해서 나타내는 도형적 방법으로 개인을 표시하는 기하학적 도형과 이 도형을 연결하는 여러 종류의 선으로 구성된다. [그림 8-4]는 〈표 8-6〉의 자료를 기초로 만든 표적 사회도(target sociogram)이다. 표적사회도를 그리는 과정은 다음과 같다.

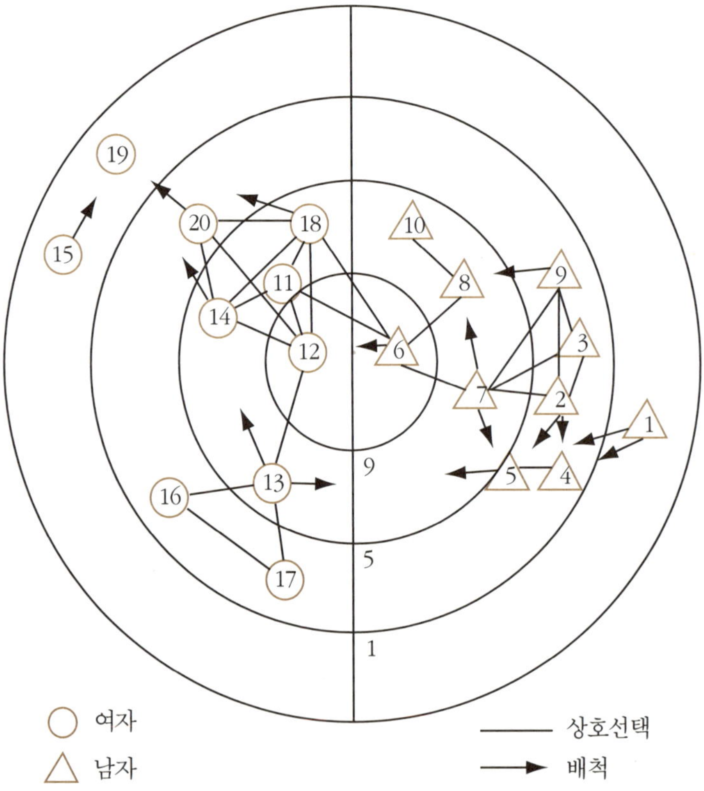

[그림 8-4] 집단 구성원들의 선택과 배척을 나타낸 사회도

① 화살 과녁과 유사한 동심원을 크기가 다르게 4개 정도 그린다.
② 개인별로 얻은 선택득점을 합산한다.
③ 개인별 득점 총점분포에서 '최고점-최저점+1' 의 공식에 따라 범위를 계산하고 그 점수를 4등분한다.
④ 4등분한 결과를 점수가 높은 순서대로 가운데 원에서 바깥 원에 이르기까지 하나씩 배분한다.
⑤ 방향 표시는 제1의 선택에 따라 한다. 이때 필요한 경우 성별을 구분해서 표시할 수도 있다.
⑥ 한 표적사회도에는 가급적 한 집단의 결과만을 표시하는 것이 좋다.

[그림 8-4]에 나타난 바와 같이, 선택점수 9점 이상을 받은 아동은 중심인물로 4개 동심원의 중심에 표시하고, 고립아는 가장 바깥 쪽의 원에 나타내고, 나머지 아동들은 선택빈도에 따라 가운데 있는 두 개의 원에 배치한다. 표적사회도에서 원의 중심에 가까이 위치한 사람일수록 많은 사람들로부터 선택받은 중심인물을 나타내고, 원의 가장자리에 위치할수록 그 집단에서 주변인물로 존재한다는 것을 의미한다. 이 그림을 보면 남자집단에서는 6번 학생이 중심인물이고, 여자집단에서는 12번 학생이 중심인물로 나타나고 있음을 알 수 있다. 선택과 배척 및 상호선택을 나타내고 있는 이와 같은 표적사회도를 살펴보면 집단구조의 특성을 알 수 있다. 즉, 중심인물을 비롯하여, 심하게 배척받는 인물(rejectee), 무시된 자(neglectee), 고립된 자(isolate), 단짝(pair) 등 집단구조의 여러 유형을 한눈에 알아볼 수 있는 것이다.

사회성 측정법은 단순하고 실시하기가 용이하기 때문에 현장교사들이 유용하게 사용할 수 있는 방법이다. 학급을 하나의 작은 사회집단으로 보면, 그 속에 존재하는 학생들 사이의 집단역동이나 집단내 비형식적 소집단의 구조를 이 방법을 이용하여 파악할 수 있다. 그러나 이 방법을 효과적으로 사용하기 위해서는 20명 이하의 소집단이어야 하며, 모든 집단구성원들이 서로를 잘 알고 선택상황이나 활동에 익숙해야 한다. 그렇지 못할 경우 사회성 측정결과가 현실의 실상을 제대로 반영하지 못하거나 잘못된 해석을 내릴 위험성이 있다.

특히 이 방법은 좋은 측정도구가 갖추어야 할 조건인 신뢰도와 타당도가 문제될 경우가 있다. 예를 들어, 친구들 간에 싸움이 일어난 직후에 좋아하는 사람을 고르라고 한다면 그렇지 않을 때에 비하여 선택의 내용이 많이 달라지는 것처럼 그때그때 상황의 영향을 많이 받는다는 점이다. 또한 이 방법에 의하여 밝혀진 인간관계는 피검사자들이 단지 소망하는 것이지 현실적인 관계와 일치하지 않는 경우도 많이 있다는 점에 주의해야 한다.

제4절 델파이방법

1. 델파이방법의 가정과 특징

델파이방법은 미래에 대해 예측하려는 어떤 주제나 사회적으로 쟁점이 되는 문제에 대하여 전문가들의 의견과 판단을 수렴하는 조사방법이다. 아직 적절한 해답이 알려지지 않았거나 일정한 합의점에 도달하지 못한 문제에 대해 다수의 전문가들을 대상으로 설문조사나 우편조사를 통해 수차에 걸쳐 피드백을 시켜가며 그들의 의견을 수렴하여 집단적 합의를 도출해내는 방법이다. 델파이방법은 1950년대 미국 랜드연구소에서 국방부의 요청에 따라 미국에 대규모 원자탄 공격이 가해졌을 경우 예상되는 문제와 영향을 평가할 목적으로 처음 사용되었다고 한다. 이 방법은 직접 얼굴을 마주보고 토론하는 전통적인 협의회 과정에서 나타날 수 있는 갈등이나 회의장 분위기에 영향을 받아 주관적 판단을 흐리게 된다는 비판에 따른 대안으로 개발된 방법이다. 델파이 방법(delphi method)에서 'delphi'는 고대 그리스 신화 중에서 미래를 통찰하고 신탁을 하였다는 아폴로 신전이 있었던 그리스의 옛날 도시 이름으로 이를 본떠 명명한 것이라고 한다.

델파이방법의 기본 가정은 어떤 추정하려는 문제에 관한 정확한 정보가 없을 경우 "두 사람의 의견이 한 사람의 의견보다 정확하다."는 수량적 객관의 원리와 "다수의 판단이 소수의 판단보다 타당하다."는 민주적 의사결정의 원리에 근거를 두고 있다. 다수의 의견이 한 사람의 의견보다 더 정확하다는 가정은 집단 구성원의 상호작용을 통해 개인의 편견을 상쇄할 수 있으며, 집단을 구성하고 있는 사람들의 지식이 어느 한 사람의 무지를 보완할 수 있다는 것이다. 그리고 다수의 판단이 소수의 판단보다 더 타당하다는 논리는 집단적 추정치의 범위가 정답을 포함할 가능성이 높다는 가정에 기초한다. 그러나 이러한 가정이 언제나 반드시 성립되는 것은 아니다. 우매한 대중보다는 소수의 현인이 정확한 정보를 가지고 현명한 판단을 내리는 경우가 얼마든지 있을 수 있다.

델파이방법은 여론조사와 협의회의 장점을 절충한 자료수집방법으로, 전문가들에게 개별적으로 질문지를 실시하고 그 응답결과를 종합하여 환류시키고 다시 회수하는 과정을 거듭함으로써 독립적이고 동등한 입장에서 의견을 수렴해 나간다. 이 방법은 다음과 같은 세 가지 특징을 가지고 있다.

첫째, 응답자의 익명성이 보장되므로 외부의 영향에 의해 결론이 왜곡되거나 표현이 제한받는 것을 방지할 수 있다.

둘째, 통제된 피드백 과정을 반복함으로써 주제에 대한 응답자의 계속적인 관심과 사고를 촉진할 수 있다.

셋째, 개별 전문가의 의견을 통계적으로 종합하여 제시함으로써 집단내 의견 차이 정도를 알려주고, 극단적인 소수 의견에 대해서도 그 내용을 파악할 수 있다. 각자의 주관적인 판단을 종합하여 비교적 정확하고 객관적인 자료로 전환시킬 수 있다.

델파이방법은 크게 다음과 같은 두 가지 형태로 구분될 수 있다.

첫째는 델파이 실행(delphi exercise)이라 하여 가장 일반적으로 활용되고 있는 방법으로 지필형 질문지법이다. 소수로 구성된 모니터팀이 질문지를 작성해서 조사대상자들에게 보내고, 회수된 질문지의 응답결과를 분석해서 새 질문지를 만들어 다시 동일한 응답집단에 보내는 과정을 반복한다. 조사대상자들은 피드백 받은 집단반응을 참조하여 자신이 처음에 응답한 내용을 수정할 기회를 갖는다.

둘째는 델파이 협의(delphi conference)라고 하여 조사에 참여하는 전문가들이 지필형 질문지에 응답하는 것이 아니라 각자의 컴퓨터를 이용하여 질문내용에 응답을 하는 방식이다. 이것은 컴퓨터 프로그램을 활용해서 실시간으로 의견수렴이 이루어지는 방식으로, 질문지를 우송하고 응답결과를 종합해서 편집하는 등 모니터팀이 하는 일의 상당 부분을 컴퓨터가 하게 된다. 따라서 이 방법은 조사과정을 빠르게 진행할 수 있다는 장점을 갖고 있는 반면에 컴퓨터 프로그램의 내용에 따라 반응에 제한을 갖는 문제점이 있다.

2. 델파이방법의 절차

델파이방법은 전문가들의 직관을 종합하여 미래를 예측하는 방법으로 처음 사용되기 시작하였으나, 현재는 미래의 변화 뿐만 아니라 어떤 문제에 대한 합의를 도출하여 해법을 추정하거나 구성원들의 의견을 수렴하는 방법으로 활용되고 있다. 일반적인 델파이방법의 적용 절차는 다음과 같다.

1) 해당 분야 전문가 집단의 구성

추정하고자 하거나 해결하려는 주제에 대하여 가장 잘 알고 있으리라고 믿어지는 해당 분야의 전문가들을 대략 30명에서 최고 100명까지 선정하여 패널(panel)을 구성한다. 델파이 방법에서 전문가 선정의 문제는 매우 중요하다. 델파이방법이 본래 전문가들의 직관을 객관적 수치로 나타내는 방법이기 때문에 조사에 참여하는 전문가의 자질은 중요시 될 수밖에 없는 것이다. 전문가를 선정할 때 고려해야 할 기준은 다음과 같다.

① 전문가들은 주어진 질문의 응답에 요구되는 필수적 지식을 적어도 평균 수준 이상을 갖고 있어야 한다.
② 조사에 참여하는 전문가들은 지리적으로 어느 한 곳에 치우치지 않고 골고루 분포되어 있어야 한다.
③ 전문가들은 합리적이고 객관적이며 어느 한 쪽에 편향되지 않은 사고를 할 수 있어야 한다.
④ 전문가들은 조사에 적극적으로 참여해야 하며, 조사기간 동안 시간을 낼 수 있어야 한다.

2) 제1차 설문 조사

알아보고자 하는 연구문제에 대하여 응답자들이 자유롭게 반응할 수 있도록 개방형 질문지를 만든다. 그런 다음 미리 구성해 놓은 전문가 집단에 이 질문지를 실시한다. 이때 응답자들로 하여금 상호 접촉하지 않고 독립적으로 응답하도록 유의한다. 아래에 이종성(2001)이 델파이방법을 적용하여 한국고등교육의 미래를 추정한 연구에서 사용했던 1, 2, 3차 설문을 요약해서 예시한다.

한국고등교육의 미래 추정 (델파이 제1차 설문)
향후 20년간 한국고등교육 전반(제도, 목적, 기능, 학생, 교수, 교육과정, 교육방법, 시설, 재정, 관리운영 등)에 걸쳐 가장 많은 변화가 일어날 것으로 예상되는 점을 다섯 가지만, 희망하는 변화가 아니고 예상되는 변화를 적어 주시기 바랍니다. 1. 2. 3. 4. 5.

3) 제2차 설문 조사

1차 개방형 설문조사의 응답결과를 분석하여 몇 개의 질문항목으로 요약해서 구조화된 폐쇄형 질문지를 작성한다. 2차 설문조사용 질문지를 만들 때 유의할 점은 각 문항에 점수를 주거나, 각각의 중요도를 평정하여 일정 수의 중요한 문항을 선택할 수 있도록 만들어야 한다는 점이다. 폐쇄형 질문지가 완성되면 다시 동일 패널에게 이를 실시한다.

한국고등교육의 미래 추정 (델파이 제2차 설문)					
	변화 가능성 척도				
	본 응답척도에는 변화에 대한 동의 여하에 관계없이 변화가 가능한 정도를 추정하여 표시해 주시기 바랍니다.				
고등교육의 변화를 예상하는 항목	거의 확실하다 (96% 이상)	대단히 가능하다 (66-95%)	가능성이 있다 (36-65%)	가능성이 희박하다 (6-35%)	거의 불가능하다 (5% 이하)
1. 동료교수들의 평가제도가 도입될 것이다.	1	2	3	4	5
2. 졸업 요구 학점이 감소될 것이다.	1	2	3	4	5

4) 제3차 설문 조사

2차 설문조사의 결과를 종합하여 응답자 전체 집단의 질문항목별 집중경향(중앙치나 평균치)과 변산도(사분편차나 표준편차)를 산출한다. 각 질문의 집중경향과 변산도 및 응답자 본인의 2차 반응을 표시한 3차 질문지를 작성하여 다시 동일 패널에게 실시한다. 이때 개별 응답자는 2차에서 각 질문에 대한 자기의 반응 결과를 피드백받고 수정할 수 있는 기회를 갖는다. 3차 설문 조사에서 유의할 사항은 만약 어떤 응답자의 의견이 다수의 의견과 크게 다른 경우 즉, 중앙치와 사분점간 범위를 벗어난 반응을 할 때에는 그 이유를 반드시 제시하도록 해야 한다.

<table>
<tr><th colspan="6">한국고등교육의 미래 추정 (델파이 제3차 설문)</th></tr>
<tr><td rowspan="2"></td><td colspan="5">변화 가능성 척도</td></tr>
<tr><td colspan="5">아래 응답 척도의 상단에는 제2차 설문에 대한 전문가들의 응답결과를 요약하여 중앙치는 Md로, 사분점간 범위는 [ ]로, 해당 전문가의 응답은 x로 나타냈으며, 하단에는 각 질문에 다시 응답을 할 수 있도록 되어 있습니다. 선생님의 재추정치가 대다수 전문가들의 추정치와는 달리 [ ] 범위를 벗어날 때는 그 이유를 의견란에 적어 주시기 바랍니다.</td></tr>
<tr><td>고등교육의 변화를 예상하는 항목</td><td>거의
확실하다
(96% 이상)</td><td>대단히
가능하다
(66-95%)</td><td>가능성이
있다
(36-65%)</td><td>가능성이
희박하다
(6-35%)</td><td>거의
불가능하다
(5% 이하)</td></tr>
<tr><td rowspan="3">1. 동료 교수들의 평가제도가 도입될 것이다.</td><td></td><td>Md</td><td>x</td><td></td><td></td></tr>
<tr><td>1</td><td>[2]</td><td>3</td><td>4</td><td>5</td></tr>
<tr><td>1</td><td>2</td><td>3</td><td>4</td><td>5</td></tr>
<tr><td rowspan="3">2. 졸업 요구 학점이 감소될 것이다.</td><td></td><td>x</td><td>Md</td><td></td><td></td></tr>
<tr><td>1</td><td>[2</td><td>3]</td><td>4</td><td>5</td></tr>
<tr><td>1</td><td>2</td><td>3</td><td>4</td><td>5</td></tr>
</table>

5) 제4차 이후 설문 조사

3차 설문조사의 응답결과를 가지고 각 질문항목별로 집중경향과 변산도를 다시 산출해서 3차 설문조사와 동일한 과정을 반복한다. 그리고 다수 의견으로부터 멀리 벗어난 소수 의견을 수집하여 기록해 둔다. 이와 같은 방법으로 전문가들의 의견이 어느 정도 일치할 때까지 몇 차례의 설문조사를 반복하여 최종 결과를 얻는다.

3. 델파이방법의 활용분야와 장단점

델파이방법의 실시 절차는 비교적 단순하다. 그러나 실제로 이 방법을 적용할 때 나타날 수 있는 문제들을 사전에 충분히 대비하지 않고 실시한다면 실패할 가능성이 높다. 특히 전문가 패널의 선정과 설문지 작성에 대해서는 실시하기 전에 심사숙고하여 결정해야 할 문제들이다. 델파이방법의 활용분야, 장점, 한계와 문제점 등에 대하여 간략히 소개하면 다음과 같다.*

1) 활용분야

델파이방법은 본래 미래예측을 위해 고안된 것이지만, 근래에는 목표설정을 위한 전략조사, 선호도 조사, 의견조사 등에도 많이 활용되고 있다. 즉, 가까운 미래의 여러 가지 변화추세를 전망해 보는 예측조사를 비롯하여 특정 분야의 장기발전계획이나 프로그램 개발계획을 위한 전략조사, 다수의 목표나 대안 중에서 상대적 중요성을 알아보는 선호조사, 어떤 문제에 대한 전문가들의 의견조사 등에 델파이방법이 유용하게 쓰일 수 있다. 미국에서 델파이방법을 이용하여 이미 조사연구가 수행된 분야를 예시하면 아래와 같다.

- 정확히 알려지지 않았거나 구할 수 없는 역사적 자료의 수집
- 역사적 사건의 중요성 검토
- 예산배정 가능성의 평가
- 도시계획의 여러 가지 방안 탐색
- 대학캠퍼스 및 교육과정 개발계획
- 어떤 한 모형구조의 통합 방안
- 잠정적 정책대안에 찬반의견 파악
- 복잡한 사회적 또는 경제적 현상의 인과관계 파악
- 인간의 실제적 동기와 지각된 동기 간의 차이 규명
- 개인적 가치와 사회적 목표 간의 우선순위 탐색

* Harold A. Linstone and Murray Turoff, eds. *The Delphi Method: Techniques and Applications* (digital version). (Newark, NJ: Information Systems Department, New Jersey Institute of Technology, 2002).

그런데 우리가 여기서 유의해야 할 것은 델파이방법 적용의 적절성 여부를 결정하는 것은 특정 주제의 본질이나 특성 그 자체가 아니라, 오히려 집단적 의사소통과정을 둘러싼 특수한 상황이라는 점이다. 즉, "해당 문제에 대하여 의사소통을 해야 할 사람이 누구인가? 의사소통을 위한 가능한 대안적 방법은 무엇인가? 그 대안적 방법에서 얻을 수 있는 이점은 무엇인가? 이와 같은 질문을 자문자답해보고 델파이방법의 적용이 바람직한 것인지를 결정하는 것이 좋다. 대체로 다음과 같은 경우에는 델파이방법의 이용을 생각해 볼 필요가 있다.

- 문제 자체가 정확한 분석적 기법보다는 중지(衆智)에 기반한 주관적 판단이 더 효과적일 경우
- 광범하고 복잡한 문제의 검토과정에 참여해야 할 사람들이 서로 의사교환을 한 적이 없으며 경험이나 전문적 식견에 있어서 다양한 배경을 가지고 있는 경우
- 효과적으로 면대면(面對面) 상호작용을 할 수 있는 인원수보다 더 많은 사람들이 필요한 경우
- 시간이나 경비 면에서 빈번하게 집단회의를 하기 어려운 경우
- 대면식 회의의 효율성이 집단적 의사교환 과정을 통해 더욱 향상되고 보완될 경우
- 개인들간 의견불일치의 정도가 매우 심하거나 정치적 견해가 상반되어 이들의 의사소통과정을 중재해야만 되고 익명성이 보장되어야 할 경우
- 결과의 타당성을 확보하기 위하여 다양한 배경의 소유자들이 참여해야만 될 경우 즉, 특정 인물의 압력이나 다수에 의한 지배를 피하고자 할 경우

2) 장점

전통적인 대면식 직접 토의방법에 비하여 델파이방법이 갖는 장점은 다음과 같다.

첫째, 대면식 직접 협의회에서는 편향된 의견을 강하게 주장하는 일부 참석자 때문에 많은 시간과 노력을 헛되게 쏟을 경우가 있는데 델파이 방법에서는 이러한 낭비를 줄일 수 있다. 그리고 의견수렴과정이 연구자에 의해 통제되기 때문

에 원래의 초점에서 크게 빗나가지 않는다.

둘째, 회의비, 체제비, 여비 등이 들지 않아 비용을 절약할 수 있다. 대면식 협의회를 할 경우 지리적으로 여러 곳에 흩어져 있는 전문가들을 한 곳에 불러 모으려면 막대한 경비가 소요되지만 델파이 방법에서는 이와 같은 부수적인 경비가 소요되지 않는다.

셋째, 델파이방법은 여러 전문가들의 의견을 통계적으로 처리하여 피드백할 수 있다. 그리고 이러한 피드백 과정을 통하여 얻은 정보를 가지고 각 응답자들은 좀 더 정확하고 타당한 근거에 기초하여 자신의 입장과 의견을 피력할 수 있게 된다.

넷째, 델파이 방법에서는 대면식 협의회에 비하여 익명성이 있고 독립적이기 때문에 개별 전문가의 자유롭고 솔직한 의견을 들을 수 있다. 그리고 참여전문가들 사이의 의견교환을 위한 상호작용의 시간과 빈도에 있어서 협의회 방식보다 제약을 덜 받는다.

다섯째, 대면식 직접 협의회에서는 특정한 지도적 인물의 의견에 대다수 사람들이 추종하거나 회의장을 지배하는 분위기에 휩쓸려서 어떤 결론에 도달할 위험성이 있다. 그러나 델파이 방법에서는 특정 개인이나 집단의 압력으로 개별 전문가의 판단이 왜곡되거나 참신한 아이디어가 거부당하는 일이 없다. 또한 체면이나 위신 때문에 자신의 의견과 다른 결정을 하는 것도 최소화할 수 있다.

3) 한계와 문제점

델파이방법은 질문지 조사방식과 협의회 방식을 혼합한 형식이기 때문에 이들 방법이 본래 가지고 있는 단점과 한계를 부분적으로 지니고 있다. 아래에 델파이방법이 가지고 있는 주요 문제점을 지적한다.

첫째, 질문지법의 경우와 마찬가지로 회수율이 높지 않다. 특히 조사가 한 번에 끝나는 것이 아니라 1차, 2차, 3차로 반복되어 감에 따라 회수율은 점점 낮아지는 경향을 나타낸다. 예컨대, 1차 조사에는 응답하였으나 그 이후부터는 무관심, 회의, 번거로움 등의 이유로 응답을 기피하게 될 수 있다.

둘째, 여러 차례 반복적으로 조사해야 하기 때문에 전체 조사과정을 끝내려면 비교적 장기간이 필요하다. 따라서 단기간에 조사하려는 연구문제에는 이 방법이 적합하지 않다. 그리고 조사시기별 벌어지는 시차 때문에 응답자의 사고과정에 연속적인 흐름을 차단시킬 수도 있다.

셋째, 익명성을 보장하는 것에 대한 단점으로서 응답자의 반응이 불성실하거나 조작될 가능성이 있다. 예를 들어, 2차 질문지에 연구진행자가 의도적으로 허위정보를 삽입하여 제시했을 때 응답자들은 그것을 믿고 자신의 1차 응답을 수정할 수 있다. 이것은 기본적으로 연구윤리의 문제로서 어떤 연구방법에서나 발생할 수 있지만 특히 델파이 방법에서는 연구자의 높은 윤리의식과 지적 정직성이 요구된다.

넷째, 대면식 협의회에서는 회의 참석자들이 상호 자극을 주고 받는 가운데 예상하지 못했던 새로운 아이디어를 창출해낼 수도 있다. 그러나 델파이 방법에서는 직접 대면하여 상호작용을 주고받을 수 없기 때문에 경우에 따라서는 피드백으로 주어지는 통계적 처리 결과에 무의식적으로 동조하는 반응이 나올 수 있다.

위에 기술한 문제점 이외에 델파이방법에 의한 예측 연구는 불확실한 상황을 연구대상으로 삼고 있다는 기본적인 한계를 지니고 있다. 또한 다음과 같은 몇 가지 측면에서 빠지기 쉬운 함정이 있으니 델파이방법을 이용하려는 사람들은 이러한 점에 유의해야 할 것이다.

① 미래에 대한 무관심 : 대부분의 사람들은 자기로부터 시간적이나 공간적으로 멀리 떨어져 있는 문제에 대하여 무관심하다. 따라서 억지로 미래에 대해 예측하도록 하면 적절하지 못한 반응이 나타날 우려가 있다.

② 예측 충동 : 일반적으로 사람들은 불확실한 것보다는 확실한 것을 선호한다. 사람들의 이러한 선호경향에 따른 예측충동이 델파이 조사의 의의나 중요성을 덮어버릴 우려가 있다.

③ 단순화 충동 : 대체로 사람들은 복잡한 것보다는 단순한 것을 선호한다. 그리하여 응답자들이 전체 상황을 세심하게 고려하지 못하고 한 두 가지 확신만 가지고 단순화시켜 직관적으로 판단할 우려가 있다.

④ 전문가 착각 : 델파이방법은 해당 분야 전문가들에게 의존하게 되는데, 전문가가 반드시 최상의 예측가는 아니다. 오히려 전문가들은 자신의 전문분야에 과도하게 집착하기 때문에 전체적 상황을 올바로 판단하지 못하고 착각할 우려가 있다.

⑤ 낙관주의와 비관주의 편견 : 일반적으로 장기예측은 지나치게 비관적으로

하는 반면에 단기예측은 지나치게 낙관적으로 하는 경향이 있다. 따라서 델파이방법에 의한 장기적인 미래예측이 지나치게 비관적으로 될 가능성이 있다.

⑥ 방법의 남용 : 델파이방법의 지지자들은 거의 모든 분야에 이 방법을 적용할 수 있다고 주장한다. 따라서 이 방법이 과도하게 남용되거나 부적절하게 적용되는 예가 많다.

연습문제

1. Thurstone 척도의 제작 절차에 대하여 설명하시오.

2. Likert 척도의 제작 절차에 따라 '성취동기'를 측정하기 위한 척도를 만들어 보시오.

3. 교육현장에서 사회성 측정법의 활용방안에 관하여 논의하시오.

4. 자료수집의 방법으로서 사회성 측정법이 내재적으로 가지고 있는 문제점에 대하여 논의하시오.

5. '교사'라는 개념의 의미를 초 · 중 · 고 · 대 학생들이 각각 어떻게 지각하고 있는지 의미분석 척도를 만들어서 조사하여 보시오.

6. 델파이방법의 기본 가정과 특징에 대하여 기술하시오.

7. 심리척도제작에 있어서 자극중심방법과 피험자중심방법이 서로 어떻게 다른지 비교 · 설명하시오.

제3부

연구의 실제

제 9 장
기술적 연구

제1절 조사연구

1. 조사연구의 의미

조사연구(survey research)는 기술적 연구의 대부분을 차지하고 있다고 말해도 과언이 아닐 정도로 가장 흔히 이루어지고 있는 연구의 형태이다. 사회과학 분야에서 왜 조사연구가 많이 이루어지는가? 예를 들어, 교육분야를 생각해 보자. 학교교육에 직접 · 간접으로 관련된 요인들은 무수히 많이 있다. 그리고 교육에 관련된 이러한 요인들과 대상들은 끊임없이 변화하고 있으므로 학습자들을 바르게 이해하고 그들을 효과적으로 지도하려면 학습자와 관련된 제반 특성과 현상을 정확히 파악하여야 한다. 교육분야에서 조사연구가 많이 이루어지고 또한 이러한 연구가 중요한 위치를 차지하는 것은 바로 이런 이유 때문이라고 할 것이다.

조사연구는 무엇이 존재하고 있는가를 파악하여 사실대로 기술하고 해석하는 연구이다. 조사연구를 하는 연구자는 그가 관심을 갖고 있는 어떤 사건이나 현상에 대하여 아무런 조작이나 통제를 가하지 않고 자연적인 상황에서 그것을 조사하여 정확하게 기술하는 것을 연구의 목적으로 삼는다. 그리고 어떤 사건이나 현상에 관련된 여러 변인들 간의 관계를 파악하고 분류 · 분석하는 것도 조사연구의 주요한 기능이다.

조사연구에서는 대개 모집단을 대표할 수 있는 일부 대상만을 뽑아서 하는 표본조사를 많이 한다. 물론 모집단을 대상으로 전수조사를 하는 경우도 있지만, 대개는 노력과 경비를 줄이고 신속하게 연구할 수 있는 표본조사를 선호한다. 표본조사에 대해서는 제5장에서 설명하였다.

2. 조사연구의 종류

조사연구는 일반적으로 조사의 목적에 따라 사실 발견적인 조사, 가설검증을 위한 조사, 규준을 설정하기 위한 조사로 나누어 볼 수 있다. 또한 자료수집의 방법에 따라 질문지조사, 면접조사, 전화조사, 우편조사, 인터넷조사 등으로 나누어 볼 수 있다. 이 밖에 조사의 내용에 따라서 사회조사, 여론조사, 학교조사 등으로 구분하기도 한다.

1) 조사목적에 의한 분류

(1) 사실발견을 위한 조사

사실발견을 주목적으로 하는 조사연구는 어떤 집단의 특성이나 사건, 현상에 관하여 있는 그대로의 사실을 알아보기 위해 하는 연구이다. 예를 들어, 취학 전 유아들에게 한글을 가르치는 것에 대하여 학부모 · 교육전문가 · 유치원 교사들은 각각 어떠한 의견과 태도를 가지고 있는지 조사하는 것이 여기에 속한다. 그리고 아동들의 가정환경을 조사하는 것이나, 우리나라 초 · 중등학교에서 근무하는 교사들의 남녀 성비율은 어떠한지 등을 조사하는 것이 모두 사실 발견적인 조사연구라고 하겠다.

사실발견을 위한 조사연구는 다시 객관적 사실의 발견과 주관적 사실의 발견으로 구분된다. 객관적 사실을 알아보기 위한 조사를 실태조사라고 한다. 가정환경조사, 학교조사, 지역사회조사 등이 모두 여기에 속한다. 주관적 사실을 알아보기 위한 조사를 의견조사 또는 태도조사라고 한다. 위에서 언급한 어떤 사건이나 대상에 대하여 개인들이 갖고 있는 의견이나 태도를 알아보는 여론조사가 주관적 사실의 발견을 위한 조사연구이다.

(2) 가설검증을 위한 조사

가설검증을 주목적으로 하는 조사연구는 연구자가 미리 설정한 어떤 가설의 진위를 가리기 위하여 하는 연구이다. 가설검증을 위한 조사연구에서는 조사의 객관성 · 타당성 · 신뢰성이 매우 중시된다. 특히 변인간의 인과관계를 파악하려는 조사에서는, 실험적 연구를 할 때처럼 가능한 한 조사의 조건과 상황을 적절히 통제해야 한다. 실험을 하지 않더라도 일단의 조사대상을 여러 차례 조사하여 어떤 경향을 밝혀낼 수 있다. 즉, 오랜 기간을 두고 같은 대상들에게 여러 종류의 조사를 반복 실시하여 일정기간 동안에 어떤 행동이나 태도의 변화 여부를 살펴보고, 변화가 생겼다면 무엇이 어떻게 변하였으며 그 원인은 무엇인가를 검토해 보는 것이다.

(3) 규준작성을 위한 조사

규준을 만들기 위한 조사연구는 어떤 조건이나 상태 등을 결정할 목적으로 하는 조사이다. 예를 들면, 우리나라 아동들의 연령별 신장이나 체중과 같은 신체적 발달의 규준을 작성하기 위하여 조사하는 것이 여기에 속한다. 새로 개발한 표준화 심리검사에 대한 도시와 농촌 학생들의 규준을 만들거나 남자와 여자의 규준을 만들기 위하여 조사하는 연구도 여기에 속한다.

2) 조사방법에 의한 분류

(1) 질문지조사

질문지조사란 질문지를 이용하여 객관적인 사실을 조사하거나 사람들의 의견, 태도, 느낌 등을 알아보는 방법이다. 질문지조사에서는 질문지가 매우 중요한 역할을 하므로 질문지를 어떻게 작성하느냐가 조사의 성패를 좌우하게 된다. 질문지법에 대해서는 제7장에서 자세히 설명하였으니 이를 참고하기 바란다.

(2) 면접조사

면접조사는 조사자가 직접 조사대상자를 대면해서 필요한 정보를 수집하는 방법이다. 면접을 통한 조사에서는 어떤 질문에 대하여 응답자가 이해하지 못하면 조사자가 그것을 다시 설명하여 이해시킬 수 있고 누락된 반응을 보충할 수도 있다. 그리고 응답자의 행동을 관찰할 수 있어서 좀 더 생생하고 직접적인 정보를 얻을 수 있는 장점도 있다. 그러나 전화조사나 우편조사가 적은 비용으로 널리 산재해 있는 광범한 지역에 걸쳐서 조사할 수 있는 편리한 방법인 점에 비하여 면접조사는 상대적으로 많은 노력과 경비가 드는 단점이 있다.

(3) 전화조사

전화조사는 전화를 이용하여 자료를 수집하는 방법이다. 특정 주제에 대하여 사람들이 어떤 생각과 의견을 가지고 있는지 빨리 알아보고자 할 경우 전화를 이용한 여론조사를 할 때가 많다. 전화조사의 장점으로는 경제적으로 신속하게 할 수 있다는 점과 지역에 제한을 받지 않고 응답자를 구할 수 있다는 점을 들 수 있다. 그러나 단점으로는 사적인 내용이나 민감한 쟁점에 대한 정보를 얻는데 효과적이지 못하고, 시간적 제한을 받아 많은 질문을 하기가 어렵고, 또 전화가 없거나 전화연결이 되지 않는 경우 등으로 인하여 응답자가 편향될 우려가 있다는 점이다.

(4) 우편조사

우편조사는 우편을 이용하여 조사자료를 수집하는 방법이다. 우편조사에서의 회수율은 질문지의 구성내용과 배포방식에 따라 큰 차이가 있다. 응답자가 반응하기 곤란한 내용이나 공개하고 싶지 않은 사적 문제를 묻는 내용이 있을 때, 혹은 응답하는데 너무 많은 시간과 노력이 소요될 때는 응답자의 협조를 구하기가 어렵다. 그러므로 질문지에는 꼭 필요한 내용만 간단명료하게 묻고, 응답요령도 간편하게 만들어야 한다. 그리고 우송시에는 반드시 반송우표를 붙이고 주소를 명기한 별도의 봉투를 동봉하는 일도 잊지 말아야 할 것이다.

우편조사의 장점으로는 응답자가 외부의 간섭이나 영향을 받지 않고 편한 시간에 응답할 수 있다는 점과 광범위한 지역에 대하여 비교적 적은 경비와 시간을 들여서 조사할 수 있다는 점이다. 그러나 본래 응답자가 반응하지 않고 다른 사람이 대리 응답하는 것을 막을 수가 없어서 실제로 응답한 사람이 누구인지 확인하기 어렵다는 단점이 있다. 또한 보충설명의 여지가 없어서 응답자가 질문내용을 제대로 이해하지 못하여 잘못 응답을 하였어도 이를 수정할 수 없으며, 대체로 회수율이 낮은데 이럴 경우 표본의 대표성에 문제가 발생한다는 단점이 있다.

(5) 인터넷조사

인터넷조사는 전자우편이나 웹사이트를 이용하여 자료를 수집하는 방법이다. 전자우편을 이용한 조사는 좀 더 신속하다는 것 이외에는 일반 우편조사와 대동소이하다. 인터넷을 이용한 조사는 설문내용을 웹사이트에 구축해 놓고 응답자들로 하여금 컴퓨터 화면에 직접 응답하도록 만든 방식이다. 인터넷 사용의 보편화에 따라 앞으로 인터넷조사가 더욱 활성화 될 것으로 예상된다. 인터넷조사의 장점은 비용과 시간이 매우 절약되고, 신속하게 조사가 이루어질 수 있다는 점이다. 또한 컴퓨터 화면을 이용하여 전화조사나 면접조사보다 훨씬 더 다양한 질문을 할 수 있다는 장점이 있다. 그러나 단점으로는 인터넷상의 보안장치 미흡으로 개인정보 유출을 우려하거나 절차상의 번거로움 등 여러 가지 이유로 응답을 꺼리는 사람들이 많아 의외로 회수율이 낮을 수 있다는 점이다.

3. 조사연구의 방법과 절차

조사연구의 절차는 조사내용이나 조사대상에 따라서 다를 수 있으므로 어떤 전형적 절차가 있는 것은 아니다. 그러나 조사연구는 일반적으로 다음과 같은 단계를 거치면서 이루어진다고 볼 수 있다.

1) 조사의 목적과 내용 확인

조사의 목적과 내용을 명확히 한다. 무엇 때문에 조사를 하며, 조사결과가 어디에 어떻게 사용될 것인가를 우선 생각해야 한다. 조사의 목적이 뚜렷이 설정되면 그 다음에는 그러한 목적을 달성하기 위하여 조사할 내용이 무엇인가를 결정한다. 즉, 조사의 영역과 범위를 결정하고, 구체적으로 어떤 항목들을 조사해야 할 것인가를 결정한다.

2) 조사계획의 수립

조사목적과 조사내용이 결정되면 구체적인 조사계획을 수립한다. 조사계획 속에는 조사방법, 조사대상, 조사일정, 결과분석 등에 관한 세부사항이 포함되어야 한다. 표본조사를 할 경우 모집단을 명확히 규정하고 적절한 표집계획을 수립한다. 또한 어떤 방법으로 자료를 수집하여 분석할 것인가를 결정하고 필요한 조사도구를 선정하거나 제작한다. 조사에 소요되는 경비와 시간을 계산하고 알맞게 조사일정을 짜놓는다. 그리고 조사자나 면접자를 고용할 경우에는 조사업무를 잘 수행할 수 있는 사람들을 뽑아서 조사내용이나 방법에 관해 사전에 훈련시킨다.

3) 조사의 실시

미리 수립해 놓은 조사계획에 따라 실제로 조사를 실시한다. 표본조사의 경우에는 표집계획에 따라 모집단을 잘 대표할 수 있는 표본을 선정한다. 조사연구에서 가장 흔히 사용되는 방법은 질문지법이다. 연구자가 직접 응답자들에게 질문지를 배부하고 그 자리에서 질문지를 회수할 경우에는 별 문제가 없으나, 질문지를 우송하여 반응을 구하는 경우에는 질문지의 회수율이 문제될 때가 많다. 연구의 계획단계에서는 대표적인 표본이 되도록 응답자들을 무선적으로 잘 뽑아서 질문지를 우송하였으나, 그 중 성의있는 사람들만 질문지에 응답하여 회송한다면 자료의 편파성이 문제가 되는 것이다.

실제로 조사를 실시하는 과정에서는 아무리 철저한 계획을 작성해 놓아도 예기치 못한 여러 가지 문제에 부딪힐 때가 많다. 이럴 경우에는 당황하지 말고 그때그때 적절히 대처해 나가도록 할 것이며, 후일의 참고를 위하여 조사과정에서 발생한 일들을 기록해 두는 것이 좋다. 대규모 조사연구를 할 때에는 본조사에 앞서 간단한 예비조사를 실시하여 혹시 어떤 문제점이 있는가를 사전에 점검하는 것이 바람직하다.

4) 자료의 정리와 분석

수집한 자료들 중에서 부실하게 응답하였거나 잘못된 것은 제외시키고 적합한 자료만을 분석대상으로 삼는다. 자료의 정리작업이 끝나면 컴퓨터를 이용한 분석이 가능하도록 자료를 적절하게 코딩(coding), 입력시킨 후 통계적 분석에 들어간다. 조사연구의 자료분석은 대체로 기술통계에 의한 것이 대부분이다. 조사 항목별 응답빈도와 백분율을 산출하여 표를 작성하고, 필요하면 그래프를 만들어 함께 제시할 수도 있다. 집단간 비교를 위해서는 교차분석을 하여 그 결과를 도표로 제시한다.

5) 조사결과의 보고

자료분석을 끝마친 다음에는 얻은 결과를 토대로 애초의 조사목적에 알맞도록 조사보고서를 작성한다. 보고서에는 조사결과 뿐만 아니라 연구목적, 연구문제, 연구방법 등을 모두 기술해야 한다.

4. 조사연구의 장단점

조사연구에서는 정보의 질보다는 정보의 양에 비중을 두는 경향이 있다. 일반적으로 조사연구는 일시에 많은 양의 정보를 수집할 수 있으며 다른 연구방법에 비하여 비교적 쉽게 연구를 수행할 수 있는 장점을 가지고 있다. 그러나 자칫하면 피상적인 정보를 얻게 되거나, 표본조사의 경우 표집에 따른 오차를 수반하게 된다는 단점이 있다.

조사연구의 장단점은 자료수집을 어떤 방법으로 하느냐에 따라서 크게 달라질 수 있다. 즉, 면접조사, 전화조사, 우편조사 등 자료수집의 방법 여하에 따라서 그 장점과 단점이 다를 수 있는 것이다. 이러한 각각의 방법에 따른 장단점은 이미 앞에서 기술하였으므로 여기서는 생략하기로 한다.

제2절 발달연구

1. 발달연구의 의미

발달연구는 성장연구와 추세연구의 두 가지 형태로 구분할 수 있다. 성장연구는 주로 시간의 경과에 따른 유기체의 변화에 관심을 두는 연구이다. 발달의 경향과 속도, 유형, 그리고 성장과 발달에 작용하는 여러 요인들 간의 관계를 탐구하는데 연구의 주요 목적이 있다. 성장연구를 수행하는 연구자는 몇 개월 또는 수년에 걸친 연구기간 동안 연구대상자를 관찰하게 된다. 그리하여 개체의 성장과정에 영향을 미치는 여러 변인들을 조사하고 유기체와 환경과의 상호작용 양상을 발견하려고 노력하는 것이다.

한편, 추세연구는 사회적 혹은 경제적 자료를 수집 · 분석해서 변화의 경향을 확인하고, 미래에 일어날 현상을 예측하는 연구이다. 예를 들어, 물가변동의 추세를 조사하여 앞으로 물가가 어떻게 변화할 것인가를 예측하는 연구를 할 수 있다. 일반적으로 중장기 경제개발계획을 수립하거나 미래의 교육정책을 결정하기 전에 추세연구를 많이 한다.

2. 발달연구의 유형

1) 횡단적 접근과 종단적 접근

발달연구를 위한 접근방법은 크게 두 가지로 나눌 수 있다. 하나는 횡단적 접근이고, 다른 하나는 종단적 접근이다. 종단적 접근(longitudinal approach)은 동일한 연구대상을 오랜 기간 동안 계속 추적하면서 관찰하는 방법이다. 이에 비하여 횡단적 접근(cross-sectional approach)은 동시적으로 여러 연령층의 대상들을 선정해서 발달특징을 알아보는 방법이다.

예를 들어, 출생에서부터 10세에 이르기까지 연령이 증가함에 따라 신장의 발달이 어떻게 이루어지는가에 관하여 연구한다고 하자. 종단적 방법을 이용하여 이 연구를 하려면, 갓 태어난 아기들을 여러 명 표집하여, 예컨대 약 100명 정도 선정하여 이들이 10세가 될 때까지 매년 신장을 측정하는 방법을 취하게 된다. 한편, 횡단적 접근방법은 이와는 달리 0세에서 10세까지 각 연령층에서 약 100명씩 뽑아서 그들의 키를 측정한 결과를 가지고 발달경향을 알아보는 것이다. 즉, 이와 같은 연구를 하는데 종단적 방법에서는 같은 대상을 십년간 관찰하는 반면에, 횡단적 방법에서는 서로 다른 연령층 대상을 한번 관찰하면 된다. 발달연구를 하는데 이와 같은 두 가지 접근방법은 각각 장단점을 지니고 있다.

인간의 발달을 연구하는 방법으로 종단적 접근이 높이 평가되고 있다. 이 방법을 이용하여 초기 경험과 후기 행동 간의 인과관계를 규명할 수 있고, 개인이나 집단의 성장과정 및 변화의 양상을 구체적으로 파악할 수 있기 때문이다. 그러나 이러한 접근방법은 장기간에 걸쳐 연구하는 것이므로 많은 경비와 노력을 필요로 하고, 연구대상의 선정 및 관리가 용이하지 않다. 피험자들의 중도탈락 문제가 심각하며, 연구대상으로 삼은 일단의 연령집단(age cohort)의 특성이 오랜 시간이 경과함에 따라 비교대상 집단의 특성과 크게 달라질 가능성이 있기 때문에 종단적 연구의 결과를 토대로 비교할 때는 이 점에 유의해야 한다. 또한 반복적인 검사실시와 관찰로 인한 측정의 신뢰성에 관한 문제가 야기될 수 있으며, 연구의 초기와 후기에 사용하는 측정도구의 변화로 말미암아 측정한 결과를 서로 비교하기 어려울 경우도 있다.

횡단적 방법은 종단적 방법에 비하여 적은 경비와 노력을 투입하여 짧은 기간 내에 필요한 정보를 얻을 수 있는 장점이 있다. 그러나 이 방법은 각 연령층마다 서로 다른 대상들을 가지고 각 연령단계별 대표값을 구하여 그 대표값을 서로 연결시켜 발달의 일반적 경향을 알아보는 것이므로, 개인의 성장과 발달과정에 관한 참모습을 알 수 없는 단점을 지니고 있다. 각 연령층에서 표집한 연구대상들이 모집단을 잘 대표할 수 있으며, 그들의 역사적 · 사회적 배경이 대체로 동질적이라면 이들로부터 얻은 결과를 근거로 하여 발달의 경향을 추정해도 큰 무리는 없을 것이다. 그러나 만약 각 연령층에서 뽑은 대상들이 편파적으로 표집 되었거나 서로 이질적 배경을 가지고 있을 경우에는, 각 집단의 결과를 상호 직접 비교하기 곤란하며 이러한 자료를 가지고 발달의 일반적 기준을 삼는 것도 타당하지 않다.

2) 횡단적 연구와 종단적 연구의 비교

유기체의 발달에 관한 연구를 할 경우에 횡단적 접근이나 종단적 접근을 사용할 수 있다. 그러면 이 두 가지 방법의 특징은 무엇이며, 어떠한 연구문제에 어떠한 접근방법이 적당한지 차례로 비교하여 보기로 한다.

(1) 발달의 집단적 경향과 개인차

횡단적 접근방법을 통하여 비교적 짧은 기간 내에 성장과 발달의 일반적인 경향을 파악하고, 그러한 성장과 발달이 가장 급속하게 일어나는 시기를 발견할 수 있다. 또한 횡단적 접근방법을 사용하면 특정 발달현상이 어느 연령 수준에서 나타나는지 파악할 수 있고, 그것에 따라 각 개인의 발달정도를 비교 연구할 수 있다. 그러나 횡단적 접근방법에 의한 발달연구는 성장과 발달의 일반적 경향을 알 수는 있으나, 구체적인 개인차는 알 수 없는 문제가 있다. 이러한 문제에 대한 해결책으로 종단적 접근방법이 요구되는 것이다. 종단적 접근방법으로 아동발달에 관한 연구를 하게 되면 동일한 아동들을 오랫동안 계속 관찰하여 각 발달단계에서 나타나는 아동들의 개인차를 파악할 수 있다. 그리고 이러한 개인차를 일으키는 선행조건들을 조사함으로써 아동의 기본적인 발달과정을 보다 깊게 이해할 수 있게 된다.

(2) 연령별 변화과정

횡단적 연구로 얻은 자료를 연령별로 기록해 보면 발달이 점진적인 변화과정이라는 것을 보여주는 성장곡선을 얻게 된다. 그리고 이처럼 횡단적인 연구에서 수집한 자료를 가지고 유아의 성장과정을 살펴보면 발달에 관한 중요한 사실을 발견하게 된다. 예컨대, 태어나서 1년 동안에 일어나는 유아의 낯가림 발달에 관한 어떤 횡단적 연구의 결과, 유아의 낯가림은 5개월 동안 점진적으로 일어나며, 그 뒤 몇 개월 동안 계속 증가된다는 것이 밝혀졌다. 즉, 생후 1년 동안은 시간이 지남에 따라 낯가림이 증가된다는 것이다. 이러한 진술은 정확하지만, 사회적 발달에 관한 연구에서 밝혀진 중요한 사실을 간과하고 있다. 그 예로 다음과 같은 연구결과를 살펴보자. 유아의 집을 매월 방문하여 낯선 사람에 대한 유아의 반응

뿐만 아니라, 부모 · 형제자매와 같은 가족 구성원과의 관계를 종단적으로 조사한 연구가 있다. 처음 방문시에는 유아가 낯가림을 보이지 않았으나, 한 달 후 두 번째 방문시에는 뚜렷하게 보였다. 낯가림을 보이기 시작하는 나이(대개 8개월)에는 개인차가 있다고 할지라도, 대부분의 경우에 유아가 보이는 낯가림은 유아가 처음으로 그의 환경에 있는 특정 개인에 대하여 분화된 감정을 보여주는 증거가 된다. 따라서 낯가림은 급속하게 일어나며, 유아의 사회적 발달에 획기적인 결과를 가져온다는 것이다. 횡단적 접근으로는 보통 이런 종류의 정보를 얻어낼 수 없다. 따라서 연구주제가 개인의 발달정도나 그 형태에 관한 것일 때에는 종단적인 방법을 사용하는 것이 더 바람직하다.

(3) 초기경험의 영향

어떤 연구문제는 그 문제의 성질상 종단적 접근이 필수적인 경우가 있다. 가령, 어렸을 때 대소변 가리기 훈련이 성장한 후의 성격에 미치는 영향, 아동기의 의존성과 청년기의 의존성 사이의 관계 등의 문제를 연구한다고 하자. 이러한 경우에, 성인 피험자가 어렸을 때 대소변 가리기 훈련을 어떻게 받았는지 또한 의존적이었는지 그렇지 않았는지를 성인에 대한 관찰로 알 수는 없다. 따라서 유아집단을 선정하여 종단적 방법으로 초기의 특성이 후기의 발달과 행동에 어떠한 영향을 미치는지 연구해야 할 것이다. 물론 직접관찰 대신에 회상(retrospection)의 방법을 사용하여 어렸을 때의 상황을 알아보는 경우에는 횡단적 방법으로도 이러한 문제들을 연구할 수 있다. 그러나 회상법은 기억이 왜곡된다거나, 발달에 정말로 중요했던 사건이 간과될 수 있다는 위험이 있기 때문에 직접 관찰이 불가능한 경우에 한해서 보완하는 방법으로 사용하는 것이 좋다.

3. 발달연구의 문제점

연구를 수행하게 되면 여러 가지 어려움이 뒤따를 때가 많은데, 종단적 연구와 횡단적 연구도 예외는 아니다. 종단적 접근은 발달문제를 연구하는데 매우 만족스러운 방법이다. 탐구적인 종단적 연구는 인간의 발달에 대한 가설을 검증하기 좋다. 그러나 이 방법은 경험이 없는 연구자가 다루기에 너무 힘이 들며 비생산적이다. 반면에 횡단적 접근은 종단적 접근에 비해 경비와 시간이 적게 드는 이

점이 있으나 여기에도 문제는 있다. 다음에 횡단적 연구와 종단적인 연구에서 발생하는 표본추출이나 자료분석에 따른 문제, 연구 수행상의 문제, 또 그러한 문제점들을 최소화시킬 수 있는 예방책 등을 살펴보기로 한다.

1) 표집의 문제

종단적 연구에서는 동일대상을 초기와 후기로 나누어 관찰한 것을 비교할 수 있다. 그런데 횡단적 연구에서는 각 연령마다 다른 대상들로부터 측정치를 얻기 때문에, 동일한 대상을 초기와 후기로 나누어 개인내의 차이를 비교할 수 없다. 특히 횡단적 연구에서는 표집에 따른 문제가 크게 대두될 수 있다. 예를 들어, 나이가 많은 집단의 피험자와 나이가 어린 집단의 피험자에 있어서 그들의 가정이나 역사적 경험에 차이가 있을지도 모른다. 만일 횡단적 연구문제가 15세와 65세 사이에 있는 남자들의 건강상태와 지능에 관한 것이라면, 나이 어린 집단과 나이 많은 집단을 대표하기 위하여 선택된 피험자들은 서로 크게 다를 수 있다. 즉, 나이 많은 집단의 사람들은 아마도 65세까지 살아남을 수 있는 신체적, 환경적 특성을 소유했던 사람들일 수 있고, 15세 집단의 피험자들 중에는 65세까지 살아남지 못할 사람이 여러 명 있을지도 모르는 일이다. 횡단적 연구에서 연구자는 연령변인 이외의 다른 조건들을 통제하기 어렵다. 그러나 성별이나 사회 · 경제적 지위와 같은 변인들을 가능한 한 비슷하도록 만들어 연령이 다른 각 집단을 선택할 수는 있다.

종단적 연구도 역시 표집상의 약점을 가지고 있다. 이 방법에서는 대개 제한된 수의 피험자들로부터 자료를 수집하게 되므로 대규모 표본에서 나타나는 효과 같은 것을 기대할 수 없다. 종단적인 연구는 개인의 성장에 대하여 타당한 측정치를 얻을 수 있지만, 모집단을 잘 대표하지 못하는 표본에서 얻은 결과라는 취약점이 있다. 연구자가 종단적 방법을 사용할 때 또 다른 표집상의 문제에 직면하게 된다. 그것은 연구대상의 중도탈락 문제이다. 즉, 수년간에 걸쳐 연구대상으로 표집한 모든 피험자들에 관한 완전한 자료를 얻는다는 것은 거의 불가능하다. 왜냐하면, 오랜 기간에 걸쳐서 연구를 진행하게 되므로 이 기간 중에 피험자가 사망하거나 병들거나 이사를 하거나, 또는 연구대상이 되는데 흥미를 잃고 중도에서 탈락할 수 있기 때문이다.

2) 자료분석의 문제

횡단적 연구가 조사대상자들 사이에 존재하는 넓은 범위의 개인차를 의미있게 나타낼 수 있는데 비하여, 종단적 연구는 보통 한 지역에 있는 소수의 피험자를 대상으로 하기 때문에 그러한 분석을 하기 어렵다. 그러나 성장과 발달의 개인적인 변화를 파악하는 것은 횡단적 연구에서보다는 종단적 연구에서 좀 더 잘 할 수 있다. 횡단적 연구로는 각 연령 집단의 평균적인 성장상태를 알 수 있을 뿐 개인적인 성장의 참모습은 파악할 수 없다. 횡단적 연구에서 알 수 있는 평균적인 성장에 관한 정보는 개인적인 변화 가능성을 최소화하거나 제거하는 경향이 있다. 예를 들어, 발달이 느린 피험자와 반대로 발달이 빠른 피험자의 성장상태를 평균하여 그래프에 나타낼 때, 그 그래프에는 각 개인의 성장변화가 정확히 나타날 수 없는 것이다.

3) 연구도구의 문제

종단적 연구의 또 다른 어려움은 연구자가 연구를 계속하는 과정에서 사용하고 있는 기술을 개선하기 어렵다는 점이다. 만일 연구자가 종단적 연구를 하기로 결정한 후 1년이나 2년 동안 특정한 태도를 측정해 왔다고 가정하자. 그 과정에서 새롭고 더 좋은 도구를 개발하여 종전의 도구는 버리고 새로운 도구를 사용하여 연구를 계속한다면, 이렇게 해서 얻어진 자료를 서로 비교할 수 없을 것이다. 그러나 연령이 아주 다를 경우에는 똑같이 적용할 수 있는 단일한 측정도구가 없기 때문에 도구를 바꾸는 것이 필요하다. 즉, 체중이나 신장을 측정하는 것이라면 문제가 없으나, 예컨대 성격이나 태도와 같은 심리적 특성을 측정하는 것이라면 3세, 9세, 15세와 같이 연령이 다를 경우에 동일한 측정도구를 사용할 수 없는 것이다.

종단적 연구를 편리하게 수행하기 위해 연구자는 관찰하는 행동의 범위, 피험자의 수, 연구의 지속 기간을 제한할 수 있다. 그리고 만일 두 연구팀이 협동하여 한 연구를 수행한다면, 일을 분담하여 한 팀은 수집하고, 다른 팀은 자료를 부호화하고 요약하며 분석할 수 있다. 두 팀이 한 연구에서 협동함으로써 다른 외부적인 요인이 연구에 미칠 가능성을 감소시키며, 연구과정에서 야기되는 문제에 대하여 서로의 주의를 환기시킬 수 있다. 만일 자료수집과 동시에 자료를 분석하지 못한다면, 시간이 많이 경과하여 연구를 종결할 즈음에는 연구자가 각 피험자에 대해 알고 있던 사실이 자료를 분석할 때 편견으로 작용할 수도 있는 것이다.

4. 횡단적 접근과 종단적 접근의 보완

앞에서 간단히 살펴본 바와 같이, 순수한 횡단적 접근방법과 종단적 접근방법은 각각 그 나름의 문제점을 지니고 있다. 따라서 이 두 가지 접근방법의 장점을 살리고 단점을 보완하면서 발달연구를 할 수 있는 방안을 모색할 필요가 있다. 아래에서는 이러한 횡단적 방법과 종단적 방법의 문제를 보완할 수 있는 연구방안을 살펴보기로 한다. 다음 〈표 9-1〉에 횡단적 연구와 종단적 연구의 설계를 간단히 나타내었다.

〈표 9-1〉 횡단적 연구와 종단적 연구의 설계

연령 / 출생연도	5	7	9		
2000	2005	2007	2009	(음영)	횡단적 연구
2002	2007	2009	2011	(음영)	종단적 연구
2004	2009	2011	2013		
2006	2011	2013	2015		

우선 횡단적 연구에서 일어나기 쉬운 문제를 생각해 보자. 표에서 보듯이 2009년에 5세, 7세, 9세 된 아동을 비교하는 횡단적 연구를 하려면 2000, 2002, 2004년에 태어난 집단으로부터 피험자를 표집해야 한다. 그런데 이들 5, 7, 9세 된 아동들 사이에서 발견된 어떤 특성의 차이가 단순히 연령의 차에 의해서라기보다는 각 연령 집단의 본래 성격이 다르기 때문에 비롯된 것일 수 있다는 비판을 막기 어렵다. 또한 문화적 · 역사적 차이 때문에 각 집단 간의 유사점이나 차이점을 이들보다 나이 어린 집단이나 또는 나이 많은 집단에 일반화시키기 어렵다는 문제도 있는 것이다.

한편, 2006년에 출생한 아동들을 대상으로 그들이 5세, 7세, 9세가 될 때까지 종단적 연구를 할 때 일어나기 쉬운 문제를 생각해 보자. 이 경우에는 표에서 알 수 있는 것처럼 2011, 2013, 2015년에 각각 이 아동집단을 관찰해야 한다. 이러한 접근방법의 타당성을 위협하는 문제는 2011, 2013, 2015년에 발견되는 어떤 차이가 단지 연령에 의한 것이라기보다는 오히려 문화적 · 역사적 변화에 기인되었을 가능성이 높을지도 모른다는 점이다. 그리고 이 연구대상의 특성을 다른 집단과 비교하는 것은 서로 시대적 배경이 다르기 때문에 적절하지 못할 우려도 있는 것이다.

이상의 문제와 비판을 극복하기 위하여 발달연구를 할 때 횡단적 방법과 종단적 방법의 혼합된 접근방법을 사용하는 경우가 있다. 이하에서는 횡단적 접근과 종단적 접근을 부분적으로 병용(倂用)하는 방안을 살펴보고자 한다.

1) 종단적-연속적 설계

이 방법은 출생년도가 다른 여러 아동집단을 동일한 종단적 연구기간 동안 관찰하여 그 결과를 서로 비교하는 방법이다. 〈표 9-2〉는 종단적-연속적 설계의 개념을 이해하기 쉽도록 예시한 자료이다. 예를 들면, 5세에서 9세 사이의 아동에 대한 발달연구를 한다고 할 경우, 종단적-연속적 설계에서는 세 개의 다른 연령 집단, 즉 5세, 6세, 7세 연령층의 아동들을 각각 표집하여 이들을 3년간 연구하는 방법이다. 이렇게 하면 어느 특정 시기를 중심으로 각 집단의 횡단적인 비교

〈표 9-2〉 종단적-연속적 설계

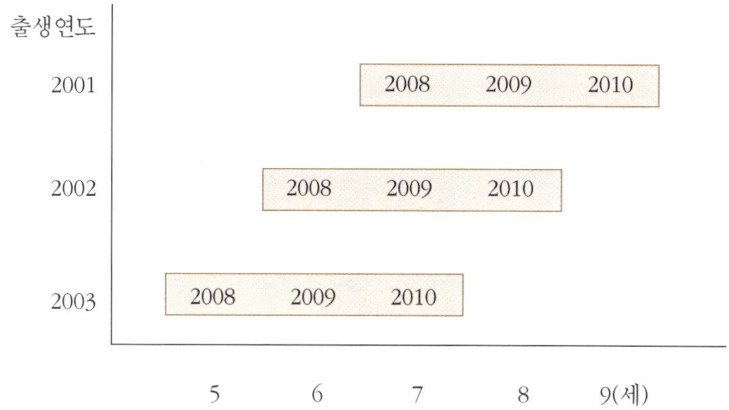

(주) 위의 종단적-연속적 설계에서는 3개 종단적 연구를, 5세부터 9세 사이의 아동발달을 연구하기 위하여 통합한 것이다. 각 집단내 동일 피험자를 2008년부터 2010년까지 3년간 연구한다.

와 발달과정의 종단적인 비교를 가능케 한다. 그리하여 발달상의 변화가 있을 때 그것이 문화적 · 환경적 영향 때문인지, 아니면 연령의 증가 때문인지 혹은 이 양자 사이의 상호작용에 의한 것인지를 파악할 수 있게 된다.

또한 이러한 접근방법은 종단적 방법보다는 비교적 짧은 기간 내에, 횡단적 방법보다는 비교적 긴 기간의 발달에 관한 정보를 수집할 수 있는 장점이 있다. 즉, 위의 예와 같은 연구에서는 3년 동안에 5년에 해당하는 연구자료를 얻을 수 있는 것이다. 그리하여 이러한 방법을 단기 종단적 접근방법이라고도 한다.

2) 횡단적-연속적 설계

이 방법은 각기 다른 출생집단에서 표집한 아동들을 일정기간 횡단적으로 연구하는 것이다. 횡단적-연속적 설계는 서로 다른 연구대상 집단으로부터 두 번 이상의 기간에, 둘 이상의 연령층의 피험자들에 관한 자료를 얻을 수 있다는 점이 종단적-연속적 설계와 유사하다. 그러나 횡단적-연속적 설계에서는 한 연구대상 집단내에서 동일한 피험자들을 반복해서 관찰하는 것이 아니라 매번 다른 피험자들을 관찰하는 점이 특징이다. 다시 말하면, 연속적인 일련의 관찰을 위하여 각 집단에서 연구대상을 매번 새로 표집하는 것이다. 다음 〈표 9-3〉에 횡단적-연속적 설계를 나타내었다.

〈표 9-3〉 횡단적-연속적 설계

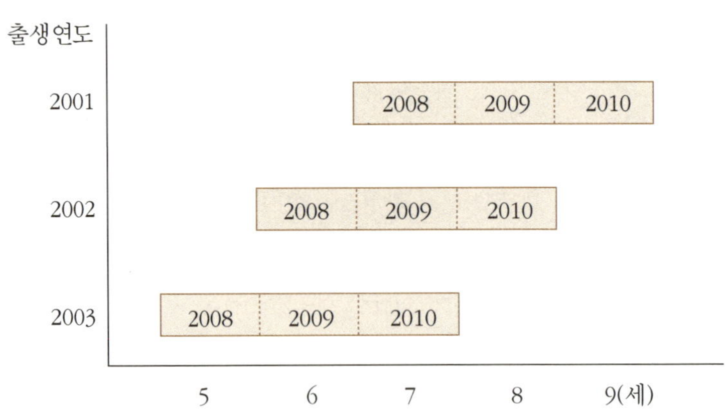

(주) 횡단적-연속적 설계에서는 2008년부터 2010년까지 3개 집단으로부터 각각 세 개의 표본을 뽑아 관찰하게 된다.

이것은 5세와 9세 사이에 있는 아동들의 발달상황을 연구하는데, 첫 번째 해인 2008년에는 각 연구대상 집단으로부터 그 당시 5세, 6세, 7세 된 아동을 표집하여 관찰한다. 두 번째 해인 2009년에는 각 집단에서 그 당시 6세, 7세, 8세 된 아동들을 새로 표집하여 조사한다. 그리고 세 번째 해인 2010년에도 그 당시 7세, 8세, 9세 된 아동들을 각 집단에서 다시 표집하여 조사하는 것이다. 이러한 접근방법은 어느 한 관찰시기부터 다음 관찰시기에 이르기까지 동일한 피험자를 반복적으로 계속 관찰하지 않아도 된다는 이점이 있다. 그러나 이 방법은 시간의 경과에 따른 개인 내의 변화를 파악할 수 없는 약점이 있다.

제3절 상관연구

1. 상관의 의미

상관연구는 독립된 하나의 연구방법으로 국한되기보다는 연구에서 수집한 자료들을 통계적으로 분석하고 해석하는데 초점을 두는 연구이다. 즉, 상관연구는 어떤 사건이나 현상에 내재되어 있는 여러 변인들의 규칙적인 관계를 규명하려는데 초점을 둔다. 상관(correlation)이란 간단히 말해서 어떤 사건과 사건, 또는 현상과 현상 사이에 나타나는 특정한 관계를 말한다. 두 변인이 서로 관련있게 변화할 때 그들 간에는 상관이 있다고 말한다. 상관에 대하여 관심을 갖기 시작한 것은 갈톤(Galton) 이후이다. 갈톤은 부모와 자식의 신장이나 체중은 서로 얼마나 닮았는가와 같은 유전적인 문제를 연구하는 가운데 상관이란 개념을 사용하기 시작하였다.

어떤 상관연구는 실험적 연구와 비슷할 수도 있으나 대개는 자연적 상황에서 변인의 통제나 조작이 어려운 문제를 다루게 된다. 사회과학 분야의 연구에서는 기술적인 문제나 또는 윤리적인 이유로 인하여 연구자가 변인이나 조건을 임의로 조작 또는 통제할 수 없는 경우가 많다. 상관연구의 방법은 이처럼 통제나 조작을 할 수 없는 상황에서 변인들 간의 관계를 파악하고자 할 때 흔히 사용하는 방법이다. 예컨대, 연령 · 성별 · 지능수준 등의 변인들은 인위적으로 조작할 수 없으며, 또한 연구를 수행하는 과정에서 연구자는 자기가 특별히 관심있는 변인 이외에 다른 여러 변인들을 통제하기가 매우 어렵다. 이처럼 연구자가 조건을 통제하거나 변인을 조작할 수는 없지만, 변인들 간에 어떤 관계가 존재하고 있는지 파악하고자 할 때 상관연구를 하게 된다.

어떤 두 변인 간의 상관관계를 살펴보고자 할 경우 대개 다음과 같은 상황을 조사하게 된다. 즉, 상관의 크기는 어느 정도이며, 상관의 방향은 정적인가 혹은 부적인가, 그리고 상관의 유형은 어떠한가를 따져보게 된다. 상관의 정도와 방향은 한 변인의 점수가 증가하거나 감소함에 따라 다른 변인의 점수가 어느 정도로 증가하느냐 감소하느냐, 그리고 그 증가나 감소의 방향이 같은 방향이냐 반대 방향이냐에 따라서 결정된다.

상관의 정도는 상관계수로 표시한다. 상관계수는 두 변인을 측정했을 때, 한 변인의 변화에 따라 그에 대응하는 다른 변인이 어떻게 변화하느냐의 관계를 표시하여 주는 통계치이다. 상관의 정도를 일종의 지수로 표시한 값이 상관계수이다. 변인 X와 변인 Y 간의 상관계수는 보통 r_{xy}로 표시하는데, 그 값은 $+1.00$부터 0을 거쳐 -1.00 사이의 어떤 값을 취한다. 만약 X와 Y의 상관계수가 1이라면 이 두 변인은 완전히 일 대 일로 대응하면서 변화함을 뜻한다. 즉, X가 1단위 증가하면 Y도 1단위 증가하고, X가 2단위 증가하면 Y도 2단위 증가하는 식으로 공변하는 관계를 말한다. 상관계수가 0으로 나타나는 것은 두 변인이 서로 완전히 독립되어 있다는 것, 즉 아무런 상관이 없음을 의미한다.

상관계수가 양수로 나타나면 두 변인 간에 정적 상관이 있다고 말한다. 가령, 지능과 학업성적 간에 높은 정적 상관이 있다면 그것은 지능이 높은 학생이 일반적으로 학업성적도 높은 것을 뜻한다. 반면에 상관계수가 음수인 것을 부적 상관이라 하는데, 이것은 한 변인의 점수가 높으면 높을수록 다른 변인의 점수는 오히려 점점 더 낮아지는 관계를 말한다. 대개 상관관계는 변량(變量)에 의한 해석을 한다. 상관계수 r_{xy}의 제곱은 전체 변량에 대한 예언되는 변량의 비(比)와 같기 때문이다. 예컨대, X와 Y변인 사이의 상관계수가 $r_{xy}=.50$이라면 X에 의해서 '설명되는' 또는 '예언되는' Y의 변량은 25%라고 해석한다. 이것을 역으로 말할 수도 있다. 즉, Y에 의해서 X의 전체 변량 중 25%를 설명할 수 있다고 해석한다.

상관계수의 절대값이 크면 클수록 그만큼 상관의 정도가 큰 것을 의미한다. 예를 들어, 두 개의 상관계수 $r_{xy}=-.75$와 $r_{xy}=+.25$ 중에서 어느 것이 더 상관

정도가 높은가를 묻는다면 절대값이 큰 $r_{xy}=-.75$가 더 높다는 말이다. 두 변인 간에 상관이 높으면 그만큼 어느 한 변인의 점수를 알고 있을 때 다른 변인의 값을 예언한 것이 맞을 확률이 높아진다.

한편, 상관연구에서는 변인들 사이의 상관의 유형이 직선적인가 곡선적인가 등에 관해서도 조사한다. 곡선적 상관관계는 예를 들면, 시험불안 정도와 시험성적 사이의 관계에서 발견할 수 있다. 즉, 시험불안 정도가 매우 높은 사람은 너무 긴장하고 초조해서 시험을 잘 치르지 못하는 경향이 있다. 그리하여 불안 정도가 점점 낮아질수록 시험을 잘 보게 된다. 그러나 불안이 전혀 없는 태평스런 마음가짐에서는 주의가 산만하여 시험을 잘 치르지 못하는 수가 있는 것이다. 이와 같은 경우에 시험불안 정도와 시험성적 간의 관계를 분석해 보면 곡선적 관계를 이루고 있음을 발견하게 된다. 다음 [그림 9-1]은 X와 Y 두 변인 간의 관계를 나타낸 상관 분포도이다. 이러한 상관 분포도를 그려보면 실제로 상관계수를 계산하지 않고도 점수분포를 통하여 상관계수의 크기와 방향을 대체로 짐작할 수 있다.

상관연구에서는 두 변인 간의 관계를 알아보는 단순상관 뿐만 아니라, 한 변인이 두 개 이상의 다른 변인들의 조합과 어떤 관련을 맺고 있는지 알아보는 중다상관의 문제도 취급하게 된다. 그리고 제3변인의 관련 여하를 통계적으로 검토하는 부분상관의 방법이나, 변인들 간의 인과방향을 고찰하는 경로분석(path analysis)의 방법, 또한 일련의 예언변인들로서 어느 한 기준변인을 예측하는 중다회귀분석의 방법 등에 관해서 논의가 있어야 할 것이다. 그러나 본서에서는 제한된 지면 때문에 이러한 내용을 모두 설명하지 못한다. 관심있는 독자는 이 분야의 전문서적을 참고하기 바라며, 여기서는 단지 상관계수의 종류 및 상관연구의 제한점에 관해서만 간단히 설명하고자 한다.

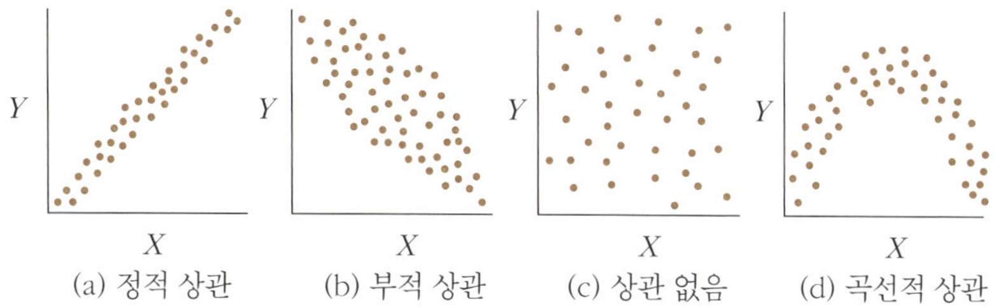

[그림 9-1] X와 Y 두 변인 간의 상관분포 예시

2. 상관계수의 종류

상관의 정도를 수치로 나타낸 것이 상관계수라고 하였다. 그런데 상관계수에는 여러 종류가 있다. 즉, 상관계수는 주어진 자료의 특성과 변인의 측정수준 여하에 따라서 그 계산하는 방식이 다양하고 적용범위도 다르다. 그러므로 상관연구를 할 때는 주어진 자료의 특성과 변인의 측정수준에 알맞은 상관계수를 택하여 사용해야 된다. 다음에 여러 가지 상관계수를 열거하고 그 특징을 간단히 기술한다.

(1) 적률상관계수(product-moment correlation)

두 변인이 연속적인 동간변인이나 비율변인이고, 두 변인 간의 관계가 직선적이며 각각의 분포가 정상분포를 이룬다는 조건이 성립될 때 적용될 수 있다. 피어슨(Pearson)이 처음 발전시킨 것으로 이를 피어슨의 적률상관계수라고 부른다. 적률상관계수는 보통 r로 표시하며, 여러 가지 상관계수들 가운데 가장 빈번히 사용되고 있다.

(2) 등위상관계수(rank difference correlation)

두 변인이 등위로 표시된 서열변인인 경우에 등위상관계수를 계산한다. 이를 스피어맨(Spearman)의 등위상관계수라고 부르고 대개 ρ(로)로 표시한다. 등위상관계수도 적률상관계수와 같은 방식으로 해석한다. 사례수가 많지 않으며, 각 개인의 점수가 등위로 나타나 있을 경우에 등위상관계수를 산출하게 된다.

(3) 켄달의 등위상관계수 타우(Kendall's tau)

켄달의 τ(타우)도 스피어맨의 등위상관계수와 마찬가지로 서열변인으로 나타난 자료에 적용할 수 있는 방법이다. 특히 사례수가 10 이하인 경우에는 스피어맨의 등위상관계수보다 켄달의 등위상관계수를 적용하는 것이 좀 더 정상적 표집분포에 접근한다는 의미에서 유리하다고 볼 수 있다.

(4) 양분상관계수(biserial correlation)

이것은 두 변인 중 어느 한 변인이 두 개의 유목으로 양분되었으나 그 변인이 측정하고 있는 본래의 특성은 연속적일 때 적용된다. 즉, 원래는 측정치가 연속적으로 분포되어 있으나 이를 인위적으로 양분할 경우, 예컨대 '성공-실패' 또는

'합격-불합격' 등으로 두 개의 유목으로 구분할 때에 이러한 상관계수를 계산한다. 양분상관계수는 보통 r_b로 표시한다.

(5) 양류상관계수(point-biserial correlation)

양류상관계수 r_{pb}는 한 변인은 연속적 변인이고, 다른 한 변인은 질적으로 구분되는 두 유목으로 나뉜 자료에서 상관관계를 알아볼 때에 적용하는 방법이다. 원래는 연속적인 특성으로 된 변인을 인위적으로 양분한 경우에는 위에서 소개한 양분상관계수를 적용하지만, 양류상관계수는 '남자-여자' 와 같이 완전히 질적으로 구분되는 변인일 경우에 적용하는 점이 특징이다.

(6) 사분상관계수(tetrachoric correlation)

사분상관계수 r_t는 두 변인이 본래 연속적 변인으로서 정상분포를 이루고 있지만, 인위적으로 두 변인을 각각 양분하였을 경우에 적용된다. 피어슨의 적률상관계수를 빨리 추정해 보고자 할 때 사분상관계수를 계산하는 수가 많다. 그러나 이러한 경우 가능하면 사분상관계수보다는 적률상관계수를 계산하는 것이 바람직하다.

(7) 파이 계수(phi coefficient)

이것은 두 변인이 모두 질적으로 양분되는 경우에 적용되는 상관계수로서 Ø(파이)로 표시한다. 양류상관계수의 개념을 더 연장시킨 것이라고 말할 수 있다. 교육분야에서는 두 변인 모두 정말로 질적으로 양분되는 경우는 흔치 않으므로 파이 계수가 자주 사용되지는 않는다. 그러나 맞고(○)-틀림(×)으로 양분되는 문항들로 구성된 검사에서 문항간의 상관관계를 알아볼 때는 파이 계수를 이용한다.

(8) 유관계수(contingency coefficient)

이것은 사분상관계수의 개념을 연장시킨 것이라고 볼 수 있다. 사분상관계수는 두 변인이 각각 두 개의 유목으로 나누어진 경우에 적용하는데 비하여, 유관계수는 두 변인을 나눈 유목의 수가 각각 두 개 이상인 경우에 적용할 수 있는 방법이다. 유관계수를 흔히 C계수라고도 부른다.

(9) 상관비(correlation ratio)

상관비는 두 변인이 연속적 변인이지만 그들간의 관계가 비직선적일 때 적

〈표 9-4〉 변인의 유형에 따른 여러 가지 상관계수

상관계수 종류	기호	변인 1	변인 2	비 고
적률상관계수	r	연속적	연속적	여러 가지 상관계수들 중에서 가장 안정성 있고 표준오차가 작아 보편적으로 사용된다.
등위상관계수	ρ	등위	등위	사례수 30 이하일 때 적률상관계수 대신 쓰이는 경우가 많다.
켄달의 타우	τ	등위	등위	사례수 10 이하일 때 ρ 대신 이것을 쓰는 것이 더 낫다.
양분상관계수	r_b	인위적 양분	연속적	대개 문항분석할 때 쓰이며 r 보다 표준오차가 크고, 어떤 경우에는 1을 초과하는 수도 있다.
양류상관계수	r_{pb}	실질적 양분	연속적	실제로 양분되는 자료일 경우에 쓰이며 r_b 보다 낮은 상관계수를 보인다.
사분상관계수	r_t	인위적 양분	인위적 양분	두 변인을 어떤 중요한 기준에 따라 인위적으로 양분할 경우에 쓰인다.
파이 계수	Ø	실질적 양분	실질적 양분	한 검사의 문항간 상관관계를 알아 볼 경우에 쓰인다.
유관 계수	C	둘 이상의 유목	둘 이상의 유목	χ^2과 밀접한 관련이 있으며, 경우에 따라 r_t와 비교할 수 있는 상관계수이다.
상관비	η	연속적	연속적	비직선적 관계를 알아보고자 할 때 사용하는 방법이다.

용한다. 두 변인이 직선적인 관계를 맺고 있지 않을 때 직선적 관계를 가정하는 피어슨의 적률상관계수를 계산하면 본래 존재하는 상관의 정도를 과소평가하게 되므로 이런 경우에 상관비를 산출하게 된다. 상관비는 η(에타)로 표시한다.

이제까지 상관계수의 여러 종류에 관하여 간단히 검토하여 보았다. 〈표 9-4〉는 이러한 내용을 알기 쉽도록 요약해 놓은 것이다. 각각의 상관계수는 그 나름의 특징과 제한점을 지니고 있음을 알 수 있다. 따라서 변인들 간의 상관관계를 알아보고자 할 때에는 주어진 자료의 성격에 부합되는 상관계수를 산출해야 타당한 것이 된다.

3. 상관연구의 제한점

변인들 간의 관계를 규명할 목적으로 상관연구가 이루어지지만, 이러한 연구의 가장 큰 약점은 인과관계에 대한 분명한 결론을 얻을 수 없다는 점이다. 우리는 간혹 어떤 사건이 다른 사건보다 먼저 발생했다는 사실 하나만으로 이전의 사건이 이후의 사건의 원인이 되는 것처럼 여기는 수가 많다. 또한 두 변인들 간에 상관관계가 있으면 그 중 어느 한 변인이 다른 변인의 원인이라고 생각하는 수도 있다. 그러나 상관관계가 있다고 해서 반드시 두 변인 사이에 인과관계가 존재한다고 볼 수는 없다. 다시 말해서, 두 변인이 상호 관련되어 변화한다는 것은 인과관계의 필요조건은 되지만 충분조건은 되지 못한다. 상관관계가 있다는 것은 두 변인이 공변하고 있음을 뜻할 뿐이다. 일반적으로 두 변인 간의 관계가 가지고 있는 의미는 다음과 같은 세 가지 중 하나일 것이다.

첫째, 비대칭적 관계로서 어느 한 변인이 다른 변인에 영향을 미치는 인과관계(因果關係)를 말한다. 변인 *X*가 변인 *Y*에 영향을 미칠 때 이를 간단히 '$X \rightarrow Y$'로 표시한다. 예컨대, 자극과 반응, 교수방법과 학업성취도 사이에는 인과관계를 유추할 수 있다. 그러나 인과관계를 밝히는 일은 그렇게 쉽지 않다. 엄격히 통제된 실험조건하에서 실험자가 독립변인을 조작하고 이러한 독립변인의 조작 여하에 따라 종속변인이 어떻게 변화하는가를 관찰할 수 있도록 설계된 실험연구에서만 진정한 의미의 인과관계에 대한 규명이 가능할 수 있는 것이다.

둘째, 상호적 관계로서 두 변인이 서로 영향을 주고 받는 상호작용의 관계이다. 이러한 상호적 관계를 '$X \leftrightarrow Y$'로 나타낼 수 있다. 예를 들어, 실내의 온도를 일정하게 유지시키도록 하였을 때, 자동온도 조절장치가 부착된 전기기구의 작동과 실내의 기온 사이에 상호작용 관계가 존재하게 된다. 아동들의 자아개념과 학업성취도 사이의 관계도 어느 한 시점을 고정시켜서 보지 않는 한 이들 간의 관계를 대체로 상호작용 관계로 이해하는 것이 타당하리라 믿는다.

세째, 대칭적 관계, 즉 두 변인이 서로 영향을 주지도 받지도 않고 단순히 상관이 있는 상태로서 이러한 상관관계를 '$X — Y$'로 표현할 수 있다. 예를 들어, 우리 몸에서 오른팔의 길이와 왼팔의 길이 간에 상관을 조사한다면 아주 높은 상관계수를 얻게 될 것이다. 그러나 오른팔이 왼팔의 원인이 된다고 볼 수 없다. 이들은 단지 신체의 일부분으로서 서로 관련되어 있을 뿐이다. 두 변인 사이에 상관관계가 있다는 것이, 그 두 변인 이외의 제3변인 때문일 수도 있다. 가령, 어느 한 농촌지역에서 가구당 보리 수확량과 밀 수확량 간의 관계를 조사해 보면 비교적 높은 상관관계를 발견할 수 있을 것이다. 이 경우에 두 변인 간의 상관은 본래 상관이 있어서라기보다는 제3의 변인인 일기조건이 보리 농사와 밀 농사에 다 같이 영향을 주었기 때문에 이와 같은 현상이 나타날 것이다.

이상에서 알 수 있듯이, 어떤 두 변인 사이에 상관관계가 존재하는 것은 그들 간에 인과관계가 있기 때문에 그럴 수도 있고, 또는 제3요인이나 우연요인에 의해 일어날 수도 있는 것이다. 물론 통계적 방법으로 이러한 관계를 어느 정도는 밝힐 수 있지만, 기본적으로 상관연구를 통하여 변인들 간의 인과관계를 증명할 수는 없는 것이다. 따라서 상관연구의 결과를 읽고 해석할 때는 이러한 점에 유의해야 한다.

제4절 인과비교연구

1. 인과비교연구의 의미

인과비교연구(causal-comparative research)는 개인들로 구성된 집단간에 어떤 특성 또는 상태에 있어서 차이가 발생하는 원인이나 이유를 밝히고자 하는 연구이다. 다시 말하면, 집단 사이에 어떤 변인에서 차이가 있음이 관찰될 경우 이러한 차이를 초래한 주요 요인이 무엇인지를 찾아내고자 하는 것이 인과비교연구이다. 이때 집단 사이의 차이를 초래한 변인은 시간적 또는 윤리적 이유로 조작할 수 없는 변인이다. 결과(종속변인)와 그것의 원인(독립변인)으로 추측되는 것이 이미 발생한 이후이고, 따라서 회상에 의해 과거로 거슬러 올라가서 연구를 수행하기 때문에, 이러한 연구를 소급연구(*ex post facto* research)라고도 한다.*

예를 들어, 어느 연구자가 취학전 교육이 초등학교 1학년 아동들의 사회적응에 차이를 가져오는 주요인이라는 가설을 세울 수 있다. 이 가설을 검증하기 위해

* 라틴어 *ex post facto*는 영어로 after the fact와 같은 말로 '사후에, 과거로 거슬러 올라가, 소급적' 이라는 뜻이다.

연구자는 초등학교 1학년 아동들 중에서 취학전 교육을 받은 집단과 받지 않은 집단을 선정해서, 두 집단의 사회적응도를 비교한다. 취학전 교육을 받은 집단의 아동들이 받지 않은 집단의 아동들에 비하여 더 높은 수준의 사회적응도를 나타낸다면, 가설은 지지될 것이고, 따라서 연구자는 취학전 교육이 초등학교 아동들의 사회적응에 영향을 미친다고 결론을 내릴 것이다. 이러한 연구는 결과에서 출발하여 그것의 원인을 찾는 방식의 연구이다.

반면에 원인에서 시작하여 그것의 결과를 찾는 방식의 연구를 생각해 보자. 이러한 연구는 "*X*의 효과는 무엇인가?" 라는 문제를 다루는 연구이다. 예컨대, 어느 연구자가 대학입시의 합격 · 불합격이 청소년의 자존감에 미치는 장기적 효과 문제에 대하여 연구를 한다고 가정하자. 연구자는 장기적으로 볼 때 대학입시에 합격한 청소년들의 자존감이 불합격한 청소년들의 자존감보다 더 높을 것이라는 가설을 설정한다. 대학입학시험이 실시된지 1년이 지난 후 당시 대학입시에 합격한 청소년들과 불합격한 청소년들을 표집하여 이들에게 자존감을 검사하고, 두 집단의 자존감 점수를 서로 비교해 본다. 만약 합격한 집단의 자존감이 유의하게 더 높다면 연구자의 가설은 지지될 것이다.

이미 발생한 결과에서 출발하여 그것의 원인을 탐색하는 접근방식을 회고적(retrospective) 인과비교연구라고 하고, 원인에서 시작하여 그것의 효과를 탐색하는 접근방식을 전망적(prospective) 인과비교연구라고 부른다. 사회과학연구에서는 회고적 인과비교연구가 더 보편적이다. 인과비교연구는 실험연구의 현실적인 대안이다. 만약 연구자가 독립변인을 임의로 통제할 수 있는 상황이라면 인과비교연구보다는 실험연구를 하는 것이 더 바람직하다.

2. 인과비교연구와 상관 및 실험연구의 차이점

초보연구자는 간혹 인과비교연구와 상관연구를 혼동한다. 인과비교연구와 상관연구 모두 독립변인을 조작하지 않으며 또 결과해석에 주의를 요한다는 점에 있어서 같으므로 혼동할 수도 있을 것이다. 그러나 인과비교연구는 원인-결과의 관계를 밝히려는 연구인 반면에 상관연구는 그렇지 않다는 점에서 확연히 다르다. 인과비교연구는 두 개 이상의 집단과 하나의 독립변인을 가지고 연구하는데 비하여, 상관연구는 하나의 집단과 두 개 변인을 가지고 연구를 한다. 또한 인과

비교연구는 '비교' 에 초점을 두는 반면에 상관연구는 '관계' 에 초점을 둔다.

초보연구자는 인과비교연구가 상관연구보다 더 좋은 연구라고 착각하기 쉽다. 왜냐하면, '상관관계' 라는 말보다 '인과비교' 라는 용어가 마치 어떤 무엇의 원인을 증명이라도 하는 것처럼 생각되어 좀 더 연구답게 들리기 때문이다. 그러나 인과비교연구나 상관연구 둘 다 진정한 인과관계를 밝히지 못한다는 점을 잊지 말아야 할 것이다.

초보연구자가 인과비교연구와 실험연구를 구별하기는 더욱 어렵다. 둘 다 인과관계를 밝히려 하고, 둘 다 집단간 비교를 한다는 공통점이 있기 때문이다. 그러나 실험연구에서는 피험자들을 실험조건에 무선배정하지만, 인과비교연구에서는 전혀 그렇지 못해서 연구를 시작하기도 전에 이미 연구대상들은 각 집단에 배정되어 있다. 요컨대, 실험연구와 인과비교연구의 가장 큰 차이점은 실험연구에서는 연구자가 독립변인을 조작하지만, 인과비교연구에서는 현상이 발생한 이후라 조작이 불가능하다는 점이다. 그리고 실험연구에서는 연구자가 임의로 집단을 구성할 수 있지만, 인과비교연구에서는 이미 형성된 집단을 이용할 뿐이다.

교육연구를 비롯한 사회과학분야의 연구에서는 독립변인을 조작할 수 없거나 조작하는 것이 부적절한 경우가 많다. 예를 들어, 연령이나 성별과 같은 유기체 변인은 직접적으로 조작할 수 없는 변인이다. 어떤 변인은 윤리적인 문제 때문에, 조작이 가능하지만 조작해서는 안 되는 경우도 있다. 특히 인위적 조작이 피험자에게 신체적, 정신적 피해를 초래할 가능성이 있을 때 더욱 그렇다. 예를 들어, 임신부의 흡연이 태아의 성장발달에 미치는 영향에 관심이 있다고 해보자. 이 경우 연구를 하기 위해 한 집단의 임신부에게 흡연하도록 하는 것은 윤리적이지 못하다. 이처럼 실험적으로는 할 수 없는 연구문제를 인과비교연구를 함으로써 해결할 수 있는 적절한 문제들이 있다.

다음 〈표 9-5〉에 인과비교연구에서 이용할 수 있는 독립변인들을 예시하였다. 이러한 변인들을 두 개 이상의 범주로 나누어 집단을 구성하고 종속변인을 비교하는 것이다. 예를 들어, 학생들의 불안수준을 상과 하로 구분하여 주의집중시간을 비교하거나, 유치원 교육을 받은 집단과 받지 못한 집단 간에 초등학교 학업성취도를 비교하거나, 부모의 이혼 여부에 따른 아동의 정서안정성을 비교하는 것 등이다.

〈표 9-5〉 인과비교연구에서 탐색해 볼 수 있는 독립변인들 예시

변인 유형	독립변인 예시
유기체 변인	연령, 성별, 인종 등
인지적 변인	지능, 학업성취도, 적성, 창의력 등
정의적 변인	자아개념, 불안수준, 포부수준, 지배성, 공격성, 학습양식, 성취동기, 외향성-내향성 등
가정 관련 변인	가정의 SES, 부모 학력수준, 부모 이혼 여부, 형제수, 출생순위, 거주지역, 가정환경 등
학교 관련 변인	학교크기, 학교형태(공사립), 학교위치, 학교분위기, 교육과정, 교수방법, 취학전 교육, 학교장의 지도성 등

3. 인과비교연구의 절차

인과비교연구의 설계는 비교적 단순하며, 독립변인이 조작되지 않음에도 불구하고 연구결과의 해석에 도움을 줄 수 있는 통제기법이 있다.

1) 연구설계

다음 〈표 9-6〉에 인과비교연구의 기본적인 설계를 예시하였다. 이 표에 제시한 것처럼, 인과비교연구의 설계는 독립변인에서 차이가 나는 두 개 이상의 집단과 이들을 비교해 볼 수 있는 종속변인으로 구성된다. 두 개의 집단(실험집단과 통제집단, 또는 실험집단과 비교집단)을 선정한다. 이 집단들은 독립변인(처치)에서 차이가 있다. 둘 중 한 집단은 다른 집단이 갖지 않은 특성을 가지거나(예시

〈표 9-6〉 인과비교연구의 설계 예시

	집단	독립변인(처치)	종속변인
예시 1	실험집단	X	O
	통제집단		O
예시 2	실험집단	X_1	O
	비교집단	X_2	O

(주) 통제집단(control group)은 아무런 처치를 받지 않는 집단을 말하고, 비교집단(comparison group)은 실험집단이 받는 처치와 다른 유형의 처치를 받는 집단을 말한다.

1), 두 집단이 모두 해당 특성을 갖고 있지만 이 중 한 집단은 그 정도나 양에서 차이가 있다(예시2). 현실적으로 교육분야의 대부분 인과비교연구는 (예시2)와 같은 경우가 될 것이다.

인과비교연구에서 비교집단의 개념정의와 선정은 매우 중요한 문제이다. 집단을 차이 나게 하는 독립변인은 명확하게 조작적으로 정의되어야 한다. 왜냐하면, 각각의 집단은 서로 다른 모집단을 대표하기 때문이다. 집단의 개념정의는 연구결과를 일반화하는데 영향을 미친다. 가령, 어떤 연구자가 정상 청소년과 비행청소년을 대상으로 비교연구를 할 경우, '정상'과 '비행'의 용어를 조작적으로 분명히 정의해야 한다. 비행의 개념을 광의로 정의하면 규범으로부터 일탈되는 모든 행동을 일컫는 것이지만, 이렇게 광의로 정의하는 것은 연구에 별로 도움을 주지 못한다. 비행에도 유형이 있어서 강간이나 폭행과 같이 타인의 신체에 해악을 끼치는 비행, 절도나 공공기물 파괴와 같이 재산에 손해를 가져오는 비행, 가출이나 혼숙, 약물사용과 같이 공공질서를 파괴하는 비행 등 여러 가지로 구분된다. 따라서 비행의 개념을 구체적으로 명확하게 정의해야 모집단이 규정되고 연구대상을 표집할 수 있게 되는 것이다.

연구대상을 모집단으로부터 무선표집하는 것이 일반적으로 선호되는 방식이다. 인과비교연구에서는, 실험연구에서처럼 단일한 모집단에서 표집을 하는 것이 아니라, 두 개의 서로 다른 모집단에서 표집한다는 것을 잊지 말아야 한다. 이것이 인과비교연구와 실험연구의 중요한 차이점 중 하나이다. 실험연구에서와 마찬가지로, 인과비교연구에서도 독립변인 이외의 나머지 모든 조건에서 동등하게 되도록 집단을 구성하는 것이 가장 바람직하다. 만약 독립변인 이외의 다른 어떤 중요한 변인에서 집단간에 차이가 있다면, 그것이 집단간 차이의 진짜 원인이 될 수도 있기 때문이다.

2) 가외변인의 통제

가외변인(extraneous variable)이란 독립변인을 제외하고 종속변인에 영향을 미치는 나머지 모든 변인들을 의미하며, 이를 실험외적 변인 혹은 잡음변인이라고도 한다. 가외변인들 중에는 종속변인에 매우 심각한 영향을 미치는 것부터 그 영향이 미미한 것까지 다양한 종류가 있는데, 중대한 영향을 미치는 가외변인은 반드시 통제해야 연구결과를 타당하게 해석할 수 있는 것이다.

연구대상을 각 집단에 무선배정하는 방식이 집단의 동등성을 확보하는 최선의 방법일 것이다. 그러나 인과비교연구에서는 이미 집단이 존재하고 있고, 처치를 받은 후이기 때문에 그렇게 하는 것이 불가능하다. 독립변인 이외의 조건에서 집단들이 동질적이지 못할 때 이를 보완할 수 있는 통제방법이 있다. 다음의 세 가지 기법이 바로 그것이다.

(1) 짝짓기

서로 비슷한 피험자들끼리 짝을 지어 한명은 실험집단에 나머지 한명은 통제집단에 배정함으로써 두 집단을 동등화시키는 방법이다. 짝짓기 방법에 대한 좀 더 자세한 설명은 다음 장에서 하게 될 것이다.

(2) 동질집단 또는 하위집단 만들어 비교하기

이것은 가외변인의 관점에서 동질적인 집단들을 비교하는 방법이다. 예컨대, 성별에 따라 독립변인의 효과가 다르게 나타날 경우 남자와 여자 중 어느 한쪽 집단만을 비교대상으로 선정함으로써 성별이라고 하는 가외변인을 통제할 수 있다.

또 다른 방법은 통제하려는 가외변인을 기준으로 하위집단을 구성하는 것이다. 예를 들어, 지능이 가외변인으로 작용할 경우, 〈표 9-7〉에 제시한 것처럼, 실험집단과 비교집단을 각각 지능수준 상 · 중 · 하의 3개 하위집단으로 나누는 방법이다. 이렇게 지능수준에 따라 하위집단을 구성해 놓고 각각 대응되는 하위집단 간을 비교하게 되면 지능의 영향을 통제하는 셈이 된다. 더욱이 이러한 접근법은 연구자로 하여금 다양한 지능수준에서 독립변인이 종속변인에 차별적으로 영향을 미치는지를 알아볼 수도 있게 해준다.

〈표 9-7〉 연구설계내에 가외변인에 의한 하위집단 구성하기

집단	지능수준		
실험집단	상	중	하
비교집단	상	중	하

(3) 공변량분석

공변량분석은 종속변인의 수행과 관련하여 어떤 중요한 가외변인의 사전 차이에 대해 통계적으로 조정하는 방법이다. 예를 들어, A와 B 두 교수방법의 효과를 비교하는 연구를 한다고 가정하자. 사전 학력검사를 실시한 결과 A방법으로 가르칠 집단의 점수가 B방법으로 가르칠 집단에 비해 유의하게 훨씬 더 높게 나왔다면, 이러한 출발점의 차이로 인해 사후검사에서 A방법이 B방법보다 더 우수한 것으로 나타날 가능성이 매우 높다. 이와 같은 경우에 공변량분석은 두 집단간 사전에 차이나는 점수를 통계적으로 조정함으로써 마치 두 집단이 동등하게 출발한 것처럼 사후검사의 결과를 공정하게 비교할 수 있도록 해준다.

3) 자료분석과 결과해석

인과비교연구의 자료분석은 기술통계와 추리통계 기법을 모두 사용할 수 있다. 그러나 인과비교연구에서는 무선화와 독립변인의 조작이 불가능하고, 조건통제의 결여 때문에 변인들간 원인-결과의 관계를 자신있게 확인하기는 어렵다. 사실 연구자가 설정한 원인-결과의 관계가 그 반대이거나 전혀 인과관계가 아닐 수도 있다. 즉, 원인이라고 생각한 것이 결과일 수도 있고, 그 반대일 수도 있으며, 제3의 요인이 독립변인과 종속변인 양자에 영향을 미치는 원인일 수도 있는 것이다.

예를 들어, 한 연구자가 자아개념이 학업성취도의 중요한 결정요인라는 가설을 설정했다고 하자. 연구자는 자아개념이 높은 집단과 낮은 집단의 학업성취도를 비교할 것이다. 자아개념이 높은 집단이 실제로 학업성취도가 더 우수한 것으로 나타나면, 자아개념이 학업성취도의 원인이라는 결론을 내리고 싶은 유혹을 받을 것이다. 그러나 이런 결론은 정당화되기 어렵다. 독립변인과 종속변인이 모두 이미 발생한 이후이기 때문에, 어느 것이 먼저 발생했는지, 그래서 어느 것이 어느 것에 영향을 미쳤는지를 정확히 판단할 수 없기 때문이다. 연구를 반대로 해보면 즉, 학업성취도가 높은 집단과 낮은 집단의 자아개념을 비교해 보면, 학업성취도가 높은 집단이 자아개념도 높을 가능성이 다분하다. 이러한 결과는 학업성취도가 자아개념에 영향을 미친다는 것을 시사한다. 심지어 부모의 양육태도 같은 제3의 변인이 자아개념과 학업성취도 양자에 모두 영향을 주었을 가능성도 있다. 자녀를 칭찬하고 격려하는 부모는 자녀의 자아개념과 학업성취도를 향상시킬 수 있는 것이다. 따라서 인과비교연구의 결과해석에는 상당한 주의를 요한다.

4. 인과비교연구의 장단점

인과비교연구의 가장 큰 장점은 실험연구를 할 수 없거나, 실험을 해서는 안 되는 많은 변인들에 관해 연구할 수 있다는 점이다. 사실 실험연구는 시간, 비용, 노력 등 여러 가지 측면에서 값비싼 대가를 치러야 하는 연구이다. 그러므로 가외변인에 대하여 어느 정도 적절한 통제가 가능하다면 인과비교연구는 실험연구의 대안(代案)으로 활용될 수 있다. 가외변인의 통제가 적절하게 잘된 인과비교연구는 실험연구에 비견될 만큼의 성과를 기대할 수도 있다.

그러나 분명한 사실은 인과비교연구는 결코 실험연구가 아니며, 따라서 변인들 간의 인과관계를 확실하게 밝힐 수 없다는 단점을 지니고 있다. 처치로서의 독립변인이 이미 발생하였기 때문에 실험연구에서처럼 조건통제를 완벽하게 할 수 없다. 그러므로 연구결과를 해석함에 있어서 특별한 주의가 필요하다. 겉으로 보이는 인과관계는 얼마든지 보이는 그대로가 아닐 수도 있다. 오직 실험연구를 통해서만 인과관계를 밝힐 수 있는 것이다.

제5절 사례연구

1. 사례연구의 특징

사례연구(case study)는 특정한 개인이나 집단 또는 기관을 대상으로 하여 어떤 문제나 특성을 심층적으로 조사하고 정밀하게 분석하는 연구이다. 즉, 소수의 연구대상을 선정하여 필요한 각종 정보나 자료를 여러 가지 방법으로 조사·수집하고, 이러한 자료들을 기초로 하여 연구대상이 가지고 있는 특성이나 문제점을 종합적으로 진단하고 기술하는 연구이다. 사례연구는 다수의 자료를 통계적으로 분석하면서 일반적 경향을 밝히려는 연구와는 달리 한 대상에 관한 여러 변인들을 동시에 심층적으로 연구한다는 특징을 가진다. 즉, 사례연구의 목적은 어떤 일반적 원리나 보편적인 사실을 발견하는데 있기보다는 특정한 사례에 관련된 구체적 사실을 밝히고 그 사례의 모든 측면을 철저히 분석하는데 있다. 이러한 목적으로 수행되는 사례연구는 다음과 같은 몇 가지 특징을 지니고 있다.

1) 개별성

사례연구는 개인이나 집단, 또는 기관을 하나의 단위로 택하여 그 특수성을 정밀하게 연구하는 것이다. 사례연구는 한 대상을 깊이 있게 조사하고 다양한 변인들이 어떻게 작용하는지 그 과정을 심층적으로 분석한다. 사례연구의 대상이 개별 사례이기 때문에 특수성 · 개별성을 갖는다. 집단의 특성, 집단 간의 차이에 관심을 두는 여타의 연구방법과는 다르게 사례연구에서는 개체를 강조하는 점이 특징이다.

2) 총체성

사례의 어떤 특정한 한 단면만을 조사하고 연구하는 것이 아니라, 전체적 · 총체적으로 알아보려는 것이 사례연구의 특징이다. 어느 개인을 대상으로 사례연구를 한다면 그 사례의 신체적, 심리적, 환경적인 모든 요인을 조사하고 이러한 요인들을 토대로 그 사례가 당면한 문제를 포괄적으로 고찰하고자 한다.

3) 다각성

사례연구에서는 면접, 관찰, 실험, 검사, 자서전 등 어떠한 방법이건 사례의 이해나 문제의 해결에 도움을 준다고 생각되는 것이면 모두 이용한다. 그리고 해당 사례 주변의 유용한 정보원을 최대한 활용한다. 예를 들어, 어느 자폐 아동을 대상으로 하는 사례연구에서는 그 아동의 부모, 친척, 담임교사, 담당의사 등을 찾아가 필요한 정보를 얻을 수도 있다.

2. 사례연구의 절차

사례연구를 하려면 연구자는 먼저 어떤 문제를 다룰 것인지 명확히 인식하고 결정해야 한다. 다음 단계로 연구자는 연구주제로 결정된 문제에 대한 '다각적 접근' 을 시도한다. 사례연구에서는 다각적인 접근의 원리에 의거하여 자료를 수집하기 시작한다.

자료수집은 보통 각종 심리검사, 면접, 누가기록이나 생육사, 학교생활기록부, 자기보고서, 일기, 관찰기록, 신체검사기록 등으로부터 얻을 수 있다. 이러한 자료들로부터 대개 연구대상자의 가정환경, 아동기의 성장과정, 교우관계, 적성, 학업성적, 흥미, 건강상태, 대인관계 및 사회적 활동상황, 장래계획, 희망 등 여러 가지 사실들을 파악할 수 있게 된다. 연구자는 다양한 방법을 통하여 수집한 단편적 사실이나 분산된 정보를 주제에 맞게 체계적으로 정리해 두어야 한다.

그 다음으로 연구자는 수집된 자료에 근거하여 사례연구의 대상이 지닌 문제의 원인이 무엇인가를 종합적으로 진단하고 분석한다. 이때 정확하고 타당한 진단을 하려면 연구의 첫 단계부터 그 타당성이 계속 면밀하게 검토되어야 한다. 즉, 연구 목적의 타당성, 자료 및 증거 수집 방법의 타당성과 신뢰성이 바탕이 되어야 한다. 그리고 표면적인 문제보다도 속에 숨겨져 있는 본래의 문제를 찾아내고 그 원인을 밝히도록 노력해야 한다. 이를 위해서는 문제에 대한 다각적인 접근이 중요한 관건이 된다.

다음 단계로 연구자는 문제를 해결하기 위한 대책이나 치료방법을 검토해 보고 그것을 실제로 적용·실시해 보며 변화과정을 계속 관찰한다. 이러한 과정이 끝나면 적용된 문제해결 방법이 어떤 결과를 가져왔는지, 그 효과를 평가해 본다. 필요한 경우 추후지도를 계속한다. 그리고 이와 유사한 사례에 대하여 다음부터는 어떤 식으로 지도하면 좋을 것인가에 대해서도 생각해 두는 것이 좋다.

위와 같은 절차와 과정에 따라 사례연구가 진행되는 동안 연구자는 여러 가지 자료 및 진행과정에 관하여 자세히 기록해 놓는 것이 바람직하다. 그런데 이러한 기록이 연구에 유용하고 의미있는 기록이 되기 위해서는 그 기록이 구체적이고 객관적이며 정확해야 한다. 그리고 기록해 나가는 동안 용어나 문체에 있어서 일관성이 있어야 한다.

3. 사례연구의 적용

사례연구의 적용영역은 매우 넓다. 교육학이나 심리학 분야 이외에 사회학·경영학·의학·법학 등 여러 분야에서 사례연구가 많이 이루어지고 있다. 그러나 아래에서는 학교교육을 중심으로 사례연구의 활용방안을 알아보고자 한다.

사례연구는 문제의 진단이나 치료방안을 세우기 위한 자료를 수집하기 위해 사용된다. 교육현장에서 부적응 행동을 나타내는 학생들, 문제성을 지닌 학생들을 대상으로 그들의 생활지도를 효과적으로 하기 위하여 사례연구를 많이 한다. 사례연구를 통하여 학생들의 부적응 행동이나 문제 행동을 보다 정확하게 이해하고 그 문제의 내용과 원인을 진단하여, 적절한 교육대책을 세우고, 문제의 교정 및 치료를 위한 방안을 모색하게 된다.

사례연구의 대상을 생각할 때 일반적으로 문제나 사고 또는 병리현상 등 부정적인 면을 지닌 사람을 연상하게 되고, 또한 그렇게 한정하는 경향이 매우 높았다. 그리하여 과거에는 이처럼 부정적 특성을 지닌 사례들을 주로 연구대상으로 삼아왔다. 예컨대, 청소년 범죄자라든지, 지나치게 공격적인 사람, 무단결석자, 학습부진아, 또는 결손가정의 아동 등에 대한 사례연구들이 그것이다. 그러나 근래에 와서는 부정적인 문제에만 머무르지 않고 정상적이고 긍정적인 사례도 연구대상으로 많이 택하고 있다.

사례연구는 또한 하나의 연구방법으로서 활용된다. 일반적인 법칙이나 원리에 예외적인 사례를 제시한다거나 시범적 사례를 제시할 수도 있다. 이렇게 학문적 연구방법의 하나로 적용될 때에 연구대상이 되는 사례는 특정 개인이 될 수도 있고, 집단이나 지역, 사회단체가 될 수도 있다. 그러나 사례연구는 특수한 사례를 대상으로 연구하는 것이기 때문에 연구결과의 일반화가 제한된다는 점에 유의해야 한다.

사례연구를 통해 수집한 개별 학생의 잠재능력과 정의적 특성에 관한 정보는 효율적인 교수-학습을 위한 기초자료로 이용할 수 있다. 즉, 사례연구를 통해 얻은 정보를 토대로 개별 학생의 능력과 적성에 알맞은 맞춤식 수업을 할 수 있다. 또한 교과학습에서 모자라는 점, 개선되어야 할 점을 발견하여 중점적으로 지도하기 위한 방편으로 이용할 수도 있다.

4. 사례연구의 장단점

성격상 사례연구는 다수의 대상을 가지고 조사하는 양적 연구와 대조를 이룬다. 양적 연구에 비하여 사례연구는 구체적인 사실의 발견과 문제해결에 기여하는 바가 크다. 그러면 사례연구는 어떠한 가치를 지니고 있고, 동시에 어떠한 제한

점을 가지고 있는지를 알아보자. 먼저 사례연구의 장점 내지 가치를 알아본다.

첫째, 사례연구는 특정 대상을 여러 측면에서 심층적이고도 종합적으로 연구하는 것이므로 문제해결을 위해 보다 풍부하고 의미있는 자료를 제공해 줄 수 있다. 그리고 개별 사례를 좀 더 포괄적이고 총체적인 존재로 이해하는데 도움을 준다.

둘째, 학생들에 관하여 미리 조사 · 수집한 자세한 자료가 있을 경우, 사례연구는 상담의 기초를 제공해 준다. 경우에 따라서는 교사들 간에 사례연구 진행과정과 결과에 대한 의견을 서로 교환하거나 검토하게 되고, 학생지도에 대하여 교사들의 의욕과 관심을 불러일으킬 수 있다.

셋째, 사례연구 실시과정에서 연구자와 연구대상이 된 학생은 자주 접촉하게 된다. 따라서 친밀한 인간관계가 형성될 수 있고, 서로를 더 잘 이해하게 되므로 문제해결에 도움이 될 수 있다.

넷째, 사례연구는 어떤 특정 대상에 있어서의 문제해결에 도움이 될 뿐 아니라, 카운슬러나 일반교사들에게 실제적인 사례들을 들려줌으로써 그들을 훈련하거나 재교육하는데 유용한 교육자료를 제공한다. 즉, 일반교사나 카운슬러가 학생들을 현실적으로 이해하고 경험하도록 하는데 사례연구의 자료는 도움이 된다.

사례연구가 이처럼 여러 가지 장점을 지니고 있는 반면에 몇 가지 문제점과 제한점도 가지고 있다. 그 중에서 세 가지만 열거하면 다음과 같다.

첫째, 특수한 사례에 관한 것이므로 연구결과를 일반화 할 수 없다. 그리고 사례연구는 신뢰도와 타당도의 측면에 약점이 있다. 즉, 연구자의 개인적 견해에 따라 연구방향이 좌우될 가능성이 크며, 자료의 신뢰성을 검증하기 어렵다.

둘째, 사례연구에서는 연구대상의 외면적인 사실에 너무 치중한 나머지 연구대상의 내면적이고 본질적인 문제, 심리적 · 정서적 문제를 간과할 우려가 없지 않다. 또한 자료수집에 치우치다가 연구대상의 현재 상태에 대해서는 소홀히 할 우려가 있다.

셋째, 여러 사람이나 많은 사례를 동시에 연구대상으로 삼기에는 곤란하다. 그리고 사례연구를 하려면 많은 시간과 노력이 들기 때문에 비경제적이고 비능률적이다. 또한 장기간에 걸쳐서 이루어지는 사례연구의 경우 연구대상이 된 개인을 심리적으로 위축시키게 하거나 불안감을 가지게 할 수도 있으므로 조심해야 한다.

제6절 내용분석

1. 내용분석의 의미

내용분석(content analysis)이란 언어나 문자로 표현된 의사소통의 내용을 객관적 · 체계적 · 수량적으로 기술하기 위한 연구방법이라고 정의한다. 다시 말하여, 내용분석이란 인간의 상징적 기호로 표현된 의사소통의 기록물 내용을 객관적으로 기술하고 분석하는 기법으로서, 그 분석의 절차와 방법을 객관화하여 누구나 동일한 방법을 쓰면 동일한 결과에 도달할 수 있음을 전제한다. 이러한 정의에서 짐작할 수 있듯이, 내용분석은 본래 의사소통의 과정에서 발신자와 수신자 사이에 발생하는 주요 문제를 확인하고 분석하기 위하여 개발된 방법이다. 즉, '누가', '무엇을', '어떻게', '누구에게' 전달했으며 그 효과(결과)는 무엇인가를 객관적이고 체계적으로 기술하던 것에서 비롯된 방법이 내용분석이다.

이 방법이 대중매체의 의사소통 내용을 분석하는 기법으로 출발한 것이지만, 그 효용가치가 인식되면서부터 사회과학의 다른 분야에서도 점차 활용하게 되었다. 내용분석의 결과를 통계적으로 처리할 수 있도록 수량화하는 것이 이 기법의 한 가지 특징인데 근래에는 컴퓨터를 이용하여 손쉽게 수량화할 수 있는 방법이 개발되면서 활용 기회가 늘어나고 있다. 또한 내용분석은 일종의 문헌연구법이므로, 문헌연구 중에서도 특히 문헌자료의 양적 분석을 위해 내용분석이 많이 이용되고 있다.

내용분석은 질문지나 검사 혹은 관찰과 같은 다른 방법을 통해서는 필요한 정보를 얻기 어려운 상황에서 유용하게 쓰인다. 예컨대, 역사적 고찰을 한다든지, 사망했거나 접근하기 힘든 인물에 대한 연구, 또는 어떤 정책 내용이나 교육 프로그램의 내용에 관한 평가연구를 할 경우에 많이 이용하게 되는 방법으로서, 내용분석을 위한 자료의 출처는 매우 다양하다. 역사적 기록 · 전기 · 연설문 · 편지 · 문학작품 · 교과서 · 신문사설 등 기존의 갖가지 기록된 자료들이 내용분석의 대상이 될 수 있다. 그러나 어떤 특수한 목적을 위해서는 새롭게 자료를 개발해서 그 내용을 분석하는 수도 있다. 가령, 어떤 특정한 상황하에서의 대화내용을 녹음

한다거나, 어떤 주제에 관하여 글을 쓰도록 해서 얻은 자료를 분석하는 것이 이러한 예에 속한다. 교육분야에서는 학생들의 작문을 분석하거나 교과서의 내용, 교육 프로그램의 내용을 분석하는 경우가 많다.

그런데 내용분석의 대상이 될 자료를 어떻게 표집하느냐, 그리고 선정한 자료를 어떻게 분석하느냐에 따라서 내용분석의 타당도와 신뢰도가 좌우될 수 있다. 내용분석은 자칫하면 타당성과 신뢰성이 결여된 직관적 사고에 의해서 이루어질 위험성이 있으므로 이 방법을 사용하여 연구하려는 사람은 분석대상의 표본추출과 분석방법에 각별히 유의해야 한다.

2. 내용분석의 절차

내용분석을 하려면 먼저 이 방법으로 연구하기에 적절한 연구문제를 선정해야 한다. 기본적으로 문헌연구로서 내용분석의 본래 취지가 잘 드러날 수 있는 그런 연구문제를 설정할 필요가 있다. 일단 연구문제가 결정되었다면 내용분석은 대략 다음과 같은 절차를 밟아가면서 진행된다.

1) 분석대상의 모집단 규정

연구대상의 모집단에 대하여 내용분석을 하는 수도 있으나, 일반적으로는 표본을 대상으로 내용분석이 이루어진다. 따라서 표집을 잘하기 위해서는 분석대상의 모집단에 대한 명확한 규정이 필요하다. 즉, 내용분석의 대상이 되는 문헌이나 기록의 종류와 범위를 명확히 규정한다. 예를 들어, 신문사설에 대한 내용분석을 할 경우, 분석대상에 포함되는 신문들은 어떤 것이며 그 발행시기는 언제부터 언제까지인지를 명확하게 규정해 놓아야 모집단을 잘 대표할 수 있는 표본을 추출할 수 있는 것이다.

2) 분석자료의 표본추출

분석하려는 대상의 모집단을 정의한 다음에는 이러한 모집단을 가장 잘 대표할 수 있는 표본을 추출하는 일이다. 내용분석을 위한 자료의 표집도 일반 표본조사에서의 표집원리와 절차가 그대로 적용된다. 다만 유의할 점은 표집단위를 어떻게 정할 것인가의 문제이다. 개별 자료를 표집단위로 잡을 수도 있지만 대개는 어느 정도의 자료 묶음을 단위로 하여 유층표집, 군집표집을 곁들인 단계적 표집방법을 흔히 이용한다.

예컨대, 어느 한 신문의 사설을 표집할 경우 분석대상 기간 중에 실린 개별 사설을 단위로 표집할 수도 있으나 이 방식은 너무 번거로울 가능성이 많다. 따라서 먼저 1주일 또는 1개월 등의 단위로 뽑은 다음 그 중에서 단순무선표집을 하거나, 또는 월 · 수 · 금의 사설만을 뽑는 체계적인 표집방식을 택할 수도 있다. 어떤 방식을 이용하여 표집하든 잊지 말아야 할 사항은 모집단을 잘 대표할 수 있도록 표본을 뽑아야 된다는 점이다.

3) 분석내용의 범주화

내용을 분류하는 틀 즉, 분석내용의 범주화는 연구의 질적수준이나 성패를 좌우할 만큼 매우 중요한 문제이다. 내용을 의미있게 범주화하되, 내용분석의 목적과 연구문제가 잘 반영되도록 해야 한다. 예를 들어, '무엇을 전하고 있는가?'의 내용을 범주화할 경우 다음과 같은 측면에서 범주를 나누어 볼 수 있다.

- 주제 : 의사전달의 주된 내용이 무엇인가
- 방향 : 찬성–반대, 좋고–싫음 등과 같이 어떻게 내용을 취급하는가
- 가치 : 목표, 욕망 등 추구하는 가치가 무엇인가
- 방법 : 어떻게 목표를 달성하는가
- 표적 : 의사소통이 누구를 향하고 있는가
- 행위자 : 행동의 주체가 누구인가
- 권위자 : 인용의 출처는 무엇인가

분석내용의 범주화 설정은 이론적 근거에서 도출하는 연역법과 실제 자료를 살펴보고 귀납적으로 형성해 나가는 방법이 있다. 어떤 방법으로 하건 설정해 놓은 범주화 체계가 내용분류를 하는데 이상이 없는지 실제로 적용하기 전에 예비검사를 통해 확인해 보는 것이 좋다. 분석내용의 범주를 설정할 때 유의할 사항은 다음과 같다.

첫째, 범주는 망라적이어야 한다. 이것은 분석하려는 내용의 항목이 하나도 빠짐없이 모두 범주 속에 포함되도록 해야 한다는 뜻이다. 어떤 요소든지 어느 하

나의 범주에는 반드시 해당되어야 하며, 만약 아무 범주에도 속하지 않는 것이 있다면 잘못된 것이다.

둘째, 범주는 상호 배타적이어야 한다. 한 가지 내용 항목이 다른 범주에 동시에 중복되게 분류됨이 없이 오직 하나의 범주에만 해당되도록 범주화해야 한다. 한 내용 항목이 두 개 이상의 범주에 해당되어서는 안 된다.

셋째, 범주는 상호 독립적이어야 한다. 어느 한 자료의 범주 분류가 다른 자료의 범주 분류에 영향을 미쳐서는 안 된다. 가령, 한 범주에 분류하는 내용 요소의 증감에 따라 다른 범주의 요소도 증감한다면 상호 독립적이지 못한 것이다.

넷째, 같은 차원의 범주는 단일기준에 의하여 분류되도록 만들어야 한다. 개념상 서로 다른 수준의 내용을 같은 차원의 범주로 분류하면 분석결과를 비교하기 곤란하고 그 의미도 모호해지기 때문이다.

4) 분석단위의 규정

내용분류의 범주를 설정한 다음에는 분석의 단위를 결정해야 한다. 내용분석에서 주로 사용되는 분석단위는 다음과 같다.

첫째, 내용분석에서 널리 사용되고 있는 최소의 단위는 단어이다. 그런데 낱말이나 기호를 분석단위로 삼으면 분석하기는 쉽고 간단하지만, 작업이 너무 방대해지고 결과의 해석에 제한을 받는 흠이 있다.

둘째, 주제가 분석단위로 쓰인다. 어떤 내용에 담긴 가치 · 태도 · 주장 등을 연구하는 경우에는 개별적 단어를 분석하는 것보다는 그 내용 전체에 흐르는 주제를 분석하는 것이 효과적이다. 그러나 주제의 분석은 단어분석에 비하여 상대적으로 어렵고 신뢰도가 낮아질 위험이 있다.

셋째, 인물이 분석단위로 쓰일 때가 있다. 문학작품, 라디오나 텔레비전 프로그램, 교과서 등에 등장하는 주요 인물의 성격과 특징을 개념화시켜 분석하는 것이다.

넷째, 항목을 분석단위로 한다. 여기서 항목이란 단행본, 논문, 방송 프로그램, 영화 필름 등이 전체로서 한 개의 단위가 되는 것이다.

다섯째, 시간적으로나 공간적으로 차지한 양(量)을 분석단위로 삼는 수도 있다. 예를 들면, 인쇄물인 경우 페이지 수로 따지고, 방송 프로그램은 방송된 시간의 양으로 분석하는 것이 여기에 속한다.

5) 자료분석의 수량화

내용을 분석한 결과는 어떤 형태로든 수량화할 필요가 있다. 내용분석의 방법을 사용하는 주목적은 대개 질적인 내용을 좀 더 객관적이고 체계적으로 분석하는데 있으므로 수량화하는 것이 당연하다. 수량화의 방법으로 가장 널리 쓰이는 것은 빈도를 계산하는 것이다. 이밖에 범주에 서열을 매기거나 강도를 평정하는 수도 있다. 수량화의 기법에는 다음과 같은 것이 있다.

(1) 빈도

자료의 분석단위 속에 연구자가 찾고자 하는 특성을 나타내는 내용의 요소가 있는지 없는지를 따져서 있는 단위의 숫자를 합산하는 방식이다. 특정 요소가 있는지 없는지를 헤아려 볼 뿐만 아니라, 얼마나 자주 나타나는가를 계산한다.

(2) 강도

주로 태도나 가치에 관한 내용 요소를 수량화할 때 이용하는 방식이다. 예컨대, 어떤 태도에 대하여 "매우 보수적, 보수적, 중립적, 진보적, 매우 진보적"의 리커트식 5단계 평정척도로 강도를 수량화할 수 있다.

(3) 시간 또는 공간

알아보고자 하는 내용의 요소가 시간적으로 또는 공간적으로 어느 정도 차지하고 있는가를 수량화하는 방식이다. 가령, 특정 범주에 속하는 내용의 요소를 수량화할 경우 방송매체 같으면 방송에 나와서 지속되는 시간의 길이를 재고, 인쇄매체 같으면 할애된 공간 즉, 지면의 크기를 재어 상대적 강조 혹은 편향도를 측정할 수 있다.

3. 내용분석의 장단점

내용분석법의 장점으로 아래와 같은 점을 들 수 있다.

첫째, 연구를 수행하다가 오류나 실수가 있더라도 나중에 이를 보완할 수 있다. 문헌연구로서의 내용분석법은 이미 존재하고 있는 자료나 기록을 대상으로 연구하는 것이므로 한 번 실수를 하더라도 기존 자료를 다시 분석하면 되기 때문에 다른 연구방법에 비하여 실수를 보완하기 쉽다.

둘째, 대체로 다른 조사방법은 시간을 소급해서 조사하는 것이 불가능하지만, 내용분석법은 소급조사가 가능하다. 따라서 이 방법은 역사적 연구에 유용하게 쓰일 수 있다.

셋째, 내용분석은 여느 문헌연구와 마찬가지로 연구대상자가 반작용을 일으키지 않는다는 장점이 있다. 이미 존재하고 있는 자료나 기록을 대상으로 내용을 분석하는 연구이므로 제3자가 개입할 여지가 없으며, 또한 피조사자의 반작용이 일어날 우려도 없다.

그러나 내용분석은 일단 기록한 의사전달의 자료만 취급해야 한다는 한계점을 지니고 있다. 이밖에 내용분석법에는 다음과 같은 문제 내지는 단점이 있다.

첫째, 분류범주의 타당성과 관련된 문제이다. 앞에서 언급한 것처럼, 내용분석의 범주가 연구문제와 목적에 어느 정도 알맞게 명확히 설정되었느냐에 따라 연구의 질적수준이 좌우될 만큼 이 문제는 매우 중요하지만, 그 타당성을 확인하는 방법은 만족스럽지 못하다.

둘째, 표본추출과 관련된 문제이다. 표본추출을 잘하기 위해서는 우선적으로 분석대상의 모집단에 대한 명확한 규정이 필요하다. 그런데 내용분석의 경우 많은 사람이 공감할 수 있는 모집단의 정의가 쉽지 않으며, 모집단이 규정되었다 하더라도 그 속에서 대표적인 표본을 추출하는 일이 쉽지 않다.

셋째, 신뢰도와 관련된 문제이다. 지금까지 대부분의 내용분석 연구에서는 신뢰도에 관한 정보를 제대로 보고하지 않고 이 문제를 소홀하게 취급하였다. 내용분석은 두 가지 측면에서 일관성이 있어야 한다. 우선 분석자간 일관성이 유지되어야 한다. 서로 다른 분석자가 분석하더라도 동일한 내용에 대하여 동일한 범주를 적용할 경우 동일한 결과를 얻을 수 있어야 된다는 것이다. 다음은 분석자내 일관성이 유지되어야 한다. 한 사람이 동일한 내용에 대해서 동일한 범주를 적용하여 두 번 이상 내용을 분석할 경우 그 시차에 관계없이 동일한 결과를 얻을 수 있어야 된다는 것이다.

제7절 메타분석

1. 메타분석의 의미

어떤 연구주제에 관하여 독립적으로 이루어진 다양한 선행연구의 결과들을 통계적으로 요약하려는 시도는 오래전부터 있어 왔으나, 1970년대 이후부터 특히 이 분야에 대한 관심이 증대되고 다양한 방법이 제안되었다. Glass(1976)를 비롯하여 그의 동료들이 개발한 메타분석이라고 하는 것도 여러 연구의 결과들을 종합하는데 사용하는 한 가지 방법으로, 현재 통계적 종합 방법의 대명사처럼 쓰이고 있다.

메타분석(meta-analysis)이란 분석의 분석으로서, 어느 특정 연구주제에 대해 이루어진 여러 연구결과들을 하나로 통합하여 요약할 목적으로 개별 연구의 결과들을 수집하여 통계적으로 재분석하는 방법을 일컫는다. 비록 메타분석이란 용어를 쓰기 시작한 것은 오래 되지 않았지만, 수량적으로 연구결과들을 종합하는 방법은 이미 오래전부터 있어 왔다.

여러 연구결과를 종합하기 위한 통계적 접근 방식 중에서 가장 단순한 방법은 '투표식 방법' (voting method)이라고 할 것이다. 이 방법은 단순히 각 연구결과의 통계적 의의 여부만을 따져보고 개별 연구결과를 종합하는 방식이다. 즉, 실험집단과 통제집단 간의 차이, 또는 독립변인과 종속변인 간의 관계에서 어느 한 쪽을 기준으로 하여 통계적 의의도를 검증하면 정적으로 의의 있거나, 부적으로 의의 있거나, 아무런 의의가 없거나 세 가지 범주로 분류할 수 있다. 이러한 범주를 정해 놓고 종합하고자 하는 개별 연구결과가 어느 범주에 속하는지 판단하여 분류한 다음, 마치 투표를 하듯이 각 범주에 해당하는 연구결과의 숫자를 헤아려서 가장 많은 수를 확보한 범주를 우승자로 결정하는 방법이다. 그런데 투표식 방법으로 연구결과를 종합하는 것은 간편하다는 장점이 있으나 이 방법은 다음과 같은 단점을 가지고 있다.

첫째, 애써 얻은 유용한 구체적 정보를 상실하게 된다는 점이다. 예컨대, 차이에 관한 연구에서 투표식 방법으로 연구결과를 종합하면, 어느 집단이 어느 집단보다 의의있게 높다는 사실만 알 뿐, 구체적으로 어느 정도 차이가 있는지 그 차의 크기에 관하여는 알 수 없게 된다. 단순한 통계적 의의 여하의 개수(個數)만을 가지고는 실험집단과 통제집단 간의 차이의 크기나 독립변인과 종속변인 간의 관계의 정도를 알 수 없다.

둘째, 투표식 방법에 의한 연구결과의 종합에서는 표본의 크기를 무시하기 때문에 자칫하면 사실과 다른 결론에 도달할 가능성이 있다는 점이다. 즉, 대표집에서 얻은 연구결과나 소표집에서 얻은 연구결과나 똑같은 비중을 두고 처리함으로 인하여 오류를 범할 수 있다. 예를 들어, 아주 작은 표본을 가지고 조사한 9개 연구에서는 의의없는 결과를 얻었고, 대규모 표본을 대상으로 조사한 1개 연구에서는 의의있는 결과를 얻었다고 하자. 투표를 하면 9:1이 되어 의의없다는 편이 우승자로 판정되게 마련인데, 사실은 오히려 이와 반대일 가능성도 있는 것이다.

오늘날 지식과 기술의 발달 속도는 매우 빠르다. 지식의 축적이 옛날에는 완만하게 이루어졌지만, 현대에 와서 엄청나게 빠른 속도로 불어나고 있으며, 이러한 현상은 앞으로 더욱 가속화될 전망이다. 그리하여 요즈음에는 자기가 전공하는 어느 특정 분야에 관련된 논문만을 읽는 것도 거의 불가능할 정도로 헤아릴 수 없이 많은 연구물이 매년 쏟아져 나오고 있는 실정이다. 선행연구를 개관해야 될 경우 그 숫자가 수십 편이 되는 것은 보통이다. 따라서 이렇게 방대한 양의 연구물이 쌓이게 되니까 선행연구의 결과를 개관하는 방법도 자연히 종전의 방식과는 달라져야 할 필요성을 느끼게 되었던 것이다.

어느 한 주제에 관련된 선행연구의 결과를 종합 · 요약할 때 전통적으로 흔히 사용하는 방식은 대체로 각 연구 결과를 낱낱이 열거하면서 설명하는 것이다. 그러나 이러한 방식으로 선행연구를 종합할 때, 연구자의 편견이 작용하기 쉽다는 단점과 아울러 연구물의 수가 크게 불어남에 따라 이 방식으로는 감당하기 어렵게 되었다. 여러 연구결과의 종합을 위한 통계적 접근방법이 근래에 와서 많이 쓰이게 된 것은 바로 이와 같은 배경에서 비롯되었다고 할 것이다. 수량적 방법을 이용하여 선행연구 결과들을 종합하는 것이 전통적인 방식에 의하여 종합하는 것보다 좀 더 정확하고 객관적으로 이루어질 수 있다. 물론 어느 상황에나 수량적 접근방법을 사용할 수는 없다. 선행연구의 결과들을 종합할 때 양적 문제가 아닌 질적 문제에서는 통계적 방법을 적용할 수 없다는 점은 누구나 다 아는 사실이다.

2. 메타분석의 특징

메타분석의 주요 특징을 다음과 같이 네 가지로 요약할 수 있다.

첫째, 메타분석은 수량적 접근을 한다는 점이다. 선행연구를 개관하거나 요약할 경우에 사용하는 방식은 크게 두 가지로 분류할 수 있다. 하나는 이야기체(narrative) 방식으로 개별연구의 결과를 낱낱이 서술하면서 비교하는 것이고, 다른 하나는 통계적 방식으로 각 연구에서 얻은 정보를 수량화하여 기술통계와 추리통계의 기법을 이용하여 분석하는 것이다. 메타분석은 후자의 방식을 따른다.

둘째, 종합하고자 하는 분야에서 이루어진 모든 연구를 메타분석의 대상으로 삼는다는 점이다. 메타분석이 아닌 보통의 종합 방법에서는 대체로 선행연구를 종합할 때, 출판된 연구물에 한정하는 경향이 있다. 그러나 메타분석 방법으로 연구결과를 종합할 경우에는 각 연구의 출판여부에 관계없이, 그리고 사전에 임의로 정한 어떤 준거에 따라 선별적으로 개별연구를 골라서 종합하는 것이 아니라 수집 가능한 모든 연구결과를 그 분석 대상으로 삼는다.

셋째, 메타분석의 주목적은 어느 한 연구주제에 관하여 이루어진 다양한 연구결과들을 종합하여 일반적인 결론을 내리고자 한다는 점이다. 즉, 연구대상의 특성, 사례수, 변인의 측정방법, 연구설계 등 각 개별연구들 간에 나타나는 여러 가지 차이를 일단 무시하고 전체적으로 종합하여 해당 연구문제에 관한 일반적인 결론을 도출하고자 한다. 이렇게 전체적인 종합을 한 다음에 각 연구 사이에 나타나는 주요 차이점을 중심으로 연구들을 분류하여 연구결과에 대한 세분된 종합과 요약을 한다. 예를 들어, 학급당 학생수와 학업성취도 간의 관계를 살펴본 연구결과들을 종합한다고 할 때, 개별 연구에서 대상으로 삼은 학년수준이 제각기 다를 수 있다. 그러나 일단은 이러한 학년수준의 차이를 무시하고 전체적으로 종합을 한 후에, 다시 학년 수준별로 연구결과를 분류하여 학급당 학생수와 학업성취도 간의 관계에 대한 연구결과를 종합하는 방식이다.

넷째, 메타분석의 방법은 체계적이고 반복이 가능하다는 점이다. 메타분석 방법으로 연구결과들을 종합하면 연구물을 종합하는 사람의 주관이나 편견을 줄이고 객관적으로 할 수 있게 된다. 그리고 이러한 종합결과는 다른 연구자가 다시 반복하여 검토하고 확인해 볼 수 있다는 점이다.

3. 메타분석의 절차

메타분석의 절차도 보통의 연구를 할 때에 밟는 절차와 크게 다를 바가 없다. 즉, 연구문제를 선정하여 개념화하고, 가설을 설정하고, 자료를 수집하고, 자료를 분석하여 결과를 보고하는 과정을 거치게 된다.

1) 연구주제의 선정

메타분석을 하려는 연구자는 일단 연구주제를 선정하고, 명료하게 개념정의를 해야 한다. 그런데 메타분석을 하기 위해서는 해당 연구주제와 관련된 선행연구의 숫자가 상당수 (최소한 30개 이상) 있어야 하며, 또 이러한 연구물을 수집하는데 어려움이 없어야 한다. 그리고 연구의 형태는 실험집단과 통제집단, 남자-여자, 사전-사후 등 두 개의 집단간 비교하는 연구나, 변인들간 관련성을 알아보는 연구라야 적합하다. 분석대상이 되는 연구는 단순히 기술적인 연구일 수도 있고 인과관계를 밝히는 실험적인 연구일 수도 있다. 그러나 연구결과가 수량적으로 표현되지 않는 질적연구는 메타분석의 대상에서 제외된다.

2) 분석자료의 범위 결정 및 자료 수집

연구주제를 선정한 다음에는 분석대상 연구물의 모집단을 규정한다. 즉, 어떤 연구물이 메타분석의 모집단이 되는지를 분명히 규정하고, 여기에 부합되는 것으로서 그 당시까지 이루어진 연구결과들을 찾아 수집한다. 이때 유의할 점은 잘 알려진 학회지나 연구목록집에 수록되어 손쉽게 구할 수 있는 연구뿐만 아니라 미출간된 연구도 모두 수집대상으로 삼아 그 분야에서 수행된 연구들을 될 수 있는 한 많이 모아야 한다는 점이다. 만약 손쉽게 구할 수 있는 연구물만을 모아가지고 메타분석을 하게 되면 그러한 분석의 결과는 편파적인 것이 될 수 있다. 그러나 모집단이 매우 클 경우에는 확률적 표집방법을 적용하여 그 중 일부를 표집하여 분석할 수도 있다. 일반적으로 연구주제가 결정되면 컴퓨터 데이터베이스를 통해 해당 분야의 학회지와 학술대회 발표자료, 학위논문, 각종 연구보고서 등을 검색하여 자료를 수집한다.

3) 분석자료의 부호화

필요한 자료를 모두 수집한 다음에는 개별연구의 특징을 기술하고 분류하고 수량화한다. 질문지를 통한 조사연구에서 조사내용을 부호화 하듯이, 메타분석에서도 개별연구의 특성변인을 기술하고 분류하는데 코딩양식을 만들어 사용하면 편리하다. 예컨대, 연구자명, 연구연도, 자료의 출처, 피험자의 특성(성별, 연령, 학년, 인원수 등), 연구설계, 실험처치, 측정도구, 변인의 측정값 등을 일정한 코딩양식에 맞추어 부호화 하면 자료를 분석하기가 간편해진다.

4) 자료의 메타통계분석

자료의 분석은 대체로 다음과 같은 세 단계를 거친다. 첫째 단계는 수집된 자료들이 메타분석에서 요구하는 기본 전제를 충족시키고 있는지 검토하여 적합한 자료와 그렇지 않은 자료를 선별한다. 둘째 단계는 개별연구의 결과에서 제시하고 있는 다양한 통계치를 메타분석이 가능한 통계치로 변환시킨다. 예를 들어, 개별연구의 결과를 '효과크기'와 같은 공통의 단위로 환산한다. 셋째 단계는 이렇게 변환된 통계치를 가지고 메타통계분석에 들어간다. 일반적인 연구의 자료분석과 마찬가지로, 메타분석에서도 평균이나 표준편차 등 기술통계적 분석과 가설검증이나 의의도 산출 등 추리통계적 분석을 할 수 있다. 메타분석의 주요 통계치로는 평균효과크기, 평균상관계수, 통합의의수준, 안전계수 등 여러 가지가 있는데 여기서는 효과크기에 대해서만 기술하고자 한다.

효과크기(effect size)란 두 개의 집단, 예컨대 실험집단과 통제집단의 평균차이를 통제집단의 표준편차로 나눈 값을 말한다. 이것은 두 집단간 평균의 차이점수를 일종의 단위표준점수로 변환한 것이다. 통제집단의 표준편차를 분모로 하여 효과크기를 산출한다는 것은, 실험집단이 통제집단에 비하여 얼마나 효과가 있느냐를 나타내는 입장이다. 결과적으로는 효과크기가 표준점수 z와 마찬가지이므로 효과크기를 나타내는 수치들은 의미있게 상호 비교될 수 있다. 즉, 서로 다른 척도를 사용한 연구결과라 할지라도, 각 연구에서 '통제집단의 표준편차'라고 하는 공통의 기준에 의거하여 변환시킨 z점수이므로, 효과크기는 서로 의미 있게 비교하고 해석할 수 있게 된다. 효과크기를 계산할 때 통제집단의 표준편차 대신에, 실험집단과 통제집단의 표준편차를 통합하여 두 평균의 차의 표준오차를 추정하는 것이 보다 신뢰롭다는 입장에서 통합표준오차(s_{pooled})를 사용하는 경우도 많다. 통합표준오차를 계산하는 공식과 함께 이 두 가지 방식으로 효과크기(ES)를 계산하는 공식을 아래에 소개한다.

$$ES = \frac{\overline{X}_e - \overline{X}_c}{s_c} \tag{9.1}$$

여기서 $\overline{X}_e$: 실험집단의 평균치

$\overline{X}_c$: 통제집단의 평균치

s_c : 통제집단의 표준편차

$$ES = \frac{\overline{X}_e - \overline{X}_c}{s_{pooled}} \tag{9.2}$$

$$s_{pooled} = \sqrt{\frac{(n_1 - 1)s_1^2 + (n_2 - 1)s_2^2}{n_1 + n_2 - 2}} \tag{9.3}$$

효과크기에 관한 해석은 정상분포에서 표준점수 z에 관한 해석을 하는 것과 동일하게 하면 된다. 즉, 통제집단의 평균과 표준편차를 단위정상분포(평균 0, 표준편차 1)로 전환시켰을 때, 이러한 분포에서 실험집단과 통제집단 간의 평균의 차이에 해당하는 z값이 바로 효과크기이다. 그러므로 정상분포에서 주어진 z점수에 대한 면적비율을 읽고 해석하는 것과 같은 방식으로 효과크기를 읽고 해석할 수 있다.

하나의 예를 가지고 효과크기의 산출방법과 그 의미를 살펴보기로 한다. 유치원 교육의 효과를 알아보기 위하여 어떤 검사를 실시한 결과 유치원 교육을 받은 집단의 평균과 표준편차가 71.4와 12, 그리고 유치원 교육을 받지 못한 집단의 평균과 표준편차는 61.0과 10이라고 하자. 편의상 유치원 교육을 받은 집단을 실험집단, 유치원 교육을 받지 못한 집단을 통제집단이라고 하면 효과크기는 다음과 같이 계산된다.

$$ES = \frac{71.4 - 61.0}{10} = 1.04$$

그러면 *ES*=1.04가 뜻하는 것은 무엇인가? 이것은 두 집단의 평균점수 차이를 통제집단의 표준편차로 나누어서 얻은 값으로 평균이 61이고, 표준편차가 10인 분포를 정상분포로 바꾸었을 때, 이러한 정상분포에서 원점수 71.4에 해당하는 표준점수 z의 값과 같은 것이다. 따라서 표준점수에 관한 해석을 하는 것과 동일하게 하면 된다. 이해를 돕기 위하여 [그림 9-2]에 분석결과를 그림으로 제시하였다.

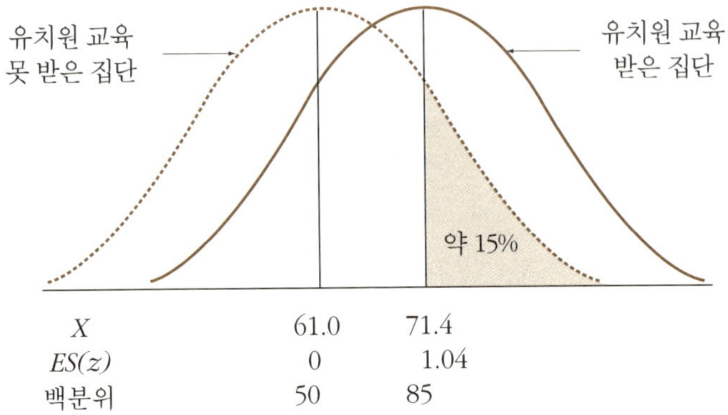

[그림 9-2] 유치원 교육의 효과크기를 나타낸 정상분포

이 그림에 나타난 것처럼, 유치원 교육을 받지 못한 집단의 점수분포에서 ES=1.04를 기준으로 볼 때, 이 점수 이상을 받은 아동들은 약 15%(정상분포에서 주어진 z점수에 대한 면적비율)가 되고, 이 점수 이하인 아동들은 나머지 85%가 된다고 추정하게 된다. 즉, 유치원 교육을 받은 집단의 평균치에 해당하는 점수를 얻은 아동은, 유치원 교육을 받지 못한 아동들의 약 85%보다 더 좋은 점수를 얻은 것으로 해석된다. 반면에 유치원 교육을 받지 못한 아동들 중에서, 유치원 교육을 받은 아동들의 평균점수 이상을 얻은 아동은 겨우 15% 정도에 불과하다는 것을 이 결과는 말해 주고 있다.

그런데 이상과 같이 정상분포의 개념에 입각하여 해석하는 것이 일반인들은 이해하기 어렵다는 문제가 있다. 따라서 Cohen(1988)은 단순히 효과크기가 '크다, 보통이다, 작다' 등으로 구분해 볼 수 있도록 효과크기에 대하여 대략적으로 해석하는 기준을 다음과 같이 제안한 바 있다.

$ES \leq .20$: 작은 효과크기

$ES = .50$: 중간 정도 효과크기

$ES \geq .80$: 큰 효과크기

통합하고자 하는 대상 연구물에서 산출한 개별연구의 효과크기를 하나하나 측정치로 간주하고, 이들의 산술평균을 구하면 그 값이 곧 평균효과크기(average effect size)가 된다. 예컨대, 90개의 선행연구에서 90개의 효과크기를 얻었다면 이것들을 평균한 값이 평균효과크기이다. 평균효과크기는 특정한 어느 한 영역에서 이루어진 여러 선행연구의 결과를 하나의 지수로 요약한 값이다. 효과크기를 통하여 우리는 두 집단 간에 얼마만큼의 차이가 있는가 또는 실험의 효과가 어느 정도 되는지 알 수 있는 것이다. 연구결과의 통계적 의의수준은 다만 그와 같은 결과가 일어날 수 있는 확률이 어느 정도 되는지 말해줄 뿐 효과크기에 관한 정보를 제공하지 못한다. 그러므로 연구결과를 보고할 때 통계적 의의도 검증 결과와 함께 효과크기를 산출하여 제시하는 것이 필요한 정보를 부가하여 제공한다는 의미에서 바람직하다.

5) 분석결과의 제시 및 해석

메타통계분석이 끝나면 그 결과를 제시하고 해석하게 된다. 대부분의 메타분석에서는 아래 표와 같은 형식으로 분석결과를 제시한다. 다음 〈표 9-8〉은 유치원 교육의 효과에 대한 가상적인 메타분석의 결과이다. 유치원 교육을 받은 집단과 받지 못한 집단을 말하기, 읽기, … 학교생활적응 등의 측면에서 비교한 결과를

〈표 9-8〉 메타분석 결과의 제시 예

연구 변인	사례수(N)	효과크기(ES)	95% 신뢰구간	
			하한	상한
말하기	35	0.45	0.15	0.75
읽기	50	0.87	0.52	1.22
쓰기	15	0.77	0.48	1.06
사회성	87	1.12	0.62	1.62
자아개념	62	0.46	0.21	0.71
학교생활적응	77	1.05	0.65	1.45

효과크기로 표시하였다. 효과크기는 위에서 설명한 방식에 따라 해석하면 된다.

4. 메타분석의 장점과 문제점

메타분석은 엄청나게 많은 양적 선행연구들을 통합하고 요약하는데 있어서 효과적인 방법으로 인정되고 있다. 이 방법은 앞으로 보다 많은 관심과 지지를 받을 것으로 전망된다. 왜냐하면, 현대와 같은 지식사회에서 연구활동은 더욱 증가될 것이고, 이에 비례하여 각 분야의 연구결과물은 더욱 많이 누적될 것으로 예상되기 때문이다. 따라서 방대한 양의 연구결과들을 효과적으로 요약하자면 메타분석의 방법이 불가피하게 사용될 것으로 판단된다. 메타분석은 아래와 같은 장점을 가지고 있다.

첫째, 선행연구의 결과들을 종합하는 방법에 있어서 메타분석은 전통적인 이야기식 서술방법에 비하여 좀 더 객관적으로 정확하게 이루어질 수 있으며, 반복이 가능하다.

둘째, 개별연구의 표본들을 통합하여 더 큰 표본을 가지고 가설을 검증하게 되므로 통계적 검증력을 높일 수 있다.

셋째, 여러 개별연구의 결과들을 종합하여 평균효과크기 또는 평균상관계수를 산출하기 때문에 단일 연구결과에 비하여, 모수치에 대한 더욱 신뢰로운 추정치를 얻을 수 있다.

그러나 이러한 장점이 있는 반면에 메타분석에 대한 여러 가지 비판과 기술적 문제가 있는 것도 사실이다. 아래에 주요 문제점을 기술한다.

첫째, 분석단위를 어떻게 잡느냐 하는 문제이다. 동일한 연구에서 여러 개의 효과크기를 산출할 경우가 많은데, 이 때 각각의 효과크기를 분석단위로 할 것이냐 아니면 그 중 어느 하나만을 선정하여 분석할 것이냐 하는 문제에 직면하게 된다. 하나의 효과크기만 선정하여 사용하게 되면 애써 얻은 유용한 정보를 잃어버리게 될 것이고, 각각의 효과크기를 분석단위로 삼으면 '독립적' 연구의 결과들을 종합하여 모수치를 추정한다는 가정에 어긋나기 때문이다.

둘째, 마치 사과와 오렌지를 한데 섞는 것과 같이, 메타분석은 서로 비교할 수 없는 다른 성질의 연구결과들을 종합하려는데 문제가 있다는 비판을 받고 있다. 메타분석을 옹호하는 사람들은 이러한 비판을 일축한다. 즉, 서로 '다른' 연구이기 때문에 오히려 종합의 필요성이 있는 것이지 '같은' 연구라면 구태여 종합할 필요가 없다는 논리이다. 그러나 연구의 성격이나 방법이 현격하게 서로 다른 연구의 결과들을 한데 섞어서 종합하는 것은 무리이므로 극단적인 자료는 분석대상에서 제외시키는 것이 바람직하다.

셋째, 이른바 '우수한' 연구와 '졸렬한' 연구의 결과를 구별하지 않고 그대로 종합하는데 문제가 있다는 것이다. 여기서 말하는 우수한 또는 졸렬한 연구란 해당 연구의 실험설계, 표집방법, 측정의 신뢰도와 타당도, 자료분석의 적절성 등 몇 가지 준거에 비추어 구별하는 것이다. 이러한 비판에 대하여 메타분석의 지지자들은 별로 만족할만한 답변을 제시하지 못하고 있다. 개별연구의 질적 수준에 따라 적절한 비중을 두어 종합하는 것이 좀 더 합리적이라고 본다.

넷째, 종합하려는 연구물 표집의 대표성과 관련된 문제이다. 어떤 형식으로 보고된 연구결과들을 메타분석에 포함시키느냐에 따라 종합결과가 다르게 나올 수 있다. 일반적으로 종합 대상의 연구물을 수집할 때 출판된 연구만을 표집대상으로 하는 경향이 농후하기 때문에 표본의 대표성이 문제된다는 비판이다. 그러나 이러한 비판은 비단 메타분석의 경우에만 해당되는 문제는 아니다. 메타분석에서는 안전계수라는 지수를 제시함으로써 편파적 표집으로 인한 종합결과의 안정성 여부를 어느 정도 평가할 수 있도록 하고 있다.

연습문제

1. 질문지를 통한 조사연구에서 반응의 신뢰성과 회수율을 높일 수 있는 방법을 검토하여 보시오.

2. 종단적 접근(longitudinal approach)과 횡단적 접근(cross-sectional approach)의 장단점을 비교, 설명하시오. 그리고 이러한 접근방법이 요구되는 연구상황을 각각 예시하시오.

3. 고등학교 수준에서 어느 한 문제학생에 대한 사례연구를 계획한다고 하자. 이때 최소한의 필수조건으로서 해당 학생에 대하여 알아두어야 할 내용을 열거하고, 그러한 정보자료의 수집방법을 제시하시오.

4. 상관연구의 결과를 해석하거나 이용할 때는 여러 가지 제한점이 있다고 한다. 그런데도 불구하고 교육분야에서 상관연구가 많이 이루어지고 있는 이유는 무엇 때문이라고 생각하는가?

5. 인과비교연구와 실험연구의 주요 공통점과 차이점에 대하여 설명하시오.

6. 내용분석의 절차를 단계별로 기술하시오.

7. 효과크기(effect size)란 무엇을 의미하는가? 효과크기를 계산하는 방법과 해석하는 방법에 대하여 설명하시오.

제 10 장
실험적 연구

제1절 실험연구의 특징

과학적 탐구의 기본 목표는 특정한 사상(事象)을 기술 · 설명 · 예측 · 통제하는데 있다. 이러한 목표를 달성하기 위하여 과학자는 사상의 배후에 숨겨져 있는 변인들 간의 규칙적인 관계를 밝히고자 노력한다. 특히 과학자들은 변인들 간에 내재된 인과관계를 밝히기 위하여 애쓰고 있다. 그런데 여러 가지 과학적 탐구방법들 중에서 실험적 방법은 인과관계를 규명할 수 있는 가장 강력한 방법이다. 물론 상관분석이나 경로분석 같은 다른 방법을 통해서도 변인들 간의 관계를 파악할 수는 있으나, 인과관계를 확실하게 규명하기 위해서는 실험을 필요로 하게 된다.

1) 실험연구의 의미

실험연구란 "한 두 개의 요인을 변화시키고 나머지 모든 요인들은 일정하게 되도록 엄격히 통제된 상황에서 발생시킨 현상에 대하여 객관적으로 관찰하는 연구"라고 정의할 수 있다. 이와 같은 실험연구의 개념정의 속에 실험연구의 특징이 잘 나타나 있다. 즉, 한 두 개의 요인을 변화시키고 나머지 모든 요인들은 일정하게 되도록 만든다는 점, 엄격하게 통제된 상황이라는 점, 자연적 발생이 아니라 인위적으로 유발시킨 현상이라는 점, 그리고 객관적 관찰이라는 점 등이 실험연구의 기본 특징이다.

실험에는 최소한 두 개 이상의 변인이 있게 마련이다. 연구자가 임의로 변화시키고 조작할 수 있는 것을 실험처치 또는 독립변인이라 하고, 이 독립변인의 영향을 받는 것을 종속변인이라고 한다. 예를 들어, 교수방법이 학생들의 학업성취도에 미치는 효과에 관하여 실험적으로 연구할 경우에 '교수방법'은 독립변인이 되고 '학업성취도'는 종속변인이 된다. 실험을 할 때는 독립변인을 조작하면서 아울러 독립변인 이외에 실험결과에 영향을 줄 수 있는 기타의 모든 조건을 통제한다. '만약 X이면, Y이다.' 라는 인과적 가설이 있을 때, 연구자가 X를 임의로 조작할 수 있고 Y를 관찰해 낼 수 있다면 그러한 가설은 실험연구를 통하여 검증할 수 있다.

2) 실험연구의 특징

(1) 독립변인의 조작

실험연구의 첫째 특징은 독립변인 *X*가 특정한 현상과 어떤 관계가 있는지 알아보기 위해 연구자가 독립변인을 직접 변화시키고 조작해 본다는데 있다. 어느 한 피험자* 집단에게는 *X*라는 처치를 주고 다른 집단에게는 주지 않거나, 혹은 *X*라는 처치를 두 집단에 주되 그 정도에 차이를 둠으로써 변인을 조작한다. 기술적 연구나 역사적 연구도 증거를 관찰하고 수집해야 한다는 점에서는 실험연구와 차이가 없으나, 그러한 연구에서는 대개 관심의 대상이 되는 사건이 이미 발생한 상태이거나 연구자의 의도와는 무관하게 발생하기 때문에 사건의 원인이 될 수 있는 조건을 연구자가 임의로 조작할 수 없다는 점이 실험연구와 근본적으로 다르다.

실험연구에서는 자연적으로 일어난 현상을 관찰하는 것이 아니라 연구자가 인위적으로 발생시킨 현상을 살펴본다. 여기서 현상이란 피험자의 행동, 반응, 외모, 언어표현 등 관찰할 수 있는 여러 가지 특성이나 사건을 말한다. 실험의 주요 목적은 변인들 사이의 인과관계를 규명하는데 있다. 연구자가 어떤 현상이 일어나도록 독립변인을 다양하게 조작하여 그 효과를 살펴봄으로써 변인들 간의 원인-결과 관계를 밝혀낼 수 있는 것이다.

(2) 조건의 통제

실험연구의 두 번째 특징은 조건을 엄격하게 통제한다는 것이다. 독립변인 이외의 요인들이 실험결과에 영향을 미치지 못하도록 통제해야 한다. 실험연구에서 통제란 매우 중요한 사항이다. 왜냐하면, 실험조건의 통제 여하와 실험의 타당성 사이에는 밀접한 관련이 있기 때문이다. 조건의 통제가 제대로 되지 않은 실험연구는 그만큼 타당성을 잃게 된다.

어떤 변인이 실험결과에 영향을 미칠 수 있는가? 어떤 변인을 통제해야 하는가? 등의 질문에 대답하기란 그렇게 쉬운 일이 아니다. 일단은 연구자 자신이 그 문제와 현상을 자세히 분석해 보아야 할 것이다. 그리고 그 분야의 선행연구를 고찰하면서 다른 연구자들이 종속변인에 영향을 준다고 밝혀 놓은 여러 가지 변인

---

* 여기서는 실험대상을 지칭하는 용어로 '피험자'를 쓰기로 한다. 근래 영어 문헌에서는 피험자(subject) 대신에 참여자(participant)라는 용어를 사용하고 있다.

들을 찾아보아야 한다. 예를 들어, 인간의 감각운동 기능에 관한 여러 선행연구에 의하여 감각운동 기능에 영향을 미치는 수많은 요인들이 알려졌다. 즉, 체력, 인내력, 민첩성, 감각기관의 이상 유무, 신체 크기 등이 모두 감각운동 기능과 관련 있는 요인들로 밝혀졌다. 그러므로 어떤 새로운 훈련방법으로 감각운동의 기능을 향상시킬 수 있는지 알아보기 위한 실험을 한다면, 이와 같은 변인들을 적절히 통제해야 한다. 그래야만 새로운 훈련방법이 감각운동 기능의 발달에 영향을 미치는 정도를 정확하게 평가해 볼 수 있을 것이다.

그런데 문제는 많은 경우에 영향을 미치는 요인들이 무엇인지 우리는 잘 알지 못한다는 점이다. 어떤 현상에 대하여 분명히 영향을 미치고 있거나 관련이 있는데 그것이 구체적으로 무엇인지 알려지지 않은 것들이 우리 주변에는 너무나 많다. 실험의 타당성을 높이려면 실험결과에 영향을 미치는 가외변인들이 체계적인 편파작용을 하지 못하도록 막아야 한다.

3) 실험실 실험과 현장실험

실험적 연구는 실험실 실험(laboratory experiment)과 현장실험(field experiment)의 두 가지로 대별된다. 인과관계에 관한 가설을 검증할 목적으로 연구한다는 관점에서 볼 때 이 두 실험연구는 차이가 없으나, 조건의 통제를 얼마나 엄격히 하느냐에 있어서는 현격한 차이를 나타낸다. 윤리적으로 또는 다른 어떤 이유로 변인의 조작을 임의로 할 수 없는 경우에 실험실 실험 대신에 현장실험을 하게 된다. 실험실 실험은 실험상황이 너무 인위적이기 때문에 연구결과를 실제 생활장면에 적용하는데 제한을 받는 단점을 지니고 있다. 반면에 현장실험은 이러한 문제점은 극복할 수 있으나, 조건의 통제가 엄격히 이루어지지 못하기 때문에 변인들 간의 인과관계를 명확히 규명할 수 없다는 단점을 가지고 있다.

제2절 실험연구의 타당성

실험의 과정에서 자칫하면 독립변인 이외의 다른 변인들이 체계적으로 실험결과에 영향을 주어 그 결과를 전혀 믿을 수 없게 되는 경우가 허다하다. 이와 같은 잘못을 미연에 방지하려면 실험설계를 구상할 때부터 실험의 타당성을 위협하는 여러 요인들을 충분히 감안하여, 실험결과의 내적 타당도와 외적 타당도를 높이도록 노력해야 한다.

실험의 내적 타당도(internal validity)란 실험처치(독립변인)에 의하여 실험의 결과(효과)가 초래되었다고 확실하게 말할 수 있는 정도이다. 즉, 다른 가외변인이나 이유 때문이 아니라 오직 실험처치가 원인이 되어 그러한 실험결과가 나타났다고 자신있게 말할 수 있는 정도가 곧 내적 타당도이다. 실험처치가 정말로 그와 같은 실험의 결과를 가져왔다고 확인되면 실험의 내적 타당성이 인정되는 것이다. 따라서 실험의 내적 타당성을 확보하려면 독립변인 이외의 다른 조건이나 요인이 종속변인에 영향을 미치지 못하게 철저히 통제하고, 오직 독립변인만이 영향을 줄 수 있도록 실험설계를 구안해야 한다.

실험의 외적 타당도(external validity)란 실험의 결과를 다른 대상, 다른 시기, 다른 상황에 일반화(一般化) 시킬 수 있는 정도를 말한다. 현재의 실험조건을 떠나서 다른 대상이나 상황에 실험결과를 일반화할 수 있는 정도가 크면 클수록 그 실험의 외적 타당도는 높다고 하겠다.

실험의 내적 타당도와 외적 타당도가 모두 높은 것이 가장 바람직하다. 그러나 이 두 가지 타당도는 서로 간에 대체로 상충하는 면이 있어서 어느 하나가 높아지면 다른 것은 상대적으로 낮아지는 경향을 보인다. 즉, 일반적으로 내적 타당도가 높은 실험은 외적 타당도가 낮고, 반대로 외적 타당도가 높은 실험은 내적 타당도가 낮은 경향을 나타낸다. 왜냐하면, 내적 타당도를 높이기 위해서는 독립변인 이외의 조건통제를 엄격히 해야 하는데, 조건통제가 많고 엄격할수록 그만큼 자연적인 현실과는 거리가 멀어져서 다른 대상이나 상황에 일반화하기가 어렵게 되기 때문이다.

실험의 내적 타당도와 외적 타당도는 모두 중요하고 필요하지만, 이 중 우선적으로 확인해야 할 것은 내적 타당도이다. 일단은 실험의 내적 타당도가 인정되어야 그것을 일반화시킬 가치가 있는 것이다. 따라서 내적 타당도가 없는 실험에 대해서는 외적 타당도를 따져 볼 필요도 없는 것이다. 아래에서는 실험연구의 내적 타당도와 외적 타당도를 저해하는 여러 가지 요인들에 관하여 알아보고자 한다(Campbell & Stanley, 1963; Cook & Campbell, 1979).

1. 내적 타당도 저해 요인

내적 타당도를 저해하는 요인이란 실험결과를 해석함에 있어서, 실험처치에 의해 진실로 그러한 실험결과가 나타났다고 해석하기 어렵게 만드는 요인을 말한다. 실험을 통해서 '만약 *X*이면, *Y*이다.' 라는 가설을 검증하고자 할 경우, *X* 이외의 다른 변인이 *Y*에 영향을 미치지 않도록 조건을 엄격히 통제해야 한다. 만약 조건 통제를 제대로 하지 못해서 실험결과(*Y*)에 대하여 실험처치(*X*) 이외에 다른 그럴듯한 대안적 설명이 가능하다면 바로 내적 타당도를 위협하는 상황이 벌어졌다고 해야 할 것이다. 이때 다른 그럴싸한 대안적 설명은 연구자가 본래 설정한 가설과 대립되는 경쟁관계를 유지하게 되는데 이것을 경쟁가설 혹은 적대가설이라고 부른다. 연구자는 실험연구에서 '그럴듯한 경쟁가설' (plausible rival hypothesis)이 성립할 수 없도록 최대한 노력해야 한다. 실험연구에서 내적 타당도를 저해하는 요인들이 곧 그럴듯한 경쟁가설을 일으키는 주범이 되는데, 여기에는 다음과 같은 것들이 있다.

1) 역사

역사(history)란 사전검사와 사후검사 사이에 발생한 여러 가지 특수한 사건으로서, 이 중에서도 특히 종속변인에 유의하게 영향을 미칠 수 있는 사건을 말한다. 연구자의 의도와는 상관없이 독립변인으로 투입한 실험처치 이외에 실험기간 중에 발생한 어떤 특수한 사건이 실험의 결과에 영향을 미쳤다고 하면 그만큼 그 실험결과는 타당성을 결여하게 된다. 일반적으로 실험처치 기간이 길든가, 실험처치와 사후검사 간의 시간간격이 크게 벌어질수록 역사 요인에 의한 오염이 일어나기 쉽다.

예를 들어, 대학생들을 대상으로 일본인에 대한 태도변화 실험을 한다고 가정하자. 실험의 과정은 대체로 다음과 같이 진행될 것이다. 현재의 태도가 어떠한지 확인하기 위하여 사전검사를 하고, 이어서 실험처치로서 태도변화 프로그램을 실시한 다음, 실험처치의 효과가 어느 정도인가를 알아보기 위해 사후검사를 한다. 그런데 실험기간 중에 공교롭게도 일본정부 측의 '독도는 일본의 고유 영토' 라는 억지주장이 신문과 방송을 통하여 대대적으로 보도되었다고 하자. 이러한 사건이 실험결과에 영향을 미쳤을 가능성이 있고, 따라서 역사 요인은 그럴듯한 경쟁가설로 성립될 수 있을 것이다.

2) 성숙

실험처치 이외에 시간의 흐름에 따라 나타나는 피험자의 자연적인 성숙(maturation) 효과 즉, 내적 변화가 피험자의 반응에 영향을 줄 수 있다. 피험자의 연령이 증가하거나 검사 도중 피곤해지거나 흥미가 변하거나 하는 등의 신체적, 심리적인 변화가 실험결과에 영향을 미칠 수 있음을 의미한다. 성숙 요인에 의한 오염도 앞에서 설명한 '역사' 요인과 마찬가지로 실험기간이 길어질수록 발생할 가능성이 높아진다.

예컨대, 3세 유아들을 대상으로 놀이활동을 통한 언어발달 실험을 한다고 생각해 보자. 이 경우 실험처치는 '언어발달을 위한 놀이활동' 이며, 약 3개월간 실시하는 프로그램이다. 실험처치를 끝낸 후 실험효과가 얼마나 있는지 알아보기 위해 어휘력과 말하기 능력을 검사해 본 결과 실험 전에 비하여 유의하게 향상된 것으로 나타났다고 하자. 그러면 연구자는 놀이활동이 유아의 언어발달에 매우 효과적이라는 결론을 내릴 것이다. 하지만 이 경우 성숙 요인에 의한 경쟁가설이 제기될 수 있다. 3세 유아들에 있어서 3개월이란 적지 않은 기간이며 그 동안에 자연적인 성숙을 통해서도 상당한 정도로 어휘가 증가되고 말하기 능력이 향상될 수 있기 때문이다.

3) 검사

검사(testing) 경험이 연습과 기억의 효과로 작용하여 사후검사에 주는 영향을 뜻한다. 피험자가 이전에 사전검사를 받은 경험이 있으므로 사후검사 때는 그 검사방식에 익숙해지거나, 검사내용의 일부를 기억하고 있거나, 혹은 평소보다 관심을 더 갖게 되어서 사후검사의 결과에 영향을 미칠 수 있다. 이러한 경향은 정의적 특성보다는 학력이나 지능과 같은 인지적 특성을 측정할 경우에 더 많이 나타날 가능성이 있다. 또한 단일집단을 대상으로 하는 실험이나 반복측정의 설계에서 사전검사는 실험처치의 효과에 오염을 일으킬 가능성이 높다. 그러므로 실험연구를 할 때는 사전검사의 경험이 사후검사의 결과에 영향을 주었다고 하는 경쟁가설이 성립되지 않도록 적절한 대책을 강구해야 한다.

4) 측정도구의 변동

이것은 서로 다른 도구사용(instrumentation) 때문에 일어나는 오염이다. 특히 사람이 측정도구의 수단으로 이용되는 경우(예컨대, 관찰자, 채점자, 평정자 등), 사람이 변동되었을 때 그들의 관찰기준이나 채점기준이 실험조건 간에 체계적으로 달라짐으로써 오염이 일어나기 쉽다. 같은 사람이라도 피로, 권태, 학습 등으로 인하여 사전검사와 사후검사 때 일관성을 유지하기 어렵고, 서로 다른 사람일 경우는 개인적 특성에 따라 평정기준이나 채점기준이 다를 수 있는 것이다. 이처럼 측정도구의 변화, 관찰자나 채점자의 변동은 실험결과에 영향을 미칠 수 있다. 즉, 사전검사와 사후검사에서 사용한 측정도구가 달라지거나, 측정하는 사람이 변경되었을 경우 측정결과도 변화될 가능성이 있는 것이다. 특히 실험조건별로 서로 다른 측정도구나 사람을 고정적으로 쓰는 경우 이와 같은 오염이 일어날 가능성은 매우 높다.

5) 통계적 회귀

피험자의 선정을 아주 극단적인 점수를 토대로 해서 결정할 경우에 일어나기 쉬운 통계적 현상을 말한다. 피험자들을 뽑을 때 단 한번 실시한 검사에서 극단적으로 점수가 높거나 반대로 점수가 극히 낮은 사람들을 선발하여 실험하게 되면, 실험처치의 효과가 없더라도 그 특수집단의 피험자들은 다음 검사에서 모집단의 평균에 좀 더 가까운 점수를 받을 가능성이 높다. 이러한 경향성을 통계적 회귀(statistical regression) 현상이라고 하고, 실험결과에 오염원으로 작용할 수 있다.

예를 들어, 어느 교사가 학습부진아를 위한 새로운 교수법을 개발하여 그 효과를 검증하는 실험연구를 수행하였다고 하자. 실험대상으로 학업성적이 극히 저조한 아동들을 선정하여 일정기간 새로운 교수방법으로 가르친 후 검사를 해보니 이들의 학업성적이 유의하게 향상된 것으로 나타났다. 이 경우 새로운 교수방법이 학습부진아의 교육에 효과적이기 때문에 그와 같은 결과가 나왔다고 결론내릴 수 있다. 그러나 다른 각도에서 생각해 볼 필요가 있다. 실험대상 아동들은 공부를 아주 못하는 학생들로 석차로 치면 자기 학급에서 최하위이고 성적으로 치면 10점 이하 점수대에 속하였다고 가정하자. 이들의 성적은 애초부터 더 이상 떨어질 여지는 없고 다만 조금이라도 오를 가능성이 있는 상태였다. 따라서 새로운 교수법의 효과 때문이 아니라 통계적 회귀 현상으로 그러한 실험결과가 나타났다는 경쟁가설을 주장할 수 있다.

6) 피험자의 선발

선발(selection)은 두 개 이상의 피험자 집단을 이용하는 실험연구에서 피험자들 간에 동질성이 결여됨으로써 실험결과에 편파적으로 나타나는 영향을 뜻한다. 예를 들어, 교수방법에 따른 영어단어 학습에 관하여 연구를 한다고 가정하자. 피험자를 선발할 때 처음부터 실험집단에는 통제집단보다 단어를 훨씬 더 많이 알고 있는 우수한 학생들을 배정하였다면, 실험처치를 하지 않더라도 당연히 실험집단의 성취도가 높을 것이므로, 실험의 결과는 믿을 수 없는 것이 된다. 이와 같은 오염을 막기 위해서는 피험자들을 각 실험조건에 무선적으로 배정하는 것이 가장 효과적이다.

7) 피험자의 탈락

이것은 실험이 진행되는 과정에서 피험자의 중도 탈락(mortality)으로 인하여 실험조건들 간에 피험자의 동질성이 유지되지 못함으로써 일어나는 오염이다. 즉, 처음에는 실험집단과 통제집단의 피험자들이 동질인 상태로 출발하였으나 실험과정 중에 어느 한 쪽의 피험자들이 체계적으로 중도 탈락함으로써 실험결과에 영향을 미치는 것을 말한다. 실험을 진행하는 도중에 실험집단이나 통제집단의 어느 한 편에서 피험자들이 체계적으로 탈락하면 예컨대, 통제집단에서 우수한 피험자들이 실험참여를 포기하면 실험결과에 편파적인 영향을 미치게 된다. 실험의 과제가 어렵거나 실험기간이 길어질수록 체계적 탈락에 의한 오염이 일어날 가능성은 높아진다.

8) 선발과 성숙 간의 상호작용

이것은 앞에서 설명한 '성숙' 요인과 '피험자의 선발' 요인의 상호작용에 의하여 실험의 결과가 달라지는 것을 뜻한다. 실험집단과 통제집단의 피험자들이 어떤 기준이 되는 특성에서는 동질적이라고 하더라도 다른 특성, 예컨대 성장속도 혹은 성취동기 등에 있어서는 이질적일 수 있는 바, 이러한 차이가 실험결과에 큰 영향을 미칠 때가 있는 것이다. 가령, 낙후지역의 문화실조아들에 대한 보상교육 프로그램의 효과를 연구한다고 가정하자. 실험집단에는 스스로 참여하기를 희망하는 지원자들을 배정하고 통제집단에는 자원하지 않는 대상들을 임의로 배정한다고 하자. 이 두 집단의 피험자들이 비록 모두 문화실조라는 면에서는 동질적이지만, 자원(自願)이냐 아니냐에 따라 자기개발이나 성숙에 대한 동기와 노력 투입이 다를 수 있기 때문에 프로그램의 효과를 타당하게 평가하기 어렵게 된다.

2. 외적 타당도 저해 요인

외적 타당도를 저해하는 요인이란 어떤 특정한 실험에서 얻은 실험결과를 그 실험이 수행된 맥락과는 다른 대상, 다른 상황, 다른 시기에 일반화 시키는데 제약을 주는 요인들을 말한다. 외적 타당도를 위협하는 요인들은 여러 가지가 있을 수 있으나 아래에서는 그 중에서 네 가지 요인만을 골라 소개하고자 한다.

1) 사전검사와 실험처치 간의 상호작용 효과

사전검사로 인하여 실험처치에 대한 피험자의 관심이 증가하거나 혹은 감소됨으로써 실험결과에 영향을 미치는 현상을 말한다. 이러한 현상은 특히 흥미나 태도와 같은 정의적 특성을 연구할 때에 나타나기 쉽다. 사전검사를 받은 피험자는 실험처치를 받지 않더라도 사전검사에서 취급하는 주제에 대하여 갑자기 관심을 갖게 되는 경우가 많다. 예를 들어, 다른 인종에 대한 편견을 연구한다고 할 때 특별한 처치를 가하기 전에, 단지 인종 편견에 대한 사전검사를 실시하는 것만으로도 피험자의 태도에 큰 영향을 줄 수 있다. 피험자들에게 사전검사를 실시한 후, 실험처치로서 인종 편견을 주제로 한 영화를 보여주고 나서 영화 관람이 인종 편견의 감소에 미친 효과를 평가한다면, 처치의 효과만이 아니라 처음에 실시한 사전검사의 효과도 평가결과에 반영되었을 가능성이 높은 것이다.

2) 피험자 선발과 실험처치 간의 상호작용 효과

피험자의 유형에 따라 실험처치의 영향이 서로 다르게 나타나는 현상을 말한다. 예컨대, 어떤 새로운 아동교육 프로그램의 효과를 알아보기 위하여 A유치원 아동들을 실험대상으로 삼았다고 하자. 그 아동교육 프로그램은 수준이 꽤 높은 편이었고, A유치원 아동들 또한 다른 유치원 아동들에 비하여 지적수준이 높고 가정의 사회경제적 수준도 높았기 때문에 교육프로그램의 효과가 크게 나타났다고 하자. 그러나 이처럼 효과가 나타났다고 해서 그 교육프로그램이 전국의 모든 유치원 아동들에게 효과적일 것이라고 생각하는 것은 성급한 판단이다. 지적 수준이 비교적 낮은 B유치원 아동들에게 동일한 교육프로그램을 실시했을 경우 A유치원에 실시했을 때와 같이 큰 성과를 거둘지는 의심스러운 것이다. 왜냐하면, 피험자의 특성이 현저히 다르기 때문이다. 즉, 같은 실험이라 해도 피험자가 달라지거나 실험상황이 변화되면 실험결과도 역시 달라질 수 있는 것이다.

3) 실험상황에 대한 반동(反動) 효과

이것은 실험상황과 일상적인 실제 생활장면 사이의 이질성 때문에 실험의 결과를 그대로 일반화하기가 어렵게 되는 현상을 뜻한다. 피험자가 실험도구와 실험자를 보면서 자신이 지금 실험의 대상이 되고 있다는 점을 강하게 의식하게 된다면, 실험상황에서의 피험자 행동은 일상의 자연스런 행동과는 크게 다를 수도 있다. 실험상황이 인위적일수록 그에 대한 반동 효과는 더 크게 나타날 가능성이 있다. 따라서 이처럼 실험에 대한 반동 효과가 반영되어 있는 실험연구의 결과를 실험상황에 처하지 않은 일반 대상들에게 일반화하기는 어려운 것이다.

4) 중다처치에 의한 간섭 효과

같은 피험자에게 여러 가지 실험처치를 거듭해서 실시할 경우, 처치들의 효과가 상호 간섭을 일으켜서 처치효과가 축소 또는 확대되는 현상을 말한다. 즉, 이전의 처치에 의한 경험이 이후의 처치를 받을 때까지 계속 잔존함으로써 일어나는 효과를 중다처치 간섭이라고 한다. 중다처치에 의한 간섭으로 발생할 수 있는 것은 이월효과(carry-over effect)와 순서효과(order effect)이다. 이월효과는 어느 한 처치조건에서 피험자의 수행이 다른 처치조건의 수행에 미치는 영향을 말하고, 순서효과는 피험자가 실험처치를 경험하는 특정한 순서로부터 초래되는 영향을 말한다. 중다처치 실험의 경우, 새로운 처치를 할 때 이전에 받은 처치효과를 완전히 제거할 수 없으므로, 그 처치의 효과는 단지 일정한 순서로 여러 가지 처치를 받았던 사람에게만 기대할 수 있는 독특한 것이 될 가능성이 있다. 따라서 그러한 실험의 결과를 일반화하기는 어렵다.

제3절 조건통제와 인과관계 추리

1. 통제의 목적

실험연구에서 통제(control)란 다른 변인의 개입 없이 독립변인의 효과를 알아보기 위하여 일련의 조건이나 변인들을 인위적으로 조작하거나 일정하게 유지시키는 것을 말한다. 그러면 실험에서 통제해야 할 요인들은 무엇이고, 그것들을 통제하는 방법에는 어떤 것이 있는가? 우선 통제의 목적부터 알아보기로 하자. 대체로 다음과 같은 두 가지 목적을 위하여 실험연구에서 통제를 한다고 볼 수 있다.

첫째, 연구자가 관심을 가지고 있는 독립변인 이외의 실험외적인 변인들 즉, 가외변인(extraneous variable)이 종속변인에 편파적으로 영향을 미치는 것을 막기 위해 통제를 한다. 이러한 목적을 달성하기 위하여 연구자는 종속변인에 영향을 주는 독립변인 이외의 가외변인을 제거해 버리거나, 그와 같은 변인들이 실험집단과 통제집단에 똑같은 정도로 영향을 주도록 조정한다.

둘째, 실험처치의 수준을 다양하게 변화시키면서 이러한 처치의 변화가 종속변인에 어떤 영향을 미치는가를 알아보기 위하여 통제를 한다. 연구자는 독립변인이 종속변인에 영향을 준다는 사실을 아는 것에 만족하지 않고, 영향을 미친다면 얼마나 영향을 주는지를 파악하고자 한다. 이것을 알아보기 위해서는 독립변인의 수준을 여러 단계로 변화시킬 수 있어야 한다. 예를 들어, 소리 자극을 독립변인으로 선택했다면, 그 소리 자극을 소리의 크기에 따라 여러 단계로 변화시켜 볼 수 있을 것이다. 또는 소리의 높이나 음색에 따라서도 소리 자극을 체계적으로 변화시킬 수 있을 것이다. 그러나 어떤 실험에서나 이처럼 체계적으로 독립변인의 조작이 가능한 것은 아니다.

간단히 말하여, 실험을 통해 검증하려는 가설을 타당하게 검증하기 위하여 조건을 통제한다. 즉, 검증하고자 하는 가설에서 명시한 독립변인 이외의 조건이 작용하여 종속변인에 영향을 주는 것을 막기 위하여 통제를 하는 것이다. 독립변인에 의하여 현상이 발생할 가능성을 극대화 시키고, 기타 조건에 의하여 현상이 발생할 가능성을 최소화 시킨다. 이렇게 함으로써 독립변인과 종속변인 사이의 진정한 인과관계를 객관적으로 명확하게 추론할 수 있도록 보장하기 위하여 통제를 하는 것이다.

2. 통제해야 할 가외변인

실험연구에서 독립변인 이외에 종속변인에 영향을 줄 수 있는 조건이나 요인들은 무수히 많다. 이 중에서 어떤 것들은 매우 심각하게 또 어떤 것들은 미미하게 영향을 미친다. 실험에서 이러한 모든 가외변인들의 영향을 완벽하게 통제하는 것은 거의 불가능하다. 따라서 체계적으로 크게 영향을 미칠 것으로 판단되는 중요한 변인들을 찾아내어 통제하는 수밖에 없다.

그러면 실험에서 통제해야 할 중요한 가외변인에는 어떤 것들이 있는가? 우선 앞에서 소개한 내적 타당도와 외적 타당도를 위협하는 요인들이 모두 통제해야 할 가외변인들이다. 다시 말하여, 역사, 성숙, 검사, 측정도구의 변동, 통계적 회귀, 피험자의 선발, 피험자의 중도탈락 등의 요인이 실험결과에 영향을 주지 않도록 해야 할 것이다. 또한 '검사와 실험처치 간의 상호작용', '선발과 실험처치 간의 상호작용' 등 두 개의 가외변인이 서로 결합하여 영향을 미치는 것도 통제해야 한다. 이 밖에 실험결과에 유의하게 영향을 줄 수 있는 변인들을 피험자 변인과 실험자 변인으로 나누어 생각해 볼 수 있다.

피험자 관련 변인으로 실험연구에서 연구자가 특히 유의해야 할 점은 요구특성(demand characteristics)이다. 요구특성이란 피험자들로 하여금 특정한 방식으로 반응하도록 요구하는 실험 관련 여러 가지 단서와 정보(예컨대, 실험목적, 실험과제, 지시사항, 실험관련 소문 등)를 말한다. 실험연구에서 피험자가 실험의 목적을 알거나 실험자가 기대하는 것이 무엇인지 등을 알게 되면 실험결과를 오도할 수 있다. 일반적으로 사람들의 행동은 자신에게 기대되는 행동이 무엇이라고 지각하느냐에 의해서 결정되는 경우가 많다. 따라서 연구자는 이러한 실험의 요구특성이 편파적으로 작용하는 것을 최소화하기 위해 실험절차를 표준화하거나 조건을 통제해야 한다.

실험자 관련 변인으로는 실험자의 연령, 성별, 외모, 종교와 같은 개인적 특성과 성격, 능력, 태도, 대인관계 등의 심리사회적 특성이 피험자 반응에 영향을 줄 수 있다. 특히 실험자의 실험결과에 대한 의식적 또는 무의식적 기대심리가 실험결과나 결과의 해석에 영향을 미칠 수 있다. 따라서 연구자는 실험연구에서 이와 같은 실험자의 여러 가지 특성에 의해 실험자 효과가 나타나지 않도록 통제해야 한다.

3. 통제의 방법

위에 소개한 여러 가지 가외변인들을 통제하기 위하여 가외변인을 실험에서 아예 제거시키거나 일정하게 고정화 시킨다. 관찰할 때 녹음기, 녹화기 등을 사용하고 실험을 자동화함으로써 관찰자나 실험자의 오류가 최소화되도록 노력한다. 또는 피험자에게 실험의 목적과 내용이 무엇인지 모르게 은폐하거나 심지어 속임수(deception)를 쓰는 수도 있다. 이처럼 실험연구에서 가외변인의 영향을 통제하기 위하여 다양한 기법을 쓰는데, 연구자가 주로 사용할 수 있는 방법으로는 다음과 같은 것들이 있다.

(1) 무선화

무선화(randomization)는 가외변인들이, 알려진 것이건 아니건(known or unknown) 간에, 실험결과에 체계적으로 편파 작용하는 것을 막을 수 있는 가장 강력하고 기본적인 통제기법이다. 뒤에서 다시 설명하겠지만, 무선화의 방법에는 무선표집과 무선배정이 있다. 무선표집은 표본의 대표성을 확보하기 위한 방법이고, 무선배정은 집단의 동질성을 확보하기 위한 방법이다. 피험자의 무선배정을 통해서 구성된 집단들은 여러 가지 특성상에서 서로 유사하게 될 가능성이 매우 크다.

(2) 짝짓기

짝짓기(matching)를 대응(對應)이라고도 하는데, 서로 비슷한 피험자들끼리 짝을 지어 한명은 실험집단에 나머지 한명은 통제집단에 배정함으로써 두 집단을 동등화시키는 방법이다. 그러나 짝짓기 방법의 어려움은 연구자가 모든 변인들에 대하여 짝짓기를 할 수 없고, 또 동등화 되는 것은 오직 짝짓기의 기준이 된 특성에만 국한된다는 점이다.

(3) 평형화

평형화(counterbalancing)는 동일한 피험자들을 여러 실험처치 조건에 반복하여 사용할 때 일어날 수 있는 순서효과와 이월효과를 상쇄시키기 위하여 사용하는 실험설계상의 통제기법이다. 예를 들어, 단일피험자설계에서 순서효과를 제거하기 위하여 A-B와 B-A의 순서로 번갈아 실험을 진행하는 것을 평형화라고 말한다.

(4) 은폐

은폐는 실험에서 피험자의 요구특성이 오염원으로 작용하는 것을 막기 위해 피험자에게 실험 관련 정보를 알지 못하게 감추는 것이다. 피험자 뿐만 아니라 실험자의 기대나 선입견 등이 실험결과에 영향을 줄 수 있다. 그러므로 경우에 따라서는 피험자와 실험자 모두에게 실험집단과 통제집단을 변별할 수 없도록 즉, 독립변인의 수준을 모르게 은폐할 수도 있는데, 이것을 이중은폐(double blind)라고 한다.

연구자들은 조건과 상황을 통제하기 위하여 위와 같은 여러 가지 방법과 절차를 사용한다. 이러한 통제의 방법들을 범주화한다면 대체로 물리적 조작, 선택적 조작, 통계적 조작으로 크게 구분할 수 있을 것이다.

1) 물리적 조작

모든 피험자들에게 똑같은 실험조건을 부여하고, 종속변인에 영향을 미치는 실험외적 변인들을 통제하기 위하여 여러 가지 물리적 조작을 할 수 있다. 물리적 조작에는 첫째, 기계적 방법이 있다. 피험자가 다른 자극을 받지 않도록 하기 위해서 실험실에 빛과 소음을 차단하거나 피험자의 눈을 가리는 것, 또는 학습능력을 연구하기 위하여 특정한 미로를 만들어 사용하는 것 등이 여기에 속한다. 둘째, 전기를 이용한 물리적 조작방법이 있다. 가령, 속도를 조절할 수 있는 전기장치를 만들어서 원하는 속도에 맞추어 자극을 제공하는 방법이다. 실험의 자동화가 기계나 전기를 이용한 물리적 조작의 대표적인 예이다. 셋째, 수술방법을 이용한 조작이다. 실험동물의 내분비선을 제거하거나 특정부위의 뇌를 손상시켜 놓고 그러한 결과가 동물의 행동에 어떤 영향을 미치는지 실험하는 경우도 있다. 넷째,

약물을 이용한 조작방법이다. 그 예로 음식물을 변화시킨다든지 혹은 약물의 양을 임의로 조절하여 투여함으로써 실험에서 조건을 통제하는 수도 있다.

2) 선택적 조작

실험결과의 차이가 독립변인 때문이 아니라 다른 변인들, 예컨대 피험자나 실험자 혹은 실험도구 등의 차이 때문이라고 한다면 실험은 실패한 것이다. 그렇기 때문에 연구자는 실험집단과 통제집단을 동일한 장소에서 검사하고 똑같은 시각에 실험을 하는 등의 선택적 조작방법을 통해서 두 집단이 독립변인 이외에는 아무런 차이가 나지 않게 노력하는 것이다. 실험자들은 실험집단과 통제집단에게 검사를 실시하거나 어떤 일을 시킬 때 똑같은 순서로 똑같은 태도와 표정으로, 그리고 똑같은 방식으로 지시를 주도록 훈련을 받는다. 필요에 따라서는 비슷한 특성을 지닌 피험자들이 실험집단과 통제집단에 골고루 배치되도록 짝짓기 방법을 사용하거나 무선화 방법을 사용하기도 한다. 실험집단의 지도교사와 통제집단의 지도교사의 능력에 차이가 있다고 생각되거나 혹은 두 집단에서 사용되는 도구가 똑같지 않다고 판단되면, 실험자는 무선적 방법으로 지도교사나 실험도구를 두 집단에 배치하여 같은 조건이 되도록 한다. 만약 지능이 연구결과에 영향을 줄 수 있는 중요한 변인이라면 짝짓기 방법을 사용하여 비슷한 지적 수준을 가진 피험자들을 실험집단과 통제집단에 각각 배치하여 두 집단을 동등하게 만든다. 또한 처치의 제시 순서에 따라 효과가 다르게 나타날 우려가 있으면 순서효과를 상쇄시키기 위해 평형화 기법을 사용할 수도 있다.

3) 통계적 조작

물리적 조작이나 선택적 조작방법으로 실험의 조건을 통제할 수 없을 경우에는 통계적 조작을 통하여 어느 정도 통제의 효과를 얻을 수도 있다. 통계적 조작방법은 특히 여러 가지 변인들이 복합적으로 작용하여 어떤 특정한 효과를 나타내는 경우에 유용하게 쓰인다. 가령, 서로 관련된 A, B, C 세 변인들이 공동으로 종속변인 Y에 작용하는 경우를 가정하여 보자. 이때 만약 A와 Y 변인 간의 관계만 파악한다면, 그것은 B와 C 변인을 통제하지 않은 상황이므로 의사(擬似) 관계일 가능성이 높다. 따라서 이런 경우에 A와 Y 간의 정확한 관계를 밝혀내기 위해서는 B와 C 변인을 일정하게 통제해야만 된다. 여러 개의 변인들이 상호 관련된 상황에서 어느 두 변인 간의 관계를 좀 더 명확히 밝히고자 할 때 흔히 사용되는 통계적 분석기법으로는 공변량분석(analysis of covariance)의 방법과 부분상관(partial correlation)의 방법이 있다.

종속변인에 영향을 준다고 판단되는 중요한 요인에 있어서 실험집단과 통제집단이 큰 차이를 보일 경우에 공변량분석 방법을 이용하면 실험결과를 의미있게 비교할 수 있다. 예를 들어, 새로운 수학교수법이 학생들의 학업성취에 어떤 영향을 끼칠 것인가 하는 것을 연구한다고 하자. 연구자는 사전검사를 실시해서 피험자들의 실험전 수학성취수준을 알아본다. 그러나 이 피험자들을 실험집단과 통제집단에 배치할 때, 연구자가 피험자의 수학성취도를 고려하지 않고 단지 무선적으로 배치했다고 하자. 이 경우 우연히 실험집단에는 사전검사에서 높은 수학성취도를 보인 학생들이 많이 배정되고, 통제집단에는 그 반대로 될 수도 있다. 따라서 두 집단의 수학 평균점수는 처음부터 차이가 있다고 보아야 할 것이다. 이러한 근본적인 차이는 사후검사에도 그대로 영향을 줄 것이다. 그렇다면, 사후검사에 나타난 실험집단과 통제집단의 수학성취도의 차이는 도대체 어떻게 해석할 수 있을까? 실험처치로 사용된 새로운 수학교수법에 의한 것인지, 아니면 처음부터 존재했던 기본적인 수학성취도의 차이 때문인지 쉽게 알 수가 없을 것이다. 이런 경우에 사전에 측정한 수학성취도를 공변인으로 놓고 공변량분석을 하면 문제를 해결할 수 있다. 그러나 이러한 통계적 조작 방법은 어떤 상황에서나 모두 적용할 수 있는 것이 아니라 몇 가지 기본 가정이 성립될 때에 한해서만 사용할 수 있다는 점에 유의해야 할 것이다.

4. 인과관계의 추리

1) 인과관계의 개념

인과관계(causality)에 대한 사전적 정의는 "한 사물 현상이 다른 사물 현상의 원인이 되고, 그 다른 사물 현상은 먼저 사물 현상의 결과가 되는 관계"이다. 전통적인 논리학에서는 "실재 세계에서의 존재나 사건에는 반드시 그것을 발생시키는 근거가 있다"라는 명제를 인과법칙으로 삼고 있다. 여기서 '근거'를 원인으로 보고 있는데, 근거라는 말을 어떻게 이해하느냐에 따라 인과관계의 의미가 여러 가지로 달라질 수 있는 것이다.

우리는 일상생활에서 원인과 결과의 관계 즉, 인과관계라는 용어를 자주 사용하고 있으나 그 의미를 깊이 있게 잘 이해하고 있지는 못하다. 아주 간단하고 알기 쉬운 개념인 것 같이 보이지만, 좀 더 깊이 생각해 보면 그렇게 단순하지가 않다. 인과관계에서 말하는 '원인' 에 대하여 학자들 간에 의견이 분분하다. 인과관계는 과학철학에서 중요하게 다루는 주제의 하나로서, 그동안 많은 철학자들에 의해 논의되어 왔으며 아직도 이 문제에 대한 논쟁은 지속되고 있다. 과학철학자들의 논쟁이 거듭될수록 인과관계의 개념은 더욱 복잡해지고 정말 간단하게 생각할 문제가 아니라는 점을 인식하게 된다. 사실 아주 단순한 현상에 대해서도 그 원인을 캐들어가기 시작하면 과연 무엇이 근본적인 원인이 되는지 속단하기 어려울 때가 많다.

예를 들어, 어떤 사람이 심장의 기능이 갑자기 멈추는 이른바 심장마비로 사망하였다고 하자. 그러면 이 경우 사망의 원인은 심장마비라는 사실이 너무나 자명하다. 하지만 좀더 깊이 따지고 들어가면 그렇게 간단하지가 않다. 즉, 우선 심장마비의 원인이 무엇인가에 대해 생각하게 된다. 고혈압, 당뇨, 고지혈증, 과음 등 여러 가지가 심장마비의 원인이 될 수 있고, 그 중에서 만약 고혈압이 심장마비의 원인으로 밝혀졌다면, 다시 고혈압의 원인은 무엇인가를 또 따져보게 된다. 고혈압의 원인을 알아보기 위해 의학사전을 찾아보면, 발생 원인이 밝혀지지 않은 본태성 고혈압(1차성 고혈압)과 발생 원인이 뚜렷한 2차성 고혈압으로 구분되는데, 과다 염분 섭취, 비만, 흡연, 과음 등이 고혈압을 일으키고, 그 밖에 스트레스, 운동부족, 계절적 요인 등도 혈압 상승의 원인이 될 수 있다고 나타나 있다. 이렇게 계속 따져 나가다 보면 궁극적인 원인이 무엇인지 혼란스럽게 된다.

예를 하나 더 들어보자. 나비효과(butterfly effect)라고 하는 이론이 있다.* 브라질 숲 속의 나비 한 마리 날개짓이 미국 텍사스에 토네이도를 발생시킬 수도 있다는 것으로, 어떤 일이 시작될 때 있었던 아주 미미하고 작은 차이가 결과에서는 매우 큰 차이를 만들 수 있다는 이론이다. 즉, 지극히 작은 원인이 엄청난 결과

* 나비효과라는 용어는 미국의 기상학자 Lorenz가 1961년 컴퓨터 수리모형으로 기상예측을 하기 위해 원래의 수치 '0.506127' 대신에 근사 값으로 '0.506' 을 입력하여 계산한 결과 완전히 다른 기상 시나리오가 산출되었다는 일화에서 비롯됨. 처음에 이 현상을 설명할 때는 나비가 아닌 갈매기가 사용되었지만, 이후에 시적으로 표현하기 위해 나비로 바꾸었다고 함.

를 초래할 수 있음을 나타내는 것이다. 나비효과의 논리를 역(逆)으로 인과관계의 추론에 적용해 본다면 어떻게 될까? 미국에서 발생한 토네이도의 원인을 계속하여 추적해 나가면 브라질에 있는 나비의 날개짓에까지 이어질 수 있는 것처럼, 어떤 현상의 원인을 끝까지 밝혀내는 일은 극히 어렵고 복잡할 것이다. 물론 경험과학에서 어떤 한 결과 현상의 원인 추적을 그렇게까지 할 수는 없고 또 할 필요도 없다. 그러나 한 번의 관찰이나 한 번의 실험으로 어떤 결과 현상에 대한 원인을 속단하는 우(愚)는 범하지 말아야 할 것이다.

인과관계를 보는 관점에는 다양한 입장이 있다. 예컨대, 실증주의적 관점, 본질주의적 관점, 반증주의적 관점 등 여러 가지 시각이 있는 바, 이들의 견해를 하나하나 여기에 소개하는 것은 본서의 범위를 넘는 것이기 때문에 생략하기로 하고 아래에서는 귀납적 인과추론에 대하여 간략히 소개하고자 한다(인과관계에 대하여 좀 더 관심 있는 사람은 다음 문헌을 참고하기 바람. Cook & Campbell, 1979, 9-36).

2) 귀납적 인과추론

영국의 철학자 밀(J. S. Mill)은 원인을 귀납적으로 추론하기 위해 필요한 세 가지 조건을 다음과 같이 제시하였다. 즉, ① 원인은 결과보다 시간적으로 앞서야 한다. ② 원인과 결과는 서로 관련되어 있어야 한다. ③ 결과는 원인이 되는 변인으로 설명되어야 하며, 다른 변인들에 의한 설명은 제외되어야 한다는 것이다. 세 번째 조건은 실험에서 가외변인의 통제와 관련된 것으로 인과분석을 하는데 매우 중요한 조건이다. 밀은 실험을 통하여 인과관계를 귀납적으로 확인할 수 있는 다섯 가지 방법을 제안하였다.

(1) 일치법(method of agreement)

이것은 한 현상의 사례들이 다른 특성들은 같지 않으나 어느 하나의 특성을 공통으로 가지고 있을 경우, 그 공통특성을 그 현상의 원인으로 추론할 수 있다는 것이다. 일치법은 어떤 현상 발생의 필요조건을 탐색하는데 주로 적용된다.

사례	선행 상황	현상
1	A B E F	a b e
2	A C D	a c d

3	A B C E	a f g

따라서 A는 a의 원인이다

(2) 차이법(method of difference)

이것은 한 현상이 일어났던 경우와 일어나지 않았던 경우를 비교했을 때, 어떤 한 특성만 차이나고 나머지 특성들은 같은 경우에, 유일하게 차이가 나는 그 특성이 원인이라고 귀납하는 방법이다. 이 방법은 실험집단과 통제집단의 결과를 비교하는 실험연구에서 사용하는 가설검증의 기본 논리라고 볼 수 있다.

사례	선행 상황	현상
1	A B C	a
2	B C	–

따라서 A는 a의 원인이다

(3) 공변법(method of concomitant variation)

이것은 한 현상이 특정한 양식으로 변화하는데 따라서 다른 현상도 어떤 양식으로 항상 변화할 때, 이 둘 사이에 인과관계가 있다고 추론하는 방법이다. 이 방법은 원인과 결과 관계의 양적관계를 측정하는 방법으로 주로 사용되며 항상 차이법의 보조를 받는다.

사례	선행 상황	현상
1	$A^{+}BC$	$a^{+}b$
2	$A^{0}BC$	$a^{0}b$
3	$A^{-}BC$	$a^{-}b$

따라서 A와 a는 인과관계에 있다.

(4) 잔여법(method of residual)

어떤 현상으로부터 이미 귀납법에 의해 일정한 전건(前件)의 결과로 알려진 부분을 제거하면 나머지 현상은 나머지 전건의 결과다. 즉, 복잡한 현상 중에서 이미 알려진 부분을 제거하고 나머지 부분에 관하여 인과관계를 규정하려는 것이다. 이 방법은 복합되어 있는 현상과 조건들 사이에 인과관계가 있음을 단계적으로 밝혀나가면서 궁극적으로는 단일 현상과 단일 조건 사이에 인과관계가 있음을 추론하는 것이다.

선행 상황	현상
A B C	a b c
B는	b의 원인이다
C는	c의 원인이다
따라서 A는 a의 원인이다	

(5) 일치와 차이 병용법(joint methods of agreement and difference)

이것은 특정한 현상이 나타나는 사례에서는 a 특성이 공통적으로 나타나며 일치하지만, 특정 현상이 나타나지 않는 사례에서는 a 특성이 나타나지 않을 때 특성 a를 그 현상의 원인으로 추론하는 방법이다. 이 방법은 일치법을 사용하기 곤란하거나 불가능할 경우에 사용한다.

이상의 귀납적 방법들은 경험적 자료에서 어떻게 귀납적 인과추론을 하는가의 규준을 제시하고 있다. 그러나 이러한 방법에도 문제점이 있다. 즉, 인과적 관계를 발견하기 위해서는 선행 상황조건이 규정되어야 한다. 그런데 한 사건의 발생과 함께 수반되는 상황조건은 수없이 많다. 이렇게 많은 상황조건들 중에서 특정한 조건들만 선택해서 통제하거나 조작할 경우, 우리는 그 선택된 조건들이 타당하다는 지식 위에서 출발하는 셈인데, 이러한 지식은 다른 방법에 의해 얻어야 하는 것이다. 즉, 밀의 방법은 인과관계의 선행조건들을 적절히 잘 분석했다는 것을 전제로 하는데, 이를 뒷받침할 만한 근거가 없다는 문제점이 있다. 또한 어떤 현상의 원인으로 작용하는 단일의 요인을 찾아내는데 밀의 방법은 도움을 주지 못한다는 점이다.

인과관계를 확실히 규명하려면 사건 발생에 필요충분조건을 찾아야 한다. 필요조건이란 그러한 결과가 나타나기 위해서는 반드시 있어야만 하는 조건이다(예; 알코올 중독자가 되려면 반드시 알코올을 마셔야 함). 충분조건이란 항상 그러한 결과를 초래하는 조건이다(예; 청각신경의 파괴는 언제나 청각상실을 초래한다). 일반적으로 P이면 Q이고, Q이면 P일 때, P는 Q이기 위한 필요충분조건이 된다. 그러나 현실에서 이러한 조건을 갖춘 인과법칙을 찾기가 쉽지 않다. 다음 〈표 10-1〉은 두 변인간 인과관계의 연속선 상에서 기준점을 어떻게 잡느냐에 따라 '결과'에 대한 '원인'의 필요조건, 충분조건, 필요충분조건이 달라지게 되는 경유를 예시한 것이다(Cook & Campbell, p.12-13). 이 예에서 짐작할 수 있듯이, 사회과학에서는 필요충분조건을 갖춘 인과법칙의 성립이 매우 어렵기 때문에 주로 통계적 확률이론을 활용한다. 우리가 어느 한 현상의 원인으로 필요충분조건을 만족시키는 그러한 원인을 발견한다는 것은, 해당 현상의 발생에 대한 완벽한 설명을 할 수 있음을 뜻한다. 그러나 실제로 우리가 주변에서 일어나는 어떤 현상이든지 그 발생의 필요충분조건을 발견할 수 있다고 기대하는 것은 어쩌면 주제 넘는 생각일는지도 모른다. 왜냐하면, 인간행동이나 자연의 여러 가지 현상은 너무나 복잡하고 다단하여 그렇게 하기가 지극히 어렵기 때문이다.

〈표 10-1〉 인과관계에서 '결과'에 대한 '원인'의 필요조건과 충분조건 예시

	원인 없음	원인 있음	원인 없음	원인 있음	원인 없음	원인 있음
결과현상 있음	0	9	5	9	0	9
결과현상 없음	9	7	11	0	16	0
	A 필요조건		B 충분조건		C 필요충분조건	

(주) 위의 표에서 숫자는 그와 같은 조건에 해당되는 사례가 나타난 수를 의미함.

반증주의 관점에서 Popper(1968)는 개별적인 관찰로부터 보편적 명제의 확인은 불가능하다고 보았다. 귀납적 추론에 의해 보편적 명제를 반증할 수는 있으나 검증할 수는 없다 즉, 절대적 진(眞)임을 밝힐 수는 없다는 입장이다. 여기서 검증(verification)이란 긍정적인 사례나 자료에 근거하여 명제가 참임을 증명하는 것을 뜻하고, 반증(falsification)이란 부정적인 사례나 진술에 근거하여 명제가 참이 아님을 추론하는 것을 말한다. 그렇다고 해서 귀납법이 무용하다는 것은 아니다. 어떤 명제가 반증될 수 있어야 과학적 명제가 되며, 반증 가능하지 않으면 증명될 수 없다고 보았다. 따라서 어떤 현상을 설명할 수 있는 가능한 명제들을 모두 대립시켜 하나하나 반증을 통해 제거해 나아감으로써 적자생존 하도록 하여 보편적인 진리 명제에 도달할 수 있다고 주장하였다.

Popper는 증명(confirmation)의 입장이 아니라 반증의 입장에 초점을 두었다. 그에 의하면 경험적 이론이나 가설은 결코 증명되는 것이 아니라, '아직 부정되지 않았다'라는 지위를 가질 뿐이라는 것이다. 하지만 이러한 지위는 매우 값진 것으로 볼 수 있다. 왜냐하면, 무상으로 얻은 지위가 아니라 엄격한 실험통과라는 큰 댓가를 지불하고 얻은 것으로서, '아직 부정되지 않은' 이론이나 가설은 진정한 설명(true explanations)의 한 후보 위치를 확보하는 셈이기 때문이다.

제4절 준실험설계

실험설계(experimental design)란 실험자가 인과적(因果的) 가설을 검증하기 위하여 실험조건을 어떻게 구성하고, 피험자를 어떻게 배치하고, 실험처치를 어떻게 투입하고, 실험결과를 어떻게 분석할 것인지 등에 관한 계획을 뜻한다. 건축설계를 작성해 놓지 않고 효율적으로 건물을 지을 수 없듯이, 실험설계를 짜놓지 않은 상태에서 훌륭한 실험연구를 기대하기는 어렵다. 실험설계를 작성할 때 명심해야 할 사항은 독립변인이 종속변인에 미치는 효과를 확실히 밝혀낼 수 있도록 설계를 구안해야 된다는 점이다. 이하에서는 여러 가지 실험설계를 차례로 소개하고자 한다. 우선 실험설계를 도식화할 때 사용되는 기호의 의미를 아래에 밝혀둔다.

O : 관찰 또는 측정을 뜻한다.
X : 실험처치 또는 독립변인을 뜻한다.
R : 무선표집 또는 무선배정을 뜻한다.

우리 주변에는 꼭 엄격한 실험절차를 밟지 않더라도, 실험설계와 유사한 방법을 적용하여 연구에 필요한 자료를 수집할 수 있는 자연적 상황이 많이 있다. 물론 자연적 상황에서는 실험실에서처럼 충분히 실험조건을 통제할 수는 없다. 그러나 자연적 상황을 이용해서도 실험연구를 할 수 있는 방안이 있는 바, 이러한 방안을 여기서 준실험설계(quasi-experimental design)라고 부르기로 한다. 준실험설계에서는 조건통제가 제대로 이루어지지 못하므로, 이러한 설계를 이용하는 연구자는 자기가 하는 연구에서 구체적으로 어떤 변인들을 통제하지 못하였는지 정확히 파악하고 있어야 한다. 그리고 해당 연구의 결과를 읽고 해석할 때는 마땅히 이러한 제한점을 감안해야 한다.

비록 준실험설계에 의한 연구가 실험조건을 알맞게 통제하지 못하는 문제점을 지니고 있기는 하지만, 일상 생활장면과 같은 자연적 상황에서의 실험연구는 현장에 적용하기 용이하다는 그 나름의 장점이 있다. 그러므로 좀 더 나은 실험설계를 적용하지 못할 여건에서는 차선책으로 준실험설계를 이용하여 연구하는 수밖에 없다. 준실험설계에 속하는 실험방안은 여러 가지가 있으나 여기에서는 다음의 네 가지 유형만 소개한다.

1. 단일집단 전후검사 설계

이 설계는 실험집단에 사전검사를 실시하고, 이어서 실험처치를 투입한 다음, 다시 사후검사를 실시하여, 두 검사결과의 차이를 살펴봄으로써 실험처치의 효과를 알아보는 방법이다. 단일집단 전후검사 설계(one-group pretest-posttest design)를 도식화하여 나타내면 아래와 같다.

O_1	X	O_2

예를 들어, 수개념 훈련이 유아들의 수개념 보존능력을 향상시킬 수 있는가 하는 연구를 이러한 설계에 따라 진행한다면, 그 실험의 절차는 대체로 아래와 같을 것이다.

첫째, 실험대상으로 일단(一團)의 유아들을 선발하여 그들에게 수개념 훈련을 시키기 전에, 수개념 보존능력을 측정하는 사전검사 O_1을 실시한다.

둘째, 피험자들에게 실험처치로서 일정기간 동안 수개념 훈련을 시킨다.

셋째, 훈련이 끝난 후에, 수개념 보존능력을 다시 측정하는 사후검사 O_2를 실시한다.

넷째, 사전검사와 사후검사의 결과를 비교하여 차이가 있는지를 알아본다. 만약 차이가 있다면 통계적 방법을 이용하여, 그 차이가 통계적으로 유의한 것인지를 검증한다.

단일집단 전후검사 설계를 이용하면 연구의 내적 타당도를 위협하는 요인 중에서 '피험자의 선발' 과 '피험자의 탈락' 요인은 별로 문제가 되지 않는다. 여기서는 통제집단은 없고 실험집단 하나만 이용하기 때문이다. 그러나 이 두 가지 요인을 제외한 나머지 내적 타당도를 위협하는 요인들은 모두 통제하기 어렵다. 그러므로 이와 같은 설계는 실험의 기본적 조건을 만족시켜 준다고 볼 수 없으며, 기껏해야 예비연구에 적당하다고 할 수 있겠다. 독립변인의 효과가 매우 클 것으로 예상될 경우에는 그래도 이 실험설계가 비교적 안전하게 적용될 수 있을 것이다. 그 까닭은 이러한 경우 독립변인의 영향이 매우 크게 작용하므로 기타 변인들의 영향을 어느 정도 무시할 수 있기 때문이다.

2. 이질집단 사후검사 설계

이질집단 사후검사 설계(posttest-only nonequivalent group design)는 실험처치 X의 효과를 확인하기 위하여 X를 경험한 집단과 경험하지 못한 집단을 단순히 비교하는 방법이다. 이 설계에서 비교가 되는 집단은 실험처치가 끝난 다음에 실험집단과 비교할 목적으로 사후에 선정하거나, 아니면 연구의 초기단계부터 선정해 놓을 수도 있다. 다음의 실험설계를 나타낸 도식에서 가운데 점선은 두 집단이 동등화되지 않았음을 표시하는 것이다.

X	O_1
	O_2

이와 같은 설계에 의한 연구의 예로는, 교사의 자격으로서 사범대학 출신자일 것을 요구하는 학교와 그렇지 않은 학교 간에 비교하는 연구라든지, 어떤 특정한 텔레비전 프로그램을 시청한 집단과 그렇지 않은 집단을 비교하는 연구 등이다. 그런데 이러한 설계에서 가장 심각하게 내적 타당도를 위협하는 요인으로는 '피험자의 선발'과 '피험자의 탈락'이다. 실험집단과 통제집단이 동질적이라는 것을 보장할 수가 없는 것이다. 따라서 O_1과 O_2의 결과 사이에 차이가 있을 때, 그것이 실험처치 X 때문인지 아니면 처음부터 두 집단 간에 존재한 차이 때문인지 명확히 밝혀낼 수 없다. 또한 비록 처음에는 두 집단이 동질적이었다고 하더라도 각 집단에서 피험자들이 서로 다르게 체계적으로 탈락하여 나갔기 때문에 어떤 차이를 초래하였는지도 모를 일이다.

3. 이질통제집단 설계

아마도 이질통제집단 설계(nonequivalent control group design)는 교육연

구에서 가장 널리 활용되는 준실험설계일 것이다. 이 설계에는 실험집단과 통제집단이 있지만 두 집단이 실험을 위하여 무선적으로 동등화된 것은 아니다. 대개는 기존의 학교나 학급과 같은 집단을 자연적인 상태 그대로 유지한 채 실험집단과 통제집단으로 선정하여 연구에 이용하게 된다. 이 설계를 도식화하면 다음과 같다.

O_1	X	O_2
O_3		O_4

이와 같은 이질통제집단 설계는 특히 현장교육연구에서 많이 이용한다. 이러한 설계를 현장교육연구에서 많이 쓰게 되는 가장 큰 이유는 교육상황에서 실험연구를 위하여 연구자가 의도하는 대로 학생들을 실험집단이나 통제집단에 임의로 배정하기 어렵기 때문이다. 만약 교육현장에서 실험연구를 하기 위하여 기존 학급을 무시하고 마음대로 학급을 재편성하거나, 학생들을 각 집단에 무선배정한다면 학교 교육과정을 정상적으로 운영할 수 없을 것이다. 그러므로 현장교육연구에서는 대개 정상적으로 교육이 진행되는 상태에서 있는 그대로의 학급(intact class)을 실험목적에 알맞게 실험집단과 통제집단으로 구분하여 연구하는 방법을 택하게 되는 것이다. 이 설계는 뒤에서 소개할 '전후검사 통제집단 설계'와 매우 유사하지만, 무선화라는 측면에서 기본적인 차이를 보이고 있으므로 혼동하지 말아야 한다.

이질통제집단 설계에서 얻을 수 있는 실험결과의 4가지 유형을 〈그림 10-1〉에 제시하였다. 이 그림에서 (결과a)와 (결과b)는 실험집단이 통제집단보다 사전검사에서 더 나은 상태에서, 그리고 (결과c)와 (결과d)는 반대로 실험집단이 통제집단보다 사전검사에서 오히려 더 낮은 상태에서 실험이 진행되었음을 알 수 있다. 또한 4가지 경우 모두 사후검사에서 실험집단이 통제집단에 비하여 월등히 향상되었음을 알 수 있다. 그러나 이와 같은 실험결과를 그대로 받아들이기 전에 우선 그 타당성을 따져보아야 한다. 이 각각의 경우에 실험의 내적 타당성을 가장 위협하는 요인은 '피험자의 선발'과 '성숙' 간의 상호작용 효과이다. 특히 (결과a)와 (결과b)의 경우, 선발-성숙 간의 상호작용 때문이라는 경쟁가설을 자신있게 부인하기 어렵다.

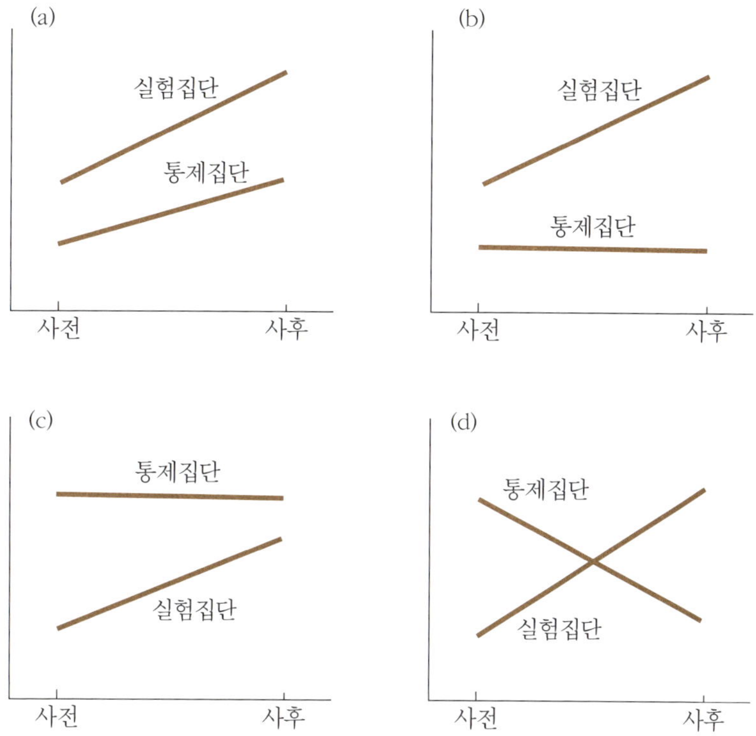

[그림 10-1] 이질통제집단 설계의 4가지 결과 유형

실험집단과 통제집단을 동등화시키지 못하였으므로, 실험집단의 피험자들이 통제집단의 피험자들에 비하여 현저하게 높은 잠재적 성장가능성을 지니고 있었기 때문에 실험처치 X의 효과 이상으로 더 좋은 결과를 나타내었을지도 모르는 일이다. '통계적 회귀' 요인이 작용하였을 것이라는 경쟁가설도 타당하게 방어할 수 없다. (결과c)와 같은 경우에 실험집단이 통제집단보다 사전검사에서 훨씬 낮은 점수를 얻은 사실로 미루어 보아 사후검사의 결과에 통계적 회귀 현상이 반영되었을 것이라는 비판은 그럴듯한 것이다. (결과d)와 같은 경우에는 비교적 자신있게 실험처치의 효과를 말할 수 있지만, 이 때도 선발-성숙의 상호작용 효과라든지 측정의 오차요인 등이 실험결과에 영향을 주지 않았는가 세밀하게 분석해 보아야 한다.

간단히 말하여, 준실험설계에 의한 실험연구는 내적 타당도를 저해시키는 여러 가지 요인들이 작용할 여지가 많이 있다. 따라서 조건통제를 제대로 할 수 없는 준실험설계를 이용하는 연구자들은 실험에 앞서서 미리 실험의 결과와 경쟁가설을 생각해 보면서 예상되는 비판에 대한 적절한 대책을 세워 둘 필요가 있는 것이다.

4. 시계열 설계

시계열 설계(time-series design)의 특징은 어느 한 개인이나 집단을 대상으로 종속변인을 주기적으로 여러 번 반복측정하고, 이러한 측정의 시간계열 중간에 실험처치를 도입하는 것이다. 시계열에서 관찰되고 기록된 측정들은 불연속적으로 표시된다. 시계열 설계는 아래와 같이 도식화할 수 있으며, 이러한 설계에 의한 실험결과는 [그림 10-2]와 같이 제시할 수 있다.

$$O_1 \quad O_2 \quad O_3 \quad O_4 \quad X \quad O_5 \quad O_6 \quad O_7 \quad O_8$$

시간 경과 →

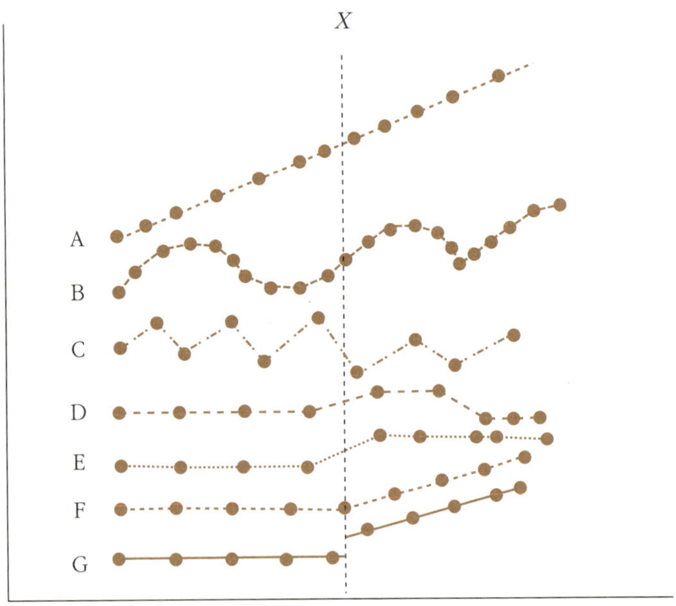

[그림 10-2] 시계열 실험설계의 가능한 몇 가지 결과 유형

[그림 10-2]는 시계열 실험에서 $O_1 \sim O_n$ 사이에 실험처치 X를 투입하여(그림에서 수직의 점선으로 표시함) 얻게 되는 가능한 여러 가지 결과의 유형을 나타낸 것이다. 이와 같은 그림을 통하여 실험처치의 효과가 나타났는지 시각적으로 확인해 볼 수 있다. 이 그림에 나타난 결과를 보면 A, B, C와 같은 경우에 X의 영향을 추리할만한 단서를 찾을 수가 없다. 즉, 처치효과는 없으며 단지 과거의 행동 유형을 그대로 보이고 있다고 할 것이다. D의 경우는 처치효과가 있으나 일시적인 것이다. E, F, G의 경우에는 실험처치 X가 분명히 효과를 나타낸 것으로 추리할 수 있다. 그런데 시계열 설계에서 내적 타당도를 가장 크게 저해하는 것은 '역사' 요인이므로, 설령 X의 영향에 대한 추리가 가능한 경우라도 이 역사 요인이 어떻게 작용하였는가를 면밀히 따져보아야 된다.

예컨대, 전쟁기록 영화의 관람이 장차 전쟁가능성에 대한 학생들의 낙관적 태도에 어떤 영향을 미치는가를 시계열 설계를 이용하여 연구하였다고 하자. 전쟁발발 가능성에 대한 학생들의 낙관적 태도를 반복하여 측정하면서 그 사이에 연구대상 학생들에게 전쟁기록 영화를 한번 보여 주었더니, [그림 10-2]의 E나 F와 같은 결과를 나타내었다고 가정하자. 그러면 이러한 연구결과를 근거로 전쟁기록 영화의 관람이 학생들의 전쟁에 대한 태도에 영향을 미쳤다고 자신있게 말할 수 있는가? 이 질문에 대한 대답은 회의적이다. 왜냐하면, 연구대상 학생들은 실험기간 중 일상생활의 여러 가지 사건에 항상 노출되어 있으므로, 실험처치 X의 투입을 전후하여 어떤 특수한 사건이 학생들의 태도 변화에 영향을 주었을는지도 모르기 때문이다.

시계열 설계에서는 '역사' 요인 뿐만 아니라 경우에 따라서는 '측정도구의 변동' 요인도 실험의 타당성을 의심하게 하는 요소로 작용할 수 있다. 만약 종속변인을 측정하는데 있어서 연구자의 주관적 판단이 크게 개재되어 있는 경우라면 가설을 검증하고 싶은 연구자의 기대심리가 변인측정에 작용할 가능성이 있기 때문이다. 이밖에 실험의 외적 타당도 역시 대체로 의심스러운 수준에 머물러 있는 것이 시계열 실험설계이다.

5. 준실험설계의 보완책

위에서 소개한 실험방안들 즉, 준실험설계는 모두 실험의 타당성이라는 관점에서 볼 때 많은 문제를 지니고 있는 '엉성한' 실험설계이다. 이러한 설계를 통하여 얻은 실험결과를 가지고서는 인과관계에 대한 추리를 올바로 할 수 없으며, 여러 가지 그럴듯한 경쟁가설을 자신있게 배제하지 못한다. 이와 같은 엉성한 설계들을 좀 더 '알찬' 실험설계로 바꾸기 위해서는 몇 가지 측면에서 보완이 필요하다. 실험의 타당성을 향상시키기 위한 중요한 방법은 통제집단과 무선화의 방법을 이용하는 것이다. 아래에서는 이러한 방법을 중심으로 준실험설계의 보완책을 검토하여 본다.

1) 통제집단의 이용

실험연구에서 통제집단을 두는 목적은 실험처치의 효과를 비교할 근거를 마련하는데 있다. 통제집단에는 독립변인의 처치를 가하지 않고, 실험집단에만 처치를 투입하여 두 집단에서 나온 결과를 서로 비교해 보면, 종속변인에 대한 독립변인의 영향을 명확히 알 수 있게 된다. 앞의 '단일집단 전후검사 설계' 에서 예시한 수개념 보존능력의 향상에 관한 실험연구는 여러 가지 취약점이 있다. 실험결과가 새로운 훈련 때문인지, 아니면 '성숙' , '역사' , 혹은 '검사' 의 영향 때문인지를 가려낼 수 없는 것이다. 그러나 조건통제를 잘 하면서 통제집단을 이용하여 두 집단을 비교해 보면 의심스런 점들이 명확히 밝혀질 수 있다. '성숙' 이나 '역사' , 혹은 '사전검사' 의 영향을 받더라도 두 집단이 똑같이 받을 것이므로, 사후검사 결과 나타난 두 집단 간의 차이는 오직 두 집단에게 달리 주어진 독립변인 때문이라고 판단할 수 있게 되는 것이다.

그러나 통제집단을 이용하는 실험설계에서도 주의할 점이 있다. 두 집단이 처음부터 이질적인 집단이어서는 물론 안 되고, 또 실험처치 이외에 두 집단의 실험조건이 서로 달라서도 안 된다. 실험집단에 속한 피험자들의 지능이 통제집단의 피험자들에 비하여 월등히 높거나, 또는 실험집단은 조용하고 아늑한 교실에서 학습하고 통제집단은 어수선하고 삭막한 교실에서 학습을 하게 된다면, 이 두 집단에서 나온 실험결과의 차이가 단지 실험처치에 의한 것이라고 볼 수 없는 것이다. 그러므로 실험집단과 통제집단을 비교하는 실험에서는 독립변인을 제외하고 종속변인에 영향을 줄 수 있는 기타의 모든 조건이 같도록 최대한 노력해야 한다. 모든 조건을 동일하도록 최대한 노력하는 좋은 예가 위약(placebo) 사용이다. 약의 효과를 알아보는 실험에서 실험집단에는 약을 주고 통제집단에는 아무

것도 주지 않으면, 아무 것도 주지 않는다는 그 자체가 실험결과에 영향을 미칠 수 있다. 따라서 통제집단에도 실험집단에 주는 진짜약과 겉보기에는 똑같은, 그러나 화학적 및 의학적으로 전혀 효과가 없는 무해한 가짜약을 제공함으로써 두 집단 간에 차이가 없도록 하는 방식이다.

2) 무선화

실험연구에서 독립변인 이외의 모든 가외변인들이 실험결과에 편파적으로 작용하지 못하도록 할 수 있는 가장 중요하고 기본적인 통제기법은 무선화이다. 무선화의 방법에는 무선표집(random sampling)과 무선배정(random assignment)이 있다. 무선표집은 대표적인 표본이 되도록 모집단에서 피험자를 무작위로 뽑는 것을 말하며, 무선배정은 각 집단이 동등하게 되도록 피험자들을 실험조건에 무작위로 배치하는 것을 의미한다.

무선표집과 무선배정이 모두 바람직하지만, 실험조건을 통제하는데 있어서는 무선표집보다 무선배정이 몇 배나 더 중요하다. 사실 대규모 모집단에서 소수의 실험대상을 무선표집 한다는 것은 현실적으로는 이루기 어려운 이상에 불과하다. 다행스럽게도 무선표집은 가외변인의 영향을 통제하는데 있어서 필수적인 조건은 아니다. 이에 비하여 무선배정은 필수조건으로서, 가외변인의 영향을 통제하는 보증서와 같다. 여기서 무선배정의 대상은 비단 피험자 뿐만이 아니라 관찰자, 실험도구, 실험처치 등 실험에 관련된 거의 모든 인적·물적인 조건들이 해당된다는 점을 잊지 말아야 할 것이다. 즉, 피험자들은 물론 실험집단과 통제집단을 이끌어나가는 실험자나 검사자, 사용될 실험장비와 실험장소 등도 각 집단에 무선적으로 배정되어야 한다. 이러한 무선화를 통해서 연구자가 의식적 또는 무의식적으로 실험집단에 더 유리한 조건을 부여하는 것을 방지할 수 있다.

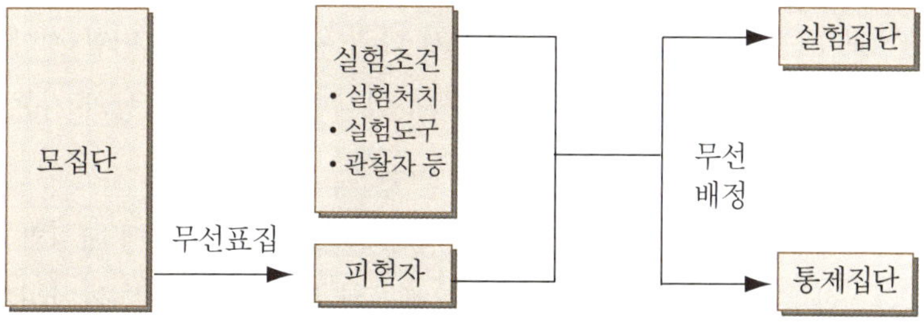

[그림 10-3] 무선표집과 무선배정의 과정

그러나 이러한 무선화의 방법을 이용한다고 하더라도, 종속변인에 영향을 줄 수 있는 가외변인을 모두 제거하거나 통제할 수는 없는 일이다. 왜냐하면, 우연히 실험집단에 나이가 더 많은 피험자들이 배치되거나, 통제집단에 지능이 더 높은 피험자들이 배치되는 등 우연요인이 작용할 수도 있기 때문이다. 이러한 우연성은 피험자의 수가 적을 경우에 특히 심하게 나타난다. 즉, 피험자의 숫자가 적을수록 무선배정할 때 우연요인에 의하여 실험집단과 통제집단의 이질성이 증대될 수 있다.

3) 짝짓기 방법

실험집단과 통제집단의 연구대상을 동등화시키기 위해서는 일란성 쌍생아들을 피험자로 이용하는 것이 가장 좋을 것이다. 그러나 현실적으로 이것은 불가능하기 때문에, 그 대신 짝짓기 방법을 사용하게 된다. 즉, 연령, 성별, 지능 등 실험결과에 큰 영향을 미칠 것이라고 예상되는 변인이나, 또는 사전검사의 점수를 기준으로 해서, 서로 똑같거나 매우 유사하다고 생각되는 두 사람을 짝짓는다. 이렇게 짝지어진 사람들을 대상으로 무선적 방법을 이용해서 두 사람 중 한 사람을 실험집단이나 통제집단 중의 어느 한 집단에 배치하고, 나머지 사람은 다른 집단에 배치하는 방법이다. 무선적 방법과 짝짓기 방법을 함께 사용하여 피험자들을 배정하면 그만큼 두 집단의 동등화 가능성은 높아지게 된다.

그러나 이 방법에도 여러 가지 어려움이 뒤따른다. 그 많은 변인들 중에서 어떤 변인을 짝짓기의 기준으로 삼아야 할 것인가 하는 것이 큰 문제이다. 짝짓기의 기준을 결정하기 위해서는 선행연구를 검토하여, 자신이 연구하려는 종속변인에 특히 큰 영향을 미친다고 생각되는 변인을 선정해야 한다. 그런데 이러한 변인을 선정했다고 하더라도, 그 변인을 기준으로 삼아 각 집단에 똑같은 사람들을 배치한다는 것은 쉬운 일이 아니다. 예를 들어, 감정상태나 성취동기가 똑같은 두 사람을 찾아내기란 쉬운 일이 아니며, 그렇게 하기 위해서는 광범위한 검사를 미리 실시해야 할 것이다. 더구나 한 가지 기준이 아니라 두 가지 이상의 기준에 비추어 유사한 두 사람을 찾는 일은 거의 불가능하다.

짝짓기 방법을 이용하여 연구대상을 실험집단과 통제집단에 배정할 경우 연구자가 유의할 사항은 무선배정의 원칙을 따라야 한다는 점이다. 짝지어진 한 쌍의 피험자들은 다만 짝짓기의 기준이 된 변인에 한해서만 동질적이고, 기타의 특성에 있어서는 얼마든지 다를 수 있는 것이다. 그러므로 무선배정을 병행하지 않고 단순히 짝짓기 방법에 의해서만 나누어진 두 집단은 짝짓기 기준변인 이외에 있어서는 이질적일 가능성이 높고, 이러한 이질성이 실험의 결과에 중대한 영향을 미칠 수 있는 것이다.

이해를 돕기 위하여 극단적인 예를 하나 들어 보자. 가령, 남녀의 체력을 비교하는 실험연구를 한다고 가정하자. [그림 10-4]에 제시한 것처럼, 남자 모집단의 평균은 70이고 여자 모집단의 평균은 50이라고 하고, 남녀 모집단에서 각각 비슷한 점수의 사례를 짝지어 뽑은 두 표본집단 A와 B의 평균이 60으로 동등하게 되었다고 하자. 이 두 집단이 체력점수에 있어서는 동등화 되었으나, 집단 A는 모집단에서 평균점 아래에 있고, 집단 B는 모집단에서 평균점 위에 있다. 이럴 경우에 사후검사를 해보면 실험처치의 효과에 관계없이 집단 A의 평균점수는 높아지는 경향을 보이는 반면에 집단 B의 평균점수는 낮아지는 경향을 나타낸다. 즉, 그들이 소속한 모집단의 평균에 통계적으로 회귀하는 현상을 보이므로, 실험처치의 효과를 정확히 변별해 낼 수 없는 것이다. 이와 같은 예에서 짐작할 수 있듯이 단순히 짝짓기 방법에 의해서만 피험자들을 실험집단과 통제집단으로 나누게 되면 두 집단의 동등성을 보장하기 어려울 때가 많이 있다.

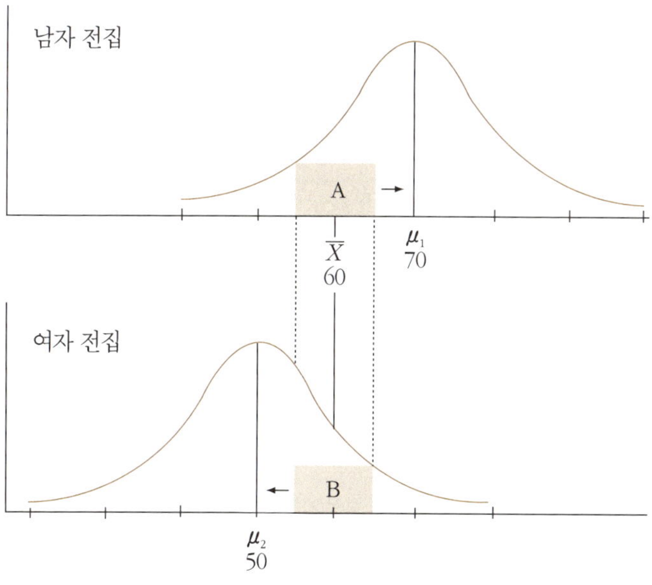

[그림 10-4] 짝짓기에 의한 두 집단의 통계적 회귀현상

제5절 진실험설계

진실험설계(true experimental design)는 실험집단과 통제집단을 갖추고 있으며, 피험자들을 각 집단에 무선배정하는 것이 특징이다. 이러한 실험설계는 준실험설계에 비하여 실험의 내적 타당성이 훨씬 높다. 따라서 실험적 연구를 하는 경우에 우선적으로 권장되는 실험설계라고 하겠다.

1. 전후검사 통제집단 설계

전후검사 통제집단 설계(pretest-posttest control group design)는 진실험설계의 전형(典型)이라고 할 만큼 대표적인 실험방안이다. 이 설계는 앞에서 소개한 '이질통제집단 설계' 와 비슷하지만, 피험자들을 실험조건에 무선배정하였다는 점에서 큰 차이가 있다. 전후검사 통제집단 설계를 아래와 같은 도식으로 나타낼 수 있다. 이 도식에서 위와 아래에 있는 검은 실선은, 이들 선 안에 있는 것 이외의 모든 조건이나 가외변인들은 통제됨을 뜻한다.

R	O_1	X	O_2
R	O_3		O_4

이러한 실험설계를 이용할 경우 연구자는 대체로 다음과 같은 실험의 과정과 절차를 밟게 된다.

① 가능하다면, 모집단에서 무선적 방법으로 피험자를 표집한다. 그러나 무선표집이 필수 조건은 아니다.

② 피험자들을 실험집단과 통제집단에 무선적으로 배정한다.

③ 실험집단과 통제집단에 각각 사전검사(O_1, O_3)를 실시한다.

④ 실험집단에 실험처치(X)를 투입하고, 통제집단에는 실험처치를 주지 않는다. 이 밖의 모든 측면에서는 두 집단이 동일하도록 조건을 통제한다.

⑤ 실험처치를 끝마친 다음 실험집단과 통제집단에 각각 사후검사(O_2, O_4)

를 실시한다.

⑥ 적절한 통계적 방법을 이용하여 두 집단을 비교해서 실험처치의 효과를 검증한다.

전후검사 통제집단 설계에서는 실험의 내적 타당도를 위협하는 요인들을 대부분 통제할 수 있다. 이 설계에는 통제집단이 있을 뿐만 아니라, 피험자를 실험집단과 통제집단에 무선배정하기 때문에 '역사', '성숙', '검사', '측정도구의 변동', '피험자의 선발' 요인들이 실험결과에 끼치는 영향을 통제할 수 있게 된다. '통계적 회귀'에 의한 영향도 이 실험설계에서는 별로 문제가 되지 않는다. 왜냐하면, 극단적인 피험자들이 선발되었다 하더라도 이들이 똑같이 실험집단과 통제집단에 무선적으로 배정될 것이고, 통계적 회귀 현상이 일어나더라도 두 집단에서 동일하게 나타나게 되어 독립변인의 영향을 알아보는데 지장을 주지 않기 때문이다.

그러나 실험과정에서 실험집단과 통제집단을 달리 취급함으로써 생기는 문제에는 신경을 써야 할 것이다. 즉, 검사시간과 검사환경 및 관찰자와 실험자 특성 등의 요인이 편파적으로 작용하지 않도록 유의해야 한다. '피험자의 탈락'에 관한 문제도 특히 실험기간이 길 경우에는 조심해야 한다. 실험이 진행되는 과정에서 중도탈락하는 피험자들은 대체로 주의집중 능력이 부족하거나, 건강하지 못하거나, 혹은 동기가 유발되지 않은 피험자일 것이므로, 어느 한 쪽 집단에서만 피험자들이 체계적으로 탈락하게 되면 집단간 동등성이 무너져 실험결과에 영향을 미칠 것이다. 그러므로 연구자는 피험자들이 중도탈락하지 않도록 노력해야 한다. 한편, 이러한 설계에 의한 실험의 외적 타당도는 상당히 제한을 받게 되는 바 각 요인별로 검토하여 보자.

첫째, 검사실시의 반동적 효과로 인하여 외적 타당도가 위협받는다. 사전검사를 실시하는 것부터가 그 실험의 결과를 일반화시키는데 방해요인이 된다. 피험자가 사전검사를 받게 되면, 그는 갑자기 사전검사의 내용과 관련된 문제에 대해 관심을 가지게 된다. 그래서 실험처치를 가하지 않더라도 피험자의 태도를 어느 정도 변화시키는 결과가 된다. 사전검사를 받지 않은 사람들이 실험처치를 했을 때 보이는 반응과, 사전검사를 받은 사람들이 실험처치를 받고 보여 주는 반응간에는 차이가 있을 것이다. 그러므로 이러한 설계에 의한 실험결과를 사전에 검사받지 않은 사람들에게까지 일반화시키는 데에는 문제가 있다.

둘째, 피험자들을 선발할 때 표적 모집단에서 무선표집하지 않았다면 실험결과를 다른 대상들에게 일반화시키기 어렵다. 예를 들어, 특수한 사회 · 경제적 배경을 가진 피험자만 선발하거나, 실험에 스스로 응하겠다는 지원자만을 피험자로 선발하게 되면 실험의 결과를 광범위하게 일반화시키기 어렵다. 또한 소수의 학교에서 선발된 피험자를 대상으로 한 실험결과를 전국의 모든 학생들에게 일반화시킬 수도 없다. 이럴 때는 가능한 한 여러 지역의 여러 학교를 선정하여, 한 학교에서 몇 명씩만 선발하는 것이 좋다. 물론 연구자가 관심을 가진 모집단으로부터 무선적으로 피험자를 선발하고, 이들을 실험집단과 통제집단에 무선배정하는 것이 가장 이상적이다.

셋째, 실험상황에 대한 반동이 문제가 될 수 있다. 즉, 피험자가 자신이 실험의 대상이라는 사실을 알게 됨으로써 평소와 다른 태도를 갖게 되어 실험에 영향을 줄 수 있다. 실험에 대한 피험자의 반동 효과를 최소한으로 줄이려면, 피험자들은 물론이고 실험처치를 가하고 검사를 실시하는 실험자나 관찰자들도 실험의 목적과 내용을 알지 못하도록 이중은폐(double blind) 방법을 사용하는 것이 바람직하다. 만약 이렇게 하기가 어렵다면, 실험집단과 통제집단의 피험자들로 하여금 자신이 어떤 집단에 배치되었는지 알지 못하는 상태에서 모든 피험자들이 똑같은 처치를 받고 있다고 생각하도록 하는 것도 한 가지 해결방법이다.

넷째, 기타의 변인들이 실험의 처치와 상호작용하여 실험에 영향을 줄 수도 있다. 예컨대, 실험을 하는 동안 어떤 특수한 사건이 있었다면 그러한 독특한 사건이 피험자들에게 어떤 식으로든 영향을 줄 수 있는 것이다. 이것은 '역사' 요인과 '실험처치' 요인이 상호작용하여 나타나는 것으로서, 이럴 경우 실험결과의 일반화는 어렵게 된다. 똑같은 실험을 똑같은 피험자들에게 반복 실시하더라도, 실험시기나 실험상황이 달라지면 그들의 반응이 달라질 수 있는 것이다.

2. 사후검사 통제집단 설계

교육학이나 심리학 분야에서 실험연구를 할 경우 일반적으로 연구자들은 사전검사를 반드시 실시해야 하는 것으로 인식하기 쉬우나, 진실험설계에서 사전검사가 필수적인 것은 아니다. 사전검사를 실시하지 않더라도 무선화의 방법을 이용하여 실험집단과 통제집단의 동등화를 확보할 수 있는 것이다. 사후검사 통제집단 설계(posttest-only control group design)는 사전검사를 받지 않은 두 집단을 이용한 실험방안이다. 이 실험설계를 도식으로 나타내면 아래와 같다.

R	X	O_1
R		O_2

이 실험설계에서도 피험자들을 실험집단과 통제집단에 배정할 때 무선적으로 한다. 그러므로 사후검사 통제집단 설계에서는 두 집단이 동등화 되었다고 간주한다. 실험의 절차는 대략 다음과 같다. 먼저 피험자들을 두 집단에 무선배정한 후, 실험집단에는 실험처치를 가하고 통제집단에는 처치를 하지 않는다. 실험처치를 끝마친 다음에 두 집단에 사후검사를 실시하여, 두 집단 간의 점수 차이를 비교함으로써 실험처치 X의 효과를 평가한다.

이 실험설계는 피험자들을 실험집단과 통제집단에 무선적으로 배정하고 독립변인 이외의 변인들이 작용하지 못하게 하는 방안이므로 실험의 내적 타당도를 위협하는 대부분의 요인들을 통제할 수 있다. 그리고 사전검사를 실시하지 않기 때문에 사전검사와 실험처치 간의 상호작용에 의한 영향도 걱정할 필요가 없다. 사전검사를 실시하지 않는 것은 시간과 노력의 절약에도 기여한다. 이와 같은 관점에서 보면 '사후검사 통제집단 설계' 가 '전후검사 통제집단 설계' 보다 더 간편한 실험설계라고 말할 수 있을 것 같다. 그러나 이 설계에서는 사전검사의 측정치가 없으므로 실험처치의 효과 크기를 알 수 없는 단점을 지니고 있다.

이러한 실험설계는 다음과 같은 상황에 이용할 수 있다. 즉, 사전검사가 불필요한 경우, 시간적으로 사전검사를 할 수 없거나 실시하기 매우 어려운 경우, 검사실시 비용이 많이 드는 경우, 피험자의 익명성이 요구되는 경우, 사전검사와 실험처치의 상호작용 효과가 크게 작용될 것으로 예상되는 경우 등에 유용하게 사용할 수 있는 실험방안이다.

3. 솔로몬 4집단 설계

앞에서 사전검사를 실시하는 것이 실험결과의 일반화를 제한하는 한 요인이 된다고 하였다. 그것은 사전검사를 받고 난 다음에 실험처치에 임하는 피험자들의 반응은, 순수하게 실험처치만을 받는 피험자들의 반응과 다를 수 있기 때문이다. 이러한 문제점을 보완하기 위하여 고안된 것이 솔로몬 4집단 설계(Solomon four-group design)로서, 제일 먼저 이 설계를 제안한 연구자의 이름을 따서 설계 명칭을 이와 같이 붙인 것이다. 이 설계를 도식화 하면 아래와 같다.

R	O_1	X	O_2
R	O_3		O_4
R		X	O_5
R			O_6

사전검사의 영향과 실험처치에 의한 영향이 상호작용하여 실험의 외적 타당도를 낮추고, 실험결과의 일반화를 저해하는 것을 막기 위해서, 이 실험설계에서는 4개 집단을 사용한다. 이때 두 집단에는 사전검사를 실시하지 않는다. 그리하여 사전검사를 받은 두 집단 중에서 한 집단과, 사전검사를 받지 않은 두 집단 중에서 한 집단이 실험처치를 받게 된다. 간단히 말하자면, 이 설계는 결국 '전후검사 통제집단 설계' 와 '사후검사 통제집단 설계' 를 통합한 것과 같다.

솔로몬 4집단 설계는 복잡한 것이 다소 문제가 되지만, 실험의 타당성을 확보한다는 입장에서 볼 때 매우 이상적인 형태의 실험설계라고 말할 수 있다. 이 설계는 실험의 내적 타당도를 위협하는 여덟 가지 요인들의 영향을 모두 적절하게 방어할 수 있으며, 검사실시의 반동적 효과로 인하여 외적 타당도가 저해되는 것도 막을 수 있다. 그러나 피험자의 선발과 실험처치간의 상호작용에 따른 문제라든지 실험적 상황에 대한 반동효과의 문제는 미해결 상태로 남게 된다. 여하튼 이러한 설계를 이용하면, 실험처치 X의 주효과 이외에 다음과 같은 내용을 파악할 수 있다.

즉, 사전검사를 실시하지 않은 두 집단을 실험에 포함시킴으로써, 사전검사만에 의한 영향, 사전검사와 실험처치 간에 상호작용으로 나타나는 영향을 알 수 있다. 또한 사후검사만 실시하는 네 번째 집단의 결과를 분석함으로써 실험외적 변인이 종속변인에 얼마나 영향을 주는지 검토할 수 있다. 네 번째 집단의 피험자들이 사후검사에서 얻은 점수와, 그들이 사전검사를 받았다면 얻을 수 있을 것이라고 추정된 점수 간의 차이를 살펴보면 실험외적 변인이 종속변인에 주는 영향을 추측할 수 있는 것이다. (집단 4)의 사전검사 점수는 (집단 1)과 (집단 2)의 사전검사 점수로부터 추정하면 된다. 피험자들은 모두 무선적으로 각 집단에 배치되었으므로 그 동질성이 보장될 수 있고, 따라서 (집단 4)의 피험자들에게도 만약 사전검사를 실시했다면, (집단 1)과 (집단 2)의 피험자들이 받은 점수와 큰 차이가 없을 것이라고 생각할 수 있기 때문이다.

이 설계를 이용한 실험연구는 두 번의 실험을 한꺼번에 한 것과 같은 효과를 갖는다. 한 번은 사전검사를 하고, 또 한 번은 사전검사를 하지 않은 실험을 동시에 진행한 것이 바로 솔로몬 4집단 실험설계인 것이다. 그런데 실험에서 네 개의 집단을 동시에 통제하는 것은 매우 어렵고 복잡하기 때문에 이러한 설계를 이용하고자 할 때는, 과연 이 실험설계를 꼭 사용해야만 하는가를 미리 신중하게 생각해 보는 것이 좋다.

다음과 같은 경우에는 구태여 복잡하고 번거로운 솔로몬 4집단 설계를 사용할 필요가 없다. 예컨대, 사전검사를 실시한 후 오랜 시간이 흐른 다음에 사후검사를 실시할 경우, 사전검사와 사후검사가 서로 다를 경우, 정상적인 수업시간 중에 검사가 실시되기 때문에 피험자들이 지금 특별한 검사를 받고 있다는 생각을 갖지 않는 경우, 검사의 내용이 무의미 철자와 같은 것이기 때문에 사전검사를 받았다고 하더라도 그것이 사후검사에 아무런 영향을 끼치지 않는 경우 등에는 굳이 이러한 설계를 사용할 필요가 없다고 본다. 이런 경우에는 우선 연구하고자 하는 문제들을 잘 살펴보고 그에 적합한 설계를 선택하되, 상대적으로 좀더 간편한 '전후검사 통제집단 설계' 또는 '사후검사 통제집단 설계'를 이용하면 될 것이다.

4. 요인설계

1) 요인설계의 특징

지금까지 설명한 실험설계는 하나의 독립변인을 변화시키고 나머지 조건은 일정하게 유지하려는 것이 공통적 특징이었다. 그런데 변인들은 상호작용하는 경우가 많기 때문에, 독립변인 하나만을 체계적으로 변화시켜서 종속변인에 대한 영향을 살펴볼 때보다 두 가지 이상의 변인이 상호작용하는 효과도 함께 알아볼 때 더욱 구체적이고 중요한 정보를 찾아낼 수 있다. 예를 들어, 교사의 유형과 학생들의 지능수준이 어떻게 상호작용하여 학업성취도에 영향을 미치는지 확인하고자 할 때, 단일 독립변인 실험에서는 이러한 내용을 파악할 수 없다. 다만 실험을 두 번 하여 각각 다음과 같은 것을 알아볼 수 있을 뿐이다. 첫번째 실험에서는 교사의 유형이 학업성취도에 끼치는 영향을 살펴보고, 두번째 실험에서는 학생들의 지능수준이 학업성취도에 끼치는 영향을 알아보는 방법이다. 하지만 한 실험에서 이들 두 개의 독립변인, 즉 교사의 유형과 학생의 지능을 동시에 고려하면서 그들 간의 상호작용을 살펴볼 수 있는 방법이 있다. 요인설계(factorial design)는 바로 이와 같은 상황에 이용할 수 있는 실험방안이다.

요인설계는 두 개 이상 독립변인들의 각 하위 수준들이 조합을 이루어 만들어 내는 처치의 효과를 동시에 검증할 수 있는 실험방안이다. 한 번의 실험으로 여러 개의 독립변인의 주효과와 독립변인들이 복합적으로 만들어 내는 상호작용 효과도 검증할 수 있다.

아래 그림은 두 개의 독립변인 A와 B로 구성된 요인설계를 예시한 것이다. 독립변인 A는 세 가지 수준(A_1, A_2, A_3)으로 구분되고, 독립변인 B는 두 가지 수준(B_1, B_2)으로 나누어진다고 하자. 그러면 여기에는 A와 B의 가능한 조합(3×2)으로 이루어진 여섯 개의 칸(cell) 즉, 서로 다른 여섯 가지 처치조건(A_1B_1, A_1B_2, A_2B_1, A_2B_2, A_3B_1, A_3B_2)이 있게 된다. 피험자들은 이 여섯 가지의 각 처치조건에 무선적으로 배정된다.

독립변인 A

독립변인 B	A_1	A_2	A_3	
B_1	A_1B_1	A_2B_1	A_3B_1	B_1 평균
B_2	A_1B_2	A_2B_2	A_3B_2	B_2 평균
	A_1 평균	A_2 평균	A_3 평균	

이상과 같은 요인설계에서는 두 가지 유형의 효과 즉, 주효과(main effect)와 상호작용 효과(interaction effect)를 분석하게 된다. 주효과는 하나의 독립변인이 종속변인에 미치는 영향을 말하고, 상호작용 효과는 두 개의 독립변인이 상호작용하여 종속변인에 미치는 영향을 말한다. 물론 독립변인이 세 개 있는 요인설계라면 세 개의 독립변인들이 상호작용하여 일어나는 상호작용 효과가 있을 것

이다. 위의 예시에서는 A와 B 두 독립변인의 주효과가 있다. 독립변인 A의 주효과를 알아보기 위해서는 A_1, A_2, A_3 세 평균치를 비교해 보면 되고, 독립변인 B의 주효과를 알아보려면 B_1, B_2 두 평균치를 비교해 보면 된다. 그리고 상호작용 효과는 A_1B_1, A_1B_2, A_2B_1, A_2B_2, A_3B_1, A_3B_2의 여섯 개 평균치를 서로 비교해 보면 알 수 있다. 이때 사용하는 통계적 분석기법은 이원변량분석이다.

2) 요인설계에서 얻는 정보

구체적인 예를 들어 보자. 교수방법과 수업시간의 길이가 학업성취도에 미치는 영향에 대하여 실험연구를 한다고 하자. 교수방법으로는 강의법과 토론법의 두 가지를 비교하고, 수업시간의 길이는 30분 수업과 60분 수업의 두 가지를 비교한다면, 이 경우에 네 개의 집단이 필요하다. 피험자들을 이 네 개의 집단에 각각 무선배정 한다. (집단 1)은 강의법을 사용하여 30분 수업을 하고, (집단 2)는 강의법을 사용하여 60분 수업을 한다. 그리고 (집단 3)은 토론법을 사용하여 30분 수업을 하고, (집단 4)는 토론법을 사용하여 60분 수업을 한다. 이렇게 한 학기 동안 가르친 후에 학생들의 학업성취도를 조사해 본다. 아래에 제시한 〈표 10-2〉는 이와 같은 요인설계를 이용해서 실험연구를 했을 때 얻을 수 있는 가상적 학업성취도 자료를 예시한 것이다.

〈표 10-2〉 요인설계의 가상적 자료 (1)

		수업시간 길이		
		30분	60분	평균
교수방법	강의법	집단 1 58	집단 2 59	58.5
	토론법	집단 3 84	집단 4 82	83.0
	평균	71.0	70.5	70.75

교수방법에 따른 학업성취도의 차이를 알아보기 위해서는 (집단 1)과 (집단 2)를 합하여 평균을 내고, (집단 3)과 (집단 4)를 합하여 평균을 내어 서로 비교해

보면 된다. 위 표의 오른쪽에 그 결과가 제시되어 있다. 수업시간의 길이가 학업성취도에 주는 영향을 알아보기 위해서는 (집단 1)과 (집단 3)을 합하여 평균을 내고, (집단 2)와 (집단 4)를 합해서 평균을 내어 비교해 보면 된다. 이 결과는 위 표의 아래쪽에 계산되어 있다. 이러한 요인설계를 사용하면 다음의 세 가지 정보를 알아낼 수 있다.

첫째, 교수방법은 학업성취도에 어떤 영향을 주는가? 이것은 교수방법의 주효과를 살펴보는 문제이다. 〈표 10-2〉의 자료를 보면, 강의법을 사용했던 두 집단의 학업성적 평균이 58.5점이고, 토론법을 사용했던 두 집단의 평균은 83.0이다. 강의법보다는 토론법을 사용할 때 학생들의 학업성취도가 더 높아진다는 것을 알 수 있다. 즉, 교수방법의 주효과가 있다고 판단한다.

둘째, 수업시간의 길이는 학업성취도에 어떤 영향을 주는가? 이것은 수업시간 길이의 주효과를 알아보는 문제이다. 30분 수업을 했던 두 집단의 학업성적 평균은 71.0점이고, 60분 수업을 했던 두 집단의 평균은 70.5점이므로 수업시간의 길이가 학업성취도에 주는 영향은 거의 없다고 볼 수 있다. 즉, 수업시간 길이의 주효과는 없다고 본다.

셋째, 교수방법과 수업시간의 길이가 상호작용하여 학업성취에 어떤 영향을 주는가? 이것은 두 개 독립변인의 상호작용 효과를 알아보는 문제이다. 교수방법과 수업시간의 상호작용이 있다면, 어느 한 가지 교수방법이 30분 수업과 60분 수업에 주는 효과가 서로 크게 달라야 할 것이다. 그러나 위의 표에 제시된 자료를 보면, 강의법의 경우 30분 수업집단의 평균이 58점이고 60분 수업집단의 평균은 59점으로 서로 비슷하고, 토론법의 경우에도 30분 수업집단의 평균은 84점이고 60분 수업집단의 평균이 82점으로 큰 차이가 없다. 따라서 학생들의 학업성취도에 있어서 교수방법과 수업시간의 길이에 의한 상호작용 효과는 없다고 판단할 수 있다.

3) 상호작용의 효과가 없는 경우

앞의 예에서 독립변인들 간의 상호작용 효과가 발견되지 않았다. 그 까닭은 독립변인 A가 종속변인에 미치는 영향의 크기가, 다른 독립변인 B의 차이에 상관없이 거의 같기 때문이다. 즉, 강의법으로 학습할 경우 수업시간의 길이가 30분이든 60분이든 상관없이 학업성취도가 거의 같고, 또한 토론법으로 학습할 경우

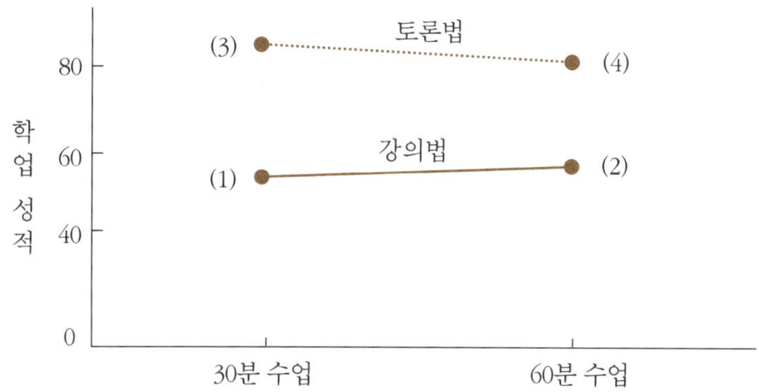

[그림 10-5] 교수방법과 수업시간 길이 (상호작용 없음)

에도 30분 수업이든 60분 수업이든 학업성취도는 별로 차이가 없기 때문에 교수방법과 수업시간 길이의 상호작용 효과는 없다고 보는 것이다. 이것을 [그림 10-5]와 같이, 그림으로 나타내어 보면 이해하기가 쉽다.

(집단 1)과 (집단 3)의 평균 차이와 (집단 2)와 (집단 4)의 평균 차이가 비슷하면, 그림에서 보듯이 (집단 3)과 (집단 4)를 연결한 직선과, (집단 1)과 (집단 2)를 연결한 직선이 서로 교차하지 않고 거의 평행선을 이루게 된다. 실험결과를 그림으로 나타내었을 때 이와 같은 형태로 되면, 두 변인 간에 상호작용 효과가 없음을 의미한다.

4) 상호작용의 효과가 있는 경우

그러면 상호작용의 효과가 있는 경우에는 어떠한가? 교수방법과 수업시간의 길이가 학업성취도에 미치는 영향에 관한 실험연구의 결과가 다음 〈표 10-3〉과 같이 나왔다고 가정하여 보자.

먼저 교수방법이 학생들의 학업성취도에 주는 영향을 살펴보면, 토론법으로 학습한 집단의 평균이 74.0점이고, 강의법으로 배운 집단은 68.0점이므로, 강의법보다는 토론법이 더 효과적인 교수방법이라고 볼 수 있다. 즉, 교수방법의 주효과가 나타난 것이다. 이번에는 교수방법과 수업시간 길이의 상호작용 효과를 살펴보자. 60분 수업에서는 토론법을 사용한 집단이 82점으로 강의법을 사용한 집단보다 학업성취도가 월등히 더 높게 나타났다. 그런데 30분으로 수업을 한 경우에는 오히려 토론법보다는 강의법을 사용한 집단의 학업성취도가 77점으로 더 높게 나타났다. 즉, 교수방법과 수업시간 길이의 상호작용 효과가 발생한 것이다. 하나의 독립변인이 종속변인에 주는 영향은 또 다른 독립변인의 작용에 따라 달라질 수 있다는 것이다.

상호작용 효과가 있을 경우의 연구결과를 그림으로 표현하면 한눈에 알아볼 수 있다. [그림 10-6]을 보면 알 수 있듯이, 강의법을 사용한 두 집단을 연결한 직선과 토론법을 사용한 두 집단을 연결한 직선이 평행을 이루는 것이 아니라 서로 교차되고 있다. 즉, 같은 교수방법이라도 수업시간의 길이를 달리할 경우에는 그 효과가 다르게 나타난다. 이 연구결과에 의하면, 일반적으로는 토론법이 강의법보다 더 효과적이지만, 수업시간의 길이가 짧을 때는 오히려 토론법보다는 강의법이 더 효과적이라는 것을 알 수 있다.

〈표 10-3〉 요인설계의 가상적 자료 (2)

		수업시간 길이		
		30분	60분	평균
교수방법	강의법	집단 1 77	집단 2 59	68.0
	토론법	집단 3 66	집단 4 82	74.0
	평균	71.5	70.5	71.0

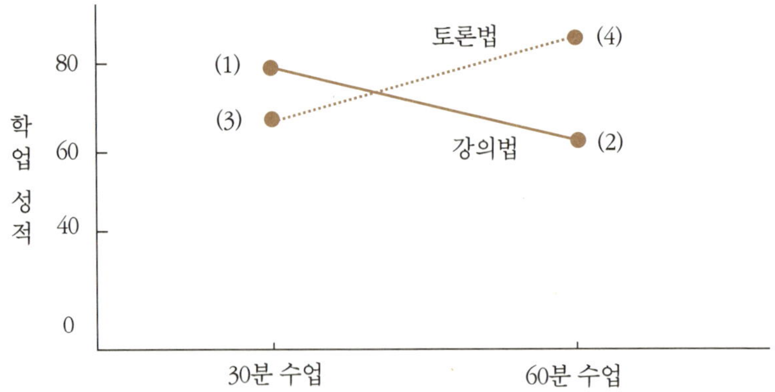

[그림 10-6] 교수방법과 수업시간 길이 (상호작용 있음)

요인설계에 의한 연구결과에서 주효과와 상호작용 효과가 유의하게 나타났을 경우 이를 해석하는 방법은 다음과 같다. 주효과와 상호작용 효과 중 어느 한 쪽만 유의할 경우에는 유의하게 나타난 그 효과를 해석한다. 그러나 주효과와 상호작용 효과가 둘 다 유의하고, 상호작용 효과 속에 주효과가 포함되어 있을 경우에는 상호작용의 효과만을 해석한다. 왜냐하면, 주효과가 의미하는 내용이 이미 상호작용 효과에 반영되어 있어서 구태여 이중으로 각각을 해석할 필요가 없기 때문이다.

요인설계에는 2×2 설계와 같은 단순한 형태에서부터 3×3 설계(독립변인이 2개이며, 두 변인 모두 3가지 수준으로 변화됨), 3×2, 2×2×2 설계 등 다양한 형태의 설계가 있다. 물론 이보다 더 복잡한 형태도 있을 수 있다. 그러나 실험설계가 너무 복잡하면 조건을 통제하기 어렵고 결과의 해석도 쉽지 않다. 예를 들어, 2×3×4 설계에서는 서로 다른 24개 피험자 집단이 요구되며 조건을 통제하기가 엄청나게 어렵다. 요인설계의 가장 큰 장점은 두 개 이상의 독립변인의 효과와 그들 간의 상호작용 효과를 한꺼번에 검증할 수 있다는 점과, 구체적인 정보를 얻을 수 있다는 점이다.

제6절 피험자내 설계와 피험자간 설계

실험설계의 분류방법 중 하나로 피험자내 설계(within-subject design)와 피험자간 설계(between-subject design)가 있다. 앞에서 이제까지 설명한 실험설계들은 모두 피험자간 설계에 해당한다. 피험자간 설계는 각 처치조건에 상이한 피험자들을 배정하는 실험방안으로, 이를 독립집단 설계라고도 부른다. 한편, 피험자내 설계는 각 처치조건에 동일한 피험자들을 사용하는 실험방안으로서, 같은 피험자가 2회 이상의 처치를 받고 측정된다는 의미에서 이를 반복측정설계(repeated measures design)라고 부르기도 한다.

피험자내 설계에서는 동일한 피험자들이 각각의 실험처치를 받는 것이므로 처치집단간 피험자의 동등화 문제는 걱정할 필요가 없다. 즉, 피험자의 여러 가지 특성 예컨대 성별, 연령, 경험, 능력 등은 각 처치조건에서 모두 동일하다. 따라서

처치조건간 피험자의 이질성에 따른 오차변산은 발생하지 않으며, 이러한 오차가 감소하는 만큼 독립변인의 효과를 예민하게 탐지해 낼 수 있는 가능성 즉, 실험의 민감도(sensitivity)가 증가한다. 또한 피험자내 설계에서는 같은 피험자들이 모든 처치조건에 참여하는 것이므로 피험자간 설계에서보다 그 숫자가 훨씬 적어도 된다. 이를테면, 각 처치집단에 10명이 필요한 세 개의 처치조건이 있는 실험연구를 할 경우 피험자간 설계는 30명의 피험자가 필요하지만, 피험자내 설계에서는 10명이면 가능하다. 피험자내 설계는 교육학이나 심리학 분야에서 시간의 경과에 따라 수행 경향이 어떻게 변하는지를 알아보고자 할 때 흔히 사용되는 방법이다.

그러나 피험자내 설계는 이전의 실험처치에서 피험자가 받은 느낌이나 생각, 수행 경험, 혹은 신체적 피로 등이 다음 실험의 측정에 영향을 미치는 이른바 이월효과(carry-over effect)가 나타날 수 있다는 큰 단점이 있다. 마치 재검사신뢰도를 산출할 때 1차와 2차 검사 사이의 시간적 간격이 좁으면 사전검사 경험이 사후검사에 영향을 주어 측정의 오차가 일어나는 이치와 같다. 즉, 동일한 측정도구로 종속변인을 반복측정할 경우 기억과 연습 효과에 따른 문제를 야기시킬 수 있는 것이다. 따라서 피험자내 설계가 실험연구에서 실제로 그렇게 많이 이용되지는 않는다. 오히려 피험자내 설계와 피험자간 설계를 혼합한 설계를 사용할 때가 많다.

다음 [그림 10-7]은 이 두 가지 설계방식을 혼합한 요인설계모형을 예시한 것이다. 이것은 1요인내 반복측정 2요인설계이다. 예를 들어, 피험자간 독립변인(B)은 교수방법으로서 강의법(B_1)과 토론법(B_2)으로 구분된다고 하자. 그리고 피험자내 독립변인(A)은 교과목으로 국어(A_1), 영어(A_2), 수학(A_3)이라고 하자. 교수방법의 효과를 비교하기 위하여, 두 집단을 대상으로 상이한 교수법에 의해서 수업을 진행한 후 국어 · 영어 · 수학 교과목의 학업성취도를 알아보기 위하여 세 차례에 걸쳐서 검사를 실시하였다고 가정한 실험설계가 [그림 10-7]과 같은 것이다.

이 설계는 피험자 $S_1 \sim S_5$는 교수법 B_1으로 수업하고, 피험자 $S_6 \sim S_{10}$는 교수법 B_2로 수업을 한 다음, 이들 모두에게 세 차례에 걸쳐서 A_1, A_2, A_3 학업성취도 검사를 실시하는 방식이다. 이와 같은 설계를 통하여 얻은 실험결과의 분석은 처치집단간(B), 반복측정간(A), 그리고 반복측정과 처치집단간 상호작용(AB)으

피험자내 독립변인 A

피험자간 독립변인 B		A_1	A_2	A_3
	B_1	S_1	S_1	S_1
		S_2	S_2	S_2
		S_3	S_3	S_3
		S_4	S_4	S_4
		S_5	S_5	S_5
	B_2	S_6	S_6	S_6
		S_7	S_7	S_7
		S_8	S_8	S_8
		S_9	S_9	S_9
		S_{10}	S_{10}	S_{10}

[그림 10-7] 피험자내 설계와 피험자간 설계의 혼합모형

로 분할하여 그 효과를 알아볼 수 있다.

이제까지 연구에서 많이 이용되는 실험설계를 준실험설계와 진실험설계, 혹은 피험자내 설계와 피험자간 설계로 구분하여 소개하였다. 각각의 실험설계마다 그 나름의 특징이 있고 장단점이 있으며, 실험결과의 타당성을 위협하는 요인도 제각기 다르다. 그러면 어떤 실험설계를 선택할 것인가? 적절한 실험설계를 선택하기 위하여 연구자가 사전에 해야 할 일은 첫째 연구문제에 대한 정확한 이해, 둘째 통제해야 할 가외변인의 종류와 특성 확인, 셋째 사용 가능한 각 실험설계의 장단점 파악이다. 그런 다음 연구문제에 대한 부합성과 조건통제의 가능성이라는 선택기준에 의거하여 가장 적합하다고 판단되는 설계를 선택하면 된다.

실험설계에 어떤 정형화 된 것이 있는 것은 아니며, 또한 좋은 실험설계라고 하는 것이 별도로 있는 것도 아니다. 그리고 어떤 연구에나 모두 적용할 수 있는 만능적인 실험설계란 없다. 그러므로 연구자는 자기가 연구하고자 하는 연구문제의 성격과 연구목적에 알맞도록 실험설계를 구안하거나 기존의 알려진 실험방안들 중에서 적합한 것을 골라서 쓰면 된다. 연구자가 노력해야 할 것은 주어진 현실 여건이 허용하는 범위 내에서 실험의 타당성을 극대화시킬 수 있는 실험방안을 모색하는 일이다.

제7절 단일피험자 설계

1. 단일피험자 설계의 특징

단일피험자 설계(single-subject design)는 실험처치의 영향을 알아보기 위해 한 개인을 연구대상으로 하는 실험방안이다. 원칙적으로 한 개인을 대상으로 하는 연구이지만, 경우에 따라서는 소수의 개인들로 구성된 단일집단을 대상으로 실험하는 수도 있다. 단일피험자 설계는 특히 행동치료(behavior therapy) 연구를 할 때 많이 이용된다. 단일피험자 실험연구를 간혹 사례연구와 혼동하는 사람들이 있으나 이는 잘못된 생각이다. 둘 다 하나의 사례에 초점을 두고 연구한다는 면에서는 같으나, 연구의 목적과 방법이 서로 크게 다르다. 단일피험자 설계의 목적은 실험처치의 효과를 확인하는데 있으며, 될 수 있는 한 가외변인의 영향을 통제하기 위해 노력하고, 주로 양적인 자료를 활용한다. 반면에 사례연구의 목적은 한 개인에 대한 종합적이고 심층적인 이해에 있으며, 있는 그대로의 현실적 맥락을 중시하고, 질적 자료에 많이 의존한다.

단 한명의 피험자를 대상으로 실험연구를 할 때는 실험처치 전후에 종속변인을 반복측정하는 시계열 설계의 형식를 사용하는 것이 필수적이다. 왜냐하면, 통제집단이 없으므로 실험처치의 효과를 알아보기 위해서는 처치 전과 후의 종속변인 측정값을 비교하는 수밖에 없기 때문이다. 그런데 처치 전후에 종속변인을 단 한번씩만 측정하게 되면 이것은 결국 앞에서 소개한 '단일집단 전후검사 설계'와 같아지는데, 그렇게 될 경우 내적 타당도를 위협하는 여러 가지 요인들을 통제하기 어려워진다. 따라서 이러한 문제점을 극복하기 위하여 실험처치 투입의 전과 후에 각각 종속변인을 여러 번 측정한다.

단일피험자 설계에서 실험의 내적 타당도를 높이기 위한 설계상의 특징은 앞에서 살펴본 집단설계의 그것과는 차이가 있다. 단일피험자 설계의 중요한 특징을 다음과 같이 요약할 수 있을 것이다.

1) 신뢰로운 관찰

단일피험자 설계는 많은 행동관찰을 필요로 하는데, 만약 관찰이 신뢰롭지 못하면 처치효과를 제대로 알아보기 어렵다. 신뢰로운 관찰을 하기 위해서는 관찰시간이나 관찰장소와 같은 관찰조건을 표준화시키고, 관찰자를 잘 훈련시켜야 하며, 관찰하고자 하는 표적행동을 명확히 조작적으로 정의해 놓아야 한다.

2) 반복 측정

이 설계의 가장 두드러진 특징 중 하나는 연구과정 전반에 걸쳐서 표적행동을 동일한 방식으로 반복해서 여러 번 측정한다는 점이다. 반복 측정을 함으로써 짧은 시간간격 내에서 예상되는 행동의 변산을 통제할 수 있으며, 표적행동에 대한 분명하고 신뢰로운 기술을 할 수 있다.

3) 조건의 구체적 기술

관찰하고자 하는 표적행동을 조작적으로 명확하게 정의한다. 그리고 행동이 관찰된 모든 조건을 정확하고 자세하게 기술해야 한다. 행동관찰의 조건이 분명하고 구체적으로 기술되지 않으면, 다른 대상들에게 응용하기 어렵게 되고 결국 실험의 내적 타당도와 외적 타당도가 떨어진다.

4) 기초선과 처치 기간의 길이와 안정성

단일피험자 설계에서 기초선과 처치의 각 단계(phase)별 시간 길이와 행동 관찰수는 거의 같아야 한다. 그렇지 않으면 결과의 해석을 어렵게 만들고 내적 타당성이 낮아지게 된다. 또한 표적행동은 안정된 형태가 나타날 때까지 충분히 관찰해야 한다. 만약 표적행동에 상당한 정도의 변산이 있을 경우, 처치 기간에 관찰된 행동의 변화가 자연적인 변산 때문인지 또는 처치효과 때문인지 분별하기 어렵기 때문이다. 단일피험자 설계의 첫 번째 단계에서 안정된 양상이 나타날 때까지 표적행동을 관찰하게 되는데 이 시기를 기초선(baseline) 단계라고 한다. 처치 단계에서도 표적행동이 안정성을 보일 때까지 계속 처치를 투입하면서 행동을 관찰할 필요가 있다.

5) 단일 변인

처치 기간에는 오직 하나의 변인만 변화시키도록 하는 것이 중요하다. 만약 두 개 이상의 변인을 동시에 변화시키면 어떤 것이 결과의 원인이 되었는지 알 수 없기 때문이다.

2. 단일피험자 설계의 유형

단일피험자 설계의 유형을 대별하면 A-B식 설계와 다중기초선 설계(multiple-baseline design)로 나누어 볼 수 있다. A-B식 설계에서 A는 기초선, B는 처치를 각각 나타내는 것이다.

1) A-B식 설계

이러한 설계 방식 중에서 가장 단순한 형태가 A-B 설계이다. 연구자는 피험자를 선발하여 기초선(A) 기간에 표적행동을 관찰한다. 그런 다음 처치(B) 기간에 실험처치를 제공하면서 표적행동을 관찰하는 방식이다. A-B 설계는 내적 타당도가 낮기 때문에 다른 적당한 대안이 없거나, 보다 엄격한 설계를 하기 위한 예비연구를 할 때만 이 설계를 사용하는 것이 좋다.

A-B-A 설계는 2차 기초선 조건이 추가되는 것 외에는 A-B 설계와 기본적으로 동일하다. 2차 기초선은 처치 제공 이전의 조건으로 반전(reversal)되는 즉, 되돌아가는 단계이다. A-B-A 설계는 내적 타당도가 비교적 높은 실험방안이므로, 표적행동이 처치조건에서 예상대로 변화하면, 그 변화를 처치의 효과 때문이라고 결론지을 수 있다. 그러나 이 설계의 한 가지 문제점은 처치조건이 철회되는

A-B-A 단일피험자 설계

기초선	실험처치	기초선
A	B	A
	XXXXX	
OOOOO	OOOOO	OOOOO

→ 시간 경과

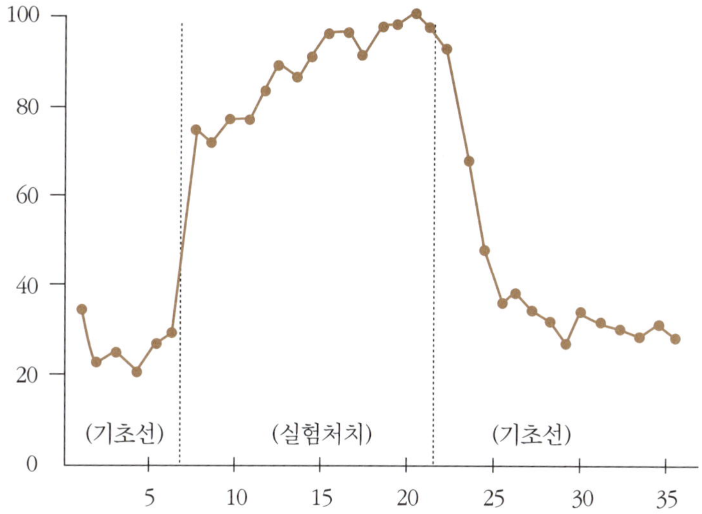

[그림 10-8] A-B-A 단일피험자 설계에 의한 행동관찰결과 예시

2차 기초선에서 실험을 마치기 때문에 처치의 효과가 사라진 상태로 끝난다는 점이다.

A-B-A-B 설계는 A-B-A 설계에서 처치의 효과가 없어진 이전 단계로 되돌아간 상태에서 실험이 끝나는 문제점을 해결하기 위하여 두 번째 처치 단계를 첨가시킨 실험방안이다. 이 설계는 A-B-A 설계의 문제점을 제거할 뿐만 아니라, 처치의 효과를 두 번씩이나 보여줌으로써 연구의 결론을 한층 강화시켜준다. 만약 처치의 효과가 두 처치 단계에서 동일하게 나타난다면, 실험결과가 다른 어떤 가외변인의 영향 때문이라는 경쟁가설의 설 자리는 크게 줄어들 것이다. 위에 A-B-A 설계를 도식화 하여 제시하고, 이러한 설계에 의한 실험의 결과를 시각적으로 알기 쉽게 나타내는 방법을 예시한 것이 [그림 10-8]이다.

2) 다중기초선 설계

다중기초선 설계는 처치조건의 철회가 불가능하거나 혹은 기초선으로 다시 되돌아 가게 하는 것이 비윤리적인 경우에 사용한다. 또한 처치조건을 철회할 수는 있으나 처치효과가 이월되어 원래의 기초선으로 완전하게 복귀하는 것이 어렵거나 불가능할 때 다중기초선 설계를 이용한다. 실험연구를 하더라도 처치의 효과를 그대로 유지시키는 것이 바람직할 때가 많다. 예컨대, 강화기법을 사용하여 수업시간 중 아동의 주의산만한 행동을 주의집중 하도록 수정한 후에 다시 본래대로 주의산만한 상태로 되돌려 놓는 것은 비윤리적이고 바람직하지 못하다. 이런 경우에는 처치의 효과가 그대로 유지되도록 하고 실험을 끝내는 것이 좋다.

다중기초선 설계에서는 기본적으로 A-B의 논리를 적용하고 있으나, 한 피험자의 한 가지 표적행동에 관한 자료를 수집하는 것이 아니라, 둘 이상의 행동, 두 명 이상의 피험자, 또는 둘 이상의 상황에 관한 자료를 수집한다. 즉, 다음과 같은 세 가지 종류의 다중기초선 자료가 가능하다.

① 한 피험자의 여러 가지 행동들에 관한 기초선 자료
② 한 가지 행동의 여러 피험자들에 관한 기초선 자료
③ 한 피험자내 한 가지 행동의 여러 상황들에 관한 기초선 자료

위와 같은 방식으로 기초선 자료를 수집한 다음, 각각의 표적행동에 일정한 시간간격으로 실험처치를 제공한다. 이때 만약 실험처치를 받은 표적행동은 변화를 일으키고, 처치를 받지 않은 표적행동은 기초선에 그대로 머물러 있다면 실험처치의 효과가 나타났다고 추론할 수 있다. 다음 〈표 10-4〉는 다중기초선 설계를 이해하기 쉽게 도식으로 나타낸 것이다.

〈표 10-4〉 **다중기초선 설계**

		시기1	시기2	시기3	시기4
행동들, 사람들, 또는 상황들	A	기초선	처치	처치	처치
	B	기초선	기초선	처치	처치
	C	기초선	기초선	기초선	처치

단일피험자 설계에서의 자료분석은 대부분 기술통계에 의존하고, 연구결과에 대한 시각적인 이해와 판단을 돕기 위해 주로 도표로 제시하는 방식을 취한다. 실험처치의 효과성을 판단하는 일차적 기준은 통계적 의의가 아니라 임상적 의의에 두고 있다. 단일피험자 설계에서 얻은 결과를 통계적 기법을 이용하여 검증하는 방법도 있긴 하지만 아직은 이 분야에서 그렇게 널리 사용되고 있지는 않다. 이 설계에 지적되는 비판 중 하나는 연구결과가 실험에 참여하는 한 개인의 범위를 넘어서서 일반화하기 어렵다는 점이다.

연습문제

1. 실험연구의 특징을 기술하시오. 그리고 실험연구에서 조건을 통제하는 주요 방법을 열거하고, 각각의 방법이 어떻게 조건을 통제할 수 있는지에 대하여 설명하시오.

2. 실험의 내적타당성을 저해시키는 요인을 열거하고, 실험에서 통제집단이 어떻게 이러한 요인들의 위험을 제거할 수 있는가에 대하여 설명하시오.

3. 실험의 내적 타당도와 외적 타당도의 의미를 설명하시오. 그리고 이 둘 사이에는 대체로 반비례 경향이 있다고 하는데 그 이유에 대하여 설명하시오.

4. 학교급식이 초등학교 아동의 신체발달에 미치는 효과에 관한 실험을 한다고 가정하고 구체적인 실험계획을 세워 보시오.

5. 어느 연구자가 새로운 수학교육과정의 효과를 알아보기 위하여 100명의 학생들에게 새 교육과정으로 학습하기 전과 후에 수학검사를 실시하였다. 사전 사후에 사용한 검사는 동형검사로서, 이 검사의 가능한 점수범위는 0～100점이다. 연구결과에 의하면, 지능을 기준으로 하위 25%에 해당하는 학생들의 성적은 사전의 평균 15점에서 사후에 평균 38점으로 높아졌고, 상위 25%에 해당하는 학생들의 성적은 사전의 평균 84점에서 사후에 평균 80점으로 오히려 떨어졌다. 이러한 결과를 토대로 연구자는 새 교육과정은 상위능력의 학생들보다는 하위능력의 학생들에게 더 효과적이라고 결론을 내렸다. 이 연구의 타당성을 검토하고, 연구결과에 대한 다른 가능한 해석은 무엇인가 논의하시오.

6. 요인설계에서 나타나는 주효과와 상호작용효과에 대하여 설명하시오.

7. 피험자간 설계와 피험자내 설계의 의미와 차이점을 기술하고, 각 설계의 장단점을 비교 · 설명하시오.

제 11 장 질적 연구

제1절 질적연구의 유형

근래에 와서 양적연구가 가지고 있는 한계를 인식하고 그 대안으로 많은 연구자들이 질적연구에 대한 관심을 증가시키고 있다. 질적연구방법을 적용한 연구논문이 점차 늘어나고 있는 추세를 보면 이러한 현상을 짐작할 수 있다. 질적연구는 인간이 생활하고, 경험하고, 상호작용하는 등 인간의 삶을 이해하고 그 의미를 발견하는데 일차적 목적을 두는 연구이다. 질적접근을 하는 연구자들은 개인이나 단일한 환경, 한 집단의 문화적 모형과 관점, 한 집단 구성원들의 일상적 활동과 사회적 구조 사이의 관계, 상호작용을 통하여 습득하는 관점과 의미, 사람들이 경험하는 현상 등에 관심을 가지고 연구를 한다. 이 장에서는 이러한 질적연구에 대한 이해의 폭을 넓히기 위하여 양적접근과 질적접근의 철학적 배경과 특징을 대비시켜 설명하고, 질적연구의 절차에 대하여 기술하고자 한다. 아래에 먼저 몇 가지 질적연구의 유형을 간략히 소개한다.*

1) 문화기술지

문화기술지(ethnography)는 문화인류학에서 발전한 질적연구의 방법으로서 집단의 문화를 연구대상으로 삼는다. 문화기술지 연구자들은 인간의 문화는 보편적인 것이 아니라 집단과 시기에 따라 변할 수 있는 사회적 산물이며, 각 집단마다 고유한 문화를 가지고 있다고 본다. 문화는 겉으로 드러난 행동양식이나 생활양식 뿐만 아니라 사람들의 사고방식과 행동의 구조원리를 모두 포함한다. 문화기술지는 각 집단 구성원들이 가지고 있는 그들만의 고유한 문화(생활양식, 사고방식, 행동규범 등)를 그들의 관점에서 이해하고 과학적으로 기술하고자 하는 연구 방법이다. 문화기술연구는 구성원들의 의미구조에 관심이 있고, 이 의미

* 질적연구는 매우 다양하여 그 유형이 여러 가지로 분류되나, 여기서는 다음 두 논문을 토대로 그 중에서 비교적 자주 사용되거나 언급되는 몇 가지만을 골라서 소개한다.

① 서근원, "질적연구 수행의 의미," 교육학연구, 제46권 제3호 (2008), 133 ~ 161.

② Michael Q. Patton, *Qualitative Research & Evaluation Methods,* 3rd ed. (Thousand Oaks, CA.: Sage Publications, 2002), 75-142.

구조와 관련된 사회적 맥락을 이해하고자 한다. 대체로 문화기술지 연구자는 다음과 같은 문제를 제기하고, 그러한 문제에 해답을 얻기 위하여 연구대상의 집단 속에 들어가 장기간 체류하면서 참여관찰과 심층면담을 통하여 필요한 자료를 수집해서 분석한다.

- 이 사람들의 문화는 무엇인가?
- 그들은 어떤 환경 속에 놓여 있는가?
- 그들의 고유한 행위가 무엇인가?
- 그 행위는 어떤 원리에 따라서 이루어지는가?
- 그 행위를 가능하게 하는 사고는 무엇인가?

2) 해석학적 접근

해석학(hermeneutics)의 이론적 기반은 철학에 있으나, 질적연구의 방법으로 해석학적 접근이 발전하게 된 것은 사회학에 기초를 두고 있다. 독일 사회학자 베버(Weber)는 인간의 행위는 인과론적으로 설명되기 보다는 이해되어야 한다고 보았다. 인간은 그가 추구하는 가치나 신념이 제시하는 의미에 따라서 행동하므로, 사람들을 이해하려면 각 개인이 추구하는 가치나 신념이 무엇이며, 그것이 어떻게 어떤 행위로 나타나는가를 밝혀내야 한다. 즉, 개인이 그의 주변 세계를 어떻게 해석하는가를 이해하고, 그의 신념과 가치가 어떻게 그 같은 방식으로 행동하게 하는지를 이해해야 한다고 보았다. 집단 구성원들에게 문화는 해석의 대상이고 그들은 문화의 해석자이다. 따라서 해석학적 접근에서 연구자가 해야 할 일은 사람들이 문화를 어떻게 해석하고, 그것이 어떤 행위로 나타나는지를 그들의 관점에서 다시 해석하여 기술하는 일이다. 해석학의 관점에서 질적연구를 수행하는 연구자는 다음과 같은 연구문제를 제기하고 그에 대한 해답을 얻고자 필요한 자료를 수집하여 심층적으로 분석하고 기술한다.

- 그 사람들의 행위가 일어난 상황은 어떠한가?
- 그들은 어떤 행위를 하는가?
- 그 행위는 어떤 해석의 결과인가?
- 그 해석은 어떤 과정으로 이루어지는가?
- 그들은 어떤 관점에 의해서 현상을 바라보는가?

3) 현상학적 접근

질적연구로서의 현상학(phenomenology)은 생활세계 속에서 각 개인이 일상적으로 경험하는 체험의 의미를 선입견 없이 이해하는 것을 목적으로 한다. "세계는 우리에게 드러나는 만큼 존재한다"고 현상학에서는 주장한다. 후설(Husserl)이 말하는 '현상학적 환원'이란 어떤 전제나 선입견에 영향을 받지 않기 위해 기존의 믿음을 괄호에 넣는 것을 의미한다. 이러한 방법을 통해서 연구대상자의 경험세계로 직접 들어갈 수 있는 길이 열리게 된다. 아무런 전제 없이 연구에 임할 때 비로소 면담을 통해 얻어낸 자료들을 있는 그대로 기술할 수 있다. 면담은 사전에 계획된 형식으로 진행하는 것이 아니라 연구대상자가 자유롭고 자발적으로 참여할 수 있도록 유도하는 대화 형식으로 이루어져야 한다. 연구대상자가 자신의 경험을 설명하는 것뿐만 아니라, 자신의 경험에 대해 나름대로 의미를 부여하는 것을 허용해야 한다. 그리고 연구자는 면담할 때 자신의 의견이나 질문을 가능한 한 최소화해야 한다. 현상학적 접근을 이용하는 연구자는 다음과 같은 문제에 해답을 얻고자 한다.

- 그 사람에게 그 현상 체험의 본질과 의미는 무엇인가?
- 그 사람은 어떤 생활세계 속에서 살아가는가?
- 그 사람은 상황 속에서 무엇을 체험하는가?
- 그 체험은 그에게 어떤 의미가 있는가?
- 그 체험의 본질적인 의미가 무엇인가?

4) 상징적 상호작용론

상징적 상호작용론(symbolic interaction)은 인간의 사회적 행동은 상징에 대한 해석의 결과로서 이루어진다고 보는 사회학으로부터 발전한 질적연구의 방법이다. 인간이 사용하는 모든 기호에는 의미가 있고, 인간은 생활환경을 구성하는 모든 사물에 주관적으로 의미를 부여한다. 상징적 상호작용론은 사람들이 언어나 몸짓으로 의미를 교환하고, 그 속에서 서로의 생각 · 기대 · 행동을 조정해 가는 사회화 과정에 초점을 맞추는 이론이다. 사회란 개인들 간의 일상적인 관계 속에서 공동으로 구성되는 의미의 교류에 의해 유지되어 간다는 것이다. 따라서 사회현실은 상호주관적인 것이며, 서로의 행동을 해석하고 적절히 반응하는 과정에서 사람들은 자신의 행동과 태도를 끊임없이 수정해 나간다. 예를 들어, 개인의 자아개념은 사회적 상호작용의 결과로서 형성된다. 즉, 사람들은 일상의 다양한 상황에서 접하는 타인의 눈을 통해 사회화된 자아를 형성하는 것이다. 상호작용 관계에 있는 사람들은 각자 자신의 행동에 대해 상대방이 어떻게 반응할 것인가를 예견하고, 상호 수용할 수 있는 방식으로 상황을 정의하고 행동의 한계를 설정하게 된다. 상징적 상호작용론의 연구자는 연구대상에 대하여 다음과 같은 문제를 제기하고 그 해답을 찾아보고자 한다.

- 사람들의 상호작용에 의미를 주는 공통의 상징과 이해는 무엇인가?
- 그는 상황을 어떤 것으로 정의하는가?
- 상황 속에서 무엇을 고려하고 해석하고 평가하는가?
- 그는 어떤 행위의 대안들을 예상하는가?
- 어떤 해석에 근거해서 대안을 선택하여 실행하는가?

5) 근거이론

근거이론(grounded theory)은 상징적 상호작용론에서 파생된 질적연구의 방법으로, 인간이 실제로 행동하는 모습을 근거로 하여 인간행동을 실질적으로 설명할 수 있는 이론을 찾아내고자 하는데 그 목적을 두고 있다. 즉, 상징적 상호작용론을 기초로 하여 인간이 어떤 과정을 통해서 행동을 하며, 그러한 행동의 전략이 무엇인지를 찾아내고 그것을 이론화하여 인간행동을 설명하고자 한다. 이와 같은 과정을 통해서 만든 이론을, 기존의 가설연역적 방법에 의한 이론과 구별하여, 사람들의 구체적인 실제 행동을 근거로 생성되었다는 의미에서 '근거이론'이라고 부른다. 근거이론은 연구주제에 대하여 알려진 것이 별로 없고, 집단의 행동을 설명하거나 예측하기 위해 어떤 적절한 이론도 없을 경우에 특히 유용하다. 근거이론에서는 비록 외부인의 눈으로 볼 때 사람들의 세계가 혼란스럽고 의미없어 보이지만 당사자들은 자신의 환경에 대해 의미를 부여한다고 가정하며, 이론을 생성하기 위해 사람들의 일상적인 실제 행동의 관찰을 통한 귀납적 방법을 적용한다. 근거이론의 방법을 이용하는 연구자는 연구대상에 대하여 다음과 같은 문제를 제기하고 그 해답을 찾아내고자 한다.

- 체계적 비교분석으로 상황을 설명할 수 있는 어떤 이론이 드러나는가?
- 그들은 사회적 문제상황을 어떤 것으로 인식하는가?
- 문제상황을 해결하기 위하여 무엇을 어떻게 고려하는가?

• 그들이 문제상황을 해결하는 과정과 전략은 무엇인가?

6) 생애사

생애사(life history)는 한 개인, 한 집단, 한 조직체의 경험과 그 경험 속에 녹아 있는 역사를 연구하는 방법이다. 예컨대, 한 개인의 생애사 연구를 할 경우 사람들의 과거에 대한 이야기 또는 각종 기록을 토대로 역사를 탐구하는 것인데 그 역사의 내용을 무엇으로 잡느냐, 어디에 초점을 맞추는가에 따라서 다르게 구성될 수 있다. 즉, 한 사람의 생애사를 정치, 경제, 교육, 종교 등에 초점을 맞추면 각각은 정치적 생애사, 경제적 생애사, 교육적 생애사, 종교적 생애사에 대한 서술적 기록이 된다. 생애사를 통하여 연구자는 과거의 사회적 상황이 개인의 삶에 어떻게 영향을 미쳤는지, 또는 개인은 과거의 사회적 상황을 어떻게 해석하고, 대처하고, 상황을 변화시켰는지 등을 이해할 수 있다. 생애사 연구의 기본 가정은 행동과 경험을 행위자의 관점 내지는 주관적인 관점에서 연구하고 이해한다는 것이다. 이때 개인적 서술의 신뢰성이 문제될 수 있으나 이것은 실증주의적 관점에서 제기된 것으로, 기억의 선택성과 경험에 대한 주관적인 해석이 생애사의 본질이기 때문에 어떤 특정한 삶의 이야기가 과연 실제로 일어난 사실(fact)인가를 따지는 것은 타당하지 않다고 본다. 생애사 연구자는 연구대상에 대한 다음과 같은 질문에 답하기 위하여 심층면담과 각종 기록 자료를 수집하여 분석한다.

• 그는 지금까지 어떤 일을 겪어왔는가?
• 그 일은 과거의 어떤 사회적 상황과 관련되어 있는가?
• 그는 사회적 상황을 어떻게 해석하고 실천했는가?

제2절 양적접근과 질적접근의 철학적 배경

사회과학의 방법론에서 양적접근과 질적접근에 대한 논의의 핵심은 연구대상의 성질에 관한 기본가정의 문제로 압축할 수 있을 것이다. 즉, 사회과학의 연구대상이 되는 사회현상이 자연과학의 연구대상인 자연현상과 그 기본 특성에 있어서 같은가 또는 다른가에 관한 문제이다. 만약 사회현상과 자연현상의 성질이 근본적으로 같다고 가정하면, 과학이 추구하는 객관성과 보편성의 확보를 위해서 사회과학의 대상에도 자연과학의 연구방법을 그대로 적용시킬 수 있다는 입장을 따르게 된다. 그러나 이와는 반대로 만약 사회현상과 자연현상은 본질적으로 그 성질이 다르다고 가정하면, 사회현상은 그 개별성과 특수성에 의하여 파악되어야 하기 때문에 사회현상의 연구에 자연과학의 방법을 그대로 적용시킬 수 없다는 입장을 취하게 된다. 전자의 입장에서는 양적접근을 강조하고, 후자의 입장에서는 질적접근을 강조한다. 질적접근을 지지하는 사람들은, 자연과학은 여러 사상들의 공통 속성에 관한 일반적인 이해를 목표로 법칙 발견적인데 비하여, 사회과학은 개개 사상의 특성에 관한 구체적인 이해를 목표로 개별 기술적인 점을 강조한다. 또한 자연과학에서는 통제된 실험과 정밀한 측정이 가능한 대상을 주로 다루지만, 사회과학에서는 대부분 엄격히 통제된 실험이나 정밀한 측정이 불가능한 대상을 취급하는 등 자연과학과 사회과학은 현저하게 다르다는 점을 강조한다.

1. 경험적 · 실증적 탐구관

양적접근의 방법은 경험적 · 실증적 탐구의 전통을 따르고 있다. 이러한 탐구관을 신봉하는 사람들의 기본입장은, 과학적 지식은 경험적으로 검증이 가능해야 되며, 따라서 과학은 경험의 영역에 그 대상을 국한시키고 경험적 분석과 연구의 결과로 나타나는 것들에 대해서만 이성(理性)이 사후적으로 의미를 부여하도록 해야 된다는 것이다. 그리고 이들은 과학적 진리란 경험적 자료를 토대로 하여 귀납적으로 추리한 결과에 불과하다고 생각한다.

양적접근의 배경에는 경험주의(empiricism)와 실증주의(positivism)의 철학사상이 깔려 있다. 경험주의의 선구자인 베이컨(Bacon)은 참다운 학문은 경험에서 출발하여야 되고, 관찰과 실험에 의하여 인식의 정확한 기반을 확립시켜야 한다고 주장하였다. 경험주의에서는 모든 인식의 기원이 경험에 있다고 보고 현실세계에 대한 경험적 지식을 절대시한다.

다양한 요소를 포함하고 있는 실증주의를 하나로 묶어 이야기하기는 매우 어려우나, 넓은 의미의 실증주의에서도 경험의 중요성을 강조하기는 마찬가지이다. 논리적 경험주의(logical empiricism)의 전통을 이어받고 있는 사람들에 의하면, 사회과학의 탐구대상도 물리학자가 물리적 대상을 다루는 방법과 같은 방법으로 다룰 수 있다고 가정한다. 이와 같은 가정이 시사하는 바는, 물리학자가 그들의 연구대상인 물체와 동떨어져서 그 물체를 내면적 의미를 갖고 있지 않는 객체로 볼 수 있는 것과 같이, 사회과학자도 사회과학의 탐구대상이 되는 사건이나 사상을 자연의 한 부분처럼 독립적으로 존재하는 객체로 간주하고 관찰·측정할 수 있다는 점이다.

경험적·실증적 탐구관을 가지고 있는 사람들이 주장하는 내용을 간단히 요약하면 다음과 같다. 첫째, 자연현상과 사회현상의 차이는 단지 정도의 차이일 뿐 본질적으로는 같은 것이다. 따라서 자연현상의 탐구에 적용되는 자연과학적 방법이 사회현상의 탐구에도 그대로 적용될 수 있다는 것이다. 둘째, 사회현상을 포함한 모든 현상은 내재된 법칙에 의해 지배되고 있다. 따라서 자연과학이든 사회과학이든 과학적 탐구의 목표는 그러한 법칙을 발견하는 일이며, 현상을 기술해 주는 것만으로는 과학이 될 수 없다는 것이다. 셋째, 과학은 오직 객관적인 사실을 추구할 뿐이지 어떠한 상태가 바람직한 것인가 하는 문제는 과학이 관여할 성질의 문제가 아니다. 즉, 과학적 탐구는 가치중립적이라는 것이다. 넷째, 과학적 지식의 가장 두드러진 특징은 그것의 경험적 검증가능성에 있다. 그러므로 과학적 지식은 관찰을 통하여 얻어진 사실에 의해 검증되어야만 정당화될 수 있고, 그러한 방식으로 추론된 이론만이 유의하다는 것이다. 이상과 같은 기본입장에 입각하여 경험적·실증적 탐구에서는 정확한 관찰과 실험을 위하여 개념의 조작적 정의, 조건의 통제, 측정도구의 표준화 등을 강조한다.

2. 현상학적·해석학적 탐구관

질적접근의 방법은 현상학적·해석학적 탐구의 전통을 따르고 있다. 인간이 비록 자연의 일부로 존재하기는 하지만 다른 동식물에게는 없거나 아주 미약한 창의력, 상징력, 추리력, 의사소통능력 등 이른바 고등정신능력을 인간은 가지고 있다. 사람들이 이러한 능력을 활용하여 다른 사람들과 상호작용하면서 살아가는 과정에서 상호주관적으로 형성하는 것이 곧 사회이다.

질적접근의 대두는 주로 현상학과 해석학에서 그 근원을 찾아 볼 수 있다. 후설에 의하면 모든 객관적 실체는 의식적 형성의 산물이며, 따라서 의식적 형성에 대한 이해 없이 객관적 존재를 이해할 수 없다고 한다. 현상학에서는 대상을 직접

문제 삼지 않고 그 대상을 형성하는 주관과 의식작용을 중시한다. 우리의 의식에 대상은 현상으로 주어지며, 이러한 현상은 의식의 흐름을 구성하고 이것은 대상 그 자체와 구별된다고 본다. 현상학적 이해의 방법을 시도한 슈츠(Schutz)는 우리가 사는 일상세계의 현실이 하나가 아니라 각자의 상이한 인식태도에 따라 여러 개의 현실로 구분될 수 있다는 '다면적 현실' (multiple realities)을 가정한다.* 슈츠에 의하면 현실을 구성하는 것은 대상의 존재 그 자체가 아니라, 대상과 관련된 우리의 경험이 갖는 의미라는 것이다. 그러므로 상이한 경험의 의미는 상이한 현실을 구성하며, 모든 현실은 '제한된 의미의 영역' 내에서의 현실이라는 것이다. 외부세계의 실체는 인간과 무관하게 객관적으로 존재하는 것이 아니고 그 세계 속에 살고 있는 사람들이 상호주관적으로 부여한 의미에 의해 구성된다고 본다. 슈츠에 따르면, 우리의 일상적인 경험세계는 개인들 간 언어적 또는 비언어적 의사소통을 통하여 상호주관적인 것으로 경험한다는 것이다.

경험적 · 실증적 탐구론이 물리학을 이상적 모형으로 하여 사회현상도 객관화된 실체로서 자연과학적 방법에 의해 설명되어야 하는 것으로 보는데 비하여, 해석학에서는 사회현상을 이해에 의해서 해석되어야 하는 것으로 파악한다. 해석학의 전통은 베버에 의하여 하나의 사회과학 방법론으로 정착되었다. 베버는 사회현상의 연구에는 의미의 해석을 통한 이해를 필요로 한다는 점을 강조하고, '이해' 를 사회현상 연구에 있어서 주요한 도구로 사용할 것을 주장하였다. 그에 의하면, 자연현상과 같이 반복적 · 보편적으로 일어나는 현상은 밖으로 드러난 현상들의 분석으로 인과관계를 밝혀낼 수 있으나, 역사성을 갖는 사회적 현상의 경우에는 겉으로 드러난 현상만으로 인과성을 밝혀낼 수 없다는 것이다.

이해의 방법으로 불리는 현상학적 · 해석학적 탐구관의 특징은 사회현상을 관찰자가 아닌 행위자의 관점에서 파악하려고 한다는 점이다. 그리고 이러한 이해의 방법이 사회과학에서 하나의 탐구방법으로 성립할 수 있는 이유를 '상호주관성' (intersubjectivity)의 개념에서 찾고 있다. 상호주관성이란 내가 보는 견해와 타인이 보는 견해가 서로 일치하는 정도를 말한다. 자아는 객체를 의식지향의 목표로 삼고 상호주관적으로 타아와 연결된다는 것이다. 상호주관적 이해를 통하여 의미의 세계가 객관성을 띠며 경험적인 관찰이 가능할 수 있다고 주장한다.

* 김홍우, "현상학과 사회과학," 김동일 외, 사회과학 방법론 비판. (서울: 청람문화사, 1983), 207-234.

제3절 양적접근과 질적접근의 비교

위에서 살펴본 바와 같이, 양적접근과 질적접근은 그 철학적 배경이 다르다. 양적접근은 경험적 · 실증적 탐구의 전통을 따르는 입장으로서, 사회현상을 어떤 형태로든 수량화하고, 이렇게 수량화된 자료를 가지고 통계방법을 이용하여 기술하고 분석하는 연구전략이다. 이에 비하여 질적접근은 현상학적 · 해석학적 탐구의 전통을 따르는 입장으로서, 연구와 관련된 당사자들의 상호주관적인 이해에 바탕을 두고 사회현상을 사실적으로 기술하고 해석하는 연구전략이다.

질적접근에서는 대체로 인류학적 연구방법을 많이 활용하는데 그 중에서도 특히 참여자의 관점을 중시하는 접근방법과 유사한 점이 많다. 즉, 인류학에서는 하나의 문화를 기술하고 이해하고자 할 때, 주관적인 참여자의 입장을 취하는 내부자적 접근방식과, 객관적인 관찰자의 입장을 취하는 외부자적 접근방식의 두 가지 대립되는 연구전략이 있는데, 이 중에서 질적접근은 주관적인 내부자적 관점을 중시한다. 내부자적 접근방식에서는 어느 한 문화를 이해하려면 그 문화를 소유한 사람들의 생활양식에 직접 참여해 보아야만 된다고 전제하고, 원주민들의 가치관 · 사고방식 · 행동양식을 그들의 입장에서 이해하려고 노력한다. 양적접근과 질적접근의 차이점을 다음과 같이 요약해서 비교할 수 있을 것이다.

1. 양적접근과 질적접근의 차이

1) 신뢰도 대 타당도

양적접근에서는 신뢰도를 강조하는 반면에, 질적접근에서는 타당도를 좀 더 강조한다. 신뢰도는 측정하려고 하는 속성을 얼마나 오차를 줄이고 정확하게 측정하느냐의 정도를 나타내는 개념으로서, 측정결과의 일관성과 반복가능성에 관한 문제이다. 양적접근에서는 수량화가 필연적이고 수량화는 측정을 통하여 이루어지므로 자연히 측정의 신뢰도에 관심을 집중하게 된다. 한편, 타당도는 측정하려고 의도한 속성을 어느 정도 충실히 측정하고 있느냐를 나타내는 개념이다. 즉,

수집된 자료와 사용된 도구가 갖고 있는 의미와 의의에 관한 문제이다.

질적접근에서는 '의미'와 '이해'를 중시하므로 타당도를 우선적으로 강조하게 된다. 사용된 도구는 그것이 본래 측정하고자 의도한 것을 측정하고 있는가, 수집된 자료는 본래 그 자료가 의미할 것이라고 생각한 바로 그것을 의미하고 있는가, 측정결과로부터 어떤 의의 있는 추론을 도출해 낼 수 있는가? 등의 질문이 모두 타당도에 관련된 문제이다. 물론 양적접근에서는 신뢰도를, 질적접근에서는 타당도를 강조한다고 양자택일 식으로 간단히 말하기는 어렵다. 왜냐하면, 양적접근이나 질적접근이나 신뢰도와 타당도를 최대로 높이는 일은 모두 중요하기 때문이다. 그럼에도 불구하고, 이 두 방법론은 신뢰도와 타당도 중에서 어느 것에 우선 순위를 두느냐 그리고 어느 쪽을 보다 더 강조하느냐에 있어서는 명백한 차이를 나타내는 것이 사실이다.

2) 객관성 대 주관성

과학적 탐구의 전통을 따르는 양적접근에서는 객관성을 강조하는데 비하여, 질적접근에서는 주관성의 장점을 최대한 이용하고자 한다. 객관성은 과학의 필수조건으로 인식되고 있다. 일반적으로 '주관적'이라는 말은 편파적이고, 신뢰롭지 못하고, 비합리적이라는 것을 시사할 때가 많다. 주관적 자료라고 할 때, 그것은 사실보다는 의견을, 논리보다는 직관을, 확증보다는 인상을 암시한다. 그리하여 사회과학자들은 그들의 연구과정에서 가능한 한 객관성을 확보하고 주관성을 배제시키고자 노력한다. 그러나 질적접근에서는 주관성의 부담을 구태여 피하려고 하지 않는다.

질적접근을 옹호하는 사람들은 사회과학분야의 연구는 대부분 정책이나 가치의 문제와 밀접히 관련되어 있기 때문에 주관성을 완전히 배제시키는 것은 거의 불가능하다고 믿는다. 그러므로 이와 같은 상황에서는 내재된 주관성을 완전히 제거시키지 못하고 다만 통제할 뿐이라고 생각한다. 가령, 두 과학자가 동일한 대상을 관찰하더라도 그들의 이론적 관점 · 가정 · 방법론 등의 차이로 인하여 사실상 동일하게 보지 못할 수도 있는 것이다. 개인이 사물을 어떻게 지각하고 어떻게 보는가는 그 개인의 과거 경험과 사고의 틀에 따라 다를 수 있다. 우리가 복잡한 현실세계를 관찰할 때 그것을 어느 정도 단순화시키지 않고 그대로 볼 수는 없는 것이다. 그런데 복잡한 현실세계의 단순화 과정에는 각 개인의 과거 경험이 작용하게 마련이다. 질적접근에서는 이와 같이 우리가 주관성으로부터 완전히 탈피할 수 없다는 점을 인정하고 그 주관성을 효과적으로 이용하고자 한다. 즉, 질적접근에서는 다수가 공감할 수 있는 상호주관적 이해를 강조한다. '상호주관적 이해'란 다른 사람도 이해할 수 있는 주관과 주관 사이의 공통적인 이해를 뜻한다. 질적접근의 지지자들은 인간과 사회의 실재는, 우리의 의식 저 바깥에서(out there), 주체와 객체의 관계를 유지하며, 우리의 의식과 동떨어져서, 그 나름의 독립된 실체로 존재할 수만은 없다고 생각한다.

3) 원거리 대 근거리

양적접근과 질적접근은 연구대상과의 거리를 어느 정도 유지해야 되는가에 대하여 서로 다른 입장을 보이고 있다. 양적접근에서는 객관성과 중립성을 보장하기 위하여 연구대상과 되도록이면 '멀리' 떨어질 것을 강조한다. 과학적인 탐구의 자세는 연구대상이나 연구자료에 사적으로 관여함이 없이 냉정하고 초연해야 되는 것으로 믿기 때문이다. 이와는 대조적으로 질적접근에서는 그들의 관점에서 이해하기 위하여 연구대상에 '가까이' 접근할 것을 강조한다. 연구대상에 가까이 접근하는 것이 필요하다는 주장의 배경에는 사람들의 내면적인 심리상태를 파악하는 일이 중요한 바, 그렇게 하기 위해서는 그들과 사적인 만남을 통하여 감정적 교류, 공감적 이해가 있어야 된다는 점을 가정하고 있는 것이다. 다른 사람들의 사고와 행동을 올바로 이해하고 그 속에 내포된 의미를 발견하기 위해서는 그들의 입장에 서서 그들의 시각으로 사물을 볼 필요가 있다는 점을 강조한다. 즉, 질적접근에서는 가능한 한 연구대상에 가까이 접근하여, 실제로 일어나고 있는 활동이나 상호작용을 사실 그대로 포착하고, 당사자들의 의견과 느낌을 직접 인용하는 등 원자료를 수집하고자 힘쓴다. 그러므로 질적접근에서는 주로 참여관찰(participant observation)과 심층면접(in-depth interview)의 방법을 이용한다.

사회현상이나 자연현상의 이해에 크게 공헌한 학자들 중에는 연구대상을 근거리에서 관찰하여 통찰을 얻은 경우가 많다는 사실을 잊어서는 안 된다고 질적접근의 지지자들은 주장한다. 그 좋은 예로서, 피아제가 자기 자녀의 지적발달과정을 가까이서 관찰한 결과를 토대로 인간의 인지발달이론을 정립하였고, 프로이드는 자기 자신의 심리분석과 신경증 환자의 임상적인 관찰을 통하여 성격에 관한 정신분석학적 이론을 체계화시킨 사실을 들고 있다.

4) 일반성 대 특수성

양적접근에서는 일반성을 좀 더 강조하고, 질적접근에서는 특수성을 좀 더 강조한다. 즉, 양적접근은 법칙발견을 위해 노력하고 질적접근은 이해증진을 위해 노력한다. 과학의 목표가 일반적인 법칙발견이나 이론의 구축에 있다고 하는 점에 관해서 의심하는 사람이 거의 없다. 과학적인 탐구의 전통을 따르는 양적접근에서는 자연히 일반적인 법칙의 발견을 최대의 목표로 삼는다. 일반화를 목표로 하는 입장에서는 더 많은 연구사례와 대표적 표본, 연구대상과의 일정한 거리 유지, 자료의 수량화 등을 강조한다. 따라서 양적접근을 선호하는 연구자들에게 일반적 법칙의 발견과 연구결과의 일반화와는 비교적 거리가 먼 사례연구는 별로 인기가 없다.

그러나 연구문제의 성격에 따라서는 사례연구가 오히려 보다 더 적절한 경우가 있다. 특히 평가연구에서 사례연구법이 유용할 때가 많다. 가령, 어느 특정한 프로그램의 개선방안을 모색하기 위한 목적으로 하는 평가연구일 때는 사례연구 방식의 접근이 필요하다. 마치 학습자들 사이에 존재하는 개인차를 고려하여 학습자 개개인의 특성에 알맞은 개별화 수업을 강조하듯이, 질적접근에서도 프로그램을 평가할 때는 각 프로그램의 독특성을 최대한 고려해야 된다는 점을 강조한다. 따라서 질적접근은 전국수준이 아닌 지역수준에서 평가의 이해당사자들에게 유용하고 의미있는 정보를 제공할 목적으로 실시하는 소규모 평가연구에 적절한 방식이라고 하겠다.

5) 연역적 논리 대 귀납적 논리

양적접근의 연구논리는 기본적으로 연역적 논리의 경향을 띠고 있다. 일반적으로 양적접근에서는 자료를 수집하기 전에 구체적인 연구가설을 설정해 놓는다. 그런데 연구자가 구체적인 연구가설을 설정하려면 사전에 일반원리로부터 이론적 틀을 가지고 있어야 하며, 또한 어떤 변인들이 중요하고, 그 변인들 사이의 관계는 어떠한 것인가를 예상할 수 있어야 한다. 특정한 이론적 틀에 근거하여 구체적인 연구가설을 미리 설정해 놓은 다음, 가설검증에 필요한 실증적 자료를 수집해서 통계적으로 가설을 검증하는 일련의 연구과정은, 일반적 법칙이나 주장으로부터 특수한 법칙이나 주장을 유도하는 연역법의 논리와 기본적으로 같은 것이다.

이와는 대조적으로 질적접근의 연구논리는 기본적으로 귀납적 논리의 경향을 띠고 있다. 질적접근에서는 사전에 없던 가설을 설정해 놓고 이것을 검증하는 방식을 취하는 것이 아니라, 존재론적 입장에서 관찰된 개별적 사실들로부터 점차 일반화의 이론을 도출해 나간다. 질적 연구자는 연구를 수행하기에 앞서 미리 무엇이 중요하고 중요하지 않는지 혹은 변인들 간의 관계가 어떠할 것인지를 가정하지 않고, 구체적인 개별 사례들을 분석·종합해 나가면서 중요한 변인들을 찾아내고 변인들 사이의 관계를 밝혀내는 것이다. 이것은 마치 그림조각 맞추기를 할 때, 사전에 어떤 모양의 그림인지 알지 못하고, 낱낱의 그림조각들을 살펴보면서 이렇게 저렇게 짜맞추어 나아가다가 마지막에 가서 하나의 그림을 완성시키는 것과 유사하다. 사람들의 실제 행동을 직접 관찰한 결과를 토대로 생성한 이론을 '근거이론'(grounded theory)이라고 부르는데, 질적접근에서는 이와 같은 근거있는 이론을 형성하고자 노력한다. 질적접근에서의 자료분석과정은 마치 나팔관 모양의 깔때기와 흡사하여, 처음에는 폭넓게 출발하지만, 점차 진행될수록 폭을 좁혀가면서 일정한 방향으로 초점을 맞추어 분석하는 것이 특징이다.

6) 부분 대 전체

양적접근에서는 실재 세계를 여러 개의 구성요소나 하위 범주로 세분화시킬 수 있다고 보고, 연구의 의도에 맞게 사태를 적절히 통제하면서 연구대상을 다각도로 분석해 보는 일에 노력을 집중시킨다. 구성요소를 분석하는 대표적 방법은 요인설계법으로서, 요인설계를 이용한 연구는 대개 명확히 정의된 소수의 변인들에 초점을 맞추어 분석하는 것이 특징이다. 또한 원인과 결과를 명백히 구별지을 수 있다고 가정하고, 독립변인 이외에 종속변인에 영향을 미치는 바람직하지 못한 실험외적인 요소들 즉, 가외변인을 엄격히 통제하려고 애쓴다. 이와 같은 접근은 복잡한 현상을 단순화시키고, 전체를 몇 개의 작은 부분으로 나누어 변인들 간의 관계를 구체적으로 세밀히 분석하기 때문에 간결하고 명확하다는 장점을 가지고 있으나, 반면에 전체적인 맥락을 제대로 파악하지 못한다는 문제를 지니고 있다.

질적접근에서는 주어진 어떤 현상을 자연 상태의 있는 그대로 전체로서 이해해고자 노력한다. 현상을 부분들로 분석하지 않고 총체성을 강조하는 입장에서는 전체는 부분들의 단순한 산술적 총합이 아니라 그 이상의 것이며, 부분들은 이러한 전체적 맥락 속에서만 의미를 갖게 된다고 가정한다. 따라서 인위적으로 통제된 조건하에서 상호 단절된 몇몇 변인들 간의 관계를 규명하는 방식의 실험적 연구보다는, 아무런 통제를 가하지 않는 자연적 탐구를 선호한다. 통합된 전체의 이해를 강조하는 질적접근에서는 연구대상의 독특성, 다면성, 역동성을 있는 그대로 파악하기 위하여 자료수집방법에 제한을 두지 않고 필요한 모든 방법을 이용한다. 그리하여 수집한 정보를 토대로 연구대상의 실체를 사실적으로 기술하는 것이 특징이다.

7) 결과중심 대 과정중심

양적접근에서는 결과에 관심을 집중시킨다. 일반적으로 결과중심의 연구는 실험집단과 통제집단을 구성하고 사전검사와 사후검사를 실시하여 두 집단 간의 차이를 비교하는 방식으로 이루어진다. 이러한 연구설계에서 가정하고 있는 것은 일단 투입된 실험처치는 변화되지 않는다고 보는 점이다. 그러나 실험처치로서의 교육프로그램 중에 고정불변하는 것은 별로 없을 것이다. 대부분의 교육프로그램은 정적인 상태를 유지하기보다는 부단히 변화하는 환경조건에 적절히 대응하기 위하여 계속적으로 변모된다고 보아야 할 것이다. 즉, 이미 개발 완료된 프로그램이라도 현장에 적용할 때 환경조건이 바뀌어 프로그램의 내용이나 목표를 불가피하게 수정해야 할 경우가 많이 발생한다.

질적접근에서는 결과뿐만 아니라 그러한 결과에 도달하기까지의 과정에도 많은 관심을 기울인다. 여기서는 프로그램이나 환경조건을 정적(靜的)인 것으로 보지 않고 동적(動的)인 작용으로 보는 입장을 취한다. 동일한 환경조건이라도 개인의 지각 여하에 따라서 그 상호작용의 의미가 달라질 수 있다고 믿기 때문이다. 예를 들어, 질적 방법으로 교육프로그램을 평가한다면 평가자는 주어진 기간 내에 프로그램이나 환경조건에서 나타나는 질적 · 양적인 변화에 모두 민감해야 되며, 그 프로그램에 관련된 당사자들의 의견이나 느낌을 정확히 파악할 수 있어야 한다. 이때 상황변인을 조작하거나 통제하려 하지 않으며, 일정 기간내에 일어났던 모든 사건과 현상을 평가의 대상으로 삼는다. 그러므로 평가의 자료가 되는 것은 의도한 결과는 물론 예기치 못했던 결과, 프로그램의 변화, 현장에서 일어나는 다양한 작용 · 반작용 · 상호작용의 유형 등에 관한 가능한 모든 정보를 포함한다.

〈표 11-1〉 양적연구와 질적연구의 특징 비교

비교 기준	양적 연구	질적 연구
철학적 배경	경험주의, 실증주의	현상학, 해석학
연구 목적	일반적 법칙 발견 이론 검증 설명, 예측	개별적 현상 이해 이론 발견 의미, 해석
연구 기본 논리	연역적	귀납적
기본 가정	객관적 실체 자연 현상의 규칙성	지각된 실체 사회 현상의 유연성과 역동성
전형적 연구유형 예	실험연구 조사연구 상관연구 인과비교연구	문화기술지 내용분석연구 질적사례연구 역사연구
연구 설계	구체적이고 고정적 사전 결정	일반적이고 융통적 점차 결정
연구 대상	무선표집 대표성 강조 주로 대규모 통제된 상황	목적표집 독특성 강조 주로 소규모 자연적 상황
연구대상과 연구자의 관계	원거리 유지 객관적 관찰	근거리 참여 공감적 이해
연구 자료	양적 자료	질적 자료
자료 수집	다양한 측정도구 사용 질문지, 검사, 척도 등	연구자가 중요한 연구도구 참여관찰, 심층면접
자료 분석	분석적 통계적 분석 집단비교	총체적 질적 분석 집단기술
자료 해석	외부자적 관점	내부자적 관점
결과 보고	결과 중심 객관적 기술 신뢰성 중시 요점식 수량적 보고서	과정 중심 주관적 해석 타당성 중시 서술식 이야기체 보고서
일반화 여부	일반화 가능	일반화 불가

(주) 양적접근과 질적접근의 특징을 비교하기 위하여 의도적으로 양극화(兩極化)시켜 대비하였으나, 실제에 있어서는 이분법(二分法)으로 구별되기보다는 정도의 차이로 이해해야 할 것이다.

2. 질적연구의 특징과 장단점

1) 질적연구의 특징

양적접근과 질적접근은 여러 가지 측면에서 큰 차이를 보인다. 이러한 차이점에서 알 수 있듯이 질적연구는 그 나름의 독특성을 지니고 있는데, 양적연구와 구별되는 질적연구의 주요한 특징을 다음과 같이 몇 가지로 요약할 수 있다.

(1) 질적연구에서는 아무런 조작을 가하지 않은 상황에서 자연적으로 발생하는 현상을 연구대상으로 삼는다. 즉, 질적연구에서는 인위적으로 상황을 통제하거나 조작하지 않고 실제 세계에서 자연적으로 일어나는 다양한 현상을 연구한다.

(2) 질적연구에서는 현상의 독특성 · 다면성 · 역동성을 있는 그대로 파악하기 위하여 자료수집의 방법에 제한을 두지 않고 다양한 자료를 수집하여 분석한다. 관찰이나 면담을 통한 자료수집뿐만 아니라 현상을 이해하는데 도움이 될만한 자료는 모두 수집한다.

(3) 질적연구에서는 상황이나 현상을 전체적으로 이해하고자 한다. 현상을 요소나 부분으로 분석하지 않고 총체성(totality)을 강조하는 관점에서는, 전체는 부분들의 단순한 산술적 총합이 아니라 그 이상의 것이며, 부분들은 전체적인 맥락 속에서만 의미를 갖게 된다고 가정하는 것이다.

(4) 질적연구에서는 결과보다는 과정에 더 많은 관심을 가진다. 물론 결과도 소홀하게 취급하지는 않지만, 그러한 결과가 나오기까지의 과정을 면밀하게 살펴보는 것이 질적연구의 주된 관심사이다.

(5) 질적연구에서는 구체적인 자료의 분석과 종합을 통하여 일반화에 도달하는 귀납적 방법을 선호한다. 따라서 자료를 많이 수집하여 종합할수록 귀납적 일반화의 타당성은 높아진다.

(6) 연구대상자의 관점으로부터 의미를 추출하여 현상을 설명하려고 한다. 따라서 연구자는 현장 속에 들어가 연구대상자들과 직접적이고 개인적인 접촉을 하면서 그들의 외현적인 행동 뿐만 아니라 가치관, 관점, 태도 등 내면적인 특성도 이해하려고 노력한다.

(7) 연구수행에 융통성과 유연성이 있다. 질적연구에서는 사전에 완벽한 연

구설계를 작성하지 않고, 연구를 진행하는 과정에서 점차 구체화시켜 나간다. 연구설계의 융통성은 질적연구가 갖는 개방성, 모호성, 불확실성에 대한 관대함에 기인한다고 볼 수 있다.

2) 질적연구의 장단점

질적연구의 특징에서 이미 부분적으로 이러한 연구방법의 장점과 단점을 짐작할 수 있을 것이다. 아래에서는 질적연구가 지니고 있는 주요 장단점에 대하여 알아보고자 한다. 먼저 질적연구의 장점은 다음과 같다.

첫째, 인간행동에 대한 심층적 이해를 할 수 있다. 질적연구에서 주로 사용하는 참여관찰이나 심층면접을 비롯한 다양한 방법을 통해 수집한 자료는 여타의 방법들에 비하여 인간이해에 필요한 심층적인 정보를 제공한다.

둘째, 사실적이고 자연스러운 인간의 모습을 파악할 수 있다. 질적연구에서는 인위적으로 통제하거나 조작을 가하지 않은 상황에서 자연적으로 일어나는 현상이나 사람들의 실제 행동을 연구함으로써 사실적이고 생동감 있는 정보를 제공할 수 있다.

셋째, 연구를 유연하게 진행할 수 있다. 연구를 수행하는 과정 중에 연구자는 연구문제, 연구방법, 이론적 기본틀 등을 조정하거나 수정하면서 융통성 있게 연구를 진행시킬 수 있다는 점이 질적연구의 또다른 장점이 된다.

그러나 질적연구는 다음과 같은 단점 또는 문제점을 가지고 있다.

첫째, 연구의 객관성과 신뢰성에 문제가 있을 수 있다. 질적연구에서 자료에 대한 기술과 해석은 연구자의 주관적 판단에 대부분 의존하기 때문에 어떤 형태로든 연구자의 편의(偏倚)가 작용하여 연구의 객관성이나 신뢰성을 떨어뜨릴 가능성이 높다.

둘째, 질적연구는 대개 연구대상이 극소수이거나 특수 집단일 경우가 많기 때문에 표본의 대표성이 문제되고, 따라서 연구결과를 일반화하는데 한계가 있다. 또한 질적연구는 대체로 상황에 민감한 연구이므로 주어진 상황에 대해서는 적합하지만 그것의 일반화에는 많은 제한이 따른다.

셋째, 질적연구에서는 연구대상자의 관점에서 이해하는 것을 매우 중시하는데, 연구자가 실제로 연구대상자의 관점에서 이해하고 있는가? 하는 문제가 제기될 수 있다. 어떻게 타인이 인식하는 것처럼 인식할 수 있는지, 연구자가 연구대상자의 가치관을 제대로 이해하고 있는지, 행위와 사건에 대한 연구자의 해석이 연구대상자의 해석과 과연 일치하는지 등을 객관적으로 확인할 수 없기 때문에 발생하는 문제이다.

넷째, 질적연구를 제대로 수행할만한 자질을 갖추지 못한 사람들이 질적연구를 하는 문제이다. 질적연구에서 가장 중요한 인물은 연구자 자신이다. 연구자는 연구를 수행하는 주체인 동시에 핵심적인 연구도구이기 때문이다. 연구자의 연구역량 여하가 질적연구의 질을 좌우한다고 볼 수 있다. 사실 양적연구보다는 질적연구를 수행하기가 더욱 어렵고, 더 높은 수준의 전문적 지식과 연구경험이 요구된다고 할 것이다.

3. 양적접근과 질적접근의 선택

앞에서 양적접근과 질적접근의 차이점을 여러 측면으로 양극화시켜 비교하여 보았다. 그런데 연구의 실제에 있어서는 양적접근과 질적접근의 차이를 상호 단절된 이분법 특성으로 파악하기보다는 정도를 달리하는 연속적 특성으로 보는 것이 타당할 것이다. 이 두 가지 접근방법은 특히 자료의 수집과 분석 방법에서 현저한 차이를 나타내고 있는데, 그러나 이것도 따지고 보면 양극(兩極)이 수량적인 측면과 기술적인 측면으로 이루어진 연속선 위에서 서로 다른 위치를 차지하고 있는 정도의 차이일 뿐이다.

근래에 와서 사정이 다소 변화되었지만, 그동안 사회과학 분야의 연구는 양적접근에 의해서 대부분 수행되어 왔다고 말해도 과언이 아닐만큼 질적연구는 상대적으로 미약한 실정이었다. 현재도 양적접근이 주류를 이루고 있지만, 연구문제에 따라서는 질적접근이 보다 더 적절한 상황이 있다.

예를 들어, 반작용(反作用)의 영향을 감소시키고자 할 경우에 질적접근의 방법이 유용하다. 실험연구에서 피험자가 실험도구나 실험자를 보면서 자신이 실험의 대상이 되고 있다는 사실을 의식하면, 실험상황에서의 피험자의 행동은 보통 때의 자연스런 행동과는 다르게 나타날 수 있다. 이처럼 연구대상으로 선정된 사람이 자기가 피험자 또는 조사대상자가 되었다는 사실을 알아차리고 그에 상응하는 역할을 수행함으로써 평소와는 다른 반응을 보이는 현상을 반작용 효과라고 부른다. 일반적으로 엄격히 통제된 실험설계, 고도로 구조화된 질문지, 표준화검사 등을 사용할 때 반작용의 가능성이 높아진다. Webb 등은 반작용을 일으키지 않는 '무반작용 방법' (non-reactive measures)을 소개한 바 있다.* 그들이 말하는 무반작용적 방법 중에 물리적인 흔적을 분석하거나 기록보존 자료를 분석하는 방법이 있다. 가령, 물리적 흔적의 한 형태로 나타나는 침식정도(erosion measures)를 분석하는 방법은 반작용을 일으키지 않고 즉, 피험자들이 눈치 채지 않게 그들의 행동특성을 알아보는 한 가지 방법이 될 수 있다는 것이다. 여기서 '침식정도' 란 사람들이 특정한 대상물에 대하여 반응한 결과로서 어떤 물리적인 침식이나 마모 현상이 나타난 정도를 의미한다. 예컨대, 도서관에 비치된 특정한 책의 닳아버린 정도를 분석해서 그 책의 인기도를 파악하는 방법이 여기에 속한다. 질적접근 방법이라고 해서 반작용의 문제가 전혀 없는 것은 아니지만, 그래도 기본적으로 질적접근의 방법은 반응을 강요하지 않는 특성을 지니고 있으므로 피험자들에게 나타나는 반작용 효과를 감소시킬 수 있을 것이다.

우리 주변에 만병통치약이 없듯이, 연구방법에 있어서도 어느 한 접근방법만이 만능적으로 쓰일 수 없는 것이다. 양적접근과 질적접근의 방법은 각각 그 나름의 장점과 단점을 가지고 있다. 따라서 연구의 목적과 연구문제의 성격에 따라 그에 알맞은 접근방법을 적용해야 한다. 연구의 실제에 있어서 양적접근과 질적접근의 방법이 상호 배타적일 필요는 없다. 오히려 이들 두 접근방법을 상호 보완적으로 이용하는 것이 바람직하며, 또한 그렇게 함으로써 연구의 타당성을 높일 수 있을 것이다.

사회과학분야의 연구자들은 양적접근과 질적접근을 어쩔수 없이 선택해야 할 상호 배타적인 '양자택일식' 선택지로 보아서는 안 된다. 이러한 관점에서 혼합적 방법론(mixed methodology)을 주장하는 사람들도 있다(예; 염시창 역, 2001. 참조). 간혹 미리 연구방법을 정해 놓고 연구문제를 찾는 대학원생을 대할 경우가 있는데 이것은 잘못된 것이다. 기본적으로 연구방법은 연구문제를 따라가야 한다. 최상의 연구방법은 연구자가 설정한 연구문제에 가장 적합한 해답을 제공할 수 있는 그런 방법이어야 한다. 다시 강조하지만, 만능적 연구방법이란 없으며, 어떤 연구방법이든지 그 나름의 장단점과 한계가 있기 마련이다.

---

* Eugene J. Webb, Donald T. Campbell, Richard D. Schwartz, & Lee Sechrest, *Unobtrusive measures*, rev. ed. (Thousand Oaks, CA.: Sage Publications, 2000).

제4절 질적연구의 절차

질적연구의 일반적인 과정과 절차를 크게 연구계획, 자료수집, 자료분석, 결과보고의 네 부분으로 나누어 기술하고자 한다.

1. 연구계획

1) 연구설계

양적연구에서 연구자는 연구를 시작하기 전에 연구설계를 구체적으로 세우고 연구를 진행해 나간다. 그러나 질적연구에서는 양적연구에서처럼 사전에 연구설계를 치밀하게 세우지 않는다. 질적연구에서는 연구의 특성상 연구를 진행하면서 연구문제와 연구초점을 결정해 나가기 때문이다. 연구를 시작하기 전에 연구문제나 가설을 확정하지는 않지만 연구하고자 하는 분야에 대한 주요 쟁점이나 문제점 등은 파악하고 연구를 시작해야 된다. 이를 위해 연구자는 사전에 연구 분야와 관련된 참고문헌을 살펴보거나 관련 분야의 전문가와 상의하는 것이 좋다. 이러한 과정을 통해서 연구자는 자신의 연구에 대한 대략적인 구상을 가질 수 있다. 물론 이런 구상은 실제로 자료를 수집하고 분석하는 과정에서 얼마든지 수정될 수가 있다.

2) 연구장소 선정

연구에 가장 적합한 자료를 얻을 수 있는 연구장소를 선택해야 한다. 연구장소는 연구자가 편하게 왕래할 수 있는 장소를 선택하는 것이 좋다. 연구 장소를 선정하는 일은 매우 중요하므로 연구를 시작하기 전에 여러 장소를 미리 방문해 보고 현장의 상황을 파악해야 한다. 이때 유의할 점은 연구자와 친숙한 장소는 연구장소로 선정하지 않는 것이 바람직하다는 점이다. 예를 들어, 초등학교 교사가 자신이 근무하고 있는 학교를 연구장소로 삼아서 연구를 수행하는 것은 좋지 않다. 왜냐하면, 선택된 연구장소와 연구자 간의 관계가 긴밀히 유지되어 왔거나 현재도 유대관계가 있으면 기대 이상의 어떤 새로운 사실을 관찰하기 어려워지며 선입견으로 인해 연구자의 관찰에 대한 객관성이 저해될 수 있기 때문이다.

연구장소가 정해지면 사전에 출입허가를 받아 놓는다. 대부분의 경우 사람들은 외부인이 관찰하는 것에 대해 거부감을 가지고 있다. 따라서 연구자가 연구를 착수하기 위해서 넘어야 할 첫 번째 관문이 바로 연구장소의 출입허가를 받는 일이다. 연구자는 연구장소를 탐색한 후 자기의 연구에 가장 적합한 장소의 관리책임자, 예를 들어 학교의 경우에는 학교장과 만나서 출입허가를 받아야 한다. 이 때 연구자는 연구목적, 연구계획, 연구결과의 이용, 연구장소와 참여자의 비밀과 익명의 보장 등에 대해 책임자에게 설명해야 한다.

3) 연구대상 선정

질적연구에서 연구대상자 선정은 양적연구와 다르다. 양적연구에서는 연구결과의 일반화를 목적으로 하므로 연구대상을 뽑을 때 모집단을 가장 잘 대표할 수 있도록 표집하려고 노력한다. 그러나 질적연구는 어떤 특정 상황이나 장면에 대한 이해를 목적으로 하므로 연구자가 탐색하고 있는 상황이나 장면에 대해 잘 알고 있어서 풍부한 자료를 정확히 제공할 수 있는 사람을 연구대상자로 선정해야 한다. 그렇기 때문에 질적연구에서는 대개 목적표집(purposeful sampling) 방법으로 연구대상자를 선정한다. 연구자의 의도에 따라 목적표집하는 방법에는 ① 전형적 사례, ② 극단적 사례, ③ 핵심적 사례, ④ 대조적 사례, ⑤ 연계적 사례 등을 뽑는 방법이 있다. 혹은 눈덩이 표집방법을 이용하여 처음에 적합한 대상을 선정하고, 그 사람이 다시 다른 대상을 추천하는 방식을 계속하는 수도 있다.

연구대상의 숫자는 연구주제나 상황에 따라 융통성있게 정할 수 있다. 처음에는 적은 인원으로 연구를 하다가 필요한 경우 뒤에 추가할 수도 있다. 연구대상을 선정한 다음에는 그들로부터 연구참여에 관한 공식적인 동의를 얻는 것이 좋다. 이 때 연구자는 연구대상에게 연구목적, 연구결과의 이용, 익명성과 비밀유지 등에 대해 설명해 주어야 한다.

2. 자료수집

질적연구에서 연구자는 처음부터 무리하게 자료수집을 하려하지 말고 여유를 가지고 서서히 수집해 나가야 한다. 연구자는 자신으로 인해 현장에 혼란을 일으키는 일이 없도록 각별히 주의해야 한다. 따라서 연구자는 자연스럽게 집단의 일원으로 참여하는 것이 좋다. 연구대상들과의 친숙한 관계 형성이 연구의 분위기와 수집된 자료의 질에 큰 영향을 미치므로, 연구자는 연구대상자와 관계를 잘 형성하도록 노력해야 한다. 질적연구의 자료는 관찰, 면담, 문서, 사진, 기록물, 그림, 비공식적 대화 등이 있는데 대개 한 가지 이상의 자료수집 방법이 이용된다. 이 중에서 보편적으로 사용되는 자료수집의 방법은 관찰과 면접이다.

1) 관찰

관찰의 방법에는 관찰자와 피관찰자의 상호작용 정도의 형태나 수준에 따라 참여관찰, 비참여관찰, 비밀관찰 등 다양한 형태가 있다. 한 연구에서 참여관찰과 비참여관찰을 결합하여 사용할 수도 있고, 처음에는 비참여관찰을 하다가 후반기에 참여관찰을 할 수도 있다.

참여관찰은 연구하고자 하는 세계에 들어가서 그곳의 환경 및 사람과 생활에 친숙해지는 일로부터 시작된다. 참여관찰은 연구자가 직접 현장 구성원들의 생활에 참여하면서 그들의 행동, 언어, 습관, 상징 뿐만이 아니라 참여자로서 경험한 것이나 느낀 것, 구성원들과의 그때그때 있었던 대화 내용까지도 자료로 사용하는 것이 특징이다. 따라서 참여관찰로 수집된 정보는 연구자 자신에 대한 정보도 상당히 포함하게 된다. 우선 연구자 자신이 어디에서 무엇을 했고, 무엇에 관심을 가졌느냐와 같은 자신의 행동에 대한 기술이 필요하다. 또한 자신의 생각과 감정에 대한 기술도 필요하다. 이러한 정보는 참여관찰로 수집된 자료의 성격을 이해하는데 도움을 준다.

참여관찰의 방법을 이용할 때는 연구를 진행하면서 관찰의 범위를 점차 좁혀 나간다. 즉, [그림 11-1]에 나타낸 것처럼, 기술적 관찰 → 집중관찰 → 선택적

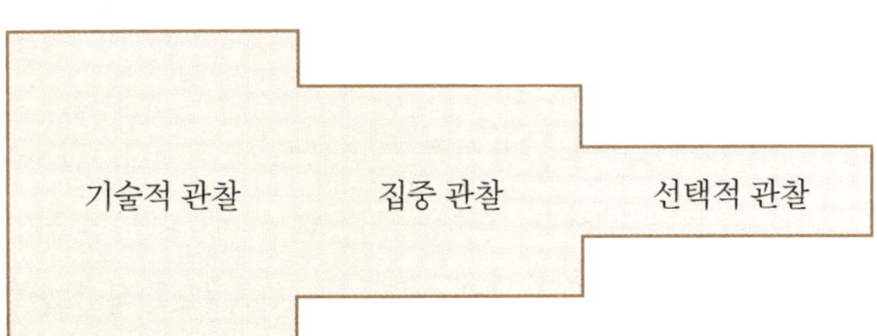

[그림 11-1] 관찰의 진행과정에 따른 관찰범위의 변화

관찰의 순으로 그 범위를 점점 좁혀가면서 관찰을 진행한다. 기술적 관찰 단계에서는 특정한 질문을 염두에 두지 않고 "현재 여기에서 무슨 일이 벌어지고 있는가?"와 같은 일반적인 사항에 대하여 관찰한다. 따라서 연구자가 간 곳, 자신의 행동, 보고 들은 것, 느낌 등을 모두 기술한다. 관찰대상이 되는 상황을 파악하기 위하여 폭은 넓으나 깊지 않은 표면적인 관찰을 하는 것이다. 집중관찰 단계에서는 관찰의 초점을 하나 또는 몇 개의 관련된 영역에 맞춘다. 즉, 연구대상이 되는 사회적 상황의 여러 가지 차원에 대한 관계 중 초점이 된 것들에 대해서만 상세한 정보를 수집한다. 그리고 선택적 관찰 단계에서는, 집중관찰 단계에서보다 훨씬 더 관찰의 범위를 좁히게 된다. 이 단계에서는 집중관찰의 결과로 찾아낸 특정 영역에 속한 범주들 간의 차이를 밝혀낼 수 있는 관찰을 한다.

이상과 같이 관찰의 단계를 세 가지로 분류할 수 있지만 실제 연구에서는 기술적 관찰을 하는 연구의 초기를 제외하고는 동시에 여러 형태의 참여관찰이 병행된다. 기술적 관찰과 집중관찰은 현장 조사가 끝날 때까지 계속된다. 그런데 어떤 연구에서나 이러한 세 단계를 모두 거치는 것은 아니다. 기술적 관찰 단계나 집중관찰 단계에서 연구를 끝낼 수도 있다. 그러나 연구의 폭과 깊이를 살리고자 할 경우 특정 영역에 대해서는 선택적 관찰까지 실시하고, 그 밖의 영역에 대해서는 기술적 관찰만을 실시할 수도 있다.

관찰을 하면서 혹은 관찰한 후에 관찰내용을 현장노트(field notes)에 상세하게 정확히 기록해 두어야 한다. 현장노트에는 관찰하면서 보고 듣고 경험하고 생각한 것을 모두 기술한다. 현장노트는 관찰한 후 가능한 빨리 기록하는 것이 좋다. 시간이 흐른 후에 현장노트를 작성하게 되면 사실과 다르게 쓸 수 있기 때문이다. 또한 현장노트를 쓸 때에는 어느 정도 관찰기간이 흐를 때까지는 관찰 장면이나 연구대상자에 대해 모르고 있다고 생각하고 써야 한다. 매번 현장노트에 관찰일시, 사건현장, 주제 등을 기재하고, 아울러 현장에 대한 도식을 그려 놓는 것이 좋다.

현장노트는 기술적인 측면과 반성적 측면으로 구성된다. 전자는 주변환경, 사람, 행동, 대화내용 등을 말하고, 후자는 기술한 것에 대한 연구자의 생각이나 아이디어를 말한다. 이 두 부분이 서로 구분이 되도록 기록해야 한다. 기술적인 부분을 기록할 때는 추상적인 언어로 기록하지 말고 사람들이 무엇을 하고 있고 어떤 말을 했는지 구체적으로 기록해야 한다. 즉, 연구대상의 외모, 태도, 행동,

현장의 물리적 환경 등을 구체적으로 기록하고, 연구대상자가 한 말은 원형 그대로 인용하는 것이 좋다. 반성적 부분에는 연구활동에 대한 연구자의 주관적인 생각이나 의견을 기록한다. 연구자가 현장에서 배우고 있는 것, 자료들 간의 관련성, 그때그때 떠오르는 아이디어, 연구수행 중의 문제점, 여러 가지 딜레마, 연구자의 선입견 등에 대한 반성을 기록한다.

2) 면접

질적연구에서 면접이 중요한 것은 관찰에서 얻을 수 없는 중요한 정보를 면접을 통해 얻을 수 있기 때문이다. 예를 들어, 관찰을 통해서 알아낼 수 없는 연구대상자의 가치관이나 과거의 경험 등은 면접을 통해 파악할 수 있다. 연구자는 면접을 통해 연구대상자가 자신의 세계를 이해하는 방식을 알 수 있는 것이다. 그런데 면접은 참여관찰의 일부라고 볼 수 있다. 왜냐하면, 참여관찰의 과정에서 연구자는 낯선 문화에 대해 끊임없이 의문을 갖게 되고, 관찰현장에서 그 의문을 면접의 형태로 풀어나가기 때문이다. 연구자의 의문을 풀어주고 그 집단의 문화를 좀 더 잘 이해할 수 있도록 정보를 제공해 주는 사람을 '제보자' (informant)라고 부른다(요즘은 '제보자' 라는 말 대신에 '참여자' (participant)라는 용어를 사용하는 추세이다.). 중요한 정보를 얻으려면 좋은 제보자를 만나야 한다. 좋은 제보자란 그 지역 혹은 집단에 오랜 연고를 갖고 있어서 그 문화를 잘 아는 사람, 이야기하는 것을 즐겨하는 사람이다.

면접의 방법은 다양하다. 1회 면접도 있고 동일한 연구대상을 여러 번 면접하는 경우도 있다. 개별적으로 면접할 수도 있고 집단적으로 할 수도 있다. 구조화된 면접도 있고 면접 중에 생각나는 것을 질문하는 비구조화된 면접도 있다. 구조화된 면접은 연구를 시작할 때 연구대상자에 관한 기본 정보나 경력을 알아내기 위해 할 수 있다. 반면 비구조화된 면접은 보다 복잡하거나 개인적인 정보를 얻기 위해 연구가 더 많이 진행되었을 때 사용할 수 있다. 일반적으로 질적연구에서는 구조화된 면접보다는 비구조화된 면접을 이용하는 경우가 많다.

성공적인 면접을 위해서는 피면접자가 편하게 느낄 수 있고 그들 자신의 관점을 자유스럽게 표현할 수 있도록 해야 한다. 그러므로 면접분위기를 편안하고 자연스럽게 말할 수 있도록 하는 것이 좋다. 대개 면접은 평범한 질문에서 시작해서 점차 복잡하고 민감한 문제로 들어간다. 연구자는 면접이 자연스럽게 이어지도록 면접을 이끌어야 하고 질문은 개방적으로 하는 것이 좋다. 면접할 때 연구자는 피면접자의 말을 주의 깊게 들어야 하며 응답내용이 불분명할 때는 좀 더 구체적으로 언급해 달라고 요청을 해서 정확히 파악해야 한다. 가능하면 '예, 아니오'와 같은 단순 응답이 나올 만한 질문은 하지 않는 것이 바람직하나, 이런 유형의 응답을 했을 경우에는 왜 그렇게 생각하는지를 질문해야 한다. 연구자는 피면접자의 생각이 자신의 생각과 다를지라도 그들의 생각을 편안하게 말할 수 있도록 해야 한다. 피면접자의 생각을 평가하기 위해 면접을 하는 것이 아니라 그가 가지고 있는 관점을 이해하기 위해서 면접을 하는 것이다.

면접내용을 기록할 때에 제보자의 용어를 그대로 기록하는 것이 좋다. 왜냐하면, 제보자의 용어를 바꾸어 쓰게 되면 그 뜻을 왜곡하게 될 가능성이 있기 때문이다. 장시간 면접의 경우에는 면접내용을 녹음하는 것이 좋다. 그러나 제보자가 녹음하는 것을 거절하거나 면접내용의 비밀보장이 요구되는 경우에는 가능한 한 충실한 기록으로 만족해야 할 것이다. 녹음기를 사용하는 경우에는 제대로 안 될 수 있는 만약의 사태에 대비하여 기록을 병행해야 한다. 녹음을 한 다음에는 녹음된 내용을 서면으로 정리해야 한다. 여러 사람이 면접에 참여했을 경우에는 누가 어떤 말을 했는지 알아볼 수 있도록 기록해 두어야 한다.

3) 자료의 기록 및 정리

관찰이나 면접하는 일 못지 않게 중요한 것은 관찰내용과 면접내용을 정확하게 기록하고 정리하는 일이다. 따라서 "무엇을, 언제, 어떻게 기록할 것인가?"의 문제에 대하여 사전에 충분히 생각해 두어야 한다. 참여관찰이나 심층면접을 통하여 수집한 정보는 '현장노트'에 일차적으로 기록한다. 근래에는 녹음기, 비디오카메라 등 기록을 위한 기계들이 발달되어 참여관찰이나 심층면접에서도 이러한 기계를 이용하여 손쉽게 기록할 수가 있다. 그러나 기계를 이용하면 기록하는 일 그 자체는 쉽지만 나중에 기록을 풀어서 분석하는데 적지 않은 노력과 시간이 소요된다. 그리고 관찰과 면접에 기계를 도입할 경우 상대방이 이를 의식하여 평소 때와 같이 자연스런 언행을 하지 않을 수도 있다는 점에 유의해야 한다. 따라서 녹음기, 녹화기 등의 기계를 이용하더라도 이것은 어디까지나 보조적 수단이라고 여기고 연구자 나름대로 현장에서 수집한 정보를 직접 기록하는 것이 바람직하다.

참여관찰이나 심층면접의 기록은 가능한 한 빨리 현장조사 직후에 하는 것이 좋다. 그러나 현장조사 시간의 몇 배가 소요되는 참여관찰이나 심층면접의 기록을 위한 시간을 낼 수 있기까지는 여러 날을 기다려야 되는 경우가 많다. 따라서 나중에 정리하는데 도움이 되도록, 현장노트를 보완하는 일만은 그날 중으로 끝내야 한다. 즉, 매일의 관찰이 끝난 직후에 그날 기록한 현장노트의 내용을 다시 한 번 더 살펴보면서, 틀린 곳을 고치고 누락되었거나 불충분한 내용을 보완할 필요가 있다. 이외에 '현장연구일지'를 작성해야 한다. 이 역시 가급적 그날 중으로 끝내야 한다. 현장연구일지에는 그 날의 경험에 대한 느낌, 참여관찰 내용에 대한 즉시적인 분석 및 해석, 생각의 변화, 또는 근거 부족 등의 이유로 현장노트에는 기록하지 않았으나 중요하다고 판단되는 내용들을 자유롭게 일기의 형태로 기록한다. 연구자가 여러 명인 경우에는 현장연구일지가 연구자들 간에 연구에 대한 의견을 상호 교환하는 수단으로 사용될 수도 있다.

3. 자료분석

질적자료를 분석하는 일은 연구자에게 만만치 않은 일이다. 수집한 자료를 꼼꼼히 살펴보고 분류하고 해석하는 일은 많은 시간과 노력이 요구된다. 질적연구에서 자료수집과 자료분석은 서로 얽혀져 있거나 반복되는 과정으로, 자료분석은 자료수집과 함께 시작된다. 자료수집과 동시에 수행되는 자료분석은 연구의 전체 과정에서 이루어져야 할 연속적인 활동이기 때문에, 질적연구에서 자료의 수집 · 조직 · 분석의 단계는 서로 넘나들 수 있다. 즉, 자료수집과 조직이 되면, 다음에 자료분석이 이루어지고, 다시 더 많은 자료가 수집되고 조직되면, 또 더 많은 분석이 이루어짐으로써 연구가 완성될 때까지 연속적으로 이런 절차가 되풀이 된다.

질적자료의 분석은 읽기와 메모하기에서 시작하여 기술하기, 분류하기, 해석하기의 단계를 거친다. 자료를 제대로 분석하고 해석하기 위해서 연구자는 자료와 자료들 간의 관계를 꿰뚫어 볼 수 있을 정도로 자료에 대해 잘 알고 있어야 한다. 그리고 자료에 포함된 내용을 소화해서 자료 속에 숨어있는 중요한 요소를 발견해 낼 줄 알아야 한다.

자료를 분석하기 전에 우선 수집된 현장노트, 메모, 관찰자의 평 등을 검토하여 정리한다. 현장노트는 원본을 그대로 보존하고 복사본을 이용해서 중요한 부분이 있으면 표시를 해두거나 밑줄을 긋고 불필요한 부분은 삭제한다. 또한 자료를 읽으면서 연구주제와 관련된 문제나 활동을 표시한다. 파일로 된 자료는 자료손상에 대비하여 백업파일을 만들어 놓고 정리하는 것이 좋다.

1) 읽기와 메모하기

자료 속에 담긴 의미를 이해하기 위해 우선 해야 할 일은 현장노트, 메모, 관찰자의 평 등을 읽는 것이다. 연구자는 수집된 자료에서 연구의 결론을 이끌어내야 하기 때문에 한번 읽고 끝나는 것이 아니라 여러 번 읽어야 한다. 자료를 처음 읽을 때는 조용한 장소에서 많은 시간을 할애하여 읽으면서 중요하게 생각되는 부분에는 밑줄을 긋거나 가장자리에 자신의 생각이나 의미를 기록해 두고 핵심사항을 메모하는 것이 좋다.

2) 기술하기

기술은 연구의 상황을 이해할 수 있도록 그 안에서 일어났던 사건과 장면에 대하여 실질적으로 묘사하는 것을 말한다. 발생한 사건과 상황, 과정, 참여자들 간의 상호작용 등에 대해 자세하게 기술하는 것이 중요하다. 질적연구에서는 상황이 중요한 주제가 되는 경우가 많기 때문에 상황의 특징에 주목해야 한다. 상황은 연구대상자의 행동과 이해에 영향을 주기 때문이다. 상황, 행동, 연구대상자의 상호작용 등에 대해 자세히 기술을 해놓아야 해석을 올바로 할 수 있다. 연구대상자가 상황을 어떻게 정의하고 행동을 어떻게 설명하는가는 철저히 기록해야 한다. 연구대상자들 간의 상호작용과 관계도 지속적으로 기술해야 되는데 이는 사회적 과정이 시간이 경과함에 따라 변할 수 있기 때문이다. 기술을 통해 연구자는 장면, 사건, 연구대상자의 여러 가지 측면과 관련된 자료를 분류하고 묶을 수 있다. 자료를 기술하고 요약함으로써 연구자는 불필요한 세부사항은 제거하고 보다 핵심적인 자료의 특성을 분명히 묘사할 수 있게 된다.

3) 분류하기

질적자료를 정리하는 전형적인 방식은 자료를 범주화해서 분류하는 것이다. 범주화의 방법에는 여러 가지가 있는데, 자료를 이해하기 쉽도록 범주화해야 한다. 동일 자료라도 연구자에 따라 범주를 달리 할 수 있다. 범주를 만들고 변경하는 것은 자료를 한번 읽어 가지고 해결될 일이 아니다. 현장노트를 읽어 본 후 기존의 범주를 이용할 수 있다면 그에 따라 분류하되, 만약 몇몇 자료가 이전의 범주로 분류될 수 없다면 새로운 범주를 추가시켜야 한다.

범주를 너무 세분하면 자료분석과 기술을 어렵게 하고 시간을 낭비하게 만든다. 몇 개의 유사한 범주들을 하나로 통합할 수 있는지, 연구의 초점과 거리가 있는 범주는 없는지, 해당 사항이 전혀 없는 범주가 있는지 등을 따져보아야 한다. 또한 자료를 알맞은 범주로 분류했는지, 중요한 자료를 빠뜨리지 않았는지 알아보기 위해 일부 자료를 가지고 시험적으로 범주화 해보는 것도 바람직하다. 몇 개의 개별 자료가 하나의 범주로 통합되는 것처럼, 몇 개의 범주는 하나의 큰 주제로 통합될 수 있다. 주제는 연구결과를 정리하고 보고하는 기초가 된다. 수집한 모든 자료들을 '개별 자료 → 범주 → 주제' 의 형태로 분류하게 된다.

4) 해석하기

해석은 자료에 담긴 의미가 무엇인가를 찾아내는 문제이다. 즉, 자료를 해석하는 일은 수집된 자료에서 중요한 주제나 의미를 발견하는 것이다. 그러므로 자료의 해석을 적절하게 잘하기 위해서는 좀 더 통합적인 사고가 요구된다. 질적연구의 유형에 따라 자료 해석의 초점도 달라진다. 예를 들어, 문화기술지 연구라면 해석은 당연히 집단의 생활방식이나 행동규범과 같은 문화적 주제를 연구대상자의 관점에서 이해하는데 초점을 둘 것이다. 사례연구라면 해석은 그 사례의 독특성과 개별성에 초점을 둘 것이고, 현상학적 접근에 의한 질적연구라면 해석은 개인들이 주어진 상황에서 일상적으로 겪는 경험의 의미를 이해하는데 초점을 둘 것이다. 이처럼 여러 가지 질적연구의 유형에 따라서 그 과정은 비슷해도 각 연구의 초점은 다르고 자료의 해석도 달라질 수 있는 것이다.

질적자료를 의미있게 분석하고 해석하는데 있어서 연구자의 경험과 능력은 매우 중요하다. 연구자는 수많은 자료에서 중요한 것은 무엇이고, 왜 중요하며, 그것이 연구의 주제에 어떤 의미를 가지는지 정확히 파악할 수 있어야 한다. 질적 연구에서는 연구자의 능력이 연구의 질적 수준을 좌우하는 핵심 요인이라고 말해도 과언이 아니다.

4. 결과보고

1) 보고서 작성

질적연구의 결과를 보고하는 방식은 대체로 이야기하듯이 내용을 전개하는 '서술적 묘사' (narrative representation)가 주류를 이루고, 경우에 따라 독자의 이해를 돕기 위하여 시각적 표현을 곁들이는 수가 있다. 서술적 묘사는 질적연구에서 밝혀진 사실과 결과를 연구자가 상세하게 기술하는 보고이다. 질적연구의 결과보고를 하는 서술적 묘사의 방식에 어떤 일정한 틀이 있는 것이 아니고 연구에 따라 매우 다양한 형식을 취할 수 있다. 양적연구의 보고서는 '서론(연구문제), 이론적 고찰, 연구방법, 연구결과, 논의' 라고 하는 표준형식을 따르지만, 질적연구의 보고서 형식은 연구의 유형에 따라서 다르고, 누구를 독자층으로 생각하는가에 따라서도 다를 수 있다.

하지만 결과보고의 형식이 어떠하든 보고서에는 다음과 같은 내용을 포함시켜야 할 것이다. 즉, ① 연구목적, 연구문제, 이론적 배경 등 연구의 기본적인 준거틀, ② 연구방법에 대한 구체적 기술, ③ 연구의 시기와 기간, ④ 연구대상의 선정 절차, ⑤ 연구자와 연구대상자와의 관계, ⑥ 자료의 수집 및 분석방법, ⑦ 연구결과 등이다. 이와 같은 내용으로 보고서를 구성하되, 보고서를 구성하는 각 부분의 배열은 연구보고서마다 제각기 다를 수 있다.

어떤 연구보고서는 처음부터 아주 길고 사적인 내용을 서술적으로 묘사하는가 하면, 또 어떤 보고서는 양적연구에서처럼 표준형식에 맞추어 객관적으로 기술하는 보고서도 있다. 그러나 어떤 형식을 택하든 우수한 질적연구 보고서는 독자들로 하여금 그 연구가 정확하고 믿을만하다고 확신할 수 있도록 실감나고 설득력있게 서술하여야 한다. 그리고 독자들이 연구결과와 연구자의 해석을 확인해 볼 수 있도록 필요한 증거자료를 제시해야 한다. 따라서 보고서에 연구대상자가 이야기한 내용을 그 사람이 사용한 언어 그대로 인용하는 것은 필수적이다. 그리고 연구를 수행하는 동안 연구자가 겪은 개인적인 경험과 연구대상자와의 협력관계 등 연구자의 역할과 위치를 밝혀야 한다. 또한 개인적 경험과 배경 특성이 연구결과의 해석과 결론 도출에 어떻게 영향을 주었는지에 대해서도 밝혀야 한다. 질적연구의 보고를 평가하는 주요 기준은 다음과 같다.

- 연구의 개념적 틀이 명료한가?
- 연구의 절차와 과정을 상세하게 설명하였는가?
- 연구대상의 선정과정과 자료원에 대해 적절하게 기술하였는가?
- 자료의 수집 및 분석 방법이 적합하며, 구체적으로 잘 보고되었는가?
- 자료의 범주화가 적절하며, 주제들간 개념적 관계가 잘 설명되었는가?
- 연구결과의 기술과 해석이 편향되지 않았는가?

2) 질적연구의 신뢰도와 타당도

질적연구에서도 신뢰도와 타당도는 중요하다. 먼저 질적연구의 타당도 문제를 살펴보자. 여기서 타당도란 서로 다른 연구자들이 동일한 현상을 발견하거나 유사한 결과를 도출하고, 연구대상자들이 연구결과의 의미에 동의하는 정도를 말한다. 실험연구에서와 마찬가지로 내적 타당도를 위협하는 역사 · 성숙 · 측정도구 변동 · 연구대상자의 선발과 중도탈락 등의 요인들이 연구결과에 영향을 줄 수 있으므로 유의해야 한다. 이외에 질적연구의 타당도는 기술적 측면, 해석적 측면, 이론적 측면, 평가적 측면에서 살펴볼 수 있다.*

기술적 타당성은 연구자가 보고 들은 내용을 기술할 때 왜곡하거나 꾸미지 말아야 한다는 것이다. 가령, 연구대상자의 말을 기술할 때 있는 그대로 정확하게 인용해야 한다. 해석적 타당성은 연구대상자의 언어와 행동에 대한 연구자의 해석에 관련된 문제이다. 연구자는 연구대상자의 언어와 행동을 그들의 관점에서 정확하게 해석해야 한다. 이론적 타당성은 연구하고자 하는 현상을 특정 이론과 관련지어 설명할 때 해당 이론이 적합해야 하며, 또한 그 이론의 기본 틀에 알맞게 설명해야 된다는 것이다. 평가적 타당성은 연구자가 자료를 기술하고 결과를 보고함에 있어서 가능한 한 어느 쪽으로든 편향됨이 없이 객관성을 유지하도록 노력해야 한다는 점이다.

양적연구에서 신뢰도는 측정의 일관성과 안정성을 의미하며, 주로 측정도구의 신뢰도를 살펴보는 방식을 취한다. 그러나 질적연구에서는 측정도구가 아니라 자료의 신뢰도를 따져보는 것이다. 즉, 자료수집의 대상, 시기, 상황을 달리 했을

* Joseph. A. Maxwell, "Understanding and validity in qualitative research," *Harvard Educational Review, 62* (3) (Fall 1992): 279-300.

때도 일관성 있는 자료를 얻을 수 있는가를 살펴보게 된다. 질적연구에서 신뢰도와 타당도를 높이기 위한 한 가지 전략으로 '삼각화'(triangulation)의 방법을 사용한다.* 삼각화 전략은 방법을 달리 할 경우에도 동일한 결과가 재현되는가를 확인해 보는 일종의 교차타당화(交叉妥當化) 방법이라고 볼 수 있다. 삼각화 방법에는 자료 삼각화(동일 자료를 얻는데 여러 대상, 시간, 공간이 관여됨), 연구자 삼각화(동일 문제나 대상을 연구하는데 여러 연구자들이 관여됨), 이론 삼각화(동일 현상을 해석하는데 여러 이론이 관여됨), 방법 삼각화(동일 정보를 수집하는데 여러 가지 방법이 관여됨) 등이 있다.

* 삼각화(triangulation) 방법은 원래 삼각형의 한 변의 길이와 그 양끝 각을 알면 다른 두 변의 길이와 그 사이의 각도를 계산해 낼 수 있음을 측량에 응용한 삼각측량법을 뜻한다. 질적연구의 타당성과 신뢰성을 높이기 위하여 동일 현상에 대한 연구에서 다양한 대상·관점·방법·자료를 활용하는 기법을 삼각화라고 한다.

연습문제

1. 질적연구의 유형을 열거하고, 각각의 연구방법에 대하여 간단히 설명하시오.

2. 양적접근과 질적접근의 철학적 배경에 관해서 설명하시오.

3. 양적접근과 질적접근의 차이점을 연구목적, 연구설계, 연구대상, 자료의 수집 및 분석, 결과보고 등의 측면에서 비교 · 설명하시오.

4. 질적연구의 과정을 단계별로 나누어 설명하시오.

5. 상호주관성(intersubjectivity)이란 무엇을 뜻하는가?

6. 삼각화(triangulation)의 개념과 방법에 대하여 설명하시오.

7. 사회과학연구에서 양적접근과 질적접근의 방법은 상호 배타적인가? 아니면 상호 보완적인가? 이 문제에 대하여 논의하시오.

제 1 2 장
자료의 통계적 분석

제1절 자료의 정리

연구문제에 대한 해답을 얻기 위해서 연구자는 수집한 자료를 의미있게 재조직하고 분석한다. 즉, 수집한 연구자료를 정리하고, 몇 개의 구성요인으로 나누어 분석하는 일을 하게 된다. 이렇게 자료를 분석하는 목적은 연구의 결과를 정확하게 해석하고 연구문제에 대한 구체적인 해답을 얻을 수 있도록 하기 위해서이다. 대체로 연구에서 수집해 놓은 원자료는 갖가지 내용이 무질서하게 섞여 있어, 원자료 그 자체를 가지고 어떤 의미 있는 사실이나 원리를 발견하기는 쉽지 않다. 따라서 연구자는 수집된 자료들을 우선 체계적으로 정리하는 작업을 하게 되는 것이다.

자료분석이란 간단히 말해서 관찰이나 실험 또는 조사 등의 방법으로 모아진 정리되지 않은 상태의 원자료를 일정한 규칙에 따라 질서있게 정리하는 작업이라고 하겠다. 수집된 자료를 어떻게 분석하느냐가 연구결과의 의미를 결정짓는데 매우 중요한 구실을 한다. 같은 자료라 하더라도 이를 어떻게 분류하고 조직하느냐, 어떤 형태로 결과를 제시하느냐에 따라서 연구결과를 읽고 해석하는 방향에 큰 영향을 미칠 수 있다.

연구결과를 해석한다는 것은 연구자의 지식이나 경험 또는 논리적인 유추와 상상력을 토대로 하여 얻어진 결과로부터 의미를 찾아내고 의의를 발견하는 일이다. 그러므로 자료의 분석이 곧 결과의 해석이 되는 것은 아니지만, 어떻게 자료를 정리하고 분석하느냐의 문제가 연구결과를 해석하는데 크게 영향을 미칠 수 있는 것이다.

수집한 자료를 어떻게 분석할 것인가에 관해서는 연구를 설계할 때부터 생각해 두는 것이 좋다. 연구문제나 가설을 설정할 때에 자료를 어떤 기준으로 분류 · 정리 · 조직하고, 어떤 통계적 방법을 사용하여 분석하며, 어떤 방식으로 연구결과를 제시할 것인가에 관하여 미리 구상하고 있어야 한다. 그래야 연구자료를 수집한 다음에 혼란이나 차질 없이 자료를 체계적으로 정리하고 의미있게 분석하고 종합할 수 있게 된다. 자료분석의 목적이 의미와 질서를 찾는데 있는 만큼 계획성이 있어야 한다.

연구자료는 여러 가지 방법에 의하여 수집된다. 관찰이나 면접을 통해서 또는 질문지나 표준화검사를 통하여 필요한 자료를 수집하게 된다. 이처럼 여러 방법에 의하여 모아진 자료를 분석하기에 앞서 우선 그 자료들을 정리하고 검토할 필요가 있다.

예컨대, 질문지를 통하여 자료를 수집할 경우, 질문지의 회수율이 어느 정도인지 파악하고, 만약 회수율이 지나치게 낮다면 그 원인을 찾아내어 적절한 조치를 취해야 할 것이다. 또한 응답자가 반응한 내용은 얼마나 신빙성이 있고 타당한가를 검토한다. 그리고 지시대로 응답을 하지 않았거나 무응답이 있는 경우에는 이를 어떻게 처리할 것인가를 결정한다. 경우에 따라서는 무응답이 많거나 적절하게 반응하였다고 보기 어려운 자료는 골라내야 할 때도 있다. 어떤 질문에 대하여 자유반응 하도록 요구한 문항이 있다면, 이러한 문항에 다양하게 반응한 내용들을 어떤 식으로 분석할까를 결정해야 한다. 그리고 질문지에 나타난 여러 가지 반응이나 체크리스트 형식으로 조사한 내용을 수량화한다면 어떻게 할 것인가, 어떤 기준으로 자료를 분류하고 조직할 것인가 등에 관하여도 분석에 앞서 방향을 정해 두는 것이 좋다.

질문지의 경우와 마찬가지로 관찰이나 면접을 통하여 수집한 정보도 분석에 앞서서 자료를 정리할 필요가 있다. 즉, 정보의 신뢰성을 검토하고 수집한 자료를 어떤 방식으로 분석할 것인가 하는 분석모형을 설정하고 분석에 임하는 것이 바람직하다. 표준화검사를 사용했을 경우에는 검사실시요강에 맞도록 검사가 실시되었는가를 확인하고, 검사요강에 밝혀 놓은 채점방식에 따라서 채점을 한다. 리커트 척도로 구성된 자료는 긍정과 부정의 진술문을 잘 구별하여 점수화해야 한다.

같은 대상에게 여러 가지 질문이나 검사를 실시한 연구에서 간혹 어떤 연구대상은 일부 문항에 응답하지 않거나, 여러 검사 가운데 일부를 하지 않은 사례가 있을 수 있는데, 이럴 때에 무응답한 자료나 부분적으로 검사를 하지 못한 개인의 자료를 어떻게 처리할 것인가에 대하여도 미리 생각해 두어야 한다. 완전하지 못한 자료는 아예 분석에서 제외시키거나 혹은 개별 문항에 따라 적절한 자료를 골라서 사용할 수도 있다. 여하튼 자료분석에 앞서서 수집한 자료를 정리하고 조직하는 작업이 필요하다. 정리된 자료를 가지고 분석의 방법과 방향을 설정해 놓고, 그에 따라서 하는 분석이어야 조직적이고 체계적인 것이 될 수 있다.

제2절 기술통계

자료를 통계적으로 처리하는 일은 수집해 놓은 잡다한 자료를 의미가 드러나도록 분석하는 과정이라고 볼 수 있다. 자료를 통계적으로 분석하는 방법은 기술통계와 추리통계로 대별된다.

기술통계(descriptive statistics)란 어떤 사상(事象)에 대하여 관찰하거나 측정한 결과의 특성을 전체적으로 파악할 수 있도록 요약 · 기술해 주는 통계적 방법을 말한다. 기술통계에는 집중경향, 변산도, 상관도 등이 있다. 통계적 분석의 주요 관심은 한 개체에 대한 측정치가 아니라, 집단으로서의 전체적 특성을 요약하고 기술해 주는데 그 의의가 있는 것이다.

추리통계(inferential statistics)는 표본에서 얻은 어떤 특성의 통계치를 기초로 표집에 따른 오차를 고려하면서 모집단의 모수치를 확률적으로 추정하는 통계적 방법이다. 표본의 자료를 토대로 하여 가설을 검증하거나 앞으로의 사상을 확률적으로 예측하는 것이 추리통계의 주요 과제이다. 추리통계적 방법에 관해서는 뒤에서 설명하기로 하고 아래에서는 기술통계에 대하여 먼저 알아본다.

1. 빈도분포

연구에서는 대개 하나의 측정치를 다루기보다는 다수의 측정치를 다루어야 하는 상황이다. 그러므로 자료의 통계적인 분석에 들어가기 전에 측정치들을 일정한 체계에 따라 정리해서 빈도분포를 작성하는 것이 좋다. 빈도분포는 측정치를 크기의 순위에 따라 나열한 다음, 각 측정치에 해당하는 개체의 수를 빈도로 나타낸 것을 말한다. 다음의 〈표 12-1〉은 어떤 점수의 빈도분포를 나타낸 것이다. 이와 같은 빈도분포를 표로 만들면 점수의 분포를 보다 쉽게 파악할 수 있고, 통계적 처리도 간편하게 할 수 있는 이점이 있다.

〈표 12-1〉처럼 자료를 묶어서 빈도분포를 작성할 때는 급간의 크기와 급간수를 적절하게 결정하는 것이 중요하다. 급간의 크기와 급간수는 상호 반비례적인 관련이 있는데, 급간의 크기를 너무 크게 하거나 반대로 너무 작게 설정하면

자료를 묶는 원래의 효과가 줄어들게 된다. 일정한 원칙은 없으나 대체로 급간의 크기는 홀수가 되도록 하고, 급간수는 5~20개 정도로 하는 것이 좋다. 급간의 크기를 홀수로 정하는 이유는 급간의 중앙값이 정수가 되도록 하기 위함이다.

〈표 12-1〉 빈도분포의 예

점수(X)	빈도(f)	누가빈도(cf)	백분율(p)	누가백분율(cp)
75~79	2	50	4.0	100.0
70~74	2	48	4.0	96.0
65~69	5	46	10.0	92.0
60~64	9	41	18.0	82.0
55~59	10	32	20.0	64.0
50~54	8	22	16.0	44.0
45~49	6	14	12.0	28.0
40~44	4	8	8.0	16.0
35~39	3	4	6.0	8.0
30~34	1	1	2.0	2.0

2. 집중경향

집중경향이란 다른 말로 대표값이라고 하는데, 한 집단의 측정치 분포에서 가장 전형적이며 대표적인 하나의 값으로 요약해서 기술해 주는 지수를 말한다. 여기에는 평균치, 중앙치, 최빈치가 있는데 이들에 대해 간단히 설명한다.

1) 평균치

평균치는 대개 누구나 다 알고 있고 가장 흔히 쓰이는 대표값이다. 평균에는 산술평균, 기하평균, 조화평균 등 여러 가지가 있으나, 일반적으로 평균이라 할 경우에는 산술평균을 가리킬 경우가 많다. 산술평균은 기술통계뿐만 아니라 추리통계에서도 매우 중요한 역할을 한다. 산술평균을 구하기 위해서는 개별 측정값을 모두 합한 다음 그 합계를 사례수로 나누면 된다. 즉, 각 개별 점수를 X, 사례수를 n이라고 하면, 평균치 $\overline{X}$는 다음과 같은 공식으로 구한다.

$$\overline{X} = \frac{\Sigma X}{n} \tag{12.1}$$

참고로 기하평균(*GM*)과 조화평균(*HM*)에 대하여 간략히 설명하면 다음과 같다. 기하평균은 n개의 양수 $X_1, X_2, \cdots X_n$이 있을 때, 이들 수의 곱의 n제곱근을 말한다. 대체로 기하평균은 인구나 물가의 변동률을 계산할 때 많이 사용한다.

$$GM = \sqrt[n]{X_1 \times X_2 \cdots \times X_n} \tag{12.2}$$

조화평균은 n개의 양수에 대하여 그 역수들을 산술평균한 값의 역수를 말한다. 조화평균의 명칭은 음악에서 현의 길이와 음정 사이의 관계를 수로 표현했을 때 가장 조화로운 음을 만드는 평균치라는 점에서 유래되었다고 한다. 평균속도를 구할 때와 같이 힘이나 능률을 계산하는 경우에 조화평균을 쓰는데, 자연과학에서는 흔히 사용되지만 사회과학 분야에서는 별로 쓰이지 않는 대표값이다.

$$HM = \frac{1}{\frac{1}{n}\left(\frac{1}{X_1} + \frac{1}{X_2} + \cdots + \frac{1}{X_n}\right)} \tag{12.3}$$

2) 중앙치

중앙치는 측정치들을 크기 순서에 따라 일렬로 늘어 놓았을 때 분포의 가장 중간에 있는 점수를 말한다. 따라서 중앙치의 위에 전체 사례수의 50%, 그 아래에 나머지 50%가 놓이게 된다. 만약 사례수 n이 홀수이면 $(n+1)/2$번째의 점수가 중앙치가 된다. 가령 90, 98, 105, 106, 111, 115, 140과 같은 7개 점수의 분포에서 중앙치는 106이 된다. 여기서 만약 140이 없다고 할 경우 중앙치는 $(105+106)/2=105.5$이다.

3) 최빈치

한 분포에서 가장 빈번히 나타나는 측정치를 말한다. 흔히 어느 한 분포에서 집중경향을 신속하고 쉽게 추정하고자 할 때, 혹은 사례수가 가장 많은 점수를 알고자 할 때 최빈치를 구한다. 예컨대, 〈표 12-1〉의 빈도분포 자료에서 최빈치를 구한다면, 빈도수가 10으로 가장 많이 나타난 55～59 급간의 중간점 즉, 57이 최빈치가 된다.

일반적으로 가장 안정성 있는 대표값은 산술평균이며, 표본에 따른 변화가 큰 최빈치나 중앙치는 대표값으로 그렇게 많이 쓰이지 않는다. 최빈치나 중앙치는 하나의 대표값으로 그 기능이 끝나지만, 산술평균은 대표값으로서의 기능 외에도 후속되는 여러 가지 통계적 분석에 많이 이용된다. 그러나 대표값을 쉽게 추정하고자 할 때는, 모든 점수를 합하여 그 값을 전체 사례수로 나누어야 하는 평균치보다는 간편하게 구할 수 있는 최빈치가 더 좋다. 그리고 자료의 분포가 심하게 편포되었거나, 극단적인 사례가 있는 경우에도 평균치보다는 중앙치가 오히려 더 적절한 대표값이 될 수 있다.

3. 변산도

변산도(variability)는 자료의 분포가 대표값을 중심으로 하여 어느 정도로 밀집 또는 분산되어 있는가를 나타내는 통계치이다. 변산도가 크면 클수록 그만큼 개별 측정치가 대표값으로부터 널리 흩어져 있음을 의미한다. 예컨대, 다음 [그림 12-1]을 보자. 이 그림은 평균치는 동일하지만 변산도는 제각기 다른 세 학교 학생들의 지능지수 분포를 나타낸 것이다.

이 그림에서 우리가 짐작할 수 있는 사실은 A학교 학생들은 지능에 관한 한 B와 C학교의 학생들에 비하여 매우 동질적이라는 점이다. 반면에 C학교는 이질적인 집단으로서 개인차가 매우 심하다는 사실을 알 수 있다. 이 세 학교 중에서 지능이 가장 높은 학생이 있는 학교는 어느 곳일까? 또 지능이 가장 낮은 학생은 어느 학교에 있을까? 그림에서 알 수 있듯이, C학교에 가장 우수한 학생이 있는 동시에 가장 열등한 학생도 있다. 만약 이 세 학교 학생들의 평균 지능지수만 주어졌다면 평균치는 세 학교가 모두 동일하므로 우리는 이러한 사실을 알 수 없다. 평균치와 더불어 변산도의 정보도 알려주었기 때문에 이러한 사실을 짐작할 수 있는 것이다. 그러므로 어떤 측정치들의 분포양상을 좀 더 구체적으로 파악하려

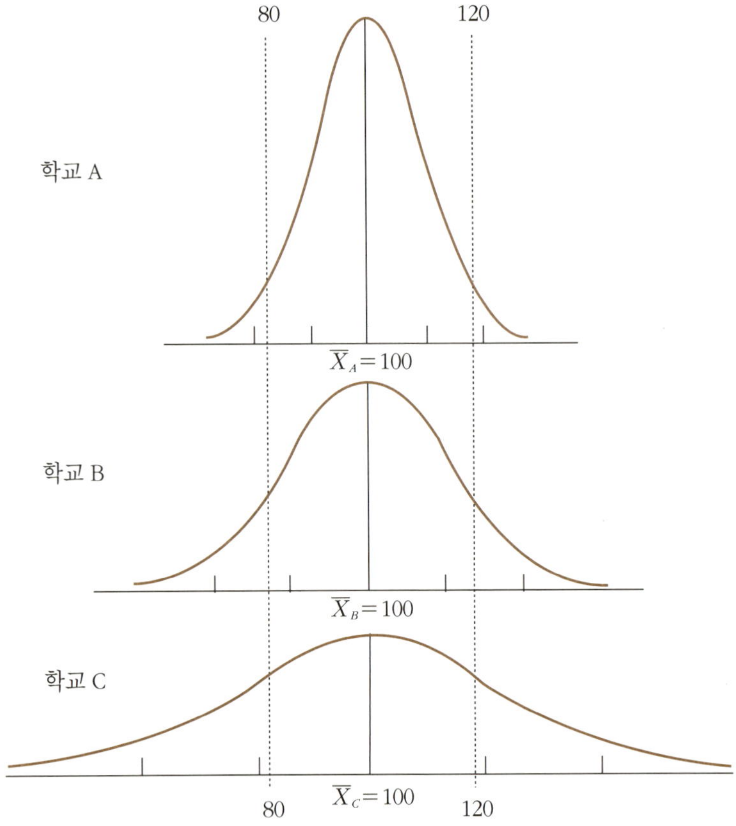

[그림 12-1] 평균은 동일하지만 변산도가 다른 정상분포의 예

면 대표값과 함께 변산도 정보가 필요한 것이다. 변산도에는 범위, 사분편차, 표준편차 등이 있다. 이 중에서 표준편차가 가장 대표적인 변산도 지수로 쓰이며, 또한 후속되는 통계적 추리에서도 매우 중요한 역할을 한다.

1) 범위

이것은 한 점수분포에서 최고점과 최저점 사이의 간격을 말한다. 범위를 구하는데 있어서 한 분포의 최고점과 최저점의 두 값만 고려된다는 면에서도 짐작할 수 있듯이, 범위는 그렇게 믿을만한 변산도 지수가 되지 못한다. 범위는 양쪽 끝에 있는 두 측정치 간의 거리만 알려줄 뿐, 그 사이에 놓인 대다수의 측정치들이 어떻게 분산되어 있는지에 관해서는 아무런 정보를 제공하지 못한다. 따라서 이것은 자료의 변산 경향을 대략적으로 짐작해 보거나 예비적으로 검토할 경우에 한하여 이용하는 것이 좋다.

2) 사분편차

사분편차란 한 점수분포의 중앙에서 사례의 50%가 차지하는 점수범위의 반(半)을 말한다. 사분편차가 쓰이는 경우는 대표값으로 중앙치만을 알고 있을 경우, 점수분포의 양쪽 끝이 잘려나갔거나 불완전한 경우, 점수분포가 심하게 편포되었거나 극단적인 사례가 있는 경우 등이다. 아래에서부터 25%에 있는 척도상의 점을 Q_1, 75%에 해당하는 점을 Q_3라고 하면, 사분편차 Q는 다음과 같은 공식으로 계산한다.

$$Q = \frac{Q_3 - Q_1}{2} \tag{12.4}$$

3) 표준편차

먼저 표준편차를 나타내는 기호를 소개한다. 대개 모집단의 표준편차를 σ로 표기하고, 표본에서 계산한 표준편차를 SD 또는 s로 나타내는데 이 책에서는 s라고 표시하기로 한다. 표준편차를 구하는 공식은 다음과 같다.

$$s = \sqrt{\frac{\Sigma(X-\overline{X})^2}{n}} = \sqrt{\frac{\Sigma x^2}{n}} \tag{12.5}$$

편차(deviation)란 어느 한 점수 X가 그 점수분포의 평균치 $\overline{X}$로부터 얼마나 떨어져 있는가를 나타내는 수치이다. 즉, 편차를 x라고 하면 $x = X-\overline{X}$이다. 표준편차는 편차를 제곱하여 모두 합한 값을 사례수로 나누고 이를 다시 평방근 시킨 값이다. 표준편차의 제곱, 즉 s^2을 변량(variance)이라고 한다. 다음 〈표 12-2〉에 표준편차의 계산 예를 제시하였다.

표준편차는 어느 한 점수분포의 변산 정도를 나타내 줄 뿐만 아니라 다른 통계적 분석을 하는데 기초로 이용된다. 예컨대, 상관계수나 회귀분석 또는 표준점수를 계산할 경우에 표준편차를 필요로 한다. 그리고 어느 한 측정치들의 분포가 정상분포를 이루고 있을 경우에, 그 분포의 평균치와 표준편차를 알면, 정상분포가 가지는 성질에 비추어 어느 특정한 두 점수 사이에 들어 있는 사례수

〈표 12-2〉 표준편차의 계산 예

X	$x = X - \bar{X}$	x^2	
21	8	64	$s = \sqrt{\frac{\Sigma x^2}{n}}$
17	4	16	$= \sqrt{\frac{150}{7}}$
15	2	4	$= \sqrt{21.42}$
12	-1	1	$= 4.63$
11	-2	4	
8	-5	25	
7	-6	36	
$\Sigma X = 91$		$\Sigma x^2 = 150$	

를 계산하거나, 혹은 어떤 특정한 사례가 일정 확률로 나타날 척도상의 점수 등을 계산해 낼 수 있다.

4. 상관도

상관계수는 두 변인이 서로 관계되어 있는 정도를 나타내는 지수로서, 한 변인이 변해감에 따라서 다른 변인이 얼마만큼 같이 변해 가고 있는가를 보여 주는 것이다. 예를 들어, 어느 한 검사에서 높은 점수를 받은 사람이 다른 검사에서도 높은 점수를 받는 경향이 있다면 이 두 검사점수 간에 정적(+) 상관이 있다고 한다. 반면에 한 검사에서 높은 점수를 받을수록 다른 검사에서는 오히려 낮은 점수를 받는다면 이들 간에는 부적(-) 상관이 있다고 말한다. 제9장에서 살펴본 것처럼, 상관계수에는 여러 종류가 있다. 이 중에서 Pearson의 적률상관계수가 일반적으로 많이 쓰인다. 적률상관계수 r_{xy}를 구하는 공식은 (12.6)과 같으며, 〈표 12-3〉에 계산 예를 제시하였다.

상관계수는 두 개의 변인 X와 Y 간에 어느 정도 공변관계(共變關係)가 있는가를 나타내 주는 수치이다. 상관계수의 절대값은 가장 낮은 수치가 0이고 가장 높은 수치는 1.00이다. 그리고 부호가 +이면 X변인이 증가하는데 따라서 Y변인도 증가하는 경향이 있음을 의미하고, - 이면 X변인이 증가하는데 따라서 Y변인은 오히려 감소하는 경향이 있음을 뜻한다. 그런데 여기서 유의할 점은 상관계수에는 동간성이나 비율성이 없다는 점이다. 따라서 가령 $r=.20$과 $r=.30$ 간의 차이가 $r=.50$과 $r=.60$ 간의 차이와 같다고 볼 수 없으며, $r=.80$은 $r=.40$의 2배라고 말할 수 없는 것이다.

$$r_{xy} = \frac{\Sigma xy}{NS_x S_y}$$

$$= \frac{N\Sigma XY - (\Sigma X)(\Sigma Y)}{\sqrt{N\Sigma X^2 - (\Sigma X)^2}\sqrt{N\Sigma Y^2 - (\Sigma Y)^2}} \qquad (12.6)$$

〈표 12-3〉 적률상관계수의 계산 예

X	Y	X^2	Y^2	XY
12	18	144	324	216
10	17	100	289	170
14	23	196	529	322
11	19	121	361	209
12	20	144	400	240
9	15	81	225	135
$\Sigma X=68$	$\Sigma Y=112$	$\Sigma X^2=786$	$\Sigma Y^2=2128$	$\Sigma XY=1292$

$$r_{xy} = \frac{N\Sigma XY - (\Sigma X)(\Sigma Y)}{\sqrt{N\Sigma X^2 - (\Sigma X)^2}\sqrt{N\Sigma Y^2 - (\Sigma Y)^2}}$$

$$= \frac{6\times 1292 - 68\times 112}{\sqrt{6\times 786 - 68^2}\sqrt{6\times 2128 - 112^2}}$$

$$= \frac{136}{\sqrt{92\times 224}} = 0.95$$

상관계수는 대개 변량에 의한 해석을 한다. 즉, 상관계수를 제곱하면 한 변인의 변량이 나머지 다른 변인의 변량을 어느 정도 설명할 수 있는지를 나타낸다. r^2을 결정계수(coefficient of determination)라고 하며, 여기에 100을 곱하면 백분율로 해석할 수 있다. 예를 들어, $r_{xy}=.60$이라면 X에 의해서 Y의 전체 변량 중 36%를 설명하거나 예언할 수 있다고 본다. 이것은 또한 말을 바꾸어 Y변인에 의해서 설명되는 X의 변량은 36%라고 해석할 수 있다. 상관계수는 공통요인을 발견하려는 연구나 예측연구에서 많이 사용된다. 상관도가 높다는 것은 두 변인 간에 공통요인이 많으며, 공통적으로 변화하는 정도가 그만큼 높다는 것을 의미하는 것이므로, 상관계수가 높게 나올수록 정확한 예언을 할 수 있다.

그런데 적률상관계수를 계산하기 위해서는 자료에 일정한 조건이 갖추어져야 한다. 즉, X와 Y의 두 변인이 모두 연속적이어야 하며, 동간척도나 비율척도에 의해서 측정되어야 한다. 그리고 이들 변인 간의 상관이 직선적이며 동변량성(同變量性)을 가정할 수 있어야 한다는 것 즉, 두 변인의 변산 정도가 서로 비슷해야 한다는 조건을 만족시켜야 한다. 이러한 기본가정을 할 수 없는 경우에는 적률상관계수의 이용을 삼가야 한다.

제3절 정상분포와 표준점수

1. 정상분포

정상분포(normal curve)는 정규분포라고도 하며, 가장 널리 사용되는 통계적 모형의 하나이다. 정상분포는 어떤 특성을 측정한 결과 얻어진 실제 자료들의 분포가 아니라, 전체 사례수 N이 무한히 크다고 가정하였을 경우 얻어질 수 있는 이론적인 분포이다. 정상분포는 [그림 12-2]와 같이 종을 엎어 놓은 것과 같은 모양을 하고 있으며, 하나의 꼭지를 갖는 좌우 대칭적인 연속적 변인의 분포이다. 우리 주변의 여러 가지 특성들은 대체로 정상분포를 이루고 있다고 볼 수 있다.

정상분포의 X축은 측정된 점수를 나타내며 Y축은 빈도를 나타낸다. 정상분포의 모양은 일정하게 고정된 한 가지만 있는 것이 아니라, 평균과 표준편차 그리고 사례수에 따라서 그 모양이 달라지는데 일반적으로 다음과 같은 특징을 지니고 있다.

- 정상분포는 연속적 변인의 분포이다.
- 정상분포는 좌우 대칭이며 하나의 꼭지를 가진 분포이다.
- 정상분포는 산술평균, 중앙치, 최빈치가 서로 일치하는 분포이다.

- 중앙에 사례수가 모여 있고, 양 극단으로 갈수록 적어지나 무한히 0에 접근할 뿐, 0이 되지는 않는다.

정상분포는 평균과 표준편차의 두 수치에 따라서 규정되는 분포이므로, 분포상에서 어떤 특정한 X를 알 경우, 이 X에 의해서 분할되는 면적의 비율을 계산할 수 있다. 이러한 면적 계산을 할 때는 대개 주어진 표준점수에 대한 단위정상분포의 면적비율 수표를 이용한다. 이 책의 뒤에 정상분포표를 〈부록〉으로 실어 놓았다.

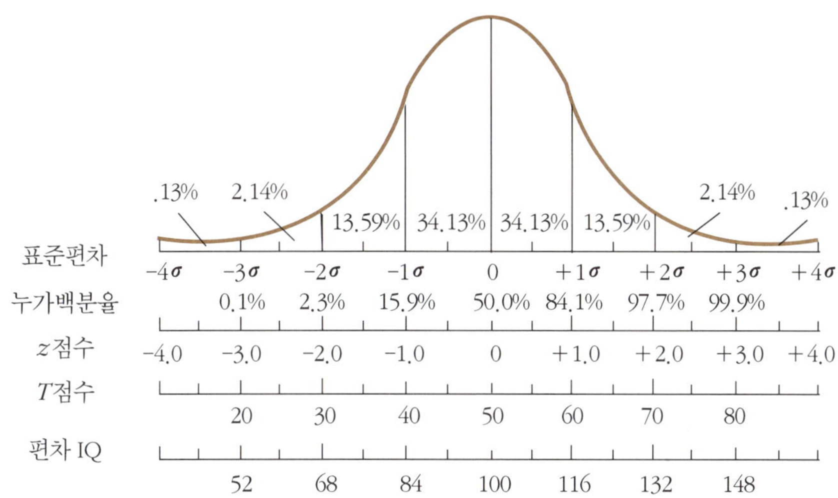

[그림 12-2] 정상분포와 표준점수

2. 표준점수

표준점수(standard score)란 평균으로부터의 편차점수를 그 점수분포의 표준편차로 나누어 얻어진 점수를 말한다. 일반적으로 원점수를 상대적으로 의미 있게 비교하기 위하여 해당 점수분포의 평균과 표준편차를 기준으로 하여 표준점수로 환산한다. 다시 말하여, 원점수를 표준점수로 환산한다는 것은 원점수의 분포를 그 분포의 표준편차를 단위로 하는 척도로 전환시킨다는 것을 의미한다. 표준점수의 가장 대표적인 것으로는 z점수가 있는데, 이를 계산하는 공식은 다음과 같다.

$$z = \frac{X - \overline{X}}{s} \tag{12.7}$$

여기서 X : 원점수

$\overline{X}$: 해당 점수분포의 평균치

s : 해당 점수분포의 표준편차

위와 같은 방법으로 얻어진 표준점수 z는 평균이 0이고 표준편차가 1인 점수분포를 이룬다. 표준점수는 점수의 출발점과 그 단위를 동일하게 함으로써 기준점이 서로 다른 여러 집단의 점수들을 상호 비교하거나 통합할 때 합리적으로 사용할 수 있는 점수체계이다. T점수도 표준점수 z와 마찬가지로 일종의 표준점수이다. z점수는 −값을 취하거나 소수점이 있어 불편하므로 이것을 해소하기 위하여 생각해 낸 것이 T점수이다. T점수를 계산하는 공식은 다음과 같다. T점수의 평균은 50이고 표준편차는 10이다.

$$T = 10z + 50$$

[그림 12-2]의 정상분포곡선은 표준편차를 단위로 했을 때, 각 단위 사이의 면적비율을 나타낸 것이다. 이 그림에는 또한 정상분포와 백분율 및 표준점수들 간의 관계를 제시하고 있다. 그림에서 알 수 있는 바와 같이, 평균점으로부터 $+1\sigma$ 와 -1σ 사이에 전체 면적의 68.26%가 포함되며, $\pm 2\sigma$ 사이에는 95.44%, 그리고 $\pm 3\sigma$ 사이에는 99.72%가 포함된다. 가령, 100명의 시험성적 자료가 정상분포를 이루고 그 시험성적의 평균이 60점, 표준편차가 10점이라면, 60점 ±10점 즉, 50점에서 70점 사이에 약 68명이 포함된다는 것을 알 수 있다.

어느 한 정상분포의 원점수를 표준점수 z로 바꾸면 이 z점수의 분포는 평균이 0이고 표준편차가 1인 단위정상분포를 이룬다. 단위정상분포에서 주어진 z점수에 대한 면적비율을 미리 계산하여 놓은 수표가 대부분의 통계책 뒤에 부록으로 제시되어 있다. 이러한 수표를 이용하여 우리는 z점수를 알고 해당되는 면적을 계산하거나, 반대로 면적비율을 알고 그에 해당하는 z점수를 계산할 수 있는 것이다.

제4절 통계적 추리

1. 표집분포

한 집단에서 얻은 측정결과를 요약하는데 기술통계는 유용하다. 그러나 연구에서는 이와 같은 기술통계 이상의 통계적 방법이 요구된다. 왜냐하면, 연구자는 대개 표본에서 얻은 통계치(statistic)를 기초로 그에 대응하는 모집단의 모수치(parameter)를 추리하는 문제를 취급하기 때문이다. 연구를 할 때에 비록 전체의 일부만을 표집해서 연구하지만, 연구자의 관심은 연구대상으로 선정된 그 일부 집단에 머물러 있는 것이 아니라 오히려 전체 집단에 있는 것이다. 즉, 표본의 특성으로부터 모집단의 특성을 추리하고자 하는 것이다. 그런데 이러한 추리가 보다 신빙성 있기 위해서는 표본이 모집단을 잘 대표할 수 있어야 한다. 표본의 대표성이 의심스러울수록 모수치의 추정이 빗나가고 추리에 따른 오차의 범위가 클 것은 쉽게 짐작할 수 있는 일이다. 그러나 표집을 아무리 잘 한다고 해도 우연적인 요인의 작용으로 인하여 대개 통계치와 모수치 간에는 차이가 있게 마련이다.

통계적 추리를 한다는 것은 표본에서 얻은 통계치를 근거로 하여 모집단의 모수치를 확률적으로 추정하는 것을 말한다. 표본의 특성을 요약 · 기술해 주는 수치를 통계치라고 하고, 이에 대응하는 모집단의 특성을 모수치라고 부른다. 모집단을 명확하게 규정해 놓으면, 이러한 모집단으로부터 계산된 평균치, 표준편차, 상관계수 등 모수치는 일정한 상수(常數)가 되는 셈이다. 다시 말하여, 하나

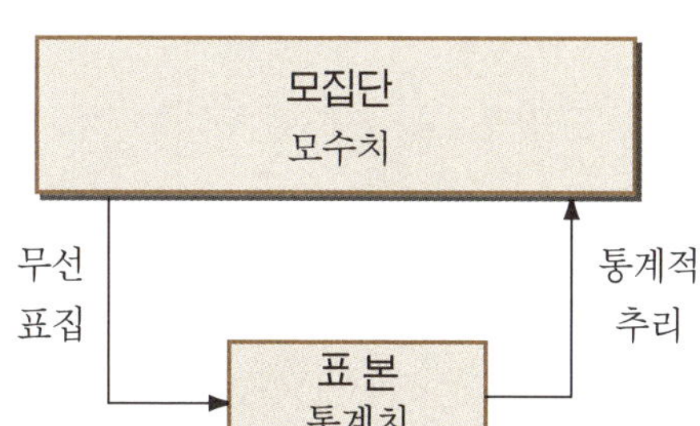

[그림 12-3] 통계적 추리의 모형

의 모집단에는 이론적으로 오직 하나의 평균치, 표준편차, 상관계수 등이 있을 뿐이며 이러한 모수치는 모집단의 특성이 바뀌지 않는 한 불변한다. 그러나 이에 비하여 표본에서 얻는 통계치는 표집의 오차로 인하여 표본에 따라 그때그때 서로 다르게 나타나는 무선적 변수(變數)가 되는 것이다.

통계학에서는 모수치와 통계치를 구별하기 위하여 대개 모수치는 그리스 문자로 표시하고 통계치는 영어 알파벳으로 표시한다. 예를 들면, 모집단의 평균을 μ, 표준편차를 σ, 상관계수를 ρ 등으로 나타내고, 이에 대응하는 표본의 평균을 $\overline{X}$, 표준편차를 s, 상관계수를 r 등으로 나타낸다.

어느 한 모집단에서 일정한 크기의 사례수 n 만큼 무선적으로 표집하여 그 특징을 알아보고, 다시 n 만큼 표집하여 그 특징을 알아보고 하는 과정을 계속한다면, 각 표본에서 얻은 통계치들은 마치 하나하나의 측정치들이 분포를 이루는 것처럼 이들도 어떤 분포를 이루게 될 것이다. 이와 같이 표집분포란 한 모집단으로부터 일정한 사례로 구성된 표본을 계속적으로 뽑아 각각의 표본에서 얻은 통계치들의 분포를 말한다. 표집분포에는 평균치의 표집분포, 표준편차의 표집분포, 상관계수의 표집분포 등 각종 통계치의 표집분포가 있다. 여기서는 편의상 평균치의 표집분포에 국한하여 살펴보기로 한다.

예를 들어, 모집단이 2, 4, 6, 8의 네 개 숫자로 구성되어 있고 여기에서 2개를 무선적으로 계속 표집하여 산출한 평균치들의 분포를 알아보는 경우를 생각해 보자. 이때 복원표집 방법을 적용한다고 가정하자. 즉, 모집단에서 표집된 요소가 모집단에 원래대로 복귀되어서 다시 선택될 자격을 갖게 되는 표집방법을 적용할 경우 〈표 12-4〉와 같은 결과를 얻게 될 것이다. 이 표에 나타난 표본 평균치들의 상대적 빈도분포를 〈표 12-5〉에 제시하였는데, 이것이 바로 평균치의 표집분포이다. 그리고 [그림 12-4]는 2, 4, 6, 8의 모집단 원점수 분포와 함께 이러한 표본 평균치들의 빈도분포를 그림으로 나타낸 것이다.

이와 같은 평균치의 표집분포를 통하여 우리는 몇 가지 중요한 사실을 알 수 있다. 우선 모집단의 평균치 $\mu = 5.0$으로 하나의 고정된 값을 가지는 반면에, 이 모집단에서 뽑은 표본의 평균치는 2.0에서 8.0에 이르기까지 매우 다양하다는 점이다. 그리고 평균치의 표집분포의 평균치는 5.0으로 모수치와 완전히 일치한다는 사실을 알 수 있다. 즉, 평균치의 표집분포의 평균치($\mu_{\overline{X}}$)는 모집단의 평균치(μ)와 같다.

〈표 12-4〉 모집단 (2, 4, 6, 8)에서 복원추출방법에 의해 $n=2$씩 무선표집할 경우 가능한 모든 표본과 그 평균치

	모집단 : 2, 4, 6, 8	$\mu=5.0$
표본	발생 확률	평균치($\overline{X}$)
2, 2	1/16	2.0
2, 4	1/16	3.0
2, 6	1/16	4.0
2, 8	1/16	5.0
4, 2	1/16	3.0
4, 4	1/16	4.0
4, 6	1/16	5.0
4, 8	1/16	6.0
6, 2	1/16	4.0
6, 4	1/16	5.0
6, 6	1/16	6.0
6, 8	1/16	7.0
8, 2	1/16	5.0
8, 4	1/16	6.0
8, 6	1/16	7.0
8, 8	1/16	8.0
	평균치의 표집분포의 평균치	$\mu_{\overline{X}}=5.0$

〈표 12-5〉 평균치의 표집분포(〈표12-4〉 자료에 의함)

표본 평균치	상대적 빈도
8.0	1/16
7.0	2/16
6.0	3/16
5.0	4/16
4.0	3/16
3.0	2/16
2.0	1/16

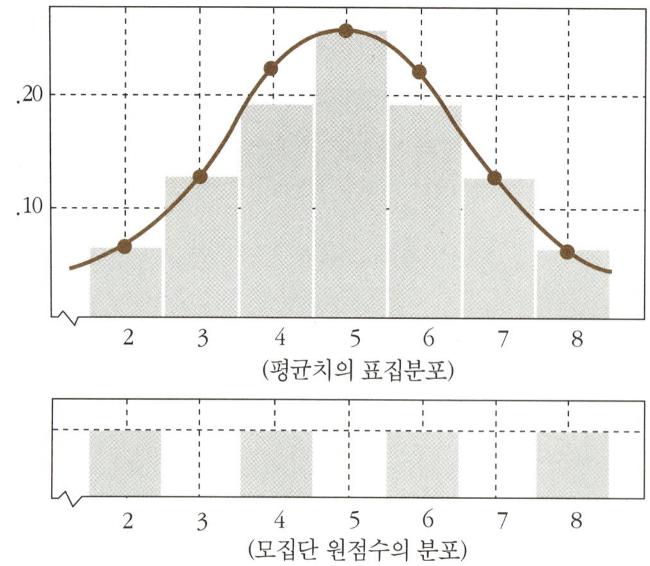

[그림 12-4] 평균치의 표집분포와 모집단 원점수의 분포(〈표 12-4〉자료에 의함)

$$\mu_{\overline{X}} = \mu \tag{12.8}$$

한편, 〈표 12-5〉와 같은 평균치의 상대적 빈도분포를 보고 각 표본의 평균치를 얻게 될 확률도 알 수 있다. 예컨대, 모집단의 평균과 똑같은 $\overline{X}=5.0$을 얻을 수 있는 확률은 4/16으로서 가장 높고, 이 값보다 더 커지거나 작아질수록 그러한 표본의 평균치를 얻을 확률은 점점 낮아진다는 사실을 알게 된다. 또한 이러한 상대적 빈도에 기초하여 다음과 같은 경우의 확률적 추리가 가능해진다. 즉, 어느 한 표본의 평균치가 8.0이 될 확률은 1/16, 4.0에서 6.0 사이의 값을 갖게 될 확률 $p(4.0 \leq \overline{X} \leq 6.0) = 10/16$ 등의 이야기를 할 수 있게 된다.

일반적으로 표본의 크기 n이 증가함에 따라 평균치의 표집분포는 모집단의 평균치와 똑같은 값을 중심으로 하여 좌우 대칭적이며 꼭지점이 하나인 정상분포에 점점 가까워진다. 이러한 현상을 [그림 12-4]를 통하여 어느 정도 짐작할 수 있을 것이다. 이 그림에서 볼 수 있듯이 모집단 원점수(2, 4, 6, 8)의 분포는 정상분포가 전혀 아니지만, $n=2$로 구성된 평균치의 표집분포는 꼭지점이 하나이고 좌우 대칭적인 분포를 이루고 있다. 여기서 만약 $n=3$으로 표본크기를 증가하면 평균치의 표집분포는 좀 더 정상분포에 접근하게 될 것이다.

통계치의 표집분포도 보통의 측정치 분포와 다를 바 없으므로 우리는 표집분포에서 평균이나 표준편차 등 각종 통계치를 계산해 낼 수 있다. 예컨대, 평균치의 표집분포에서 평균과 표준편차를 계산한다면, 이것은 평균들의 평균이 되고 평균들의 표준편차가 되는 셈이다.

만약 모집단의 분포가 정상적이라면, 여기에서 무선적으로 뽑은 여러 표본의 평균치의 표집분포도 정상적으로 분포되리라는 점을 가정할 수 있다. 설령, 모집단의 분포가 정상적이지 못하더라도 표본의 크기가 어느 정도 크면 소위 '중심극한정리' (central limit theorem)에 의해서 표집분포가 정상분포에 가깝게 될 것을 가정할 수 있다. 중심극한정리란 "어느 한 모집단이 평균 μ와 변량 σ^2을 갖고 있을 때, 이 모집단에서 일정한 사례수 n의 독립적인 무선표본들로부터 얻는 평균치의 표집분포는 표본의 사례수 n이 증가함에 따라 평균이 μ이고 변량이 σ^2/n인 정상분포에 접근하게 된다"라고 가정하는 것이다. 간단히 말하여, 중심극한정리란 모집단의 분포가 어떻든지 간에 평균의 표집분포는 표본의 크기 n이 증가할수록 정상분포에 접근한다는 것을 뜻한다. 이것은 통계적 추리의 바탕을 이루는 매우 중요한 기본가정이다. 그런데 이러한 중심극한정리는 어떤 통계치의 표집분포에나 모두 적용되는 것은 아니다. 앞에서 언급한 것처럼 평균치의 표집분포, 상관계수의 표집분포 등 통계치에 따라 해당 표집분포의 특성과 양상이 다르다. 일반적으로 모수적 추리통계는 이와 같은 표집분포에 근거를 두고 있는데, 통계적 추리를 하려면 해당 통계치의 표집분포의 특성과 표준오차를 알아야 한다.

2. 표준오차

표본의 자료를 통하여 모집단의 특성을 추리하는 연구상황에서 가장 이상적인 것은, 연구하고자 하는 변인에 대해서 모집단을 완전히 대표할 수 있는 표본을 얻는 경우이다. 만약 모집단을 완전히 대표할 수 있는 표본이라면, 표본에서 얻은 통계치는 그대로 모집단의 모수치를 대표하게 될 것이다. 그러나 현실적으로 이렇게 모집단의 완전 축소판처럼 대표적 표본을 얻기란 거의 불가능하다. 따라서 통계치와 모수치 사이에는 어쩔 수 없이 차이가 있게 마련인데 우리는 이것을 표집오차 혹은 간단히 오차라고 부른다. 대체로 표집방법의 여하에 따라서 표집오차의 크기가 달라진다. 좀 더 대표적인 표본을 뽑을수록 그만큼 오차의 크기는 줄어든다고 본다.

한 모집단으로부터 일정한 크기 n씩 계속적으로 무선표집하여 가능한 모든

K개의 표본을 뽑았다고 가정해 보자. 각 표본의 평균치를 $\overline{X}_1$, $\overline{X}_2$, … $\overline{X}_K$라고 하고, 모집단의 평균치 μ와 이들 각 평균치 간의 차이를 e_1, e_1, … e_K라고 하면, 이러한 차이가 바로 표집오차가 되는 셈이다. 이러한 내용을 수식으로 표시하면 다음과 같이 나타낼 수 있다.

$$
\begin{aligned}
e_1 &= \overline{X}_1 - \mu \\
e_2 &= \overline{X}_2 - \mu \\
&\vdots \\
e_K &= \overline{X}_K - \mu
\end{aligned}
$$

이제 e_1, e_2, … e_K와 같은 오차의 표집분포에 관하여 생각해 보자. 각각의 표본에서 나온 평균치는 모집단의 평균치와 같거나, 크거나, 작거나 하기 때문에 각 오차의 값은 + 또는 -의 값을 취하거나 0이 될 것이다. 그러므로 체계적인 표집오차를 범하지 않는 한, 오차의 표집분포에서 평균값을 구하면 0이 기대된다. 그러나 오차의 표집분포의 표준편차를 σ_e라고 하고 그 값을 계산해 보면 그것은 0이 아닌 어떤 값을 갖게 될 것이다.

여기서 잠시 생각해 보자. $\overline{X}_1$, $\overline{X}_2$, … $\overline{X}_K$와 같은 평균치의 표집분포에서 표준편차 $\sigma_{\overline{X}}$를 계산할 경우, $\sigma_{\overline{X}}$와 σ_e 사이에는 어떤 관계가 있을까? 이 물음에 대한 답부터 먼저 말하면 $\sigma_{\overline{X}} = \sigma_e$가 된다. 즉, 평균치의 표집분포에서 산출한 표준편차는 각 평균치와 모수치 간의 차이, 즉 오차의 표집분포에서 계산한 표준편차와 같다. 왜냐하면, 일단의 점수분포가 있을 때, 모든 점수에 일정한 상수를 더하거나 빼주어도 그 점수들의 원래 표준편차에는 하등 변화가 없다는 사실을 우리는 알고 있다. 각 평균치에서 일정한 상수 μ를 빼어 얻은 값이 오차들이므로 결국 평균치들의 표준편차와 오차들의 표준편차는 동일하게 된다. 이 문제에 대하여 관심있는 독자들은 〈표 12-4〉에 제시한 자료를 가지고 직접 $\sigma_{\overline{X}}$와 σ_e를 각각 계산해서 비교해 보면 동일하다는 사실을 확인할 수 있을 것이다.

이러한 의미에서 평균치의 표집분포에서 계산한 표준편차를 평균의 표준오차(standard error of the mean)라고 부른다. 어떤 통계치의 표집분포에서 표준편차를 산출하면 그것이 바로 해당 통계치의 표준오차가 된다. 표본자료에서 산출할 수 있는 각종 통계치들은 그 나름의 표집분포를 이루고, 이러한 표집분포의 표준편차는 해당 통계치의 표준오차가 되는 것이다. 따라서 평균치의 표준오차 이외에 중앙치의 표준오차, 상관계수의 표준오차, 두 평균치의 차의 표준오차 등 여러 가지 표준오차가 있을 수 있다.

앞에서 평균치의 표집분포의 평균치($\mu_{\overline{X}}$)는 모집단의 평균치(μ)와 같다고 하였다. 평균치의 표집분포의 표준편차, 즉 평균의 표준오차($\sigma_{\overline{X}}$)도 모집단의 표준편차(σ)와 일정한 관계를 맺고 있다. 즉, 표본의 크기를 n이라고 할 때 평균의 표준오차는 다음과 같다.

$$\sigma_{\overline{X}} = \frac{\sigma}{\sqrt{n}} \tag{12.9}$$

공식 (12.9)는 모집단의 표준편차 σ를 알고 있을 경우에 평균의 표준오차를 구하는 공식이다. 그러나 실제로는 대부분 σ를 모른다. 그래서 어느 한 표본에서 얻은 표준편차 s를 기초로 하여 평균의 표준오차를 추정하게 된다. 표본의 크기가 n일 때 평균의 추정된 표준오차($s_{\overline{X}}$)는 아래와 같은 공식을 이용하여 계산한다.

$$s_{\overline{X}} = \frac{s}{\sqrt{n-1}} \tag{12.10}$$

지금까지 평균의 표준오차에 관해서 간단히 살펴보았다. 표준오차가 원칙적으로 표준편차와 같은 것이므로 표준오차도 보통의 표준편차가 지니고 있는 여러 특징을 그대로 가지고 있다. 표준오차는 표본의 통계치들이 모집단의 진짜 값인 모수치를 중심으로 얼마나 변산되어 있느냐를 나타내 주는 지수이기 때문에 추리통계에서 매우 중요하게 쓰인다. 통계적 가설을 검증하거나 신뢰구간을 설정하는 데 있어서 표준오차는 핵심적인 역할을 한다.

예를 들어, 평균치의 표준오차를 알면 정상분포 수표를 이용하여 표본의 평균치가 모집단의 평균치로부터 일정 크기(예, ±1, ±2 등)로 이탈될 확률을 추정할 수 있는 것이다. 어떤 점수분포가 정상분포를 이루고 있을 때, 그 분포의 평균치와 표준편차를 알면 어느 특정한 점수에 해당되는 면적을 구하거나, 반대로 면적의 비율을 알고 그에 해당되는 점수를 구할 수가 있다. 즉, 정상분포 수표를 이용하여 특정한 z점수에 해당되는 면적을 계산하거나, 반대로 면적비율을 알고 그에 해당하는 z점수를 계산할 수 있다고 앞에서 설명한 바 있다. 이와 똑같은 원리

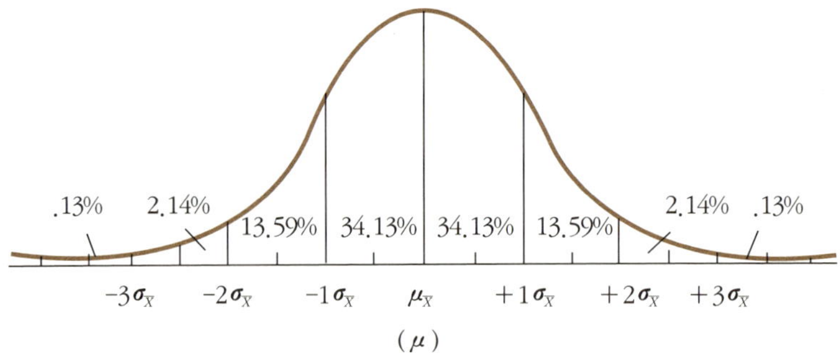

[그림 12-5] 평균치의 표집분포

로 표준오차도 정상분포와 관련하여 읽고 해석하게 된다. [그림 12-5]는 평균치의 표준오차와 정상분포곡선과의 관계를 나타낸 것이다.

그런데 평균치의 표집분포는 언제나 정상분포를 이루는 것은 아니다. 표집의 크기 n이 줄어들수록 표집분포는 정상분포에서 점차 이탈한다. 다시 말하여, 소표집에서는 통계치의 표집분포가 정상분포에서 이탈하기 때문에 정상분포에 입각한 통계적 추리를 하면 곤란하다. 사례수가 어느 정도일 때 소표집이 되는지 그 기준을 명확히 정하기는 어렵지만, 일반적으로 사례수가 30 이하일 경우에 소표집으로 간주한다.

소표집에서는 표집분포가 정상분포를 이루지 않고 t분포를 이루기 때문에 통계적 추리도 t분포에 입각해서 하게 된다. t분포는 정상분포와 마찬가지로 꼭지점이 하나이며 좌우대칭인 분포이다. 그러나 t분포의 변산은 표본의 크기 n에 따라서 그때그때 달라지므로 단위정상분포처럼 하나만이 존재하는 것이 아니라, 표본의 크기에 따라 제각기 다른 분포양상을 보인다. 표본의 크기 n이 무한히 클

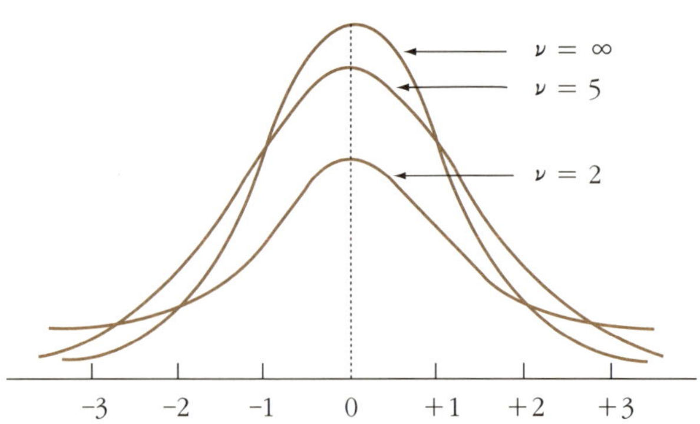

[그림 12-6] 자유도(df)가 다른 세 가지 경우의 t분포

경우에는 t분포와 정상분포는 완전히 일치하지만, n이 적어짐에 따라 t분포의 모양은 마치 정상분포를 위에서 눌렀을 때 생기는 모양처럼 분포의 양쪽 끝이 약간 치켜지는 반면에 꼭지점의 높이는 점차 낮아진다. 사례수가 서로 다른 세 가지 경우의 t분포 곡선을 [그림 12-6]에 제시하였다.

평균치의 표집분포가 정상분포를 이룰 경우에 검증통계치 z값을 구하는 공식과, t분포를 이룰 경우에 t값을 구하는 공식은 각각 아래와 같다.

$$z = \frac{\overline{X}-\mu}{\sigma_{\overline{X}}} = \frac{\overline{X}-\mu}{\sigma/\sqrt{n}} \qquad (12.11)$$

$$t = \frac{\overline{X}-\mu}{s_{\overline{X}}} = \frac{\overline{X}-\mu}{s/\sqrt{n-1}} \qquad (12.12)$$

위의 공식 (12.11)에서 평균의 표준오차 $\sigma_{\overline{X}}$는 모집단의 σ를 알고 있을 경우에만 계산이 되고 σ를 모르면 계산할 수 없다. 그러나 공식 (12.12)에서 평균의 추정된 표준오차 $s_{\overline{X}}$는 모집단의 표준편차를 모르더라도 어느 한 표본에서 얻은 표준편차 s를 가지고 계산할 수 있다. 우리는 대개의 경우 모집단의 모수치를 알지 못한다. 사실 모수치를 모르기 때문에 통계적 추리를 하는 것이지, 만약 모수치를 알고 있다면 구태여 통계적 추리를 할 필요가 없을 것이다. 따라서 일반적으로 공식 (12.11)보다는 공식 (12.12)가 더 많이 쓰인다.

그런데 표본의 표준편차 s는 모집단의 표준편차 σ를 과소추정하게 되므로 이를 교정할 필요가 있다. 이러한 까닭에 공식 (12.10)에서 보듯이, $s_{\overline{X}}$를 구할 때 s를 $\sqrt{n}$ 대신에 $\sqrt{n-1}$로 나누어 준다. 여기서 자유도(degree of freedom)라는 개념이 등장한다. 자유도는 보통 df로 표시하는데, 이것은 쉽게 설명하자면, 표본을 구성하고 있는 개별 요소들 중 주어진 조건하에서 통계적 제한을 받지 않고 자유롭게 변화될 수 있는 요소의 수를 의미한다. 가령, $n=10$개 점수들로 구성된 어느 표본의 평균이 50이라면, 이 중에서 9개의 점수들은 어떤 값이라도 자유롭게 취할 수 있지만 나머지 1개의 값은 평균이 50이 되어야 한다는 조건을 만족시키기 위해서 특정한 값만 갖도록 제한을 받는다. 그러므로 이 경우에 자유도는 $n-1$, 즉 9가 되는 것이다.

원칙적으로 모수치 σ를 알지 못할 경우에는 대표집이건 소표집이건 모두 t검증을 해야 한다. 다만 표본의 크기가 매우 클 때, 다시 말하여, 자유도(df)가 매우 클 때에는 검증통계치 t값과 z값 간에 큰 차이가 나지 않는다. 그러므로 편의상 정상분포에 입각하여 z검증을 하는 것이다.

3. 모수치의 추정

한 표본에서 얻은 통계치를 가지고 그에 대응하는 모집단의 모수치를 추정하는 방법에는 두 가지가 있다. 즉, 단일치 추정(point estimation)과 구간추정(interval estimation)의 방법이 그것이다. 단일치 추정은 표본으로부터 얻은 하나의 값으로 모수치를 추정하는 방법이다. 예를 들어, 대통령 선거에서 후보자별 지지도에 관한 표본조사를 한 결과 어느 후보자의 지지율이 45%로 나타났다고 할 때, 전체 유권자들 중에서 해당 후보자를 지지하는 비율이 45%라고 단일한 값으로 추정하는 방식을 말한다. 이에 비하여 구간추정은 표본에서 얻은 통계치를 근거로 하여 모집단의 모수치가 포함될 점수의 범위를 일정한 확률을 가지고 추정하는 방법이다. 일반적으로 표본의 통계치는 표집오차 때문에 모집단의 모수치와 일치하기 어렵다. 따라서 위에 예시한 지지율 표본조사의 경우 45%라고 하나의 '점'으로 추정하는 대신에 가령 43%～47%라고 수치의 '범위'로 추정하는 방식이 구간추정이다.

구간추정을 하기 위해서는 통계치의 표준오차를 구해야 된다. 그리고 구간 내에 모수치가 포함될 것을 어느 정도 확신을 가지고 추정할 것이냐 하는 신뢰수준을 결정해야 한다. 통계적 추리에서는 대개 95% 또는 99%의 신뢰수준을 택하며, 신뢰수준에 따라서 신뢰계수가 정해진다. 예컨대, 표집분포가 정상분포를 이룬다고 가정할 경우 95%, 99% 신뢰수준의 신뢰계수는 각각 1.96과 2.58이다. 이와 같은 신뢰계수는 z점수로서 정상분포 수표에서 찾아낼 수 있다. 같은 방법으로 t분포에서도 자유도를 고려하여 각 신뢰수준에 해당하는 신뢰계수를 찾으면 된다. 신뢰수준을 정해 놓고 추정한 구간을 신뢰구간(confidence interval)이라고 부른다. 모집단의 평균치 μ가 들어 있을 신뢰구간은 $\overline{X} \pm K$, 즉 $\overline{X} - K \leq \mu \leq \overline{X} + K$의 형식으로 설정한다. 여기서 K는 표준오차와 신뢰계수에 의하여 결정되는 수치이다.

다음 [그림 12-7]은 9개의 표본에서 얻은 평균치를 토대로 μ가 포함될 신뢰구간을 설정한 것을 그림으로 예시한 것이다. 이 그림에서 각 신뢰구간의 중앙에

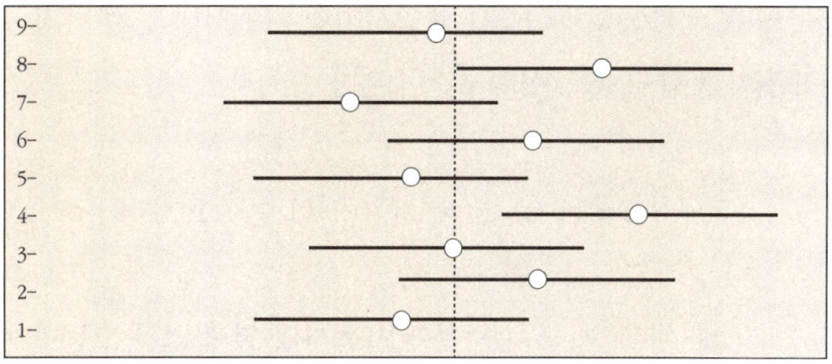

[그림 12-7] μ에 대한 신뢰구간의 추정

o으로 표시한 점은 해당 표본의 평균치 $\overline{X}$를 의미하는데, 이것들이 바로 μ에 대한 단일추정치(point estimator)이다. 그림에서 보는 바와 같이 이러한 단일추정치들은 모수치 μ와 일치하게 될 확률이 매우 희박하다. 그러나 신뢰구간에 의한 추정은 단일추정치에 비하여 μ를 포함하게 될 가능성이 높다고 하겠다. 물론 그림에서 알 수 있는 것처럼 어떤 신뢰구간에는 μ가 포함되지 않을 수도 있다. 신뢰구간의 범위를 크게 하면, 바꿔 말하여 신뢰수준을 낮게 잡으면 그만큼 μ가 포함될 확률은 높아질 것이다. 그러나 신뢰구간의 범위를 넓게 할수록 모수치가 포함될 가능성은 높아지겠지만, 반면에 우리에게 주는 정보는 구체적이지 못하여 무턱대고 신뢰구간의 폭을 크게 잡는 것은 바람직하지 않다.

신뢰구간의 추정에 관한 구체적인 예를 하나 들어보자. 서울시내 남자 고등학생들의 평균신장을 알아보기 위하여 무선적으로 100명을 표집해서 조사한 결과 평균이 170cm, 표준편차가 12cm라고 가정하자. 주어진 표본 자료에 근거하여 먼저 평균의 표준오차를 추정하면 아래와 같다.

$$s_{\overline{X}} = \frac{s}{\sqrt{n-1}} = \frac{12}{\sqrt{100-1}} \fallingdotseq 1.2$$

가령, 모수치 μ가 들어 있을 95% 신뢰구간을 추정한다고 하자. 그러면 이와 같은 신뢰구간은 다음과 같다.

$$\overline{X} - 1.96 s_{\overline{X}} \le \mu \le \overline{X} + 1.96 s_{\overline{X}}$$

위의 식에 $\overline{X}=170$, $s_{\overline{X}}=1.2$를 대입시키면 서울시내 전체 남자 고등학생들의 평균신장 μ가 포함될 95% 신뢰구간이 된다.

$$170-(1.96)(1.2) \leq \mu \leq 170+(1.96)(1.2)$$

즉, 167.65cm ~ 172.35cm의 범위에 서울시내 전체 남자 고등학생들의 평균신장이 들어 있을 확률은 95%이다. 이것은 모집단의 평균치가 이 범위 안에 포함된다고 말할 경우 100중 95는 맞고 5 정도는 틀릴 확률이다. 그런데 여기서 유의할 사항은 μ는 확률변인이 아니고 일종의 고정된 수치이기 때문에 위에서처럼 확률적인 해석을 하는 것은 사실 타당하지 못하다. 다만 편의상 일반인들이 쉽게 이해할 수 있도록 그렇게 말할 뿐이다. 엄격하게 말한다면, 100개의 표본에서 얻은 각각의 $\overline{X}$들을 가지고 신뢰구간을 설정할 경우 그 중에서 95개의 신뢰구간은 μ를 포함하고 나머지 5개의 신뢰구간은 μ를 포함하지 못한다고 해석해야 타당하다.

제5절 통계적 분석방법

통계분석의 방법은 측정의 수준, 변인의 수, 집단의 수, 표본의 독립성, 연구문제의 성격 등에 따라서 제각기 다를 수 있다. 여기서는 사회과학분야의 연구에서 많이 쓰이는 몇 가지 방법을 간략히 소개하고자 한다. 실제로 통계분석을 할 때는 컴퓨터를 이용하여 SPSS(statistical package for the social sciences)나 SAS(statistical analysis system)와 같은 통계분석 프로그램을 주로 사용한다.

1. 분석방법의 선택기준

1) 측정의 수준

명명척도, 서열척도, 동간척도, 비율척도 중 어떤 척도로 측정한 수치인가에 따라서 이용할 수 있는 통계적 분석방법이 달라진다. 동간척도와 비율척도에 의한 측정은 통계적 분석방법에 제한이 없으나, 명명척도와 서열척도에 의한 측정자료의 분석은 비모수적 통계기법만이 가능하다. 비모수통계(non-parametric statistics)란 모수치에 대한 가정이나 추정을 전제로 하지 않고 모집단의 형태에 관계없이 주어진 자료에서 직접 확률을 계산하여 통계적 검증을 하는 분석법을 말한다.

2) 변인의 수

분석하고자 하는 변인의 숫자가 한 개인가 아니면 두 개 이상인가에 따라서 적용할 수 있는 통계적 분석방법이 달라진다. 즉, 변인의 수에 따라 단일변인분석(univariate analysis)과 다중변인분석(multivariate analysis)으로 구별된다. 흔히 기술통계에서 단일변인분석은 한 가지 변인의 특성을 요약하고 기술하기 위하여 그 변인의 집중경향, 변산도 등을 구한다. 단순상관과 단순회귀분석에서는 X와 Y 각각 하나의 변인이 관련되지만, 다중상관이나 다중회귀분석에서는 2개 이상의 변인이 관련된다. 또한 다중변량분석(multivariate analysis of variance)은 2개 이상의 종속변인에 대한 집단 간의 차이를 동시에 비교하는 통계적 분석기법이다.

3) 집단의 수

비교하고자 하는 집단의 수가 몇 개인가에 따라서도 이용할 수 있는 통계적 분석방법이 달라진다. 단일집단 또는 두 개 집단일 경우 t검증 방법을 이용하지만, 3개 이상의 집단간 평균을 비교할 때는 일원변량분석을 통한 F검증 방법을 사용한다. 그리고 예컨대, 2개 독립변인에 의해 $2 \times 3 = 6$개의 집단이 있는 요인실험설계에서는 이원변량분석을 해야 된다.

4) 표본의 독립성

표본집단이 2개 이상인 경우 이들 표본간의 관계가 어떠한가에 따라서 적용하는 분석기법이 달라진다. 독립표본이냐 혹은 종속표본이냐에 따라서 표준오차를 구하는 방식이 각기 다르고 그에 따라 적용하는 분석기법도 다르게 된다. 즉, 두 독립표본에 대한 t검증법과 두 종속표본에 대한 t검증법이 서로 다르다.

5) 연구문제의 성격

연구문제의 성격과 목적에 따라서 적용하는 분석기법이 달라진다. 연구의 목적이 집단간 차이를 알아보는 경우와 미래에 대한 예측을 하는 경우 당연히 적용하는 분석기법이 다르다. 통계적 분석방법의 선택은 일차적으로 연구문제의 성격에 의해서 결정된다. 백분율이 요구되는 문제에서는 백분율을 산출하면 되고, 단순상관이 요구되는 문제에서는 단순상관계수를 계산하면 된다. 고차적인 통계분석기법이 언제나 좋은 것이 아니라 해당 연구문제에 가장 적합한 분석기법을 적용하는 것이 중요하고 바람직한 것이다.

2. *z*검증

이것은 통계치의 표집분포가 정상분포를 이룬다고 가정할 수 있을 경우에 정상분포에 의하여 검증하는 방법을 일컫는다. 모집단의 표준편차σ가 알려진 경우 μ에 대한 가설검증을 할 때 즉, 단일표본 z검증을 한다. 이때 평균치의 표준오차 $\sigma_{\overline{X}}$는 공식 (12.9)를 이용하여 구하고, 검증통계치 z는 공식 (12.11)을 이용하여 구한다. 독립표본이면서 모집단의 σ를 알고 있을 경우 두 평균의 차에 관한 추리를 할 때도 z검증을 한다. 이때 두 평균의 차의 표준오차($\sigma_{\overline{X}_1-\overline{X}_2}$)와 검증통계치 z를 구하는 공식은 각각 아래와 같다.

$$\sigma_{\overline{X}_1-\overline{X}_2} = \sqrt{\sigma^2_{\overline{X}_1} + \sigma^2_{\overline{X}_2}} = \sqrt{\frac{\sigma^2_1}{N_1} + \frac{\sigma^2_2}{N_2}} \qquad (12.13)$$

$$z = \frac{(\overline{X}_1 - \overline{X}_2) - (\mu_1 - \mu_2)}{\sigma_{\overline{X}_1-\overline{X}_2}} \qquad (12.14)$$

일반적으로 표집의 크기가 클수록 평균치의 표집분포는 보다 정상분포에 접근하게 된다. 따라서 대표집일 때는 모집단의 표준편차 σ를 모르더라도 표본에서 얻은 표준편차를 기초로 표준오차를 추정하여 z검증의 방법을 적용해도 큰 무리는 없다.

3. *t*검증

이것은 통계치의 표집분포가 t분포를 이룬다고 할 경우에 사용하는 방법이다. t검증은 z검증과 유사한 점이 많다. 앞에서 설명한 것처럼, t분포도 정상분포와 마찬가지로 꼭지점이 하나이며 좌우대칭인 분포이다. 그러나 정상분포와는 달리 t분포의 변산은 표집의 크기 n에 따라서 달라지므로 단위정상분포처럼 하나만이 존재하는 것이 아니라, 각각의 자유도(df)에 따라 그 자유도에 해당하는 분포가 하나씩 있는 일단의 분포들이다([그림 12-6] 참조).

단일 평균치에 대한 추리를 할 경우 t의 값은 공식 (12.12)를 이용하여 계산하면 된다. 그리고 독립표본의 경우와 종속표본의 경우에 각각 두 평균의 차의 추정된 표준오차($s_{\bar{X}_1-\bar{X}_2}$)를 구하는 공식과 검증통계치 t를 구하는 공식을 아래에 제시하였다.

(독립표본의 경우)

$$s_{\bar{X}_1-\bar{X}_2} = \sqrt{s_{\bar{X}_1}^2 + s_{\bar{X}_2}^2} = \sqrt{\frac{s_1^2}{n_1-1} + \frac{s_2^2}{n_2-1}} \tag{12.15}$$

(종속표본의 경우)

$$s_{\bar{X}_1-\bar{X}_2} = \sqrt{s_{\bar{X}_1}^2 + s_{\bar{X}_2}^2 - 2rs_{\bar{X}_1}s_{\bar{X}_2}} = \sqrt{\frac{s_1^2+s_2^2-2rs_1s_2}{n-1}} \tag{12.16}$$

$$t = \frac{(\bar{X}_1-\bar{X}_2)-(\mu_1-\mu_2)}{s_{\bar{X}_1-\bar{X}_2}} \tag{12.17}$$

4. F검증

F분포는 서로 다른 자유도를 갖는 두 개의 카이제곱(χ^2) 분포의 비율의 형태로 표현된다. F분포에 의하여 표본에서 얻은 통계치를 가지고 모수치에 관해서 추리하는 방법이 F검증이다. 이러한 검증방법은 대체로 두개 이상의 평균의 차이를 검증하는 변량분석이나 두 변량의 차이를 검증하는 경우에 흔히 적용되는 방법이다.

두개 이상의 평균들 간의 차이를 변량분석의 방법을 통하여 검증할 경우 F검증은 집단간 변량과 집단내 변량을 비교하는 방식으로 이루어지며, F값은 다음과 같이 구한다. 즉, 집단간 변량추정치(s_b^2)를 집단내 변량추정치(s_w^2), 즉 오차변량으로 나눈 것이 F값이다. 일부 통계책에서는 변량추정치의 기호를 평균자승화(mean square: MS)라는 기호로 표기하기도 한다.

$$F = \frac{s_b^2}{s_w^2} = \frac{MS_b}{MS_w} \tag{12.18}$$

F검증에 대한 이해를 돕기 위하여 〈표 12-6〉에 가상적인 세 집단의 검사결과와 이 자료를 가지고 변량분석한 요약표를 제시하였다. 세 집단의 평균들 차이를 검증한 결과 F=7.75로서 5% 수준에서 유의한 것으로 나타났다. 이와 같이 3개 이상의 평균들 간에 유의한 차이가 있는 것으로 밝혀진 경우에는 구체적으로 어느 집단과 어느 집단 간에 유의한 차이가 있는지를 알아보기 위하여 Tukey검증이나 Scheffé 검증 등과 같은 '평균의 개별비교'라는 분석을 더 해야 된다. 변량분석기법에 대한 구체적인 내용에 관해서는 전문 통계서적을 참고하기 바란다.

〈표 12-6〉 세 집단의 검사결과와 변량분석 요약표

집단1	집단2	집단3
32	14	22
26	20	17
29	23	15
$\overline{X}_1=29$	$\overline{X}_2=19$	$\overline{X}_3=18$

변산원 source	전체자승화 SS	자유도 df	평균자승화 $s^2(MS)$	F	p
집단간	222	2	111.00	7.75	p<.05
집단내	86	6	14.33		
전체	308	8			

5. X^2검증

지금까지 z검증, t검증, F검증에서 다룬 수치는 모두 점수들에 관한 것이었다. 이에 비하여 X^2검증에서 취급하는 자료들은 주로 빈도이고, 성별, 종교, 교육수준, 상중하 등 명명척도나 서열척도의 범주형 변인들이다. X^2분포에 의한 통계적 추리를 하는 방법을 X^2검증이라고 한다. X^2분포는 평균이 μ이고 표준편차가

σ인 정상분포를 이루는 모집단에서 한 번에 n개씩 계속 무선표집하여 표준점수 z를 산출하고 이를 제곱하여 얻는 수치들의 표집분포를 말한다. 즉, X^2분포는 다음과 같이 된다.

$$X^2 = \frac{(X_1-\mu)^2+(X_2-\mu)^2+\cdots+(X_n-\mu)^2}{\sigma^2} \tag{12.19}$$
$$= \Sigma\left(\frac{(X_i-\mu)}{\sigma}\right)^2$$
$$= \Sigma z_i^2$$

X^2검증법은 동변량성 검증(단일 변량 또는 둘 이상 여러 개의 변량들 간에 차이가 있는가를 알아보는 것), 적합도 검증(표본분포가 모집단에서 기대되는 분포와 어느 정도 일치하는가를 알아보는 것), 독립성 검증(두 개의 범주형 변인에 의해 K×L의 교차분석표를 만들어 그들 간의 독립성과 관련성을 알아보는 것) 등에 이용된다. 검증통계치 X^2 값은 아래와 같은 공식으로 구한다. 여기서 O_i는 i번째 교차 부분에서의 관찰빈도를 뜻하고, E_i는 i번째 교차 부분에서의 기대빈도를 뜻한다.

$$X^2 = \Sigma\frac{(O_i - E_i)^2}{E_i} \tag{12.20}$$

〈표 12-7〉은 A, B, C, D 4개 음료수 제품에 대하여 사람들의 선호 비율에 있어서 차이가 있는가를 X^2검증한 것이다. 이것은 단일변인의 비율 차이 검증인데,

〈표 12-7〉 4개 회사 제품의 선호도에 대한 X^2 검증

음료제품	관찰빈도(O)	기대빈도(E)	$O-E$	$(O-E)^2$	$\frac{(O-E)^2}{E}$
A	20	25	-5.00	25.00	1.00
B	31	25	6.00	36.00	1.44
C	33	25	8.00	64.00	2.56
D	16	25	-9.00	81.00	3.24
합계	100	100	0.00		$X^2=8.24$

이를 적합도 검증(goodness-of-fit test)이라고도 한다. 이 표에 나타난 것과 같은 비율의 차이에 대한 X^2검증의 과정은 다음과 같다.

첫째, 통계적 가설을 설정한다. 이 경우 영가설은 "4개 음료수 제품에 대한 사람들의 선호 비율에 차이가 없다"라고 진술하고, 이에 대립하여 "영가설은 사실이 아니다"라고 대립가설을 진술한다.

$$H_o: P_A = P_B = P_C = P_D = .25$$

H_a: H_o가 사실이 아니다

둘째, 유의도 수준을 정하고, X^2 임계치를 명시한다. 이 경우 $\alpha = .05$의 유의도 수준을 선정한다고 하자. 단일변인 사례에서 X^2 값들은 $C-1$의 자유도를 가진 X^2분포를 따른다. 이때 C는 범주의 개수이다. 위의 문제에서는 $df=4-1=3$이다. X^2 수표를 보면 $df=3$이고 $\alpha = .05$일 경우 $X^2_{.05}=7.81$이다.

셋째, 검증통계치 X^2값을 구한다. 위의 〈표 12-7〉에 계산과정과 그 결과를 제시하였는데 X^2값이 8.24로 나타났다.

넷째, 통계적 결정과 결론을 내린다. 표본에서 얻은 8.24는 $X^2_{.05}=7.81$의 임계치보다 큰 값이다. 따라서 영가설을 기각하고 대립가설을 수용한다. 즉, 4개 음료수 제품에 대한 사람들의 선호도에 있어서 통계적으로 유의한 차이가 있다고 결론을 내린다.

빈도자료를 가지고 X^2검증을 할 때 일반적으로 주의할 사항은 다음과 같다.

첫째, 관찰빈도들이 서로 독립적이어야 한다는 점이다. 즉, 개별 사례는 모두 단 하나의 관찰빈도만으로 대표되어야 한다. 만약 여러 칸에 중복해서 분류된다면, 이것은 관찰의 독립성 가정을 위배하는 것이다.

둘째, X^2의 표집분포는 기대빈도가 적어지면 이론적 분포로부터 이탈되기 시작한다. 따라서 기대빈도가 너무 적을 경우 표본의 크기를 증가시켜서, 모든 칸에 기대빈도가 최소한 5 이상 되도록 하는 것이 좋다.

제6절 가설검증

1. 가설검증의 의미

통계적 추론의 방법으로는 위에서 설명한 모수치의 추정과 가설검증(hypothesis testing)이 있다. 가설검증이란 추리하고자 하는 어느 모집단의 모수치가 어떤 특정한 값을 가질 것이라고 미리 정하여 놓고, 표본에서 얻은 그에 대응하는 통계치와 모수치 간의 차이가 통계적으로 유의한 차이인지의 여부를 확률적으로 판단하는 과정을 일컫는다. 즉, 표본에서 얻은 경험적 자료를 근거로 하여 모집단에 대한 가설이 맞는지 틀리는지 통계적으로 검증하는 분석방법을 가설검증이라고 한다.

제2장에서 이미 설명한 것처럼, 모집단의 알려지지 않은 모수치에 대하여 어떤 특정한 값을 가정한 것을 영가설(null hypothesis)이라고 부르며 기호로는 흔히 'H_o'로 표시한다. 영가설에 대립하여 세우는 가설을 대립가설(alternative hypothesis) 혹은 상대적 가설이라 하고 기호로 표시할 때는 대개 'H_a'로 나타낸다. 예컨대, "남녀의 평균 지능지수 μ_1과 μ_2는 같다"고 진술하는 것은 영가설이고, 이러한 진술에 대립하여 "남녀의 평균 지능지수 μ_1과 μ_2는 같지 않다"라고 가정하는 것은 대립가설이다. 이러한 통계적 가설을 기호로 표시하면 다음과 같다.

$$H_o: \mu_1 = \mu_2 \text{ 또는 } \mu_1 - \mu_2 = 0$$

$$H_a: \mu_1 \neq \mu_2 \text{ 또는 } \mu_1 - \mu_2 \neq 0$$

영가설은 직접 검증대상이 되는 가설이고, 대립가설은 영가설이 기각될 때 받아들여지는 가설이다. 영가설은 표집분포의 위치를 결정하는데 필요한 구체적인 기준점을 제공하기 때문에 직접 검증할 수 있으나 대립가설은 그렇지가 않다. 그러나 일반적으로 연구자가 좀 더 관심을 가지고 있는 가설은 영가설이 아니라 대립가설이다. 예를 들어, 어떤 실험처치의 효과를 알아보는 연구에서 연구자는

"실험집단과 통제집단 간에 유의한 차이가 없다." 하는 결과에 관심이 있는 것이 아니라, "실험집단과 통제집단 간에 유의한 차이가 있다." 하는 결과에 더 관심이 있는 것이다. 따라서 연구자의 입장에서 보면, 영가설을 기각하는 것이 연구의 목적이기도 하다. 물론 영가설을 기각하지 못하는 연구결과도 많이 있다. 연구결과가 대립가설을 채택할 수 없는 경우, 즉 영가설을 수용해야 할 경우에 연구자는 '영가설을 채택한다' 고 표현하는 대신에 현재의 자료가 영가설 기각을 뒷받침하지 못하기 때문에 당분간 영가설 기각을 유예한다는 입장에서 '영가설을 기각하지 못한다' 고 기술한다.

요약하면, 표본에서 얻은 통계치를 근거로 하여 두 종류의 가설 H_o와 H_a 중에서 어느 것을 기각(reject)하고 어느 것을 채택(accept)할 것인가를 결정하는 과정이 가설검증 또는 의의도 검증이다. 그런데 여기서 기억해 둘 사항은 통계적 추리는 흑백을 가리듯이 이것 아니면 저것이라고 단정적으로 결정하는 것이 아니라 어디까지나 확률적으로 판정한다는 점이다. 따라서 가설검증에는 언제나 오류를 범할 가능성이 있다.

2. 가설검증의 오류

영가설은 진(眞)이 아니면 위(僞)이다. 모수치가 어떤 특정한 값을 가질 것이라고 진술한 영가설 H_o는 사실이거나 허위이거나 둘 중 어느 하나이다. 그런데 연구자는 표본의 통계치를 토대로 H_o를 채택 또는 기각하는 양자택일의 의사결정을 하게 된다. H_o가 사실일 때 이것을 수용하는 결정을 내린다면 올바른 결정을 하는 것이지만, 만약 H_o가 허위일 때 이것을 받아들이는 결정을 한다면 오류를 범하는 것이다.

영가설 H_o의 기각과 채택의 의사결정 및 H_o의 진위 여부를 조합하면 다음 〈표 12-8〉과 같은 4가지 경우가 생긴다. 이 표에 제시한 것처럼, 가설검증을 할 때 확률에 의한 의사결정에는 언제나 두 종류의 오류가 발생하게 마련이다. 즉, 통계적 가설검증에서는 두 가지 오류 중 어느 하나를 범할 가능성이 항상 존재하는 바, 아래에서 이 두 가지 오류에 관하여 간단히 살펴보기로 한다.

〈표 12-8〉 가설검증의 4가지 경우

의사결정 \ H_o 진위	H_o 사실	H_o 허위
H_o 채택	올바른 결정	제2종 오류(β)
H_o 기각	제1종 오류(α)	올바른 결정

첫째, H_o가 사실인 경우에 이것을 기각함으로써 발생하는 오류를 제1종 오류(type I error)라고 부른다. 이와 같은 오류를 범할 확률은 α인데, 이것은 유의수준과 같다. 유의수준(level of significance)은 영가설이 사실인 경우에 이것을 기각함으로써 범하는 오류의 확률이고, 또한 영가설의 기각 혹은 채택의 통계적 의사결정을 위한 임계치(critical value)를 결정하는 기준이다. 가설검증을 할 때 일반적으로 유의수준을 1%($\alpha = .01$) 또는 5%($\alpha = .05$)를 선택한다.

둘째, H_o가 허위인 경우에 이것을 수용하기 때문에 범하는 오류를 제2종 오류(type II error)라고 부른다. 제2종 오류를 범할 확률을 β로 표시한다. α는 연구자가 선택한 유의수준과 같기 때문에 가설검증에서 제1종 오류를 범할 확률을 정확히 알 수 있으나, β는 특수한 경우, 즉 대립가설이 사실일 때에 한해서만 계산해 낼 수 있고 그 밖의 경우에는 알 수 없다. 그런데 만약 대립가설이 사실이라는 것을 아는 상황이라면 가설검증은 할 필요가 없을 것이다. 따라서 실제로 연구자는 가설검증을 할 때에 어느 정도 제2종 오류를 범하게 될는지 그 확률을 정확히 알지 못한다.

가설검증에서 가장 바람직한 상태는 제1종 오류와 제2종 오류를 동시에 최소화시키는 것이다. α와 β 둘이 동시에 모두 최소가 되도록 하는 것이 가장 이상적이지만 이것은 불가능하다. 왜냐하면, α와 β 간에는 대체로 반비례의 관계가 있기 때문에, 이 중 어느 하나의 수준이 낮아지면 반대로 나머지 하나의 수준은 높아지게 된다. 가설검증을 할 때에 유의수준을 $\alpha = .001$과 같이 엄격하게 잡으면 제1종 오류, 즉 H_o가 사실일 때 이를 기각함으로써 초래되는 오류는 줄일 수 있지만, 반면에 제2종 오류 즉, H_o가 허위일 때 이를 받아들임으로써 잘못된 결정을 내릴 위험은 그만큼 높아지는 것이다. 우리는 가설검증에서 어떤 오류를 범하는지 알 수가 없다. 다만 오류가 최소화 되도록 노력할 뿐이다. 그러므로 연구자는 유의수준을 근거 없이 무조건 낮게 잡을 것이 아니라, 제2종 오류의 가능성을 동시에 감안하면서 α와 β가 균형을 이루는 적정한 수준을 선택하는 것이 안전하다. 통계학에서는 이러한 점을 고려하여 관례적으로 $\alpha = .05$ 또는 $\alpha = .01$ 수준을 택하고 있다.

연구자들은 대개 영가설을 기각시키고 대립가설을 채택할 수 있게 되기를 희망한다. 왜냐하면, 일반적으로 대립가설은 연구자가 주장하려는 내용이나 기대하는 예상을 반영시켜서 진술한 가설이기 때문이다. 영가설이 허위일 때 그것을 기각하고 대립가설을 받아들임으로써 올바른 결정을 내릴 수 있는 확률을 통계적 검증력(power of the statistical test)이라고 한다. 통계적 검증력은 $(1-\beta)$에 해당된다. 일반적으로 통계적 검증력은 표본의 크기가 클수록, 효과크기가 클수록, 종속변인을 정확하게 측정하고, 연구조건을 잘 통제하여 오차를 줄일수록 커진다.

3. 가설검증의 일반적 절차

가설검증의 방법과 절차는 연구조건이나 사용하는 통계적 기법에 따라 매우 다양하다. 앞에서 설명한 것처럼, 통계적 분석방법은 측정의 수준에 따라서, 변인의 숫자에 따라서, 집단의 숫자에 따라서 제각기 달라질 수 있는 것이다. 이와 같이 다양한 검증방법에 관하여 모두 기술하는 것은 본서의 범위를 벗어나는 일이므로 생략하기로 하고, 아래에서는 가설검증의 한 가지 예로서 두 평균치의 차이의 의의도를 검증하는 문제를 중심으로 가설검증의 일반적 절차에 대하여 간단히 설명하고자 한다.

가설검증의 일반적 절차는 다음의 다섯 단계로 나누어 볼 수 있다. 이해를 돕기 위하여 아래와 같은 간단한 (연습문제)를 가지고 설명한다.

(연 습 문 제)

어느 초등학교 6학년 학생들 중에서 남녀 각각 120명씩 무선적으로 표집하여 그들에게 어휘력 검사를 실시한 결과가 아래 표에 나타난 바와 같다고 하자. 이 자료를 토대로 하여 어휘력의 평균 점수에 있어서 남녀 학생들 간에 유의한 차이가 있는지 검증하고 해석하시오.

〈표 12-9〉 남녀별 어휘력검사 결과

	남자	여자
사례수	120	120
평균치	65	70
표준편차	12	15

(단계 1) 가설의 설정 및 진술

(연습문제)에서 알아보고자 하는 연구문제는 "어휘력의 평균점수에 있어서 남녀 학생들 간에 유의한 차이가 있는가?" 이다. 이러한 연구문제 즉, 연구가설을 검증이 가능한 통계적 가설로 바꾸어 영가설과 대립가설을 설정한다. 남학생 모집단의 어휘력검사 평균치를 μ_1, 여학생 모집단의 어휘력검사 평균치를 μ_2라고 하면, 다음과 같이 영가설과 대립가설을 세울 수 있다.

영가설(H_o) : 남녀의 어휘력검사 평균치 μ_1과 μ_2는 같다.
대립가설(H_a) : 남녀의 어휘력검사 평균치 μ_1과 μ_2는 같지 않다.

위에 진술한 가설을 모수치 기호를 사용하여 표현하면 아래와 같이 된다.

$$H_o: \mu_1 = \mu_2$$
$$H_a: \mu_1 \neq \mu_2$$

실제 연구보고서에서는 영가설의 진술은 생략하고 연구자가 관심을 가지고 있는 대립가설만 진술하는 것이 보통이다. 물론 영가설을 진술해 놓지 않았다고 해도 연구에서 실제로 검증을 받는 가설은 영가설이다.

(단계 2) 통계적 방법의 선택

가설검증을 위하여 알맞은 통계적 방법을 선택한다. 연구문제의 성격과 자료의 특성에 따라 그에 알맞은 통계적 방법이 다를 수 있다. 위의 (연습문제)에서는 평균치의 표집분포가 정상분포를 이룬다고 가정할 수 있고, 표본의 크기도 어느 정도 크기 때문에 정상분포에 입각한 z검증을 할 수 있다. 그러나 원칙적으로는 모집단의 표준편차를 알지 못하고 표본 자료를 가지고 추정해야 하므로 t검증을 하는 것이 맞다.

(단계 3) 유의수준의 결정과 임계치 명시

유의수준을 결정하고 영가설의 기각영역(region of rejection)을 명시한다. 유의수준 α는 연구문제의 성격에 따라 연구자가 임의로 결정한다. 그러나 이 경우에 연구자가 유의할 점은 앞에서 설명한 제1종 오류와 제2종 오류의 가능성을 고려하면서 유의수준을 결정하는 것이 바람직하다는 점이다. 일반적으로 $\alpha = .05$ 또는 $\alpha = .01$의 유의수준을 택한다. α수준에 따라서 영가설 기각의 영역이 결정되는데, 이 때 한 가지 더 고려해야 할 사항이 있다. 그것은 일방검증(one-tailed test)이냐 양방검증(two-tailed test)이냐 하는 문제이다. 두 평균치의 차의 의의도를 검증할 때, 차이의 방향에 관계없이 여하튼 차이가 있는지 없는지만을 따지는 경우에 양방검증을 한다. 그러나 차이의 방향에 관심이 있을 경우에는 일방검증을 한다. 일방검증을 하는 가설은 '～보다 우수(또는 열등)하다', '～보다 크다(또는 작다)' 와 같은 형식으로 진술한다. 수학적 기호로 기술할 때는 부등호를 이용하여 아래와 같이 진술한다.

$$H_o: \mu_1 \leq \mu_2$$
$$H_a: \mu_1 > \mu_2$$

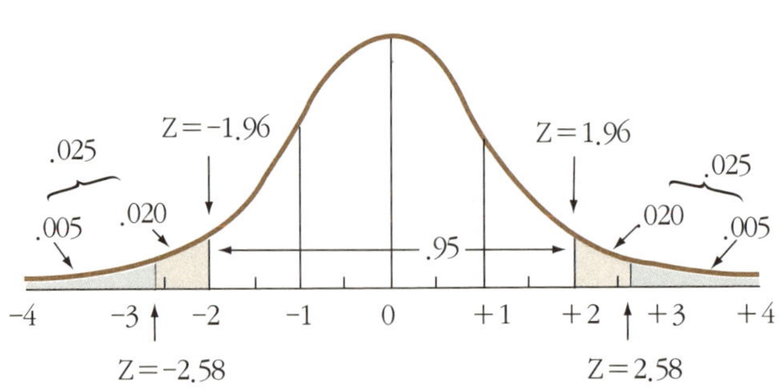

[그림 12-8] 영가설 기각의 영역

[그림 12-8]은 $\alpha = .05$와 $\alpha = .01$ 수준에서 양방검증을 할 경우에 각각 영가설 기각의 영역을 나타낸 것이다. 가령, $\alpha = .01$ 수준에서 양방검증을 한다면, 그림에서 볼 수 있듯이 표집분포의 양쪽 끝에 각각 $\alpha/2$ 만큼씩, 즉 .005에 해당하는 면적이 영가설을 부정하는 영역이 된다. 이러한 영역을 z점수로 표시하면 그림의 오른쪽에 있는 영역은 $z \geq 2.58$, 그림 왼쪽에 있는 영역은 $z \leq -2.58$에 해당된다.

일방검증에서의 영가설 기각 영역은 α를 이등분하지 않고 α 그대로의 확률을 표집분포의 해당되는 어느 한쪽에 잡으면 된다. 예컨대, $H_a: \mu_1 > \mu_2$라는 가설을 $\alpha = .05$ 수준에서 일방검증 하는 경우에 영가설 기각영역은 분포의 오른쪽에 있는 $z \geq 1.645$에 해당하는 영역이다. 그런데 $\alpha = .05$ 수준에서 양방검증을 할 때 영가설 기각영역은 $z \geq 1.96$과 $z \leq -1.96$이 된다는 점을 비교해 보면 그 차이를 짐작할 수 있을 것이다.

위의 (연습문제)로 다시 되돌아가서 유의수준을 $\alpha = .01$로 정하였다고 하자. 이 문제에서 설정해 놓은 가설은 양방검증을 필요로 한다. 그리고 두 독립표본의 경우 $df = n_1 + n_2 - 2$가 된다. 각 표본이 120명으로 구성된 (연습문제)에서 $df = 120 + 120 - 2 = 238$이므로, t분포표에서 $df = 200$일 경우 임계치를 찾아보면 $t_{.01} = 2.601$이다. 따라서 영가설 기각의 영역은 t의 값이 2.601 밖에 떨어지는 영역이다.

(단계 4) 검증통계치의 계산

검증통계치란 z, t, F, X^2 등의 통계치를 의미한다. 표집분포가 정상분포, t분포, F분포, X^2분포 등 여러 가지 분포 중에서 어떤 분포를 이룬다고 판단되느냐에 따라서 그에 알맞은 검증통계치를 사용해야 한다. 그런데 두 평균의 차의 의의도를 검증할 때는 이 밖에도 표본이 독립표본인가 종속표본인가를 따져보아야 한다. 왜냐하면, 어떠한 표본이냐에 따라서 두 평균치의 차의 표준오차를 구하는 방식이 달라지기 때문이다.

독립표본(independent sample)이란 두 개의 표본이 있을 경우, 하나의 표본을 뽑는 과정이 나머지 다른 표본을 뽑는데 아무런 영향을 주지도 않고 받지도 않는 것을 말한다. 즉, 한 집단에 속해 있는 어느 한 개체라도 다른 집단에 있는 개체들과 아무런 관련성이 없을 때 두 표본은 독립적이라고 한다. 예를 들면, 남학생과 여학생을 각각 표집하는 경우에, 남학생은 여학생의 표집과는 전혀 상관없이 남학생 모집단에서 독립적으로 표집할 수 있으므로 독립표본이 된다. 이에 비하여 종속표본(dependent sample)이란 두 집단의 표집과정이 상호 독립적이지 못하고 서로 관련되어 있는 경우를 말한다. 이를테면, 부부를 대상으로 어떤 조사를 할 경우 어떤 한 남편을 뽑게 되면 자연히 그 사람의 부인도 함께 뽑아야 하므로 독립적인 표집이 될 수 없다. 또 사전검사와 사후검사의 점수를 비교하는 경우와 같이 두 집단에 동일한 사람들이 배치되어 있으면 서로 관련된 종속표본이 되는 것이다.

위의 (연습문제)는 남녀 각각 독립적으로 표집한 경우이다. 따라서 두 평균치의 차의 표준오차 $s_{\overline{X}_1-\overline{X}_2}$는 공식 (12.15)를 이용하고, 검증통계치 t는 공식 (12.17)을 이용해서 각각 구한다. 실제로 이들 공식에 〈표 12-9〉에 있는 표본 자료를 대입시켜서 평균치의 차의 표준오차를 구하고, 이 표준오차를 이용하여 다시 검증통계치 t를 계산하면 그 결과는 다음과 같다.

$$
\begin{aligned}
s_{\overline{X}_1-\overline{X}_2} &= \sqrt{\frac{s_1^2}{n_1-1}+\frac{s_2^2}{n_2-1}} \\
&= \sqrt{\frac{12^2}{120-1}+\frac{15^2}{120-1}} \\
&= \sqrt{3.10} \\
&\fallingdotseq 1.76
\end{aligned}
$$

$$
\begin{aligned}
t &= \frac{(\overline{X}_1-\overline{X}_2)-(\mu_1-\mu_2)}{s_{\overline{X}_1-\overline{X}_2}} \\
&= \frac{65-70}{1.76} \\
&\fallingdotseq -2.84
\end{aligned}
$$

(단계 5) 가설의 검증과 결과 해석

(단계4)에서 얻은 검증통계치를 미리 정해 놓은 영가설의 기각영역과 비교해 본 후, 기각영역에 들어가면 H_o를 기각하고 H_a를 채택한다. 그러나 만약 검증통계치가 기각영역에 들지 못하면 H_o를 기각할 수 없게 된다. 위의 (연습문제)에서 얻어진 t의 값은 −2.84로서 (단계3)에서 미리 설정해 놓은 영가설의 기각기준

인 -2.601보다 더 작다. 따라서 검증통계치 t값이 영가설의 기각영역에 속하므로 H_o를 기각하고 H_a를 채택하는 통계적 결론을 내린다. 즉, 남학생 집단과 여학생 집단의 어휘력검사 평균치는 1% 수준에서 통계적으로 유의한 차이로 밝혀진 것이다. 〈표 12-9〉에 있는 표본자료와 관련해서 구체적으로 언급하면, 어휘력검사의 평균점수에 있어서 여학생 집단이 남학생 집단보다 통계적으로 유의하게 더 높다고 해석한다.

4. 통계적 의의와 실제적 의의

여기서 잊지 말아야 할 점은 통계적으로 의의있는 어떤 연구의 결과가 반드시 실제적으로 의의있는 결과라고 말할 수는 없다는 사실이다. 통계적 의의(statistical significance)와 실제적 의의(practical significance)는 반드시 일치하는 것은 아니다. 통계적 용어 '유의하다'와 실제적 용어 '중요하다'를 혼동하지 말아야 한다는 점이다. 통계적 가설검증에서 '유의하다'는 것은 단지 영가설이 사전에 정해 놓은 결정기준(α)에 따라서 기각되었다는 것을 의미할 뿐, 그것이 반드시 실제적인 중요성을 의미하는 것은 아니다. 그러므로 통계적으로 매우 유의한 결과라도 실제적으로는 아무 가치가 없는 경우가 있으며, 또한 그 반대로 실제적으로는 중요하고 가치있는 차이인데 통계적으로 의의 없는 경우도 있을 수 있다.

예를 들어, 어느 유치원생들을 대상으로 1년 간 지능개발 프로그램을 실시한 결과, 이 프로그램으로 교육받지 않은 아동들에 비하여 약 2점의 지능지수가 향상되었다고 가정하자. 그리고 이러한 점수 차이에 대한 의의도를 검증한 결과 1% 수준에서 통계적으로 유의한 차이로 밝혀졌다고 하자. 이 경우에 통계적으로 매우 의의 있는 결과이지만, 실제로 이 프로그램의 사용 여부를 판단해야 할 의사결정권자의 입장에서는 다르게 생각할 수도 있다. 즉, 1년 간 많은 경비와 노력을 투입하여 겨우 2점 정도의 증가를 가져오는 그러한 프로그램을 이용할 가치가 있는가 하는 의문이 생기게 되는 것이다.

반면에 통계적으로 의의 없는 차이지만 실제적으로는 가치 있는 경우를 생각해 보자. 가령, 어떤 불치병을 치료할 수 있는 신약을 개발하여 그 효과를 검증하는 실험을 하였다고 가정하자. 신약을 복용한 100명의 환자들 중 2~3명이 분명히 치료가 된 것으로 확인되었으나, 실험결과를 통계적으로 검증해보니 5% 수준에서 통계적으로 의의 없는 것으로 나타났다고 하자. 이럴 경우 불치병에 걸린 환자들은 이 신약에 대하여 어떻게 생각할까? 다른 대안이 없는 환자들의 입장에서 보면, 비록 통계적으로 의의 없는 것으로 밝혀졌지만 효과를 보는 사람도 있는 것이 사실이므로 아마도 신약에 기대를 걸고 구입하게 될 것이다.

연습문제

1. 다음 각 개념의 의미를 구체적인 예를 들어 설명하시오.
① 모수치 ② 영가설
③ 자유도 ④ 정상분포
⑤ 신뢰구간 ⑥ 일방검증
⑦ 표준오차 ⑧ 표준점수

2. 통계적 검증력이란 무엇을 뜻하는가? 그리고 통계적 검증력에 영향을 미치는 요인에는 어떤 것이 있는가?

3. 최소한 다음과 같은 개념, 즉 통계적 가설 · 의의수준 · 제1종 오류 · 양방검증 등의 개념을 포함시키면서 통계적 추리의 논리를 전개하시오.

4. 우리나라 성인 남자의 평균신장은 168.76cm이고 표준편차는 9.50cm라고 가정하자. 50세 이상 되는 사람들 중에서 25명을 무선표집하여 신장을 조사한 결과 평균이 165.44cm로 나왔다고 하자. 이 표본의 평균이 모집단의 평균으로부터 의의 있게 이탈되어 있는가를 알아보는 문제이다. 주어진 정보를 토대로 아래 각 질문에 답하시오.
① 표준오차 $\sigma_{\bar{x}}$ 를 구하시오.
② 검증통계치 z와 t 중 어느 것을 선택할 것인가? 그 이유는?
③ $\alpha = .01$ 수준에서 가설을 검증하고 그 결과를 해석하시오.

5. 남녀 고등학생들의 체중을 측정한 결과가 다음과 같다고 하자. 남녀 모두 무선표집을 하고, 정상분포를 이룬다고 가정할 때,
① 남학생 평균의 표준오차와 95% 신뢰구간을 추정하시오.
② 남녀 평균에 유의한 차가 있는지 $\alpha = .05$ 수준에서 검증하시오.

	n	$\bar{X}$	s
남	137	53.2	6.1
여	89	50.4	5.5

제 13 장
연구보고서

제1절 연구보고서의 요건

연구보고서는 연구자가 연구를 시작해서부터 끝마칠 때까지 밟은 사고과정 및 연구내용을 다른 사람들에게 정확히 알리기 위하여 작성한 문서이다. 따라서 연구보고서는 연구의 목적, 내용, 방법, 결과가 독자들에게 효과적으로 전달될 수 있도록 작성해야 한다. 훌륭한 연구를 하였어도 연구보고서가 제대로 되어 있지 못하면 연구 전체를 잘못 평가받기 쉬운 것이다. 연구보고서의 기본 요건에 대하여 아래에 기술한다.

1. 논리성

연구보고서는 논리성이 있어야 한다. 연구과정을 상세하게 전달하되 그것을 논리적이고 체계적으로 조직해야 한다. 연구보고서의 체제에 관한 문제는 곧 논리적 순서에 관한 문제를 뜻하는 것이라고 말할 수 있다.

연구보고서를 작성해 본 경험이 없는 사람들에게는 연구보고서 작성과정이 실망스럽고 불만스러울 것이다. 보고서 작성에 따르는 여러 가지 제한과 일정한 틀에 맞추어 써야 하기 때문에 마음대로 할 수 없다는 불만을 갖게 된다. 그리고 학교에서 좋은 문체라고 배워 온 것을 그대로 살리지 못하고 무미건조한 문장으로 나타내야 하기 때문에 실망을 느낄 것이다. 자유로운 상상력의 발휘, 극적인 표현, 미사여구, 자유연상, 다소 막연하더라도 생동감 있는 어휘의 사용 등이 연구보고서의 작성에서는 모두 저쪽으로 비켜져야 한다. 또한 보통의 글에서는 표현의 다양성을 살리고 단조로움을 피하기 위하여 가급적 같은 단어를 반복 사용하지 않으나, 연구보고서에서는 오히려 그 반대로 어떤 한 용어를 정의해서 사용했으면 끝까지 그 용어의 사용을 고수해야 하는 것이다.

그러나 연구보고서의 문체가 일반적인 글의 양식과 다르다고 해서 지루하거나 거친 표현이어도 무방하다는 것은 결코 아니다. 설명적인 글도 문학적인 글만큼 재미있게 잘 쓸 수 있다. 연구보고서는 언어의 유창성이나 미사여구에 의해서가 아니라, 그 보고서에서 전달하려는 내용을 논리정연하게 조직하여 정확히 서술하기 때문에 강점을 지니는 것이다. 언어의 심미적인 측면과 이해의 정확성 간에 선택을 해야 할 때마다 연구자는 언제나 이해 쪽을 택해야 한다. 왜냐하면, 바로 이것이 연구보고서의 기본 목적이기 때문이다.

연구보고서는 성격상 사실적인 내용전달의 문서이기 때문에, 연구보고의 글이 갖추어야 할 기본 요건은 논리성, 정확성, 객관성이다. 장광설(長廣舌)은 피하는 것이 좋다. 글이 장황해서 얻을 수 있는 것이라고는 그 글에서 전달하려는 의미를 모호하게 만들고 독자를 혼란시키는 것뿐이다. 간결하고 일상적으로 통용되는 단어가 있을 때는 그러한 단어를 이용해서 표현하도록 하고, 공연히 어렵고 생소한 용어를 사용하지 말아야 한다. 문장도 될 수 있는 한 장문이나 복합문은 피하고 단문을 사용하는 것이 내용전달을 정확하게 할 수 있다는 점에서 바람직하다.

2. 객관성

연구보고서는 개인의 주관적인 느낌이나 의견을 제시하는 산문 또는 문학작품과는 달리 타당한 객관적 근거에 입각하여 사실적 내용을 보고하는 글이다. 주관적인 생각을 표현하는 용어나 내용은 가급적 피해야 하며, 저자의 의견을 기술할 경우에는 그 근거를 제시할 필요가 있다. 연구결과를 보고함에 있어서 믿을 만한 자료를 근거로 하여 쓸 것은 물론, 필요에 의하여 인용한 글이나 이론도 그 출처와 근거를 분명히 밝혀야 한다.

논문의 객관성을 유지하기 위하여 주어나 대명사의 인칭은 일반적으로 3인칭을 사용한다. 예컨대, '나' 라는 표현 대신에 '연구자', '필자', 또는 '저자' 등의 표현을 사용한다. 이렇게 3인칭 대명사를 사용함으로써 객관적 관점에서 사물을 보고, 선입견이나 감정을 떠나 가능한 한 객관적 표현이 되도록 노력한다. 그리하여 '나의 생각에 …' 라는 표현 대신에 '본 연구자의 생각에 …' 또는 '필자의 생각에 …' 등으로 쓰고, 또한 '내 논문에서는 …' 대신에 '본 연구에서는 …' 식의 표현을 사용함으로써 객관적 태도를 유지해야 한다.

그러나 연구보고서에서 객관적이고 초연한 입장을 취한다고 불필요하게 수동형을 남용하는 것은 바람직하지 않다. 영어의 수동형 문장을 우리말로 번역할 때 그대로 직역하면 어색할 때가 많은 것처럼 꼭 필요한 경우 외에는 수동형을 피하는 것이 좋다. 예를 들어, "요구조건이 충족되어지면 그에 따라 생겨나는 결과는 다음과 같다." 는 표현보다는, "요구조건을 충족시키면 다음과 같은 결과가 나타날 것이다" 는 것이 더 자연스럽다. 문장구조상 수동형으로 쓰이는 관용어법을 제외하고는 억지로 수동형을 사용할 필요가 없다는 말이다.

3. 정확성

논문에서 사용되는 인명, 수식, 증거, 출처, 통계치 등 각종 자료와 정보의 정확성을 기하는 것은 연구논문을 작성하는데 있어서 필수적 요건이다. 논문을 쓸 때 특히 주의를 요하는 것은 수식어의 사용이다. 연구논문은 문학적인 작품과는 달리 감정을 나타내거나 주관적인 느낌 혹은 과장된 수식어로 표현해서는 안되며, 간결하게 오직 사실대로만 기술하여야 한다. 그리고 분명한 의미를 가진 단어를 사용할 것이며, 새로운 용어나 개념을 쓸 경우에는 그 의미를 명확히 규정하여야 한다.

문학적인 글은 때로는 이야기를 생략하거나 단지 시사적일 뿐이어서 독자가 상상력을 발휘할 여지가 많이 있지만, 연구논문에서는 독자가 상상할 여지를 남겨두는 것은 좋지 않다. 그 대신 독자가 자료에서 얻기를 원하는 것은 오해의 여지가 없도록 직접적으로 상세하고 명확하게 서술해야 한다. 직접적으로 분명하게 써야 한다는 것은 애매한 용어나 불분명한 대명사 같은 것은 사용하지 말라는 뜻이다. 대명사를 쓸 때 사람들은 대개 자신에게는 그 말이 모호하게 여겨지지 않기 때문에 쓰게 된다. 그러나 연구보고서를 잘 쓰는 비결 중 하나는, 연구자가 말하려고 하는 것을 독자가 전혀 모를 것이라고 가정하면서 보고서를 작성하는 것이다. 이런 이유 때문에 비교를 하게 될 경우 불확실한 비교를 피해야 한다.

정확성의 또 다른 문제는 질이나 양 혹은 빈도 같은 것을 애매하게 나타내는 용어를 사용하는 것이다. '많은', '자주', 또는 '좋은' 같은 용어들은 부정확하다. 가령, 어느 시험에서 35명의 아동 중 10명이 시험에 떨어졌다는 것은 어떤 사람들에게는 '많은' 불합격자를 의미한다. 10명 정도 떨어지리라고 기대한 사람들에게는 '보통' 이고, 25명 이상이 떨어지리라고 예상한 사람들에게는 '적은' 것이다. 그러나 여기서 사용된 '많은', '보통', '적은' 등의 용어는 모두 부정확하며 개인적인 기대감을 반영하는 말이라는 사실에 주목해야 한다. 이 경우 발생한 사건을 정확하게 객관적으로 서술하는 방식은 단순히 35명의 아동 중 10명이 시험에 떨어졌다고 기술하는 것이다.

이 밖에 숫자로 이루어진 결과를 제시할 경우 본래 측정치의 정확한계(exact limit)에 알맞게 제시하는 문제가 있다. 측정치의 정확한계는 해당 측정값 아래에 있는 측정의 최소 단위의 1/2에서부터 그 위에 있는 1/2까지의 범위를 말한다. 그러므로 아동의 신장을 잰 측정치가 120cm, 145cm 등으로 나왔다면 이러한 측정치들의 평균값을 나타낼 때 소수점 이하 한 자리 또는 많아야 두 자리까지만 제시하면 충분하다. 그런데 이것을 매우 정밀하게 제시한다고 소수점 이하 세 자리, 네 자리 혹은 그 이하까지 나타낼 필요는 없으며, 또한 실제로 그렇게 나타낸 수치가 정확한 것도 되지 못한다. 왜냐하면, 본래의 측정치들이 소수 이하 세 자리 또는 네 자리까지 정밀하게 측정한 값이 아니기 때문이다. 따라서 논문에서 수치를 제시할 때는 마구잡이로 소수 이하 여러 자리까지 나타낼 것이 아니라, 측정치의 정확한계를 고려하여 그에 알맞은 수준에서 끊어서 보고하는 것이 타당하다.

4. 일관성

연구보고서에서 사용하는 용어나 체제는 일관성을 유지해야 한다. 일단 어떤 현상을 나타내는 특정한 용어를 쓰기로 하였으면 논문 전체에서 일관되게 그 용어를 사용해야 한다. 예를 들어, 어느 연구보고서에서 해당 학년 수준보다 현저히 낮은 수준의 능력을 가진 학생을 나타내는 말로 '학습부진아', '지진아', '저능아' 등의 여러 가지 용어를 뒤섞어서 쓰는 연구자가 있다면 그는 분명히 일관성의 원리를 이해하지 못하는 사람이라고 할 수밖에 없다. 이 연구자가 했어야 할 일은 어느 한 용어를 선택해서 그 개념을 명확히 규정하고 연구보고서 전체에서 그 용어를 일관되게 쓰는 것이다.

이와 같은 용어의 일관적 사용에 대하여 어떤 사람들은 그렇게 글을 쓰면 보고서에 같은 말이 반복되어 매우 지루하게 될 것을 우려할 것이다. 그러나 연구논문을 읽는 독자들의 주요 관심은 논문에 수록된 내용을 정확히 파악하는데 있기 때문에 이러한 것은 별로 문제가 되지 않는다. 따라서 논문에서 사용하는 용어를 명확하게 정의하고 일관성 있게 사용함으로써 독자들이 불필요한 데에 신경을 쓰지 않도록 해야 한다.

용어를 일관성 있게 사용하면 그 글을 읽는 독자는 자료를 해석하는 데만 주의를 기울이면 된다. 그런데 동일한 현상이나 내용을 지칭하는 말로서 여러 가지 서로 다른 용어를 혼용하게 되면 독자는 때때로 읽는 것을 멈추고 지금 이 말이 방금 전의 말과 같은 것을 나타내는 것인지 아니면 다른 것을 뜻하는 것인지 따져 보아야 한다. 이것은 분명히 쓸데없는 시간과 정력의 낭비이고 정확한 의미전달을 방해하는 요인이다. 다소 지루한 글이 되더라도 같은 내용을 의미하는 것은 계속 같은 용어를 사용함으로써 글의 내용을 분명하게 나타내는 것이 좋지, 용어를 불필요하게 변화시킴으로써 독자들로 하여금 혼란을 느끼게 하는 것은 바람직하지 못하다.

연구보고서 작성에는 서술방식의 일관성을 유지하는 것도 중요하다. 예컨대, 연구결과를 제시할 때 일반적인 내용을 서술하고 그 다음에 구체적인 사항을 쓰려고 하면, 논문의 전반에 걸쳐서 그런 식으로 일관성 있게 서술하는 것이 좋다. 또한 숫자를 표시하는 데도 일관성이 있어야 한다. 가령, 연구자가 어떤 측정값의 평균과 표준편차를 소수 이하 두 자리까지 보고하기로 결정했으면, 논문 전체에서 평균과 표준편차를 그렇게 보고해야 할 것이다. 그리하여 가령 평균값이 정확히 6일 때도 6.00으로 일관되게 표시해야 한다.

5. 가독성

논문은 가독성(readability)이 있어야 한다. 여기서 가독성(可讀性)이란 독해 평이성이라고도 말할 수 있는데, 이것은 논문의 내용 그 자체가 쉽다는 뜻이 아니라 내용을 이해하기 쉽도록 서술하는 것을 말한다. 같은 내용이라도 그것을 어떻게 구성하고 조직하고 표현하느냐에 따라서 읽고 이해하기가 쉽거나 어려워질 수 있는 것이다. 이해하기 쉽게 글을 쓰려면 우선 글을 쓰는 사람이 그 내용을 완전히 소화한 후에 어렵고 잘 쓰이지 않는 어휘보다는 내용을 정확히 전달할 수 있는 평이한 어휘를 사용하여 글을 작성하면 된다. 연구논문을 쓰는 목적이 연구결과를 타인에게 전달하려는데 있는 만큼 가능하면 많은 사람들이 이해하기 쉽도록 평이하게 글을 쓰는 것이 좋다. 아무리 훌륭한 논문이라 하더라도 독자가 없는 논문이라면 논문의 구실을 제대로 하지 못할 것이다.

독자의 주의와 관심을 집중시킬 수 있도록 논문에는 강조점을 명확하게 제시해야 하고, 연구에서 중요하다고 판단되는 사실을 독자가 쉽게 이해할 수 있도록 간단명료하게 표현해야 한다. 물론 어떤 특수하고 전문적인 문제에 관한 연구논문은 해당 분야의 전문가들만이 읽을 수 있겠으나, 이 경우에도 될 수 있는 한 이해하기 쉽게 글을 쓰는 것이 바람직하다. 연구보고서라고 해서 장황하고 지루한 글이 되거나 일부러 난해한 용어를 골라서 사용할 필요는 없다. 전문적인 내용을 담은 글이라도 독자들이 이해하기 쉽게 표현할 수 있을 것이다. 사실 어떤 내용을 완전히 소화하고 있는 사람은 그것을 이해하기 쉽게 표현할 수 있는 반면에, 그 내용을 정확하게 잘 알지 못하는 사람들은 자기 자신도 모르는 말을 하기 때문에 대개는 어렵게 되는 경우가 많다. 특히 번역한 글을 읽을 때 무슨 말인지 이해하기 어려울 때가 많다.

연구보고서를 작성하는 목적이 단지 같은 연구 분야에서 일하는 사람들만이 읽도록 쓰는 것은 아니다. 예컨대, 아동발달에 관한 논문을 읽는 사람들은 아동발달을 연구하는 전문가들은 물론 이 밖에도 교육현장에서 실제로 아동교육을 담당하고 있는 교육행정가와 교사들이 중요한 독자가 될 수 있다. 아동을 대상으로 연구한 결과가 아동교육의 정책을 결정하거나 교육현실에 어떤 영향을 주기를 바란다면, 그런 연구의 결과가 교육담당자들의 손에 들어가 읽힐 수 있어야 할 것이다. 연구를 수행하는 것이 연구자의 일차적인 과제이지만, 동시에 연구에서 얻은 결과를 관련된 여러 사람들에게 효과적으로 전달하는 일 또한 연구자가 해야 할 중요한 과제 중의 하나이다.

제2절 연구보고서의 체제와 구성

1. 연구논문의 구성요소

연구의 내용과 연구자의 의사를 정확하게 전달하려면 연구보고서를 장과 절로 적절히 나누어 체계적, 조직적으로 작성할 필요가 있다. 연구보고서의 체제는 어떤 일정한 하나의 양식이 있는 것이 아니라 연구의 내용과 방법, 그리고 특정 기관이나 학문분야 등에 따라서 그 양식이 서로 다를 수 있다. 그러나 일반적으로 연구보고서나 학위논문의 조직은 크게 세 부분으로 구성된다. 즉, 앞부분, 본문,

참고부분의 셋으로 나누어지고, 이들 각 부분은 다시 몇 개의 항목으로 세분되어 대체로 다음과 같은 내용을 포함한다.

연구보고서의 앞부분은 연구제목, 내용목차, 도표목차 등으로 구성된다. 연구의 제목은 연구의 내용과 특성을 잘 나타낼 수 있도록 하되, 될 수 있는 한 간결하게 정하는 것이 좋다. 보고서의 겉표지에는 연구제목과 아울러 연구자의 성명, 보고서 작성일, 기관명을 기입한다. 내용목차의 제목은 본문에 기재되는 제목과 일치되어야 한다. 내용목차를 어느 정도로 자세하게 할 것인가는 보고서의 구성과 분량에 따라서 결정할 일이다. 도표목차는 본문에 나오는 순서대로 표목차와 그림목차를 각기 분리하여 작성하며, 일련번호를 붙인다. 표목차와 그림목차의 번호를 붙일 때 그 숫자가 많으면 장(章)별로 나누어 매기는 것이 편리하다. 예컨대, 〈표 1-1〉과 같이 장별로 구분하여 일련번호를 매긴다.

연구보고서의 본문 부분은 논문의 핵심에 해당되는 부분이다. 본문은 연구의 목적과 내용, 문제, 가설 등을 취급하는 서론 부분을 비롯하여 연구방법, 결과와 논의, 요약 및 결론을 기술하는 부분으로 구성된다. 연구방법의 부분은 연구대상, 측정도구, 연구절차 혹은 연구설계, 자료의 수집과 분석 등의 항목으로 나누어진다. 연구결과의 부분은 연구문제별 또는 연구내용별로 항목을 나누어 기술한다. 보고서의 마지막 장은 요약 및 결론으로 구성되며 여기에 논의와 제언 부분이 첨가될 수도 있다. 그리고 참고문헌 뒤에 영문초록을 붙인다. 본문의 각 항목에 대한 구체적인 설명은 뒤에서 다시 기술할 것이다.

연구보고서의 참고부분은 논문의 마지막에 위치하며, 참고문헌목록과 부록으로 구성된다. 참고문헌목록에서는 연구를 수행하는 과정에서 참고한 논문이나 단행본 등 참고문헌을 제시한다. 참고문헌목록은 국내문헌을 가나다 순으로 먼저 제시하고, 다음에 동양문헌, 서양문헌의 순으로 배열한다. 부록은 본문에 넣기엔 너무 번잡한 것이지만 해당 연구의 이해에 참고가 될 만한 필요한 내용을 수록하는 부분이다. 예를 들면, 질문지나 측정도구의 내용, 연구결과의 상세한 통계자료, 실험처치의 내용 등이 이에 속한다.

참고로 석 · 박사 학위논문의 구성요소와, 학술지 게재 연구논문의 구성요소를 아래에 제시한다. 일반적으로 학위논문은 분량에 제한이 없으나, 학술지 게재 논문의 경우 대개 20쪽 이내의 분량으로 제한하기 때문에 연구문제, 연구방법, 연구결과는 자세히 기술하되 나머지 다른 부분은 간략히 다루는 것이 좋다.

1) 석사 · 박사 학위논문의 구성요소

겉표지 (연구제목)

학위논문 제출서

학위논문 인준서

국문초록 (요약)

목차 (내용목차, 표목차, 그림목차)

I. 서론

연구의 필요성과 목적 (또는 문제제기)

연구문제와 가설 (또는 연구내용)

용어의 정의

연구의 제한점

II. 이론적 고찰

연구의 이론적 배경

선행연구

III. 연구방법

연구대상

측정도구

연구의 절차 혹은 연구의 설계

자료의 수집과 분석

IV. 연구결과

연구문제별 (또는 연구내용별) 결과

V. 논의, 결론, 제언

논의

결론

제언

참고문헌

Abstract (영문초록)

부록

2) 학술지 게재 연구논문의 구성요소

기술적 연구논문	**실험적 연구논문**
논문제목	논문제목
연구자명 (소속기관명)	연구자명 (소속기관명)
요약	요약
I. 서론	I. 서론
연구의 목적과 필요성	연구의 목적과 필요성
연구내용 또는 연구문제	가설
용어의 정의	용어의 정의
II. 이론적 고찰	II. 이론적 고찰
III. 연구방법	III. 연구방법
연구대상	피험자
측정도구	도구
연구절차	실험설계 및 실험절차
자료의 수집 및 분석	자료분석
IV. 연구결과	IV. 연구결과
V. 논의 및 결론	V. 논의
참고문헌	참고문헌
Abstract (영문초록)	Abstract (영문초록)

2. 장과 절의 구성

1) 장과 절의 구성

연구보고서의 기본구조는 크게 서론, 본론, 결론의 세 부분으로 구분되나, 그 분량이 많을 경우에는 이를 다시 장과 절로 나누어 작성할 수도 있다. 어느 정도의 분량으로 논문을 작성해야 하느냐에 대해 정해진 기준은 없지만, 일반적으로 사회과학 분야의 논문은 자연과학 계열의 논문에 비하여 그 분량이 더 많고 길어지는 경향이 있다.

논문의 분량이 많아서 몇 개의 장으로 구분해야 할 경우에도 서론과 결론 부분은 각각 하나의 장으로 작성한다. 서론이나 결론 부분을 두 개 이상의 절로 구분하여 기술할 수는 있지만, 두 개 이상의 장으로 나누어 구성하지는 않는다. 따라서 몇 개의 장으로 구성할 것인가를 놓고 연구자가 고심하게 되는 부분은 언제나 본론에 국한된다. 본론 부분을 다시 몇 개의 장으로 나누어 기술하고자 할 때는 다음과 같은 점에 유의한다.

① 여러 개의 장으로 나누어 본론을 기술할 경우에도 장의 수를 과다하게 나누지 말고 적정하게 구분한다. 그리고 장과 장 사이에는 논리적 연결성이 있도록 한다.

② 각 장의 분량은 가급적 균형을 유지하도록 한다. 가령, 어떤 장의 분량은 20쪽이 넘는데 비하여 어떤 장은 겨우 2쪽 정도라면 균형이 맞지 않는 상태라고 볼 수 있다. 그리고 내용 면으로 볼 때 어느 한 장이 다른 장 속의 절 수준에 불과할 정도로 질적으로나 양적으로 불균형을 이루어도 좋지 않다.

③ 장의 제목은 그 장 속에 포함된 여러 개의 절을 포괄할 수 있는 것이어야 한다. 장의 제목을 그 장 속에 있는 어느 한 절의 제목과 동일하게 표시하는 것은 바람직하지 못하다.

④ 절은 장을 다시 세분한 것으로서 장을 분류한 것과 유사한 방식으로 분류하면 된다. 대체로 한 개의 장 속에는 두 개 이상의 절을 둔다.

2) 장과 절의 내용 전개

논문의 장과 절을 결정한 다음에는 내용을 서술한다. 장의 제목을 쓴 다음 그 장에서 기술할 내용의 줄거리를 먼저 간단히 설명하고 구체적인 내용을 서술해 나간다. 이와 같은 방식으로 절의 내용도 서술하면 된다. 논문의 내용을 전개할 때 전체적으로 논리적 일관성과 연결성이 유지되도록 한다.

일반적으로 잘 쓰인 연구보고서는 장이나 절이 바뀔 때 단절되는 느낌을 주지 않고 부드럽게 연결되어 독자의 이해를 돕는다. 논문에서 연구자의 생각이나 언급하려는 내용이 크게 바뀔 때는 사전에 변화를 알려주는 것이 좋다. 그래야 독자가 준비 없이 갑자기 내용이 달라지거나 사고의 변화에 직면하는 느낌을 갖지 않게 된다. 변화를 알려주는 문장은 앞으로 기술할 내용을 간단히 언급해 주면 된다. 예를 들어 "이제까지 유아의 신체적 특성을 살펴보았는데, 다음 장에서는 인지적 특성을 알아보기로 한다."와 같은 문장으로 대개 그 장의 마지막에 쓴다. 그러면 이것을 귀결문장으로 하여 독자는 다음에 이어질 내용을 짐작하게 되는 것이다. 또는 변화를 알려주는 문장을 새로 시작되는 장이나 절의 첫머리에 놓을 수도 있다.

3. 목차의 계층기호

연구보고서의 목차는 논문 내용을 전체적으로 일목요연하게 파악할 수 있도록 짜여진 구조체계이다. 목차는 논문 주제를 최상위 제목으로 하여 그 이하의 하위 제목들로 점차 세분된다. 목차에는 번호나 기호를 사용하여 논문구조상의 등위나 종속관계를 이해하기 쉽게 통일된 계층기호를 사용하는 것이 일반적인 관례이다.

연구보고서의 계층기호를 표시하는 방법은 여러 가지가 있는데, 어떤 방식을 선택해서 사용하든지 간에 전체적인 구성이 등위나 종속관계에 따라 조화와 균형 그리고 통일성이 있어야 한다. 논문의 분량이 많고 내용이 복잡한 경우에는 목차를 장, 절, 항 등으로 세분한다. 그러나 분량이 그다지 많지 않고 내용이 간단한 논문의 경우에는 숫자와 문자만을 이용하여 적절히 구분하는 것이 간편하고 보기에도 산뜻하다. 숫자나 문자로 된 기호를 쓸 때는 그 뒤에 반드시 마침표(.)를 찍어야 한다. 단 숫자나 문자라도 괄호 속에 넣었을 때는 마침표를 찍지 않는다. 참고로 계층기호 표시하는 방식을 다음에 몇 가지 예시하였다.

연구보고서 목차의 계층기호 예시

	(예 1)	(예 2)	(예 3)
1단계	I.	I.	I.
2단계	1.	A.	1.
3단계	가	1.	1.1
4단계	(1)	a.	1.1.1
5단계	(가)	(1)	1.1.1.1
6단계	①	(a)	

제3절 논문의 구성요소별 작성방법

연구보고서를 효과적으로 작성하는 요령 중의 하나는 순서에 관계없이 쓰기 쉬운 부분부터 우선 쓰기 시작하는 것이다. 처음부터 완전무결하게 글을 쓸 수 있는 사람은 흔하지 않다. 대부분의 사람들은 보고서를 작성할 때 쓰고 고치고 다시 고치고 하는 과정을 거치게 된다. 처음 쓰는 것은 완성본이 아니라 단지 초안에 불과하며, 이 초안을 몇 번 수정, 보완해야 비로소 최종보고서가 만들어진다. 서론 부분 몇 장을 완전하게 쓰기 위하여 많은 시간을 소모하기보다는, 부족하기는 하지만 처음부터 끝까지 다 쓴 일차적 원고를 몇 차례 가다듬는 것이 효율적일 때가 많다. 또한 불완전하게나마 글로 작성해 놓은 것이 머릿속으로만 완전하게 구상하는 것보다 훨씬 낫다는 사실을 인식해야 한다.

대부분 사람들이 글의 첫머리 부분을 쓸 때 애를 먹는 경향이 있다. 그런데 논문을 쓸 때 반드시 서론부터 쓸 이유는 없는 것이다. 우선 손쉽게 쓸 수 있는 부분부터 써 나가면서 나중에 종합하는 방법이 효과적일 수도 있다. 따라서 내용의 성격상 개념적으로 복잡하고 구조화가 쉽지 않은 서론 부분부터 쓰기 시작하는 대신에, 비교적 덜 복잡하고 구조화가 잘되어 있는 연구방법의 부분부터 쓰기 시작하는 것도 논문 작성의 한 가지 요령이다.

서론 부분 이외의 다른 곳에서부터 논문을 작성하는 것이 간단하게 시작하는 방법이기는 하지만, 조각 조각을 단순히 한데 모은 것만으로는 훌륭한 연구보고서가 되지 못한다. 잘 쓰여진 좋은 논문이 되려면 정확한 표현은 물론, 내용과 체제상에 일관성과 연속성이 있어야 한다.

연구보고서의 구성은 연구주제나 방법에 따라 다를 수 있다. 그러나 논문에 포함되어야 할 내용과 주제가 나오는 순서에는 일반적인 관례가 있다. 대체로 본문을 크게 두 부분으로 나누면, 첫째 부분은 자료가 수집되기 전까지 일어난 사고과정과 행위로 구성되고, 다음 부분은 자료가 수집된 후의 결과에 관한 기술과 해석이다. 이하에서는 연구논문의 구성요소별 작성방법에 대하여 간단히 설명한다. 질적 연구의 경우 그 특성상 논문의 구성요소를 일반화하기 어렵기 때문에 여기서는 양적 연구를 중심으로 기술한다.

[그림 13-1] 연구보고서 내용의 전반적 흐름

연구보고서 내용의 전체적 흐름을 살펴보면 [그림 13-1]에 나타낸 것처럼, 위와 아래 부분은 넓고 중간 부분은 좁아지는 모래시계 형식을 띠고 있음을 알 수 있다. 즉, 연구보고서의 서론과 결론 부분은 일반적으로 서술하고, 연구방법과 연구결과 부분은 구체적으로 기술한다. 처음 서론 부분에서는 매우 일반적인 주제와 문제의식으로부터 출발한다. 거창한 이론적 쟁점과 문제를 연역의 방법을 통하여 그 내용과 범위를 점차적으로 좁혀가면서 수행가능한 연구문제 수준으로 구체화시켜 나간다. 연구방법 부분에서 어떻게 필요한 자료를 수집하였는지 관찰 또는 측정 과정을 구체적으로 밝힌다. 그리고 자료분석 방법에 대해서도 자세히 기술한다. 연구결과 부분에서 일단은 밝혀진 사실과 결과를 구체적으로 기술한다. 그런 다음에 연구에서 얻은 결과를 바탕으로 귀납의 방법을 통하여 그 의미와 효과를 다시 점차적으로 일반화시켜 나간다. 그리하여 마지막 결론 부분에서는 처음에 제기한 주제와 문제의식으로 되돌아가서 일반적인 결론을 내린다. 이것이 연구의 일반적 과정이고, 그 과정에서 있었던 여러 가지 내용을 기술한 문서가 연구보고서이다.

1. 서론

서론 부분에서는 연구의 전체적인 윤곽과 방향을 파악할 수 있도록 연구주제에 관하여 이해하기 쉽게 기술한다. 연구의 목적과 필요성, 연구의 내용과 문제, 용어의 정의, 연구의 범위와 한계에 관한 것이 서론 부분에 반드시 포함되어야 한다.

1) 연구의 필요성과 목적

연구보고서를 읽는 사람들은 연구가 이루어지게 된 동기, 왜 그런 연구가 필요한지를 알고자 한다. 따라서 이 부분에서 연구의 필요성, 목적, 의의 등을 기술해야 한다. 간략한 이론적 고찰과 선행연구의 개관을 통하여 그동안 이 분야에서 수행된 주요 연구를 소개하고 선행연구의 문제점, 제한점, 미흡한 점 등을 지적한다. 그리고 이런 내용을 바탕으로 새로운 연구가 필요한 이유를 제시하면서 자기의 연구가 어떻게 이런 문제들을 극복하거나 보완할 수 있고, 기존의 다른 연구와 어떤 면에서 차별성이 있는가를 설명한다.

이론적 근거는 본 연구를 수행하는데 결정적인 소수의 선행연구나 이론만을 언급한다. 심도있는 이론적 고찰이 다음에 나오기 때문에 여기서는 짧게 기술하는 것이 좋다. 또한 왜 이러한 연구가 중요하며 어떤 의의를 지니고 있는지 연구의 중요성과 의의에 대하여 언급한다. 즉, 연구의 결과가 학문적으로 또는 실제적으로 어떻게 기여할 수 있는가를 미리 밝힌다. 연구의 필요성과 중요성을 먼저 기술하고, 이를 기초로 하여 마지막 부분에서 연구의 목적을 명료하게 제시하는 방식이 좋다.

2) 연구문제와 가설

연구의 목적을 달성하기 위하여 구체적으로 알아보고자 하는 연구문제와 연구내용을 기술하는 부분이다. 대부분의 연구는 연구문제로부터 출발하므로 연구문제가 반드시 있게 마련이지만, 프로그램이나 도구를 개발하는 연구 또는 탐색적인 연구에서는 연구문제가 없을 수도 있다. 이런 경우에는 이 부분에서 수행하고자 하는 연구의 내용을 기술하면 된다.

연구문제는 의문문 형식으로 명확하고 간결하게 진술한다. 독립변인과 종속변인이 관련되어 있는 연구문제는 독립변인을 먼저 기술하고 종속변인을 그 다음에 기술하는 것이 좋다. 연구문제에 기초하여 가설을 설정한다. 가설이 없는 연구도 얼마든지 있을 수 있으나, 실험연구에서는 반드시 가설이 있어야 한다. 가설은 검증가능 하도록 분명하게 설정하고 긍정문 형식으로 진술한다. 간혹 가설을 진술하는 적절한 형식에 관해 혼란이 생기는데, 그 이유는 연구가설과 통계적 가설을 구별하지 못하기 때문이다. 통계적 가설은 모집단의 모수치에 관한 진술이고 연구를 통해 검증할 수 있다. 반면에 연구가설은 어떤 문제에 대하여 연구자가 잠정적으로 내린 결론이며 기대하는 결과로서 검증할 수 없는 형태로 진술될 경우가 많다.

연구문제나 가설을 진술할 때 여러 가지 내용이 복합되어 있을 경우에는 일반적인 것과 구체적인 것을 분리하여 기술하는 것이 좋다. 즉, 일반적인 내용으로 상위 연구문제나 가설을 먼저 진술하고, 그 속에서 다시 몇 개의 구체적인 하위 연구문제나 가설을 나누어 기술한다. 그리고 이론적 근거를 제시할 때는 개별 하위 연구문제나 가설에서는 생략하고 상위 연구문제나 가설에서만 제시한다.

3) 용어의 정의

연구에서 사용하는 특별한 용어나 또는 일반적으로 알려진 의미와 다른 뜻으로 사용하는 용어가 있을 경우 그 의미를 분명하게 하기 위하여 정의를 진술하는 부분이다. 연구보고에는 용어의 개념적 정의나 조작적 정의가 모두 포함되어야 한다. 특히 조작적 정의가 필요한 용어는 그 관찰방법이나 측정방법을 명시해야 한다. 필요 이상으로 용어의 정의를 많이 하거나 장황하게 하는 것은 피하는 것이 좋다.

4) 연구의 제한점

연구의 범위와 한계를 기술하는 부분이다. 연구의 대상, 내용, 방법, 상황 등의 측면에서 연구의 범위와 한계를 밝히는 것이다. 가령, 연구대상을 특정 지역, 특정 연령층에 국한하여 표집한다거나, 연구내용으로 a, b, c, d, e 등이 있을 수 있는데 본 연구에서는 a, b에 한하여 알아본다는 식으로 연구의 범위를 명시하는 것이다. 이렇게 연구의 범위와 한계를 분명하게 밝히는 것은 불필요한 오해를 줄이고, 좀 더 정확하고 타당하게 연구결과를 읽고 해석할 수 있도록 독자들에게 사전에 전반적인 지침을 제공하기 위함이다. 간혹 잘못을 고백하듯이 연구의 제한점 부분을 기술한 논문을 대할 경우가 있는데 이것은 적절하지 못한 표현이다. 이곳에서는 단지 연구의 범위를 밝히는 것으로 족하고, 논문의 뒷부분에서 결론을 기술한 후에 그러한 결론의 일반화에는 연구의 범위 및 한계와 관련하여 제한점이 있다는 사실을 명시하면 된다.

2. 이론적 고찰

이론적 고찰 부분을 '이론적 배경' 혹은 '관계문헌의 고찰' 이라는 제목으로 기술할 수도 있다. 이론적 고찰의 주요 목적은 어디까지나 기존 연구의 반복을 피하고, 연구문제와 가설에 대한 근거를 찾고, 연구의 설계와 방법에 시사를 받으며, 연구결과의 해석에 도움이 되거나 비교할 수 있는 자료와 정보를 얻기 위한 것이다. 따라서 이러한 목적에 적합한 이론이나 관계문헌만을 선택해서 써야 한다. 이 부분에서 연구자가 읽은 문헌을 모두 나열하는 것도 아니며, 연구자가 읽은 문헌의 범위나 소모한 시간을 보여주자는 것도 아니다. 기본적으로 문헌고찰은 연구 지향적인 목적을 가져야 한다. 즉, 현재의 연구문제나 연구방법 등과 직접 '관련된' 문헌의 내용만을 분석하여 체계적으로 기술해야 한다는 것이다. 간혹 이론적 고찰에서 연구문제와 직접적으로 관계도 없는 내용을 장황하게 늘어놓아 마치 연구자의 유식함을 과시하려는 듯한 논문을 대할 때가 있는데 이렇게 하는 것은 피해야 한다.

방대한 양의 문헌정보를 검색하여 놓고서도 이론적 배경을 쓰려면 상당히 어려워하는 사람들이 의외로 많이 있다. 이론적 배경을 쓰긴 써야겠는데 어디서부터 어떻게 시작해야 할는지 몰라서 쩔쩔매는 것이다. 이럴 경우 자료 속에서 헤맬 것이 아니라, 어떻게 글을 쓰겠다고 하는 대강의 윤곽을 미리 정해 놓고 그 체계에 따라 수집한 자료들을 알맞게 분류하고 재조직하고 종합한다. 그런 다음에 연구문제를 중심으로 문헌 간의 공통점과 차이점 및 관계를 밝히고 적절한 비평을 가하면서 체계적으로 서술하여 나가면 되는 것이다. 아무런 계획도 없이 글을 쓰기 시작하면 산만해지고 요령부득의 글이 되기 쉽다. 체계적으로 조리있게 서술하려면 우선 글 전체의 골격을 세워 놓고 그 골격에 따라 써야 한다.

이론적 고찰 부분을 주요 변인이나 연구내용을 중심으로 몇 개의 하위 항목으로 나누어 기술하는 것이 좋다. 예를 들어, '창의력의 개발에 관한 실험연구' 를 한다면, 먼저, '창의력' 의 개념과 본질에 관한 관계문헌의 내용을 종합하고, 다음에 '창의력의 개발가능성' 에 관한 선행연구의 결과와 이론을 개괄한다. 그리고 '창의력의 개발방법 및 그에 관련된 변인' 에 대한 내용을 기술한다. 관계 문헌의 내용을 너무 세세히 진술하거나 반대로 저자 이름이나 논문제목 만을 언급하는 피상적인 방법은 모두 좋지 않다. 현재의 연구와 직접 관련된 선행연구는 독자가 그 내용을 파악할 수 있도록 연구의 목적, 사용된 도구와 연구대상 및 연구결과를 자세히 소개한다. 반면에 관련이 적은 연구는 그렇게 자세하게 기술할 필요가 없다. 여러 연구자들이 유사한 방법으로 연구했을 때는 그들의 이름을 나열하고, 해당 연구들을 모두 묶어서 소개하는 것이 좋다. 이론적인 내용도 서로 비교 가능한 문헌을 묶는 방식이 적용된다. 그 분야에서 핵심적인 주요 이론을 제외하고는 비슷한 견해를 가진 학자들의 이론은 한 문단 내에서 함께 논의하도록 한다.

이론적 배경의 진술은 연구문제와 구체적인 관련을 지으면서 기술해야 한다. 연구문제와 직접 관련도 없는 내용을 장황하게 늘어놓는 것은 적절치 못하다. 예컨대, 갑은 이렇게 말했고, 을은 이런 결과를 얻었고, 병은 이런 조사를 하였고 … 하는 식으로 단순히 죽 나열하는 방식은 이론적 고찰의 진술이 아닌 것이다. 문헌을 검토하는 주된 이유는 연구문제와 어떤 형태로든 '관련' 이 있기 때문이다. 따라서 이론적 배경은 연구문제를 명료하게 드러내고, 연구의 가설을 뒷받침하며, 연구에서 사용하는 방법 및 기본가정의 근거를 제시할 수 있도록 정리해야 한다. 문헌고찰의 부분을 다 읽은 후에 각각의 문단이 서로 다른 연구를 나타내고 있다고 느껴지면 통합의 기능이 충분히 달성된 것이 아니다. 이런 경우에는 문헌고찰의 내용이 논리적으로 연결되도록 다시 써야 한다.

3. 연구방법

연구에서 사용한 방법을 항목별로 명료하게 기술한다. 그리하여 다른 연구자가 원한다면 그 연구를 반복 연구해 볼 수 있을 정도로 자세히 기술해 놓아야 한다. 연구방법을 기술하는 부분에 포함될 내용은 연구대상, 측정도구, 연구의 설계, 자료의 수집 및 분석방법 등이다.

1) 연구대상

연구의 대상이 누구이며 그들을 어떻게 표집하였는가에 대해서 기술한다. 연구대상을 선정할 때 무선표집을 하는 것이 바람직하지만, 만약 그렇게 하지 못하였다면 왜 그렇게 하지 못하였는지 그 이유를 밝히고 연구에서 실제로 사용한 표집방법을 사실대로 기술한다. 표본추출과정에 그 나름의 합리적 근거가 있으면 그것을 제시하고, 또한 표본의 대표성을 검토하기 위해 제시할 수 있는 자료가 있다면 모두 제시한다. 연구대상에 대하여 기술할 때 배경변인(예, 성별, 연령 등)을 기준으로 하여 표를 만들어 사례수와 백분율을 함께 제시하는 것이 좋다. 연구대상에 관련된 이러한 자료를 제시하는 목적은 연구결과를 읽고 해석하는 독자들에게 표본의 특성을 정확히 알리기 위한 것이다.

실험연구인 경우 실험집단과 통제집단의 피험자들 간에 동질성이 유지되도록 어떤 조치를 취하였는지 기술한다. 그리고 조사연구에서 처음에 의도한 연구대상과 최종적으로 사용한 연구대상 간에 차이가 있을 경우 연구대상의 선전별 과정과 그 사유를 자세하게 기술한다.

2) 측정도구

측정도구의 타당성과 신뢰성을 평가할 수 있도록 자료수집에 사용한 도구에 관해 자세하게 기술한다. 측정도구는 그 특성상 표준화된 도구, 표준화되지 않았지만 선행연구에서 사용된 도구, 현재의 연구를 위해 연구자가 새로 만든 도구의 세 종류로 구분될 수 있다.

표준화된 도구는 표준화 과정에서 얻어진 신뢰도와 타당도가 있으므로 그 자료를 그대로 이용할 수 있다. 이럴 경우에는 사용한 도구를 밝히고 연구자가 원래의 신뢰도와 타당도를 믿는 이유를 제시하면 된다. 그러나 이때 주의할 점은 현재 연구의 대상이 표준화 과정에서 사용된 표본과 거의 일치할 때만 표준화 도구를 사용하는 것이 의미를 갖게 된다는 점이다. 예를 들어, 정상아동을 대상으로 표준화시킨 도구를 특수아동에게 사용한다면, 그 도구의 타당도와 신뢰도를 다시 검토해야 한다.

표준화되지는 않았지만 선행연구에서 사용된 도구라면 선행연구에서 얻어진 신뢰도와 타당도를 그대로 쓸 수 있으나, 현재 연구에서 다시 신뢰도와 타당도를 산출하여 비교해보는 것이 바람직하다. 특히 외국의 검사도구를 번역하여 사용할 경우에는 기존 검사라 하더라도 새로 제작한 검사와 마찬가지로 타당도와 신뢰도를 직접 따져 보아야 한다. 왜냐하면, 문화적인 차이로 인해 본래의 검사가 다르게 받아들여질 수 있기 때문이다.

이론적 근거와 제작과정을 가장 자세하게 기술해야 할 것은 현재 연구를 위해 연구자가 직접 만들어 사용한 도구이다. 이전에 사용되지 않은 전혀 새로운 도구이므로 개발과정을 자세히 소개하고 신뢰도와 타당도를 산출하여 양호한 도구라는 점을 확인시켜야 한다. 새로 개발한 도구의 신뢰도와 타당도는 연구목적을 위해 사용해도 문제가 없을 만큼 충분히 높아야 한다.

측정도구에 대하여 기술할 때는 도구의 목적, 문항형식, 채점방법, 점수화 방법 등을 빠뜨리지 말고 설명해야 한다. 검사문항수와 신뢰도를 제시하되, 하위검사가 있는 경우에는 하위검사별 문항수, 문항번호, 신뢰도 계수 등을 표로 만들어 제시하는 것이 좋다.

3) 연구의 절차 또는 연구의 설계

연구가 수행된 과정과 절차를 기술한다. 연구설계는 연구의 접근방법에 따라 다양하다. 실험연구에서는 실험설계의 제시가 필수적이다. 실험집단과 통제집단의 구성, 피험자의 배정, 실험처치, 검사 등에 관한 내용을 요약한 실험설계를 도식화하여 제시하는 것이 좋다. 질적 연구에서는 자료수집에 대한 형식적인 설계가 없기 때문에 연구상황에서 자료의 대표성을 얻기 위해 연구가 어떻게 계획·진행되었는지를 독자가 알고 싶어 하므로 연구설계를 자세히 기술하는 것이 필요하다.

특별한 연구설계가 없는 경우에는 연구수행의 전체적인 흐름을 순서도로 제시하면서 연구의 과정과 절차에 대하여 기술하는 방식을 취할 수도 있다. 간단히 말하자면, 연구의 중요한 내용을 정확히 파악할 수 있도록 연구설계나 실험설계를 구안해야 한다는 점이다. 연구설계를 얼마나 충실하게 진술했느냐 하는 것을 평가하는 기준은, 연구설계에 대한 진술을 읽고 제삼자가 그와 같은 연구를 다시 반복할 수 있느냐에 있는 것이다.

4) 자료의 수집과 분석

자료수집에 관련된 내용을 자세히 기술한다. 예를 들어, 자료수집의 방법, 자료수집의 과정, 사용된 도구, 질문지나 검사의 실시순서 및 소요시간 등을 자세하게 쓰고 검사를 실시하였다면 검사내용과 함께 지시한 내용도 부록에 포함시켜야 한다.

다음으로 연구자가 어떻게 자료를 조직하고 분석하였는지를 기술한다. 자료의 수량화 방법을 제시하고, 어떠한 통계적 방법을 사용했으며, 그러한 방법을 사용한 근거는 무엇인지 등을 밝힌다. 그리고 가설을 검증할 때 적용한 통계적 의의도 수준을 명시한다. 질적 연구라면 자료의 분석단위, 부호화 및 범주화 방법, 분석방법 등을 구체적으로 기술해야 한다.

4. 연구결과

연구결과는 연구의 문제나 가설에 따라서 제시하되, 분량이 많을 경우에는 문제별로 항목을 나누어 통계적 자료와 더불어 제시한다. 연구결과의 해석은 변인들 간의 관련성을 찾아내어 연구결과에 의미와 의의를 부여하는 일이다. 일반적으로 연구결과의 제시에 이어서 결과의 하나하나에 해석을 붙이거나, 혹은 결과와 해석을 따로 구분하여 기술하기도 한다. 그리고 연구결과를 객관적으로 보고하기 위해서는 연구자의 기대나 감정을 나타내는 용어를 사용하는 것은 좋지 않다. 가령, "그 집단의 30%가 ~한 것은 정말 놀라운 일이다."와 같은 표현이 들어가서는 안 된다는 말이다.

연구결과는 연구문제나 가설에 기초하여 조직한다. 즉, 서술된 연구문제나 가설의 순서대로 하나씩 연구결과를 제시한다. 가설이 있는 연구라면 가설의 긍정 여부에 관한 결론을 내린다. 결과에서 제시되는 자료는 평균과 표준편차와 같은 통계치로 제시되는 것이 일반적이다. 사례연구를 제외하고는 각 연구대상으로부터 얻은 개인적 자료를 제시하는 것은 의미가 없는 것이다.

연구보고서에는 문장과 도표가 적절하게 섞여 있게 된다. 기본적인 전달기능은 문장으로 이루어지며, 표는 글을 보충하면서도 독립적인 기능을 갖고 있다. 표의 독립적인 기능은 문장으로 기술하기가 쉽지 않은 자료를 자세하게 보고하는 것이다. 결과에 대한 해석을 전적으로 독자에게 넘길 수는 없다. 예를 들어, "각 실험집단별로 평균점수를 계산하였고, 이러한 자료를 〈표 1〉에 제시하였다."와 같은 글 이외에 아무런 언급도 하지 않은 채 본문에서 표를 제시한다면 이는 적절하지 못하다는 것이다. 만약 본문에 제시한 표에 관해서 언급할 내용이 없으면 연구보고서에서 그 표를 빼는 것이 바람직하다. 표에 있는 내용을 모두 글로 쓰면 그 표가 필요 없게 되고, 본문에서 전혀 언급을 하지 않은 채 표만 제시하면 잘된 보고서가 아니다. 그러므로 연구자가 도표에 제시된 자료의 강조점을 글로 보고해야 하는 것이다.

자료의 분석에 어떤 통계분석기법을 사용했는지를 밝혀야 한다. 대개는 분석한 결과만을 제시하고 계산공식을 제시하지 않아도 된다. 그러나 흔히 사용하지 않는 공식이나 통계분석기법을 사용했을 경우는 결과를 제시할 때 그 방법을 언급하고 부록에 제시해야 한다. 또한 통계치의 의의도 검증결과와 그에 관련된 수치를 보고해야 한다. 검증통계치의 값과 함께 의의수준을 제시하는 방법이 가장 바람직하다.

5. 논의 및 결론

1) 논의

연구보고서는 처음부터 끝까지 모두 엄격하게 객관적으로 기술해야 되지만, 그래도 여기 논의 부분은 연구자의 주관적 해석이나 추론이 어느 정도 허용되는 유일한 부분이라고 볼 수 있다. 연구자 자신의 연구결과를 다른 선행연구의 결과와 비교하거나 관련된 이론에 비추어 해석하고, 연구결과에 대한 일반화의 한계 등을 취급할 수 있다. 또한 연구를 수행하는 과정에서 겪은 독특한 점, 연구대상의 표집이나 측정도구와 같은 연구방법상의 문제점 등에 대하여 기술함으로써 다음에 이와 유사한 연구를 할 후속 연구자들에게 참고할 수 있도록 한다.

연구결과의 내용을 포괄적으로 다루어야 한다. 연구자가 편파적으로 어느 한 쪽 부분만 골라서 논의하는 것은 바람직하지 못하다. 연구자가 받아들이기 싫은 견해도 정직하게 제시해야 하는 것이다. 특히 연구자가 유의할 사항은 논의는 연구결과를 단순히 요약해서 제시하는 부분이 아니라는 점이다. 간혹 연구결과를 요약하여 반복 진술하는 방식으로 논의 부분을 서술한 논문을 발견할 때가 있는데 이것은 잘못된 것이다. 논의의 목적은 연구결과의 요약에 있는 것이 아니라 그러한 결과가 갖는 의미를 기존의 이론이나 선행연구와 관련지어 해석하며 연구자의 견해를 제시하는데 있는 것이다.

대개 연구결과가 예상대로 나오면 대부분의 연구자들은 기뻐하며 별 어려움 없이 결과를 받아들인다. 그리하여 연구의 제한점은 별로 고려하지 않고 연구가 이루어진 것만이 중요하다고 생각하기 쉽다. 반면에 연구결과가 본래 기대한 것과 다르면 연구자들은 연구의 약점에 놀라운 통찰력을 발휘하는 경향이 있다. 사례수가 너무 적고 대표성이 없어서 일반화하기 어렵다거나, 측정도구의 신뢰도와 타당도가 낮아서 연구결과를 그대로 수용하기는 어려울 것이라는 등의 생각을 나타내기도 한다. 그래서 일부 연구자들은 마치 저지른 잘못을 고백하는 것처럼 현재 연구의 실제적 약점과 상상된 약점을 모두 드러내어 강조하면서 독자들로 하여금 이 연구의 결과는 믿을 것이 못된다고 논의를 쓰는 경향이 있는데 이는 완전히 잘못된 것이다.

연구방법상에 아무런 잘못이 없다고 판단되면, 연구결과가 어떻게 나왔든지 간에 있는 그대로를 수용하고 사실대로 보고하면 되는 것이다. 만약 가설이 기각되고 기존의 이론이나 선행연구와 불일치하는 것으로 연구결과가 나왔다면 논의 부분에서 이러한 결과에 비추어 앞으로 심도있게 따져보아야 할 새로운 문제를 제기할 수도 있는 것이다. 연구자 본인에게는 자신의 연구가 정확하고, 선행연구의 결과가 틀렸다는 생각으로 논의를 쓰는 것이 주제넘다고 여겨질는지도 모른다. 그러나 이 문제는 주제넘은 것도 아니고 누구의 연구가 맞고 틀리다는 것도 아니다. 단지 앞으로 이 분야의 후속 연구에서 사실을 밝힐 문제이다.

2) 결론

결론은 연구결과에 근거하여 연구에서 설정한 연구문제에 대한 해답을 일반적으로 진술하는 것이다. 이때 연구자가 잊지 말아야 할 것은 연구에서 얻은 결과와는 거리가 먼 비약된 결론이나 일반화가 되지 않도록 주의해야 한다는 점이다.

결과를 기술하는 부분에서는 연구를 통하여 얻은 객관적인 자료를 제시하고, 논의를 기술하는 부분에서는 이론과 선행연구를 관련지으면서 결과의 의미와 연구수행상의 문제점을 기술한다. 결론 부분에서는 연구를 자극한 원래의 주제로 되돌아가서 연구문제에 대한 최종적인 대답을 기술한다. 그러므로 이 부분에서 연구자는 당연히 명확하고 좀 더 일반적으로 진술해야 한다.

결론을 기술하는 부분에서 마지막으로 언급해야 할 것은 연구의 제한점(制限點)을 분명히 밝히는 것이다. 연구보고서의 서론 부분에서 밝힌 연구의 범위와 한계를 상기시키면서 해당 연구에서 얻은 연구결과와 결론의 적용 범위에 제한점이 있음을 명시한다.

3) 제언

연구보고서의 본문 마지막 부분에서 제언을 기술하는 경우도 있다. 제언은 논의와 결론까지 모두 기술한 후에 연구결과와 논의 내용에 기초하여 앞으로 후속연구를 위한 연구자의 의견과 아이디어를 제시하는 것을 말한다. 보통 이러한 제언은 연구의 미흡한 점이나 제한점, 혹은 선행연구와의 차이점 등을 근거로 하여 장차 해당 연구분야에서 보완적이고 발전적인 연구가 많이 이루어지기를 희망하는 연구자의 기대를 반영한 것이다.

또한 연구를 통하여 밝혀진 사실과 결과에 근거하여 관련 정책이나 제도, 기관운영 등의 개선과 발전을 위한 연구자 나름의 아이디어와 방안을 제언할 수도 있다. 그러나 이러한 제언은 어디까지나 연구의 결과에 바탕을 두고 해야 한다. 객관적인 근거도 없이 비약된 논리로 연구자가 평소 가지고 있던 의견과 생각을 제언의 형식으로 제시하면 곤란하다.

4) 영문초록과 부록

'논의 및 결론' 부분에 기술하는 것은 아니지만, 학위논문에는 반드시 영문초록(abstract)이 논문의 마지막 부분에 첨부되고, 기타 대부분의 연구보고서에도 영문초록과 부록이 보고서 뒷 부분에 포함되는 관례에 따라 여기서 이에 대하여 간략히 설명한다. 연구내용의 요약에는 국문요약과 영문초록의 두 가지 형태가 있는데, 그 위치는 국문요약은 연구보고서의 맨 앞쪽, 영문초록은 맨 뒤쪽 참고문헌목록 바로 뒤에 이어서 싣는다. 국문요약이나 영문초록은 연구의 핵심적인 내용만을 골라서 대개 1~2 쪽 분량으로 작성하면 된다. 연구제목과 연구자명을 기재한 다음에 연구의 목적과 연구문제, 연구방법, 연구결과, 그리고 결론을 간략히 기술한다. 대부분의 사람들은 연구보고서 전체를 읽는 것이 아니라 요약 부분만을 읽고 연구내용을 파악하게 되므로 간결하면서도 연구의 주요 내용이 분명히 전달되도록 명확하게 기술하여야 한다.

부록은 연구보고서의 본문에 넣기에는 그 내용이나 형식 및 분량이 적합하지 않은 경우에 보고서의 마지막 부분에 첨부하는 것이다. 그러나 부록에 이것 저것 너무 많이 첨부하는 것은 바람직하지 않다. 필요하다고 판단되는 것만 선별적으로 골라서 제시한다. 대체로 부록에 들어갈 수 있는 자료는 연구에서 사용한 각종 질문지나 측정도구, 실험도구, 그림, 사진, 통계분석자료, 도표 등 연구에 대한 이해와 활용에 도움을 줄만한 자료 등이다. 부록에 첨부할 자료가 많을 경우에는 목록을 작성하여 각각의 제목과 함께 일련번호를 붙여서 제시하는 것이 좋다.

연습문제

다음은 연구논문을 평가하기 위한 일종의 평가척도이다. 교육학, 심리학, 사회학 분야의 논문 각 1편을 선정해서 이러한 기준에 따라 평가하여 보시오.

평 가 기 준	확실히 그렇다	그렇다	보통	그렇지 않다	전혀 그렇지 않다
1. 제목은 간결하면서도 연구의 내용을 파악할 수 있을 만큼 적절하다.					
2. 연구문제를 분명하게 기술하였다.					
3. 가설을 명확하게 진술하였다.					
4. 연구문제와 가설은 참신하고 중요한 것이라고 판단된다.					
5. 연구의 기본 가정과 한계를 분명히 밝혔다.					
6. 중요한 개념과 용어의 의미를 명확히 정의하였다.					
7. 관계문헌의 고찰은 포괄적이면서도 심층적으로 이루어졌다.					
8. 연구의 설계는 연구문제의 해결에 알맞도록 짜여졌다.					
9. 모집단과 표본을 분명히 규정하였다.					
10. 표집의 방법은 적절하며 대표적 표본이라고 할 수 있다.					
11. 자료수집의 방법과 절차를 명확하게 기술하였다.					
12. 측정도구의 신뢰도와 타당도는 적절하다.					
13. 자료수집은 타당하고 신뢰롭게 이루어졌다.					
14. 가설검증에 적합한 통계적 분석방법을 적용하였다.					
15. 통계적 계산 및 추리의 방법은 적합하게 이루어졌다.					
16. 연구결과를 일목요연하게 제시하였다.					
17. 실증적 근거에 입각하여 결론을 내렸다.					
18. 결론에 따른 제약이나 한계를 명시하였다.					
19. 연구보고서는 논리적 · 체계적으로 조직되었으며 이해하기 쉽게 서술하였다.					
20. 연구보고서의 어조는 객관적이며 과학적 태도를 유지하였다.					

제 1 4 장

연구논문의 표현양식

제1절 연구논문의 표현 양식

연구논문은 내용이 정확하게 전달될 수 있도록 간결하게 표현하고, 논리적으로 서술하고, 체계적으로 조직되어야 한다. 용어와 문장 표현은 일관성 있고 이해하기 쉽게 진술하되, 수사적이거나 문학적인 표현 혹은 극단적인 표현은 피해야 한다.

1. 문장과 문체

논문의 문장은 논리성, 객관성, 정확성, 일관성이 있어야 한다. 그리고 구어체가 아닌 문어체로 맞춤법과 문법, 어법에 알맞은 문장을 사용해야 한다. 지나친 겸손, 무례한 표현, 감성적 어조, 독단적 주장 등은 모두 피하고, 연구자의 주관적 의견과 객관적 사실을 명백히 구분해서 서술해야 한다.

1) 문장의 시제

연구논문의 시제는 원칙적으로 과거형과 현재형을 사용한다. 그러나 가설과 제언의 경우는 미래형을 사용할 수도 있다.

(1) 과거형

① 선행연구의 결과를 기술하거나 인용할 때

"홍길동(2009)은 …를 발견하였다."

② 이용한 연구의 방법을 기술할 때

"연구대상 전체에 지능검사를 실시하였다."

③ 연구결과 부분을 기술할 때

"두 집단 사이에 통계적으로 유의한 차이가 있는 것으로 나타났다."

④ 논문의 요약 부분을 기술할 때

"남자들이 여자들보다 성문제에 좀 더 개방적 태도를 보였다."

(2) 현재형

① 어떤 이론의 일반적 진술을 인용할 경우

"정신분석이론에 의하면 거의 모든 인간행동의 내면에는 성적욕구가 관련되어 있다고 한다."

② 특수한 용어나 개념의 정의를 기술할 경우

"본 연구에서 정서지능이란 …라고 정의한다."

③ 연구의 목적을 기술할 때

"본 연구에서는 …을 목적으로 한다."

④ 가설을 진술할 때 (가설은 미래형으로도 진술할 수 있다.)

"X변인과 Y변인 간에는 유의한 정적 상관이 있다."

⑤ 연구의 결론 부분을 진술할 때

"X변인과 Y변인 간에는 인과관계가 있다."

⑥ 논의 부분에서 연구자의 의견을 진술할 경우

"…점에 유의할 필요가 있다고 판단된다."

(3) 미래형

① 연구계획서를 작성할 때

"연구대상은 …에서 무선적으로 표집할 것이다."

② 가설을 진술할 때

"X변인과 Y변인 간에는 유의한 정적 상관이 있을 것이다."

③ 제언 부분을 기술할 때 (그러나 현재형을 사용할 수도 있다.)

"… 제도화하는 것이 바람직할 것이다." 또는

"… 제도화할 것을 제언한다."

2) 문장의 표현

연구논문에서 사용되는 표현이나 용어는 단정적이거나 극단적인 것은 좋지 않다. 연구의 결과나 도출된 결론은 어떤 제한된 범위와 조건 속에서 이루어진 것이기 때문에 그것이 절대적이라고 단정할 수 없는 것이다. 검증된 가설이나 경험적 법칙은 시간과 공간을 초월하여 절대적 진으로 계속 존립할 수 있는 것이 아니라 언제나 잠정적 진으로 성립할 뿐이다.

따라서 연구논문의 문장 진술에서는 '지금까지의 연구결과에 의하면 …,' '통계자료에 기초하여 보면 …,' '연구자의 판단으로는 …' 등의 조건과 한계를 설정해 두고 서술하는 것이 현명하다. 문장에서 맺는 말도 '~이다(하다).' '~하여야 한다.' 등은 단정적 표현이지만, '~한 것 같다.' '~하는 것이 바람직하다.' '~한 것으로 판단된다(생각된다).' 등은 어느 정도의 여백을 남기는 동시에 한계가 있음을 시사하는 표현 방식이다. 이와 같이 범위와 조건을 제시하고 단정적 표현을 삼가함으로써 진술내용에 대한 그릇된 이해와 일반화를 막을 수 있다.

비교를 하는데 있어서도 최상급의 수식어는 가급적 쓰지 않는 것이 좋다. '가장 우수한 사람' 대신에 '가장 우수한 사람들 중의 한 사람', 또는 '가장 훌륭한 연구' 대신에 '가장 훌륭한 연구 중의 하나' 라고 표현하는 것이 좋다. 후자는 포괄적이고 여유 있는 표현이지만, 전자는 단정적인 표현으로서 경우에 따라 사실이 아닐 수도 있는 것이다.

그리고 연구논문에서 지나친 겸손이나 무례한 표현은 삼가야 한다. 논문 속에서 자기 자신의 저서나 논문을 언급할 때 과거에는 '졸저(拙著)' 또는 '졸고(拙稿)' 라고 겸손하게 표시하는 방식을 취했으나, 이것도 적절한 표현 방법은 아니라고 본다. 이럴 경우에 단순히 '필자의 저서' 또는 '본 연구자의 논문' 등의 표현을 쓰면 무난하다.

3) 문장과 문체의 통일

① 한 문장 속에서는 하나의 중심 내용만 다룬다. 한 문장에서 여러 가지 사상을 다루거나 중심 내용과 관련이 없는 서술이 많으면 전달하고자 하는 내용이 불명확하게 되기 쉽기 때문이다.

② 문단의 단락은 서술 내용을 달리 할 때에만 구분하고, 각 단락의 중심 내용은 가능한 한 단락의 첫 부분에 놓는다. 단지 문단의 길이에 의하여 단락 짓기를 하지 않도록 한다.

③ 간단한 열거는 쉼표(,)로 가르고, 복잡한 열거는 각 사항에 번호를 붙여 구분한다.

2. 표기 방법

1) 인칭과 존칭

① 논문에서 인칭은 일반적으로 3인칭을 사용한다. 따라서 '나' 라고 하는 1인칭 대신에 '필자,' '저자,' '연구자' 등의 3인칭 표현을 사용한다. 영어 논문에서도 필자 자신을 가리킬 때 'I' 대신에 'the writer,' 'the author' 등으로 표현한다.

② 논문에서 원칙적으로 존칭이나 경어는 사용하지 않는다. "홍길동씨는 그의 논문에서 … 하였습니다." 식의 표현 대신에 "홍길동은 그의 논문에서 … 하였다." 로 쓴다.

③ 경우에 따라서는 '○○○ 교수는 말하기를 …' , 또는 '○○○ 박사가 지적하기를 …' 과 같이 직명이나 학위명을 이름 뒤에 붙여 표기하는 수가 있다. 그러나 이 때에도 '교수님, 박사님' 식의 '님' 을 붙이는 존칭은 피하고, 내용도 높임말이 아닌 예사말로 기술한다.

이와 같이 3인칭을 사용하거나 존칭을 쓰지 않는 것은 연구보고서를 좀 더 객관적 입장에서 공정하게 작성하기 위함이다.

2) 숫자의 표기

논문에 사용되는 숫자 체계는 아라비아 숫자, 로마 숫자, 한문 숫자, 그리고 순수한 우리말 수사(數詞) 등이 있다. 어떤 체계의 것을 사용하든 논문 전체에서 일관성과 통일성을 갖게 해야 한다. 숫자는 원칙적으로 아라비아 숫자를 사용하되, 10 이내의 수는 하나, 둘, 셋 … 등으로 표현하고, 서열을 표시하는 경우는 첫째, 둘째, 셋째 … 등으로 표현한다.

① 다음과 같은 경우에는 아라비아 숫자를 사용한다.

- 통계적 수치나 수량을 나타내기 위한 숫자
- 점수, 연월일, 백분율의 경우
- 숫자 다음에 측정 단위가 붙는 경우
- 연속적으로 수를 나타낼 경우

② 숙어나 관용어에 숫자가 들어 있을 경우 이것을 아라비아 숫자나 한글 또는 한자와 혼용하여 표기해서는 안 된다.

③ 하나의 단위로 되어 있는 숫자는 중간에서 행을 바꾸거나 숫자와 단위 사이를 줄을 바꾸어 표기하지 않는다.

④ 로마 숫자는 정기 간행물의 권수, 분량이 많은 저서나 논문의 일차적인 계층기호, 외국에서 이름이 같은 군왕의 세대 구별 (예, Elizabeth II) 등에 주로 사용한다. 그러나 숫자가 커질수록 로마 숫자의 사용은 불편하기 때문에 특별한 경우가 아니면 아라비아 숫자를 사용하는 것이 좋다.

⑤ 쪽(page) 번호는 두 종류로 붙인다. 겉표지의 제목부터 본문의 서론 앞까지 부분은 로마 숫자의 소문자를 이용하여, 즉 i, ii, iii, … 식으로 쪽 번호를 매기고, 서론부터 본론, 참고문헌, 부록에 이르기까지는 아라비아 숫자 1, 2, 3, … 등으로 붙인다.

3) 외래어와 인명

오늘날 우리는 일상생활이나 학문세계에서 외래어의 홍수 속에서 살고 있다고 말해도 과언이 아닐 만큼 수없이 많은 외래어를 사용하고 있다. 그 중 어떤 것은 완전히 우리말로 익숙하게 된 것이 있는가 하면, 어떤 것은 아직 번역된 말이 통일되지 않아 서로 다른 번역어로 쓰이거나 혹은 외국 발음 그대로 사용되는 것도 있다. 외래어로 된 전문적 용어의 표기는 다음과 같은 일반적 원칙에 따른다.

① 될 수 있는 한 외래어는 그대로 쓰기보다는 번역어로 표기하는 것이 좋다. 동일 외래어에 대해서 두 개 이상의 번역어가 있을 경우에는 보다 많이 통용되거나, 해당 연구 분야에서 다수가 사용하는 번역어를 따른다.

② 그 사용이 빈번하지 않은 특수한 용어를 번역하여 쓸 경우 의미의 혼동을 피하기 위하여 원어를 ( ) 속에 표기한다.

③ 괄호 안에 원어를 표기할 경우 처음 한 번만 표기하고 반복하지 않는다. 원어를 쓸 때 고유명사를 제외하고는 모두 소문자로 표기한다.

④ 적절한 번역어가 없거나 공통된 번역어를 발견하기 어려운 외래어는 원어의 발음을 한글로 표기하고 ( ) 속에 원어를 써 넣는다. 이 때 한글표기는 '외래어 표기법' 에 따른다.

⑤ 인명 표기에 있어서 한국명과 중국명은 성명을 모두 쓰고, 기타 인명은 성씨만을 표기하되 원어를 그대로 사용한다.

⑥ 인명을 제외한 고유명사로서의 외래어는 그 발음을 한글로 쓰거나 번역

어로 표기하고 원어를 ( ) 속에 써넣는다.

3. 표와 그림

연구와 관련된 여러 가지 내용 예를 들면, 각종 자료, 연구설계, 연구결과 등을 간결하면서도 함축성 있게 효과적으로 전달하기 위해 연구보고서에서 표(table)와 그림(figure)으로 표현하는 경우가 많다. 표는 주로 숫자와 관련된 각종 통계적인 자료를 간결하게 요약하여 제시하는 방식을 일컫고, 내용설명에 도움이 되도록 활용되는 표 이외의 것을 모두 그림이라고 부른다. 표나 그림을 제시할 경우 일반적 유의사항은 다음과 같다.

① 표와 그림의 위치는 본문에서 설명이 나오는 부분 가까이에 제시하도록 한다. 즉, 표나 그림에 관한 언급을 한 후에 이어서 표나 그림을 제시하는 것이 좋다.

② 표와 그림에는 제목을 붙이되, 표의 제목은 상단에, 그림 제목은 하단에 각각 제시한다.

③ 표와 그림에는 일련번호를 붙이되, 표에는〈표 1〉〈표 2〉 … 그림에는 〔그림 1〕 [그림 2] … 와 같은 괄호를 사용한다. 그러나 경우에 따라서는 표는 소괄호를 이용하여 (표 1) (표 2) … 식으로 하고, 그림은 꺽쇠괄호를 이용하여 〈그림 1〉 〈그림 2〉 … 식으로 일련번호를 붙일 수도 있다. 이 때 중요한 것은 일관성과 통일성이다.

④ 표와 그림에 관한 보충적 설명 또는 주(註)가 필요한 때에는 표나 그림 아래에 *표를 하고서 기술한다. 주가 둘 이상일 때에는 ** 또는 ***의 표시를 하거나, 아라비아 숫자로 번호를 달고 설명한다.

⑤ 표와 그림은 원본 그대로를 인쇄할 수 있도록 연구자가 완벽하게 작성하는 것이 좋다. 편집과정에서 다른 사람이 수정하게 될 경우 연구자가 본래 의도한 것과 다르게 되거나 편집상의 어려움이 따르기 때문이다.

1) 표

① 표는 가급적 한 페이지에 넣을 수 있도록 작성한다. 한 쪽 이상의 분량이 될 때에는 각 쪽마다 표의 제목을 붙이되, 두 번째 쪽부터는 표제목 뒤에

(계속)이라고 써 넣는다.

② 표가 한 개 이상일 경우에는 아리비아 숫자로 일련번호를 붙이고, 특히 표의 숫자가 많을 경우에는 장과 절로 구별하여 번호를 붙일 수도 있다.
〈표 1-1〉〈표 1-1-1〉〈표 III-1〉 등

③ 모든 표에는 그 내용을 쉽게 이해할 수 있도록 간결하면서도 명료하게 표제를 붙여야 한다.

④ 표의 항목 이름은 간결하고 정확해야 한다. 흔히 쓰이는 약자나 기호(예, %, *N*, *IQ*, *df*, *p*, *t*)는 별도의 설명을 필요로 하지 않으나, 특수한 약자나 기호를 사용한 경우에는 표 하단에 그에 대한 설명을 해야 한다.

⑤ 표에 사용된 수치가 단순한 점수가 아니라 어떤 특정한 척도의 수치일 경우에는 (단위: km) 혹은 (단위: 천원) 등과 같이 반드시 단위를 표시해야 한다.

⑥ 표에서 줄긋기는 원칙적으로 가로 줄만 사용하지만, 독자의 이해를 돕기 위하여 세로줄을 사용할 수도 있다. 그러나 통계수치를 제시하는 표의 경우에는 표의 양쪽 끝 옆을 막지 않는다.

⑦ 필요한 경우 표에 주를 붙인다. 주는 다른 문헌에서 표를 인용하였을 경우 출처를 밝히는 것, 표 내용상 특기사항을 설명하는 것 등으로 이루어진다. 주는 표 바로 아래에 기술하되, 본문 글자 크기보다 작게 한다.

2) 그림

그림은 그 모양이 불규칙하여 일반적인 방법으로는 인쇄하기가 어려워 도안이나 사진 또는 도화 등의 방법을 이용하여 그려 넣어야 하는 것이다. 그림의 유형에는 그래프, 차트, 사진, 도화 등 여러 가지가 있다.

① 그림의 크기는 해당 논문이나 연구보고서의 크기에 알맞도록 작성하고, 비슷한 유형의 그림이 여러 개일 경우는 그 크기가 같도록 작성한다.

② 그림이 한 개 이상일 경우에는 아리비아 숫자로 일련번호를 붙이고, 특히 그림의 숫자가 많을 경우에는 장과 절로 구별하여 번호를 붙일 수도 있다.
[그림 1-1] [그림 1-1-1] [그림 III-1] 등

③ 모든 그림에는 그 내용을 쉽게 이해할 수 있도록 간결하면서도 명료하게 제목을 붙여야 한다.

④ 본인이 직접 그린 그림이 아니고 다른 문헌에서 인용하였을 경우에는 그 출처를 밝힌다.

⑤ 그림에 주를 붙일 때는 위에서 설명한 표의 경우와 같게 하면 된다.

제2절 인 용

어떤 연구 분야이건 대개는 어느 정도의 축적된 지식이 있게 마련이고 다양한 이론과 견해가 있을 수 있다. 따라서 연구자는 기존의 이론 고찰과 선행연구를 바탕으로 하여 연구를 수행하게 되며, 권위 있는 학자의 이론이나 주장을 인용하면서 자기 연구의 타당성을 뒷받침하고자 하거나 선행연구결과와 자신의 연구결과를 비교한다. 이와 같이 연구논문을 작성할 때 기존의 어떤 이론, 주장, 자료를 소개하거나 증거를 제시하고자 할 경우에 인용(quotation)을 한다.

인용에는 원문을 그대로 옮기는 직접 인용과, 원문의 내용을 요약하거나 그것을 연구자의 말로 바꾸어 표현하는 간접 인용으로 구분할 수 있다. 인용할 때는 일정한 규칙과 형식에 알맞게 해야 하며, 인용한 내용이 본인의 것이 아님을 명확히 밝혀야 한다. 분명히 타인의 이론이나 기존의 자료를 인용하였으면서도 이를 제대로 밝히지 않는 것은 연구자의 올바른 학문적 태도가 아닐뿐더러 표절이나·저작권 침해라는 문제에 직면할 수도 있다.

1. 직접 인용

직접 인용이란 원문을 있는 그대로 옮기는 것을 말한다. 인용하고자 하는 글이 짧은 경우에는 인용부호 “ ”를 사용하여 인용문이라는 것이 분명히 드러나도록 한다. 만약 인용문 중에 큰따옴표 “ ”가 이미 있을 때는 그것을 작은따옴표 ‘ ’로 바꾸어 표기한다. 인용문이 길 경우에는 본문과는 위아래에 각각 한 줄씩 간격을 두고 별도의 문단을 만들어 제시한다. 직접 인용은 원문을 그대로 옮기는 것이 원칙이지만, 필요할 경우 생략 부호를 사용하여 그 중 일부 내용을 생략할 수 있다. 직접 인용을 할 때는 인용하는 자료의 출처와 인용문이 나오는 구체적인 위치 즉, 쪽수를 반드시 밝혀야 한다.

1) 짧은 글 인용

인용할 글이 대략 200자 원고지 한 장 이하 정도의 분량(약 4행 이하 문장)이면, 본문에 인용부호 " "를 사용하여 인용문이라는 것이 분명히 드러나도록 표시한다. 영어로 기술된 자료는 약 40개 단어 미만의 경우에 이와 같이 한다. 아래에 예시한 것처럼, 인용문의 쪽수 표기는 '1968, p.18' 또는 '1968: 18' 중 어떤 방식을 택해도 무방하다.

> 교육의 개념에 대하여 정범모(1968, p.18)는 "人間行動의 計劃的인 變化"라고 정의하였다.

2) 긴 글 인용

인용할 내용이 문장으로 약 5행 이상이 되어 길 경우에는 본문과는 위와 아래에 각각 한 행씩 간격을 두고 별도의 문단으로 작성하여 인용한다. 그리고 인용 문단 좌우를 대략 3글자 정도 들어가게 만들고, 각 문단의 첫 줄은 3글자(영문의 경우 5글자) 정도 들여 쓰기를 하며, 글자크기는 본문보다 한 포인트 작은 것으로 하거나 글자체를 본문과 구별되도록 다른 것을 사용한다. 아울러 줄 간격(행간)도 본문의 그것에 비해 약간 좁게 한다. 그리고 인용문단 끝 (　) 속에 출처를 밝힌다.

> 人間行動을 計劃的으로 變化시키는 일을 教育이라고 규정하고, 그 일을 담당하는 사람을 教育者라고 하고, 그 상황을 이론적으로 캐어 들어가는 학문을 教育學이라고 한다면, 이러한 정의대로는 教育과 教育者와 教育學은 실로 무서운 힘의 소유자라 하여도 좋을 것이다. 왜냐 하면, 문자 그대로 計劃대로 人間을 기르고 바꾸고 하는 일과 사람과 學問을 말하기 때문이다(정범모, 1968, 27-28)

인용부분을 본문에서 따옴표 속에 넣을 것인지, 또는 별도로 따로 떼어 제시할 것인지는 반드시 그 길이에 의해서만 결정하는 것은 아니다. 강조 · 비교 · 대조와 같은 인용의 목적, 자료의 성격, 시각적 효과 등을 고려하여 경우에 따라서는 비록 짧은 글이라도 긴 글을 인용할 때와 마찬가지로 본문과는 구별되게 따로 작성하여 제시할 수도 있다.

2. 간접 인용

간접 인용은 원문을 그대로 옮기는 것이 아니고, 원문의 내용을 요약하거나 그 함의(含意)를 연구자의 말로 바꾸어 인용하는 방식을 말한다. 따라서 간접 인용의 경우에는 인용 부호를 사용하지 않는다. 그러나 타인의 것을 자기의 말로 바꾸어 제시하는 것이기 때문에 반드시 그 출처를 밝혀 두어야 한다. 이 때 쪽수까지 밝히는 것이 꼭 필요한 것은 아니지만, 가능하다면 구체적으로 쪽수를 밝혀서 나쁠 것은 없다.

논문에서 인용문의 출처를 밝히는 방법에는 각주 또는 후주에 의한 방식과, 미국심리학회의 양식처럼 각주를 달지 않고 본문에서 직접 밝히는 본문주(reference citations in text) 방식이 있다. 어떤 방식을 따르느냐 하는 것은 학문분야나 연구기관 등에 따라 다르지만, 어떤 방식을 선택하든지 동일 논문에서는 일관성 있고 통일되게 표기해야 한다. 각주 표기방식에 대해서는 뒤에서 설명하기로 하고, 아래에서는 미국심리학회양식의 본문주 표기방식에 대하여 기술한다.

① 본문에 인용문의 저자명이 나타나 있는 경우, 저자명 뒤 (　) 속에 발행연도를 표시한다. 그러나 동일한 문단이나 절에서 해당 문헌을 다시 인용할 경우 다른 인용문헌과 혼동할 염려가 없다고 판단되면 저자명 다음에 발행연도를 표기하지 않는다.

② 본문에 인용문의 저자명이 나타나 있지 않은 경우, 해당 인용부분 끝 (　) 속에 저자명과 발행연도를 표시한다.

③ 저자가 2명일 경우에는 언제나 두 저자의 이름을 모두 표시한다.

④ 저자가 3~5명일 경우, 처음 인용할 때는 저자명을 모두 다 표시한다. 그러나 다음부터는 첫 번째 저자명만 쓰고 그 다음에 '외' 또는 '등' 으로 표기한다. 영문의 경우에는 첫 번째 저자명 다음에 'et al.' 로 표기한다. 그리고 동일한 절 내에서 다시 인용할 때는 발행연도를 표기하지 않는다.

⑤ 저자가 6명 이상인 문헌의 경우에는 첫 번째이건 그 이후 인용이건 모두 첫째 저자명만 쓰고 그 다음에 '외' 또는 '등' 으로 한다. 영문의 경우 첫 번째 저자명만 표시하고 그 다음에 쉼표 없이 'et al.' 을 적는다. 그러나

참고문헌목록에서는 6명의 저자명까지는 모두 표시하고, 그 이상은 생략하고 'et al.' 을 붙인다.

⑥ 성(姓)이 동일한 서양 저자 두 명 이상을 한 논문에서 인용하게 될 경우, 출판연도가 서로 다르다고 하더라도 혼동을 피하기 위하여 저자 이름의 첫 글자(initial)를 매번 표기해야 한다.

⑦ 동일한 저자의 문헌이 한 해에 발행된 것으로서 둘 이상이 있을 경우, 각 문헌의 발행연도 뒤에 a, b, c 등의 식별을 위한 표시를 한다.

⑧ 하나의 동일한 ( ) 속에 동일한 저자의 여러 문헌을 인용할 경우, 발행연도 순으로 열거한다.

⑨ 서로 다른 저자가 쓴 2편 이상의 문헌을 동일한 ( ) 속에 인용할 경우, 국내 문헌을 가나다 순서로 먼저 표기하고, 이어서 서양 문헌을 알파벳 순서로 열거한다. 동일 저자의 문헌은 발행연도 순으로 표기한다. 그리고 문헌과 문헌 사이에는 쌍반점(;)을 찍어서 구분한다.

3. 재인용

인용은 1차 자료에서 하는 것이 원칙이고, 또 그렇게 하는 것이 바람직하다. 왜냐하면, 연구논문에서는 자료의 신뢰성과 정확성이 매우 중요한데 원자료에서 점차 멀리 떨어질수록 그만큼 자료의 신뢰성과 정확성은 낮아지기 마련이기 때문이다. 그러나 원자료를 구할 수 없을 경우에는 부득이 2차 자료를 이용할 수밖에 없다. 이 때에도 재인용한 자료의 출처를 명확히 밝혀야 한다. 가령, Holland 이론의 기본가정에 대한 그의 저서(1997)를 직접 접하지 못하고, 이에 관한 내용을 기술한 이종승의 2003년도 논문을 통하여 간접적으로 알게 되었다면 다음과 같이 재인용할 수 있다.

> Holland(1997)의 직업적 성격유형이론은 사람들의 직업적 흥미와 성격에 대한 다음과 같은 가정에 기초하고 있다(이종승, 2003, 재인용).

제3절 주

연구논문에서 주(notes)는 인용의 출처를 밝히거나, 본문의 내용을 부연 설명하거나 혹은 본문에서 직접 서술하기 어려운 내용을 보충적으로 설명하고자 할 때 사용한다. 주를 작성하는 방법은 어느 하나로 통일되어 있지 않고 학문분야, 학술기관이나 단체, 출판사 등에 따라서 서로 차이가 있다. 이러한 경향은 참고문헌목록을 작성하는 양식에 있어서도 마찬가지이다. 따라서 연구논문을 쓰고자 하는 사람은 논문을 제출할 학회나 기관에서 요구하는 양식이 어떤 것인지를 사전에 확인하고 그에 따라 논문을 작성해야 할 것이다. 어떤 형식을 따르든 연구자가 명심해야 할 것은 한 논문 내에서 사용하는 양식에는 일관성과 통일성이 있어야 된다는 점이다.

1. 주의 종류

주는 그것이 취급하는 내용과 목적에 따라서 참조주(reference notes)와 내용주(content notes)로 구분하고, 제시하는 위치에 따라서 각주(footnotes)와 후주(endnotes)로 구별한다.

1) 참조주

참조주는 인용한 자료의 출처를 밝히기 위하여 사용하는 주를 말한다. 연구논문에서 인용한 자료의 출처를 명확히 밝히는 것은 자료의 정확성과 객관성, 연구의 타당성 등을 입증하기 위하여 필요하다. 또한 참조주는 연구에서 인용한 이론 · 자료 · 연구결과 등을 창출한 원저자의 학문적 공적을 인정하고, 독자에게 필요하다면 인용한 자료를 확인 · 검색하거나 이용할 수 있도록 안내하는 역할을 한다.

2) 내용주

내용주는 본문 내용의 부연 설명, 보충 설명에 관한 주를 말한다. 본문에서 사용한 특수한 용어나 공식에 대하여 보충적으로 설명하고자 할 때, 논문 필자의 소속기관 · 직위 · 연락처 · 약력 등을 소개하고자 할 때, 논문을 작성하는데 도움받은 사람들에 대하여 사의를 표시하고자 할 때에도 내용주를 사용할 수 있다. 그러나 내용주가 너무 많으면 본문의 중요성이 줄어들거나 혼란스럽게 될 우려가 있으므로 남용하지 않는 것이 좋다. 내용주를 쓰기 전에 그럴만한 이유나 가치가 있는지를 재고해 볼 필요가 있다.

3) 각주

각주는 주를 달아야 하는 해당 쪽의 맨 아래편에 자리잡는 주를 말한다. 각주를 달면 독자가 해당 쪽에서 곧바로 주의 내용을 확인하기 쉽다는 편리함이 있지만, 논문체제가 좀 번거롭게 되는 단점이 있다. 단순히 인용의 출처를 밝히는 참조각주는 논문 말미에 제시하는 참고문헌목록과 거의 중복되기 때문에 미국심리학회양식을 따르는 학문분야나 기관에서는 특별한 경우를 제외하고는 참고문헌각주를 허용하지 않는다.

4) 후주

주를 필요로 하는 매 쪽마다 밑 부분에 기재하는 것이 각주인데, 후주는 장이나 절의 끝 부분, 또는 연구논문 전체의 말미에 기재하는 주로서, 일명 미주(尾註)라고도 말한다. 후주를 사용하면 각주에 비하여 논문을 편집 · 인쇄하는데 있어서 번거롭지 않고 편리하다는 장점이 있으나, 주를 참조하는 독자의 입장에서는 매번 뒤에서 찾아야 하기 때문에 이용하는데 불편한 단점도 있다.

2. 투라비안 양식의 주 표기법

주의 표기양식은 학문분야, 학술기관이나 단체, 출판사 등에 따라서 서로 다르다. 본서에서는 사회과학 분야에서 비교적 널리 사용되고 있는 다음의 두 가지 양식을 중심으로 주의 표기양식을 설명하고자 한다. 그 하나는 투라비안 양식(Turabian style)이고, 다른 하나는 미국심리학회양식(APA style)이다. 각주와 후주는 주의 위치가 어디에 있느냐에 차이가 있을 뿐, 그 표기 방법은 동일하다. 따라서 아래에서는 각주와 후주를 구분하지 않고, 투라비안 양식에 기초한 일반적인 주 표기방법에 대해 간략히 기술한다.

1) 주의 번호

① 본문에서 주를 달아야 할 부분 끝 예컨대, 인용을 하였다면 인용 부분의 바로 뒤 상단에 본문보다 한 포인트 정도 작은 글자크기의 아라비아 숫자로 주 번호를 위첨자로 쓰고 반괄호(⁾)를 붙인다. 요즘은 연구논문을 쓸 때 대부분 컴퓨터 문서작성 프로그램을 이용하기 때문에 이러한 과정은 자동적으로 처리된다.

② 본문에서 주 번호는 문구나 문장의 끝, 또는 인용부분이 끝나는 바로 뒤에 붙인다. 주 번호는 줄표(–)를 제외한 모든 구두점이나 문장부호 다음에 붙일 수 있다. 주 번호 다음에는 마침표(.)를 찍지 않는다.

③ 주의 숫자가 3개 이하로 극히 적을 때는 일련번호 대신에 별표(*)를 사용하여 *, ** 등으로 표시할 수도 있다.

2) 주의 위치와 글자크기

① 각주는 본문에서 각주 번호가 나타난 해당 면의 하단에 면 폭의 1/4 정도 되는 가로선을 긋고, 본문에 있는 것과 동일한 각주 번호를 붙인 다음 각주 내용을 기술한다. 각주는 반드시 각주가 나타난 해당 면에 적어야 하는데, 이 때 각주의 길이가 길 경우에는 다음 면 하단에 이어서 기술해도 된다.

② 후주는 논문의 끝 부분 또는 각 장이나 절의 끝에 본문에 있는 것과 동일한 후주 번호를 붙인 다음 후주 내용을 기술한다.

③ 주의 글자크기는 본문의 글자크기보다 최소한 한 포인트 작게 하고, 줄 간격도 본문의 줄 간격보다 작게 한다.

④ 하나의 주 번호 아래 둘 이상의 서로 다른 내용이나 인용출처를 표기해야 할 경우에는 행을 바꾸지 않고 첫째 것에 이어서 다음 것을 표기하되, 그 사이는 쌍반점(;)으로 구분하고, 맨 끝에만 마침표(.)를 찍는다.

3) 단행본

저서나 총서 중의 어느 한 책과 같이 단행본으로 되어 있는 서적에 관한 첫 번째 완전한 참조(full reference)를 표기할 때는 아래와 같은 내용을 여기에 제시한 순서대로 포함시켜야 한다.

① 저자명
② 도서명
③ 편자명 또는 역자명 (해당되는 경우)
④ 판 차 (초판이 아닌 경우)
⑤ 총서명과 시리즈 번호 (해당되는 경우)
⑥ 출판사항
　출판지명
　출판사명
　발행연도
⑦ 참조면

(1) 저자명

① 저자명 다음에 쉼표(,)를 찍는다. 서양 인명은 전체 성명(full name)을 쓰되, 이름을 먼저 쓰고 성을 나중에 적는다.
② 저자가 3인 이하인 경우는 모두 표시하고, 저자명과 저자명 사이를 가운뎃점(·) 또는 쉼표(,)를 찍어 구분한다. 서양 인명인 경우에는 이름 사이에 쉼표를 찍고, 마지막에는 쉼표 다음에 and를 쓴다.
③ 저자가 4인 이상인 경우에는 겉표지에 제시된 맨 처음의 저자명만을 적고 그 뒤에 '외' 또는 '등' 이라고 적는다. 서양인명의 경우 'et al.' 을 붙인다.

(2) 도서명

① 책명은 반드시 겉표지에 나타나 있는 것을 그대로 적는다. 동양서명은 글자를 진하게 하고, 서양서명은 이탤릭체로 표기한다. 도서명 다음에 마침표나 쉼표를 찍지 않는다. 그러나 판차 표기가 있는 경우에는 도서명 다음에 쉼표(,)를 찍고 판차를 기재한다.
② 책명에 부제(subtitle)가 있을 경우에는 책명 다음에 쌍점(:)을 하고 부제를 적는다.

③ 서양서의 책명은 형용사, 부사, 동사를 제외하고 각 단어의 첫 글자를 모두 대문자로 표기한다.

(3) 편자명 또는 역자명

① 편집한 책은 저자명의 위치에 편자명을 쓴 다음 (　) 속에 '편' 이라고 적고 쉼표(,)를 찍는다. 양서의 경우에는 편자명 다음에 'ed.', 복수인 때는 'eds.' 라고 쓰고 쉼표를 찍는다.

② 책 겉표지에 원래의 저자명과 함께 편자명이 표시되어 있는 경우에는 원저자명과 도서명을 먼저 쓰고, 편자명 다음에 '편' 이라고 (　) 속에 표기한다. 이 경우에 양서는 'ed.' 를 편자명 앞에 표기하는데 이 때 'ed. = edited by' 를 의미한다. 그러므로 'eds.' 와 같이 복수형으로 쓰면 안 된다.

(4) 판차

① 판차의 표시는 초판 이외의 것에 한한다.

② 개정하거나 증보한 책은 동양서의 경우 '개정판(改訂版)', '증보판(增補版)', '개정 · 증보판', 또는 '제2판', '제3판' 등과 같이 판차를 표시한다. 양서의 경우 'rev. ed.', '2nd ed.', '3rd ed.', '4th ed.' 등으로 판차 표기를 한다.

③ 책명 다음에 쉼표(,)를 찍고, 판차를 표시하고 다시 쉼표를 찍는다. 양서의 경우는 판차 표기 다음에 쉼표를 찍지 않는다.

(5) 총서명 또는 시리즈명

① 저자명, 책명을 적고 그 다음에 총서명을 표기한다.

② 총서명을 『　』로 묶거나 진하게 쓰지 않고, 양서의 경우 이탤릭체로 하지 않는다. 총서명 다음에 권수 또는 시리즈 번호를 적는다.

(6) 출판사항

① 출판사항은 출판지명, 출판사명, 발행연도 순으로 표기하고, 출판사항 전체를 (　)로 묶는다. 이 때 출판지명 다음에 쌍점(:)을, 출판사명 다음에는 쉼표(,)를 찍는다.

② 출판지명은 출판사 본사가 소재한 도시 이름을 적는다. 잘 알려지지 않은

지명일 경우에는 도시 이름 외에 주(州)명이나 국명까지 밝혀준다.

③ 출판사명은 책에 표시된 대로 옮겨 적는 것이 원칙이지만, 주식회사, 사단법인, Inc., Ltd. 등은 생략하고 간략하게 표기해도 무방하다.

④ 발행연도는 판권연도(copyright date)로 쓰되, 판권연도가 여럿일 경우에는 가장 최근 것을 적는다. 책 내용의 개정 없이 단순히 인쇄를 여러 차례 하여 1쇄, 2쇄 등의 인쇄연도를 달리한 것은 최초 발행연도를 적는다.

⑤ 현재 출판이 진행되고 있는 책은 발행연도 대신에 '인쇄중' 또는 '출판예정' 이라고 표기하고, 양서의 경우는 'in press' 라고 적는다. 발행연도를 알 수 없는 경우에는 '발행연도 불명' 이라고 적는다. 영문의 경우는 'n.d.(no date)' 라고 쓴다.

(7) 참조면 표시

① 참조면(페이지)은 출판사항 다음에 쉼표(,)를 찍고, 인용하거나 참조한 면을 표시하고, 그 다음에 마침표(.)를 찍는다.

② 참조한 면수가 한 면일 경우는 "p.", 두 면 이상일 경우는 "pp."를 쓰고 아라비아 숫자로 쪽수를 적는다. 그러나 근래에는 이를 생략하고 간단히 쪽수만 표시하는 추세이다.

1) 정범모 외, 교육의 본연을 찾아서: 입시와 입시교육의 개혁 (서울: 도서출판 나남, 1993), 127-154.

2) 박성익 · 임철일 · 이재경 · 최정임, 교육방법의 교육공학적 이해, 제3판, (서울: 교육과학사, 2007), 223.

3) Kate L. Turabian, *A Manual for Writers of Term Papers, Theses, and Dissertations,* 6th ed. (Chicago: University of Chicago Press, 1996), 129.

4) John Stuart Mill, *Autobiography and Literary Essays,* ed. John M. Robson and Jack Stillinger (Toronto: University of Toronto Press, 1980), 15.

4) 정기간행물

학술지(journals), 잡지(magazines) 등 정기간행물에 관한 첫 번째 완전한 참조 각주를 표기할 때는 아래의 내용을 여기에 제시한 순서대로 포함시켜야 한다.

① 저자명
② 논문제목
③ 학술지(잡지)명
④ 권 · 호수
⑤ 발행일자
⑥ 참조면

(1) 저자명의 표기방법은 단행본의 경우와 동일하며, 저자명 다음에 쉼표(,)를 찍는다.

(2) 논문제목을 큰따옴표 " " 속에 적고, 그 끝에 쉼표를 찍는데, 만약 논문제목이 물음표(?)로 끝난 경우에는 쉼표를 찍지 않는다.

(3) 학술지명을 진하게 표시한다. 양서의 경우는 학술지명을 이탤릭체로 쓰고 단행본에서와 마찬가지로 형용사, 부사, 동사를 제외하고 각 단어의 첫 글자를 모두 대문자로 표기한다.

(4) 학술지명 다음에 쉼표(,)를 찍고, 권수와 호수를 밝힌다.

(5) 권 · 호수 다음에 쉼표나 마침표 없이 ( )를 하고 그 속에 발행일자를 기재한다.

(6) 발행일자 다음에 쌍점(:)을 하고, 아라비아 숫자로 참조한 면을 표시한 다음에 마침표(.)를 찍는다. 즉, '(발행일자): 참조면 표시.' 의 형태를 취한다. 이것은 단행본의 경우에 쉼표(,)를 찍고 참조면을 표시하는 방식과 다르다.

1) 이순우 · 이종승, "학습기술과 학업성취와의 관계," 교육과정평가연구, 제6권 제1호 (2003. 6): 1-24.

2) Howard Wainer and Daniel H. Robinson, "Shaping Up the Practice of Null Hypothesis Significance Testing," *Educational Researcher*, vol. 32, no. 7 (October 2003): 23.

5) 미발행 자료

학위논문이나 학술회의 발표논문과 같은 출판하지 않은 미발행 자료에 관한 참조 각주 표기양식은 다음과 같다.

(1) 학위논문

석사 및 박사 학위논문은 단행본의 기재양식과 동일하게 저자명, 논문제목, 학위명, 학위수여기관, 학위수여연도, 참조한 쪽수 등을 순서대로 기재한다. 단, 국내 논문제목은 진하게 표시하지 않되, 서양 논문제목은 이탤릭체로 표기한다. 서양 학위논문의 경우 해당 논문이 Dissertation Abstracts International (DAI), University Microfilms International (UMI), Educational Resources Information Center (ERIC) 등에 수록되어 있다면 그 논문을 찾아볼 수 있는 권 · 호수나 확인번호를 함께 제시한다.

(2) 학술회의 발표논문

저자명 다음에 논문제목을 " " 속에 기재하고, 학술회의명을 적는다. 개최장소와 개최일은 ( ) 속에 표기하고, 인용한 쪽수를 밝힌다. 영문 자료의 경우 학위논문과 마찬가지로 ERIC 데이터베이스의 자료번호가 있으면 마지막 부분에 기재한다.

1) 김형태, 청소년기 자아정체감의 발달 및 측정에 관한 연구, 박사학위논문, (충남대학교, 1989), 67.
2) Kathleen A. Yarbrough, *The Relationship of School Design to Academic Achievement of Elementary School Children,* Unpublished doctoral dissertation, (University of Georgia., 2001). (ERIC No.: ED475272)
3) Blaine C. Ackley, David J. Colter, Benjamin Marsh, and Renee Sisco, "Student Achievement in Democratic Classrooms," Paper presented at the annual Meeting of the American Educational Research Association (Chicago, IL, April 21-25, 2003). (ERIC No.: ED475711).

3. APA 양식의 주 표기법

이른바 APA 양식에서는 주를 거의 사용하지 않는다. 주 사용을 권장하지 않는 까닭은 본문 내에서 내용각주의 사용은 본문의 내용을 보충하거나 확장시킬 수 있는 중요한 것으로 국한시켜야 하는데, 별로 중요하지도 않은 내용을 각주로 달면 글을 읽는데 공연히 주의 산만하게 만들뿐이고, 반면에 그 내용이 중요한 것이라면 당연히 각주에서 다룰 것이 아니라 본문에서 취급하는 것이 타당하다는 입장이기 때문이다.

참조 각주를 사용하지 않는 대신에 본문 내에서 인용한 자료의 출처를 확인하는데 필수적으로 요구되는 사항 즉, 저자와 연도를 밝히는 방식을 채택하고 있다. 다시 말하여, 논문에서 인용한 문헌의 저자와 연도, 그리고 필요한 경우 쪽수만을 본문에 간단히 밝히고 기타 저서명이나 출판사항 등 자세한 내용은 논문 말미의 참고문헌목록에 저자명의 가나다 순 또는 알파벳 순서로 제시하는 방식이다.

APA 양식에서는 본문 내용과 관련된 주는 사용하지 않으나, 본문에 제시된 표와 그림의 경우 그 밑에 필요한 각주를 표기한다. 가령, 통계분석 결과를 제시하는 표일 경우 아래와 같은 주를 표 하단에 표기할 수 있다.

> 주: 위의 표에서 통계적으로 유의하지 않은 상관계수는 모두 생략하였음.
> *p<.05, **p<.01

제4절 참고문헌

참고문헌목록은 연구를 수행하는 전체 과정에서 참고한 문헌과 자료를 일정한 형식에 맞추어 정리한 목록으로서 연구논문 말미에 제시한다. 참고문헌을 목록으로 만들어 제시하는 목적은 연구에서 인용한 자료의 출처를 밝힘으로써 관심있는 독자가 각각의 자료를 확인하고 검색하는데 필요한 정보를 제공하는 동시에 연구의 타당성을 입증하기 위함이다. 참고문헌목록은 경우에 따라서는 연구논문의 성격과 질적 수준을 판단하는 자료로 활용될 수도 있다. 참고문헌목록을 작성할 때 본문에서 인용하였거나 언급된 문헌은 빠짐없이 제시해야 한다. 그러나 실제로 참고하지도 않은 문헌을 단지 과시용으로 제시해서는 안 된다.

참고문헌목록은 직접 인용한 것은 물론 연구를 수행하는데 참고한 여러 가지 문헌과 자료를 알기 쉽게 전체적으로 제시한 문헌 일람표이다. 각주가 자료의 출처를 밝히는데 주목적이 있다면, 참고문헌목록은 자료에 관한 전반적인 정보를 제공하기 위한 것이다. 주의 표기방법과 마찬가지로, 참고문헌을 작성하는 방식도 학문분야, 단체 및 기관, 출판사 등에 따라 서로 다르다. 사회과학 분야에서 많이 사용되는 방식은 미국심리학회 양식과 시카고대학교 출판부양식(투라비안 양식 포함)이다. 아래에서는 APA 양식에 기초한 참고문헌 표기방식에 관하여 기술한다.

1. 참고문헌 작성의 일반원칙

① 참고문헌은 크게 저자명, 도서명, 출판사항의 세 부분으로 나누어지는데 이들 각 부분을 마침표(.)로 구분한다. 각 부분의 배열 순서는 APA 양식과 투라비안 양식이 서로 다르다. 일반적으로 우리나라 교육학 및 심리학 분야에서는 참고문헌목록을 작성하는데 있어서 주로 APA 양식을 따르고 있기 때문에 본서에서는 이를 토대로 참고문헌 작성법을 기술한다.

② 참고문헌은 동양서와 서양서로 구분하여 제시하되 한국, 중국, 일본, 서양 문헌 순으로 배열한다.

③ 저자명을 기준으로 하여 국내문헌은 가나다 순서로, 서양문헌은 알파벳 순서로 배열한다. 저자가 여러 명일 경우에는 첫째 저자, 둘째 저자 등의 순으로 이 기준을 적용하여 배열한다.

④ 동일한 저자의 책이 2권 이상일 경우 발행연도 순으로 배열한다.

⑤ 동일한 저자의 단독 저서는 공저한 다른 저서보다 앞에 싣는다.

⑥ 동일한 사람이 여러 권의 책을 쓰는데 있어서 그 역할을 다르게 한 경우, 직접 저술한 문헌을 먼저 기재하고, 그 다음에 번역서와 편저를 발행연도 순으로 적는다.

⑦ 참고문헌이 두 줄 이상으로 계속 이어질 때는 첫째 줄 첫 글자를 기준으로 하여 둘째 줄부터는 5칸 정도 들여쓰기를 한다.

2. 참고문헌의 표기

1) 단행본

단일 저서나 총서 중의 어느 한 책과 같이 단행본(books)으로 되어 있는 도서에 관한 참고문헌목록을 작성할 때는 아래와 같은 내용을 여기에 제시한 순서대로 포함시켜야 한다.

① 저자명
② 발행연도
③ 도서명
④ 편자나 역자의 성명 (해당되는 경우)
⑤ 판차 (초판이 아닌 경우)
⑥ 출판지명
⑦ 출판사명
⑧ 참조면 (해당되는 경우)

(1) 저자명

① 참고문헌은 저자의 성명 기재에서부터 시작한다. 저자명 다음에는 마침표(.)를 찍지 않는다.

② 서양인명을 표기할 때 성(last name)을 먼저 쓰고 쉼표(,)를 찍은 다음 이름(first name)을 쓰되 첫 글자(initial)만 대문자로 쓰고 마침표를 찍는다. 본문에서 주를 달 때는 '이름 · 성' 의 순서로 기재한다.

③ 저자가 2명 이상일 경우 저자명 사이에 가운뎃점(·) 또는 쉼표(,)를 찍어 구별한다. 가운뎃점과 쉼표 중 어느 것을 선택해도 무방하지만, 유의해야 할 점은 동일 논문에서는 표기방식에 일관성을 유지해야 한다는 것이다. 양서의 경우는 저자명 사이에 쉼표를 찍고, 마지막 저자명 앞에 '&' 또는 'and' 를 기재한다.

④ 책 표지에 6명 이상의 저자명이 열거되어 있을 경우, 6명까지는 모두 저자명을 기재하고, 그 이상의 저자명은 생략하고 '외' 또는 '등' 이라고 쓴다. 영문의 경우는 'et al.' 이라고 적는다.

⑤ 단체나 기관에서 발행한 책은 저자명 자리에 단체나 기관명을 기재한다.

(2) 발행연도

① 발행연도는 저자명 다음에 기재하는 방식과 맨 뒤에 쓰는 방식이 있는데, APA 양식에서는 저자명 다음 ( ) 속에 기재하는 방식을 취한다. 발행연도 다음에는 마침표(.)를 찍는다.

② 동일 저자의 상이한 저서가 한 해에 2개 이상일 경우, 책 제목의 가나다 또는 알파벳 순서로 배열시킨다. 발행연도 다음에 a, b, c … 를 부기하여 구별하되, 본문에서의 인용문과 일치되도록 한다.

③ 현재 인쇄 중이거나 출판예정인 저서는 발행연도 대신에 '인쇄중', '출판예정' 이라고 표기한다. 영문의 경우는 'in press' 라고 한다.

④ 발행연도를 알 수 없는 도서일 경우에는 '발행연도 불명' 이라고 기재한다. 영문은 'n.d.' 라고 표기한다.

(3) 도서명

① 국내 도서명은 『 』혹은《 》로 묶어 표기하는 것이 관례였으나, 최근에는 한글 워드프로세서의 이용이 보편화되면서 묶는 대신에 책명을 진한 글씨로 표기하는 방식을 선호하고 있다. 본서에서도 도서명을 진하게 쓰는 방식을 택하였다. 도서명 다음에 마침표(.)를 찍는다.

② 책명에 부제가 있을 경우 쌍점(:)을 찍고 부제를 기재한다. 겉표지와 내지의 책명이 다를 경우에는 반드시 겉표지의 책명을 따른다. 그리고 책명 중에 포함된 따옴표, 물음표, 느낌표 등 문장부호는 있는 그대로 기재한다.

③ 양서의 책명은 이탤릭체로 표기한다. 양서의 책명과 부제는 첫 번째 단어만 대문자로 시작하고 나머지는 모두 소문자로 표기한다. 그러나 논문집과 같은 정기간행물의 도서제목은 표제에 있는 대로 각 단어의 첫 글자를 대문자로 쓴다.

④ 참고문헌이 총서 중 하나인 경우에는 책명 다음에 마침표(.) 찍고 총서명을 기재한다. 그러나 총서명을 밝히는 것이 해당 참고문헌의 확인 및 검색에 별로 도움이 되지 않는다고 판단되면 생략할 수도 있다.

(4) 편자 및 역자

① 편집한 책은 저자명의 위치에 편집자명을 쓴 다음 ( ) 속에 '편' 이라고 적고 마침표(.)를 찍는다. 양서의 경우에는 편집자명을 쓴 다음 ( ) 속에 'Ed.', 복수인 때는 'Eds.' 라고 쓰고 마침표를 찍는다.

② 원래 책명이 표시되어 있는 번역서의 경우 원저자명, 발행연도, 원저명을 먼저 쓰고 마침표(.)를 찍는다. 그 뒤에 번역자명을 쓴 다음 ( ) 속에 '역' 이라고 적고 마침표를 찍고, 이어서 번역서의 발행연도를 ( ) 속에 기재하고 마침표를 찍는다. 그리고 번역서명과 번역서의 출판지명, 출판사명을 기재하고 마침표를 찍는다. 양서의 경우에는 원저자명과 도서명을 먼저 기재한 다음 ( ) 속에 번역자명을 쓰고 쉼표(,)를 찍은 다음 'Trans.' 라고 적고 출판사항을 기재한다.

③ 원래 책명이 표시되지 않은 번역서의 경우에는 먼저 원저자명과 발행연도를 표기하고 마침표를 찍은 다음 번역자명을 쓰고 ( ) 속에 '역' 이라고 적고 마침표를 찍는다. 그리고 번역서명, 출판지명, 출판사명을 기재하고 마침표를 찍는다. 즉, 원저자의 성명을 먼저 쓰나 그 밖의 출판사항에 관한 정보는 번역서의 것을 적는다.

④ 원래의 저자명과 도서명이 분명하지 않거나, 원저보다는 번역서 그 자체에 중점을 두고 참고문헌을 표기하고자 할 경우에는 원저에 관한 언급 없이 저자명 쓰는 위치에 번역자명을 쓴 다음 ( ) 속에 '역' 이라고 표기하고, 그 이하는 다른 단행본 표기하는 것과 같게 한다.

(5) 판차

① 판차(版次)가 있는 책의 경우 책명 다음에 마침표(.)를 하고, '개정판', '제2판' 등의 판차를 표시하고 마침표를 찍는다. 양서의 경우는 책명 다음에 마침표 없이 ( ) 속에 'Rev. ed.' 혹은 '2nd ed.', '4th ed.' 등으로 판차를 표기하고 마침표를 찍는다.

② 판차는 책 내용의 수정 · 보완 등 변동으로 인하여 이전 본과 달라진 경우에 한하여 표시하고, 단순히 인쇄를 다시 한 것은 판차로 간주하지 않는다.

(6) 출판사항

① 출판사항에는 발행지명과 출판사명을 기재하는데, 발행지명 다음에 쌍점(:)을 찍고, 출판사명 다음에는 마침표(.)를 찍는다.

② 발행지명을 확인할 수 없는 경우에는 (   ) 속에 '발행지 불명' 이라 기재하고, 영어로는 'n.p.' 라고 쓴다.

③ 출판사명을 알 수 없는 경우에는 (   ) 속에 '출판사 불명' 이라 기재하고, 영어로는 'n.p.' 라고 쓴다.

정범모(1997). 인간의 자아실현. 서울: 나남출판.

이홍우(1987). 교육의 목적과 난점. 제5판. 서울: 교육과학사.

이종승 · 허 숙(편). (2003). 시험, 왜 보나? 서울: 교육과학사.

Sternberg, R. J. (1997). *Thinking styles*. 이종승 · 김인선 (역). (2004). 사고양식. 서울: 교육과학사.

Creswell, J. W. (2008). *Educational reseach: Planning, conducting, and evaluating quantitative and qualitative research* (3rd ed.). Upper Saddle River, New Jersey: Pearson Education.

Gibbs, J. T., & Huang, L. N. (Eds.). (1991). *Children of color: Psychological interventions with minority youth*. San Francisco: Jossey-Bass.

2) 정기간행물

정기간행물에 관한 참고문헌목록에는 다음과 같은 요소를 여기에 제시한 순서대로 포함시켜야 한다.

① 저자명

② 발행연도

③ 논문제목

④ 학술지(잡지)명

⑤ 권 · 호수

⑥ 쪽수

(1) 저자명과 발행연도의 기재 방식은 단행본의 저자명 및 발행연도 기재하는 방식과 동일하다.

(2) 논문제목은 보통의 글자체로 아무런 부호를 곁들이지 않고 쓴 다음 마침표(.)를 찍는다. 영문의 경우 논문제목의 첫 단어 첫 글자만 대문자로 하고 나머지는 모두 소문자로 하되, 부제가 있는 경우에 부제의 첫 단어 첫 글자는 대문자로 쓴다.

(3) 학술지(잡지)명은 진한 글씨로 하여 드러나 보이게 한다. 영문의 경우 이탤릭체로 쓰고 각 단어의 첫 글자는 대문자로 쓴다.

(4) 국내 및 외국 학술지의 권수와 호수 표시 방식은 다음 중 하나를 따른다. 학술지명과 권 · 호수 다음에는 각각 쉼표(,)를 찍는다.

교육학연구, 제42권 제1호,
교육학연구, 42(1),
Educational Researcher, vol. 32, no. 7,
Educational Researcher, 32 (7),

(5) 학술지에 논문이 게재된 쪽수(페이지)를 참고문헌 기록사항 맨 마지막에 기재하고 마침표(.)를 찍는다. 쪽수 표시할 때 과거에는 'p. 15' 혹은 'pp. 15-25' 와 같이 하였으나, 근래에는 간략히 하는 추세여서 대개는 이러한 부호 없이 단순히 쪽수만 표기한다.

(6) 서로 다른 곳에서 동일한 명칭의 간행물을 발간하고 있거나, 잘 알려지지 않은 정기간행물의 경우 독자의 편의를 위하여 참고문헌 기록사항 맨 마지막에 발행기관을 밝힌다.

이종승 · 김성훈 · 김재철 · 송현정 · 박문환 · 장경숙(2003). 대학수학능력시험 문항난이도 추정모형 개발. **교육평가연구**, 제16권 제2호, 1-23.

Banks, J. A. (2008). Diversity, group identity, and citizenship education in a global age. *Educational Researcher, 37* (3), 129-139.

Thompson, B. (2002). "Statistical," "practical," and "clinical": How many kinds of significance do counselors need to consider? *Journal of Counseling and Development, 80,* 64-71.

3) 미발행 자료

(1) 학위논문

저자명, 학위수여연도, 논문제목, 학위명, 학위수여기관을 차례로 기재한다. 저자명, 논문제목 등의 표기양식은 단행본의 그것과 동일하다. 단, 국내 논문제목은 진하게 표시하지 않되, 영문 논문제목은 이탤릭체로 표기한다. 그리고 영문 학위논문의 경우 DAI, UMI, ERIC 등에 수록되어 있다면 해당 논문을 찾아볼 수 있는 권 · 호수나 확인번호를 마지막 ( ) 속에 제시한다.

> 박수정(2008). 조선시대 지방교육행정 연구. 박사학위논문. 서울대학교.
>
> Ross, D. F. (1990). Unconscious transference and mistaken identity: When a witness misidentifies a familiar but innocent person from a lineup (Doctoral dissertation, Cornell University). *Dissertation Abstracts International, 51*, 417.

(2) 학술대회 발표논문

저자명, 발표연월, 논문제목, 학술회의명, 학술회의 개최장소 순서로 적는다. 발표연월은 ( ) 속에, 논문제목은 " " 속에 각각 기재한다. 논문제목 다음에 마침표(.)를 찍는다.

> 이종승(2003. 5). "대학입시정책의 방향과 과제." 한국교육학회 창립 50주년기념 학술대회. 서울: 건국대학교.
>
> Glanz, J. (March 2008). *John Dewey's critique of scientific dogmatism in education with implications for current supervisory practice within a standards-based environment*. Paper presented at the Annual Meeting of the American Educational Research Association, New York, New York. (ED500776).

(3) 인터넷 웹 문서 자료

특수형태의 자료로서 최근 가장 많이 활용되고 있는 것이 인터넷 웹 자료이다. 인터넷을 이용한 전자문헌의 경우 자료 내용이 수시로 새롭게 갱신되므로 유일한 발행일이 존재할 수 없다. 따라서 이러한 경우에는 접속한 일자를 출판일로 기재해야 한다. 전자문헌은 인터넷상의 웹 주소 뿐만 아니라, 가능하다면 해당 자료의 저자명과 제목도 함께 제시하여 다른 검색엔진을 통해서도 정보를 얻거나 확인할 수 있도록 하는 것이 좋다. 저자명(있을 경우), 제목, 접속일자, 전자주소를 기재한다.

> 학교에 따라 학생 성적 달라진다. (2008. 10. 23. 07:03:06).
> http://www.hangyo.com/APP/news/article.asp?idx=26675&search.

연습문제

1. 논문의 문장을 기술할 때 과거형과 현재형으로 진술해야 할 내용을 각각 말해 보시오.

2. 논문에서 인칭은 일반적으로 3인칭을 사용하고 존칭은 쓰지 않는다고 하는데, 그 이유는 무엇 때문인가?

3. 연구논문에서 인용은 왜 하는가? 만약 인용을 제대로 하지 않는다면 어떤 문제가 발생할 것인가에 대하여 토의하시오.

4. 직접 인용과 간접 인용은 어떻게 다른가? 각각 구체적 예를 들어 설명하시오.

5. 참조주와 내용주는 어떻게 다른가?

6. 투라비안 양식에 따라서 단행본과 정기간행물 속의 논문에 관한 각주를 표기하여 보시오.

7. 미국심리학회(APA) 양식에 따라서 다음과 같은 참고문헌목록을 작성하여 보시오.
   ① 단행본
   ② 정기간행물
   ③ 인터넷 웹자료

부 록

부록 1　표준정상분포표

부록 2　t분포표

부록 3　X^2분포표

부록 4　피어슨 적률상관계수 $H_o: \rho_{xy}=0$ 기각 최소 r_{xy}값

부록 5　난수표

부록 1 표준정상분포표

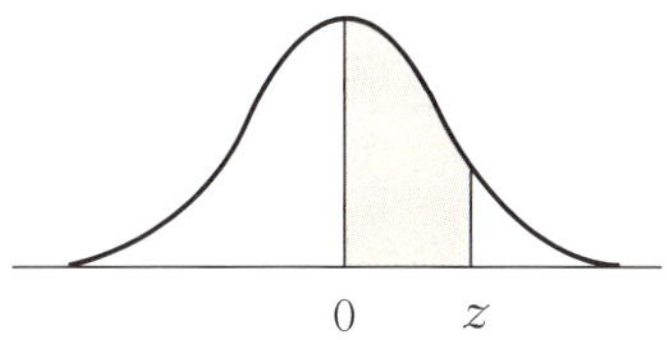

Z	.00	.01	.02	.03	.04	.05	.06	.07	.08	.09
0.0	.0000	.0040	.0080	.0120	.0160	.0199	.0239	.0279	.0319	.0359
0.1	.0398	.0438	.0478	.0517	.0557	.0596	.0636	.0675	.0714	.0753
0.2	.0793	.0832	.0871	.0910	.0948	.0987	.1026	.1064	.1103	.1141
0.3	.1179	.1217	.1255	.1293	.1331	.1368	.1406	.1443	.1480	.1517
0.4	.1554	.1591	.1628	.1664	.1700	.1736	.1772	.1808	.1844	.1879
0.5	.1915	.1950	.1985	.2019	.2054	.2088	.2123	.2157	.2190	.2224
0.6	.2257	.2291	.2324	.2357	.2389	.2422	.2454	.2486	.2517	.2549
0.7	.2580	.2611	.2642	.2673	.2703	.2734	.2764	.2794	.2823	.2852
0.8	.2881	.2910	.2939	.2967	.2995	.3023	.3051	.3078	.3106	.3133
0.9	.3159	.3186	.3212	.3238	.3264	.3289	.3315	.3340	.3365	.3389
1.0	.3413	.3438	.3461	.3485	.3508	.3531	.3554	.3577	.3599	.3621
1.1	.3643	.3665	.3686	.3708	.3729	.3749	.3770	.3790	.3810	.3830
1.2	.3849	.3869	.3888	.3907	.3925	.3944	.3962	.3980	.3997	.4015
1.3	.4032	.4049	.4066	.4082	.4099	.4115	.4131	.4147	.4162	.4177
1.4	.4192	.4207	.4222	.4236	.4251	.4265	.4279	.4292	.4306	.4319
1.5	.4332	.4345	.4357	.4370	.4382	.4394	.4406	.4418	.4429	.4441
1.6	.4452	.4463	.4474	.4484	.4495	.4505	.4515	.4525	.4535	.4545
1.7	.4554	.4564	.4573	.4582	.4591	.4599	.4608	.4616	.4625	.4633
1.8	.4641	.4649	.4656	.4664	.4671	.4678	.4686	.4693	.4699	.4706
1.9	.4713	.4719	.4726	.4732	.4738	.4744	.4750	.4756	.4761	.4767
2.0	.4772	.4778	.4783	.4788	.4793	.4798	.4803	.4808	.4812	.4817
2.1	.4821	.4826	.4830	.4834	.4838	.4842	.4846	.4850	.4854	.4857
2.2	.4861	.4864	.4868	.4871	.4875	.4878	.4881	.4884	.4887	.4890
2.3	.4893	.4896	.4898	.4901	.4904	.4906	.4909	.4911	.4913	.4916
2.4	.4918	.4920	.4922	.4925	.4927	.4929	.4931	.4932	.4934	.4936
2.5	.4938	.4940	.4941	.4943	.4945	.4946	.4948	.4949	.4951	.4952
2.6	.4953	.4955	.4956	.4957	.4959	.4960	.4961	.4962	.4963	.4964
2.7	.4965	.4966	.4967	.4968	.4969	.4970	.4971	.4972	.4973	.4974
2.8	.4974	.4975	.4976	.4977	.4977	.4978	.4979	.4979	.4980	.4981
2.9	.4981	.4982	.4982	.4983	.4984	.4984	.4985	.4985	.4986	.4986
3.0	.4987	.4987	.4987	.4988	.4988	.4989	.4989	.4989	.4990	.4990

부록 2 *t* 분포표

	일방검증 유의수준					
	.10	.05	.025	.01	.005	.0005
	양방검증 유의수준					
df	.20	.10	.05	.02	.01	.001
1	3.078	6.314	12.706	31.821	63.657	636.619
2	1.886	2.920	4.303	6.965	9.925	31.598
3	1.638	2.353	3.182	4.541	5.841	12.941
4	1.533	2.132	2.776	3.747	4.604	8.610
5	1.476	2.015	2.571	3.365	4.032	6.859
6	1.440	1.943	2.447	3.143	3.707	5.959
7	1.415	1.895	2.365	2.998	3.499	5.405
8	1.397	1.860	2.306	2.896	3.355	5.041
9	1.383	1.833	2.262	2.821	3.250	4.781
10	1.372	1.812	2.228	2.764	3.169	4.587
11	1.363	1.796	2.201	2.718	3.106	4.437
12	1.356	1.782	2.179	2.681	3.055	4.318
13	1.350	1.771	2.160	2.650	3.012	4.221
14	1.345	1.761	2.145	2.624	2.977	4.140
15	1.341	1.753	2.131	2.602	2.947	4.073
16	1.337	1.746	2.120	2.583	2.921	4.015
17	1.333	1.740	2.110	2.567	2.898	3.965
18	1.330	1.734	2.101	2.552	2.878	3.922
19	1.328	1.729	2.093	2.539	2.861	3.883
20	1.325	1.725	2.086	2.528	2.845	3.850
21	1.323	1.721	2.080	2.518	2.831	3.819
22	1.321	1.717	2.074	2.508	2.819	3.792
23	1.319	1.714	2.069	2.500	2.807	3.767
24	1.318	1.711	2.064	2.492	2.797	3.745
25	1.316	1.708	2.060	2.485	2.787	3.725
26	1.315	1.706	2.056	2.479	2.779	3.707
27	1.314	1.703	2.052	2.473	2.771	3.690
28	1.313	1.701	2.048	2.467	2.763	3.674
29	1.311	1.699	2.045	2.462	2.756	3.659
30	1.310	1.697	2.042	2.457	2.750	3.646
40	1.303	1.684	2.021	2.423	2.704	3.551
60	1.296	1.671	2.000	2.390	2.660	3.460
120	1.289	1.658	1.980	2.358	2.617	3.373
∞	1.282	1.645	1.960	2.326	2.576	3.291

부록 3 X^2 분포표

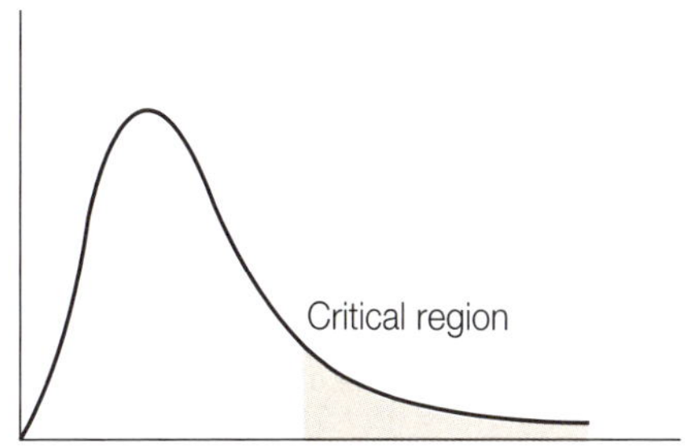

df	.10	.05	.025	.01	.005
1	2.71	3.84	5.02	6.63	7.88
2	4.61	5.99	7.38	9.21	10.60
3	6.25	7.81	9.35	11.34	12.84
4	7.78	9.49	11.14	13.28	14.86
5	9.24	11.07	12.83	15.09	16.75
6	10.64	12.59	14.45	16.81	18.55
7	12.02	14.07	16.01	18.48	20.28
8	13.36	15.51	17.53	20.09	21.96
9	14.68	16.92	19.02	21.67	23.59
10	15.99	18.31	20.48	23.21	25.19
11	17.28	19.68	21.92	24.72	26.76
12	18.55	21.03	23.34	26.22	28.30
13	19.81	22.36	24.74	27.69	29.82
14	21.06	23.68	26.12	29.14	31.32
15	22.31	25.00	27.49	30.58	32.80
16	23.54	26.30	28.85	32.00	34.27
17	24.77	27.59	30.19	33.41	35.72
18	25.99	28.87	31.53	34.81	37.16
19	27.20	30.14	32.85	36.19	38.58
20	28.41	31.41	34.17	37.57	40.00
21	29.62	32.67	35.48	38.93	41.40
22	30.81	33.92	36.78	40.29	42.80
23	32.01	35.17	38.08	41.64	44.18
24	33.20	36.42	39.36	42.98	45.56
25	34.38	37.65	40.65	44.31	46.93
26	35.56	38.89	41.92	45.64	48.29
27	36.74	40.11	43.19	46.96	49.64
28	37.92	41.34	44.46	48.28	50.99
29	39.09	42.56	45.72	49.59	52.34
30	40.26	43.77	46.98	50.89	53.67
40	51.81	55.76	59.34	63.69	66.77
50	63.17	67.50	71.42	76.15	79.49
60	74.40	79.08	83.30	88.38	91.95
70	85.53	90.53	95.02	100.42	104.22
80	96.58	101.88	106.63	112.33	116.32
90	107.56	113.14	118.14	124.12	128.30
100	118.50	124.34	129.56	135.81	140.17

부록 4 피어슨 적률상관계수 $H_o: \rho_{xy} = 0$ 기각 최소 r_{xy} 값

	일방검증 유의수준				
	.05	.025	.01	.005	.0005
	양방검증 유의수준				
$df = N-2$	.10	.05	.02	.01	.001
1	.9877	.9969	.9995	.9999	1.0000
2	.9000	.9500	.9800	.9900	.9990
3	.8054	.8783	.9343	.9587	.9912
4	.7293	.8114	.8822	.9172	.9741
5	.6694	.7545	.8329	.8745	.9507
6	.6215	.7067	.7887	.8343	.9249
7	.5822	.6664	.7498	.7977	.8982
8	.5494	.6319	.7155	.7646	.8721
9	.5214	.6021	.6851	.7348	.8471
10	.4973	.5760	.6581	.7079	.8233
11	.4762	.5529	.6339	.6835	.8010
12	.4575	.5324	.6120	.6614	.7800
13	.4409	.5139	.5923	.6411	.7603
14	.4259	.4973	.5742	.6226	.7420
15	.4124	.4821	.5577	.6055	.7246
16	.4000	.4683	.5425	.5897	.7084
17	.3887	.4555	.5285	.5751	.6932
18	.3783	.4438	.5155	.5614	.6787
19	.3687	.4329	.5034	.5487	.6652
20	.3598	.4227	.4921	.5368	.6524
25	.3233	.3809	.4451	.4869	.5974
30	.2960	.3494	.4093	.4487	.5541
35	.2746	.3246	.3810	.4182	.5189
40	.2573	.3044	.3578	.3932	.4896
45	.2428	.2875	.3384	.3721	.4648
50	.2306	.2732	.3218	.3541	.4433
60	.2108	.2500	.2948	.3248	.4078
70	.1954	.2319	.2737	.3017	.3799
80	.1829	.2172	.2565	.2830	.3568
90	.1726	.2050	.2422	.2673	.3375
100	.1638	.1946	.2301	.2540	.3211

부록 5 난수표

(a)	(b)	(c)	(d)	(e)	(f)	(g)	(h)	(i)
83579	52978	49372	01577	62244	99947	76797	83365	01172
51262	63969	56664	09946	78523	11984	54415	37641	07889
05033	82862	53894	93440	24273	51621	04425	69084	54671
02490	75667	67349	68029	00816	38027	91829	22524	68403
51921	92986	09541	58867	09215	97495	04766	06763	86341
31822	36187	57320	31877	91945	05078	76579	36364	59326
40052	03394	79705	51593	29666	35193	85349	32757	04243
35787	11263	95893	90361	89136	44024	92018	48831	82072
10454	43051	22114	54648	40380	72727	06963	14497	11506
09985	08854	74599	79240	80442	59447	83938	23467	40413
57228	04256	76666	95735	40823	82351	95202	87848	85275
04688	70407	89116	52789	47972	89447	15473	04439	18255
30583	58010	55623	94680	16836	63488	36535	67533	12972
73148	81884	16675	01089	81893	24114	30561	02549	64618
72280	99756	57467	20870	16403	43892	10905	57466	39194
78687	43717	38608	31741	07852	69138	58506	73982	30791
86888	98939	58315	39570	73566	24282	48561	60536	35885
29997	40384	81495	70526	28454	43466	81123	06094	30429
21117	13086	01433	86098	13543	33601	09775	13204	70934
50925	78963	28625	89395	81208	90784	73141	67076	58986
63196	86512	67980	97084	36547	99414	39246	68880	79787
54769	30950	75436	59398	77292	17629	21087	08223	97794
69625	49952	65892	02302	50086	48199	21762	84309	53808
94464	86584	34365	83368	87733	93495	50205	94569	29484
52308	20863	05546	81939	96643	07580	28322	22357	59502

참고문헌

강신택 (1981). 사회과학연구의 논리. 서울: 박영사.

김경동 · 이온죽 (1986). 사회조사연구방법: 사회연구의 논리와 기법. 서울: 박영사.

김광웅 (1976). 사회과학연구방법론. 서울: 박영사.

김아영 (2000). 관찰연구법. 서울: 교육과학사.

김현철 (2000). 표본의 추출과 분석. 서울: 교육과학사.

박도순 (2001). 교육연구방법론 (개정판). 서울: 문음사.

서근원 (2008). 질적연구 수행의 의미. 교육학연구, 제46권 제3호, 133-161.

성태제 (2009). 교육평가의 기초. 서울: 학지사.

성태제 · 시기자 (2006). 연구방법론. 서울: 학지사.

이용필 (1999). 사회과학연구와 새로운 패러다임. 서울: 서울대학교 출판부.

이종성 (2001). 델파이 방법. 서울: 교육과학사.

이종승 (1984). 교육연구법. 서울: 배영사.

이종승 (1988). 평가연구에 있어서 양적접근과 질적접근의 조화. 한국행동과학연구소 (편). 인간행동의 새 지평. 한국행동과학연구소 창립20주년 기념논총. 서울: 교육과학사, 101-113.

이종승 (2004). 연구논문 작성법. 서울: 교육과학사.

이종승 (2005). 표준화 심리검사. 서울: 교육과학사.

임인재 · 김신영 · 박현정 (2003). 교육 · 심리 · 사회 연구를 위한 통계방법. 서울: 학연사.

임인재 · 김신영 · 박현정 (2004). 심리측정의 원리. 서울: 학연사.

정범모 (1968). 교육과 교육학. 서울: 배영사.

조용환 (1999). 질적연구: 방법과 사례. 서울: 교육과학사.

채서일 (1996). 사회과학조사방법론 (2판). 서울: 학현사.

최 협 (1983). 계량적 접근과 질적 접근. 김동일 외. 사회과학방법론 비판. 서울: 청람문화사, 69-85.

한국사회과학연구소 (편) (1977). 현대 사회과학방법론. 서울: 민음사.

한국사회과학연구협의회 (편) (1983). 사회과학방법론. 서울: 박영사.

한국심리학회 (편) (1988). 실험심리 연구법 총론. 서울: 성원사.

American Educational Research Association, American Psychological Association, & National Council on Measurement in Education (1999). *Standards for educational and psychological testing* (2nd ed.). Washington, DC: Author.

American Psychological Association (1984). *Ethical principles in the conduct of research with human participants.* Washington, DC: Author.

American Psychological Association (2001). *Publication manual of the American Psychological Association* (5th ed.). Washington, DC: Author.

American Psychological Association (2003). *Ethical principles of psychologists and code of conduct.* Washington, DC: Author.

Anastasi, A., & Urbina, S. (1997). *Psychological testing* (7th ed.). Upper Saddle River, New Jersey: Prentice-Hall.

Babbie, E. (2003). *The practice of social research* (9th ed.). Belmont, CA: Wadsworth.

Berg, B. L. (2004). *Qualitative research methods for the social sciences* (5th ed.). Boston: Pearson Education.

Best, J. W., & Kahn, J. V. (1993). *Research in education* (7th ed.). Englewood Cliffs, NJ: Prentice-Hall.

Brennan, R. L. (Ed.). (2006). *Educational measurement* (4th ed.). Westport, CT: American Council on Education and Praeger Publishers.

Bridgman, P. W. (1927). *The logic of modern physics.* New York: Macmillan.

Broad, W., & Wade, N. (1983). *Betrayers of the truth.* New York: Simon & Schuster.

Brodbeck, M. (1963). Logic and scientific method in research on teaching. In N. Gage (Ed.). *Handbook of research on teaching.* Chicago: Rand McNally.

Campbell, D. T., & Fiske, D. W. (1959). Convergent and discriminant validation by the multitrait-multimethod matrix. *Psychological Bulletin, 56*, 81-105.

Campbell, D. T., & Stanley, J. C. (1963). *Experimental and quasi-experimental designs for research.* Chicago: Rand McNally.

Christensen, L. B. (2007). *Experimental methodology* (10th ed.). New York: Pearson Education.

Cohen, J. (1988). *Statistical power analysis for the behavioral sciences* (2nd ed.). Hillsdale, New Jersey: Lawrence Erlbaum.

Cook, T. D., & Campbell, D. T. (1979). *Quasi-experimentation: Designs & analysis issues for field settings.* Chicago: Rand McNally.

Creswell, J. W. (2008). *Educational research: Planning, conducting, and evaluating quantitative and qualitative research* (3rd ed.). Upper Saddle River, New Jersey: Pearson Education.

Cronbach, L. J. (1990). *Essentials of psychological testing* (5th ed.). New York: Harper & Row.

Denzin, N. K., & Lincoln, Y. S. (Eds.). (2000). *Handbook of qualitative research* (2nd. ed.), Thousand Oaks, CA: Sage Publications.

Dorfman, D. D. (1978). The Cyril Burt question: New findings. *Science, 201*, 1177-1186.

Feldt, L. S. (1993). *Design and analysis of experiments in the behavioral sciences* (3rd ed.). Iowa City, IA: University of Iowa.

Fraenkel, J. R., & Wallen, N. E. (2006). *How to design and evaluate research in education* (6th ed.). New York: McGraw-Hill.

Gall, M. D., Gall, J. P., & Borg, W. (2006). *Educational research* (8th ed.). New York: Longman.

Gavin, H. (2008). *Understanding research methods and statistics in psychology.* Newbury Park, CA: Sage Publications.

Gay, L. R., Mills, G. E., & Airasian, P. (2006). *Educational research: Competencies for analysis and applications* (8th ed.). Upper Saddle River, New Jersey: Pearson Education.

Gibaldi, J. (2003). *MLA handbook for writers of research papers* (6th ed.). New York: Modern Language Association of America.

Glass, G. V. (1976). Primary, secondary, and meta-analysis of research, *Educational Researcher, 5,* 3-8.

Glass, G. V. (1982). Meta-analysis: An approach to the synthesis of research results. *Journal of Research in Science Teaching, 19,* 93-112.

Goodwin, C. J. (2007). *Research in psychology: Methods and design* (5th ed.). New York: John Wiley.

Gravetter, F. J., & Forzano, L. B. (2008). *Research methods for the behavioral sciences* (3rd ed.). Belmont, CA: Wadsworth.

Gregory, R. J. (2000). *Psychological testing: History, principles, and applications* (3rd ed.). Boston: Allyn and Bacon.

Heise, D. R. (1975). *Causal analysis.* New York: John Wiley.

Kaplan, A. (1964). *The conduct of inquiry.* San Francisco: Chandler.

Kenny, D. A. (1979). *Correlation and causality.* New York: John Wiley.

Kerlinger, F. N. (1986). *Foundations of behavioral research* (3rd ed.). New York: Holt, Rinehart and Winston.

King, B. M., & Minium, E. W. (2007). *Statistical reasoning in the behavioral sciences* (5th ed.). New York: John Wiley.

Krathwohl, D. R. (2004). *Methods of educational and social science research: An integrated approach* (2nd ed.). New York: Longman.

Kuhn, T. S. (1970). *The structure of scientific revolutions* (2nd ed.). Chicago: University of Chicago Press.

Linn, R. L., & Gronlund, N. E. (1995). *Measurement and assessment in teaching* (7th ed.). Englewood Cliffs, NJ: Prentice-Hall.

Linstone, H. A., & Turoff, M. (Eds.). (2002). *The delphi method: Techniques and applications* (digital version). Newark, NJ: Information Systems Department, New Jersey Institute of Technology.

McBurney, D. H., & White, T. L. (2006). *Research methods* (7th ed.). Boston: Wadsworth Publishing.

McMillan, J. H., & Schumacher, S. (2006). *Research in education: evidence-based inquiry* (6th ed.). New York: Pearson Education.

Mill, J. S. (1874). *A system of logic.* New York: Harper.

Miller, M. D., Linn, R. L., & Gronlund, N. E. (2008). *Measurement and assessment in teaching* (10th ed.). Englewood Cliffs, New Jersey: Prentice-Hall.

Morse, J. M. (Ed.). (1994). *Critical issues in qualitative research methods.* Thousand Oaks, CA: Sage Publications.

Mueller, D. J. (1986). *Measuring social attitudes: A handbook for researchers and practitioners.* New York: Teachers College, Columbia University.

Neuman, W. L. (2005). *Social research methods: Qualitative and quantitative approaches* (6th ed.). Boston: Allyn and Bacon.

Osgood, C. E., Suci, G., & Tannenbaum, P. (1957). *The measurement of meaning.* Urbana, Ill.: University of Illinois Press.

Patton, M. Q. (1987). *How to use qualitative methods in education.* Newbury Park, CA: Sage Publications.

Patton, M. Q. (2002). *Qualitative research & evaluation methods* (3rd ed.). Thousand Oaks, CA: Sage Publications.

Popper, K. R. (1968). *The logic of scientific discovery.* London: Hutchinson.

Rosenthal, R. (1976). *Experimenter effects in behavioral research* (2nd ed.). New York: Irvington.

Rudner, R. S. (1966). *Philosophy of social science.* Englewood Cliffs, New Jersey: Prentice-Hall.

Shaughnessy, J. J., & Zechmeister, E. B. (2008). *Research methods in psychology* (8th ed.). New York: McGraw-Hill.

Solomon, R. (1949). An extension of control group design. *Psychological Bulletin,*

44, 137-150.

Strauss, A. L., & Corbin, J. (1990). *Basics of qualitative research*. Newbury Park, CA: Sage Publications.

Tashakkori, A., & Teddlie, C. (1998). *Mixed methodology: Combining qualitative and quantitative approaches*. 염시창 (역). (2001). 통합연구방법론: 질적 · 양적 접근방법의 통합. 서울: 학지사.

Tashakkori, A., & Teddlie, C. (Eds.). (2003). *Handbook of mixed methods in social and behavioral research*. Thousand Oaks, CA.: Sage Publications.

Thorndike, R. M. (2005). *Measurement and evaluation in psychology and education* (7th ed.). Upper Saddle River, New Jersey: Pearson Education.

Turabian, K. L. (1996). *A manual for writers of term papers, theses, and dissertations* (6th ed.). Chicago: University of Chicago Press.

University of Chicago Press Staff (Ed.). (2003). *The Chicago manual of style: The essential guide for writers, editors, and publishers* (15th ed.). Chicago: University of Chicago Press.

Webb, E. J., Campbell, D. T., Schwartz, R. D., & Sechrest, L. (1966). *Unobtrusive measures: Nonreactive research in the social sciences*. Chicago: Rand McNally.

Weber, R. P. (1990). *Basic content analysis* (2nd ed.). Newbury Park, CA: Sage Publications.

찾아보기

저·자·소·개

이 종 승 (李鍾昇)
jslee@cnu.ac.kr

[주요 학력/경력]

- 서울대학교 교육학과 학사, 석사
- 미국 University of Chicago 교육학과(Ph.D.)
- 미국 University of Iowa 풀브라이트 객원교수
- 미국 American College Testing(ACT) 연구교수
- 한국교육평가학회 회장
- 한국교육과정평가원 원장
- 충남대학교 교육학과 명예교수(현재)
- 한국행동과학연구소 소장(현재)

[주요 저서/검사]

- 현대교육평가. 서울 : 교육과학사.
- 표준화 심리검사. 서울 : 교육과학사.
- 교육과정과 수업의 원리. 서울 : 교육과학사.
- 교육연구법. 서울 : 배영사.
- 교육의 본연을 찾아서 (공저). 서울 : 도서출판 나남.
- 사고양식 (번역). 서울 : 교육과학사.
- 진로탐색검사, 현대지능검사, 현대인성검사 등

교육·심리·사회 연구방법론

2009년 2월 25일 초판 1쇄 발행
2020년 8월 25일 초판 9쇄 발행

저 자•이 종 승
발행자•한 정 주
발행처•교육과학사

경기도 파주시 광인사길 71
전화•031)955-6956~8 / 팩스 031)955-6037
Home-page•www.kyoyookbook.co.kr
E-mail•kyoyook@chol.com
등록•1970년 5월 18일 제2-73호

낙장·파본은 교환해 드립니다.
Printed in Korea.

정가 25,000원
ISBN 978-89-254-0262-8